*Augerau ..., this pioneer in Paris*
*of typography in Roman letter*
*who deserves immortality.*

Augerau (...), der Pionier in Paris
für Druckschriften aus römischen Buchstaben,
er verdient Unsterblichkeit.

STANLEY MORISON
Typographiehistoriker, in L'Inventaire de la Fonderie Le Bé (1957)

*Anne Cuneo*
# Garamonds Lehrmeister

—

## Antoine Augereau
Schriftschneider, Drucker, Verleger, Buchhändler

Roman
Aus dem Französischen von Erich Liebi

Limmat Verlag
Zürich

Der Verlag dankt der Schweizer Kulturstiftung Pro Helvetia PR●HELVETIA
und dem Präsidialdepartement der Stadt Zürich
für die Beiträge an die Übersetzungskosten.

*Im Internet*
Informationen zu Autorinnen und Autoren
Materialien zu Büchern
Hinweise auf Veranstaltungen
Schreiben Sie uns Ihre Meinung zu diesem Buch
*www.limmatverlag.ch*


Umschlagbild: *Le doctrinal sans macule imprimé,* 1537,
Bibliothèque Nationale, Paris

Titel der Originalausgabe: *Le maître de Garamond.*
*Antoine Augereau – graveur, imprimeur, éditeur, libraire*
© 2002 by Bernard Campiche Editeur, Orbe
Typographie und Umschlaggestaltung von Trix Krebs

Alle deutschen Rechte vorbehalten
© 2004 by Limmat Verlag, Zürich
ISBN 3 85791 463 7

Für Adrian Frutiger,
den Schöpfer von Druckschriften,
einer von jenen, die im zwanzigsten
Jahrhundert das geleistet haben,
was Augereau und Garamond im
sechzehnten leisteten, und dank dessen
Freundschaft ich die Welt der
Typographie entdeckt habe.

Im Gedenken an Wim,
meinen Gefährten,
der mir geholfen hat,
den Meister und den Schüler,
verloren hinter den berühmten Buchstaben,
die ihre Namen tragen, neu
zu entdecken.

*Qui fit, Tiraquelle doctissime, ut in hac tanta seculi nostri luce, quo disciplinas omneis meliores singulari quodam deorum munere postliminio receptas videmus, passim inve-niantur, quibus sic affectis esse contigit, ut e densa illa Gothici temporis caligine plusquam Cimmeria ad conspicuam solis facem oculos attollere aut nolint, aut nequeant?*

Wie kommt es, hochgelehrter Tiraqueau, dass es im hellen Lichte unseres Jahrhunderts, in dem wir dank der Gunst der Götter die besten Wissenschaften unter uns aufgenommen sehen, hier und dort immer noch Männer von solcher Beschaffenheit gibt, dass sie nicht willens oder in der Lage sind, ihren Blick über den dichten Nebel jenseits des Grabes der gotischen Zeiten hinaus zu heben, um der Sonne ins Antlitz zu schauen?

François Rabelais
in einem Brief an seinen Freund, den Juristen André Tiraqueau (3. Juni 1532)

Einleitung

Traditionsgemäß werden die Druckbuchstaben, die Sie hier vor Augen haben, nach Garamond benannt. Sie stammen aus der Zeit um 1530, und im Gegensatz zu anderen «Garamond»-Schriften handelt es sich hier nicht um eine Interpretation, sondern um die möglichst originalgetreue Nachbildung durch den kanadischen Schriftgestalter William Ross Mills in den Jahren 1994/1995. Diese Schrift wird aus Gründen, die ich am Schluss des Buches erläutere, Garamond zugeschrieben. Doch gibt es keinerlei Dokumente, die dies belegen würden, und handfeste Tatsachen legen es bei genauerer Betrachtung nahe, sich dazu Fragen zu stellen. Sicher ist nach Auffassung verschiedener Fachleute, die sich darüber sogar gewundert haben, dass es sich um eine «fotographische Kopie» (sic) von Buchstaben handelt, die ebenfalls aus der Zeit um 1530 stammen, und von Antoine Augereau, Garamonds Lehrmeister, geschnitten worden sind. Es ist in der Tat durchaus möglich, dass diese Lettern das Werk Augereaus sind, dessen Name von der Geschichte verschwiegen wird. Wie auch immer, angesichts der großen Ähnlichkeit der beiden Schriften kann der Leser davon ausgehen, dass die Buchstaben, die er vor Augen hat, von Augereau stammen.

Die Kursivschrift hingegen ist eindeutig Garamonds Werk und stammt aus dem Jahr 1545, was anhand von Dokumenten einwandfrei belegt werden kann. Antoine Augereau selbst hat nie Kursivschnitte hergestellt. Die hier verwendete Nachbildung stammt ebenfalls von William Ross Mills.

Die Initialen (der Schmuckbuchstabe am Anfang jedes Kapitels) stammen von Antoine Augereau.

—

Die Orthographie der alten Texte habe ich zur besseren Lesbarkeit der heutigen Zeit angepasst, im Fall einiger Präpositionen, deren damalige Verwendung unklar war, hielt ich mich jeodch an die Wortwahl der Autoren.

Im 16. Jahrhundert war die Schreibweise von Vor- und Eigennamen ebenso wenig eindeutig wie die Orthographie insgesamt. Man begegnet der gleichen Person sowohl als Galiot und Galliot, Garamond, Garramond, Garramont oder Garamont, Marcilhac oder Marcillac, Bocard oder Boucard, Jenson oder Janson, Zwingli oder Zwyngli (und ich verzichte darauf, das Dutzend verschiedener Schreibweisen von Ulrich aufzulisten), ganz zu schweigen von den von ihren Inhabern ins Lateinische übersetzten Namen (beispielsweise wird aus Jean Cauvin Calvinus und dann Calvin). Zur Erleichterung der Lesbarkeit habe ich mich für eine bestimmte Schreibweise entschieden und sie konsequent angewandt.

—

Im 16. Jahrhundert bezeichnete das Wort «Parlament», das in den Texten der damaligen Zeit vorkommt und das ich einzelnen Personen in den Mund lege, die richterliche und nicht wie heute die gesetzgebende Gewalt.

Das Wort «Gelehrter» als Substantiv bezeichnet eine Person mit guter Bildung, «die über viele Dinge Bescheid weiß», und hat noch nicht die heutige Bedeutung des «Wissenschaftlers».

Das Wort «Drucker» bedeutete im 16. Jahrhundert Drucker-Verleger-Buchhändler (manchmal sogar, allerdings immer seltener, auch

Schriftschneider). Das Wort Verleger, das ich im Text um der Klarheit willen verwende, ist tatsächlich nicht vor etwa 1700 bezeugt, das lateinische Verb *edere,* von dem es abgeleitet ist, bedeutet hingegen «herstellen, zutage bringen».

Das Wort «Clerc» ist bis zum Trientinischen Konzil (1545–1563) unklar gedeutet. *«Für unsere Vorfahren bedeutete es einerseits Kleriker, andererseits wurde es aber auch zur Bezeichnung dessen verwendet, den man für einen Gelehrten hielt, oder für jemanden, den wir heute Sekretär nennen.»* (Definition aus dem 17. Jahrhundert) Im 16. Jahrhundert bezeichnet es den Absolventen eines Hochschulstudiums ebenso wie denjenigen, der bloß in den Diensten eines Klerikers steht (und auch dann das Klerikerprivileg genießt, wenn er selbst nicht Geistlicher ist). Auch wer Ehelosigkeit gelobt hat, wird als «Clerc» bezeichnet.

Mit «Cordelier» werden in Frankreich gerne die Mönche des Ordens des Hl. Franziskus von Assisi, die Franziskaner, bezeichnet. («Cordelier» [Seiler] verweist auf den Strick mit drei Knoten, den die Franziskaner um die Hüfte tragen/d. Übers.)

In welchem sich Claude Garamond,
Druckermeister in Paris,
auf der Suche nach der Wahrheit
nach Neuenburg
in der Schweiz begibt.

s war wieder kalt geworden. Tagsüber war es warm gewesen, fast wie an einem Sommertag. Doch gegen Abend hatte sich der Himmel überzogen, und es hatte zu regnen begonnen. Heftiger Schauer zunächst, dann ein feiner Dauerregen. Kurz vor Sonnenuntergang hatte die Bewölkung für einen Augenblick aufgerissen, aber aufgehört zu regnen hatte es nicht. Alles war plötzlich in rosa Farbe getüncht, die Oberfläche des Sees spiegelglatt. Wäre er nicht just zu diesem Zeitpunkt aus seiner Werkstatt getreten, hätte er davon nichts zu sehen bekommen.

Er stieg mit seinen Korrekturfahnen unter dem Arm zur Collégiale hinauf. Üblicherweise hätte er die Fahnen von seinem Lehrling tragen lassen, doch dieser Text hier war etwas Besonderes. Er wollte einen Abschnitt daraus mit Pfarrer Marcourt besprochen. Die Bibel zu übersetzen war in gewissen Ecken der Welt ein gefährliches Unterfangen. Hier, in Neuenburg, war es nur ausgesprochen schwierig. Umso schwieriger auch, da sich bereits früher große Männer der Sache angenommen hatten, und er nicht oder noch nicht sicher sein konnte, es besser machen zu können.

Er klopfte an die Tür des Pfarrhauses. Meisterin Marcourt persönlich kam, um zu öffnen, mit einem kleinen Kind an ihrem Rockzipfel. Er wunderte sich jedes Mal über die Jugend dieser Frau an der Seite eines alt wirkenden Ehemannes, älter wahrscheinlich, als er war. Das kam bei den unter reichen Leuten arrangierten Ehen nicht selten vor, war aber hier nicht der

Fall. Marguerite de Crane hatte Antoine Marcourt aus freiem Willen geheiratet.

«Er ist nicht da», sagte sie, kaum dass sie den Mann vor ihrer Tür sah und ohne ihn zu Wort kommen zu lassen. Noch eine Überraschung. Sie war ebenso lebhaft wie Marcourt langsam und würdevoll, außer wenn er predigte, denn dann war er Feuer und Flamme, und so betrachtet, war er dieser adretten Person ein durchaus würdiger Ehegatte.

«Ich überlasse Ihnen die Fahnen, sagen Sie ihm, er möchte die markierten Stellen durchsehen, ich habe den Eindruck, dass wir dort nicht mit dem Original übereinstimmen.»

«Ich werde es ihm ausrichten.»

Auf dem Rückweg ging er beim Zoll vorbei, um nachzusehen (man konnte nie wissen), ob die von ihm bestellten Papierballen eingetroffen und vielleicht dort zurückbehalten worden waren. Nichts. Wenn sich der Papierfabrikant nicht sputete, würde bald nichts mehr da sein, womit man arbeiten konnte.

Es war schon fast Nacht, als er vor der Druckerei ankam; durch die Fensterläden schien flackerndes Kerzenlicht.

Er hörte das Geräusch von Pferdehufen. Und plötzlich tauchte aus dem Schatten ein Mann auf, in einen weiten Mantel gehüllt, die Kapuze bis über die Augen gezogen; er führte sein Pferd am Zaum. Als er ihn sah, blieb er abrupt stehen.

«Guten Abend, mein Herr», klang es aus dem Finsteren.

Ein fremder Tonfall. Kein Neuenburger und kein Genfer. Der Fremde war Franzose.

«Auch Ihnen einen guten Abend.»

«Ich suche Pierre de Vingles Druckerei, man hat mir gesagt, sie befinde sich hier.»

«Nun, Sie haben sowohl die Druckerei als auch Pierre de Vingle gefunden. Was kann ich für Sie tun?»

«Mein Name ist Claude Garamond, ich bin Druckermeister und komme aus Paris, um Sie zu besuchen.»

«Dann treten Sie ein, Meister. Wir wollen uns nicht im strömenden Regen unterhalten.»

Er stieß die Tür auf. Im Licht sah er das fein geschnittene Gesicht des Fremden unter dessen Bart und seinen geschmeidigen Körper. In den Dreißigern wahrscheinlich. Er wartete, bis Claude Garamond sein Reittier angebunden und seinen Reisesack abgelegt hatte. Dann bat er ihn herein.

Seine Werkstatt war klein: ein Setzkasten, ein Farbstein, eine Presse, ein Lehrling und er selbst, der mit Hilfe einiger Gelehrter, die wie er seit den Verfolgungen in diese Gegend geflohen waren, die Bereitstellung der Texte besorgte.

Claude Garamond entledigte sich seines Umhangs. Er war möglicherweise doch nicht so jung, wie er auf den ersten Blick gewirkt hatte: in den Augenwinkeln hatte er jene Fältchen, die auf Reife oder Schmerz schließen ließen. Alles in allem musste der Besucher um die vierzig sein, obwohl es in seinem dichten braunen Haar nicht mehr graue Strähnen gab als in seinem kurz geschnittenen Bart. Er war nicht groß, würde man sagen, aber voller Energie, Entschlossenheit, Kraft und verhaltenem Zorn.

Er bat ihn hinein und hieß ihn Platz nehmen, die Magd wies er an, die Kammer bereitzumachen, in welcher regelmäßig die Evangelischen untergebracht wurden, wenn sie kamen, um hier einen Text drucken zu lassen, der in katholischen Ländern verboten gewesen wäre. Es waren seit seiner eigenen Flucht aus Lyon so viele, dass er sich langsam fragte, ob es nicht Zeit sei, die Druckerei zu vergrößern. Er hätte wetten können, dass der Fremde nichts anderes von ihm wollte: außerdem würde er wohl darum bitten, selber drucken zu dürfen.

Die Magd kam zurück und tischte dem Gast den Rest des Ragouts auf, das die Familie früher am Abend gegessen hatte.

«Nehmen Sie, mein guter Herr, wir haben es ordentlich aufgewärmt, es wird Ihnen gut tun. Das Wetter ist immer noch schlecht, aber es scheint sich eines Besseren besinnen zu wollen. Es ist so kalt, dass man keinen Hund vor die Tür schickt um diese Zeit.»

Der Mann aus Paris lächelte zum ersten Mal seit seiner Ankunft.

«Danke, Sie sind sehr gütig. Es stimmt, ich bin bis auf die Knochen durchgefroren und sterbe vor Hunger. Sie retten mir das Leben.»

Nach diesen Worten blieb er ziemlich zugeknöpft. Soweit er konnte, beantwortete er die Fragen einsilbig. Und wenn dies nicht möglich war, beschränkte er seine Angaben auf das Wesentliche. Seit einiger Zeit sei er Inhaber eines Ladens. In Paris. Seine Vorliebe gelte dem Entwerfen und Gießen von Schriften. Römischen Schriften, fügte er als Antwort auf eine entsprechende Frage hinzu. Seit mehreren Tagen sei er auf Reisen. Zuvor habe er einige Monate in Basel verbracht. Nach dem Essen sah Claude Garamond Pierre de Vingle zum ersten Mal direkt an. Er hatte hellbraune Augen, mit etwas Grün drin, Katzenaugen.

«Wenn Sie gestatten, Meister, eröffne ich Ihnen den Grund meines Kommens erst morgen. Ich bin erschöpft, und meine Angelegenheit ist vertrackt.»

Den Wunsch eines Gastes kann man nicht abschlagen. Pierre de Vingle war neugierig, aber er fügte sich.

Er wurde vom Fremden jedoch nicht lange auf die Folter gespannt. Am anderen Morgen kam er gleichzeitig mit ihm herunter. Nach dem Frühstück begleitete er Meister de Vingle in seine Druckerei, wo er sich umsah. Er beugte sich über den Schriftkasten, nahm eine Type heraus, dann noch eine und nochmals eine, ging damit hinaus, um sie bei Tageslicht zu begutachten. Das Interesse des Schriftschneiders, sagte sich Pierre de Vingle.

Schließlich zogen sich die zwei Männer in den zu dieser Stunde leeren Korrektorenraum zurück.

Claude Garamond zog aus der Innentasche seines Rockes ein Blatt

Papier hervor, das er sorgfältig auseinander faltete, glättete und Pierre vorlegte.

«Es mag lächerlich erscheinen, aufgrund eines Gerüchts eine solche Reise unternommen zu haben, aber ich bin zu Ihnen gekommen, um Sie zu fragen, ob es zutrifft, dass Sie dieses Plakat gedruckt haben. Nach den Typen zu schließen, die ich gerade untersucht habe, würde ich sagen, ja.»

Pierre de Vingle war sofort klar, worum es sich handelte. Um die Fassung nicht zu verlieren, griff er nach dem Blatt und begann mit lauter Stimme zu lesen.

*«Wahrheitsgemäßer Artikel über die schrecklichen, großen und abscheulichen Missbräuche der päpstlichen Messe: unmittelbar gegen das Heilige Abendmahl Jesu Christi eingeführt. Himmel und Erde rufe ich als Zeugen der Wahrheit auf: gegen diese pompöse und hochmütige Papstmesse, durch welche die Welt (wenn Gott nicht bald Abhilfe schafft) vollständig zerstört, verdorben, verloren und verlassen sein wird: da Unser HErr durch die selbige in so entsetzlicher Weise gelästert wird: und das Volk verführt und blind gemacht: was nicht mehr länger erduldet werden noch andauern darf.»*

Dann glitt sein Blick weiter über das Blatt und kam zum Ende des Textes, immer langsamer werdend las er die Schlussfolgerung.

*«... mit dieser Messe haben sie alles in die Hände bekommen, alles zerstört, alles verschlungen; sie haben Prinzen und Könige enterbt, Händler, Herren, und alles, so kann man sagen, was tot oder lebendig ist. Dank dieser leben sie sorglos, sie brauchen nichts zu tun, geschweige denn etwas zu studieren, was will man mehr? Es ist somit gewiss kein Grund zur Freude, wenn sie sie aufrechterhalten; sie führen sich auf wie Marodeure, sie töten, sie brennen, sie zerstören, sie morden alle, die ihnen widersprechen, denn sie kennen nur noch die Gewalt. Wahrheit ist ihnen fern. Wahrheit bedroht sie. Wahrheit verfolgt und jagt sie. Es graut ihnen vor der Wahrheit. Durch sie werden sie in Kürze vernichtet sein. Fiat, Fiat, Amen.»*

Er sah auf. Claude Garamonds Augen waren fast schwarz geworden, sein Gesicht starr, die Lippen zusammengekniffen, die bleiche Farbe furchterregend.

«Nun? Sind Sie es, der die glänzende Idee hatte, den König als blutigen Schurken zu betiteln?»

Vorsicht.

«Es kann sein, dass dieses Manifest aus meiner Druckerei stammt, verehrter Kollege, aber es muss schon einige Zeit her sein, es erinnert mich an das, was unser Geistlicher sagt, Pfarrer Marcourt.»

«Sie haben es nicht geschrieben!»

Er lachte.

«Himmel, nein. Ich wäre unfähig, so etwas zu schreiben. Es muss wirklich Pfarrer Marcourt gewesen sein.»

Garamond begann nachzudenken und diese Information abzuwägen; schließlich stimmte er zu.

«Ich verstehe. Es stimmt, dass mein Informant Drucker war und nicht Theologe. Er sagte mir, Sie seien verfolgt worden und hätten Weib und Kind zurücklassen und aus dem Königreich fliehen müssen, und Sie seien der Verfasser dieses Textes.»

«Meiner Treu, nein. Ich bin dem Marienkult gegenüber durchaus skeptisch eingestellt, das gebe ich zu, aber ich würde niemals mit einer solchen Heftigkeit vorgehen. Meine Methoden sind anders, und ich bin gegen jede Provokation. Ich befürworte eher das Prinzip Leben und Lebenlassen. Darf ich fragen, warum Sie sich für die Herkunft dieses Plakats interessieren?»

«Da Sie kein Theologe sind und auch nicht der Verfasser dieses Textes, wissen Sie vielleicht nicht, dass er überall ausgehängt worden war, von Paris bis Amboise und bis an die Schlafzimmertür des Königs, dass er den Tod einer unbekannten Zahl von Personen zur Folge hatte, mindestens fünfzig waren es, und das Gegenteil von dem bewirkte, was die Absicht des Verfassers war. Statt die Seelen aufzuwecken, entfesselte er eine beispiellose Verfolgung und entfremdete die Evangelischen von jenen Leuten, die noch am Vorabend bereit gewesen wären, mit ihnen ins Gespräch zu kommen.»

Pierre de Vingle war dies alles wohl bekannt, aber er zog es vor, im Ungefähren zu bleiben.

«Dass die Lage für jene, die mit der Kirche Roms nicht gänzlich einer Meinung sind, in den vergangenen Monaten ausgesprochen ernst geworden sind, ist mir bekannt. Wir erleben hier unmittelbar die Folgen davon, jedes Mal, wenn etwas passiert: Die Leute kommen und suchen im Neuenburgischen, im Waadtland, in Genf Zuflucht; und selbst wenn sie, aus was für Gründen auch immer, nach Basel oder ins Bernische wollen, kommen sie hier vorbei und erzählen.»

«Und Ihnen war nicht klar, dass die letzte Welle von dem da ausgelöst worden ist?»

Claude Garamond schlug heftig mit der Hand auf das Plakat. Pierre de Vingle wich der Frage aus.

«Verschiedene Gelehrte, allen voran Pierre Olivétan, bereiten eine Übersetzung der Bibel vor, und mir ist bewusst, dass dies einen Sturm auslösen kann.»

Die beiden Männer sahen sich während einer halben Ewigkeit wortlos an.

«Und was hat Sie veranlasst, hierher zu kommen, Meister Garamond?»

Claude Garamond fiel das Sprechen schwer, an seinem Hals sah man, wie verkrampft er war.

«Der Mann, den man beschuldigte, dieses Plakat gedruckt zu haben, war mein Meister, er hat mich mein Handwerk gelehrt und mich wie einen Sohn behandelt. Später wurde er der Gatte meiner Mutter.» Schweigen. Als er fortfahren wollte, brachte Claude Garamond kaum mehr ein Wort heraus, die Tränen schnürten ihm die Kehle zu. «Ich habe vor Gott geschworen, denjenigen ausfindig zu machen, der diesen wahnwitzigen Text geschrieben und unter die Leute gebracht hat, ohne einen Gedanken an die ernsten Folgen zu verschwenden, die er nach sich ziehen könnte. Geschworen habe ich das insbesondere für meine arme Mutter oder vielmehr für das, was von der Frau, die nur für ihren Gatten gelebt hat, übrig geblieben ist. Und mir selbst habe ich geschworen, dafür zu sorgen, dass er das hier fressen muss.»

Pierre de Vingle lächelte, ohne es zu wollen.

«Wenn dieser Anschlag Meister Marcourts Werk ist, werden Sie rasch verstehen, dass er nicht die Art Mann ist, den man fressen lässt, was er geschrieben hat.»

«Die Hetzschrift ist von diesem Haus aus lanciert worden, ohne dass man sich Rechenschaft über die Folgen für diejenigen gegeben hätte, die sie zu tragen haben würden. Der König war gerade dabei, eine Art Religionsfrieden einzurichten, indem er die Sorbonne neutralisieren wollte. Aber Seine Majestät ist ein Mann des Augenblicks, und diese Plakate haben den Augenblick zunichte gemacht. Seine Majestät hat sich in einem solchen Maße erzürnt, dass das Pendel ganz und gar in die andere Richtung ausgeschlagen hat. Es braucht nicht mehr viel und Seine Majestät ist noch bigotter als die Fanatiker der Sorbonne, die zur Zeit mit Ihr machen, was sie wollen. Jedenfalls räumt Seine Majestät ihnen jetzt Handlungsfreiheit ein, während Sie sie bis jetzt in Schranken gehalten hat. Das Ergebnis: Meister Antoine Augereau und wahrscheinlich fünfzig weitere sind tot. An der Sorbonne hat man nur auf einen Vorwand gewartet, gegen jene Leute vorgehen zu können, die an der theologischen Fakultät in Misskredit geraten waren. Euer Marcourt hat ihn geliefert und damit zu einem tödlichen Schlag gegen jene beigetragen, die seine eigene Sache vertraten. Die Leute, die die Evangelischen für ihre Ideen zu gewinnen im Begriffe waren, haben sich voller Schrecken von ihnen abgewandt.»

«Sie sehen mich betrübt, ernstlich betrübt. Aber Meister Marcourt wird das kaum erschüttern. Auf seine Art ist er ein Fanatiker. Ich werde Sie zu ihm bringen und Sie können mit ihm reden. Aber er hat Martin Luthers Sache zu seiner Eigenen gemacht, und er ist überzeugt, dass ihr jedes Opfer gebracht werden muss. Er hat es getan, er hat Lyon, wo er lebte, verlassen, mit leeren Händen ist er hier angekommen, nur mit den Kleidern, die er am Leibe trug. Dank seiner Redegewandtheit ist er unser erster Pfarrer geworden.»

«Mögen Sie ihn?»

Pierre de Vingle musste die Frage bedenken. Schlimmstenfalls war der Neuankömmling ein Gefolgsmann der Sorbonne.

«Unter uns gesagt, ich finde ihn zu anspruchsvoll, zu wenig menschlich auch, im Gegensatz zu Meister Farel beispielsweise, der immer in Tuchfühlung mit den Leuten geblieben ist und dessen Stimme sich nicht überdreht bis zur Ekstase. Oder Meister Olivétan, der die Sanftmut in Person ist. Aber ich gehe davon aus, dass Marcourt eine gerechte Sache vertritt.»

Er versuchte, Garamond einzuschätzen.

«Sind Sie Lutheraner oder Zwinglianer?»

«Ich habe keine Ahnung. Ich bin in erster Linie Handwerker. Und wie Meister Augereau ein guter Christ. Ich bin der Auffassung, dass wir miteinander reden sollten. Unnachgiebige Katholiken sind unerträglich, sie wollten so weit gehen, das Drucken verbieten zu lassen, und der König gibt ihnen Recht.»

«Wie? Das Drucken verbieten? Aber ...»

«Euer Marcourt hat sie auf die Idee gebracht, müssen Sie wissen. Während Seine Majestät immer noch wegen der Plakate gegen die Messe zürnte, richtete man es ein, eine *Kleine, sehr nützliche und heilsame Abhandlung über die Heilige Eucharistie ...* in Umlauf zu setzen.

«Ja, die habe ich höchst persönlich gedruckt.»

«Das einzig Positive an diesem Text ist die Tatsache, dass sich der

Autor beschuldigt, die Plakate gegen die Messe geschrieben und gedruckt zu haben. Und weil Meister Augereau tot ist, er es also auf keinen Fall gewesen sein kann, erregte sich Seine Majestät noch mehr. Der König hatte den Lieblingsdrucker seiner Schwester hinrichten lassen, ein Mann, der stets seine Unschuld beteuert hatte. Und es stellte sich heraus, dass er tatsächlich zu Unrecht angeklagt worden ist. Meister Beda, der den König dazu gedrängt hatte, die Hinrichtung Meister Augereaus vollziehen zu lassen, hatte teuer dafür zu bezahlen. Er musste öffentliche Abbitte leisten und wurde aus der Stadt verwiesen, nur knapp entging er selber dem Scheiterhaufen. Meister Augereaus und Ritter de Berquins Freunde haben applaudiert, aber nur halbherzig, denn weder die zwei Märtyrer noch die anderen wurden dadurch wieder lebendig. Und bis das Problem gelöst ist, lässt man die Druckereien schließen.»

Ein schwerer Seufzer.

«Das wird natürlich nicht so bleiben. Das einzig Nützliche an diesem Verbot ist: Ich habe die Zeit, die es mir erlaubt, Sie zu besuchen. Ich bin überzeugt, dass wir nach meiner Rückkehr unsere Pressen wieder benutzen können.»

Er lächelte ohne Freundlichkeit.

«Unnachgiebige Evangelische sind mir ebenso zuwider wie bigotte Römer. Aus dem gleichen Grund: verfällt man einem Extrem, was leichter ist, als nachzudenken, wird man töricht. Die Torheiten sind verschieden, aber Torheiten sind es so oder so. Allesamt. Und sie sind gefährlich. Man muss miteinander reden statt sich gegenseitig umzubringen. Sonst bleibt die Menschlichkeit für immer am Boden.»

Pierre de Vingle sah ihn lange Zeit wortlos an. Dieser Fremde sagte mit lauter Stimme, was er selbst in seinem tiefsten Innern dachte, aber nie ausgedrückt hatte.

«Wir sind Handwerker, keine Denker. Überlassen wir die Theorie den Herren Doktoren der Theologie, die dazu berufen sind.»

«Das waren exakt die Worte Meister Augereaus. Er hat trotzdem am Galgen geendet.»

«Und nun?»

«Gehen wir zu Meister ... Marcourt, sagten Sie.»

«Ja, Antoine Marcourt. Er kommt aus Lyon, stammt aber wie ich aus der Picardie.»

«Woher er auch stammen mag, ich will seine Bekanntschaft machen.» Ein Lächeln huschte über seine Lippen. «Eines ist sicher, auch wenn ich ihn dazu brächte, das verdammte Plakat zu fressen, würde mein Meister dadurch nicht wieder lebendig.» Er dachte einen Augenblick nach. «Aber vorher möchte ich, dass Sie die Erinnerungen lesen, die ich über meine Beziehung zu Meister Antoine und über die Ereignisse geschrieben habe, die zu seinem Tod führten.»

Er erhob sich, stieg in seine Kammer hinauf und kam mit einem Bündel Papier zurück, das von einem Lederriemen zusammengehalten wurde.

«Hier haben Sie meine Geschichte. Nachts habe ich gesetzt, was ich tagsüber geschrieben habe. Seit dem Tod Meister Augereaus finde ich keinen Schlaf mehr.»

Pierre de Vingle nahm die Blätter in Empfang.

«Es scheint mir, dass Sie gar nicht gekommen sind, um Meister Marcourt zu bestrafen, sondern um Ihretwillen, um den Seelenfrieden wieder zu finden, nachdem Sie sich mit ihm auseinander gesetzt haben. Das wird Ihnen helfen in Ihrer Trauer.»

«Ich wünschte, Sie hätten Recht.»

«Erlauben Sie mir einen Rat?»

«Ich bitte Sie, Meister de Vingle.»

«Lassen Sie mir die Zeit, Ihre Erinnerungen zu lesen. Ein paar Tage. Ich beherberge Sie gerne bei mir. Meister Marcourt werden Sie von weitem sehen und sich ein Bild machen von ihm, und ich mir von Ihrem Text, den Sie ihm anschließend übergeben können.»

Garamond kniff die Augen zusammen und runzelte die Stirn.

«Einverstanden», antwortete er schließlich. «Unterdessen kann ich in Ihrer Druckerei Hand anlegen. So wird man am wenigsten auf mich aufmerksam.»

Sie schüttelten sich die Hand.

Pierre de Vingle öffnete das Paket. Der Text war in lateinischen Lettern gesetzt, von außergewöhnlicher Reinheit, Feinheit und Schönheit. Bis zur Stunde hatte Pierre sich immer geweigert, lateinische Buchstaben zu verwenden, weil sie seiner Meinung nach längst nicht so klar waren, wie man es gerne von ihnen sagte. Aber diese hier ...

«Woher kommt die Schrift, in der Sie Ihre Erinnerungen gesetzt haben?»

Ein weiteres Mal zitterte Claude Garamonds Stimme, als er antwortete.

«Sie ist das Werk Meister Antoine Augereaus, Gott sei seiner Seele gnädig, er war ein großer Gelehrter und der größte Schriftschneider für römische Typen im Königreich Frankreich und Navarra. Womöglich sogar in der ganzen Welt.»

«Antoine Augereau ... ich meine, den Namen gehört zu haben. Bei meinem Schwiegervater in Lyon vielleicht ... Er war Drucker.»

«Wie hieß er?»

«Meister Claude Nourry, im ‹Haus zum Prinzen›.»

«Der Drucker des *Pantagruel*?»

«Genau der. Er ist inzwischen gestorben, Friede seiner Asche.»

«Und Sie? Wie kommt es, dass Sie hier sind?»

«Ich hatte zu oft Meister Lefèvres französische Bibelübersetzung gedruckt. Ich traf Vorsichtsmaßnahmen, aber umsonst. Der Tag kam, an dem ich verschwinden musste.»

Schweigen.

«Und Sie, Meister Garamond?»

«Ich bin nicht, oder vielmehr nicht mehr Drucker, ich bin Schriftschneider. Gelernt habe ich alles von Meister Augereau.»

Pierre de Vingle überlegte einen Augenblick. Wenn er Claude Garamond bei ihm arbeiten ließe, würde er, falls dieser wirklich so tüchtig war, wie es sein Text versprach, Zeit haben, zu lesen.

«Dann ist der Handel perfekt, mein Freund. An die Arbeit.»

Die beiden Männer erhoben sich gleichzeitig und kehrten in die Druckerei zurück.

Es dauerte den ganzen Tag, bis sich der Pariser Drucker eingerichtet hatte und die Arbeit aufnehmen konnte. Nachdem er einen ersten Blick auf den Text geworfen hatte, mit dem er sich beschäftigen würde, äußerte er Verwunderung.

«Aber ... Das ist schon wieder die Bibel in der Übersetzung Meister Lefèvres. Sie drucken sie nach?»

«Nein. Wenn Sie sie genau anschauen, sehen Sie, dass es eine überarbeitete Version ist, das Werk Meister Olivétans. Er geht vom französischen Text Meister Lefèvres aus, gewiss, aber er vergleicht ihn mit den alten Texten, Griechisch und sogar Hebräisch, Meister Pierre ist ein großer Gelehrter. Er verwendet den Lefèvre-Text nur dort, wo er mit jenen Quellen übereinstimmt, von denen er annimmt, dass es die ursprünglichen sind, Texte, zu denen Meister d'Étaples keinen Zugang hatte.»

Er lächelte maliziös.

«Pierre Olivétan mag ein großer Gelehrter sein, aber er ist noch ein junger Mann. Und wie Sie wissen, neigen junge Leute dazu, das Rad neu erfinden zu wollen, ohne auf das Wesentliche Acht zu geben; auf die Idee wären sie nicht gekommen, wenn es sie nicht schon gegeben hätte. Aber man muss sie ihre Erfahrungen machen lassen. Und wenn es zur allergrößten Ehre des Schöpfers ist ...»

Claude Garamond pflichtete ihm bei.

«Das ist gut gesagt.»

Er begab sich an die Arbeit.

Meister Marcourt ließ sich nicht blicken, vielleicht war er in Genf. Unterdessen nahm sich Meister de Vingle vor, die freie Zeit zum Lesen zu nutzen.

Er vertiefte sich in Claude Garamonds Erinnerungen.

# I
## Wie ich den von der Tradition vorgezeichneten Weg verlassen habe, um Druckerlehrling bei Meister Antoine Augereau zu werden

ein Geist weigert sich.

Er will nicht ans Gedächtnis weitergeben, was er gesehen hat. Wie einer dieser bösen Träume, die einen beim Aufwachen quälen. Aber hier handelt es sich nicht um einen bösen Traum. Es ist Wirklichkeit. Ich sah es, mit meinen eigenen Augen sah ich, wie mein Meister – mein guter Meister, mein Freund –, auf dem Kirchenvorplatz von Notre-Dame um Vergebung für seine Sünden bat. Ich sah, wie er auf die Place Maubert geschleppt wurde, nur im Hemd, bei dieser Kälte (lächerlich, so etwas in einem solchen Augenblick zu denken), ich sah ihn stranguliert und, Gott sei gepriesen, sofort sterben, der Henker hielt sein Wort. Und dann sah ich seinen Leib brennen, zusammen mit seinen Büchern, es war furchtbar, aber immerhin war er schon tot, das Leiden auf dem Scheiterhaufen blieb ihm erspart.

Eigentlich finde ich Hinrichtungen furchtbar, und im Allgemeinen meide ich die Place Maubert, wo man seit einiger Zeit Leute hinrichtet, die den einzigen Fehler begangen haben, außerhalb der von der Sorbonne vorgezeichneten Wege zu denken.

In diesem besonderen Fall war ich nur deshalb hier zugegen, weil ich es versprochen hatte, aber auch, weil ich niemals meinen Meister und Freund allein hätte sterben lassen (um es so zu sagen, denn die Menge war groß, aber nur wenige kannten den Verurteilten), und schließlich auch deshalb, weil ich absurderweise bis zur letzten Minute gehofft hatte,

Madame Marguerites Fürsprache beim König würde den Drucker der Königin von Navarra einer ungerechten Verurteilung entreißen. Ich hätte mir keine Illusionen machen sollen; Meister Antoine selber hatte es nicht getan.

«Könige kümmern sich kaum um einen einfachen Drucker», hatte er gesagt. «Jemand muss bezahlen, ich bin das letzte Glied in der Kette, nur ich komme dafür in Frage.»

Ich versprach ihm, seine Geschichte bekannt zu machen, sobald ich die Möglichkeit dazu hätte. Ich versprach ihm sogar, ihn zu rächen, aber er ermahnte mich, Hass nicht mit Hass zu vergelten. «Die Kette der Gewalt muss zerrissen werden», sagte er. Das hindert mich – Rache hin oder her – nicht daran, wissen zu wollen, wer für seinen Tod verantwortlich ist.

Seit Januar ist den Druckern die Ausübung ihres Handwerks durch königliches Dekret verboten. Wir warten alle, denn dieser Zustand kann unmöglich andauern. Ich werde die Zeit nutzen, um mit den Aufzeichnungen – und dem Trauern – anzufangen.

Als Erstes will ich meine Erinnerungen zusammentragen. Meister Antoine wird mich dabei – leider – nicht mehr «stören», wie er es nannte, wenn er mit mir einen Becher trinken gehen wollte.

«Komm, lass uns gehen, mein lieber Claude, eine trockene Kehle ist nicht gut für die arbeitende Hand.»

Das soll aber nicht heißen, er habe nur den Genuss im Sinn gehabt. Ich kenne wenige Männer, die sich so sehr in die Arbeit verbeißen können wie er. Was ihn im Gegensatz zu anderen «Arbeitstieren» in meiner Bekanntschaft so liebenswert machte, war der Umstand, dass er (im Gegensatz zu mir, gewissermaßen) wusste, wann er aufhören musste und wann es Zeit zu lachen war. Er lachte gerne. Heftige Zornesausbrüche, die bis ans andere Ende der Rue Saint-Jacques zu hören waren, gab es bei ihm nie. Bei Antoine Augereau wusste man, dass er nicht einverstanden war, wenn er nicht mehr lächelte. Während dieser ganzen traurigen Affäre, die mit seinem Tod endete, hatte er nur ein einziges Mal zu lächeln aufgehört: als ihn die Kirche der weltlichen Gewalt auslieferte (oder sagen wir, als sie nicht so viel Beharrlichkeit zeigte, wie sie es manchmal aus Prinzip tut, um ihre Macht gegenüber der irdischen Gerechtigkeit zum Ausdruck zu bringen). Noch in seiner letzten Minute, kurz bevor er gehängt wurde, zwinkerte er mir zu und lächelte. Wenn ich daran denke ...

Aber ich schweife ab. Ich muss schauen, dass ich zu einer geordneten Darstellung meiner Geschichte komme.

Womit soll ich anfangen?

Damit, wie wir uns kennen lernten vielleicht.

Ich hatte gerade vier Jahre Schulunterricht außerhalb von zu Hause hinter mir. Ich hatte Lesen, Schreiben und Rechnen gelernt und eine Menge Rutenhiebe einstecken müssen, weil ich es nicht schaffte, dieses *Doctrinale* traurigen Angedenkens auswendig zu lernen, mit welchem wir hätten Latein lernen sollen. Nur schon der Gedanke daran, einen weiteren Monat in einem dieser Häuser verbringen zu müssen, vernebelte mir den Kopf, den ich hätte mit Wissen füllen sollen. Ich war zehn oder elf Jahre alt.

Glücklicherweise wünschte mein Vater, er war Tuchhändler, dass ich ihm zur Hand ging und mich darauf vorbereitete, sein Nachfolger zu werden. Ein Versuch zeigte jedoch, dass ich einen sehr schlechten Tuchhändlerlehrling abgeben würde.

Nicht dass ich mich davor gedrückt hätte zu tun, was man von einem Verkäuferlehrling verlangte. Im Gegenteil – alles war mir recht, wenn es mir nur die Rückkehr auf die Schulbank ersparte. Morgen für Morgen sperrte ich den Laden auf, legte die Teppiche aus, und mehrmals am Tage machte ich gründlich vor unserer Türe sauber. Die anderen Lehrlinge mussten lernen, das Markenzeichen meines Vaters zu erkennen; das brauchte ich nicht, mir war es bekannt, seit ich sehen konnte – ich wusste auch Bescheid über die Nummern der verschiedenen Waren und über deren Preis, und ich verstand es, die Waren feilzubieten wie jeder Händler, der etwas auf sich hält. Man hätte hören sollen, wie ich in den höchsten Tönen den Faltenwurf eines Stoffes, seine Festigkeit, die Wolle lobte ... Ich irrte mich selten, was Qualität und Wert anbelangte, und ich kann mich nicht erinnern, dass es jemandem je gelungen wäre, mich beim Bezahlen zu bestehlen. Aber mit dem Herzen war ich nicht dabei. Es war eine Notlösung (wenn ich indessen nur zwischen Schule und väterlichem Laden hätte wählen können, wäre ich einverstanden gewesen, mein ganzes Leben im Laden zu verbringen). Was mich wirklich interessierte, waren die Werkzeuge, die Maschinen. Es war übrigens allgemein bekannt: Seit meiner frühesten Jugend wusste ich besser über die Mechanik eines Mühlrades als über das Drapieren von Stoffen Bescheid.

Dies ist sicher der Grund dafür, dass mich mein Vater eines Tages zu einem seiner Druckerfreunde mitgenommen hatte, zu Meister Henri Estienne, der seine Werkstatt an der Rue Saint-Jean-de-Beauvais hatte, nahe der juristischen Fakultät, in einem Haus, das «Zu den Kaninchen» genannt wurde. Während sich mein Vater mit dem Meister unterhielt, sah ich mich in der Werkstatt um. Aufmerksam beobachtete ich die Setzer bei ihrer Arbeit an den Kästen. Den Blick fest auf den Blatthalter gerichtet, griffen sie, ohne auch nur einmal wegzuschauen, in einer für mich verblüffenden Geschwindigkeit nach den Typen und platzierten sie auf dem Winkelhaken (damals wusste ich noch nicht, wie alle diese Dinge benannt wurden). Ich streunte von Raum zu Raum, beobachtete jedermanns Arbeit und landete schließlich in einem ziemlich kleinen Zimmer, wo ich auf eine Art Riesen stieß, der mit dem Schmelzen von Metall beschäftigt war, um daraus ... was zu machen? Ich begriff es nicht. So blieb ich stehen, bis er sich umdrehte und mich sah. In Wirklichkeit war er gar nicht so riesig, er war mir damals nur so vorgekommen, weil ich selber noch klein und schmal war.

«Nun, der junge Mann scheint sich für das Gießen zu interessieren?»

«Ja, aber ... was tun Sie?»

«Ich schmelze Metall zur Herstellung von Typen.»

Ich war erstaunt. Er hatte meine Frage erwartet.

«Ich schmelze Schriften mit beschädigten oder fehlenden Typen ein.»

Und weil ich, wie es meine Art war, fasziniert das Gerät bestaunte, das er in den Händen hielt, fügte er hinzu:

«Weißt du, in einem Handwerk wie dem des Druckers ist es gut, über alle Künste Bescheid zu wissen, die damit zu tun haben.»

Ich nahm meinen ganzen Mut zusammen.

«Auch über das Papier?» Herstellung und Aufbereitung von Papier war damals gerade meine Leidenschaft. Daher kam auch mein Interesse für Mühlen.

«Auch über das Papier. Als ich Lehrling war, schickte mich mein Meister für mehrere Monate in eine Papiermühle in der Nähe von Poitiers. Das Papier ist einer deiner treuesten Arbeitsgefährten, sagte er, du musst aufs Intimste darüber Bescheid wissen.»

«Was ist das, ein Stempel?»

«Du musst wissen, dass ein Buchstabe als Erstes gezeichnet werden muss. Dabei ist Acht zu geben auf ein Gleichgewicht zwischen ihren weißen und ihren schwarzen Teilen. Den weißen entsprechen die Vertiefungen, den schwarzen das, was man auf dem Papier gedruckt zu sehen bekommt.»

Er legte ein Stück Metall auf seine Werkbank.

«Wenn die Zeichnung fertig ist, überträgt man sie auf dieses Stück Metall: das heißt, man sticht jene Teile aus, die man anschließend weiß haben will. Ist man mit dem Stechen fertig, entsprechen die übrig bleibenden, hervorspringenden Teile ...»

«Dem Schwarz.»

«So ist es. Dieses Stück Metall nennt man Stempel. Er dient mir dazu, so viele Exemplare eines bestimmten Buchstabens als nötig herzustellen.»

Er griff nun zu einem Instrument, in welches er ein anderes Stück Metall legte, welches er zur Weißglut erhitzt hatte, während er sich mit mir unterhielt. Das Ganze verschloss er fest mit zwei Schrauben, dann drückte er den Stempel hinein.

«Siehst du, so nimmt das glühende Metall die Form des Stempels an.»

«Und das ist alles?»

«Nein. Es dauert alles viel länger und ist sehr kompliziert. Was ich dir vorgeführt habe, ist nur das Prinzip der Sache. Denn das Schneiden der Buchstaben erfordert höchste Präzision, auf eine Achtel Zeile genau, sagen die Fachleute. Man muss sich also vergewissern, dass alles stimmt, bevor man beginnen kann, dann muss gefeilt und poliert werden, dass es kein Ende hat. Schließlich aber, wenn wir die Buchstaben aus der Hand geben, werden sie Botschafter des Geistes. Ihnen und den Druckerpressen ist es zu verdanken, wenn Gedanken ausgetauscht und verbreitet werden können. Gibt es etwas Edleres?»

In diesem Augenblick stand mein Entschluss fest: Ich würde Drucker werden. Der Riese kehrte ein Liedlein pfeifend an seine Arbeit zurück, während ich auf Zehenspitzen den Raum verließ. Als mein Vater aufbrach, folgte ich ihm mit gesenktem Kopf, im Geiste ganz davon in Anspruch genommen, einen Plan auszuhecken.

Schon am nächsten Tag begann ich mich zu erkundigen. Ich suchte einen ehemaligen Schulkameraden auf, der inzwischen in der Rue de la Bûcherie, im Haus «Zum aufgespießten Löwen», Lehrling bei Meister André Bocard geworden war, den ich zu jener Zeit natürlich nicht kannte.

Irgendwann muss jeder Lehrling eine Besorgung für seinen Meister machen. Das war auch hier nicht anders. Mein Kamerad hieß Pierre Deau. Ich musste allerdings eine Ewigkeit lang warten, bis er aus dem Haus endlich kam – mein eigener Vater hatte mich geschickt, ein Paket auszutragen, er musste denken, dass ich mich irgendwo herumtrieb. Das wäre nicht weiter verwunderlich gewesen, denn zu jener Zeit liebte ich es, in den Straßen herumzuschlendern, an den Brunnen stehen zu bleiben, wo geschwatzt wurde, und den Kehrreimen der fahrenden Händler zuzuhören:

«Dickes Reisig! Zundertrocken!

Schöne Rüben! Rüüüben ...

Endivien, Endivien!

Schwarze Schwärze! Laugendeckel!

Kesselschmied! Wer will Wasser?

Frischer Hering! Makrelen aus dem Eimer ...!»

Ich liebe diese Musik, ich kann nie genug davon bekommen.

Kurz, Pierre Deau kam heraus und die Freude auf den bevorstehenden Botengang stand ihm ins Gesicht geschrieben. Ich trat vor, er machte ein Zeichen, ihm zu folgen, und eilte wie der Blitz in Richtung Porte Saint-Michel davon. Ich folgte ihm auf dem Fuße, wobei ich einen großen Sprung zur Seite machen musste, um einem herangaloppierenden Reiter auszuweichen.

«Mit wem willst du reden, mit mir?»

«Ja, mit dir. Ich muss dich etwas fragen.»

«Aber nicht hier.»

Als wir weit genug vom Haus «Zum aufgespießten Löwen» entfernt waren, blieb Pierre stehen. Wir befanden uns in der Rue de la Harpe, durch die mein Gefährte seinen Blick schweifen ließ.

«Was suchst du?»

«Einen Händler, der etwas zu essen feilhält. Aha, dort ...»

Und schon eilte er zu einer Hütte, wo ein runder, rotbackiger Mann sein Süßgebäck anpries.

«Heiße Krapfen, schön heiß. Keiner lässt mich und meine heißen Krapfen links liegen!»

Mein Kamerad zog einen Groschen aus der Tasche und stürzte sich in eine schwindelerregende Feilscherei, um von dem Mann statt des einen zwei Krapfen zu bekommen. Er hatte Erfolg: Ich, ohne die Spur einer Münze in der Tasche, hatte auf einmal einen heißen Krapfen in der Hand.

Wir setzten uns etwas abseits auf ein Mäuerchen, wo wir in Ruhe gelassen wurden.

«Du wolltest mich etwas fragen?», erkundigte sich Pierre mit vollem Mund.

«Ich wollte wissen, was du tun musstest, um Druckerlehrling zu werden.»

«Oje! Das ist eine lange Geschichte. Als Erstes musst du lesen und schreiben können ...»

Ich lachte laut heraus.

«Darauf bin ich selber gekommen.»

«Ja, es erscheint selbstverständlich, doch oft genug kommt es vor, dass sich Lehrlinge vorstellen, die weder das eine noch das andere können.»

«Ich möchte wissen, wie man ohne Lesen und Schreiben Drucker werden soll.»

«Dann muss es der Meister dir beibringen. Aber diese Art Lehrlinge bringt es nicht weit. Du und ich auch nicht, wir brächten es auch nicht weit.»

«Wieso?»

«Weil wir nicht fleißig genug gewesen sind, und weil wir nicht gut genug Latein und Griechisch können.»

«Aber dein Meister kann es?»

«Mein Meister ist nicht nur ein Drucker. Er ist auch ein Rechtsgelehrter. Er spricht Lateinisch wie wir das Pariserische. In Griechisch hingegen scheint er nicht sehr bewandert zu sein, denn wenn er in dieser Sprache ein Problem zu lösen hat, ruft er seinen Schwiegersohn, der anderswo arbeitet, bei ihm aber gelegentlich aushilft.»

«Und was noch?»

Pierre zeigte zwei grau verschmierte Hände.

«Man darf die Druckerschwärze nicht fürchten. Sie ist rasch überall.»

«Und außerdem?»

«Und außerdem beginnt der Tag im Sommer schon um fünf, manchmal noch früher, und der Feierabend kommt spät.»

Das beeindruckte mich nicht. Mein Vater scheuchte mich sommers und winters um vier Uhr aus dem Bett. Auch in der Schule mussten wir um diese Zeit aufstehen.

«Und außerdem», fuhr Pierre fort, «musst du, bevor überhaupt von Satz und Druck die Rede sein kann, eine Stelle finden. Sie sind rar, meist hat ein Meister nur gerade einen Lehrling aufs Mal.»

Darauf gingen wir unserer Wege, ich kehrte in den väterlichen Laden an der Rue Saint-Martin zurück; mein Vater war mit einem wichtigen Kunden beschäftigt gewesen und hatte meine längere Abwesenheit nicht bemerkt.

Eine gewisse Zeit verging. Ich wagte es nicht, mit meinem Erzeuger darüber zu sprechen. Schließlich vertraute ich mich meiner Mutter an. Sie hatte meinen Vater geheiratet, als sie vierzehn oder fünfzehn war. Ein Jahr später kam ich zur Welt, und ein Jahr darauf mein Bruder Jehan. Wir hatten auch eine Schwester, Geneviève, die damals acht oder neun war. Meine Mutter hielt man oft für meine älteste Schwester; «die schöne Françoise» wurde sie gerufen, sie wirkte sehr einnehmend.

«Pah, ich hätte bloß zu wollen brauchen!», sagte sie gelegentlich, um meinen Vater zu ärgern, der prompt jedes Mal wütend wurde, bis sie dann jeweils hinzufügte: «Aber ich habe meinen Prinzen allen anderen vorgezogen, den Herrn Garamond.» Und mein Vater ließ sich von ihrem Lachen wieder besänftigen. Sie beherrschte dieses Verfahren meisterlich, wenn sie etwas von ihm bekommen wollte. Für sie selbst oder für uns.

Als ich ihr meine Absichten eröffnete, war sie zunächst überrascht und sprachlos:

«Aber warum denn, mein kleiner Claude? Dein Weg ist ganz und gar bestimmt. Im Laden ist es ruhig, sauber, und das Geschäft gedeiht. Bei uns wirst du ein wesentlich ruhigeres Leben haben.»

Ich wusste, dass sie Recht hatte. Aber mir war, als hätte mich eine Hand im Nacken gepackt, die mich gegen meinen Willen vorwärts stieß. Ich wollte Drucker werden. Meine Mutter begriff schließlich, dass mein Entschluss fest stand.

«Ich schlage vor, dass du wartest, bis Jehan mit der Schule fertig ist. Wenn er Freude und Lust hätte, im Laden zu arbeiten, wäre es einfacher für uns, deinen Vater zu überzeugen. Er besteht auf einem Nachfolger, und dir als dem Ältesten fällt diese Ehre zu. Aber wenn dein Bruder Interesse dafür bekundet, und mir ist, dies könnte der Fall sein, wird Vater mit sich reden lassen.»

Damit war ich umso eher einverstanden, als ich mir vorgenommen hatte, Latein zu büffeln. Ich holte meine Hefte wieder hervor, die ich nur aus Liebe zum Papier, aus dem sie gemacht waren, behalten hatte, aber auch weil ich in meinem Eifer als Neubekehrter meiner Mutter und meiner Schwester das ABC beibringen wollte – unter den spöttischen Blicken meines Vaters, der aber weder gegen die Bemühungen seiner Frau und seiner Tochter noch gegen meine eigenen etwas einzuwenden hatte. Für das Griechische hingegen musste ich mich auf später vertrösten, ich wusste nicht, wer in meiner Umgebung mich darin hätte unterrichten können.

So vergingen die Monate.

Gelegentlich stattete ich Pierre sonntags einen Besuch ab. Wir spazierten dann über die Märkte, und er erzählte mir sein Leben als Lehrling. Zeitweise blieben wir taub gegen den Lärm um uns herum: die Ausrufer der Stadt und des Militärs, das Geschrei der Verkäufer und vor allem der Verkäuferinnen, das Messeläuten, das Gebrüll von Tieren – all das war für ein Gespräch nicht gerade hilfreich, und regelmäßig ließen wir uns von dem Gewimmel einfach treiben, verzichteten auf jedes Gespräch und genossen es, mitten in der Menge zu sein. Bei schönem Wetter machten wir es uns vor einer Taverne mit einem Krug Bier bequem. Pierre bekam ihn ohne Weiteres, denn er war einen Kopf größer als ich und trat mit der Selbstsicherheit des Mannes auf, die mir leider fehlte. Bei bedecktem Wetter gingen wir auch zur Seine hinunter.

Eines Sonntagnachmittags, als ich Pierre nach einem unserer Ausflüge bis zu seiner Tür begleitete, stand ich plötzlich Aug in Auge dem Riesen aus der Druckerei Saint-Jean-Baptiste gegenüber, den ich in meinem Kopf mit «Schriftgießer» etikettiert hatte. War es wegen des Tageslichts oder weil ich unterdessen gewachsen war – er kam mir jetzt jedenfalls weniger imposant vor. Aber ein großer Mann von kräftiger Statur war er immer noch. Im Sonnenlicht glänzten sein Haar und sein kurzer Bart so schwarz, dass sie nachtblau wirkten, und wenn er lächelte, kamen blendend weiße Zähne zum Vorschein. Seine grauen Augen lagen tief und lachten gerne.

Er erkannte mich augenblicklich wieder.

«Da haben wir ja unseren jungen Mann, der sich für das Papier interessiert. Hattest du mir deinen Namen genannt?»

«Ich ... glaube nicht. Ich heiße Claude Garamond.»

«Und ich Antoine Augereau.»

Er gab mir die Hand und zerquetschte dabei die meine. Sein Lächeln war so unwiderstehlich, dass ich schließlich mit einem Lächeln antwortete, obwohl ich vor lauter Einschüchterung kein Wort herausbrachte.

«Er will Drucker werden, aber sein Vater ist dagegen», warf Pierre ein, den Antoine Augereau offenbar nicht sonderlich beeindruckte.

«Na, sowas!»

«Aber er kann nur wenig Latein und kein Griechisch», fuhr mein Kamerad unerschütterlich fort.

«Du verstehst kein Latein, stimmt's?», fragte der andere, auf Lateinisch.

Ich nahm all meinen Mut zusammen.

«Ich verstehe ein wenig, doch ich fürchte, es wird nicht ausreichen, um ...» Ich verstummte. Was heißt Drucker auf Lateinisch? *Calcographus* vielleicht? «... Drucker zu werden.»

Dieser Herr Augereau interessierte sich nicht für meinen kläglichen Wortschatz.

«Jedenfalls sprichst du gut genug. Kannst du auch schreiben?»

«Mehr oder weniger.»

«Wie alt bist du?»

«Zwölf.»

«Ein ideales Alter, um zu lernen.» Er versetzte mir einen Schlag auf die Schulter. «Ich freue mich darauf, in dir bald einen Kollegen zu sehen, mein lieber Claude, bis es so weit ist, sei Gott mir dir.»

Er verschwand im Haus.

«Was tut er bei deinem Meister?»

«Er ist sein Schwiegersohn, derjenige, der Griechisch kann.»

«Er kann Griechisch?»

«Aber ja. Er ist ein Gelehrter. Er hat studiert.»

Ich war beeindruckt: dass ein Studierter Drucker wurde! Inzwischen kenne ich mehr als einen dieser Art. Aber damals war ich noch davon überzeugt, dass Wissen und Druckerhandwerk nichts miteinander zu tun hatten.

In diesem Augenblick war mir keinesfalls bewusst, dass ich gerade dem Mann begegnet war, der mein Schicksal bestimmen sollte.

Es geschah nicht alles auf einmal, es schien mir sogar, die Sache habe sich in die Länge gezogen. Endlich aber kehrte mein Bruder Jehan nach Hause zurück. Ohne große Begeisterung sprach er davon, in einen Orden einzutreten.

«Möchtest du nicht im Laden arbeiten?»

Damals waren mein Bruder und ich gute Freunde und sprachen offen miteinander.

«Und ob. Aber im Laden hat es nicht Platz für zwei Lehrlinge, und du bist der ältere.»

Ich erzählte ihm von meinen Plänen. Er begann zu strahlen.

«Also, wenn es uns gelingt, Vater davon zu überzeugen, werde ich dir mein Lebtag dafür danken.»

«Und ich dir.»

Vater war außer sich vor Zorn. Und Mutter musste ihre ganze Diplomatie aufbieten, bis er sich beruhigte.

«Warum sollten wir zwei Söhne unglücklich machen, wo wir doch ohne Schaden für das Haus beide zufrieden stellen können? Haben Sie nicht außerdem Claude einem Mädchen versprochen, die aus einer Druckerfamilie stammt?», fragte sie ein ums andere Mal, bis schließlich die Wirkung eintrat. Ich wusste seit meiner frühesten Kindheit, dass ich eines Tages mit einem Mädchen verheiratet werden würde, die ich schon immer hässlich und furchtbar laut fand, mir war es lieber, nicht daran zu denken – also dachte ich nicht daran. Aber ich wusste auch seit jeher, dass sie die Tochter von Meister Gaultier war, der eine Buchhandlung am Clos Bruneau führte.

Da mein Vater zwar bestimmend, aber kein Tyrann war, räumte er schließlich ein, dass der eine Sohn genauso gut wie der andere der Richtige im Laden sein würde.

«Und jetzt müssen wir zusehen, dass wir einen Drucker finden, der bereit ist, dich als Lehrling zu nehmen», brummte er noch, der Form halber.

Sogar verärgert, war Herr Garamond ein praktisch veranlagter Mann. Er handelte unverzüglich; für die Zeit, bis ein Meister gefunden sein würde, engagierte er einen Schüler, der meine Lateinkenntnisse zu vervollkommnen und mir die Anfänge des Griechischen beizubringen hatte. Ganz anders als in der Schule, stürzte ich mich jetzt wie ein Verhungernder auf den Stoff, von morgens früh bis abends spät, wann immer ich zwischen zwei Besentouren und hundert Stoffpaketen Zeit fand, machte ich Grammatik- und Leseübungen.

Das ging während Wochen oder Monaten so weiter, ich weiß es nicht mehr.

Eines Morgens, ich mochte dreizehn oder vierzehn Jahre alt gewesen sein, trieb mich mein Vater mit den Worten aus dem Bett:

«Das Glück lacht tatsächlich den Faulpelzen. Steh auf, Langschläfer, wasch dir sorgfältig die Ohren und mach, dass du zu Meister Estienne im Haus ‹Zum Heiligen Jean-Baptiste› kommst.»

Mein Herz fing wie verrückt an zu schlagen. Meister Estienne war Drucker. Und wenn ... So, wie ich meinen Vater kannte, musste ich warten, bis wir alle um den Frühstückstisch versammelt waren, dann würde ich mehr erfahren.

«Von heute an bist du Druckerlehrling. Gestern Abend bin ich darin mit Meister Augereau überein gekommen.»

«Augereau? Gehe ich nicht zu Meister Estienne?»

«Doch, doch, aber Meister Estienne hat schon einen Lehrling.» Er machte eine äußerst bedeutungsvolle Pause, dann fuhr er fort: «ABER, bei den Estiennes wird es eine weitere Presse geben; gestern wurde der bisherige Vorarbeiter Antoine Augereau zum Meister ernannt, sein Meisterstück ist von der Zunft angenommen worden. Er stammt aus einer angesehenen Familie, die ich vom Hörensagen kenne. Er verfügt derzeit nicht über die nötigen Mittel, um sich selbständig zu machen, weil er aber trotz seines jugendlichen Alters sehr geschickt und sehr gebildet ist, hat Henri Estienne ihm angeboten, als Drucker bei ihm zu bleiben. Erst recht, weil er für ihn auch Schriften schneidet, und laut Meister Estienne ist ein Drucker, der auch Schriften schneidet, Gold wert. Er wird so etwas wie sein Teilhaber sein. Dies alles war mir gestern Abend nicht bekannt, ich wollte ihn nur in deiner Angelegenheit um Rat fragen. Er war es, der sagte: ‹Jetzt, da wir eine Presse kaufen und Augereau Meister geworden ist, könnten wir für ihn einen Lehrling nehmen.› Und Meister Augereau war sofort einverstanden. Er scheint dich zu kennen, du musst einen guten Eindruck auf ihn gemacht haben. Ich frage mich wirklich, womit.»

Der Sarkasmus in der Stimme meines Vaters täuschte niemanden. Er war stolz auf mich, etwas anderes konnte seine Bemerkung nicht bedeuten, das ließ mich so stark erröten, dass man es sogar im trüben Kerzenlicht sehen konnte. Meine Eltern brachen in Lachen aus, meine kleine Schwester Geneviève klatschte in die Hände, und mein Bruder Jehan brachte seine Erleichterung zum Ausdruck, da er nun wusste, dass er weder Priester noch Mönch zu werden brauchte.

«Er hat sogar in Aussicht gestellt, dir das Griechische beizubringen. Woher kennst du ihn?»

Ich erklärte es ihm.

Später sagte mir mein Vater, in jenem Augenblick hätte ich ihn von der Ernsthaftigkeit meiner Absichten überzeugt: ich hatte mich wirklich erkundigt, bevor ich meinen Entschluss fasste.

Und so kam es, dass ich mich nach dem Morgengebet und einer letzten Handreichung im väterlichen Laden zur Rue Saint-Jean-de-Beauvais aufmachte. Es war vereinbart worden, dass ich bis Ende der Woche zum Schlafen nach Hause zurückkehrte, damit meine Mutter Zeit hatte, mir mein Bündel zu packen. Ab sofort hieß es, sehr früh aufzustehen, weshalb mir von den ersten Tagen meiner Lehrzeit vor allem eine große Müdigkeit in Erinnerung geblieben ist. Von der Rue Saint-Martin aus führte mein Weg über die Brücken und die Ile de la Cité; vor allem morgens war der Lärm der Karren überall, das Hufgeklapper mischte sich mit dem Wiehern der Pferde, manchmal begegnete man auch einem Bauern, der schon früh unterwegs war und seine kleine Herde zur Grande Boucherie oder in die Halles trieb, das Blöken und Muhen der Tiere vermengte sich mit dem Geschrei der Leute, die sich lauthals unterhielten – und ich frage mich, warum ich dies in der Vergangenheitsform schreibe, denn es ist auch heute noch so. Vorbei ist indessen das abenteuerliche Gefühl, das ich damals hatte, wenn ich Morgen für Morgen eilig die Stadt durchquerte, um zu einer Arbeit zu gehen, die ich gerne tat, und zu einem Meister, der dafür sorgte, dass ich gerne lernte.

Das Schauspiel in der Grand-Rue Saint-Jacques schien mir in jenen ersten Tagen besonders interessant. Um fünf oder sechs Uhr morgens wimmelte es dort wie auf dem Markt in den Halles. Es gab Leute, die mit Papier beladen von den Druckern in die Läden eilten. Und es gab Leute jeden Alters, die zum Privatunterricht unterwegs waren, um bessere Drucker zu werden; diese erkannte man am Kerzenstock, den sie in der Hand trugen, um Licht für ihre Hefte zu haben, die sie sich unter den Arm klemmten.

Nicht dass sich in meinem Leben in diesen ersten Wochen wirklich etwas geändert hätte. Kaum war ich am ersten Tag bei Meister Estienne, brachte man mir als Erstes bei, den Laden, die Werkstätten und die ganzen Werkzeuge sauber zu halten. Das hatte ich nicht viel anders schon im Laden meines Vaters getan – es war hier der Druckerschwärze wegen einfach etwas schmutziger. Meister Estiennes Lehrling hieß Mathurin. Er war schon seit zwei oder drei Jahren in der Lehre. Er kehrte sofort den «Dienstälteren» heraus und weigerte sich wochenlang, einen Besen anzurühren. Er hatte Besseres zu tun und behandelte mich mit Herablassung.

Herablassender jedenfalls als mein neuer Meister. Als ich an jenem ersten Morgen zögernd das Haus «Zum Heiligen Jean-Baptiste» betrat, kam er mir mit einem Lächeln entgegen, das ihn mir gleich zum Freund machte, und schlug mir mit der Hand auf die Schulter:

«Du hast wirklich keine Zeit verloren. Vor zwei Tagen erhielt ich das Recht auf einen Lehrling und schon bist du da.»

Ich stotterte etwas von Zufall ... Aber Meister Augereau hatte sich noch nie damit aufgehalten, sich überflüssige Erklärungen und langatmige Höflichkeiten anzuhören. Er fuhr fort:

«Du wirst tun, was ich getan habe und was alle Lehrlinge tun: du wirst als Erstes die Werkstatt und das Material in Ordnung halten. Außerdem werde ich dich wie versprochen Griechisch lesen, verstehen und schreiben lehren. Und sag mir Bescheid, wenn du das Material reinigst, dann bringe ich dir die Namen der Werkzeuge bei. Auf diese Weise hast du bereits eine Ahnung, wenn wir später die ernsteren Dinge in Angriff nehmen. Das macht es uns leichter.»

So kam es, dass ich mich jeden Abend gegen acht Uhr, wenn wir den Laden zusperrten, hinter die Anfänge des Griechischen machte, mit einem Text, von dem ich nur noch weiß, dass er von Aristoteles war.

Ansonsten sind diese ersten Wochen wie ein schwarzes Loch. Natürlich lernte ich Meister Antoines Lektionen, aber ich habe keine Ahnung, wie ich das schaffte. Denn vom Sonnenaufgang bis zu ihrem Untergang und darüber hinaus kehrte ich, räumte ich auf, reinigte ich, lief ich zwischen den Werkstätten und den Arbeitern hin und her, holte ein zum Satz fertiges Manuskript, eilte mit Korrekturfahnen irgendwo hin, schaffte Most herbei, rannte zu den Schriftschneidern, um einen beschädigten Stempel flicken zu lassen, flitzte um Ersatz für eine zerbrochene Type zu den Gießern. Und so weiter. Oder ich flog, Merkur gleich, zu einem Kunden, um ihm geheimnisvolle Nachrichten zu überbringen, etwa von dieser Art: Mein Meister ist der Auffassung, die fette Augustea eigne sich besser für die Überschrift.

Allmählich wurde es ruhiger. Damit will ich sagen, dass ich das Warum und Woher der Dinge zu verstehen begann, die mir bis jetzt nur als Einzelteile einer geheimnisvollen Melodie vorgekommen waren. Und dann bezog ich bei Meister Estienne Quartier, in einem Verschlag hinter den Werkstätten, wo es gerade genug Platz für meinen Strohsack und meine Truhe gab. Es mochte so eng sein wie es wollte, wenigstens hatte ich Zeit, nachts eine Stunde länger zu schlafen. Und eines Morgens beim Frühstück erklärte Meister Estienne vor versammeltem Haus:

«Dieser Knabe hat die Einführung erfolgreich hinter sich gebracht. Jetzt ist es an der Zeit, dass er etwas lernt.»

Der Tradition, dass der neue Lehrling mit allen möglichen Gehässigkeiten bedacht wird, war Genüge getan. Mathurin nahm seine üblichen Tätigkeiten wieder auf, und von nun an hielten wir zu zweit die Werkstätten in Ordnung. Meister Estiennes Diener beobachtete uns dabei mit spöttischer Mine, auch er ging wieder seiner gewohnten Arbeit nach, die während Wochen oder Monaten – so genau weiß ich es nicht mehr – ausschließlich ich erledigt hatte. Es gibt allerdings Meister, für die ein Lehrling die ganze Zeit nie etwas anderes ist als ein Dienstbote, der entsprechend wenig lernt und kaum Freude an seiner Arbeit bekommt. Wieder andere lernen nichts, weil der Meister von der Familie gut bezahlt wird und die Lehre reine Formsache ist.

Dies galt bei den Estiennes weder in der einen noch in der anderen Hinsicht. Natürlich bezahlte auch mein Vater Lehrgeld. Doch die Arbeit eines Druckers ist anspruchsvoll, vor allem, wenn man wie ich (gemäß meinem Vertrag) im Sinn hatte, «Drucker-Buchhändler» zu werden; um dieses Ziel zu erreichen, gibt es nur einen Weg: man muss es tun.

Während meiner Probezeit bemühte sich Meister Augereau zwar darum, mich die Namen der Dinge auswendig lernen zu lassen, die ich aufzuräumen hatte, aber ich war dazu zu müde, und nur wenige Wörter blieben hängen.

Ries, Korn, Setzkasten, Schriftgrad, Maske, Deckel, Querbalken, Ausschießen, Schließrahmen, Zeichensatz – viele dieser Ausdrücke waren mir bereits geläufig, aber auf einmal erhielten sie eine neue Bedeutung, es war, als ob unscheinbare Passanten, die man auf der Straße gar nicht zur Kenntnis nimmt, auf einmal herausgeputzt, parfümiert, in wunderlichem Sonntagsstaat und ungewohnter Erhabenheit dastehen würden, denn für mich war damals (wie weitgehend auch heute noch) alles, was mit der Druckkunst zu tun hatte, etwas Erhabenes.

Wenn ich glauben soll, was ich von anderen Lehrlingen gehört habe, war meine Probezeit außergewöhnlich kurz, möglicherweise habe ich das Meister Antoine zu verdanken.

«Dieser Junge ist kein Hausbursche», hatte ich ihn oft zu Meister Estienne sagen hören. «Er hat bewiesen, wie gelehrig er ist, ich möchte ihn baldmöglichst am Setzkasten sehen.»

Zu Antoine Augereaus gewinnendsten Zügen gehörte seine Ungeduld, die er verspürte, wenn starre Regeln Trägheit nach sich zogen. Zweifellos ist sie schuld daran, dass er am Ende nicht mehr zu retten war, aber für mich war sie eine wirkliche Offenbarung. Dass Antoine Augereau beim Denken und Handeln ohne lange zu überlegen immer den kürzesten Weg ging, bedeutete eine völlig neue Sicht der Welt. Es ist nicht verwunderlich, dass er mit so viel Eifer neuen Ideen zusprach, sobald diese Paris erreicht hatten.

## II
### Wie ich den Setzkasten zu beherrschen und Meister Augereau besser kennen lerne, als er mir von seiner Kindheit erzählt

IR IST NICHT GANZ KLAR, wann Meister Antoine damit begonnen hat, mir sein Leben zu erzählen. Bestimmt war es nicht dann, als ich lernte, die Buchstaben in die Kästen einzuordnen – die großen unten und die kleinen oben. Das nahm mich während Tagen und Wochen in Anspruch, und solange es mir nicht gelang, die Buchstaben zu platzieren, ohne überlegen zu müssen, konnte ich an nichts anderes denken. Doch eines Tages, nachdem ich die Bewegungen unaufhörlich wiederholt und das Blatt Papier mit der Anordnung der Buchstaben überall und wann immer es ging studiert hatte, war es plötzlich drin. Ich weiß auf jeden Fall, dass während dieser ganzen Zeit nur vom Drucken die Rede war, aber nicht vom Lesen und auch nicht von der Stempelherstellung, abgesehen von jenen seltenen Ausnahmen, wenn sich Meister Antoine um die Instandsetzung beschädigter Buchstaben kümmerte, wobei er meist eine der Melodien aus seiner Heimat summte, wodurch mir diese mit der Zeit vertraut wurden:

*Es setzte sich die Schöne,*
*tra la, la-la la la*
*Am Fuße dort des Turms,*
*Am Fuße dort des Turms,*
*Am Fuße dooort deeesTurms.*
*Sie hält ihr Spinnröcklein,*
*Mit oben einem Türmchen klein.*

*Mit jeder Drehung türmt sie auf,*
*tra la, la-la la la,*
*Mit jeder Drehung türmt sie auf,*
*Die geseufzte Liebesklage,*
*Die geseufzteeee Li-iebesklage.*

Meister Antoine sang oft bei der Arbeit, und was die Stempel betraf, arbeitete er mit einer Geschicklichkeit, die mich beeindruckte. Ich hatte Zweifel, ob ich es ihm je würde gleichtun können, aber am Anfang wagte ich nicht, ihn zu bitten, mir zu zeigen, wie er es anpackte. Übrigens seufzte er oft und fand, die Stempel, die wir verwendeten, seien unvollkommen und hätten besser gemacht werden müssen.

Sowie ich indessen mit der Arbeit vertrauter wurde, schwanden schließlich meine Anfängersorgen, und ich schaute, was um mich herum geschah. So begann ich, mich mit einigen der Angestellten der Werkstatt zu unterhalten, mit Jehan am Farbkasten, mit Michel an der Presse und mit seinem Kollegen Placide – einem Mann, der seinem Namen alle Ehre machte. Er arbeitete mit einer verblüffenden Geschwindigkeit, machte aber immer den Eindruck, als ob er schlafen würde, dabei gab er nie viel mehr als ein Knurren von sich.

Außerdem waren da die Korrektoren. Einige arbeiteten ständig hier, ihnen brauchte in Sachen Deklination und Interpunktion niemand etwas vorzumachen. Gelegentlich wurden dafür auch Studenten beigezogen, von Meister Estienne sorgfältig ausgewählt, «gelehrt sollten sie sein, aber nicht pedantisch».

Und schließlich gab es auch noch jene Kapazitäten, die kamen, um sich im Besonderen um das eine oder andere Buch zu kümmern. Im Korrektorenraum war es denn auch, wo ich mit Meister Geoffroy Tory, einem Lehrer am Collège von Burgund, Bekanntschaft machte. Nach dem ersten Eindruck, den ich von ihm gewann, war er ein Mann, der an allem etwas auszusetzen hatte. Er mochte unsere Aussprache des Lateinischen nicht, er mochte es nicht, wie wir Französisch sprachen, und er mokierte sich heftigst über Meister Antoines Poiteviner Akzent.

Die Druckschriften, die wir für unsere Bücher verwendeten, fand er «unmöglich».

«Zu einem klaren Gedanken gehört eine klare Form!», wetterte er.

Ich war noch zu jung, um zu verstehen, dass er Recht hatte mit seinen Beobachtungen, und es dauerte Jahre, bis ich begriff, dass ich nur gewinnen konnte, wenn ich ihn zu einem meiner Lehrmeister machte.

Meister Antoine jedoch begriff schnell. Schon bei Meister Torys erster Anspielung auf seinen Akzent lachte er. Danach aber griff er nach einem Blatt Makulatur und zeichnete Buchstaben, die Meister Tory «kaum lesbar» fand – und Meister Antoine begann ohne Murren von neuem. Die beiden Männer konnten stundenlange Diskussionen über voll gekritzelten Blättern führen.

Oft tauchte Robert, einer der Söhne Meister Estiennes, in der Werkstatt auf, der heute sowohl als Gelehrter als auch als Drucker einen hervorragenden Ruf genießt. Damals war er zwar erst fünf oder sechs Jahre alt, aber er konnte schon Latein, als sein Lockenkopf noch nicht einmal bis an die Tischkante reichte. Er begeisterte sich für alles, was wir taten, und er wusste bereits besser über die Einteilung des Setzkastens Bescheid als ich. Für ihn war das alles ein Spiel, zur allergrößten Freude seines Vaters, der händereibend sagte:

«Ich habe es schon immer gesagt. Es ist falsch, zu wollen, dass unsere Kinder um jeden Preis in unsere Fußstapfen treten. Unter Zwang leisten sie keine gute Arbeit. Aber dieser hier, Gott sei Dank! ist mit Haut und Haaren dabei. Er ist mit dem Druckerhandwerk am Leib geboren worden.»

Wenn ich sah, mit welch unendlicher Geduld Antoine Augereau dem Kleinen die Anfänge der Schriftsetzerei erklärte, obwohl er in anderen Dingen der ungeduldigste Mensch war, sagte ich mir, wie viel Glück ich hatte, auf einen solchen Lehrmeister gestoßen zu sein.

Aber ich komme schon wieder vom Thema ab. Eines Abends – es muss vor einem Festtag gewesen sein, denn ich war auf dem Weg zu meinen Eltern – entschloss er sich, mich bis zur Pont Notre-Dame zu begleiten. Er wollte zu einem Buchhändler in der Gegend. Es war spät geworden, und er fand, die Straßen seien nicht mehr sicher genug für einen Jungen meines Alters. Alle meine Proteste waren vergeblich, er ließ sich nicht davon abbringen. Darin zeigte sich ein weiterer Charakterzug Antoine Augereaus – er war starrköpfig. War etwas «richtig» (wie er es ausdrückte), konnte man sagen oder tun, was man wollte. Dann war er schlimmer als ein Maulesel. Das war durchaus als Tugend zu sehen, denn ein Mann, auf dessen Wort man jederzeit zählen kann, ist kostbar; schließlich aber wurde ihm das zum Verhängnis.

«Sobald wir in der Rue Saint-Martin sind», sagte er, «lasse ich dich gehen. Und außerdem tue ich es gerne.»

Er begleitete diese Erklärung mit einem Lächeln, worauf es nur eine Antwort gab: «Amen.»

Wir machten uns auf den Weg, und plötzlich fragte er mich, wie es gekommen sei, dass ich Buchdrucker werden wollte. Ich erklärte es ihm.

«Und Sie, Meister Antoine?», wagte ich zu fragen, als ich geendet hatte.

«Ich ...»

Er blieb eine Zeit lang in Gedanken versunken. «Bei mir hat es wohl mit meinen Vorfahren zu tun, die Steinmetze waren.»

«Ach? Und was hat ein Steinmetz ...?»

«An meiner Sprache hörst wohl auch du, dass ich aus dem Poitou komme. Bei uns, musst du wissen, gibt es keine Druckereien. Ich bin aus Fontenay-le-Comte, der Ort ist berühmt dank Leuten wie André Tiraqueau, eines sehr bekannten Anwalts, dessen Familie mit derjenigen meiner Mutter verwandt ist, und der neulich bei unserem Kollegen Josse Bade eine Abhandlung über die Eheschließung veröffentlicht hat. Wir besuchten eine Zeit lang zusammen den Griechischunterricht, als wir beide in Fontenay zur Schule gingen.»

«Fontenay-le-Comte, ist das eine große Stadt? Mir ist, mein Vater spreche von dem Ort wie von einem großen Markt.»

«Im Vergleich zu Paris ist sie klein, aber im Poitou ist sie bedeutend. Fast ebenso bedeutend wie Poitiers, allerdings aus anderen Gründen. Und dein Vater hat Recht, es gibt dort Märkte, zu welchen die Leute aus der ganzen Welt kommen.» Er schwieg einen Augenblick. «Die Stadt liegt in einer wunderschönen Gegend, von Gehölzen und Mooren umgeben, nicht weit vom Meer, keine fünf oder sechs Wegstunden. Fontenay liegt auf einer Anhöhe, umgeben von Mauern und überragt von einem Schloss. Einen Fluss gibt es auch zu seinen Füßen, die Vendée, sie ist meist mit Booten übersät, die vom Meer her kommen. Als Kind trieb ich mich, wann immer ich konnte, im Hafen herum. Man trifft dort die sonderbarsten Leute. Dort habe ich davon gehört, dass eine Neue Welt entdeckt worden sei, weißt du, am anderen Ende des Meeres. Eine neue Welt ...»

Es gab eine weitere lange Pause, während der wir an einigen besonders lärmigen Läden vorbeikamen. Es wurde dunkel, und in den Häusern sah man die ersten Lichter schwanken.

«Wie gesagt, mein Urgroßvater war Steinmetz.»

Wir gelangten ans Ufer der Seine. Meister Antoine setzte sich auf einen Bordstein, ich setzte mich neben ihn, und er erzählte mir von seinem Vorfahren. Einer der Vorzüge meines Lehrmeisters bestand darin, ein guter Erzähler zu sein. Ich versuche, seine eigenen Worte wiederzugeben.

«Mein Urgroßvater war eigentlich Baumeister, wie mein Großvater, mein Vater und meine Onkel nach ihm. Nach einem Nomadenleben ließ er sich im Jahre des HErrn 1430 in Fontenay nieder. Wie schon sein Vater kümmerte sich mein Urgroßvater meist um die Erstellung oder Restaurierung von Steinskulpturen an Kirchen und Häusern – Kapitelle, Fassaden, Türen und Fenster – in der ganzen Gegend. So haben die Augereaus überall ihre Spuren hinterlassen, in Aulnay, in Poitiers und so weiter, man findet sie in der ganzen Gegend, wenn man danach sucht (wir nannten uns auch Ogerot und sogar Auger). Es wird erzählt, mein Urgroßvater sei nach Fontenay gekommen, um am Bau der Kirche mitzuwirken, als man gerade den Glockenturm in Arbeit hatte. Er hatte nicht die Absicht gehabt, sich hier niederzulassen. Doch die Verhältnisse änderten sich, er heiratete und wurde sesshaft. Er, seine Söhne und seine Enkel bauten Häuser. Bei den Augereaus vererbte der Vater den Söhnen indessen auch die Kunst, in erster Linie Stein, aber auch Metalle zu behauen. Deshalb waren sie berühmt für die Schönheit der Verzierungen an den Häusern, die sie bauten, ihr Fachwissen war begehrt.»

«Ist Ihr Vater noch immer Bildhauer?»

«Mein Vater ist tot. Gott sei seiner Seele gnädig. Es heißt, er sei mitten in einer strengen Arbeit umgefallen wie eine vom Blitz getroffene Eiche. Zu dem Zeitpunkt war ich leider nicht da, um meine Mutter zu trösten und ihr beizustehen.»

Sein Blick verlor sich in den Weiten.

«Mein Vater war so groß, dass sein Kopf in der Menge immer alle überragte. Seine Statur war eindrücklich, sogar furchterregend.»

Er lachte laut.

«In Wirklichkeit war er, wenn er nicht arbeitete, von großer Sanftmut, ein hervorragender Erzähler und ein großer Träumer. Seit seiner Kindheit hatte er davon geträumt, Baumeister von Kathedralen zu sein, und er erzählte bei jeder Gelegenheit, wie er in seiner Jugend zu Fuß unterwegs war, um an jeder großen oder kleinen Kirche, die er entdeckte, in Chartres und dann in Reims, die Skulpturen anzusehen.»

«Er hätte Häuser verzieren können.»

«Du sagst es. Aber die Kathedralen hatten für ihn eine ganz besondere Anziehungskraft. Er lebte in der falschen Zeit, aber was solls. Seit den fernen Jahren Eleonores von Aquitanien haben unsere Städte andere Sorgen, als die von unseren Vorfahren erbauten Kirchen verschönern oder neue bauen zu lassen. Die englischen Könige haben sich über eine lange Zeit darauf versteift, unsere Länder besitzen zu wollen, indem sie geltend machten, dem französischen Zweig der Plantagenets anzugehören. Man wollte König von England sein, ohne die französischen Besitzungen aufzugeben, was sich als unmöglich erwies. Was hätten wir auch mit einer Herrschaft anfangen sollen, die ständig abwesend war. Außerdem wurden ihre französischen Besitzungen immer wieder vom König von Frankreich beansprucht, den wir allein als den unsrigen anerkennen. Immer wieder standen sich deshalb die französische und die englische Krone auf dem Schlachtfeld gegenüber.»

Fontenay, die Vendée und das Poitou waren während drei Jahrhunderten der Mittelpunkt dieser Kriege.

«Wir wurden nicht um unsere Meinung gebeten», sagte Meister Antoine, «was nicht hieß, dass wir keine gehabt hätten, wenn ich den Geschichten meines verstorbenen Großvaters glauben will. Die Armeen der verschiedenen Parteien marschierten wie die Ameisen vor unserer Haustüre herum, und wir, beziehungsweise unsere Eltern versuchten, zu überleben. Tatsache ist, dass unsere Leute immer bettelarm waren, wenn die Truppen der Engländer durchzogen, man nagte buchstäblich am Hungertuch, während es wie von Zauberhand Nachschub gab, wenn die französischen Truppen im Land waren.»

Besonders stolz war Meister Antoines Vater, der Antoine Augustin hieß (und den ich zur besseren Unterscheidung von «meinem» Meister Augustin nenne), dass er lesen und schreiben konnte.

«Ich rede nur davon, weil es wie die Bildhauerei mit meinem eigenen Schicksal zu tun hat.»

Augustin Augereau war nicht der älteste Sohn, sondern der dritte oder vierte. Doch die zwei oder drei Onkel Meister Antoines (ich habe das nie ganz begriffen) sorgten dafür, dass die Geschäfte ihres Vaters weitergingen.

«Es fällt einem schwer, es zu glauben, wenn man ihn erst dreißig Jahre später kennen gelernt hat, aber als Kind war mein Vater klein und schmächtig. Was er über alles liebte, war stundenlang irgendwo mit einem Meißel in der Hand zu sitzen und im Kleinen die Verzierungen nachzumachen, die sein Vater und die anderen Bauleute im Großen herstellten. Die Erwachsenen fanden das lustig und brachten ihm gerne die Kunst bei, Ornamente und Personen abzubilden. Weil er aber zu schwächlich war, schickten ihn seine Eltern schließlich zu den Benediktinern von Maillezais. Zehn Jahre lang tat er alles, was man von ihm verlangte, ohne zu murren: Lesen und Schreiben lernen, Schönschrift, Heilkräuter anbauen, Kranke pflegen. In seinen freien Stunden bearbeitete er Steine und Holz und machte mehr oder weniger wahrheitsgetreue Abbilder von Tieren. Skulpturen wie diese waren meine ersten Spielzeuge. Bis zum Alter von sechzehn oder siebzehn Jahren war mein Vater ein Muster von Jungmönch. Doch dann wurde ihm klar, wie wenig ihm dies alles bedeutete. Auch wenn er tagelang in der Kirche kniete, wollten sich seine Gedanken nicht davon abbringen lassen, sich auf und davon zu machen, über Stock und Stein zu springen.»

Es brachte Meister Antoine immer zum Lachen, wenn er diese Geschichte erzählte. An jenem Abend hörte ich sie zum ersten Mal.

«Armer Vater ... ich kann mir denken, wie ihm zumute war, denn ich habe das auch erlebt.»

Am Vorabend jenes Tages, an dem er die Tonsur bekommen sollte, bat Augustin seinen Abt um Entlassung. Er träumte davon, fahrender Bildhauer zu werden; weil er aber zu jenem Zeitpunkt nicht einmal die elementarsten Grundlagen dieses Handwerks kannte, gab er sich damit zufrieden, fahrender Händler zu werden. Er hatte viel mit Chorhemden und Messgewändern zu tun gehabt und kannte sich recht gut in Stoffen, Posamenterien, Garnen und anderen Kleinigkeiten aus, er würde also Kurzwarenhändler werden.

«Er leierte dies vor seinem Abt herunter, ohne ihn anzusehen, überzeugt, dieser würde ihm sagen, er sei verrückt, und ihn zur Strafe auf Wasser und Brot setzen.»

Wieder lachte er herzhaft.

«Aber als es ihm gelungen war, das Wort Kurzwarenhändler auszusprechen, sah er auf, um abzuschätzen, wie zornig der Abt war, und stellte fest, dass dieser lächelte: ‹Bruder Augustin›, sagte er mit sanfter Stimme, ‹Ihr wart für mich ein Büblein, das in der Masse unterging, und dem ich keine besondere Beachtung schenkte. Seit einiger Zeit indessen habt Ihr in einer Art und Weise zu wachsen begonnen, die an ein Wunder grenzt, inzwischen sehe ich Euch, weil Ihr einen Kopf größer geworden seid als alle Eure Kameraden, und ich sehe, wie sich dieser Kopf verändert. So fragte ich mich, wie lange es wohl dauern würde, bis Ihr kämt, um Eure Entlassung zu erbitten.› ‹O, mein Vater, Sie ...› ‹Nicht alle sind für das kontemplative Leben geboren, mein Sohn, und als Ihr mit sechs oder sieben Jahren zu uns kamt, war Euer Charakter noch nicht ausgebildet. Ein Mann von Eurer Statur sollte Kathedralen bauen. Leider verfügt unser Orden nicht mehr über jene Beschützer, die es ihm in früheren Zeiten erlaubt haben, dies zu tun. Werdet also fahrender Kurzwarenhändler, wenn Ihr das möchtet. Wir werden Euch behilflich sein und Euch für Eure erste Tour beliefern, dann lebt Ihr von dem, was Ihr verdient. Doch bevor Ihr Euch ans Werk macht, möchte ich, dass Ihr Euren Vater aufsucht und um seinen Segen bittet.›»

Vom Kloster zum Haus der Augereaus waren es nur drei Wegstunden, Augustin ging den Weg eilenden Schrittes und mit bangem Herzen. Sein Vater mochte wohl ein sanftmütiger Mensch sein. Wenn es jedoch um die Arbeit ging, kannte er keinen Spaß. Als er seinen Sohn ohne Benediktinerkutte kommen sah, runzelte er die Stirn.

«Was ist, hat man dich hinausgeworfen?»

Meister Antoines Vater berichtete. Einfach war es nicht gewesen, doch der Großvater war schließlich mit sich überein gekommen, dass er es genauso wie der Benediktinerabt gutheißen konnte, wenn sein Sohn fahrender Kurzwarenhändler werden wollte.

Zwei oder drei Jahre vergingen. Eines Tages erschien Augustin zu Hause, um Winterquartier zu nehmen, wie er dies jedes Jahr tat, er stellte seine Kurzwaren in die Ecke, krempelte die Ärmel hoch und packte bei der Arbeit seines Vaters und seiner Onkel an. Er begann seine Lehre als Maurer und Steinmetz mit so viel Begeisterung, dass Großmutter Augereau noch Jahre danach schmunzelte, wenn sie die Geschichte ihren Enkelkindern erzählte und sagte, tief im Inneren habe Augustin wohl genug davon gehabt, Bänder und Nadeln zu verkaufen.

«Ich muss sagen», erläuterte Meister Antoine, «dass er sein Leben lang wirkliches Talent bewiesen hat, das kann ich selber bezeugen. Sein Gedächtnis grenzte an ein Wunder. Skulpturen, die er auf einer seiner Reisen gesehen hatte, bildete er aus der Erinnerung nach. Ich habe noch seine Nachbildung der Geburt Christi am Frontgiebel von Notre-Dame-la-Grande in Poitiers vor Augen. Jahre später habe auch ich sie gesehen, der einzige Unterschied seiner Version war der, dass mein Vater der Gottesmutter das Gesicht meiner Mutter gegeben hatte. Er machte mich nicht nur voller Stolz darauf aufmerksam, sondern sorgte, als ich noch ziemlich klein war, auch dafür, dass ich lernte, mit den Sticheln umzugehen, damit auch ich Mutters Gesicht eines Tages würde nachbilden können.»

«Und, hat er Ihnen das Bildhauern beigebracht?»

Wieder lachte er.

«Du kannst es mir gerne glauben, auch ich war sehr klein und schmächtig, weshalb meine Mutter ihn davon abhalten wollte. Meine Mutter ist übrigens Françoise Goupil, verwandt mit berühmten Ärzten der Gegend, den Goupils, in deren Haus sie aufgewachsen ist; sie weiß über Krankheiten genauso gut Bescheid wie die gelehrtesten Doktoren.

Sie hat Lesen und Schreiben gelernt, das war für eine junge Frau damals viel ungewöhnlicher als heute.»

«Aber sehen Sie denn nicht, dass dieses Kind nicht imstande ist, den Stichel richtig in die Hand zu nehmen, wie soll es Ihrer Meinung nach bildhauern können? Es wird sich die Augen verderben», hatte sie zu ihrem Mann gesagt.

«Wichtig ist in seinem jetzigen Alter nicht die Perfektion. Er muss nur lernen, die Werkzeuge korrekt zu handhaben, der Rest ergibt sich.»

Und Meister Antoine (der damals der kleine Antoine war) setzte seine beschwerliche Lehrzeit fort, als ob niemand je etwas gesagt hätte.

Seinem Vater war aus der Zeit der Wanderschaft ein starkes Bedürfnis nach Fußmärschen geblieben. Als Meister Antoine vier oder fünf Jahre alt war, begleitete er seinen Vater gelegentlich auf seinen Streifzügen, wenn sie nicht gar zu lang waren.

«Ich erinnere mich lebhaft an diese langen Ausflüge, mein Vater redete die ganze Zeit auf mich ein. Er hatte immer ein paar kleine Messer in der Tasche, und ohne dass ich es gemerkt hätte, führte er mich in die Kunst des Gravierens ein. So habe ich mir, ohne dass es mir bewusst gewesen wäre, alles angeeignet, was er wusste. Von seinem eigenen Vater hatte er ein umfassendes Wissen über sämtliche Gesteinsarten in der Gegend. Auch dies hat er an mich weitergegeben, noch heute erkenne ich einen Kalkstein aus Brelouze an seiner weißen, ins Gelbliche tendierenden Farbe. Man verwendet diesen Stein, weil er bei Frost nicht birst, und seiner Strahlkraft wegen – wunderbar. Man kann ihn weder mit dem weißen Stein aus Sainte-Gemme noch mit dem weißesten von allen, jenem aus Taillebourg, vergleichen.» Eine Pause. «Seit Jahren habe ich nicht mehr an diese Dinge gedacht, aber wie du siehst, weiß ich noch alles. Es versteht sich von selbst, dass mein Vater als Allererstes darauf achtete, dass ich lesen und dann auch schreiben lernte. Die Felder rund um Fontenay waren meine erste Schulstube. Und weil diese Schule so ganz anders war als jene, in die ich später geschickt wurde, blieb sie mir als eine Zeit großer Freiheit in Erinnerung. Sie war so stark, dass es meinen Lehrern später nie gelungen ist, mich vom Lernen abzubringen.»

Einer von Meister Antoines Onkeln war nach der Lehre bei einem Meister in Fontenay Goldschmied geworden.

«Und bei ihm haben Sie das Gravieren gelernt?»

«Die Möglichkeit gab es. Aber ich hätte auch in die Fustapfen meines Vaters treten können; mein Bruder Charles war Goldschmied und Juwelier geworden. Er übernahm das Geschäft unseres Onkels, der kinderlos geblieben war. Ich begeisterte mich für das Lesen, was damals keineswegs eine Selbstverständlichkeit war.»

«Wir schicken ihn ins Kloster», hatte sein Vater verfügt. «Er soll lernen, was ich gelernt habe. Wird ein Gelehrter aus ihm, umso besser. Wenn nicht, kann er immer noch mein Nachfolger werden.»

Meister Antoine kam zunächst zu den Franziskanern, ganz in der Nähe von Fontenay, gleich außerhalb der Stadtmauer, nur einen Steinwurf vom väterlichen Werkplatz entfernt.

«Ich will lieber nicht daran denken, was ich bei denen zu sehen bekommen habe. Die meisten Mönche waren engstirnig und furchtbar ungebildet. Und es gab eine für mich mysteriöse Geschichte: einer der Schüler starb, wie es hieß, an zu harter körperlicher Züchtigung. Was auch immer gewesen sein mag – meine Mutter verlangte von meinem Vater, dass er mich aus diesem Kloster herausholte, und ich verließ es, ohne ihm eine Träne nachzuweinen, das kannst du mir glauben. Ich kam dann zu den Benediktinern von Maillezais, wie schon mein Vater, ich war inzwischen neun oder zehn Jahre alt.»

«Und Sie sind nicht Bildhauer geworden?»

«Nicht in Fontenay. Ich überließ die Steine meinen älteren Brüdern, die nicht so sehr aufs Studieren erpicht, dafür umso talentierter mit ihren Händen waren. Einer ist Maurer, der andere Goldschmied, ich sagte es bereits. Wie ich hatten sie lesen und schreiben gelernt, meine Eltern bestanden bei Jungen und Mädchen darauf, und meine Mutter hat für die entsprechenden Lektionen sogar ein kleines ABC fabriziert, aber sie konnten sich überhaupt nicht dafür begeistern. Mein jüngerer Bruder François allerdings war als Kind ein ebenso schlaues Bürschchen wie ich, und er ist es geblieben. Er ging nach Poitiers und studierte die Rechte. Heute ist er in Fontenay eine bedeutende Persönlichkeit, heißt es. Ich habe gehört, er sei ein angesehener Jurist geworden.»

«Und die Benediktiner?»

«Streng, aber gerecht. Wir waren nur wenige Kinder, und der Lehrer, der sich um uns kümmerte, Pater Anselm, war ein großer Gelehrter. Die Benediktinerabtei von Maillezais, musst du wissen, ist ein wahrer Hort der Kultur. Viele von jenen, die nicht die Möglichkeit haben, an Poitiers berühmter Universität zu studieren, ersuchen die Benediktiner von Maillezais um Bett und Unterricht. Was mich betrifft, habe ich bei ihnen die Ergänzung zu dem gefunden, was ich von meinem Vater gelernt habe. Danach kam außer einem Studium nichts in Frage. Ich war eine ganze Zeit lang spindeldürr, aber ich wuchs sehr schnell und hätte ohne Mühe auch schwerere Arbeit leisten können. Doch im Alter von zehn Jahren wurde aus meiner Liebe für das Lesen eine Leidenschaft für die Bücher.»

Dank der Verbindungen mit dem toskanischen Zweig ihres Ordens brachten die Benediktiner schon früh griechische Schriften nach Frankreich und insbesondere nach Fontenay, die von einigen ihrer großen Autoren zunächst ins Lateinische und dann in die Volkssprache übersetzt worden waren. Ihre Sprache war zwar das Toskanische, nicht das Französische, trotzdem sagten sie sich: wenn es in Italien Leute gab, die sich für solche Texte interessierten, warum dann nicht auch in Frankreich?

«Bei uns war der Buchdruck damals noch kein Thema. Einige hatten zwar davon gehört, doch im Gegensatz zu anderen neuen Ideen ist diese bis auf den heutigen Tag nie bis nach Fontenay vorgedrungen. Brav und fleißig kopierten wir Bücher, was uns die Möglichkeit gab, zu lernen, was wir lasen. Für einige meiner Kameraden hieß die Losung ‹Kopieren ohne zu denken›. Ich konnte das nicht, ich habe beim Kopieren immer Gefallen an dem gefunden, was ich las und dann schrieb.»

«Und wie ging die Sache aus?»

Meister Antoine klopfte sich vor lauter Lachen auf die Schenkel.

«Bei der Art und Weise, wie du mich fragst, könnte man meinen, für dich habe die Sache nicht anders als SCHLECHT ausgehen können. Aber nein. Die Zeit in Maillezais war eine der ruhigsten und fruchtbarsten meines Lebens. Als ich sechzehn oder siebzehn Jahre alt war, starb mein Vater, was eine Entscheidung notwendig machte: Sollte ich das Kloster verlassen? Mein Bruder wusste noch nicht, ob er so viel verdienen würde wie unser Vater mit seinem hohen Ansehen. Auch er war noch jung. Maillezais bot mir an, zu bleiben, was ich zunächst auch tat. Doch dann ging es mir eines Tages wie meinem Vater – der Ruf der weiten Welt war stärker. Ich musste weg. In Gedanken war ich bereits unterwegs nach der Neuen Welt.»

«Sie haben Ihnen gesagt, das kontemplative Leben sei nicht für jedermann und ein Mann von Ihrem Format sollte Kathedralen bauen?»

Er musste das Lächeln in meiner Stimme gehört haben.

«Du Frechdachs! Aber es stimmt. Vater Abt sagte zu mir das Gleiche, was er schon zu meinem Vater gesagt hatte, und es war auch der Gleiche. Zur Zeit meines Vaters war er ein junger Mann gewesen, mir erschien er jedoch alt wie Methusalem. Aber genau das hat er zu mir gesagt: In Ihrer Familie ist man ganz entschieden nicht für das kontemplative Leben geboren.»

«Und was haben Sie dann gemacht?»

«Meine Mutter übernahm das Geschäft. Die Arbeiter gehorchten ihr ohne weiteres, sie brachten ihr den allergrößten Respekt entgegen. Auch mein Bruder arbeitete unter ihr und es war beinahe so, als ob mein Vater gar nicht gestorben wäre. Dies erlaubte mir, guten Gewissens nach Poitiers zu gehen. Ich ging an die Universität, doch das Studentenleben behagte mir nicht. Ich besuchte zwar regelmäßig den Unterricht. Doch kaum hatte ich die Abschlussexamen in Theologie bestanden, trat ich bei einem Goldschmied in die Lehre.»

«Bei einem Goldschmied? Nicht bei einem Drucker?»

«Nein, mit dem Buchdruck hatte ich anfänglich nichts im Sinn. Ich hatte ein gewisses Talent für das Gravieren geerbt und sagte mir, bei einem Goldschmied ...»

Er erhob sich.

«Gehen wir, ich will, dass du noch bei Tageslicht nach Hause kommst und ich mir von deinen Eltern nicht vorwerfen lassen muss, dich zu Ausschweifungen verführt zu haben. Außerdem will ich zu meinem Buchhändlerfreund, bevor er die Läden vorhängt.»

Wir machten uns gemächlich auf den Weg.

«Aber wie sind Sie von der Goldschmiede in die Druckerei gekommen?»

«Das gab es öfters, ich war nicht der Einzige. Für dich sind gedruckte Bücher Teil deines Lebens. Du lebst mit ihnen seit deiner Geburt, mehr oder weniger. Du kannst dir also nicht vorstellen, was es für jemanden, der lesen und schreiben konnte und einige Diplome sein Eigen nannte, bedeutete, zum ersten Mal überhaupt ein bedrucktes Blatt Papier vor Augen zu haben.»

«Sie hatten noch nie welche gesehen?»

«Nicht bevor ich nach Poitiers kam. In Maillezais lebten wir etwas abseits, musst du wissen. Unser Abt besaß vielleicht schon Gedrucktes, aber er hätte es bestimmt nicht einem Anfänger wie mir gezeigt. Als ich zum ersten Mal ein gedrucktes Buch sah, war ich wie vom Donner gerührt. Ich wollte nur noch eines: dieses Handwerk lernen. Ich hatte den Eindruck, mein bisheriges Leben sei eine einzige Vorbereitung darauf gewesen.»

Wir kamen in die Rue Saint-Martin, aber ich wollte unbedingt das Ende der Geschichte hören, bevor wir auseinander gingen. Wer weiß, wann wir sonst dafür wieder Zeit haben würden.

«Und was haben Sie getan?»

«Ich ging zu meiner Mutter. Im Zweifelsfall fragt man die Mutter. Und selbstverständlich bekniete sie unverzüglich einen Vetter meines Vaters, Jean Augereau, mich in seiner Druckerei in Poitiers einzustellen. ‹Ich bringe Ihnen keinen gewöhnlichen Lehrling. Der Mann kann Griechisch und Latein und ist gebildet. In ein paar Monaten wird er tüchtiger sein als Sie›, sagte sie zu ihm. Doch dieser Vetter hatte keinen Platz für mich und konnte mich nicht nehmen. Aber meiner Mutter entkommt man nicht so schnell. ‹Ich werde einen Drucker für ihn suchen›, sagte er. Und er fand einen.»

«Sie haben Ihre Lehre bei den Marnefs gemacht?»

Ich hatte einen Laden entdeckt, «Zum Pelikan», und mir war gesagt worden, er gehöre der Familie Marnef, deren Druckerei sich in Poitiers befand. Es hieß, die Marnefs seien die bedeutendsten Drucker der Stadt.

«Nein, nicht bei ihnen. Sie sind bedeutende Drucker, das ist wahr. Doch ich hatte das Glück, von Jean Bouyer und Guillaume Bouchet eingestellt zu werden. Mein Lehrmeister war Hochwürden Jean Bouyer, der mehr Drucker als Priester war, aber doch seine Pfarrei hatte, La Rédemption.» Er lachte. «Freiwillig ging er nicht hin, nur, wenn es unbedingt sein musste. Seine Religion war das Buch. Für ihn war es der HErr selbst, der dem Menschen diese wunderbare Erfindung eingegeben und ihn, Meister Bouyer, höchstpersönlich beauftragt hatte, ihr Diener zu sein. Er kümmerte sich um die Druckerei und den Laden, die technischen Arbeiten überließ er anderen. Meister Guillaume, sein Teilhaber, kannte alle Geheimnisse, und mit ihm habe ich meine ersten Stempel geschnitten. Gotische, abgesehen von ein paar Majuskeln, die wir den zahlreichen römischen Steininschriften in der Gegend von Poitiers abschauten. Unterdessen war ich um die zwanzig, und ich lernte wirklich schnell. Schon nach ein paar Monaten hatte ich alles begriffen, geblieben bin ich aber trotzdem zwei Jahre, entsprechend der Vorschrift der Zunft, und ich habe es nicht bereut.»

Ich öffnete schon den Mund für eine weitere Frage, doch er kam mir zuvor.

«Jetzt ist Schluss. Du gehst nach Hause. Den Rest erzähle ich dir ein andermal.»

Wir waren inzwischen vor unserem Haus angelangt.

Wir wollten uns gerade verabschieden, als meine Mutter aus dem Laden stürzte, mit einer Hand die Röcke hochzog, damit sie nicht beschmutzt wurden, und in die entgegengesetzte Richtung davoneilte, ohne uns zu sehen, da wir im Halbdunkel standen.

Als Meister Antoine sie herauskommen sah, blieb er wie angewurzelt stehen; im Licht der Laterne, die sie in der einen Hand trug, sah sie aus wie ein junges Mädchen, mein Meister stand da und rührte sich nicht vom Fleck.

«Wer ist das?» frage er leise.

«Das ist meine Mutter. Sie heißt Fr ...»

«Deine MUTTER? Bist du sicher, dass es nicht deine Schwester ist?»

Ich lachte laut heraus.

«Aber nein, meine Schwester ist zehn Jahre alt, ein Kind.»

Er erholte sich wieder.

«Nun, du hast Glück, eine so junge Mutter von so einnehmender Schönheit zu haben», sagte er mit einer Stimme, aus der ich ein Beben herauszuhören glaubte, das für mich an jenem Abend, unschuldig wie ich war, ein großes Geheimnis in sich barg.

«Gut, bis dann also, ich muss zusehen, dass ich vor dem Lichterlöschen nach Hause komme», meinte Meister Antoine noch, bevor er sich mit großen Schritten und in plötzlicher Eile entfernte.

Ich sah ihm nach, bis er in der Menge verschwand. Das kleine zarte Kind, das schmächtige Mönchlein gehörten wirklich der Vergangenheit an. Der mir bekannte Meister Augereau hatte die Statur eines Baumeisters, auch wenn dies nicht sein Handwerk geworden war.

## III
### Wie ich als Druckerlehrling arbeite und begreife, dass es nicht genügt, Bücher zu drucken; sie klug auszuwählen, ist ebenso wichtig

rst im Nachhinein wird mir bewusst, dass Meister Augereau bei dem Vielen, das er mir erzählte, immer an mein jugendliches Alter dachte. Er achtete sorgfältig darauf, was er mir von den Büchern, die er las, oder, besser gesagt, von seinen Gefühlen beim Lesen, erzählte und was nicht. Andererseits ermutigte er mich, zu lesen, und oft lieh er mir Bücher, die er selber gelesen hatte.

Aber eines muss ich gestehen: In der ersten Zeit meiner Lehre interessierten mich Bücher mehr als Gegenstand, von der Technik her, denn ihres Inhalts wegen. Ich liebte es, Besorgungen für meinen Lehrmeister zu machen – vom Lehrling wird erwartet, dass er von allen in der Werkstatt die flinksten Füße hat, es berauschte mich, unterwegs an den vielen Buchläden vorbeizukommen. Sie verkauften, was bald einmal das Produkt meiner Arbeit sein würde, und allein die Tatsache, dass es sie gab, war für mich von allergrößtem Interesse. Ich würde mich mit ihnen anfreunden müssen. Aber ich kümmerte mich nicht darum, was sie verkauften.

Natürlich konnte ich sie nicht alle kennen, weder jene in den Straßen, die zur Seine hinunterführen, noch die in der Nähe von Kirchen wie Saint-Yves, Saint-Mathurin, Saint-Etienne oder Saint-Hilaire, noch die in der Umgebung von Schulen oder unseres eigenen Aushängeschildes. Im Universitätsquartier gibt es praktisch kein Haus, in dem nicht eine Druckerpresse oder ein Bücherladen untergebracht ist.

Meine Entdeckungsreise begann ich in unserer unmittelbaren Umgebung. Von unserem Haus aus zur Rechten, auf der Seite von Saint-Hilaire, war im Haus «Zum Heiligen Claude» die Buchhandlung Thibault Charrons, zur Linken hingen ab jener Zeit die Schilder «Zum Basler Wappen», «Zum Grünenden Baum», «Zum Fliegenden Herz», «Zum Bild des Heiligen Christophorus», «Zum Hirschhorn», «Zur Samariterin» und viele andere.

Hinter der Rue Saint-Jean-de-Beauvais liegt die Rue des Carmes, wo mein Vater ein Haus besaß, eines der wenigen, in dem es keine Druckerei gab, aber von Buchhändlern wimmelte es auch in dieser Straße. «Zum Guten Herzen», «Zum Roten Haus», «Zum Tannzapfen», «Zu den Goldenen Löwenjungen», «Zum Silbernen Greiff» ...

Das Zentrum indessen bildete und bildet noch immer die Grand-Rue Saint-Jacques, dort gibt es pro Haus nicht nur einen, sondern gleich mehrere Buchhändler. Gezählt habe ich sie nicht, aber ich schätze, dass es damals allein in der Grand-Rue Saint-Jacques neun oder zehn Dutzend Buchhändler-Drucker gab. «Zum Gitter», «Zum Einhorn», «Zur Weißen Rose mit der Krone», von der Familie Le Noir geführt; im Haus «Zum Salamander» betätigte sich der große Josse Bade oder Badius, dann «Zur Blühenden Lilie», «Zur Goldenen Sonne», «Zum Wappen Burgunds», «Bretagne», «Köln», «Frankreich», «Zur Grünen Eiche», «Zum Pelikan» – es ist sinnlos, weiterzufahren, ich würde doch nicht alle aufzählen können. Auf den Brücken schließlich traf (und trifft) man vor allem Verkäufer: «Zur Weißen Rose» auf dem Pont Saint-Michel, «Zum Wilden Mann» auf dem Pont au Change – eine Buchhandlung, wo man seit Jahrzehnten fast alles kaufen kann, was gedruckt wird. Im Palais hatte ich nur selten zu tun, man schickte mich kaum dorthin. Aber auch dort gab es an jedem Pfeiler einen – oder mehrere – Buchhändler.

Die einzigen Orte, die ich nicht mochte, waren die Richtstätten, die dennoch überall meine Wege säumten. Eiserne Räder, steinerne Galgen, Pranger findet man ziemlich überall in Paris: auf der Place de Grève, bei den Halles, am Croix-du-Trahoir, auf dem Schweinemarkt, in Montfaucon, auf der Place-aux-Chats, an der Porte Saint-Denis, und vor allem ganz in unserer Nähe, an der Porte Saint-Jacques. Ich kann sie gar nicht alle aufzählen. Ich kam nicht gerne an diesen Orten vorbei, weshalb ich in meiner kindlichen Unschuld jeweils die Augen schloss und mich bemühte, an etwas anderes zu denken. Ich war der Meinung, dass sie mich nichts angingen. Jetzt, nachdem ich so viele Unschuldige dort habe sterben sehen, unter ihnen auch Freunde von mir, kann ich nur noch mit Schaudern daran denken.

Von meinen Botengängen, die ich immer so weit in die Länge zog, bis ich noch nicht mit einem Donnerwetter rechnen musste, und die ich von Mal zu Mal abwandelte, kam ich immer mit einem Kopf voller Bilder, Farben und Laute zurück. Und im Gegensatz zu einigen Lehrlingskollegen, die ich auf meinen Streifzügen kennen lernte, kehrte ich immer gerne zurück. Meister Antoine hatte die Liebe zum Beruf auf mich übertragen.

Merkwürdigerweise erfuhr ich dank der Typographie, welche Leidenschaft in ihm glühte.

Eines Abends, als ich mich in meinen Verschlag zurückgezogen hatte, die Lichter gelöscht waren und man sich im Haus – wie ich glaubte – anschickte, zu Bett zu gehen, betraten Meister Estienne und Meister Antoine das benachbarte Zimmer (den Korrektorenraum, zweifellos der beste Ort für Diskussionen). Und rasch begriff ich, dass auch Robert, derjenige der Estienne-Söhne, der sich für das Druckhandwerk entschieden hatte, bei ihnen war. Beim Zuhören (durchaus gegen meinen Willen, denn die Stimmen waren laut genug, dass sie bis zu mir durchdrangen, obwohl ich mir die Ohren zuhielt, um schlafen zu können) begriff ich, dass Meister Antoine die Bücher, die Meister Estienne druckte, langweilig fand. Bei den Estiennes unterhielt man sich so oft als möglich in Latein. Meisterin Guyone, die Gattin Meister Henris, sprach es ebenso fließend wie ihr Mann, die Kinder lernten es praktisch von der Wiege auf, und selbst die

Bediensteten benutzten es, gelegentlich sogar unter sich. Doch dieses Gespräch fand ausnahmsweise auf Französisch statt.

«Wir kommen nie von den endlosen theologischen Anmerkungen und den unvermeidlichen lateinischen Kommentaren zu Aristoteles weg.»

«Aber was sagen Sie da? Das verkauft sich. Sehr gut sogar.»

«Das stimmt. Doch ich hätte auch nichts dagegen, wenn wir außer den gelehrten Abhandlungen der Mathematik und der Theologie noch andere Sachen druckten.»

«Was verstehen Sie denn unter ‹andere Sachen›, mein bester Freund?»

«Bücher, an die man sich erinnern wird!»

«Sie sind also der Meinung, Bücher, die zur Ausbildung von Doktoren, Theologen, Advokaten und Ärzten dienen, blieben nicht in Erinnerung?»

«Sie wissen doch, dass ich nicht von dieser Art Erinnerung spreche. Ich spreche von wirklich unsterblichen Büchern, wie jene des Aristoteles.»

«Hatten Sie nicht gerade gesagt, Sie hätten genug von Aristoteles?»

«Ich verehre Aristoteles. Genug habe ich von den unnützen und oft dümmlichen Kommentaren zu Aristoteles; sie scheinen eher dazu zu dienen, seine Texte zu verdunkeln statt sie zu erhellen. Aber es gibt nicht nur Aristoteles. Haben Sie die aus Venedig kommenden Bücher auf dem Pont au Change noch nicht gesehen? Aristophanes, Hesiod, Homer, Vergil ... Außerdem gibt es die großen italienischen Dichter, die auch in der Volkssprache geschrieben haben: Dante mit seiner wunderbaren Göttlichen Komödie, Petrarca und seine Gedichte, Boccaccio und seine Erzählungen. Wir stellen großartige Bücher her, mit aller bewundernswerten Sorgfalt, aber wir arbeiten mit unseren Pressen statt mit unseren Köpfen.»

«Boccaccios Erzählungen, Vater ...»

«Du sei bitte still. Ich habe dir doch gesagt, du sollst schlafen gehen.»

«Es ist jetzt nicht der Augenblick, diesen Jungen ins Bett zu schicken, bei allem Respekt. Er ist unser Leser von morgen, ihn wird man bilden und dafür interessieren müssen, was gedruckt wird.»

«Gut. Dann holen Sie doch die Lehrlinge, wo Sie schon dabei sind.»

«Ich glaube fast, Claude hört uns bereits zu, er liegt ja direkt hinter dieser Wand. Nicht wahr, Claude?»

Hastig zog ich mir die Hose übers Hemd und ging hinaus, zerzaust und barfuß.

«Gut, dann bin ich jetzt also von der Jugend überschwemmt», stieß Meister Estienne sarkastisch hervor. «Hast du etwas zu sagen, Claude?»

«N... Nein.»

Ich hatte das Gefühl, Meister Antoine im Stich zu lassen, mein Geist war lahm. Aber Meister Antoine verstand es, seine Interessen zu wahren, er brauchte mich nicht.

«Warum drucken wir eigentlich nichts in der Volkssprache?»

«Mein lieber Freund, niemand verlangt danach, und außerdem würde es an der Fakultät nicht gerade gerne gesehen.»

«Sie wissen sehr wohl, was Jacques Lefèvre d'Étaples in der Abtei Saint-Germain tut! Er übersetzt die Bibel. Erst gestern war er hier und brachte uns seine *Kommentare zu den Paulusbriefen*, die ich für den Druck vorbereite, und er sagte uns, wie er sich freue beim Gedanken, dass die Heilige Schrift demnächst allen zugänglich sein werde. Ja, er übersetzt die Bibel ins *Französische* und stützt sich dabei auf die verlässlichsten Quellen. Er hat sie von den Entstellungen befreit, die man während Jahrhunderten zu den Urtexten hinzudichtete. Man hat die Neue Welt entdeckt, nun wird man wohl auch entdecken können, was in den Heiligen Texten wirklich steht. Dann ist Schluss mit der Suche nach dem vierfachen Schriftsinn.»

«Woher haben Sie eine solche Dummheit? ‹Schluss mit der Suche nach dem vierfachen Schriftsinn›!»

«Aus dem Munde Lefèvres und aus seinen Schriften. In seinen *Kom-*

*mentaren zu den Paulusbriefen* steht es. Für einen Lefèvre zählt allein die wörtliche Bedeutung, die den tiefen spirituellen Sinn des Textes erschließt. Wer könnte dagegen etwas einzuwenden haben?»

«Die ganze Sorbonne, mit einigen wenigen Ausnahmen! Und ...»

«Ich gehe jeden Sonntag zur Messe wie jeder gute Christ, und Sonntag für Sonntag muss ich mir anhören, wie diese Dummköpfe die Schrift so lange und nach allen Seiten zurechtbiegen, bis sie ihren Absichten entspricht. Bald werden sie ihren Schafen Rechenschaft darüber abzulegen haben, was sie ihnen erzählen.» Er lachte ohne Heiterkeit. «Ich verstehe, dass sie das ein wenig beunruhigt, sie sind sich das nicht gewöhnt.»

«Sie geben Ungeheuerlichkeiten von sich. Ich beschränke mich darauf, jene Bücher zu drucken, die man von mir haben will.»

Meister Antoine lachte schallend, und zu belächeln gab es in der Tat etwas: Meister Henri war ein großer Gelehrter mit einem immensen Wissen, und bevor er sich entschloss, ein Buch zu drucken, unterhielt er sich ausführlich mit dem Autor oder mit dem Kommentator, wenn es sich um einen Klassiker handelte. Aber jetzt war er wütend, und er fuhr fort, als ob Meister Antoine gar nichts gesagt hätte.

«Es ist nicht an mir, die Auswahl zu treffen. Und etliche Gelehrte beehrten mich für diese Haltung mit ihrer Freundschaft: die Briçonnets, die du Bellays, Guillaume Budé ...»

«Ich sage doch gar nichts gegen Ihre Arbeit, Meister. Gott bewahre mich davor. Und gegen alle diese gelehrten Herren selbstverständlich auch nicht. Wer druckt denn in Paris die schöneren Bücher als Sie? Ich wage zu behaupten: niemand. Mit der gelegentlichen Ausnahme Josse Badius' vielleicht. Und so kann es durchaus weitergehen. Daneben kann man aber auch anderes machen.»

«Was denn, zum Beispiel?»

«Als Erstes sollten wir römische Stempel von bester Qualität verwenden.»

«Da haben wir es. Sprechen Sie jetzt von Stempeln oder von Inhalten?»

«Das eine gehört zum anderen. Neuer Stoff braucht eine neue Form. Und weil wir gerade davon reden, könnten wir auch griechische herstellen.»

«Und wer soll das tun?»

«Ich. Wer denn sonst?»

«Das setzt aber Fachwissen voraus ...»

«Ich möchte Sie daran erinnern, Meister Estienne, dass ich schon in meiner zartesten Kindheit Griechisch gelernt, eine lange Lehre als Goldschmied gemacht, und seit ich bei Ihnen bin, Schriften zu schneiden begonnen habe, die Sie Tag für Tag benutzen. Ich mag sie nicht mehr besonders, möchte ich hinzufügen. Ich möchte es besser machen. Sie hatten mir bis jetzt nie etwas vorzuwerfen, soweit ich weiß. Ich wollte Drucker werden, das bin ich geworden. Aber angefangen habe ich als Theologe, erst dann wurde ich Schriftschneider und -gießer.»

Meister Estienne sah ihn nachdenklich an.

«Sie machen nie etwas so wie alle anderen, Antoine. Nein. Keine Widerrede. Sie packen es einfach anders an, ohne böse Absicht, ohne sich überhaupt etwas dabei zu denken. Sie legen keinen Wert darauf, sich von anderen zu unterscheiden, sie geben sich ganz einfach Ihrer Arbeit hin. Aber man erkennt Sie dennoch. Solche Leute gibt es, und Sie sind einer von ihnen. Was also schlagen Sie vor?»

«Dass wir nach neuen Texten suchen.»

«Welche Art neuer Texte?»

Meister Antoine nahm das Buch in die Hand, mit welchem er gedankenlos gespielt hatte während des Gesprächs.

«Ein Buch wie dieses hier. Unglücklicherweise war jemand schneller als wir, es ist bereits erschienen. Nicht wir also werden damit reich werden.»

Meister Estienne berührte es, als ob es glühende Kohle wäre. Er öffnete es.

«*Encomium Moriae*. Das Lob der Torheit. Das hat uns gerade noch gefehlt.»

«Lesen Sie es, Meister. Und Sie werden staunen.»

«Ich habe es bereits gelesen», warf Robert ein. «Es ist großartig.»

«Was geht mich das an? Überhaupt: wer hat dir dieses Buch gegeben? Ich wette, dass Sie es waren.» Meister Estienne streckte einen anklagenden Finger in Meister Antoines Richtung.

«Ganz gewiss nicht. Mein Lehrling ist mein Zeuge, dass ich niemals versuche, jemanden zu indoktrinieren. Das Lob der Torheit ist zur Zeit in aller Leute Mund, das ist die Wahrheit.»

«Ich habe es im Palais gelesen, bei Meister La Garde. Seine Frau lässt mich gelegentlich Bücher lesen.»

Henri Estienne sah seinen Sohn an, als wäre er ein seltenes Tier.

«Du überraschst mich immer wieder, mein Sohn. Mit sechs schreibt er lateinische Abhandlungen, mit acht liest er Neuerscheinungen.»

«Er möchte sie auch drucken», sagte Robert mit spitzer Stimme.

«Schauen Sie mir diesen Frechling an! Ruhe, mein kleiner Herr, ich will nichts mehr von Ihnen hören.»

Er wandte sich Meister Antoine zu.

«Ich habe nachgedacht.»

Das war eine von Meister Estiennes besonderen Eigenschaften. Er führte Gespräche und gleichzeitig löste er mit der anderen Hälfte seines Kopfes die schwierigsten Probleme. «Seit langem schon habe ich vor, eine Reise nach Venedig und Padua zu unternehmen, auf der Suche nach Büchern, die man drucken könnte. Aber ich sehe ein, dass ich nicht verreisen kann. Gehen Sie an meiner Stelle. Ich werde Aldo Manuzio ihre Ankunft ankündigen, wir werden ihn bitten, Sie in der Kunst des Stempelschneidens nach seiner Art zu unterrichten. Monsignore Briçonnet sprach vor ein paar Tagen mit großer Bewunderung davon. Und wenn Sie zurück sind, werden wir sehen, wie es weitergeht.»

«Nach Venedig?» Meister Antoine war sprachlos. Auf alles war er gefasst, nur darauf nicht. «Für wie lange?»

«Ein Jahr werden Sie schon brauchen, um alles zu sehen und etwas zu lernen, und um schöne Texte zu finden.»

Meister Antoine sah ihn lange schweigend an.

«Sind Sie sicher, dass Sie mich nicht einfach loswerden wollen?», sagte er schließlich mit einem halben Lächeln.

«Nein, mein Freund, denn nachdem wir jetzt eine weitere Presse gekauft haben, werde ich einen Ersatz für Sie einstellen müssen, damit ist ein Risiko verbunden, das ich mir ganz gerne ersparen würde. Aber bestimmt haben Sie Recht. Man muss sich von Zeit zu Zeit erneuern. Ich setze das allergrößte Vertrauen in Sie. Gehen Sie nach Venedig. Und wenn Meister Garamond einverstanden ist, dass sein Sohn verreist, nehmen Sie Claude mit.»

«Mich?»

«Ja, dich. Gibt es in diesem Raum noch einen anderen Claude Garamond?»

Venedig! Es hieß, es sei die schönste Stadt der Welt. Es hieß, die bedeutendsten Gelehrten überhaupt seien dort anzutreffen. Es hieß ... Es hieß ... Ich versuchte mich daran zu erinnern, was ich schon über Venedig wusste, aber ich hatte nie sonderlich darauf geachtet – selbst in meinen verrücktesten Träumen hatte ich mir nicht vorstellen können, eines Tages dort zu sein.

«Hörst du mir zu?»

«Ehm ...»

«Also wirklich, man kann sich auf die Jungen nicht mehr verlassen. Kein Hirn.»

«Vergeben Sie mir, Meister Estienne, ich höre Ihnen ganz aufmerksam zu.»

«Du wirst morgen zu deinem Vater gehen und mit ihm reden. Oder nein, sag ihm besser, er solle mich besuchen. Und sonst sagst du ihm nichts. Nach deinem Aussehen zu schließen, wärst zu bereit zu gehen?»

«Oh, ja.»

Das brachte die beiden Meister zum Lachen. Robert lachte nicht. Er sah mich schief an, und als ob es auf seiner Stirn geschrieben stünde, wusste ich, was er dachte. Was musste man tun, um nach Venedig zu kommen? Einer in seinem Alter hatte zweifellos keinerlei Aussichten.

«Gut denn, jetzt alle ins Bett. Alles Weitere sehen wir morgen. Wir wollen das Ganze noch einmal überschlafen.»

Um seinen Worten Gewicht zu verleihen, ergriff er die einzige Kerze und schritt entschlossen in Richtung Türe. Im Halbdunkel lächelte Meister Antoine und zwinkerte mir zu; ohne ein Wort zu sagen, ging auch er.

Robert blieb ein wenig zurück. Ich wollte wieder in meinen Verschlag, doch im Dunkeln packte er mich am Ärmel.

«Siehst du eine Möglichkeit, dass ich mit euch reisen kann?»

«Ehrlich gesagt nicht die geringste. Sie werden sagen, du seist zu jung. Gut, wir verreisen nicht gleich morgen. Bis dies alles losgeht, könntest du größer geworden sein.»

Ich hörte, wie er seufzte.

«Wozu soll das gut sein, ‹dieses außergewöhnliche Kind› zu sein, wie sie alle sagen, wenn ich mich gleichwohl wie ein ganz normales Kind aufzuführen habe?»

Ich wusste nicht, was ich darauf antworten sollte. In die Stille hinein wurde plötzlich heftig die Türe aufgerissen, und Meister Estienne erschien mit der Kerze in der Hand.

«Was treibst du noch hier, Robert? Es ist höchste Zeit für dich, ins Bett zu kommen, in deinem Alter.»

Robert richtete sich in seiner ganzen Größe auf (damals reichte er mir bis an die Schulter), ging zur Tür und flüsterte, sodass nur ich es hören konnte: «Was habe ich gesagt?»

Anderntags geschah selbstverständlich nichts Ungewöhnliches. Es war viel mehr so, als ob das Gespräch am Abend gar nicht stattgefunden hätte. Meister Antoine sah nicht von seiner Arbeit auf, die *Paulusbriefe* nahmen seine ganze Aufmerksamkeit in Anspruch. Ich begnügte mich damit, meine Botengänge zu machen. Ich hätte es nicht gewagt, als erster auf den gestrigen Abend zurück zu kommen.

Erst als ich in einer düsteren Ecke Robert begegnete, stellte ich wenigstens eine Frage:

«Dieses Lob der Torheit, hast du das wirklich gelesen?»

«Zur Hälfte. Es ist großartig.»

«War das wirklich im Palais?»

«Ja. Wenn du Meisterin La Garde höflich bittest und dir die Hände sauber wäschst, bevor du das Buch anrührst, gibt sie es dir sicher zu lesen. Sie ist sehr nett.»

«Ich werde es versuchen.»

Davon überzeugt war ich nicht.

Aber Meisterin La Garde, eine rundliche, sehr lebendige Frau, war gut gelaunt.

«Zeig mir deine Hände», sagte sie am folgenden Samstag zu mir, als ich nach Feierabend aus der Werkstatt entwischte. Da sieht man, was es wert ist, gut informiert zu sein, ich streckte zwei Hände aus, von denen man, was selten genug vorkam, niemals hätte schließen können, dass ich in einer Druckerei arbeitete. Sie waren wirklich schön rosa, ich hatte hart dafür geschuftet.

Ich durfte also Platz nehmen und in dem kostbaren Werk blättern. Ich muss gestehen, dass ich zunächst enttäuscht war. Ich hatte eine Hetzschrift erwartet, doch dies hier war ein sehr anständiges Buch, ungeachtet seiner Ironie. Der Autor, Desiderius Erasmus von Rotterdam (ein Name, von dem ich an jenem Tag zum ersten Mal hörte), lehrt uns, dass die Torheit Herrin von allem und von allen ist, und nicht die Klugheit. *Der Weise nimmt seine Zuflucht zu den Büchern der Alten und lernt daraus nichts als in Worten zu kramen; der Tor packt frisch die Dinge selbst an und schlägt sich mit ihnen herum, und so erwirbt er sich das, was ich wahre Klugheit nenne.*

Das erinnerte mich an das Gespräch meiner zwei Meister über die Heilige Schrift.

An einem Abend ein ganzes Buch zu lesen, war unmöglich, ich musste mich mit Überfliegen und Blättern zufrieden geben. Aber immerhin stellte ich fest, dass es sich um ein Werk handelte, das sich gründlich von jenen unterschied, mit denen wir tagtäglich zu tun hatten.

Meinem Vater hatte ich gesagt, Meister Estienne habe ihm persönlich einen Vorschlag zu machen, und ich glaube, dass sie sich trafen, doch wir taten unsere Arbeit weiter, als ob nichts geschehen wäre. Niemand sprach mehr mit mir über eine Reise nach Venedig, weder bei den Estiennes noch bei uns zu Hause. Aus Erfahrung wusste ich, dass es nutzlos war, meinen Vater mit Fragen zu belästigen. Meister Estienne wagte ich nicht zu fragen, und Robert, mit dem ich mich regelmäßig heimlich besprach, auch nicht.

Doch eines Tages, als mich Meister Antoine bat, ihn zu Meister Jacques Lefèvre für Korrekturen zu begleiten, die zu zweit schneller erledigt sein würden, beschloss ich, ihm Fragen zu stellen. Da Meister Lefèvre in der Abtei Saint-Germain zu Hause war, lag ein rechtes Stück Weg vor uns und ich würde Zeit genug haben, die Sache anzupacken. Aber in Wirklichkeit war es gar nicht nötig.

«Kannst du reiten?», fragte Meister Antoine.

«Nicht sehr gut. Ich hatte nie die Gelegenheit zu langen Reisen.»

«Und kannst du kämpfen?»

«Wie soll ich das verstehen?»

«Kannst du mit einer Klinge umgehen? Mit einem Dolch?»

«Nicht wie andere. Ich habe es nie wirklich gelernt.»

«Du wirst damit anfangen müssen, wenn du sicher reisen willst.»

«Habe ich genug Zeit dafür, bevor wir gehen?» Damit war meine drängendste Frage ausgesprochen, ohne dass sie direkt danach klang.

«Ja, etwas Zeit hast du. Nach endlosen Palavern, von denen ich ehrlich gesagt inzwischen genug habe, beschloss Meister Estienne endlich, dass wir über einen Umweg nach Venedig reisen sollten. Dein Vater scheint damit einverstanden zu sein. Du solltest es noch nicht erfahren, warum, weiß ich nicht, weshalb ich es dir sage und dich bitte, es für dich zu behalten.»

Ich wollte mich dafür bedanken, weil mir ein Stein vom Herzen gefallen war, doch er fuhr fort, ohne mir dafür Zeit zu lassen.

«Als Erstes werden wir nach Basel reisen. Einer der Korrektoren in der Druckerei, Beat Bildt, der uns verließ, bevor du gekommen bist, arbeitet jetzt bei einem angesehenen Drucker in dieser Stadt, Johannes Froben oder Frobenius; er könnte uns bei der Suche nach Büchern behilflich sein. Von Basel aus werden wir anschließend nach Venedig gehen, womit die Reise sich etwas verlängert, aber auch interessanter wird. Ich wollte schon immer den Rhein sehen, es heißt, er sei noch breiter als die Seine.»

Ein tiefer Seufzer.

«Wenn es nach mir ginge, wären wir längst aufgebrochen. Aber schließlich zahlt Meister Estienne die Reise, und wenn er darauf besteht, alles selber in die Wege zu leiten, lasse ich ihn lieber machen. Hätte ich gedrängt, würde ihn das nur verärgern.»

Ein Stück weit gingen wir schweigend. Die Porte Saint-Germain lag schon hinter uns und wir näherten uns der Abtei.

«Wie alt bist du?», fragte mich Meister Antoine plötzlich.

«Wie ... ehm ... ich gehe auf vierzehn zu.»

«Und was denkst du über die Theologie?»

Das brachte mich wirklich in Verlegenheit. Ich dachte nichts über die Theologie, bis zu diesem Zeitpunkt hatte ich mich nie dafür interessiert.

«Ich ... weiß nicht, was ich davon halten soll, Meister. Ich sehe, wie sich die Leute über Wörter streiten, die, wie mich dünkt, die Zeit nicht wert sind, die es braucht, um dafür gelehrte Argumente herzuleiten.»

Er seufzte.

«Schau, du bist ein unschuldiges Wesen. Du bist vernünftig.»

«Dazu wollte ich Sie etwas fragen.»

«Frage nur.»

«Was ist das, der vierfache Sinn der Heiligen Schrift? Davon ist immer wieder die Rede, aber verstanden habe ich es nie ...»

Damit brachte ich ihn zum Lachen.

«Damit triffst du den Kern der Sache, mein lieber Claude. Nach Ansicht der Exegeten an der Sorbonne hat die Heilige Schrift vier verschiedene Bedeutungen, die nur die Allergelehrtesten wirklich verstehen, und das erst nach langen Studien: den wörtlichen Sinn, den allegorischen Sinn, den tropologischen Sinn und den anagogischen Sinn.»

«Tropologisch?»

«Du kannst auch symbolisch sagen. Doch die Gelehrten sagen tropologisch. Bevorzuge immer den gelehrten Ausdruck, lautet die Regel dieser Herrschaften; sonst könnte man ja zu leicht verstanden werden. Zwischen allegorisch, tropologisch und anagogisch besteht nur ein kleiner Unterschied, nicht wahr? Umso besser für diese Gelehrten: Es gibt ihnen Arbeit, sie können sich streiten, und vor allem können sie über die Heiligen Texte genau das sagen, was sie wollen. Ungenau, müsste ich eigentlich sagen. Aus diesem Grund wollte ich die Theologie nicht zu meinem Beruf machen. Kommentare sind nicht meine Sache.»

Er klopfte mit einer Hand auf den Packen Papier, den ich auf der Schulter trug.

«Für Meister Lefèvre steht das hier schwarz auf weiß, für ihn hat die Heilige Schrift nur einen einzigen Sinn: den *christologischen*. Oder anders gesagt: man versucht, aus ihr das herauszulesen, was Christus gesagt hat, ihr damit den Gehalt des Religiösen zurückzugeben und sie von der Schlacke zu befreien, die sich im Verlauf von mehr als einem Jahrtausend um sie herum angehäuft und sie so schwer verständlich gemacht hat.»

Er sah mich an und deutete ein Lächeln an.

«Hast du nie das Bedürfnis verspürt, in einen Orden einzutreten?»

«Ich? Nein, das war nie eine Frage für mich.»

«Es stimmt, du scheinst keine mystische Veranlagung zu haben. Das ist der Unterschied zwischen dir und mir. Mit fünfzehn wollte ich Priester werden, ich bin Kleriker und habe die gleiche Ausbildung genossen wie die Doktoren der Sorbonne, allerdings bei Mönchen, die bestimmt ebenso gelehrt sind wie jene, die diese Herrschaften ausgebildet haben, die sich für so wichtig halten. Für mich war rasch klar, dass dies alles in dieser Form absurd war. Aus diesem Grund habe ich mich zu einer Lehre beim Goldschmied entschieden. Aber vielleicht hätte ich nie zum Druckerhandwerk wechseln sollen, gewisse Texte ärgern mich zu sehr.»

«Aber fromm sind Sie?»

«Natürlich! Ich glaube an ein reineres, einfacheres Beten, ich glaube, dass die Diener der Kirche ein Beispiel geben müssen in Sachen Frömmigkeit und Verzicht, dass sie Gutes tun sollen, statt sich um jeden Preis bereichern zu wollen. Aber was sehe ich, wohin mein Auge reicht? Ganze Armeen von Kirchenleuten, die das Gegenteil tun, die sich dem Laster ergeben, Gott vergessen haben und glauben, ein kurzes Gebet genüge, damit Gott ihnen die übelsten Schändlichkeiten vergebe. Wie Parasiten leben sie auf Kosten des Volkes und seines naiven Glaubens. Ich rede hier nicht von Moral, du bist mein Zeuge, dass ich dir gegenüber selten von Gut oder Böse spreche. Aber man kann nicht von mir verlangen, nicht zu sehen, was mir in die Augen springt.»

Das alles spielte sich noch vor dem Religionsstreit ab, auf jeden Fall vor dem Auftreten Martin Luthers. Es war zur Zeit, als Lefèvre d'Étaples noch nicht als Feind der Sorbonne und der Kirche angesehen wurde und nur dank der Protektion des Königs und insbesondere seiner Schwester, der späteren Königin von Navarra, nicht schon zehnmal auf dem Scheiterhaufen gelandet war. Ich denke oft an dieses Gespräch – beziehungsweise an Meister Antoines Monolog zurück. Evangelisch war daran nichts, die Evangelischen gab es damals noch nicht, aber es trifft zu, dass er fast aufs Wort jene Ideen vertrat, die einige Jahre später Feuer und Blut über das Königreich bringen sollten.

Während ich bei Meister Lefèvre d'Étaples einem jungen Mann, den ich für den Schreiber des Meisters hielt, oder Meister Antoine die Abzüge zu reichen hatte, versuchte ich zu verstehen, was gesagt wurde.

Meister Lefèvre kam mir schon zu jener Zeit als schlohweißer alter Mann vor, dessen Blick aus himmelblauen Augen strahlte, als wäre es der eines Kindes. Als seltene Ausnahme trug er keinen Bart. Später erzählte man mir, dass er in einer Feuersbrunst seinen Bart verloren hatte. Spuren hatte dies auf seinem Gesicht keine hinterlassen, nur der Bart war nicht mehr nachgewachsen.

«Ich habe meine Kindheit in einer Welt verbracht, als noch alles von Hand geschrieben wurde», erklärte er mir zwischen zwei Korrekturen. «Es war eine Welt, in der sich niemals etwas zu verändern schien. Doch seit ich erwachsen bin, ist diese Welt größer geworden, doppelt so groß, es wird sogar gemunkelt, möglicherweise sei die Erde gar nicht so flach und so eng begrenzt, wie man immer sagt. Es war die Rede von einem polnischen Mönch, einem gewissen Kopernikus ... Und als ob dies alles noch nicht genügt hätte, erfand man Mittel und Wege, um die Gedanken in Blitzesschnelle verbreiten zu können.»

Mir persönlich schien es allerdings, ein Buch zu drucken, verlange immer noch ein grosses Mass an Arbeit, doch mir war klar, dass es wesentlich rascher ging als damals, als man noch von Hand schrieb, ein Buch nach dem anderen.

«Schauen Sie», fuhr Meister Lefèvre fort, mehr an Meister Antoine als an mich gewandt, «was Sie hier tun, ist sehr gut. Nachdem man das Wort jetzt verbreiten kann, muss es gereinigt werden, das machen wir, aber es muss auch leichter lesbar werden. Die Zeichen der Zeit verkünden hier, dass eine Erneuerung bevorsteht.»

Daraufhin mussten mich die zwei Meister vollkommen vergessen haben. Statt Texte zu korrigieren, fingen sie an, Buchstaben zu entwerfen. Dies erlaubte mir, mit einer gewissen Verwunderung festzustellen, dass Meister Antoine, den ich den ganzen Tag nirgendwo als an seiner Druckerpresse sah (was er tat, wenn er Bleibuchstaben instand stellte, hatte ich mir nie überlegt), mit dem Stift in der Hand umging wie ein Künstler.

«So schrieb Petrarca sein kleines *a*», sagte Meister Lefèvre. «Ich habe seine Manuskripte gesehen, in Italien. Die humanistische Schrift ist eine klare Schrift. Und die Entscheidung, für die Großbuchstaben das römische Alphabet zu verwenden, ist ausgezeichnet.»

«Wussten Sie, dass ich in Poitiers ganze Sonntage damit verbracht habe, römische Inschriften zu kopieren, die überall in der Stadt anzutreffen sind?»

Mit schnellem Strichen warf er Skizzen von Buchstaben aufs Papier:

MISET ... BALI ... RIBITORIAD ...

«Das stand auf einem zerbrochenen Stein, der Rest fehlte. Die Schrift gefiel mir ihrer Proportionen wegen ganz besonders. Von einer humanistischen Schreibweise hatte ich damals allerdings noch nie etwas gehört. Bestenfalls von Typographie.»

Meister Lefèvre bewunderte die Buchstaben, zuerst aus der Nähe, dann aus weiterer Entfernung.

«Und jetzt schickt man Sie also nach Venedig. Das finde ich eine hervorragende Idee.»

«Ausschließlich mit dem Zweck, Texte aufzutreiben, die wir veröffentlichen können.»

«Nutzen Sie die Gelegenheit und lernen Sie, was Venedig zu bieten hat. Dann bringen Sie nach Frankreich, was unser Landsmann Nicolas Janson, der Paris verließ, um das Druckerhandwerk zu erlernen und nie zurückgekehrt ist, dort gelassen hat.» Plötzlich erinnerte er sich wieder an mich. «Du fährst auch nach Venedig, wie es scheint. Vergesst eines nicht, meine Kinder: Die Art und Weise, wie eine Schrift auf dem Papier liegt, ob sie gut oder schlecht lesbar ist, das ist ebenso wichtig wie die Reinheit des Textes selbst.»

Er suchte etwas in seinen Papieren.

*«Der Bauer an der Deichsel seines Pfluges möge daraus singen, der Weber beim Hin und Her seines Schiffchens Stücklein summen, der Reisende sich die Müdigkeit mit Geschichten vertreiben; und mögen diese zum Gesprächsthema für alle Christen werden. Schön, nicht wahr?* Mein Freund Erasmus von Rotterdam hat mir das geschrieben. Diese Lektion gilt auch für die Form der Buchstaben.»

«Sie sollten das Meister Estienne sagen», bemerkte Meister Antoine. «Ich glaube, er weiß es nur halbwegs.»

«Die Tatsache, dass er Sie nach Venedig schickt, beweist, dass er genug davon versteht.»

Wir kehrten zur Korrekturarbeit zurück. Ich gebe zu, dass ich nicht ganz bei der Sache war. Was gesagt worden war, die Bedeutung, die Meister Lefèvre der Typographie zuwies, brachten mich durcheinander. Der Beruf, den ich zu lernen im Begriffe war, erschien mir plötzlich und zum ersten Mal nicht mehr als Handwerk, sondern als Abenteuer des Geistes.

## IV
## Wie ich einen guten Freund kennen lerne und mich auf eine Reise vorbereite, auf der wir nach klügeren Büchern und klareren Buchstaben suchen

em Kolophon am Schluss der *Kommentare zu den Paulusbriefen* von Jacques Lefèvre d'Étaples zufolge haben wir diese am 27. Dezember 1512 fertig gedruckt.

Ich müsste mich, wenn ich in Paris wäre, heimlich der Richtigkeit dieser Angabe vergewissern, das Buch ist inzwischen von der römischen Kirche auf den *Index Librorum* gesetzt worden, wie alle von Meister Lefèvres Schriften. Manchmal fällt es mir schwer, es zu glauben: Ich sehe den Mann vor mir, wie er im Kloster sitzt, damals schon alt (doch er lebt heute, dreiundzwanzig Jahre später, immer noch), lebendigen Geistes, voller Güte im Gesicht, weißhaarig und schlank, neben ihm Meister Antoine, schwarz und kräftig; beide sind über eine Druckseite gebeugt und diskutieren über die Wahl eines Wortes. Mein klassisches Latein war nicht gut genug, um die Feinheiten zu verstehen, aufgrund derer sie ihre Entscheidungen trafen. Aber eines war gewiss: diese beiden Männer waren ganz und gar und mit Leidenschaft der Sache der Kirche zugetan. Und heute muss sich der eine verstecken, um nicht auf dem Scheiterhaufen zu enden, auf dem der andere sein Leben verloren hat. Ich weiß, dass die Nachricht von Meister Antoines Tod Meister Lefèvre ebenso erschüttert hat wie mich.

Mir ist klar, dass auch ich mich verstecken muss, wenn ich eines von Meister Lefèvres Büchern in die Hand nehmen will. Der 27. Dezember 1512. An genau diesen Tag erinnere ich mich nicht. Ich hatte gerade während Wochen, wenn nicht während Monaten Meister Antoine bei dem langen Text geholfen, den er setzte und umbrach. Ein großer Teil des *Kommentars* ist zweispaltig gedruckt: der Text des Heiligen Paulus in der einen, der Kommentar in der anderen Spalte. Meister Antoine ließ mich einige der einfacheren Seiten selber setzen und legte mir nahe, über das nachzudenken, was ich setzte. Aber ich war erst vierzehn, und meine Erziehung war zu allgemein gewesen, als dass ich die Texte in ihrer Tiefe hätte verstehen können. Ich hatte nicht Theologie studiert, und ich hatte nichts von einem Wunderkind wie ein Robert Estienne.

Ich öffnete das Buch (ich hatte mir ein beschädigtes Exemplar, das nicht in den Verkauf kam, als Andenken aufgehoben) erst, als ich Jahre später begriff, welchen Einfluss es auf Meister Antoine und auf viele andere, Robert Estienne eingeschlossen, gehabt hatte.

Damals war mir nicht klar gewesen, dass die reinigende Erneuerung der Kirche, die so viele Leute sehnlichst herbeiwünschten, für diese einen erheblichen Machtverlust bedeutete und dass sie sich mit allen Mitteln dagegen zur Wehr setzen würde.

Sie alle, ein Lefèvre, ein Erasmus und in bescheidenstem Rahmen ein Meister Antoine, der selber nichts geschrieben hat, sie alle wollten, dass sich die Kirche zwar um die Seelen kümmerte, die Leute ansonsten aber in Frieden tun und lesen ließ, was sie wollten, im Vertrauen auf ihren Glauben. Aber die Kirche Roms schenkt kein Vertrauen, sie glaubt, alles bestimmen und regeln zu müssen. Wer sich ihr – selbst in geringstem Maße – widersetzte, den zerstörte sie. Niemand, der Noël Beda, Dekan der Theologischen Fakultät, klein, buckelig, schmerbäuchig und mit einem etwas dümmlichen Gesichtsausdruck auf der Straße begegnete, hätte geglaubt, dass dieser Mann ein Mörder war, der durch einen Sumpf aus Blut und Asche jener watete, die er in den Tod geschickt hatte. Ein Verdacht auf Ketzerei genügte und sie saßen in der Falle. Der König tat ihm – endlich! – sein Missfallen kund und schickte ihn in die Normandie ins Exil. Die Schwester des Königs, Madame Marguerite, hatte obsiegt und ihren Drucker gerächt. Aber dies alles kam zu spät, um Meister Antoine zu retten, er wurde von Noël Beda und seinem wilden Hass verfolgt, obwohl ihn Meister Antoine niemals offen angegriffen hatte.

Ich sehe es vor mir, als ob ich im großen Buch der Zukunft lesen könnte: Meister Beda und was er vertritt, werden die Verlierer sein. Wenn der einzige Weg, eine Wahrheit zu verkünden, darin besteht, alle umzubringen, dann kann es mit der Reinheit dieser Wahrheit nicht so weit her sein, wie gerne behauptet wird. Wenn die Unentschlossenen sehen, dass jemand lieber für seine Meinung stirbt, als sie aufzugeben, werden sie rasch erkennen, dass diese Meinung etwas wert sein muss. Einen stärkeren Beweis, um Unwissende zu überzeugen, gibt es nicht.

Es kann sein, dass mich mein Gram ungerecht gemacht hat. Der Tod Meister Antoines bekümmert mich ebenso tief, wie mich der Tod Ritter Berquins empört hat. Meister Beda war es gelungen, den großen Gelehrten hinter dem Rücken Seiner Majestät verurteilen und töten zu lassen, unter anderem deshalb, weil der Ritter als Übersetzer Martin Luthers das Unrecht begangen hatte, mit einer «Farce über die Theologaster» die Theologen aufs Korn zu nehmen. Er hatte diesen Text zwar nicht selber geschrieben, aber auf die Bühne und damit ganz Paris zum Lachen gebracht. Wenn ich schon um den Ritter trauere, mit dem ich kaum Umgang gehabt hatte, verwandelt sich mein Schmerz über den Tod Meister Antoines erst recht in Empörung. Alles habe ich von ihm gelernt. Er war mein Freund. Heute verstehe ich, dass er nicht der Vater war, den ich gerne in ihm gesehen hätte. Er war nur gerade etwa fünfzehn Jahre älter als ich. Seine haushohe Überlegenheit mir gegenüber kam von seinem Wissen. Er war ein gelehrter Theologe, ein Weiser, ein Liebhaber klassischer und moderner Texte, und ein Künstler, der vortrefflich Schriften zu entwerfen und zu schneiden verstand, während ich nie etwas anders sein würde als ein Handwerker.

Aber Schluss mit meinen üblichen Abschweifungen. Kehren wir zu jenem 27. Dezember zurück, an den ich mich nicht erinnere. Zwei Tage zuvor hatten wir wohl Weihnachten gefeiert. An dem Tag selbst gedachten wir bestimmt des Hl. Johannes des Evangelisten, des Schutzpatrons der Drucker. Es könnte sogar sein, dass ich dieses Kolophon selber gesetzt habe, es waren Arbeiten dieser Art, die mir Meister Antoine als Erstes übertrug. Aber ich könnte mir auch vorstellen, dass mein Kopf ganz von der bevorstehenden Abreise nach Basel und Venedig in Anspruch genommen war und ich mich deshalb an nichts anderes erinnere.

Ich schätze übrigens, dass das Datum Symbolkraft hat. Denn am 6. Mai und am 27. Dezember feiern wir die Schutzpatrone der Drucker und arbeiten nicht. Der Druck des Buches muss am Weihnachtsabend vollendet worden sein oder am Tag nach dem vermuteten Datum. Woran ich mich erinnere, ist die schreckliche Kälte, die uns veranlasste, milderes Wetter für unsere Expedition abzuwarten.

Auf Anraten Meister Antoines übte ich mich in Selbstverteidigung. Ein wenig mit Degen und Dolch in einer Schule, in die mich Meister Estienne schickte, und sehr viel mit bloßen Fäusten bei einem Jahrmarktringer, von dem weder meine Eltern noch meine Meister etwas wussten, mit dem ich mich aber rasch richtig angefreundet hatte.

Begegnet war ich ihm auf dem Rückweg vom Stift Saint-Germain-des-Prés. Ich hatte die ich weiß nicht wievielten Korrekturfahnen zu Meister Lefèvre gebracht, und war außen herum, über die Felder und Weingärten, zur Porte Saint-Jacques zurückgekehrt, mit leeren Händen, in Gedanken in Venedig (ich dachte damals kaum je an etwas anderes) und mit einem von Meister Antoines Liedchen auf den Lippen, das er mir neulich beigebracht hatte und das ich mochte.

*Guillème de Beauvoir ist's*
*der heiraten will,*
*nimmt eine gar so junge Frau,*
*die nicht weiß, was sie anzieh'n soll.*

Der Mann fiel völlig geräuschlos über mich her, und ich war über die Unterbrechung meiner angenehmen Beschäftigungen so aufgebracht, dass ich heftig reagierte, zum Glück. In wenigen Augenblicken gelang es mir, mich ohne den geringsten Versuch einer Gegenwehr von ihm zu lösen und mich ein paar Schritte von ihm zu entfernen – das Beste, was ich tun konnte, es wäre aussichtslos gewesen, gegen einen Mann mit solcher Kraft und von solcher Statur kämpfen zu wollen.

«Ich habe nichts, Messire Räuber», sagte ich atemlos. «Nichts außer leere Taschen, Sie haben sich in der Adresse geirrt.»

Ich lachte, und das entwaffnete ihn.

«Ich bin kein Räuber. Ich bin Artist.»

«Ist das ein Grund dafür, mich ausrauben zu wollen? Wo sind denn Ihre Buden und Gefährten, wenn Sie Artist sein wollen?»

«Meine Genossen sind in Chartres verhaftet worden, ohne sie kann ich nicht nach Paris und auch keine Vorstellungen geben, also wollte ich mir etwas Geld verschaffen, ich habe Hunger. Ich hatte nichts Böses gegen dich im Sinn.»

Ich war bereit, ihm zu glauben. Wenn es seine Absicht gewesen wäre, hätte er mich in einer Hand zerquetscht. Er war zweimal größer als ich und dreimal breiter. Ich hörte also auf, Angst zu haben.

«Dann ging es also um Geld oder Arbeit?»

Langsam wie die aufgehende Sonne breitete sich auf seinem groben Gesicht ein Lächeln aus.

«Gewissermaßen.»

Ich könnte nicht sagen, woran es lag, dass mir dieser Mann, der mich eben noch niederschlagen wollte, Vertrauen einflößte, trotz seines nicht gerade beruhigend wirkenden Gesichts. Da kam ich auf eine Idee. Vor kurzem hatte sich Meister Lefèvre darüber beklagt, niemanden mehr für Botengänge in Paris und Umgebung zu haben, weil sich sein Diener bei einem unglücklichen Sturz verletzt hatte.

«Falls ich Arbeit für Sie finde und Sie aufgrund meiner Empfehlung eingestellt werden, würden Sie sich dafür erkenntlich zeigen?»

Der Ringer brach in schallendes Gelächter aus.

«Schau dich doch an, Kind. Was soll die Empfehlung von so einem wie du denn wert sein? Keinen Pfifferling!»

«Wollen wir's versuchen? Und ich bitte Sie, höflich zu sein.»

Ich machte Anstalten zu gehen, er folgte mit ungläubiger Miene. Ich ging den gleichen Weg zurück, überquerte wieder die Rue de Vaugirard, mit meinem Angreifer zwei Schritte hinter mir. Als ich an der Klosterpforte von Saint-Germain-des-Prés nach der Glocke griff, wich er zurück.

«Spinnst du. Ich bin kein Klostervogel.»

«Warten Sie, man hat Sie noch nicht eingestellt.»

Es bedurfte einiger Überredungskünste, bis der Pförtner bereit war, «den Banditen» hineinzulassen.

«Ich bin kein Bandit, ich bin Artist», bemerkte der Mann, der mich eben hatte ausrauben wollen, erneut mit Nachdruck.

Schließlich traten wir über die Schwelle. Am lustigsten war es, meinen Ex-Angreifer vor Meister Lefèvre zu sehen, der ihn mit einer Liebenswürdigkeit empfing, als sei er ein hoher Würdenträger. Er war gerade in ein Gespräch mit dem Mann vertieft, den ich für seinen Schreiber gehalten hatte, von dem ich inzwischen aber weiß, dass er einer seiner Schüler war, sein Name ist Guillaume Farel. Der Meister unterbrach sich augenblicklich, hörte mir aufmerksam zu und bedankte sich dafür, an ihn gedacht zu haben. Dann wandte er sich an meinen Gefährten.

«Wie ist Ihr Name, mein Sohn?»

«Oudin.»

«Der junge Garamond empfiehlt Sie mir, ein sehr anständiger Junge. Wenn Sie mein Bote würden, könnte ich mich auf Sie verlassen?»

Vor lauter Überraschung fiel dieser Bär von einem Menschen auf die Knie. Bis jetzt hatte er nicht daran geglaubt.

«Oh, Monseigneur, Sie können sich unbedingt auf mich verlassen, niemals werde ich Ihr Vertrauen missbrauchen.»

Er hielt und hält Wort.

Es war vereinbart worden, dass er so lange bliebe, bis seine Truppe aus dem Gefängnis entlassen würde. Bis dahin würde Meister Lefèvres regulärer Bote bestimmt wiederhergestellt sein. Die Verwandlung dieses Mannes mit Verbrechergesicht in den respektablen Diener eines Gelehrten der Theologie war atemberaubend. Lefèvre ließ zwei Mönche kommen, denen er den sprachlosen Oudin anvertraute.

«Unser Bote muss unsrer würdig sein. Ein Bad, ein ordentlicher Haupthaar- und Bartschnitt, und gebt ihm etwas zum Anziehen. Falls wir für seine beachtliche Größe nichts Passendes haben sollten, gebt ihm eine Kutte und lasst etwas nähen für ihn.»

Die Mönche von Saint-Germain-des-Prés wussten, wie man einen armen Teufel zu entlausen hatte, sie taten das oft genug, wenn jemand um Obdach bat. Sie führten Oudin weg, der mir einen irgendwie verlorenen Blick zuwarf. Meister Lefèvre bedankte sich für meine Initiative (ich fragte mich bereits, wie ich überhaupt dazu gekommen war), und ich beeilte mich, in die Rue Saint-Jean-de-Beauvais zurückzukehren.

Schon zwei Tage darauf traf ich Oudin wieder. Er brachte Korrekturfahnen. Er war völlig überrascht, mich hier anzutreffen, ich hatte ihm gegenüber nicht erwähnt, was meine Beschäftigung war. Ich meinerseits hatte ihn trotz seiner gewiss nicht üblichen Größe zunächst gar nicht erkannt. Solange er sich in der Druckerei aufhielt, sagte er kein Wort. Er wartete draußen auf mich. Er hatte sich gegenüber unserer Türe auf einen Bordstein gesetzt und sah den schwer beladenen Wagen nach, mit denen man sich bergauf abmühte oder die in halsbrecherischem Tempo bergab fuhren. Diese Durchgangsstraße ist immer sehr belebt und man muss Acht geben, wenn man sie überquert.

«He, Kind! Arbeitest du hier?»

«Sprechen Sie mit mir?»

«Wie denn, du erkennst mich nicht wieder? Oudin!»

«Ou ... din ...! Aber ... Man hat ein Wunder vollbracht.»

«Sag, Kind, was ich für dich tun kann, um mich zu bedanken. Meister Lefèvre ist die Güte in Person. Einige Mönche haben Gefallen an mir gefunden und sind nett zu mir, andere halten mich für einen Galgenvogel und würden mich ganz gerne an den Pranger schleppen. Aber die beachte ich eigentlich gar nicht», sagte er und schickte mit zwei Fingern an seiner Riesenhand ein imaginäres Stäubchen *ad patres*.

Im ersten Moment war ich nicht auf die Idee gekommen. Aber nach ein paar Tagen oder Wochen (denn inzwischen sah ich ihn regelmäßig) erzählte ich ihm von meinen Reisehoffnungen und bat ihn, mir Kampfunterricht zu geben. Er ließ sich nicht lange bitten. Zwei- oder dreimal wöchentlich erteilte er mir Lektionen, die für mich meist mit blauen Flecken endeten. Er hatte rasch bemerkt, dass meine Stärke nicht die Kraft, sondern die Schnelligkeit war, und brachte mir bei, mich aus heikelsten Situationen zu retten.

«Kind», sagte er regelmäßig zu mir, «duze mich.»

«Ich duze meine Vorgeborenen nicht.»

«Ich bin nicht dein Vorgeborener, ich bin dein Diener.»

Ich musste lachen.

«Jemand wie ich hat keinen Diener. Ich bin nicht der Sohn eines Reichen.»

«Eines Tages wirst du einen haben, du bleibst nicht Lehrling dein Leben lang. Von jenem Tag an werde ich dich siezen.»

«Es steht keineswegs fest, dass ich einmal Meister werde.»

Jetzt lachte er. Er hatte mehr Vertrauen in mich als ich selbst.

Der Frühling nahte mit großen Schritten und mit ihm das Datum unserer Abreise.

Eines Tages bat mich mein Vater angesichts unserer bevorstehenden

Reise, Meister Antoine am kommenden Sonntag zu uns zum Essen einzuladen. Freudig überbrachte ich die Einladung, aber zu meiner großen Überraschung wurde Meister Antoine rot und begann, Ausflüchte vorzubringen. Er müsse zur Einkehr nach Saint-Germain-des-Prés, er habe seit langem versprochen, einmal eine Nacht dort zu verbringen. So schlug ich den Sonntag darauf vor. Aber auch dann hatte er etwas vor, hatte dieses oder jenes zu erledigen ...

Schließlich musste er mir aber meine Gefühle vom Gesicht abgelesen und begriffen haben, dass er sich dem nicht entziehen konnte, was im Grunde genommen seine Pflicht war: Meine Eltern waren im Begriff, mich ihm für fast ein Jahr anzuvertrauen, weshalb es ganz natürlich war, dass sie ihn näher kennen lernen wollten. Er gab nach.

Was mich an jenem Tag am meisten überraschte, war die plötzliche Scheu dieses sonst so fröhlichen und offenen Mannes. Ich spürte sogar ein gewisses Unwohlsein dabei. Daran erinnere ich mich genau. Vom Essen selbst gibt es nicht viel zu berichten; das Gespräch zwischen meinem Vater und meinem Lehrmeister verlief steif. Hingegen könnte es durchaus sein, dass ich mir den Ausdruck, mit dem Meister Antoine in einem Augenblick, als sie es nicht bemerkte, meine Mutter nur kurz, aber äußerst intensiv ansah, erst später zurecht gelegt habe.

Mein Vater befragte Meister Antoine nach seiner Herkunft.

«Ich habe die alten Sprachen in der Abtei von Maillezais studiert, und, nun ja, ich hätte es schlechter treffen können. Meine Lehrer sind im ganzen Land berühmt für ihr Wissen. Anfänglich dachte ich daran, in den Orden einzutreten, aber ich habe dann doch das Gelübde nicht abgelegt. Der Benediktinerabt riet mir zu warten, und weil ich bezüglich meiner Berufung sehr starke Zweifel hatte, beeilte ich mich, ihm zu gehorchen.»

«Ich habe gehört, Meister Bocard sei Ihr Schwiegervater.»

«Nun, da hat man Sie richtig informiert. In Poitiers habe ich seine Tochter geheiratet.»

«Aber ...» Ob dieser plötzlichen Eröffnung verschlug es mir die Sprache. «Aber wo ist sie?»

Er seufzte.

«Unsere Ehe hat kein Jahr gedauert. Sie starb im Kindbett und ...», seine Stimme versagte, dann fasste er sich wieder und fuhr fort, «... unser Kind starb mit ihr.»

Stille.

«Das ist lange her. Ich dachte, der HErr habe mir eine Lehre erteilen wollen. Ich erwog sogar, doch in den Orden einzutreten, aber der weise Abt von Maillezais wollte mich nicht. ‹Du bist heute nicht mystischer veranlagt als gestern›, sagte er. ‹Du kannst dich zur Enthaltsamkeit verpflichten, wenn dir viel daran liegt, ein Gelübde, von dem ich dich entbinden kann, wenn du wieder heiraten willst. Denn dieser Tag wird kommen, ich weiß es.›»

«Und dann?»

«Dann machte ich dieses Gelübde. Und vielleicht schickt mir Gott eines Tages eine Gefährtin, aber ... Lassen wir das.»

«Warum arbeiten Sie nicht bei Meister Bocard?»

«Ich kam mit dieser Absicht nach Paris und fing bei ihm als einer seiner Drucker an. Doch eines schönen Tages gab es nicht mehr genug Arbeit. Aber Meister Estienne suchte jemanden, er hatte vor, Schriften zu schneiden, und das interessierte mich. Meister Bocard empfahl mir den Wechsel. Ich bin gewissermaßen eine Leihgabe. Vielleicht kehre ich irgendeinmal zu meinem Schwiegervater zurück, aber eilig habe ich es nicht. Die juristischen Bücher, die er publiziert, interessieren mich weniger als die Abhandlungen, die Meister Estienne druckt. Hier kann ich meine Fähigkeiten einsetzen, während ich in Rechtssachen ein absoluter Laie bin.»

«Und was glauben Sie, mit diesem Knaben anfangen zu können?», sagte mein Vater, indem er mir auf die Schulter klopfte.

«Er ist geschickt, lebhaft und intelligent, außerdem verfügt er über ein sicheres Formgefühl. Ich denke, aus ihm wird ein Drucker. Und vielleicht auch ein guter Schriftschneider und -gießer, das Technische zieht ihn ganz besonders an.»

Ohne jeden Zweifel war das im Jahr 1513 gewesen. Wir hatten noch nicht von Martin Luther und auch nicht von Ulrich Zwingli gehört – und kaum von Noël Beda, der damals nur Rektor des Collège von Montaigu war. Noch spähte niemand nach Ketzern, wie dies zehn Jahre später in ständig zunehmendem Maße der Fall war, bis die Scheiterhaufen loderten und Seine Majestät absurderweise das Verbot von Druckereien erließ. Als ob man das Rad der Zeit anhalten oder – noch schlimmer – zurückdrehen könnte. Natürlich können *wir* aufhören, Bücher zu drucken, aber andere werden es an unserer Stelle tun.

Von jenem Abend blieb mir der Eindruck großen Friedens in Erinnerung. Wir saßen zu Tisch, aßen und unterhielten uns beim Lichte zweier Kerzen. Schließlich wurde eine Liste jener Gegenstände und vor allem Kleidungsstücke zusammengestellt, die ich für die Reise brauchen würde.

Meister Antoine und ich brachen wieder auf Richtung Rue Saint-Jean-de-Beauvais. Bis auf die Ile de la Cité gingen wir schweigend nebeneinander her, dann fragte mich Meister Antoine:

«Sag, dieser Oudin, wer ist das?»

«Oudin, nun ...»

«Ich weiß, dass er vorübergehend in Meister Lefèvres Diensten steht. Aber wir mir scheint, hast du eine besondere Beziehung zu ihm.»

«Ich?»

«Ja, du. Meister Lefèvre schlug mir gestern vor, ihn bis Basel mitzunehmen, damit er ihm Bücher zurückbringen könne, für die er sich interessiert, und ich glaubte verstanden zu haben, dass er dir diesen Mann, den ich als wahrhaftig gewaltig bezeichnen würde, zu verdanken hat.»

«Ehm ... es ist so, dass ...»

«Du hast doch nicht etwa eine Dummheit gemacht, die du vor deinen Eltern verheimlichen möchtest?»

In diesem Augenblick fasste ich meinen Entschluss.

«Aber keineswegs! Es trifft zu, dass ich ihm begegnete, als er arm und verlaust war, aber er schien mir so ehrlich zu sein, dass ich ihn Meister Lefèvre empfahl. Um ihm einen Dienst zu erweisen.» Ich machte eine kleine Pause, dann leerte ich meinen Kropf voll und ganz. «Es schien mir, er sei die richtige Person, um mich kampftüchtig zu machen.»

Meister Antoine lachte laut, wie es seine Art war.

«Und hat er dich gut ausgebildet?»

Da war nichts zu machen, es musste sein.

«Sehr gut, er sagt, meine Stärke sei die Wendigkeit. Dass ich einen Gegner überraschen könne. So.»

Einen Augenblick später fand sich Meister Antoine am Boden sitzend wieder und lachte Tränen.

«Was für ein abgefeimter Gauner du doch bist! Ein stiller Knabe, sieht aus, als könne er kein Wässerchen trüben ... Kurz, mit euch zweien werde ich ruhig schlafen können. Uns gehört die Welt. Oder besser gesagt euch.»

«Aus diesem Grund habe ich ihn um seine Hilfe gebeten. Nach all den Geschichten, die man zu hören bekommt, dachte ich mir, es sei wohl besser, sich auf Reisen seiner Haut wehren zu können.»

Wieder lachte er, dann drückte er die Hoffnung aus, die auch die meinige war: so schnell wie möglich abreisen zu können.

Doch muss man wissen, dass nach wie vor strenger Winter herrschte, der sich, wie mir schien, nicht bereit erklären konnte, es Frühling werden zu lassen. Ich befand mich in einem Zustand fiebriger Unruhe. Verreisen. An etwas anderes konnte ich nicht mehr denken. Und das geringste Hindernis, das unserer Abreise im Weg stand, kam mir vor wie ein Berg. So ist es durchaus möglich, dass der Winter gar nicht so hart war, wie ich ihn in Erinnerung habe ...

Vergebliche Liebesmüh wäre es, mich daran erinnern zu wollen, woran ich gerade arbeitete. Ich reihte Buchstaben aneinander, ohne mich, wie es mein Meister erwartete, zu bemühen, was ich in Schrift setzte, auch zu verstehen. Ich weiß nur noch, dass Meister Antoine und ich nicht mit wichtigen Arbeiten beschäftigt waren, sondern jene Aushangzettel setzten und druckten, mit denen die Studenten in der Umgebung der Universität darauf hingewiesen wurden, bei Meister Henri Estienne «Zum Hl. Johannes dem Täufer» seien die Bücher erhältlich, die sie für ihre Studien oder zu ihrer persönlichen Unterweisung benötigten.

Eines Tages während jener kalten Wochen, die unserer Abreise vorausgingen, kam Oudin mich holen; wie üblich klopfte er ans Fenster, kam aber nicht herein. Überhaupt betrat er Meister Estiennes Laden sozusagen nie, und mir schien, er gehe Meister Antoine nach Möglichkeit aus dem Weg. Ich ging hinaus, um zu hören, was er wollte:

«Meister Lefèvre will dich sprechen.»

«Mich? Sie müssen sich irren.»

Ein kleines wissendes Lächeln huschte über sein Gesicht.

«Keineswegs. Er bittet dich, mich zu begleiten.»

«Gut denn. Warten Sie hier auf mich.»

Ich kehrte in die Werkstatt zurück.

«Meister Antoine, verzeihen Sie. Meister Lefèvres Diener behauptet, Meister Lefèvre wolle mich sprechen, mich. Ich bin sicher, dass ein Irrtum vorliegt und wenn er jemanden sprechen will, dann sicher Sie, aber ...»

Mit einem stummen Lächeln und einer Handbewegung, die mich zu gehen anwies, sagte Meister Antoine:

«Wenn er dich sprechen will, dann geh. Und wenn er mich gemeint hat, komm zurück und sag es mir. Wo liegt da das Problem?»

«Mhm ... Nirgendwo, Meister. Dann gehe ich also?»

«Bist du taub? Geh schon.»

Ich ging. Unterwegs öffnete Oudin seinen Mund nicht ein einziges

Mal und antwortete auf meine Fragen nur mit nichts sagenden Grimassen. In Saint-Germain-des-Prés verschwand er in den Gängen des Klosters. Die Türe zu Meister Lefèvre musste ich ganz alleine suchen. Er empfing mich mit seiner gewohnten Güte und ließ mich Platz nehmen, eine unverdiente Ehre für einen Lehrling.

«Mein lieber Claude, ich bin in deiner Schuld, du hast mir zum besten Diener verholfen, den ich je hatte, und es läge an mir, dir diesen Dienst zu vergelten. Aber statt dessen will ich dich nochmals um etwas bitten.»

«Meister, wenn ich kann ...»

«Aber gewiss kannst du. Da du dich auf eurer Reise nach Basel während Wochen in Oudins Gesellschaft befinden wirst, möchte ich, dass du diese Zeit nutzst, um ihm mindestens das Lesen und vielleicht sogar das Schreiben beizubringen.»

Ich war sprachlos. Ich gebe zu, dass ich mich nie darum gekümmert hatte, ob Oudin lesen konnte. Bei näherem Nachdenken begriff ich sein sonderbares Verhalten; er musste gewusst haben, worum es gehen würde, hatte aber nicht selber darüber sprechen wollen; denn dieser Riese vom Umfang eines der Pfeiler im Palais war ein scheues Wesen.

«Sag mir nicht», fügte Meister Lefèvre mit sanfter Stimme und zweifellos mein Schweigen missdeutend hinzu, «du seist dazu nicht fähig. Oudin mag dich sehr, er ist dir ganz ergeben, und er ist ohne Einschränkung bereit, deinen Unterricht anzunehmen. Ich bin sicher, dass du dich noch daran erinnerst, wie man es bei dir gemacht hat.»

Mein Vater hatte mich lesen gelehrt, als ich noch kaum gehen konnte, aber das behielt ich für mich. Ich sagte bloß:

«Ich werde mein Bestes tun, Meister.»

«Und solltest du unüberwindlichen Schwierigkeiten begegnen, wird dir Meister Antoine zu Hilfe kommen. Er hat es mir versprochen.»

Im Grunde war dies alles über meinen Kopf hinweg entschieden worden und ich brauchte nur noch Ja zu sagen.

«Einverstanden.»

Er erteilte mir seinen Segen, und ich verließ ihn, um Oudin zu suchen, von dem selbstverständlich niemand etwas wusste. Er hatte sich versteckt, um nicht mit mir reden zu müssen, nachdem ich den Auftrag angenommen hatte. Das war seine Art von Feinfühligkeit, dachte ich.

Seine Gefährten waren inzwischen aus dem Gefängnis entlassen worden, nach Paris gekommen und hatten sogar eine Vorstellung am Weihnachtsmarkt gegeben. Allerdings ohne Oudin, der mich holen gekommen war, damit wir gemeinsam hingehen konnten.

«Stell dir vor, Meister Lefèvre hat sie dafür bezahlt, dass ich bei ihm bleiben kann», sagte er mit bewegter Stimme zwischen zwei giftigen Bemerkungen bezüglich des Mannes, der seine Rolle übernommen hatte und dessen Vorstellung er erbärmlich fand.

So weit, so gut, er würde Diener eines Mannes der Kirche sein, und ich verstand durchaus seinen Wunsch, sich mit Geschriebenem vertraut machen zu wollen.

Anfang März entschloss sich das Wetter endlich, ein kleines bisschen wärmer zu werden. Nun war es Zeit für ernsthafte Vorbereitungen, die uns noch während einiger Wochen in Anspruch nahmen.

Eines Morgens bei Tagesanbruch beluden wir endlich unsere Maultiere, schlossen uns einem Geleitzug an, der über Basel nach Deutschland reiste, und brachen auf.

V
## Wie wir zu unserer Reise nach Basel aufbrechen, interessante Leute und sogar Meister Villons Schatten kennen lernen

S war früh an einem regnerischen Morgen. Trotzdem hatte sich der Geleitzug, dem wir uns anschlossen, für diesen Tag entschieden, denn während der letzten mindestens drei Tage hatte strahlendes Wetter geherrscht. In der Nacht vor unserer Abreise jedoch drehte der Wind. Es war Mai, nach meiner Erinnerung muss es der Tag nach Pfingsten gewesen sein. Unser Geleitzug beförderte die unterschiedlichsten Waren. Wir verfügten über zwei Maultiere, die wir allerdings nur zeitweise bestiegen. Sie waren schon schwer beladen genug.

«Bis Bar-le-Duc brauchen wir gut acht Tage», hatte Oudin prophezeit, er kannte sich aus, als Gaukler hatte er das Königreich in allen Himmelsrichtungen durchstreift. «Und nochmals so viele bis Basel.»

Es war noch dunkel, als wir am Hafen von Saint-Paul eintrafen. Die Abfahrt war auf sechs Uhr festgelegt worden (vorher war die Schifffahrt verboten). Dieser Kai ist immer sehr belebt, aber an jenem Morgen erschien er mir besonders chaotisch, vielleicht weil ich nicht einfach ein Passant, sondern direkt in die Geschehnisse verwickelt war.

Eigentlich wollten wir den Landweg nehmen, doch man hatte uns davon abgeraten, weil sich die Straße Ende Winter in einem sehr schlechten Zustand befand. Wir würden deshalb bis Meaux auf der Marne fahren.

Die Rufe der Schiffer vermischten sich mit den Schreien der Maultiere, dem Wiehern der Pferde, dem Plätschern des Wassers gegen die Barken und den Kai. Es roch nach Sonnenaufgang, nach Fluss, nach Mist und von weiß ich woher nach frischem Brot. Ein Gemisch, das ich manchmal noch heute rieche, wobei mir jedes Mal wieder dieser erste Tag meiner ersten Reise in den Sinn kommt.

Die Flüche der Fuhrleute, wenn ein Maultier nicht vorwärts wollte, hätten meine Mutter erbleichen lassen. Das Durcheinander war so groß, dass ich fürchtete, wir würden nie und nimmer aufbrechen. Die vielen Säcke, Fässer und Koffer auf den verschiedensten Transportmitteln, gehörten die wirklich uns? Nach unendlich langer Zeit, nach unzähligen «Hü, Ross», und «Vorwärts, zurück, anhalten, Mistvieh, komm her, meine Hübsche!» in allen Tonlagen war schließlich auf wundersame Weise doch alles verladen. An Bord gingen auch einige in Mäntel gehüllte Reiter, stumm, den Hut tief in die Augen gezogen, nachdem sie hoch zu Ross ruhig gewartet hatten, bis sie an der Reihe waren. Auch wir brachten unsere Maultiere auf das Boot. Wir ist allerdings übertrieben. Oudin hatte nämlich von Anfang an verkündet:

«Lassen Sie mich das machen, Meister Antoine, ich bin mich das gewöhnt.»

So kam es, dass er mit dem Verladen beschäftigt war, während wir uns nur noch darum zu bemühen hatten, uns selbst zu bewegen. Meister Antoine hatte mit wachem Auge die ganze Aufregung verfolgt, bereit einzugreifen, aber ohne auf seiner Mitwirkung zu bestehen. Ich für meinen Teil war nach den vielen Monaten der Erwartung von der Tatsache des Aufbruchs so benommen, dass ich glücklich war, an nichts denken zu müssen.

Was mich am meisten interessierte, waren die Vorkehrungen, als die Zugtiere an unsere Boote angespannt wurden, die uns vom Treidelpfad aus gegen die Strömung flussaufwärts ziehen würden. Wie voll vom Westwind unsere Segel auch sein mochten, ohne das Treideln wären wir gegen die starke Strömung nicht angekommen.

So verbrachten wir unseren ersten Tag auf der Marne bis hinauf nach Meaux, einschließlich eines heiklen Bootswechsels in Charenton, wo die

Brückenbogen zu niedrig waren, um unsere Boote durchfahren zu lassen. Die Kähne waren eigens dafür gebaut, nicht nur Passagiere, sondern auch Waren transportieren zu können – nur die wohlhabendsten Händler nutzten, wie man mir sagte, dieses Angebot, die anderen mussten sich damit zufrieden geben, mit ihren Tieren zu Fuß zu gehen.

Mein Respekt für Meister Antoine, der für einen Lehrling etwas ganz Natürliches ist, wandelte sich während dieser Reise in tiefe Freundschaft. Mein Vater war mein Vater, keine Frage, und ich liebte ihn wie es sich gehörte. Aber genau daran lag es, es geschah ohne zu überlegen, es war einfach meine Pflicht. Außerdem war mein Vater ein beherrschter Mann, ständig beschäftigt und in Sorge um seine Stoffe. Er begnügte sich damit, mir die Regeln der Wohlanständigkeit zu diktieren, und ich glaube, wenn ich nicht ein zurückhaltender und im großen Ganzen folgsamer Junge gewesen wäre, hätte es auch zu seinen Pflichten gehört, mich zu bestrafen. Ich gab ihm kaum Gelegenheit dazu – und die wenigen Male, wo ich die Peitsche verdient gehabt hätte, wurde ich von meiner Mutter zunächst ausgeschimpft und dann vor dem väterlichen Zorn in Schutz genommen. Die Beziehung zu meinem Vater war nie sehr herzlich gewesen; ich bin sicher, dass sie enger geworden wäre, wenn ich bei ihm gearbeitet hätte. Doch es war anders gekommen, ich arbeitete bei Meister Antoine – ein liebenswürdiger Mensch, von ausgeglichener Art und selten von seiner Arbeit so in Anspruch genommen, dass er deswegen schlechter Laune gewesen wäre. Mit der Arbeit nahm er es genau wie kaum ein zweiter, aber er tat alles in heiterer Stimmung, die sich manchmal sogar in Fröhlichkeit, aber niemals in Sturm verwandelte.

Wir hatten zunächst etwa vierzehn Tage ohne die üblichen Sorgen in der Druckerei vor uns. Wir redeten, viel sogar. Nicht dass sich Meister Antoine immer an mich gewandt hätte, aber selbst dann, wenn ich zuhörte, was er mit anderen erörterte, folgte ich seinen Gedankengängen. Auf diese Weise erst habe ich meinen Lehrmeister wirklich kennen gelernt.

Am ersten Abend kehrten wir außerhalb von Meaux in einer Herberge direkt am Wasser ein, irgendein Lokal, dessen Namen ich vergessen habe. Inmitten von Wiesen und Feldern schmiegten sich ein paar Häuser aneinander und nutzten die Tatsache, dass es bis Paris nur ein halbes Dutzend Wegstunden waren, ein idealer Ort also, um im Sommer zu nächtigen.

Wir logierten im ersten Stock eines Gebäudes, in dessen Erdgeschoß unsere Maultiere untergebracht waren; wir hatten den Ort in Augenschein genommen, die Tiere gefüttert und getränkt und dann den großen Saal eines angrenzenden Gebäudes aufgesucht, wo sich unsere Fuhrleute, die wenigen Reisegefährten unseres Geleitzuges und einige weitere uns unbekannte Leute aufhielten. Die Reiter vom frühen Morgen saßen an einem Tisch etwas abseits; nach wie vor schweigend verschlangen sie ihr Essen. Der Wirt reichte Hausbier, während seine Frau am Herd beschäftigt war, von welchem ausgesprochen vielversprechende Düfte ausgingen.

«Wo ist Oudin?»

«Draußen, Meister Antoine. Er will sich nicht zu uns setzen, er sagt, er sei ein Bediensteter.»

«Mag sein, dass er ein Bediensteter ist, aber wir befinden uns hier nicht bei Hofe, und ich bin nicht der König von Frankreich.» Er stand auf und kam bald von Oudin gefolgt zurück, der sich fast zur halben Körpergröße zusammenfalten musste, um durch die Türe zu kommen.

«Wer wird auf unsere Sachen Acht geben?», brummte er, während er seinen massigen Körper auf der Bank unterzubringen versuchte.

«Der Wirt sagte uns, das Haus sei bewacht, und außerdem habe ich alles bei mir, was wichtig ist.»

Unser Essen kam, und wir ließen es uns schmecken.

«Sie erinnern sich wirklich nicht an mich,» sagte Oudin plötzlich, als wir uns gesetzt hatten.

«Ich? An dich? Wie sollte ich mich an dich erinnern? Hätte ich eine deiner Darbietungen gesehen haben können? In Poitiers vielleicht? Mir schien, in deiner Aussprache gelegentlich etwas aus jener Gegend gehört zu haben, aber meistens geht es im anderen unter.»

Oudin lachte von Herzen.

«Ich habe mir Mühe gegeben, meine Herkunft zu verbergen. Ich erinnere mich sehr wohl an Sie, und auch an Ihren Vater. Ich komme aus Fontenay-le-Comte. Ich war zusammen mit Ihnen bei den Franziskanern.»

«Du warst mit mir bei den Franziskanern?»

«Ja. Ich war eines der Findelkinder. Von Euch Lateinschülern kümmerte sich natürlich niemand um uns.»

«Aber du hast kein Latein gehabt?»

«Und ob. Wir mussten wohl oder übel, sonst setzte es Hiebe ab, wir wurden selbst dann geschlagen, wenn wir aufs Wort gehorchten. Wir saßen ganz hinten und ...»

«Warte ...» Er nahm für ein paar Augenblicke seinen Kopf zwischen die Hände. Plötzlich schnippte er mit den Fingern und sah Oudin verwundert an.

«Du warst ... Du warst die Bohnenstange!»

Oudin wäre vor lauter Lachen fast von der Bank gefallen.

«Ge ... nau ... so ... war ... es!» schluchzte er.

«Na, sowas!» Er wandte sich an mich. «Mit fünf Jahren war er bereits so lang wie eine Bohnenstange, genau, aber dünn wie ein Strich.»

«Und dann gingen Sie weg, und ich begann kurz darauf meine Lehre als Schmied.» Sein Gesicht verdüsterte sich. «Es hat nicht lange gedauert.»

«Was ist geschehen?»

«Es gab einen Einbruch in der Kirche Saint-Nicolas, auf der Flucht soll der Dieb den Küster niedergeschlagen haben. Der sich davon allerdings rasch wieder erholte, müssen Sie wissen. Weil dieser aber behauptete, der Dieb sei sehr groß, sehr stark und noch sehr jung, hieß es gleich,

ich sei es gewesen.» Seine Stimme zitterte. «Es gab keine Beweise. Aber wer denn sonst, wenn nicht dieser Bastard, nicht wahr.»

«Und was hast du getan?»

«Ich habe zwei Tage lang am Pranger auf der Place aux Herbes gestanden, und Sie dürfen mir glauben, ich wünsche das niemandem. Man schlug mich, man verlachte mich, man bespuckte mich. Aber während der ganzen Zeit habe ich nachgedacht. Welche Aussichten hatte ich, dem zu entkommen? Keine. Niemand glaubt einem Waisenkind.»

Er schwieg und machte ein finsteres Gesicht. Schließlich sah er auf und sagte zu Meister Antoine:

«Als ich begriff, dass Sie Antoine Augereau aus Fontenay sind, das muss ich sagen, war ich drauf und dran, die Flucht zu ergreifen. Ich erzählte alles Meister Jacques Lefèvre. Er beruhigte mich und schwor, Sie würden mich nicht verraten.»

«Mein lieber Oudin, selbst wenn du in der Vergangenheit einer der schlimmsten Verbrecher gewesen wärst, würde ich dich jetzt, da du ein ehrenwerter Mann geworden bist, niemals verraten. Und erst recht nicht, wenn du unschuldig und zu Unrecht angeklagt worden bist.»

«Und was haben Sie dann getan», fragte ich, denn das interessierte mich. «Sind Sie abgehauen?»

«Es gab eine Frau, man nannte sie ‹die Philippe›, die arme Witwe eines Gerbereiarbeiters, die man für verrückt hielt, weil sie den ganzen Tag in den Feldern nach Kräutern suchte. Nachts brachte sie uns zu trinken. Es war verboten, aber alle wussten, dass sie es tat. Gleich am ersten Abend habe ich *belàé couma in eùlàe chi at cassai sés cries.*»

«Was haben Sie getan?»

Meister Antoine lachte.

«Er sagt, er habe geweint wie der Öler, dessen Krug zerbrochen ist, in anderen Worten. So spricht man im Poitou, mein lieber Claude.»

«Ach so. Und dann?»

«Dann sagte die Frau: ‹Oudin, du brauchst nicht zu *belàen*. Der Wein ist abgezapft, er muss getrunken werden. Überleg dir lieber, was du machen willst, wenn man dich von diesen Fesseln befreit.› ‹Und was soll ich Ihrer Meinung nach tun? Ich bin unschuldig, aber man wird mich als den Schuldigen hinstellen. Einem Findelkind glaubt man nicht.› ‹Niemand hat den Küster von Saint-Nicolas beraubt. Er hat das Geld selber eingesackt. Er ist *boes de binéte*. Aber du hast recht, dein Wort wird gegen das seine stehen, und du wirst der Verlierer sein. Aber ich weiß, dass du ein guter Junge bist.› ‹Und was habe ich davon?› ‹Erst einmal rede ich mit dir. Dann erkläre ich dir, was du tun musst, wenn man dich losbindet, aber noch nicht ins Gefängnis gesteckt oder mit dem Eisen gebrandmarkt oder was weiß ich mit dir gemacht hat. Am besten, du machst dich aus dem Staub. Du darfst dich in Fontenay nicht mehr blicken lassen.› Ich war einverstanden, versteht sich. Dann erklärte sie mir bis ins letzte Detail, wie es vor sich gehen würde. Es gab einen Augenblick, wo man sich selber überlassen war, denn nach zwei Tagen am Pranger war man meist nicht mehr imstande, auch nur einen Schritt zu tun, und dementsprechend wurde man nicht sehr streng bewacht. Diesen Augenblick galt es für mich zu nutzen. ‹Lass dich völlig gehen, solange du gefesselt bist, versuche zu schlafen. Strecke ein Bein, dann das andere, so oft du kannst. Hier, iss das. Und trink diesen Tee.› In der folgenden Nacht kam sie wieder und gab mir noch einmal zu essen und zu trinken, sie massierte mir die Beine mit einer Salbe, und als sie mich am dritten Tag abholten, tat ich genau das, wozu sie mir geraten hatte.» Er lachte. «Ihr müsst wissen, dass ich unterdessen größer geworden war. Ich war noch nicht so füllig wie jetzt, ich war ja erst sechzehn oder siebzehn Jahre alt, aber schon fast so stark. Sobald ich stand, trieb ich mit einer Handbewegung die zwei Wächter auseinander, und noch bevor sie sich wieder erholt hatten, war ich über alle Berge.»

«Was heißt *boes de binéte?*» fragte ich.

«Das heißt, in Bedrängnis, von Schulden geplagt sein», erläuterte

Meister Antoine. Dann sagte er zu Oudin: «Und am Stadttor hat man dich nicht verhaftet?»

«Nein, denn dort bin ich gar nicht vorbeigekommen. Ich sagte mir, dass man mich wieder festnehmen würde, sobald man mich erkannte.»

«Und dann?»

«Dann bin ich zum Fluss hinuntergelaufen und untergetaucht. Ich kann lange unter Wasser bleiben ohne zu atmen. Ich schwamm bis zum Fischmarkt und versteckte mich in einem Boot. Meine Verfolger glaubten, ich sei ertrunken, ich habe sie überall rufen gehört.»

«Die Leute vom Schiff ließen dich gewähren?»

Oudin fand das zum Lachen.

«Sie hätten es bestimmt gerne getan, aber die haben nie erfahren, dass ich an Bord war. Sie liefen frühmorgens aus, und als wir weit genug weg waren, ließ ich mich lautlos ins Wasser gleiten und kam erst in einer verlassenen Gegend wieder an Land. Dann ... dann ... Gott, der mir so sehr geholfen hatte, beschützte mich auch weiterhin.»

«Und du bist niemals mehr nach Fontenay zurückgekehrt?»

«Nein. Obwohl ich mich gerne bei der Philippe bedankt hätte, die mir zweifellos das Leben gerettet hat. Ich ging nach La Rochelle, ich hatte vor, auf einem Kutter anzuheuern. Unterwegs begegnete ich Jahrmarktskünstlern. Auch ihnen habe ich alles erzählt. Man ist überein gekommen, dass ich bei ihnen bleiben könne und dass sie Fontenay meiden würden, solange ich einer der ihren war. Oder dass sie ohne mich dorthin gingen. Ich wurde Gaukler. Bevor ich in Dienst bei einem Gottesmann trat wohlverstanden.»

Schweigen.

«Ein Gottesmann, der ganz anders ist als jene unserer Kindheit, finden Sie nicht?»

Meister Antoine, der dieser Geschichte mit ebenso viel Interesse gefolgt war wie ich, klopfte sich auf die Schenkel.

«Das darfst du laut sagen! Er ist sogar ganz anders als alle Gottesmänner, die ich kenne.»

Er hob die Hand und bestellte zu trinken. Während wir bedient wurden, sagte er mit ruhiger Stimme:

«Ich freue mich sehr, einen Studienkollegen wiedergefunden zu haben. Aber wie kommt es, dass du weder schreiben noch lesen kannst, du gingst doch zur Schule?»

Oudin breitete seine riesigen Hände aus.

«Es wurde mir gewaltsam eingetrichtert, also hat es sich auch gleich wieder verflüchtigt. Damals verstand ich nicht, wozu es gut sein könnte. Ich war nie besonders begabt, am leichtesten fiel mir das Auswendiglernen dessen, was andere vortrugen, und weil man uns immer als Letzte fragte ...»

«Willst du damit sagen, dass du nur so getan hast, als ob du lesen könntest, indem du nachsagtest, was du gehört hattest?»

«Genau. *I savae signàe coume ine treùe sét rimàe.* Für dich, Claude: Ich konnte schreiben, wie eine Muttersau dichten kann. Ich konnte nicht schreiben, so ist's. Während sehr langer Zeit wagte ich nicht zuzugeben, dass ich aus dem Poitou komme, jetzt habe ich mich etwas gehen lassen. Aber ich werde mir Mühe geben. Also, wo war ich stehen geblieben? Ach ja ... Ich habe ein gutes Gedächtnis; bei der Arbeit hat mir das immer geholfen. Lesen habe ich nie gelernt. Aber Meister Jacques hat mir versprochen, bis zum Ende dieser Reise würden Sie einen Gebildeten aus mir machen.»

«Ganz bestimmt. Wir werden gleich damit beginnen. Wirt!» Der Mann, der wohl dachte, wir wollten zu trinken, eilte herbei. «Könnten Sie uns Tafel und Kreide leihen?»

«Natürlich.»

Tafel und Kreide wurden gebracht, und Meister Antoine war es, der diese erste Lektion gab, über die ich lange gebrütet und die ich auch ein bisschen vorbereitet hatte. Aber mir wurde klar, wie wichtig es war, dass es auf diese Weise geschah: für die Männer war es ein Weg, ihre schon in der Kindheit unterbrochene Bekanntschaft neu zu knüpfen.

Zu oberst auf die Tafel schrieb er die Worte *Pater Noster*. In eleganten Buchstaben, so wie er immer schrieb, fast wie gedruckt.

Bald waren die zwei Männer völlig von ihrer Beschäftigung in Anspruch genommen. Meister Antoine übergab die Kreide gleich Oudin, der noch ungeschickt einen ersten Buchstaben versuchte, dann einen zweiten, und dann das Wort *pater* als Ganzes.

«Es geht doch schneller als bei einem kleinen Kind, das so etwas zuvor noch nie gesehen hat,» sagte Meister Antoine.

Oudin wurde rot bis unter die Haarwurzeln, dermaßen freute er sich über das Kompliment.

Auf diese Weise ging das ziemlich lange weiter. Wir waren so beschäftigt, dass wir nicht merkten, wie einer unserer berittenen Reisegefährten sich uns näherte, reglos wie eine Statue hinter uns stehen blieb und uns beobachtete. Oudin sah ihn als Erster. Er saß mit dem Gesicht zu ihm, während wir ihm den Rücken zukehrten. Oudin sah auf, und sein bestürzter Gesichtsausdruck veranlasste uns, uns umzudrehen.

Der Edelmann (denn fraglos war er das) fixierte uns mit messerscharfem Blick aus schwarzen Augen. Er war im besten Alter und ohne jeden Zweifel ein Jünger der Kriegskunst. Er war breitschultrig und rothaarig. Seine fast ebenso große Hand wie die Oudins ruhte auf seinem Degen, hatte aber nichts Aggressives an sich.

«Sind Sie ein Gelehrter?», fragte er schließlich mit ernster Stimme und ohne Umschweife. Ganz offensichtlich richtete er sich ausschließlich an Meister Augereau.

Meister Antoine erhob sich. Stehend waren die beiden Männer gleich groß, und wahrscheinlich waren sie auch gleich alt.

«Zu Ihren Diensten, mein Herr», antwortete Meister Antoine mit einerm leichten Kopfnicken.

«Ich sah Sie heute früh in Paris. Sind Sie Lehrer an einem Collège?»

Jetzt lachte Meister Antoine aus vollem Hals.

«Ein Gelehrter von dieser Art bin ich nicht, mein Herr. Ich bin ein bescheidener Drucker bei Meister Henri Estienne. Antoine Augereau, zu Ihren Diensten. Und das hier ist Claude Garamond, mein Lehrling, und Oudin, der uns beschützt und dem wir Lesen und Schreiben beibringen.»

«Ich verstehe. Haben Sie Bücher dabei?»

«Gewiss, einige haben wir bei uns.»

Die Hand des Edelmannes löste sich vom Degen und ich hatte den Eindruck, sein bisher sehr militärisch wirkender Rücken habe etwas von seiner Steifheit verloren.

«Wäre es indiskret, Sie nach den Titeln zu fragen?»

Meister Antoine antwortete nicht sofort. Der Blick, den er auf den Edelmann richtete, war nachdenklich.

«Keineswegs, mein Herr. Aber wäre es indiskret, Sie nach Ihrem Namen zu fragen?» Der Edelmann reagierte mit einer Bewegung, auf welche Meister Antoine in beschwichtigendem Ton antwortete und damit eine zweifellos unfreundliche Bemerkung vermied. «Sehen Sie, mein Herr, es ist so, dass wir beim Drucken dieser Bücher während vieler Wochen in engster Vertrautheit mit ihnen gelebt haben, wodurch sie zu unseren Freunden geworden sind, die uns womöglich mehr am Herzen liegen als wir selbst.»

Der Edelmann ließ sich endlich zu einem Lächeln herab, und für einen Augenblick nahm sein Gesicht einen milden, wenn nicht gar freundlichen Ausdruck an.

«Also dann. Ich bin Ritter de Berquin, in gewisser Hinsicht auch ein Gelehrter, ich studierte an der Universität von Orléans. Irgendwo ist uns der Koffer mit meinen Büchern abhanden gekommen und die Aussicht, während acht Tagen nichts zu lesen zu haben, missfällt mir.»

«Wir haben nichts Juristisches dabei, mein Herr. Aber wenn Sie es wünschen, leihe ich Ihnen gerne mein Exemplar der *Kommentare zu den Paulusbriefen* von Meister Jacques Lefèvre.»

Jetzt strahlte der Edelmann.

«Jacques Lefèvre d'Étaples?»

«Jawohl, mein Herr. Es ist ein beschädigtes Exemplar, das wir nicht verkaufen konnten, nur notdürftig gebunden, doch der Text ist vollständig.»

«Haben Sie es gedruckt?»

«Ja, mein Herr, und Claude.»

«Und Sie kennen Meister Lefèvre?»

«Aber ja. Oudin, unser Begleiter, ist sein Diener.»

«Wohin sind Sie unterwegs?»

«Nach Basel.»

«Zu Amerbach?»

«Zu Amerbach und Froben. Es heißt, Johann von Amerbach sei schwer krank und Froben kümmere sich um seine Geschäfte.»

«Dann werde ich genug Zeit haben, Ihr Buch zu lesen. Aber Sie werden es vermissen.»

«Mein Herr, während man ein Buch setzt, korrigiert, umbricht und während Wochen mit seinem Verfasser diskutiert, lernt man es fast auswendig. Ich leihe es Ihnen gerne. Darf ich fragen, wohin Sie reisen?»

«Ich besuche einen Freund in Basel.»

Schweigen.

«Ich fürchte, Ihnen das Buch heute Abend noch nicht aushändigen zu können, mein Herr, in unserem Verschlag ist es nämlich stockdunkel», sagte Meister Antoine schließlich.

«Morgen ist früh genug. Heute Abend bin ich noch in Gesellschaft einiger Regimentskameraden. Doch morgen verlassen sie uns, dann werde ich auf Ihr Versprechen zurückkommen.»

Mit einem Nicken verabschiedete er sich und wandte sich um. Ohne sich wieder zu setzen, verabschiedete er sich auch von seinen Gefährten und trat durch eine Türe auf der Rückseite des Hauses – selbstverständlich schlief er in der Herberge, genau wie seine Gefährten und sonstige Leute, die die Mittel dazu haben, denke ich.

«Warum reisen die nicht allein, wo sie doch zu Pferd sind?» fragte ich am anderen Morgen früh Oudin, während wir uns für die Weiterreise zurechtmachten.

«Es gibt mehrere Möglichkeiten. Sie hängen an ihren Pferden und wollen sie unterwegs nicht wechseln, also nehmen sie sie mit. Oder sie führen etwas Wertvolles mit sich und ziehen die Sicherheit eines Geleitzuges den Gefahren einer schnelleren, aber einsameren Reise vor. Vielleicht hatten sie auch ganz einfach Lust, einmal anders zu reisen als sonst. Ich schätze aber, dass sie für die erste Etappe das Schiff genommen haben, weil die Straße unpassierbar ist, und ich vermute auch, dass Herr de Berquin unsere Gesellschaft vorzieht, wenn seine ‹Regimentskameraden› ihres Weges gehen, statt bloß mit ein paar wie mir scheint ziemlich schmalbrüstigen Knechten als Schutz durch die Gegend zu irren.»

Diese Einschätzung Oudins war mit Vorsicht zu genießen. Die fraglichen Knechte (die mir in der Menge nicht aufgefallen waren) mochten halb so breit sein wie Oudin, ganze Kerle waren sie aber auf jeden Fall.

Bevor wir unsere Säcke verschnürten, nahm ich auf Anweisung Meister Antoines die *Kommentare* von Meister Lefèvre heraus und steckte das Buch in meine unentbehrliche Umhängetasche, um es dem Ritter zu geben, sobald wir ihm begegneten.

Draußen herrschte ein unglaubliches Getümmel. Während unsere Karawane im Begriff war, weiterzuziehen, kam aus Osten eine andere, die an unserer Stelle den Platz auf den Booten einnahm. Aus dem Stimmengewirr war nicht ein einziges Wort herauszuhören, bloß ein paar hohe Tierlaute waren deutlich zu vernehmen. Einmal mehr fragte ich mich, wie wir es schaffen sollten, uns aus dem Gemenge zu lösen, und einmal mehr gelang es schließlich doch.

In der Frische des Tagesanbruchs ließen wir die Befestigungen von Meaux hinter uns zurück. Unterwegs, diesmal zu Land, hörte ich, wie ein Reisender einem anderen erzählte, früher, zu Zeiten der Jungfrau von Orléans, sei Meaux von den Engländern belagert gewesen und habe tapfer Widerstand geleistet, während es überall sonst offenbar nur Niederlagen gab. Aus Dankbarkeit habe der König die Stadtbewohner von Steuern und anderen Abgaben befreit. Und dieser Reisende wies darauf hin, das habe sich nach all den Jahren nicht geändert. Er zeigte seinem Gefährten eine Insel im Fluss, von welcher aus die Engländer ihre Kriegsgeräte einzusetzen beabsichtigt hatten. Ich hatte den Eindruck, hinter ihren Befestigungen hätten sich die Leute von Meaux eigentlich in Sicherheit wiegen können. Aber es stimmt, meine Ansicht in Kriegsdingen war nicht besonders viel wert, ich verstehe nichts davon, und im Gegensatz zu vielen meiner Kameraden träumte ich auch nie davon, in ferne Länder in den Krieg zu ziehen. Die Kämpfe, die ich mit dem Oben und Unten des Setzkastens und dann mit Punzen, Feilen, Reißschienen, Matrizen und Gegenpunzen auszufechten hatte, genügten mir vollauf.

Der Tag verlief ganz angenehm. Der Himmel war wieder blau geworden, es war nicht gar zu heiß, und unser Zug hielt ein angenehmes Marschtempo. Die Straße war staubig und uneben, und ich begann, die Sorge meiner Mutter zu verstehen, die mir Geld gegeben hatte, weil sie überzeugt war, dass ich nach acht Tagen meine Schuhe würde neu besohlen lassen müssen. Die Sohlen nutzten sich in der Tat furchtbar schnell ab.

«Wenn wir auf dem gleichen Weg zurückkämen, würden wir auf der Marne in Vitry-en-Perthois einschiffen», erklärte mir Oudin. «Flussabwärts geht es viel schneller. Aber gegen den Strom kommen wir zu Fuß rascher voran.»

An diesem und am folgenden Tag machten wir sechs oder sieben Wegstunden, das erste Mal übernachteten wir in einem Ort namens Charly, das zweite Mal in Dormans (wenn es nicht gerade umgekehrt war, diese Orte sehen alle gleich aus, es ist ein Wunder, dass ich überhaupt die Namen behalten habe).

In diesen ersten Tagen unterhielt sich Meister Antoine viel mit Oudin, es war nicht zu übersehen, dass es ihm gefiel, jemanden getroffen zu haben, mit dem er Erinnerungen austauschen konnte.

«Es erstaunt mich sehr, dass es dir gelungen sein soll, während Jahren den Leuten zu verheimlichen, dass du weder schreiben noch lesen kannst. Es stimmt zwar, dass die meisten Franziskaner von Fontenay unglaublich dumm sind, aber trotzdem ...»

«Es ist mein Gedächtnis, Meister Antoine. Jeder von uns bekommt von Gott seine Talente. Ich habe dieses erhalten. Ich lasse mir die Dinge einmal sagen, ich höre ganz aufmerksam zu, und dann weiß ich es.»

Er schloss die Augen.

«Warten Sie, ich kann Ihnen die ganze Farce von Meister Pathelin aufsagen, mit allen Rollen.

*Guillemette, meine arme Frau,*

*Da kann ich lange suchen, bei der Jungfrau Maria,*

*Aber welch durchtriebne Hinterlist!*

*Man kommt nicht mehr wie einst*

*Mit jeder Angelegenheit zu mir,*

*Wo doch außer dem Bürgermeister*

*Niemand so gelehrt ist wie ich ...*

Und Guillemette:

*Jederzeit vorher,*

*Klopften Kunden an die Tür ...*

Und so weiter, ich kann sie ganz, selbst wenn ich wollte, würde ich sie nie vergessen.»

«Und wenn ich dir ein Buch auf Lateinisch vorlesen würde, könntest du es auch im Kopf behalten?»

«Unmöglich ist es nicht. Als Hinterbänkler habe ich schlecht und recht Lateinisch gelernt. Ich verstehe es. Aber ein paar Fehler wären schon möglich.»

Einige Augenblicke gingen wir schweigend.

«Aber ich wette, dass du die *Farce von Meister Pathelin* auf den Jahrmärkten bestimmt hundertmal aufgesagt hast», meinte Meister Antoine, vermutlich um ihn zu necken, er sah so aus, wie er immer aussah, wenn er sich über etwas lustig machte. Oudin verstand nicht, dass es ein Scherz war.

«Nein, Meister Antoine, einmal genügt. Warten Sie, ich will Ihnen eine Ballade aufsagen, die mir ihr Verfasser erzählt hat, ein einziges Mal, seither sind zehn Jahre vergangen, und ich habe ihn nie mehr gesehen. Erste Strophe:

*Sagt mir, wo, in welchem Land,*
*Die schöne Flora ist aus Rom,*
*Wo man Archipiada oder Thaïs fand,*
*Wer war Germaine, aus desselben Blutes Strom*
*Echo ruft, wenn unser Lärmen*
*Über Fluss und Teich getragen war,*
*An ihrer göttlichen Schönheit sich zu wärmen?*
*Wo ist der Schnee von letztem Jahr?»*

Ich weiß nicht recht warum, aber nach dem dritten Vers hatte ich Herzklopfen. Dieses Gedicht gefiel mir sehr, ich wollte es unbedingt auswendig können – mir fehlen die Worte, um auszudrücken, was ich fühlte. Es war das erste Mal in meinem Leben, dass ein Text so stark auf mich wirkte. Oudins tiefe Stimme klang wie eine große Glocke, man war berührt und konnte gar nicht anders als zuzuhören.

«Zweite Strophe:

*Wo ist die kluge Heloise,*
*Für die entmannt ward und dann Abt,*
*Pierre Abélard in Saint Denis?*
*Statt Liebe er nur Pein gehabt.*

*Wo wurd' die Königin getroffen*
*Die befahl, dass Buridan im Sacke gar*
*Wurd' in die Seine geworfen?*
*Wo ist der Schnee von letztem Jahr?»*

Oudin achtete überhaupt nicht auf seine Umgebung. Es war, als ob er seinen Blick ganz nach innen gerichtet hätte. Wir labten uns an seinen Worten, wir konnten gar nicht anders.

«Und hier ist die dritte Strophe:
*Die weiße Königin wie eine Lilie,*
*Sang mit der Stimme der Sirenen,*
*Bertha Großfuß, Beatrix, Ottilie,*
*Haremburgis, um Maine war es geschehen,*
*Und aus Lothringen, Jeanne, die Gute*
*In Rouen auf Englands Scheiterhaufen war*
*Wo sind sie, wo, Jungfrau von edlem Blute?*
*Wo ist der Schnee von letztem Jahr?*
*Und hier noch das Geleit:*
*Was fragt ihr, Prinz, zu Zeiten*
*Wo sie alle sind, gebt Gewahr.*
*Nur der Kehrreim bleibt zu reiten*
*Wo ist der Schnee von letztem Jahr?»*

Meister Antoines Verwunderung verwandelte sich rasch, ich kann es beschwören, in eine ähnliche Ergriffenheit, wie ich sie erlebte. Er musste nach Worten suchen, nachdem Oudin geendet hatte.

«Woher hast du denn diese Kostbarkeit?», fragte er.

«Als meine Gefährten nach Fontenay gingen, blieb ich zurück, das sagte ich bereits. Nach all den Jahren, mit Bart und Bauch, hätte man mich zwar kaum wieder erkannt, aber man will doch keine unnötigen Risiken eingehen. Während wir aus dem Poitou gemächlich Richtung Paris und sie dann nach Fontenay zogen, begab ich mich in die Abtei Saint-Maixent, um auf sie zu warten. Dort bin ich einem Mönch begegnet, er war schon sehr alt und verbrachte die meiste Zeit auf einer Bank im Kloster. Bruder François war sein Name. Wir haben viel zusammen geplaudert. Er erzählte mir, wie er Stücke auf die Bühne gebracht hatte und von einem ganz besonders lustigen Vorkommnis, als er einen Schauspieler für die Rolle des Königs in ein Messegewand stecken wollte.»

«Und, ist es ihm gelungen?»

«Nein, natürlich nicht. Auch wenn er den König spielt, bleibt der Gaukler ein Gaukler. Dieser alte Mönch sah die Dinge natürlich anders, in Sachen Theater war er ein Laie, aber er hatte studiert; er war nach seinen eigenen Worten einst in Paris zur Schule gegangen. Er schilderte mir seine Eskapaden, bestimmt war alles übertrieben. ‹Als ich hierher kam, hätte ich bereuen sollen›, sagte er und lachte mit seinem zahnlosen Mund. ‹Aber ich konnte nicht. Ich hatte mein Leben geändert und um nichts in der Welt hätte ich mein altes wieder haben wollen, aber weshalb sollte man die guten Zeiten bereuen, die man gehabt hat? Was vorbei ist, ist vorbei.›»

«Er war ein Gelehrter, sagst du?»

«Er behauptete es. Jedenfalls hat er mir während der zwei- oder dreiwöchigen Wartezeit eine ganze Menge Verse vorgetragen. ‹Der Gedanke, dass du sie später auf Jahrmärkten aufsagen wirst, gefällt mir. So fliegen sie fort in alle vier Himmelsrichtungen wie die Blätter einer welken Blume. Wer weiß? Vielleicht tragen sie sogar ein Samenkorn mit sich, das eines Tages keimen könnte.› Und er lachte wie ein Kind. Er erzählte mir, die Verse seien von ihm. Und er habe zum Beispiel auch sein Testament geschrieben:

*In meinem dreißigsten Altersjahr*
*Hatte ich jede Schändlichkeit genossen,*
*Weder verrückt noch weiß' ich war,*
*Und viele Strafen sich über mich ergossen,*
*Welche ...*»

«Oudin! Wie hieß dieser Mönch?»

«Bruder François. Warten Sie, er hat mir auch seinen Nachnamen genannt.» Er überlegte einen Augenblick. «De Montcorbier. Er sagte mir, er heiße de Montcorbier.»

«Oudin, willst du mir weismachen, du seist François Villon begegnet?»

«Ich weiß es nicht, Meister. Aber dieser Name erscheint tatsächlich in einigen seiner Gedichte: *Im Jahre vierhundert sechs und fünfzig, habe ich, Francois Villon, Student ...* und so weiter, dieses Gedicht ist sehr lang.»

«Weißt du denn nicht, wer François Villon ist?»

«Wenn Sie recht haben, und wenn wahr ist, was mir dieser Mönch gesagt hat, haben wir es mit einem Alten zu tun, der seine müden Knochen an der Sonne wärmt und allen, die es hören wollen, seine Geschichten erzählt, wenn er überhaupt noch lebt. Was ich bezweifle, denn die Begegnung mit ihm liegt schon einige Jahre zurück. Auf jeden Fall gefallen die Gedichte, die er mir beigebracht hat, den Leuten. Wenn ich sie zwischen zwei Nummern vortrage, habe ich immer aufmerksame Zuhörer und es fehlt auch nicht an Applaus.»

«Und du hast keines von ihnen vergessen? Sie sind noch – wie soll ich sagen – vollständig?»

«Ich habe es Ihnen ja gesagt, alles bleibt. Er hat sie mir vorgetragen, ich habe sie wiederholt, er machte ein paar Verbesserungsvorschläge, und seither sind sie hier drin eingraviert. Es ist eine Gabe Gottes, ich kann nichts dafür.»

«Heute Abend beginnen wir, diese Gedichte aufzuschreiben. Ich kenne *Das Testament*, das vor langer Zeit gedruckt worden ist. Aber die Ballade über den Schnee vom letzten Jahr habe ich noch nie gehört. Es könnte sein, dass du Gedichte kennst, die außer dir noch niemand gehört hat. Sobald mir eine Presse zur Verfügung steht, werde ich sie drucken. Unterdessen schaue ich mal, ob ich irgendwo Papier auftreiben kann, ich habe nur ganz wenig dabei. Und das nächste Mal, wenn ich ins Poitou gehe, werde ich Saint-Maixent einen Besuch abstatten. Bei ganz alten Leuten weiß man nie. Sie verlöschen ganz plötzlich, aber manchmal leben sie noch sehr lange.«

## VI
### Wie wir unsere Reise fortsetzen und bald in Basel ankommen, wie wir berühmten Druckern begegnen und schöne Bücher bewundern

Es war Samstag, als wir in Epernay eintrafen. Dies bedeutete, dass wir am Tag darauf, am Sonntag, höchstwahrscheinlich bleiben würden. Während meiner wenigen Reisen habe ich festgestellt, dass es nicht immer gleich gehandhabt wird: Manchmal sind in einem Geleitzug Leute, die es sehr eilig haben und nach der Messe darauf bestehen, am Sonntagnachmittag noch ein paar Wegstunden hinter sich zu bringen. In unserem Fall traf dies nicht zu. Und weil es das erste Mal war, dass ich mich außerhalb von Paris aufhielt, war mir das sehr recht. Umso mehr auch, als wir hier in der Herberge selbst, in einem kleinen Zimmer unter dem Dach, untergebracht waren. Sie lag direkt am Fluss, auf den ich durch das Dachfenster hinunterschauen konnte, wenn ich mich auf die Zehenspitzen stellte. Oudin wollte um jeden Preis unten bei den Maultieren übernachten, und Meister Antoine ließ ihn gewähren.

«Unter der Bedingung, dass du kommst und mir ein paar von den Gedichten aufsagst, die dir Bruder François beigebracht hat.»

«Mir scheint, mein Herr, dieser Bruder François sei keinesfalls dieser François Villon, von dem Sie sprechen. Er ist ein Mönch, wie er gewöhnlicher nicht sein könnte. Als ich noch herumzog, liefen uns manchmal solche reumütigen Wüstlinge über den Weg.» Oudin sprach davon, als ob diese Dinge vor längst vergangener Zeit und nicht erst vor ein paar Monaten geschehen wären. «Nachdem sie impotent geworden waren, fingen sie an, mit großartigen Heldentaten zu prahlen.»

«Aber Verse von dieser Schönheit und Reinheit konnte er nicht einfach erfinden.»

«Sie sind ja nicht einmal lateinisch.»

«Mein lieber Oudin, wenn die Bibel auf Französisch gelesen werden kann, kann sich wohl auch die Poesie, die nach Aristoteles das Edelste der menschlichen Seele ausdrückt, der Sprache bedienen, in welcher sich der Mensch in seinem Alltagsleben verständigt. Was gibt es Schöneres, als den Leuten in ihrer eigenen Sprache ein Gedicht vorzutragen, das die Seele beflügelt?»

«In diesen Versen ist nur von Missetaten die Rede.»

«Nicht unbedingt. Achte gut auf die Gedichte, wenn du sie vorträgst: sie drücken den Schmerz eines Mannes aus, der es nicht schafft, so zu sein, wie man es von einem Studenten erwartet. Es war ihm daran gelegen, auf keinen Fall jenen Kummer zu machen, die gut zu ihm waren, aber etwas drängt ihn immer dazu, anders zu sein als die anderen. Seine Natur ist stärker als alle Gepflogenheiten und aller Anstand. Er ist nicht der Einzige, dem es so ergeht, aber seine Qualen und die Schönheit seiner Verse kommen daher, dass er es weiß.»

Oudin gab keine Antwort, doch seine zweifelnde Miene blieb. Er versprach, in den Gastraum der Herberge zu kommen, sobald die Maultiere gefüttert, getränkt und für die Nacht versorgt sein würden.

Wir saßen an einem der langen Tische und tranken Most, während wir auf ihn warteten, da näherte sich uns Ritter de Berquin. Seine Gefährten hatten uns, wie ich bemerkt hatte, bereits vor ein oder zwei Tagen verlassen. Seither reiste der Ritter allein, und ich hatte gesehen, dass er öfters in Meister Antoines Buch las. Er setzte sich ohne Umstände.

«Erstaunlich, dieser Text, den Sie mir gegeben haben», sagte er plötzlich. Es war dies offenbar seine Art, sich an andere zu wenden. «Hier haben wir es endlich mit einem Mann zu tun, der sich die Mühe genommen hat, den Heiligen Paulus zu lesen, wirklich zu lesen. Er ist nicht einer dieser

Ignoranten, die sich als Meister der Theologie ausgeben, aber nichts anderes tun, als die Dummheiten anderer zu wiederholen.»

Der Ritter erwartete keine Antwort, und er bekam auch keine. Nach längerem Schweigen sagte Meister Antoine:

«Ich habe nachgedacht und bin darauf gekommen, wo ich Ihren Namen gehört habe, mein Herr. Ihnen hat Josse Bade im letzten Sommer den zweiten Band der Werke Polizianos gewidmet.»

Ritter de Berquin lächelte – endlich.

«Ja, ich mag Josse Bade sehr. Ich habe übrigens immer vorgehabt, Ihren Meister Estienne zu besuchen, aber ich bin so selten in Paris, dass die Zeit nie reichte. Dort wäre ich Ihnen begegnet, nehme ich an?»

«Sehr gut möglich.»

«Sie sind gebildet, wie ich sehe. Ihre Arbeit ist sehr gepflegt, kaum ein Druckfehler.»

Meister Antoine erschrak.

«Wollen Sie damit sagen, es seien so viele, dass man sie bemerkt?»

«Oha, einer der die Perfektion liebt! Und, was denken Sie über diesen Text?»

«Er ist sehr bedeutend, ohne jeden Zweifel. Nach Jahrhunderten des Obskurantismus und des Monopols der Theologen auf die Wahrheit entreißt der Buchdruck ihnen den Mantel der Ehrwürdigkeit, der ihnen nicht mehr zusteht. Endlich ist man in der Lage, sich selber ein Urteil zu bilden.»

«Dabei ist auch die Übersetzung von größter Bedeutung. Für jene, die zwar lesen, aber nicht Latein lernen, muss alles in die Volkssprache übersetzt werden. Sind Sie geweihter Priester?»

«Nein, ich bin vorher gegangen. Ich hatte zu viele Zweifel. Als Kind habe ich einige Jahre bei den Franziskanern von Fontenay-le-Comte verbracht, wo ich herkomme. Mit acht Jahren besaß ich schon mehr Bücher als manche der Mönche, die sich als Gelehrte bezeichneten. Dreckig waren sie, faul, genusssüchtig, sie predigten Buße, ohne selber Buße zu tun, sie schlugen die Kinder für jede Lappaließ und ließen sich für ein Vaterunser, das sie nichts kostete, ihre Sünden vergeben. Gott sei Dank hatte ich kluge Eltern, die absolut keinen Wert auf die Peitsche legten und einen unbeugsamen Glauben an die Vernunft hatten. Mein Vater brachte mich in einer anderen Schule unter. Ich kam zu den Benediktinern von Maillezais, dort ging es ganz anders zu und her, und ich habe viel gelernt. Aber das Böse war geschehen. Ich hatte kein Interesse mehr am Ordensleben, auch wenn es eine gewisse Zeit gedauert hat, bis mir das klar wurde.»

«Sie verließen Maillezais und wurden Drucker?»

Meister Antoine lachte herzlich.

«So einfach war es nicht. Wir wussten nichts über das Druckerhandwerk, weder in Fontenay noch im zwei Wegstunden entfernten Maillezais. Als Kind hantierte ich zwar mit den Sticheln, aber ich hatte keine Lust, Steinhauer werden. Weil mein Vater sah, dass ich eine sichere Hand hatte und anständig zeichnen konnte, schlug er mir vor, nach Poitiers zu gehen, um meine Ausbildung bei einem Goldschmied zu beenden. Während alle Welt mich dazu drängte, ein Gelehrter und sonst nichts zu werden, hatte mein Vater mehr noch als ich selbst begriffen, dass mich der HErr auch mit der Gabe der Handfertigkeit bedacht hatte und ich es niemals aushalten würde, nicht auch mit den Händen arbeiten zu können. Dafür bin ich ihm auf alle Zeiten dankbar. Das Druckhandwerk habe ich in Poitiers kennen gelernt. Seither dachte ich an nichts anderes mehr und wollte nur noch dieses eine. Meine manuelle Geschicklichkeit hätte mir nichts genützt, wenn ich Doktor der Theologie geworden wäre. Als Goldschmied hatte ich andererseits keine Verwendung für Latein, Griechisch, die Philosophie, die Theologie, die Rhetorik, an denen ich Geschmack gefunden hatte. Doch genau das brauchte ich, um Drucker zu werden. Nach ein paar Jahren wechselte ich die Lehre. Die Goldschmiedekunst war mir aber durchaus nützlich: Sie lehrte mich die Regeln, nach welchen man Stempel zeichnet und schneidet.»

Der Ritter rückte ein Stück mit seinem Stuhl vor, um Meister Antoine besser sehen zu können. Sein Blick drückte Respekt aus.

«Und jetzt schneiden Sie Schriften?»

«Anfänglich machte ich nichts anderes, als ich bei Meister Estienne anfing, und jetzt, nachdem wir haben, was wir brauchen, mache ich es noch in einer freien Stunde oder wenn Bedarf dafür besteht.»

Und dann begann er seine große Schandpredigt gegen die gotische Schrift, er erklärte mit dem Bleistift in der Hand, warum ein neuer Gedanke, in der Volkssprache ausgedrückt, einer neuen Schrift bedurfte. Im Nu waren die zwei Männer, die sich vor drei Tagen noch nicht kannten, in ein Gespräch vertieft, als ob sie alte Freunde wären, und dies auf einem Niveau, dem ich in keiner Weise gewachsen war.

Anderntags, als wir Richtung Châlons, und noch einen Tag später, als wir nach Vitry-en-Perthois unterwegs waren, ging der Ritter jeweils zu Fuß ein Stück mit uns, während sein Knecht das Pferd am Zaum führte, und die Unterhaltung begann aufs Lebendigste von neuem. Die zwei Männer verglichen die Vorzüge unterschiedlicher Texte, die mir unbekannt waren, außer *Lob der Torheit,* das mir Meister Antoine geschenkt hatte. Der Ritter erzählte uns, auf welche Weise er mit Meister Erasmus korrespondierte, den er für einen der bedeutendsten Denker unserer Zeit hielt, und dass er ihm geraten hatte, das im Original lateinische *Lob* in die Volkssprache zu übersetzen, damit alle etwas davon hätten. Für den Ritter hatte das Übersetzen die gleiche Bedeutung wie für Meister Antoine die römischen Buchstaben: für den Fortschritt der Menschheit war beides unerlässlich.

Ich wunderte mich, dass sich dieser Edelmann in so vertrauter Weise mit einem Handwerker unterhielt. Ich glaube übrigens, dass Meister Antoine eine Bemerkung dieser Art machte, denn ich erinnere mich, dass der Ritter herzlich lachte, bevor er Red und Antwort stand.

«Gewiss, wenn ich wie mein Onkel wäre, Hector de Berquin, der seine

Untergebenen schwer demütigt, um sie spüren zu lassen, wer Herr im Haus ist, würde ich Sie meine Stiefel küssen lassen, mein Freund. Aber Sie haben Glück. Es ist schönes Wetter, wir haben einen langen Weg vor uns, ich liebe die Bücher, die Drucker sind meine Freunde, und wenn sie nicht nur Handwerker, sondern auch noch Gelehrte sind, werden sie rasch sehr gute Freunde. Ich liebe es, beim Zusammenstellen der Bände mitzuwirken. Ich verstoße leichten Herzens gegen die Konventionen, mein Freund. Vor Gott sind wir alle gleich, wie der Heilige Paulus sagt und wie es unser Freund Jacques Lefèvre so trefflich unterstreicht. Kurz und gut, ich bin nicht so wie mein Onkel Hector, Gott schütze ihn.»

Darauf erzählte der Ritter, die Stammlande seiner Familie lägen in Flandern. Ich schloss daraus, dass er sehr reich sein musste. Mit der Zeit erzählte er auch, er habe sich zunächst im Kriegshandwerk versucht, dass ihm indessen die Welt des Geistes mehr zusage, weshalb er in Orléans die Rechte studiert und sich ausführlich mit Theologie beschäftigt habe, deren Auslegungen er überholt und lächerlich finde.

«Was Sie über die Franziskaner erzählen, ist in der ganzen Kirche anzutreffen. Ich hoffe, dass am derzeitigen Konzil in Rom ernsthaft über eine Reform der Sitten innerhalb des Klerus beraten wird und nicht nur über die Macht des Papstes. Es dauert jetzt schon mehr als ein Jahr, und man kann nur hoffen, dass die guten unter den Prälaten begreifen, wie dringend es ist.»

Hinter Vitry verließen wir die Marne und wandten uns Richtung Bar-le-Duc. Zwei Tage darauf überquerten wir einen anderen Fluss, daran erinnere ich mich besonders gut, denn es war die Meuse, und der Ort hieß Domrémy, von da stammte die Jungfrau von Orléans, Jeanne d'Arc.

Alle wollten Halt machen, um das Haus zu sehen, in welchem sie geboren worden war, weshalb unsere Reisegefährten vorgesehen hatten, an diesem Abend etwas früher als sonst in einer Herberge am Dorfeingang abzusteigen. Zusammen mit Meister Antoine und Oudin ging ich zu

Jeannes Haus. Es ist klein, mit einem der steilen Dächer, wie man sie oft antrifft in dieser Gegend, während die Fassade zur Straße hin ganz mit Bildern bemalt war, die die Taten und Gesten der Jungfrau darstellten. Ihre Nachkommen leben nicht mehr hier. Der König hatte sie in den Adelsstand erhoben, sodass sie jetzt in der Nähe ein sehr schönes Haus bewohnen, auf dessen Frontseite die Hoheitszeichen abgebildet sind, die ihnen der König verliehen hat. Man wies mich auf einen Baum in der Nähe des Häuschens hin, den man den Jungfrauenbaum nennt. Hier hat sie die Stimmen vernommen, die ihr befahlen, Frankreich zu retten.

Wir setzten unsere Reise fort und gelangten nach Plombières, wo wir für einen ganzen Tag Rast hielten, denn einige der Händler in unserem Tross hatten hier zu tun. Die Landschaft hatte sich verändert. Wir waren nicht mehr in der Ebene, nach und nach hatte sie immer höheren Hügeln Platz gemacht. Plombières selber ist auf allen Seiten von Hügeln umgeben. Die Leute reden eine Sprache mit einem Akzent, den ich kaum verstehe. In Plombières gibt es Bäder mit anscheinend heilender Wirkung bei Harngries und im Falle von skrofulösen Körpersäften.

Nach drei weiteren Tagen erreichten wir Mülhausen, das bereits zu Basel gehört; der Tag war schon vorgerückt, das noch acht oder neun Wegstunden entfernte Basel wurde uns für den folgenden Tag in Aussicht gestellt.

Im Laufe der zweiten Woche unserer Reise hörte ich in einem der Gelehrtengespräche zwischen Ritter De Berquin und Meister Antoine zum ersten Mal von dieser Ablassgeschichte, die sich in nur wenigen Jahren zu einem gewaltigen Zankapfel entwickeln sollte. In jenem Jahr 1513 konnte man noch offen über alles reden, noch niemand hatte von Luther gehört, die Ketzerei war noch nicht zur Besessenheit geworden, wie es inzwischen der Fall ist. Es fällt mir manchmal schwer, mich daran zu erinnern, dass es vor König François I. von Valois eine Zeit gegeben hat, als man noch friedlich über alles disputieren konnte.

An jenem Tag geißelte Meister Antoine die Gepflogenheiten des Ablasshandels und der käuflichen Messen.

«Es ist keinesfalls annehmbar, dass man sich die Sündenvergebung mit Geld erkaufen kann, das nur dazu dient, die Laster jener zu nähren, die unser Vorbild sein sollten, oder um Kriege mit ausschließlich diesseitigen Zielen zu finanzieren. Mir scheint, es sei die Zeit gekommen, die Händler aus dem Tempel zu verjagen. Es steht geschrieben, *Mein Haus wird ein Bethaus genannt werden; ihr aber habt es zu einer Räuberhöhle gemacht.* Auch Meister Lefèvre sagt das, und ich kenne viele zwischen Paris und Poitiers, die so denken.»

Dann kamen sie darauf zu sprechen, was unter Sünde eigentlich zu verstehen sei; sie waren der Meinung, die Kommentare Meister Lefèvres erforderten Überlegungen dieser Art, wenn er schrieb, dass *alles, was nicht aus dem Glauben getan wird, Sünde ist.* Aber ist denn ein Kirchenmann, hinter dessen Absolution die Gewinnsucht steht, noch in der Lage zu beurteilen, ob etwas aus dem Glauben getan wird?

«Möglicherweise können nur wir selbst es erfassen, sind wir uns selbst Richter und allein verantwortlich vor Gott», sagte der Ritter nachdenklich. «Ist es nicht das, was Lefèvre meint, wenn er schreibt: *Das Herz, die Seele und die Gedanken des Christen sind das wahre Haus Gottes?*»

Ein ganzes Stück Weges gingen sie schweigend, dann sagte der Ritter:

«Ich bin ein treuer Untertan seiner Majestät, des sehr katholischen Königs, mein Degen und meine Person stehen ihm ganz zu Diensten, daran gibt es nichts zu rütteln, und niemals würde ich ihn verraten. Das heißt aber, dass ich mich fragen muss, ob weltliche Richter und Herren in irgendeiner Weise Macht über meine Seele haben.»

Meister Antoine lachte.

«Sie gehen weit, mein Herr. Wenn Sie den Männern der Kirche die Befugnis zur Absolution und den Männern des Staates jene zur Verurteilung wegnehmen, lassen Sie für einen Viertel der Bevölkerung wenn nicht noch für mehr die Quelle ihrer Einkünfte versiegen.»

Wenn ich daran denke, wie diese Dinge halb ernsthaft und halb zum Spaß in fast gänzlicher Offenheit auf Wegen diskutiert wurden, wo hundert Mitreisende Zeit genug hatten, zuzuhören (obwohl das Gesprächsthema nicht unbedingt geeignet war, das Interesse von Fuhrknechten und Händlern zu wecken), wird mir schwindlig. Heute würde allein die Tatsache, diesen Bericht verfasst zu haben, obwohl seine Worte keineswegs meine eigenen Gedanken wiedergeben, für mich in Paris bedeuten, auf die gleiche Weise zu enden wie die zwei Männer, die hier friedlich nebeneinanderher marschierten, und noch nicht wussten, welch schreckliches Schicksal ihnen, dem einen fünfzehn, dem anderen zwanzig Jahre später, widerfahren würde. Dabei haben sie zu keinem Zeitpunkt je die Kirche verurteilt oder in Frage gestellt. Sie lehnten nur jene Leute ab, welche die Reinheit besudelten. In gewisser Weise erging es ihnen wie François Villon. Indem sie die Schandtaten der Menschen darstellten, verherrlichten sie die Tugendhaftigkeit der Kirche selbst.

Außerdem maßen sie dem Konzil, das noch zwei oder drei Jahre weiter ging und seither Laterankonzil genannt wird, die allergrößte Bedeutung zu.

Endlich aber hatten wir Basel vor Augen. Es war schönes Wetter (abgesehen vom ersten Tag hatte es während der ganzen Reise nur sehr selten Regen gegeben), und der Fluss glänzte im Sonnenlicht. Der Rhein ist sehr breit und schneidet die Stadt in zwei Teile, die mittels einer großen Holzbrücke miteinander verbunden sind. Als erster und stärkster Eindruck blieben mir von Basel und den letzten Orten davor die Glasscheiben an den Fenstern, durch die viel mehr Tageslicht dringt als durch die Leinwand oder das Wachspapier bei uns. Später konnte ich auch feststellen, dass die Glasfenster besser vor Kälte schützten. Viele dieser Fenster sind verziert; in Basel gibt es zahlreiche Handwerker, die sich auf diese Kunst verstehen.

Wir verabschiedeten uns von unseren Reisegefährten und zogen über den Marktplatz, wo gerade ein imposantes Bauwerk fertig gestellt wurde, das als Stadthaus geplant war, weiter einen der Hügel hinauf, auf welchen Basel gebaut ist, bis auf einen großen, von Bäumen umstellten Platz, in dessen einer Ecke sich die Druckerei befand, unser erstes Ziel.

Johann von Amerbach, ihr Gründer, war ein sehr alter Mann, über siebzig, hieß es; er war krank und stützte sich bei unserer Begrüßung schwer auf seinen Stock, sein Sohn ließ ihn gleich Platz nehmen. Er wurde noch immer zu Rate gezogen, denn er war zwar schwach, aber geistig ganz bei Kräften; die Arbeit hingegen überließ er seinen Söhnen, Bruno und Basil von Amerbach, vor allem jedoch (wie man uns gesagt hatte) Johann Froben, einem sehr aktiven Mann in den Vierzigern; es war nicht zu übersehen, dass er der Steuermann an Bord war. Man hatte uns auch von einem weiteren Sohn erzählt, Bonifaz, der offenbar an einer Universität in Deutschland studierte. Man sprach hier mehr oder weniger gut Französisch, und wenn wir uns nicht mehr verständlich machen konnten, stellten wir auf Lateinisch um.

Zwei oder drei Wochen blieben wir in Basel. Meister Antoine arbeitete mit Bruno in der Werkstatt, und ich tat es ihnen gleich. Ihre Setzkästen sind etwas anders eingeteilt als die unsrigen wegen der deutschen Buchstaben, bei den lateinischen gibt es indessen kaum einen Unterschied.

Man war gerade damit beschäftigt, den Druck einer großen Bibel vorzubereiten, von Erasmus vor kurzem aus dem Griechischen ins Lateinische übersetzt, der griechische und der lateinische Text sollten sich in zwei Spalten gegenüberstehen. Meister Antoine war davon so begeistert, dass er sich die längste Zeit mit dem griechischen Text beschäftigte, der als Vorlage diente.

«Sie werden sehen, dass man unvermutete Bedeutungen der Heiligen Schrift entdecken wird», murmelte er von Zeit zu Zeit.

Während sich Meister Antoine um gelehrte Dinge kümmerte,

wandte ich mich einem Jungen meines Alters zu, Hieronymus, dem Sohn Johann Frobens. Auch er erlernte das Druckerhandwerk, und es gelang uns, abwechslungsweise auf Französisch und Lateinisch unsere Erfahrungen auszutauschen.

Johann von Amerbach bestand darauf, dass Hieronymus seine Lateinkenntnisse vervollkommnete, und Meister Erasmus hatte wiederholt gefordert, dass er auch Griechisch lernte. Aber Hieronymus war mir ziemlich ähnlich. Er hatte keinerlei Sinn für philosophische Spekulationen.

«Ich freue mich darauf, Drucker zu sein. Ich habe mir überlegt, wie man die Presse verbessern könnte, um sie schneller zu machen.»

«Alle, die an der Presse arbeiten, und alle Drucker stellen sich diese Frage.»

«Stimmt. Aber ich möchte sie beantworten können.»

Bei Amerbach und Froben wurden damals gewisse Texte noch in Fraktur gedruckt. Aber man verwendete auch lateinische Typen, die unverzüglich Meister Antoines Interesse auf sich zogen.

«Ich habe sie in Venedig entdeckt», sagte uns Johann von Amerbach, nachdem ihn Meister Antoine nach deren Herkunft gefragt hatte. «Wir haben sie nachgeschnitten und verwenden sie für Texte in lateinischer und teilweise in der Volkssprache.»

Das war Meister Antoines Lieblingsthema, und entsprechend lange dauerte das Gespräch, bis Meister von Amerbach vernahm, wir wollten nach Venedig.

«Sie werden sehen, dass die Italiener die viel besseren Typen haben als wir. Ich habe mit vorzüglichen Basler Goldschmieden zusammengearbeitet, aber keiner mochte sich für die Schrift erwärmen. Als meine Söhne die alten Sprachen lernten, wollte ich einige von den hiesigen Goldschmieden teilnehmen lassen, aber das interessierte sie nicht. Deshalb schneiden wir die Schriften selber. Aber Meisterwerke sind es nicht.» Sein Blick aus einst wohl grauen, inzwischen bleich gewordenen Augen schweifte in den Garten, der durch die Fensterscheiben zu sehen war.

«Wissen Sie, junger Mann, ich habe miterlebt, wie der Buchdruck aufgekommen ist. Ich war jung damals und zu starken Gefühlen fähig; von der ersten Stunde an galt meine ganze Leidenschaft einem bedruckten Blatt Papier.»

«Und wo waren Sie damals, mein Herr?»

«Ich war in Paris, mein Junge.»

«In Paris?»

«Ja, ich war dort Student der Künste. Eines Tages sah ich Johannes Heynlein auftauchen, den großen Humanisten und ersten Meister der Druckkunst in Deutschland. Er richtete seine Druckerei an der Sorbonne ein, deren Meister verständlicherweise zunächst misstrauisch reagierten. Ganz zu schweigen von den Kalligraphen und Kopisten, als diese begriffen, dass das, was da auftauchte, eine Maschine war, die ihr Handwerk wegfegen würde. Anfänglich sagten sie, es sei eine Erfindung des Teufels, und natürlich wurde nach einem Verbot gerufen. Aber es war vergebliche Liebesmüh. Als wollte man einen Orkan aufhalten. Die Sache verbreitete sich in Windeseile. Ich hielt mich nicht sehr lange in Paris auf. Aber als ich nach Basel zurückkehrte, um selber so schnell wie möglich eine Druckerei einzurichten, war eine beträchtliche Zahl von Kopisten bereits dabei, sich in Drucker zu verwandeln.»

Als wir Meister von Amerbach verließen, sagte Meister Antoine bewegt:

«Dieser Mann könnte von seinem Alter her mein Vater, vielleicht sogar mein Großvater sein. Als er geboren wurde, gab es noch keine Druckereien, kannst du dir das vorstellen, Claude? Eine Welt, in der das Lesen die seltene Kostbarkeit einer verschwindend kleinen Minderheit ist? Eine Welt ohne gedruckte Bücher?» Einen Augenblick lang versank er in Träumereien. «In Fontenay ist es natürlich heute noch so. Es gibt dort keine Druckerei. Aber allmählich tauchen Bücher auf, man weiß, dass es sie gibt.

Wer weiß, vielleicht kann ich eines Tages sogar selber dort anfangen. Das wäre etwas anderes.»

Ich habe Ritter de Berquin nicht mehr erwähnt, der sich bei unserer Ankunft in Basel von uns trennte, um sich mit seinem Freund zu treffen, uns aber schon bald wieder besuchte. Und kaum tauchte er in der Druckerei auf, stürzte er sich in große Diskussionen mit Meister von Amerbach Vater, mit Meister von Amerbach Sohn und auch mit Meister Froben. Er machte ihnen laufend Komplimente für ihre Bücher:

«Ihre Ausgabe der Kirchenväter ist in ganz Europa verbreitet, ich besitze selbst mehrere Exemplare. Wir schulden Ihnen sehr viel. Und jetzt höre ich, dass Sie eine Bibel herausgeben wollen, im griechischen Originaltext und in der Übersetzung von Erasmus, das ist wunderbar.»

Es ist unglaublich, aber wahr: Kurzerhand zog er seinen Rock aus, band sich eine lederne Schürze um und begann eine Seite zu setzen, um aus der Nähe einen Blick auf die Typen werfen zu können.

«Nachdem Meister Augereau mich darauf aufmerksam gemacht hat, wie wichtig sie sind, will ich sie im Einzelnen studieren, und nichts ist dafür besser geeignet, als mit ihnen zu arbeiten.»

Oudin seinerseits war hin- und hergerissen zwischen der Pflicht, die ihn nach Paris zurückrief und der in seinen Augen unmöglichen Situation, uns die Reise ohne ihn fortsetzen zu lassen.

«Oudin, wir werden schon nicht verloren gehen.»

«Ich weiß, Meister. Aber ich sehe doch, dass Sie jemanden brauchen. Bei aller Liebe zu Claude, er wird nicht genügen. Sie brauchen einen richtigen Diener. Wer soll sich denn um die Maultiere kümmern? Wer verteidigt Sie im schlimmsten Fall? Nein, Meister, Sie brauchen mich.»

«Auch Meister Lefèvre braucht dich.»

«Meister Lefèvre hat die Mönche, die ihm helfen, und einen weiteren Diener, der zwar alt ist, inzwischen aber wieder seinen Mann stellt, und die ganze Zeit befürchtet, ich könnte ihm die Stellung wegnehmen, der

Ärmste. Ich bin überflüssig. Man muss die Bücher für Meister Lefèvre nach Paris schaffen. Aber wenn er hier wäre, würde auch er sagen, Sie sollen mich behalten.»

Ritter de Berquin hatte eine dieser Diskussionen zufällig gehört. Als sich Oudin kopfschüttelnd entfernte, weil wir ihn immer noch nicht überzeugt hatten, sagte der Ritter:

«Euer guter Riese hat Recht. Es wäre sehr viel besser, einen Diener zu haben, und zwar am ehesten einen wie diesen.»

«Er kam einzig deshalb mit, um für Meister Lefèvre Bücher zu besorgen.»

«Erlauben Sie mir einen Vorschlag? Ich schicke einen meiner Knechte zu Meister Lefèvre, er soll ihm die Bücher bringen und bis zu meiner Ankunft in Paris für ihn arbeiten.»

«Aber er wird Ihnen fehlen.»

«Ich brauche keine drei Knechte. Sie haben bloß den einen gesehen, aber ich habe noch zwei andere. Der eine, ein junger Mann, wäre ganz glücklich, allein zurückkehren zu können, da bin ich mir ganz sicher. Wir übergeben ihm das Bücherpaket und dann soll er sich auf den Weg machen.»

Meister Antoine machte tausend Einwände, aber umsonst. Der fragliche junge Mann, blond, dürr und kaum über zwanzig, brach auf. Da er mehrere Flüsse abwärts fahren konnte, würde er für den Weg nach Paris viel weniger Zeit brauchen als wir auf dem Weg hierher.

Als Meister Antoine den fraglichen jungen Mann mit seinem lachenden Mund, Schalk in den Augen und mit Vornamen Elie sah, fragte er:

«Kann man sich denn auf ihn verlassen?»

«Ganz und gar. Ich kenne ihn seit seiner Kindheit. Er ist mir ganz ergeben.»

Er machte sich auf den Weg nach Paris, während wir noch ein paar Tage in Basel blieben und des Langen und Breiten darüber diskutierten, auf welchem Weg wir nach Venedig weiterreisen sollten. Zwei Möglichkeiten kamen in Frage: über Genf nach Süden, ein ziemlich langer Umweg und eine offenbar beschwerliche Reise das Wallis hinauf und über die Alpen, dann nach Mailand und weiter nach Venedig. Oder aber, wozu man uns von allen Seiten riet, was wir indessen nicht in Betracht gezogen hatten: rheinaufwärts bis nach Schaffhausen, dann die Berge entlang Richtung Innsbruck und von dort aus über den Brennerpass, der ins Veneto führt. Auch hier mussten wir über die Alpen, aber der Weg war kürzer, wurde reichlich benutzt und hatte den Ruf, weniger gefährlich zu sein. Meister Froben hatte uns zu Informationszwecken in den Hafen geschickt, wo wir tatsächlich von mehreren Gruppen hörten, die sich für diese Route entschieden hatten, während nur eine nach Genf reisen und dort bleiben wollte.

Schließlich fassten wir einen Entschluss, und an einem Morgen Ende Juni gingen wir zum Rheinuferweg hinunter und brachen auf.

## VII
### Wie wir die Alpen überqueren, nach Venedig gelangen und uns im Haus «Zum Delphin und Zum Anker» einrichten, wo Eile mit Weile herrscht

ER ZWEITE TEIL UNSERER Reise nach Venedig hinterließ bei mir verworrene Eindrücke und ergreifende Bilder. Er stellte sich als wesentlich anstrengender heraus. Zu Beginn folgten wir dem Rhein ostwärts, dann einem riesigen See, Bodensee genannt, bis wir die kleine Stadt Lindau erreichten. Bis hierher gab es keine besonderen Vorkommnisse, die Landschaft war freundlich, von weitem waren Berge zu sehen, aber wir befanden uns immer noch in der Ebene. Nach Lindau änderten wir die Richtung und zogen nach Süden. Dies führte uns in eine Gegend, wie ich sie wohl niemals wieder zu sehen bekommen werde. Vor uns lagen die Berge. Die Tagesreisen wurden kürzer, denn es ging mehr und mehr bergauf. Ein Maultier hatten wir in Basel zurückgelassen; man riet uns, mit so wenig Gepäck wie möglich zu reisen. Die Straße war sicher, das hatte man uns immer und immer wieder gesagt, man hatte allerdings auch die Warnung hinzugefügt, uns in den gebirgigen und wilden Gegenden besser nicht auf gottloses Gesindel einzulassen.

«Mit anderen Worten», sagte Oudin, «so sicher ist die Straße doch nicht, und ich bin sehr froh, dass ich bei euch geblieben bin.»

Er sagte das in einem Ton, als ob schon allein die Tatsache seiner Anwesenheit jede Gefahr von uns abhalten würde. Oudin war einmalig: Er war so stark wie drei, was er wusste und wovon er in Fällen höchster Dringlichkeit Gebrauch machte, aber niemals hätte er sich darauf etwas eingebildet. Niemals stellte er seine außergewöhnliche körperliche Kraft zur

Schau, die ihm auch jetzt, zwanzig Jahre später, nicht verloren gegangen ist. Er ist lammfromm. Gleichzeitig ist er aber davon überzeugt, dass jeder Unbekannte zu zittern anfängt, wenn er auftaucht. In der Tat ist es so, dass man angesichts seiner Statur gerne darauf verzichtet, mit ihm Streit anzufangen.

Während wir in die engen Täler vorstießen, wo es nur noch wenige Häuser gab und die Leute eine Sprache redeten, die wir nicht verstanden, schwand unser Gefühl der Sicherheit, und wir erwarteten jeden Augenblick, eine Bande von Übeltätern die bewaldeten Hänge herabsausen zu sehen. Da ich Oudin nie im Kampf erlebt hatte, zweifelte ich daran, ob er uns wirklich eine große Hilfe sein würde, wenn sich die Horde, die ich mir einbildete, auf uns stürzen würde.

Angst bekamen wir indessen erst nach *Oenopontum* oder Innsbruck, wie es genannt wird. Der Weg bis hierher hatte zwar durch ein von hohen Bergen umgebenes, aber doch ziemlich bevölkertes Tal geführt. Zwei oder drei Tage nach Innsbruck, wo wir nur über Nacht geblieben waren, begann nach dem Dorf Sterzing der Aufstieg zum Pass. Der Weg war schmal und die Felshänge steil (zu steil, Gott sei Dank, als dass sich von dort jemand plötzlich hätte auf uns stürzen können), zwischen den Felsen tosten die Wasser herab – wenn ich nicht selber durch eine solche Landschaft gekommen und sie statt dessen nur auf einem Gemälde gesehen hätte, würde ich sagen, sie sei reine Einbildung. Das Seltsamste aber waren die Häuser, die an gewissen Stellen hunderte von Fuß hoch über unseren Köpfen am Rand dieser Felsen klebten, als ob sie vom Himmel gefallen wären.

«Dort oben gibt es weite Ebenen, sie werden von Bauern bewohnt mit Vieh und Feldern», erklärte uns einer unserer Führer, mit dem wir ein paar Worte auf Lateinisch wechseln konnten, weiter reichten seine Sprachkenntnisse nicht.

Wir folgten bald am linken, bald am rechten Ufer einem brodelnden

Bach, über den sich hölzerne Brücken spannten. Drei oder vier Tage in dieser unwirklichen Umgebung waren nötig, bis wir Bozen erreichten.

Mit Ausnahme der Berge blieben mir die Legenden aus dem Poitou am deutlichsten in Erinnerung, die uns Meister Antoine erzählte, um uns die Zeit zu verkürzen. Er war zwar immer wieder darüber entzückt, was Oudin alles auswendig konnte, aber er selbst stand ihm diesbezüglich in nichts nach: Während dieser Reise lernten wir seinen unerschöpflichen Vorrat an Legenden kennen, aus denen er die überraschendsten Lehren zu ziehen verstand. Außer zwei oder drei habe ich sie entweder wieder vergessen oder durcheinander gebracht, weil ich nicht über ein so fabelhaftes Gedächtnis verfüge wie die beiden Männer.

Wir machten uns also auf den Aufstieg. Das Glück wollte es, dass wir die ganze Zeit schönes Wetter hatten, in den Bergen war es angenehm kühl, obwohl es Juli war. Nur der viele Straßenstaub war unangenehm. Und die Steigung, die die lange Karawane immer langsamer werden ließ.

Oudin spielte uns eine der Possen aus seinem nie versiegenden Vorrat als Gaukler vor und schlüpfte dabei in verschiedenste Rollen.

Seine Mimik und seine Gesten waren sehr ausdrucksstark. So sehr, dass auch einige unserer Mitreisenden, die kein Wort von unserer Sprache verstanden, genauso gespannt zuhörten wie wir – oder eben zuschauten.

«Wenn wir irgendwo ohne Geld stecken bleiben würden, könntest du Vorstellungen geben und wir wären bald wieder in der Lage, unsere Reise fortzusetzen», bemerkte Meister Antoine in ebenso bewunderndem wie leicht ironischem Ton.

Auf Oudins Lippen zeichnete sich ein unbestimmbares Lächeln ab.

«Es steht Ihnen gut, sich über mich lustig zu machen. Nein, keine Widerrede. Tragen Sie uns lieber eine von Ciceros Oden oder eine von Aristoteles' Streitreden vor oder wie die Dinge alle heißen. Das würde uns großen Spaß machen. Falls wir dabei nicht einschlafen natürlich.»

Meister Antoine ließ sich durch Bemerkungen dieser Art schon lange nicht mehr ins Bockshorn jagen. Er sagte nur:

«Lassen wir Cicero im Moment. Wie wärs mit einem Märchen aus dem Poitou? Auch ich habe viele davon auf Lager.»

«Märchen aus dem Poitou? Wunderbar. Ich dachte, ein Gelehrter wie Sie stehe über so etwas.»

«Ein Gelehrter wie ich bestimmt. Aber meine Mutter, eine bemerkenswerte Frau, die lesen und schreiben kann, kennt hunderte dieser Märchen und hat sie sogar aufgeschrieben. So kam es, dass ich mit einem dieser Märchenhefte lesen gelernt habe, und jedes Mal, wenn mich seither mein Weg in mein Elternhaus führt, bitte ich meine Mutter, mir eine dieser Geschichten zu erzählen. Sie weiß immer eine neue.»

«Sie erzählt sie nicht auf Lateinisch?»

«Sie könnte es, denn sie hat auch Latein gelernt. Nein, sie erzählt sie in der Sprache des Poitou.»

Die zwei Männer schauten sich an und brachen gleichzeitig in schallendes Gelächter aus.

«Was ist jetzt mit diesem Märchen?», wagte ich zu fragen.

«Lass mich nachdenken ... Welches soll ich nehmen?»

Er ging weiter und streckte die Nase in die Luft.

«Ich erzähle euch das von der weißen Amsel.»

«Ach was, weiße Amseln gibt es nicht!»

«Mein Freund, es muss eine geben, wie sonst sollte ich dir ihre Geschichte erzählen können. Also. Es war einmal ein sehr reicher und sehr alter Mann – und wie viele Männer, die endlich reich, dabei aber auch alt geworden sind, wünschte er sich, wieder jung zu sein. Er hatte drei Söhne. Zwei von ihnen hatten einen schlechten Charakter, sie waren stolz und voller Verachtung. Einer aber war ... einfach und gut. Der Alte sagte zu ihnen: ‹Geht, holt mir die weiße Amsel, sie allein kann mir die Jugend zurückgeben. Wer sie mir bringt, erhält die Hälfte meines Vermögens.›

Die zwei Älteren stopfen sich die Taschen mit Geld voll, besteigen die Pferde und machen sich auf den Weg. Der Jüngste greift nach seinem Stock, an Geld aber sind nur noch drei Taler übrig geblieben. Er bricht auf. Zu Fuß, es war kein Pferd mehr da. Um die Mittagszeit sieht er auf einem Misthaufen einen toten Fuchs liegen, an dem sich die Fliegen gütlich tun. Mitleid überkommt ihn. Er lässt den Leichnam begraben, wofür er seine drei Taler hergeben muss.

Und er geht und geht. Lange Zeit später begegnet er wieder einem Fuchs, einem lebenden diesmal, der ihn fragt, wohin er gehe. Der Junge erklärt es ihm. ‹Oh›, sagt der Fuchs, ‹ich weiß, wo die weiße Amsel ist. Aber um sie zu fangen, brauchst du das schöne Mädchen, und um das schöne Mädchen zu bekommen, brauchst du das Maultier, das mit einem Schritt sieben Wegstunden machen kann. Ich weiß, wo dieses Maultier zu finden ist, gehe nur hin, zwei werden es sein, nimm dir das Ältere. Aber auf keinen Fall das Junge, auch wenn es dir stärker und schöner erscheint.› Er gehorcht und kehrt mit einem sehr alten Maultier zurück. ‹Und jetzt›, sagt der Fuchs, ‹brauchst du einen Sattel. Schau nach, du wirst zwei Sättel finden, nimm den, den du brauchst, und täusche dich nicht.› Er täuscht sich ganz und gar nicht. Nun legt er dem Maultier den Sattel auf, steigt auf, und mit einem einzigen Schritt macht das Maultier sieben Wegstunden. Er kehrt zum Fuchs zurück. ‹Das Mädchen, das du brauchst, ist an dem und dem Ort zu finden.› Er geht hin, sieht es, und bittet es, ihm die Hand zu schütteln. Das Mädchen reicht ihm die Hand, er zieht es schnell auf den Sattel, gibt dem Maultier die Sporen und dieses macht in wenigen Schritten viele, viele Wegstunden.

Er sagt dem Mädchen, er habe nichts Böses gegen es im Sinn, er brauche es für die weiße Amsel. Jetzt gehen sie an den Ort, wo diese Amsel sein soll, und bitten die Leute, sie ihnen zu zeigen. Man zeigt ihnen den Käfig, sie ergreifen ihn, steigen aufs Maultier, und hopp, mit wenigen Schritten, sind sie über alle Berge. Während sie zum Vater zurückkehren, begegnen sie den zwei älteren Brüdern, die mit leeren Händen und sehr verärgert auf dem Heimweg sind. Als sie ihren kleinen Bruder mit der Amsel, dem Maultier und dem Mädchen sehen, stürzen sie sich auf ihn und nehmen ihm alles weg. Und um ganz sicher zu sein, ihn nie wieder zu sehen, werfen sie ihn in den Brunnenschacht. Doch der Fuchs, der am Brunnenschacht vorbeikommt, hört die Rufe des Unglücklichen. ‹Halte dich an meinem Schwanz fest, ich ziehe dich heraus.› Und er kommt heraus. ‹Ich bin sehr glücklich, dass ich dir endlich einen rechten Dienst erweisen konnte›, sagt der Fuchs. ‹Du hattest nur drei Taler, aber du hast sie ausgegeben, um mich zu begraben. Ich bin gekommen, um mich bei dir zu bedanken. Was die Amsel anbelangt, mach dir keine Sorgen. Deine Brüder haben es schlecht angepackt, die Amsel macht niemanden jünger, das Maultier macht keine sieben Wegstunden in einem Schritt und das Mädchen ist traurig. Du musst zu ihnen gehen, *de ratille,* wie man bei uns sagt, also heimlich.› So geschah es. Als er durch die Hintertür ins Haus schleicht, erwacht die ganze Fröhlichkeit wieder, die Amsel erhält ihre Kraft zurück und der Vater seine Jugend. Er gibt seinem Jüngsten die Hälfte seines Vermögens; der einst Verachtete ist nun der Reichste. Und natürlich heiratet er das schöne Mädchen, und als ich das letzte Mal hinsah, war noch immer die Hochzeit im Gange. Der Fuchs indessen kehrte, nachdem er seine gute Tat vollbracht hatte, ins Fuchsparadies zurück, das im Feenland liegt.»

Niemand sagte etwas, es war eine schöne Geschichte.

«Sie erinnert mich ans Evangelium: Die Letzten werden die Ersten sein», sagte Meister Antoine. «Wer demütigen Herzens ist, findet sogar die weiße Amsel, warum auch nicht, für ihn gibt es sie.»

«Amen.»

Von diesem Tag an erzählte uns Meister Antoine viele solcher Märchen aus seiner Heimat.

Wir kamen schließlich in eine ziemlich große Stadt namens Trento;

noch ein Wegstück war zu machen, dann würden wir auf einem Fluss einschiffen können. Auf der Etsch verkehrten viele Schiffe aller Art, das unsere nannte man *Zattera,* Floß, denn mehr war es nicht. Wir konnten jetzt unser Maultier aufladen und mit der Strömung fahren, mir schien der Verkehr hier viel dichter als auf unseren Flüssen. In kurzer Zeit lag das Bergland hinter uns, und zwei, drei Tage später waren wir bereits in Verona, ohne Strapazen.

In Verona riet man uns, bis Padua die Straße zu benützen und dort nach Venedig einzuschiffen, so gelange man mühelos ans Ziel, zunächst auf einem Kanal bis an einen Ort namens Ca' Fusina, und dann weiter über die Lagune, wie das adriatische Meer vor der Stadt genannt wird; es ist eine riesige Bucht, die, wenn sie ruhig ist, aussieht wie ein See.

Es wurde dunkel, und an diesem Abend konnte ich noch nichts von den Schönheiten Venedigs erkennen, die Stadt war noch nicht mehr als eine Silhouette vor einem rosa-violetten Himmel. Ein Boot brachte uns in die Nähe unseres Ziels: Aldo Manuzio kannten alle.

«Er wohnt im Haus ‹Zum Delphin und Zum Anker›, gehen Sie nach rechts, dann ... warten Sie, die dritte, nein, die zweite links, dann gehen Sie alles gerade aus, bis Sie auf einen großen Platz kommen, dort gleich gegenüber ist es.»

Diese Erklärung, die Meister Antoine endlich einem eiligen Klosterbruder zu entlocken vermochte, half uns nicht weiter. Aber weil wir uns (fast) im Kreise drehten, gelangten wir schließlich auf einen Platz, in dessen Mitte nur ein Brunnen zu sehen war, und zwar dank einer Kerze, die man daran befestigt hatte. Dort entdeckten wir das Schild «Zum Delphin und Zum Anker».

Die Nacht war hereingebrochen – es war Sommer, weshalb es schon sehr spät sein musste –, und wir erwarteten, eine verwaiste Druckerei vorzufinden. Doch als die Türe geöffnet wurde, nachdem wir angeklopft hatten, sahen wir im Lichte mehrerer Kerzen eine Werkstatt, in der es zuging wie in einem Bienenhaus. In einer Ecke schrieb ein Mann, der seine Blätter, kaum waren sie fertig, an einen Setzer weiterreichte, in einer anderen war ein älterer Mann mit einem Bleistift in der Hand aufmerksam am Lesen, er hatte noch mehr Blätter vor sich, es mussten Korrekturfahnen sein. Niemand sprach, das einzige Geräusch war das Klicken der Buchstaben in den Setzkästen. Meister Antoine trat als erster ein, doch angesichts des für diese späte Stunde erstaunlichen Anblicks blieb er sprachlos auf der Schwelle stehen. Es dauerte einige Momente, bis der Alte in der Ecke aufsah und uns bemerkte.

Er stellte Meister Antoine in einer mir unverständlichen Sprache eine Frage. Meister Antoine antwortete auf Lateinisch:

«Wir kommen mit der Empfehlung Meister Henri Estiennes aus Paris.»

Augenblicklich überzog ein breites Lächeln das finstere Gesicht.

«So etwas! Antonius Augerellus. Ich erwarte Sie seit Wochen. Erst gestern sagten wir, es müsse Ihnen wohl etwas zugestoßen sein.»

«Nein, nein. Unser Umweg über Basel ist schuld an der Verspätung.»

«Über Basel? Waren Sie bei meinem Freund Amerbach?»

«Ja. Er hat uns sogar ein Geschenk für Sie mitgegeben, Meister Estienne übrigens auch. Wir überreichen sie Ihnen morgen, wenn wir unsere Sachen ausgepackt haben. Ich möchte Ihnen Claude Garamond vorstellen, meinen Lehrling.»

«Sie bringen zwei zusätzliche Hände mit! Sehr gut. Können Sie setzen, junger Mann?»

«Ja, Meister.»

«Kommen Sie herein, wir wollen hinauf zur Familie.»

Er drehte sich nach der Werkstatt um und rief etwas, das ich als Anweisung verstand, mit der gerade in Arbeit befindlichen Seite Schluss und Feierabend zu machen. Nach seinem herrischen Auftreten und den unverzüglich befolgten Befehlen zu schließen, hatte ich in dem Mann mit gebeugtem Rücken, weißen Haaren und müdem Gesicht keinen anderen vor Augen als Meister Aldo Manuzio.

Wir gingen hinauf.

Es waren viele Leute da. Aldo Manuzios Frau hieß uns aufs Liebenswürdigste willkommen. Man zeigte uns ein Kämmerchen unter dem Dach. Ich schlief in einem kleinen Bett, das tagsüber unter dasjenige Meister Antoines geschoben wurde. Oudin hatten wir vorübergehend aus den Augen verloren, wir fanden ihn erst am anderen Morgen wieder. Er hatte sich um unser Gepäck gekümmert und unser Maultier verkauft, er musste in weiß Gott welcher Sprache, wahrscheinlich in seinem Kauderwelsch-Latein, sehr hart verhandelt haben, jedenfalls hatte er ein beachtliches Ergebnis erzielt. Damit hatte er das Geld für die Rückreise beisammen, die er zu Fuß und zu Schiff machen wollte.

«Was uns mindestens so sehr interessiert wie die Bücher, sind die Buchstaben, mit welchen sie gedruckt werden», murmelte mir Meister Antoine in der Dunkelheit unserer Kammer zu, als wir es endlich geschafft hatten, uns zur Ruhe zu legen. «Aber wir werden das für uns behalten, denn anscheinend ist Meister Aldo sehr empfindlich, er hat Angst, seine Formen könnten ihm gestohlen werden, wir werden also die Augen offen halten, aber nur über Literatur reden.»

Wie viel wäre zu erzählen über die nun folgenden Monate! Von Venedig haben wir wenig gesehen. Es hatte Meister Antoines Beharrlichkeit bedurft, damit wir wenigstens am Sonntag nach der Messe nicht arbeiten mussten. Und es kostete ihn einigen Aufwand, bis auch ich frei hatte an Sonntagen. An allen anderen Tagen arbeitete das ganze Haus vom ersten Tagesschimmer bis abends neun oder zehn Uhr.

Während dieser Zeit habe ich mehr Griechisch und Lateinisch gelernt als während meiner ganzen Schulzeit (es dauerte aber Monate, bis ich mich einigermassen in der Sprache Venedigs verständigen konnte, sie hatte nicht viel gemein mit Petrarcas Italienisch, das wir bei Meister

Estienne ein wenig gelernt hatten). Tagsüber sprachen wir mit den Typographen Lateinisch, und manchmal kam es sogar vor, dass wir uns auch unter uns auf Lateinisch unterhielten.

Venedig ist eine eindrückliche Stadt und angenehmer als Paris, weil es hier nie so erstickend heiß wird. Es genügt, die Nase nach draußen zu strecken, und schon kitzelt die Meeresluft die Nüstern. Mit wenigen Schritten ist man an der Lagune. Als ich zu begreifen begann, wie die Straßen angelegt waren, bemühte ich mich, so oft wie möglich an die frische Luft zu kommen.

Die Häuser tragen Namen wie bei uns, aber es sind kaum Aushängeschilder zu sehen. Die Venezianer scheinen alle diese Namen auswendig zu kennen. Doch oft genug täuschten auch sie sich, sodass ich mich am Anfang ab und zu verirrte. Schließlich schaffte ich es, das System dieser *Calli* einigermaßen zu verstehen. So nutzte ich jede Gelegenheit, all die Besorgungen zu machen, die man – auf der ganzen Welt, wie mir scheint – den Druckerlehrlingen aufträgt.

Es gab einen Ort, der mir ganz besonders gefiel, die Schiffswerft. Hier wurden riesige Schiffe gebaut, und ein Matrose behauptete, wenn sie nur wollten, könnten die Werften ein Schiff in einem einzigen Tag bauen.

In Venedig hatte noch bis vor drei oder vier Jahren Krieg geherrscht, der schlecht ausgegangen war für die Stadt, wenn ich alles richtig verstanden habe. Während des Krieges hatte Meister Aldo seine Werkstatt geschlossen gehabt. Vor zwei Jahren hatte er wieder eröffnet und sagte seither immer, jetzt müsste jeder für zwei arbeiten.

Er war ein ziemlich sonderbarer Mann, dieser Aldo Manuzio. Streng und hart in der Werkstatt, aber charmant zu Hause. Er verfügte über eine sagenhafte Bildung, jedenfalls in meinen Augen, da ich bist jetzt noch nie mit einem so großen Gelehrten zu tun gehabt hatte. Man hatte uns erzählt, vor den Kriegen habe er in seinem Haus eine Akademie geführt, wo sich die edelsten Geister aus ganz Italien getroffen hatten; einige von ihnen halfen auch beim Drucken der Bücher. Aber das gab es alles nicht mehr, als wir dort waren.

Meister Antoine und ich arbeiteten in der Druckerei, aber gleichzeitig waren wir auch Meister Aldos Gäste, und er behandelte uns, als ob wir zur Familie gehörten.

Oudin sah uns in Sicherheit, beruhigte sich und willigte schließlich ein, nach Paris zurückzukehren. Allerdings habe er sich geschworen, uns holen zu kommen, sagte er uns mit feuchten Augen beim Abschied; wie das Maultier, das er verkauft hatte, war er mit Büchern beladen, die Meister Aldo und wir Meister Lefèvre und Meister Estienne bringen lassen wollten.

Meister Aldo hatte bei sich zu Hause eine überwältigende Bibliothek. Tausende von Werken, wie mir schien. Er erlaubte uns, sie zu benutzen unter der Bedingung, dass wir die Bücher nicht aus dem Haus brachten, und das taten wir. Längst nicht alle waren gedruckt, es gab eine beachtliche Zahl von Handschriften, hergestellt von Kopisten. Wir lasen Werke, die wir bis jetzt allein vom Hörensagen kannten: Vergil, Quintilian, Hesiod, Theokrit, Aristophanes, Herodot, Thukydides, Sophokles, Euripides, Demosthenes, Plato, Plutarch, eine Aristoteles-Ausgabe, von der man in der ganzen Christenheit sprach, und viele andere. Vor mir tat sich eine Welt auf. Meister Antoine war ganz verrückt danach und schlief kaum noch. Er muss während unseres Venedig-Aufenthaltes ein Vermögen für Kerzen ausgegeben haben. Selten hatte er schon das Licht gelöscht, wenn ich einschlief.

«Wie kommt es, dass Sie so viele Bücher unterschiedlichster Herkunft besitzen?», fragte er Meister Aldo.

«Venedig, mein lieber Freund. Die Leute kommen aus allen Himmelsrichtungen zu uns und bringen Dinge mit, die sonst nirgendwo zu finden sind.»

Während unseres Aufenthaltes verbesserte und goss Meister Antoine immer wieder Schriften: die von Meister Aldo Manuzio bewunderte er ganz besonders. Wir erfuhren, dass die meisten von einem gewissen Francesco Griffo geschnitten worden waren, einem Mann aus Bologna, mit welchem sich Meister Aldo überworfen hatte, sein Name wurde niemals erwähnt. Aber da er in Venedig wohnte, besuchten wir ihn eines Sonntags, so unauffällig wie möglich, um unseren Gastgeber nicht zu verärgern.

Venedig ist mehr noch als Paris eine klatschsüchtige Stadt, kaum hatten wir gesagt, dass wir aus Frankreich kämen, wusste Francesco Griffo auch schon, dass wir da waren.

«Da sind also Aldos Franzosen. Schickt er Sie, um zu spionieren?»

«Keineswegs, er weiß nicht, dass wir hier sind. Aber ich interessiere mich für das Stempelschneiden und ...»

«Sich dafür zu interessieren, wie Sie sagen, reicht nicht. Es braucht dafür die Hände und die Augen des Goldschmieds und die Liebe für schöne Druckbuchstaben.»

«Ich glaube von mir sagen zu dürfen, dies alles in meinem Bündel zu haben», sagte Meister Antoine mit einem Lächeln.

«Sind Sie Schriftschneider?»

«Ich bin Drucker, aber die Schriften interessieren mich.»

Und er erklärte, warum die Schriften seiner Meinung nach so wichtig waren. Nach und nach hörte Francesco Griffo auf, die Nase zu rümpfen, das Gespräch belebte sich, es wurde in einem Latein geführt, dem ich nicht ganz gewachsen war. Rasch begaben sich die zwei Männer an einen Tisch und begannen, jeder für den anderen, Druckbuchstaben zu skizzieren, um danach über Serifen, über das Schriftbild und über eine Schneidetechnik zu diskutieren, mit der vermieden werden konnte, dass sich zu viel Druckerschwärze in den Punzen, auf den Druckflächen, im Fleisch, in den Buchstabenzwischenräumen oder was weiß ich wo ansammelte.

«Ich hoffe, dass du uns folgen kannst, Claude. Dieser Mann ist ein Genie. Du kannst viel von ihm lernen.»

Ich weiß nicht, wie viel ich gelernt habe, denn das meiste war neu für mich; aber es war Francesco Griffo, der mich mit seinen eigenen Werkzeugen meinen ersten und zweiten Druckbuchstaben schneiden ließ, wobei er mir begreiflich machte, dass ich als Erstes die Gegenpunzen schneiden und dabei mit aller Sorgfalt auf die Krümmungen, Rundungen und Linien achten müsse, wenn ich etwas wirklich Gutes zustande bringen wolle.

«Du kannst die schönste Zeichnung der Welt haben. Aber für tadellose Druckbuchstaben brauchst du die besten *Werkzeuge* der Welt.»

Bei Griffo kopierte ich eine von Meister Antoines Zeichnungen, der seinerseits viel Zeit damit verbrachte, die Druckbuchstaben unseres Landsmannes Nicolas Janson nachzuzeichnen. Dieser war von König Charles VII. ausgesandt worden, um in aller Welt das Druckerhandwerk zu lernen, war aber niemals nach Frankreich zurückgekehrt, denn Charles Nachfolger, Louis XI., mochte gedruckte Bücher nicht.

«Denk nach, Claude, sieh dir die Tonalität von Nicolas Jansons Druckbuchstaben an, sie sind gleichmäßig, das beruhigt das Auge; im Gegensatz zu gotischen Schriften erleichtern diese das Lesen, das Auge entspannt sich, statt sich zu verkrampfen.»

Er zeigte mit dem Finger auf eine mir damals bedeutungslos vorkommende Einzelheit – eine der vielen, wie ich inzwischen weiß, die für den entscheidenden Unterschied maßgeblich sind.

«Janson hat es auf besonders glückliche Weise verstanden, die handschriftliche Minuskel mit der lateinischen Majuskel zu verbinden, indem er der Minuskel mehr Weite gab und die unterschiedlichen Stärken von Auf- und Abstrich mit dem einheitlichen Fettegrad der lateinischen Druckbuchstaben vertauschte. Siehst du, was das bewirkt?»

«Mhm ... die Buchstaben haben mehr Raum.»

«Genau. Der Weißraum, den er damit in die Seite einfügt, verschafft den Buchstaben deutlich mehr Eigenständigkeit und erhöht damit die Lesbarkeit.»

Den Schritt zur Ausführung zu tun war, als ob ich einer unheilbaren Krankheit zum Opfer gefallen wäre. Die Leidenschaft nahm von mir Besitz und hat mich nie mehr losgelassen – ich wollte Drucker werden, keine Frage, aber auch Schriftschneider. Meister Antoine konnte das, warum also nicht auch ich?

Die Tatsache, dass ich mir diese Frage gestellt hatte, gab mir das Gefühl, auf einmal freier atmen zu können, meine Brust schien mir weiter geworden zu sein. Ich glaube, dies war der Augenblick, als ich mich endgültig von der Kindheit verabschiedete. Meister Antoine sah das alles, sagte aber nichts. Er ließ mich einfach an dem teilnehmen, was er tat. Seither redete er mit mir wie mit einem Gleichgestellten, auch dann, wenn er mir – mit seiner meisterlichen Geduld – das Schriftschneiden beibrachte.

«Vergiss nie, Claude, ohne Schriftschneider gibt es keine Drucker.»

Er zeigte mir, wie man einen Druckbuchstaben schnitt, wie man das Verhältnis der druckenden und nicht druckenden Teile festlegte.

«Du musst das Alphabet mühelos verkehrt herum lesen können, das muss selbstverständlich werden für dich, denn damit ein Buchstabe so aussieht, wie du ihn zu sehen gewohnt bist, muss er spiegelbildlich in den Stempel geschnitten werden.»

Ich lernte, das Stück Metall, das man Stempel nennt und worauf man einen Buchstaben zeichnet und dann schneidet, anschließend ganz hart zu machen, durch Kochen, wie wir sagen. Ich schnitt also meinen ersten Stempel. Ich sehe noch, wie meine Hände vor Aufregung zitterten, als ich mein Stück Stahl auf die richtige Länge zuschnitt, den Kopf abrundete, feilte, mass, anzeichnete, als ich es zum Glühen brachte, um es zu härten, dann ein Stück Kupfer in den Schraubstock einspannte, um ihm meinen Stempel einzuprägen. Als dann nach einer Reihe weiterer ziemlich zeitraubender und schwieriger Arbeitsschritte wie Justieren und Polieren dieser erste Buchstabe vor mir lag, kam es mir vor, als wäre gerade Venus aus den Fluten gestiegen – daran änderte auch die Tatsache nichts, dass sich mein Buchstabe mit den vielen Fehlern als unbrauchbar erwies. Ich war bereit, es so oft von neuem zu versuchen, wie es nötig sein würde.

Es war bereits die Rede davon, nach Paris zurückzukehren, als Aldo eines Abends sagte:

«Antoine, würden Sie mir einen Gefallen tun?»

«Wenn ich kann, Meister.»

«Haben Sie *De re rustica* gelesen?»

«Ich habe davon gehört, aber gelesen habe ich es noch nicht.»

«Janson hat es vor Jahren herausgegeben, aber es ist vergriffen. Ich habe in meiner Bibliothek das Manuskript, nach welchem Janson gedruckt hat. Hier, das ist mein vorletztes Exemplar. Ich denke, man sollte es mit den Originalen vergleichen – oder vielmehr mit den direkten Quellen, die Originale sind vor mehr als einem Jahrtausend verloren gegangen. Von Giovanni Giocondo habe ich viel verlässlichere Manuskripte als die, welche Meister Nicolas zur Verfügung gestanden hatten. Es handelt sich um vier sehr interessante und nützliche Abhandlungen über die Landwirtschaft, die man mich seit langem neu herauszugeben bittet. Würden Sie das für mich tun? Giocondo wird Ihnen dabei zur Hand gehen. Er ist zurzeit in Venedig.»

«Es handelt sich um eine Arbeit von beträchtlichem Umfang, Meister. Wir wollten nach Paris zurückkehren. Meister Estienne dürfte uns bereits erwarten.»

«Wir schreiben ihm. Ich habe alle Hände voll zu tun und wäre froh, wenn Sie mit Ihrer Sorgfalt und Bildung das zusammen mit Giocondo für mich machen würden. Er hat auch einen bemerkenswerten Julius Cäsar entdeckt, den besten Text dieses Autors, den ich je gesehen habe, der wird ihn ziemlich in Anspruch nehmen. Sie wären also zu zweit oder mit Claude zu dritt keinesfalls zu viele. Es ist eine Sache von einem Monat oder zwei.»

In Wirklichkeit dauerte die Sache sechs Monate.

## VIII
### Wie wir uns mit Venedig anfreunden, Bücher drucken, interessante Leute kennen lernen und nach Paris zurückkehren

it zwanzig Jahren Abstand bleiben mir von diesem Jahr in Venedig unvergängliche, aber unzusammenhängende Erinnerungen.

Beispielsweise die, dass ich dauernd Hunger hatte. Ein Problem, worüber sich Meister Antoine keine Gedanken machte: er, der hatte Mönch werden wollen, war sicher geübter als ich bei der Abtötung des Fleisches. Ich muss auch sagen, dass dieser ansonsten so leidenschaftliche Mann überhaupt keine besonderen Begierden zeigte, weder für das Essen noch für das Trinken; er drückte zwar laut vernehmlich seine Wertschätzung für einen guten Braten und einen süffigen Claret aus, aber er gab sich auch ohne Murren mit einem Stück Brot, einem Teller Gemüse mit Brühe und einem Becher Krätzer zufrieden, was wir bei Aldo Manuzio oft genug vorgesetzt bekamen. Für mich war es anders. Ich war es gewohnt, regelmäßig Fleisch zu essen, und es fehlte mir. Einer von Aldos Lehrlingen sagte mir eines Tages, ich sei nicht der Einzige, Erasmus von Rotterdam, der längere Zeit bei Aldo zu Gast gewesen war, um die Herausgabe seiner *Adagia* zu überwachen, habe sich manchmal mit sehr harten Worten über diese spartanische Diät beklagt.

Aber die Venezianer verstehen das nicht. Ihre Mahlzeiten sind etwas karg; wenn einmal etwas anderes als Gemüse auf den Tisch kommt, dann ist es Fisch, Fleischgerichte sind eher die Ausnahme.

Doch irgendwann bemerkte Meister Antoine mein Verlangen nach Fleisch; am folgenden Sonntag nahm er mich mit in eine *Trattoria* am

Hafen; wir waren umgeben von Seeleuten und Fischern, die sich gut gelaunt über unsere Hände lustig machten – trotz aller Anstrengungen waren sie grau.

«Schleppt ihr Kohlen, ihr lieben jungen Leute? Ihr seht mir allerdings gar nicht danach aus», fragte ein dicker Mann, der so alt zu sein schien, dass er hätte der Vater von uns beiden sein können.

«Die Kohle des Geistes», antwortete Meister Antoine in einem schwerfälligen Italienisch, das er und ich aufgeschnappt hatten, obwohl wir ständig Latein in den Ohren oder Griechisch vor Augen hatten. Augenblicklich zeigte das Publikum Interesse, und wir mussten eine ganze Lawine von Fragen beantworten. Wie war Meister Aldo, dem man in Venedig ebenso viel Gutes wie Schlechtes nachsagte? Und sein Schwiegervater Torresani, war er wirklich so geizig, wie es immer hieß? Und lesen lernen? Konnte ein erwachsener Mann noch lernen?

Damit war Meister Antoines Lieblingsfrage ausgesprochen. Er holte aus der Tiefe seiner Hosentasche einen Bleistift und einen winzigen Fetzen Papier hervor und führte seinem Gesprächspartner vor, wie einfach es war.

«Sie mussten auch einmal lernen, ihre Netze auszuwerfen, mein Freund. Würde ich es versuchen, würde ich bestimmt eines zerreißen oder ich ließe die Fische entkommen. Es ist eine Frage der Übung. Sie könnten mindestens lesen lernen. Das Schreiben ergibt sich dann.»

«Und wo soll ich Ihrer Meinung nach jemanden finden, der die Geduld hat, mir das Lesen beizubringen?»

«Trommeln Sie ein paar Leute zusammen, und ich verspreche Ihnen, jeden Sonntag für ein oder zwei Stunden zu kommen, solange wir in Venedig sind.»

Wir waren während der ganzen Zeit sehr fröhlich, Meister Augereau ließ für mich Fisch und Geflügel auftischen, bis ich nicht mehr konnte.

In dieser Geschichte steckt der ganze Meister Antoine: sein Sinn dafür, was andere brauchen, und seine unmittelbare Hilfsbereitschaft. Ich hätte es nie gewagt, ihm zu sagen, wie sehr es mich nach einer Scheibe Fleisch oder einem Hühnerschenkel gelüstete. Aber er bemerkte es, und es berührte ihn ebenso wie die Neugier der einfachen Männer um uns herum für Geschriebenes. Mein Appetit hatte nichts mit seinen eigenen Bedürfnissen zu tun, aber ich war sein Lehrling, und so war es selbstverständlich, dass er etwas von unseren mageren Einkünften abzweigte, damit ich wenigstens hin und wieder anständig essen konnte. Und hier waren diese Leute mit ihrem Wissensdurst, auch da verstand es sich von selbst, dass er etwas von seiner freien Zeit abzweigte, um ihnen zu helfen.

«Ich möchte nicht, dass mir deine Eltern vorwerfen müssen, dich schlecht ernährt zu haben», hatte er an jenem Tag vergnügt erklärt, wobei er zwar mit *gusto,* aber mit wesentlich mehr Zurückhaltung aß als ich.

Sonntag für Sonntag kehrten wir in diese *Trattoria* zurück, und wenn auch die meisten Seeleute aufgeben mussten, weil sie in ferne Länder fuhren, hatten doch zahlreiche Fischer, die Zeit genug hatten, zu kommen, lesen gelernt. Einige von ihnen beherrschten sogar recht schnell auch das Schreiben; sie übten auf einem Stück Schiefertafel und mit Kreiden, die Meister Antoine aufgetrieben hatte (was auch noch auf Kosten unseres Geldbeutels ging). Ich beteiligte mich nach Kräften an diesem Unterricht, denn zumindest beim Schreiben waren zwei nicht zu viel.

Es ist dieser *Trattoria* und diesem «Schulunterricht», den wir sonntags an einem ihrer Tische hielten, zu verdanken, dass wir in engen Kontakt mit den Venezianern gekommen sind: impulsive und verschlossen wirkende Leute, aber freundlich und großzügig, sobald sie sich an den Umgang mit den Fremden, die wir waren, gewöhnt hatten.

«Was wollen Sie, man kommt von überallher zu uns, wir müssen uns verteidigen, nicht zuletzt, um uns selber zu bleiben. Außerdem sind sie nur auf Durchreise, weshalb sollten wir ihnen also näher kommen wollen? Aber ihr seid anders, ihr seid nicht nur nach Venedig gekommen, um etwas zu holen – dazu seid ihr selbstverständlich auch gekommen –, ihr gebt auch.»

Ich erinnere mich auch daran, den Winter als hart empfunden zu haben, vor allem, weil in Aldos Haus schlecht geheizt wurde.

Doch diese Unannehmlichkeiten verblassten gegenüber der Schönheit Venedigs zu jeder Jahreszeit.

Die bleibendsten Erinnerungen hängen jedoch mit meiner Arbeit zusammen. In den Gesprächen, die Meister Antoine mit Francesco Griffo führte, waren die Ratschläge zu hören, die mir von beiden Seiten erteilt wurden.

«Den Drucker rühmt man für seine Genauigkeit, für sauberes Drucken, fehlerloses Korrigieren und was sonst noch alles dazugehört», sagte Francesco mit zorniger Stimme. «Soll er auch noch das Lob einheimsen, das jenen Leuten zusteht, die man der Vergessenheit anheim fallen lässt, obwohl das Druckerhandwerk gerade ihnen seine allerschönsten Seiten zu verdanken hat? Heute bewundern alle meine Kursivschrift, aber dass es mich gibt, weiß man nicht mehr. Es gibt sogar Leute, die der Meinung sind, Aldo habe sie geschnitten, als ob dieser gelehrte Denker dazu imstande wäre. Es wundert mich, dass jene, die wegen der Verdienste der Drucker in Entzücken geraten, kein Wort über die Schriftschneider verlieren; dabei ist der Drucker oder besser gesagt der Typograph für den Schriftschneider das, was ein talentierter Sänger für einen guten Komponisten ist.»

«Es stimmt, der Buchstabe ist das Wesentliche des Druckerhandwerks», antwortete Meister Antoine heiter. «Aber die Arbeit des Schriftschneiders gehört zu jenen Berufen, die im Dienste von etwas Höherem stehen, dem man den Vortritt zu lassen hat. Was wäre ein wunderschön gedruckter Text, der lauter Dummheiten enthielte? Auch Meister Estienne vergisst gelegentlich, dass ich für ihn Schriften geschnitten habe. Ich halte sie inzwischen zwar für rundum verbesserungsbedürftig, dennoch sind sie besser als alle, die er vor mir verwendet hat. Aldo oder Estienne wären möglicherweise nichts ohne uns. Aber ohne das Urteilsvermögen eines Aldo Manuzio oder eines Henri Estienne könnte es durchaus sein, dass gar niemand von unserer Arbeit wüsste.»

Als wir wieder unter uns waren, sagte mein Lehrmeister zu mir:

«Claude, wenn du willst, dass man von dir spricht, dann wähle nicht den Beruf des Schriftschneiders. Das Schriftschneiden ist zwar das große Geheimnis des Druckerhandwerks. Aber wer ihn ausüben will, muss bescheiden sein. Jeder Drucker wird sich deiner schönen Druckbuchstaben rühmen, wird sie bestellen und kaufen, aber kaum ein Leser wird je etwas von deiner Existenz erfahren, und noch seltener sind jene, die von dir reden. Wenn du berühmt werden willst, such dir einen anderen Beruf.»

Zum guten Glück ist mir nie daran gelegen gewesen, mich nach vorne zu drängen, der einzige Grund für mich, lieber Drucker als Schriftschneider zu werden, ist der bessere Verdienst. Aber die Art und Weise, wie Meister Antoine und einige seiner Kollegen vom Schicksal gebeutelt wurden, ermutigt mich keineswegs, diesen Weg zu gehen; wie sie würde ich des geringfügigsten Plakätchens wegen, das ich guten Glaubens drucke, das die Theologische Fakultät aber als aufwieglerisch beurteilt, am Galgen enden. Schon damals begriff ich, dass man besser im Hintergrund blieb. Ganz abgesehen davon, dass ich anderes im Kopf hatte. Was mich zum Schriftschneiden verlockte, war die Möglichkeit, in meinen Händen etwas entstehen zu lassen, und wenn dieses Etwas ein Alphabet war, umso besser. Nie konnte ich mich mehr begeistern als dann, wenn mir Meister Antoine – sozusagen – die Feinheiten der «fetten Römischen» erklärte.

«Sie liebkost den Blick», sagte er mit zugekniffenen Augen, um einen Buchstaben genauer zu betrachten, den er um das Zwanzigfache größer als in natura gezeichnet hatte. «Aber manchmal finde ich, man könnte es noch besser machen. Von weitem gesehen kommt es vor, dass man ein c mit einem e verwechselt, ganz zu schweigen von einem O und einem Q. Dabei sind das nur Beispiele. Man muss auf das Gleichgewicht zwischen Binnenraum und Druckfläche achten und das Schriftbild besser zeichnen.»

Die Begehrteste von Francesco Griffos Schriften war die kursive, er nannte sie *Cancelleresca,* mit der Zeit wurde sie von den Franzosen wegen ihrer Herkunft jedoch «italique» genannt.

«In den Kanzleien gab es immer diese Schreiber, die behaupteten, Gedrucktes sei schwieriger zu lesen als Geschriebenes», erklärte er. «Das störte mich sehr. Vor etwa fünfzehn Jahren stellte ich mir eine Frage: Ist es möglich, eine Druckschrift herzustellen, die einer Handschrift ähnlich sieht? Es kostete mich viel Zeit. Aber eines Tages hatte ich Gelegenheit, einen Blick auf ein Manuskript Petrarcas, des großen italienischen Dichters des letzten Jahrhunderts, zu werfen. Er hatte eine höchst erstaunliche Handschrift, von seltener Regelmäßigkeit und Einfachheit, die alle beeindruckte, die sie sahen. In dieser Knappheit habe ich plötzlich GESEHEN, wie die Buchstaben aussehen mussten.»

Er seufzte und schaute lange auf die Wand vor ihm, bevor er fortfuhr.

«Damals waren Aldo und ich gute Freunde. Ich schlug ihm vor, einen Versuch zu machen. Es gab viel zu reden.» Er lachte. «Denn damals redeten Aldo und ich noch miteinander. Wenn er mich jetzt sieht, bewirft er mich mit Schimpfwörtern – und ich muss gestehen, dass ich ihm nichts schuldig bleibe, ich kann manchmal ziemlich unbändig sein.»

«Und was ist nun mit der Kursivschrift?»

«Aldo hatte sie schon lange im Kopf, er wollte Bücher, die weniger Platz brauchten, die man bei sich tragen konnte. Mit der Kursivschrift kann man Platz sparen, ohne dass die Lesbarkeit darunter leidet. Wir hatten die gleichen Sorgen. Und dann gab Aldo 1501 seinen Vergil in der ‹Aldina› heraus, wie sie damals von allen genannt wurde, damit sie nicht ‹Franceschina› oder ‹Griffina› sagen mussten, wenn es schon darum ging, einen anderen Namen für Italique oder allenfalls für kursiv zu finden.»

«War der Vergil ein Erfolg?»

«Ein unglaublicher Erfolg im wahrsten Sinne des Wortes. Alle kauften ihn – und er läuft immer noch. Hier, nehmen Sie, ein Geschenk von mir.»

«Aber ich ...»

«Wenn ich Aldo wäre, würde ich das unter den Scheffel stellen. Aber ich bin nicht Aldo. Sie brauchen sich nicht zu bedanken. Studieren Sie den Ursprung der Kursivschrift, so viel Sie wollen. Alle haben sie nachgemacht, oft sogar verhunzt. Und weil wir schon dabei sind, erhalten Sie von mir noch ein kleines Buch.»

Er überreichte uns ein kleines Bändchen, das Meister Antoine interessiert durchblätterte.

«Pietro Bembo: *De Ætna*. Was für wunderschöne römische Buchstaben!»

«*Griffina,* denken Sie daran, nicht *Aldina.*»

Man muss einräumen, dass Aldo auch eine Methode erfunden hat, das Blatt zu falten, das man unter die Presse legt. Heute, wo das selbstverständlich ist, erscheint es als etwas Nebensächliches, aber vor ihm hatte niemand daran gedacht, es so zu machen. Plötzlich gab es Bücher, die man sich in die Tasche stecken konnte, wie diesen Vergil oder dieses *De Ætna*. Und so kamen sie aus den Bibliotheken der Gelehrten heraus. «Wir werden nie so schöne Buchstaben schneiden», seufzte Meister Antoine. «Sie sind makellos.»

«Das waren meine Worte, als ich die von Janson sah. Aber dann habe ich sie nicht einmal zu kopieren versucht. Ich habe sie interpretiert. Interpretieren Sie also meine. Sie stehen Ihnen zur Verfügung. Sagen Sie aber Aldo nichts davon, weil er der Auffassung ist, die Dinge, selbst die geistigen, gehörten ihm höchstpersönlich, damit er den größtmöglichen Nutzen daraus ziehen könne. Aber diese geistigen Güter gehören Gott und allen seinen Geschöpfen. Sie müssen unter alle aufgeteilt werden. Es ist sinnlos, ihm das erklären zu wollen, er versteht es nicht. Ebenso sinnlos ist es, dem Leser unsere Küche erklären zu wollen. Aber Sie, denken Sie daran: *Griffina.* Das ist der richtige Name dieser Druckbuchstaben.»

Nach einer Rede dieser Art seufzte Francesco Griffo.

«Man muss zugeben, dass Aldo ein Genie ist. Wäre da nicht die Familie seiner Frau und dieser Geizhals von Schwiegervater Torresani, ein Dummkopf, meiner Meinung nach, wäre Aldo anders.»

«Aber ohne seinen Schwiegervater hätte Aldo keine Druckerei.»

Francesco Griffo zuckte mit den Schultern.

«Entschlossene und talentierte Leute wie Aldo lassen sich von nichts zurückhalten. Er hätte andere Mittel und Wege gefunden, er glaubt an das Druckerhandwerk wie andere ans Grab Christi.»

Selbstverständlich erzählten wir Aldo nichts von unseren sonntäglichen Eskapaden. Denn ohne ihn ...

«Ohne ihn hätte ich dich längst zur Rückreise gedrängt», sagte Meister Antoine oft.

Unser Leben war hart, unsere Tage waren wesentlich länger als bei Meister Estienne, und außerdem arbeiteten wir in einem rasanten Tempo, an das wir uns erst hatten gewöhnen müssen. Ich fühlte mich oft am Rande meiner Kräfte, und Meister Antoine erging es nicht besser. Bevor wir nach Venedig kamen, hatte ich ihn nie müde gesehen. Doch mit Aldo stand er auf bestem Fuße, und sie führten oft lange Gespräche. Aldo diskutierte mit ihm noch lieber, nachdem er festgestellt hatte, dass dieser Mann aus Paris ihm zwar als Drucker nicht ebenbürtig, dafür aber ein großer Gelehrter war.

Eines Tages, als sie wieder über die Bedeutung der Typographie sprachen, bemerkte Aldo mit gerunzelter Stirn:

«Wissen Sie, Antonio, ich teile ganz und gar Ihr Eintreten für die Schönheit der Schrift und für einen untadeligen Satzspiegel, aber ich finde, es gibt ein für den Text lebenswichtiges Element, das Sie vernachlässigen: die Grammatik. Was wollen Sie mit einem bewundernswert schönen Text, einem hochinteressanten Inhalt, bestens lesbar, aber unverständlich? Für mich hat die Grammatik schon immer im Vordergrund gestanden.»

Er lachte.

«Sie müssen wissen, dass ich als Kind das Unglück hatte, in die Hände eines einfältigen Lehrers geraten zu sein, der statt mit allen Mitteln die Gaben zu fördern, mit denen mich der Himmel ausgestattet hatte, mich mit Schindereien und Schlägen plagte und fast umbrachte, damit ich das *Doctrinale* von Alexandre de Ville-Dieu lerne.»

«Ich kenne das Werk», gab Meister Antoine zur Antwort und lachte. «Unser Abt in Maillezais hatte es in Latein übersetzen lassen, weil es so unverständlich ist, wie er scherzhaft sagte. Ohne einen Lehrer, dem daran gelegen war, uns das Leben leichter zu machen, hätten wir ein blödes, absurdes, unverständliches Gerede auswendig lernen müssen, mit anderen Worten, wir hätten nicht Lateinisch gelernt.»

«Ich musste es unter Hieben lernen», sagte ich scheu.

«Lebender Beweis dafür, was ich gerade gesagt habe», Meister Antoine gab mir einen Klaps auf die Schulter. «Als ich diesen Jungen kennen lernte, war es mit seinen Lateinkenntnissen nicht weit her.»

«Aber ich vergesse die Prügel nicht, die anstelle von Unterricht gegeben wurden.»

«Ich auch nicht», antwortete Aldo. «Aus diesem Grund habe ich als eine meiner ersten Arbeiten als Drucker eine Lateingrammatik gesetzt. Wenn man von den Klassikern im Originaltext etwas haben will, tut man gut daran, die Logik ihrer Sprache zu verstehen, sagte ich mir. Das Latein, das wir verwenden, ist nur noch ein Sammelsurium. Es heißt, meine Grammatik sei ein guter Ersatz für das *Doctrinale*. Umso besser.»

Einer der Vorteile, bei Aldo zu wohnen, war der Zugang zu seiner Bibliothek. Außer den wunderbaren griechischen und lateinischen Manuskripten, die er vor dem Vergessen rettete, indem er sie sammelte und viele von ihnen druckte, bewahrte er selbstverständlich auch je ein Exemplar seiner eigenen Bücher auf. Hier habe ich festgestellt, dass er sich wirklich sehr um die Grammatik kümmerte, im Griechischen wie im

Lateinischen und sogar in der Volkssprache; er hatte mehrere Bücher herausgegeben (und zweifellos auch geschrieben).

Beim Blättern in den Werken von Vergil, Horaz, Ovid, Petrarca und Dante, all diesen großen Dichtern, die mir bisher so fern waren, wurde ich von einer richtigen Leidenschaft gepackt: zum ersten Mal sah ich sie in Büchern, die ich mit einer Hand halten, zu einem bescheidenen Preis kaufen und überallhin mitnehmen konnte, ordentlich und gut gedruckt; und wieder wunderte ich mich, dass vor ihm niemand an so etwas gedacht hatte. Ach! Wenn das kein Grund war, den Matrosen im Hafen das Lesen beizubringen: diese Texte würden bald in ihrer Reichweite sein.

«Dies lässt nur eine Schlussfolgerung zu: Lasst uns klare Schriften zeichnen und Bücher drucken, wie es niemand besser kann; ich muss dir gestehen, dass mich der Arbeitseifer, den Aldo trotz seines hohen Alters und seiner angeschlagenen Gesundheit an den Tag legt, persönlich berührt», meinte Meister Antoine, als ich ihm sagte, was mich beschäftigte.

Man muss zugeben, dass die Verbissenheit, mit welcher er sich persönlich um den Satz und den Umbruch der *Libri de re rustica* kümmerte (mit meiner Hilfe, wobei er mich ab und zu selbständig arbeiten ließ, mich aber mit Adleraugen überwachte), seine Worte bestätigte. Nach zehn, zwölf Stunden Arbeit konnte ich mich manchmal kaum mehr auf den Beinen halten. Dann schickte er mich ins Bett und machte allein weiter.

«Schau, Claude. Druckermeister bin ich schon lange. Aber meine wirkliche Meisterprüfung lege ich jetzt ab. Hier lerne ich Dinge, die mich niemand im ganzen Königreich Frankreich lehren könnte. In Lyon und sogar in Paris hat Aldo Nachahmer. Aber der Sinn des ganzen Unterfangens … Nirgendwo sonst als hier tritt der Sinn des Unterfangens zutage.»

Die *Bücher über ländliche Dinge* sind eine Sammlung verschiedener Aufsätze Es fängt an mit einem Text des großen römischen Staatsmannes Cato über die Landwirtschaft, gefolgt vom Beitrag eines weiteren Römers aus jener Zeit namens Terentius Varro. Den größten Teil des Buches nimmt die Abhandlung des Moderatus Columella in Anspruch, diesen Text fand ich am interessantesten. Der Römer schrieb ihn (zwei oder drei Jahrhunderte nach Cato, glaube ich), als er schon ein alter Mann war, und zwar in einer Art, dass man den Eindruck gewann, er befinde sich hier, in diesem Zimmer und spreche mit uns. Den Abschluss bildet die Abhandlung eines gewissen Palladius Emilianus.

Der Gelehrte, der das Manuskript entdeckte, auf das wir uns stützten, Giovanni Giocondo aus Verona, brachte von Zeit zu Zeit neue Seiten vorbei. Die Texte waren bereits einmal gedruckt worden, aber schlecht, aufgrund eines sehr fehlerhaften Manuskripts. Giocondo hatte ein älteres unverfälschteres gefunden, und seine Verbesserungen am Text machten diesen umso klarer. Meister Aldo und Giocondo diskutierten manchmal stundenlang über einen Satz oder ein einzelnes Wort.

Auch Meister Antoine bevorzugte Columella, umso mehr als dieser Autor vor zwölf oder dreizehn Jahrhunderten Überzeugungen äußerte, die auch die seinen waren.

*Deshalb wird ein gewissenhafter Familienvater, der die Absicht hat, einen zuverlässigen Weg der Vermögensmehrung aus der Landwirtschaft zu beschreiben, sich angelegen sein lassen, in jeder Sache die kundigsten Landwirte seiner Zeit zu Rate zu ziehen, die Fachliteratur der Alten eifrig zu studieren und genau zu erwägen, was jeder von ihnen denkt und vorschreibt, ob alles, was Frühere mitteilen, der Anbauweise unserer Zeit entspricht oder ob einiges davon abweicht.* Und etwas weiter unten im Text: *Nam multo plura reperiuntur apud veteres, quae nobis probanda sint, quam quae repudianda.* Mit anderen Worten: [...] *denn man findet bei den Alten weit mehr, was man billigen, als was man ablehnen muss.*»

«Genau das Gleiche gilt für das Gebiet des Geistes!», rief Meister Antoine, als wir das zum ersten Mal lasen. «Wir müssen auf die Alten hören, aber ohne die Pflicht, alle ihre Gebote befolgen zu müssen. Unsere landwirtschaftlichen Ahnen verstanden das, jetzt fragt man sich, warum die Doktoren der Sorbonne sich so schwer tun, diesem Gedanken zu folgen.»

«Ich kann Ihnen darauf antworten», erwiderte Aldo. «Die Vorgehensweise jener Leute ist das Gegenteil von dem, was die Herren an den Hochschulen empfehlen, diese zitieren kreuz und quer verstümmelte alte Texte, hüten sich aber vor den Originalen, weil sie Angst haben, von ihnen ins Unrecht gesetzt zu werden.»

Er ließ sich schwer auf einen Schemel fallen.

«Ich hatte Glück. Ich war in meiner Jugend Hauslehrer eines aufgeklärten Prinzen. Zeitlebens stand ich unter seinem und unter dem Schutz der Gelehrten in seinem Gefolge, sein Haus ist einflussreich. Die Herrschaft behandelt mich mit Wohlwollen. Aber ich bin in Sorge, was die Zukunft anbelangt. Die Kirche fängt gerade an zu begreifen, dass das Gedruckte ihre absolute Macht über unsere Seelen bedroht. Am Tag, an dem sie sich darüber völlig im Klaren ist, wird sie gnadenlos und mit aller Macht zuschlagen. So hat sie immer reagiert.»

Er blätterte im Manuskript und wies mit dem Finger auf einen Satz.

«Kinder, erinnert euch an den Gedanken Ciceros, den Columella in seiner großen Weisheit zu Recht aufgreift: *Eos, qui generi humano res ultissimas conquirere et perpensas exploratasque memoriae tradere concupierint, cuncta temptare. Wer deshalb der menschlichen Gattung die nützlichsten Dinge erkunden und das Entdeckte nach gründlicher Untersuchung der Geschichte überliefern will, lasse nichts unversucht.* Und wohl auch: Scheue kein Risiko. Auch nicht den Tod, wenn die Inquisition verfügen sollte, bei den Originaltexten von Vergil oder Aristoteles handle es sich um Hexerei.»

Für einen Moment hatte ich das Bild von Aldos Büchern vor Augen, die auf dem Scheiterhaufen brannten. Ich musste lächeln. Unglücklicher Kindskopf, der ich war! Ich ahnte nicht, dass ich am Ende genau das zu sehen bekommen würde, das Verbrennen von Klassikern, Columella inbegriffen, weil es hieß, sie seien «Helfershelfer des Teufels und der Ketzerei».

Da es meine Absicht ist, das Wesen Meister Antoines zu beschreiben, und nicht, in allen Einzelheiten mein Leben zu schildern, springe ich nun zum Ende unseres Aufenthalts in Venedig; wenn ich mich etwas länger bei dieser Reise aufgehalten habe, dann deshalb, weil sie auf die spätere Arbeit meines Lehrmeisters und auf meine eigene einen so starken Einfluss ausgeübt hat.

Gegen Ende des Frühlings ging eine Nachricht nach Paris, und Anfang Juni tauchte Oudin auf, dessen breiter Körper eines schönen Morgens in der Türe zur Werkstatt stand.

«Welche Freude, Sie wiederzusehen, meine Herren!»

Meister Antoine beeilte sich, ihn zu begrüßen und mit ihm nach draußen zu gehen – Meister Aldo schätzte es nicht sonderlich, wenn die Typographen in ihrem Eifer gestört wurden.

Einige Wochen blieben wir noch. Die *Libri de re rustica* waren gedruckt, die Korrekturfahnen abgezogen, mit dem Original verglichen und verbessert, der Satz entsprechend bearbeitet und die Seiten zum Buchbinder gebracht.

*Stricto sensu* gehörten wir bereits nicht mehr zur Druckerei, obwohl Aldo nicht wollte, dass wir aus der Dachkammer auszogen, die wir seit einem Jahr bewohnten. Wir verbrachten unsere Tage bei Buchhändlern, in Bibliotheken, wir trieben Bücher auf und trugen sie für Meister Estienne zusammen. Aldos Publikationen ebenso wie andere: Horaz, Juvenal, Lukian von Samosata, Cicero, Demosthenes, Lukian von Antiochia, Homer, Sophokles, Euripides, Kommentare zu Aristoteles, von denen wir noch nie gehört hatten. Und viele andere mehr.

Aldo sah unserem Tun mit einer gewissen Beunruhigung zu.

«Wenn Sie unsere Bücher herausbringen, können wir sie nicht mehr verkaufen.»

«Sie selber sagen, Meister, es könne nicht genug Leser geben. Ich verspreche ihnen, dass wir das von Ihrer Herrschaft gewährte Vorrecht für die *Libri de re rustica* respektieren. Und bei allem Interesse für Ihre Druckbuchstaben möchten Claude und ich vor allem neue entwerfen und herstellen, römische und griechische. Aber in Paris lechzt man genauso nach neuen Texten wie in Italien. Aus Italien aber kommen alle großen Klassiker.»

Unterredungen dieser Art gab es häufig. Als Giocondo eines Tages dabei war, flüsterte er uns zu:

«Lassen Sie es gut sein, kaufen Sie, was Sie nirgendwo sonst bekommen, und machen Sie bei mir in Verona Halt. Ich werde Ihnen wunderbare Dinge zeigen können. Ich habe ohnehin nicht vor, in Venedig zu bleiben, ich habe mich mit der Republik überworfen.»

Einer der Typographen gab mir hinter vorgehaltener Hand zu verstehen, Giocondo, der Mann mit einem enzyklopädischen Wissen, ein ebenso guter Architekt wie philologischer Gelehrter, sei verärgert, weil man ihn nicht mit dem Wiederaufbau der Rialtobrücke beauftragt habe, die kurz vor unserer Ankunft abgebrannt war.

Vor der Abreise ging ich noch zu einem Tuchhändler, wo ich zwei Stücke Stoff kaufte, was mich fast mein ganzes verdientes Geld kostete. Aber es waren kostbare Gewebe, wie man sie in Paris nicht zu sehen bekam, ich wollte sie meinen Eltern mitbringen. Für sie hatten sie die gleiche Bedeutung wie kostbare Texte für Meister Estienne.

An einem Augustmorgen verließen wir Venedig mit der Gewissheit, Meister Aldo nicht mehr wiederzusehen, auch wenn uns das Schicksal wieder hierher führen sollte. Er war bleicher, dünner und schwächer denn je, der Arzt war häufig da. Nur sein Blick hatte sich nicht verändert – abgründig und durchdringend.

«Ich fürchte den Tod nicht», hatte er vor kurzem gesagt, «was mich untröstlich macht, sind die vielen Bücher, die noch zu drucken sind, meine

Kinder sind noch klein, sie werden die Fackel nicht weitertragen können. Jedenfalls nicht gleich.»

Als wir uns von ihm verabschiedeten, waren wir fast sicher, dass er bald sterben würde – und wir täuschten uns nicht. Weniger als sechs Monate später war er tot. Wir verließen Venedig auf einem vollgepackten Boot über die Lagune. Oudin hatte die Zeit genutzt, wieder ein Maultier aufzutreiben, das für uns an der Landestelle von Ca' Fusina bereit stand. Wir beluden das arme Tier mit sämtlichen Büchern, die wir zusammengetragen hatten, ein Exemplar der *Libri de re rustica* war auch dabei.

«Ein kostbares Andenken an Venedig», hatte Meister Antoine gesagt, als er es behutsam einpackte.

Bald schifften wir samt Maultier wieder auf einer *zattera* ein und erreichten Padua. Von dort begaben wir uns nach Verona, wo wir bei Giocondo, das heisst im Dominikanerstift der Stadt, Halt machten. Hier lernte ich diesen Mann wirklich kennen, den ich bei Aldo nur kommen und gehen gesehen und mit ihm kaum mehr als das für die Arbeit Notwendige gesprochen hatte. Der Mönch war ein alter Mann mit weißem, aber dichtem Haar, runzeligem, aber lebendigem Gesicht, immer in Bewegung, auf den ersten Blick schroff, dann aber von außergewöhnlicher Liebenswürdigkeit. In Verona erfuhren wir, dass er tadellos Französisch sprach. Unsere Verwunderung belustigte ihn.

«Meine lieben Freunde, Ihr kanntet mich schon lange Zeit, bevor wir uns begegnet sind. Oder besser gesagt, Ihr kanntet meine Arbeit, Ihr habt in Paris Tag für Tag damit zu tun. Euer König Louis XII. hat mir die Ehre erwiesen, mich bei Hofe zu empfangen. Ich habe für ihn den Rechnungshof gebaut. Mit Handwerkern, die ich aus Italien mitbrachte, habe ich unzählige Säle erneuert. Und dann beauftragte mich Seine Majestät mit dem Bau des Pont Notre-Dame und des Petit-Pont, denn mein wirklicher Beruf ist der des *architettore*, des Architekten, wie Ihr in Paris sagt. Auf dem Pont Notre-Dame steht sogar mein Name.»

«Ich weiß!» Üblicherweise hielt ich bei Unterhaltungen dieser Art den Mund, aber das hier entwich mir wie ein Schrei aus tiefstem Herzen.

«Was weißt du?», fragte Meister Antoine schmunzelnd.

«Ich habe die Inschrift unter der Brücke gesehen, an einem Tag, als ich mit einem Kollegen dort war: *Jucundus geminum posuit sequana pontem* ... etwas in dieser Art.»

Fra' Giocondo lachte.

«Hervorragend. Ich sehe, du hast gute Augen, denn man hatte die Inschrift sorgfältig unter einem Bogen versteckt. Die französischen Architekten waren nämlich nicht gerade erbaut darüber, dass ein Ausländer mit der Arbeit betraut worden war, und nicht besonders erpicht darauf, meinen Namen ins Rampenlicht zu stellen.»

Im Stift bewohnte er ein geräumiges Zimmer, sehr hoch und vollgestopft mit Manuskripten aller Art, die noch zahlreicher waren als die gedruckten Bücher.

«Ich stehe vor der Abreise nach Rom, der Vatikan bittet mich, bei der Lösung der Probleme mit den Fundamenten der Peterskirche mitzuhelfen, die über den Köpfen der Gläubigen einzustürzen droht, ha, ha! Es ist nicht die Gefahr für die Gläubigen, die mich zum Lachen bringt, sondern jene Leute, die glauben, ein so umfangreiches Bauwerk könne von einem Künstler errichtet werden, der nicht auch Mathematiker ist. Wenn ich daran denke ... Erstens lassen sie die Christenheit dafür mit Ablässen bezahlen, obwohl sie reich sind. Und beim Bau sparen sie dann an den dümmsten Orten. Aber gut, wir wollen uns nicht auf gewagte Gedankengänge einlassen, bedienen Sie sich, mein Freund, ich vertraue Ihnen, Sie scheinen mir für Bücher die gleiche Hochachtung zu haben wie ich für die Heilige Jungfrau, ich bin sicher, dass Sie mir zurückbringen lassen, was ich Ihnen leihe. Drucken Sie, drucken Sie. Ihr Meister Estienne ist ein hoch geschätzter Mann, überbringen Sie ihm meine besten Grüße, ich freue mich, ihm etwas liefern zu können, womit er arbeiten kann.»

Zwei oder drei Wochen blieben wir in Verona. Meister Antoine ging kaum aus dem Haus, er las den ganzen Tag, und man musste ihn dazu zwingen, ab und zu etwas zu essen. Ich für meinen Teil bummelte mit den Schülern herum. Wie in Venedig gehört die Straße auch hier den Männern. Die Frauen sind fast unsichtbar. In dieser Weltgegend gehen sie nie oder nur von Kopf bis Fuß verhüllt und in Begleitung aus. Wenn sie sich ans Fenster setzen würden, gerieten sie augenblicklich in den Verdacht mangelnder Tugendhaftigkeit. In Venedig hatte mich das schockiert, und jetzt in Verona war es nicht anders.

Ich fragte mich, ob Männer und Frauen eigentlich nie miteinander redeten, was Fra' Giovanni, wie er hier genannt wird, zum Lachen brachte.

«Sie finden immer Mittel und Wege dazu, die menschliche Natur lässt sich durch absurde Vorschriften nicht ändern. Fra' Matteo, einer unserer jungen Mönche, hat eine ganze Menge Geschichten dazu zusammengetragen», erklärte er und drückte mir ein gebundenes Manuskript in die Hand, das ich mit Leidenschaft verschlang. Es war sehr anders als die Bücher, die ich bis jetzt gelesen hatte, es war die Geschichte zweier Veroneser Familien, die sich hassten, während der Sohn der einen, Romeo, und die Tochter der anderen, Julia, sich liebten. Sie haben sogar heimlich geheiratet, aber als sie fliehen wollten, ging alles schief, sie sind beide gestorben, aus Unachtsamkeit, in erster Linie aber wegen der Unnachgiebigkeit ihrer Familien.

Ich war begeistert. Erstmals wurde mir klar, dass man auch aus Liebe heiraten konnte, außerhalb der familiären Übereinkünfte. Ich gab es Meister Antoine zu lesen, aber dieser schüttelte den Kopf:

«Es ist sehr schön, es drückt alles aus, was ich über die Liebe zwischen Mann und Frau denke, aber keiner der von der Universität zugelassenen Drucker würde so etwas herausgeben. Der Tag wird kommen, aber noch ist es dazu zu früh.»

Anfang September brachen wir auf, und diesmal verloren wir keine

Zeit, denn wir wollten vor den Herbstunwettern zu Hause sein. Unsere Reise auf dem Po, auf den Kanälen und dann zu Fuß mit einem Geleitzug über die Alpen lasse ich weg. Als wir in Lyon eintrafen, gab es den ersten Raureif, und als wir endlich wieder in Paris waren, war schon alles Laub von den Bäumen gefallen.

## IX
## Wie ich alles Nötige zur Beendigung meiner Lehrzeit lerne, und wie mein Vater zum grossen Leidwesen meiner Mutter krank wird

s fällt mir schwer, etwas über die Zeit nach unserer Rückkehr nach Paris zu schreiben. Ich bin kein Gelehrter, das habe ich bereits gesagt, sondern nur ein einfacher Handwerker. Die schwer fassbaren Ideen, um die diese Leute gestritten haben, lassen sich in meinen Augen zu einigen einfachen Grundsätzen zusammenfassen. Und solange wir uns nach diesen Grundsätzen richten, verstand und verstehe ich die Kämpfe, die von verschiedenen Seiten geführt werden. Aber keine der so genannten neuen Ideen scheint mir die blutigen Verfolgungen zu rechtfertigen, denen Lutheraner, Zwinglianer, Evangelische ausgesetzt sind – egal, welchen Namen auch immer man den Ketzern gibt.

Der Herbst 1514 erscheint mir im Nachhinein zwiespältig. Gerüchten zufolge war König Louis krank. Anderseits hatte er gerade Marie Tudor, die Schwester Heinrichs von England, dreißig Jahre jünger als er, geheiratet. Würde sie ihm einen Nachfolger gebären? Ich würde nicht gerade sagen, man habe nur noch darüber geredet. Aber es war schon oft um dieses Thema gegangen. Oudin, dieses Klatschmaul, der seine Ohren an allen echten und symbolischen Türen hatte, versicherte mir:

«Die von Angoulême sind wütend über diese Hochzeit. Sie rechneten damit, dass der junge François den Thron besteigen würde, aber wenn uns die Engländerin einen Prinzen schenkt, ist es aus für den schönen Jungen. Denn er ist nicht nur jung, sondern auch schön.»

«Und woher haben Sie das?»

«Aus den Küchen des Palais. Ich plaudere mit Knechten und Dienerinnen, und die sitzen in der ersten Reihe. Es scheint, dass der Herzog von Alençon eine richtige Staatsaffäre aus der Heirat des Königs machte. Niemand hat damit gerechnet, bei seinem Alter.»

«Wie alt ist er?»

«Ich weiß es nicht. Jedenfalls zu alt, um noch einmal zu heiraten.»

«Und was hat der Herzog von Alençon mit der ganzen Sache zu tun?»

«Sie sollten öfter ausgehen, Meister Claude; legen Sie Ihre Stempel hin und wieder zur Seite. Der Herzog von Alençon ist der Gemahl von Madame Marguerite.»

Man beachte, dass ich von Oudin befördert worden war. Er duzte mich nicht mehr. Er nannte mich sogar Meister, bevor ich es war.

«Ach so? Und wer ist Madame Marguerite?»

Oudin verdrehte die Augen.

«Also nein, Sie haben wirklich von nichts eine Ahnung. Sie ist die Schwester des möglichen künftigen Königs. Marguerite d'Alençon. Verstehen Sie jetzt?»

«Aber welchen Vorteil hätte der Herzog von Alençon ...»

«Es heißt, François und Marguerite stünden sich sehr nahe. Lästerzungen zufolge sogar zu nahe, wenn Sie verstehen, was ich meine. Wenn François König wird, würde sein Schwager mit Ehren und lukrativen Ämtern überhäuft, das liegt auf der Hand.»

Dieser Tratsch interessierte mich nicht sonderlich.

Mir scheint, das gespannte Warten habe eine Ewigkeit gedauert, in Wirklichkeit waren es aber nur ein paar Monate. Schließlich starb Louis, Zwölfter dieses Namens, ohne dass seine junge Frau in Erwartung gewesen wäre. Schon nach Dreikönig war François von Angoulême François I., unser neuer Monarch. Es gab einen triumphalen Einzug, glanzvolle Paraden in den Straßen, öffentliche Jubelfeiern. Bei einer dieser Gelegenheiten bekam ich den Herrscher kurz zu sehen, Oudin hatte mich mitgeschleppt.

«Eine solche Gelegenheit ergibt sich nur einmal im Leben, Sie müssen dabei sein.»

Er begleitete mich und zeigte mir König François, einen hochgewachsenen Jüngling, blond, bildschön, sowie Marguerite in einer Sänfte ganz in seiner Nähe. Auch der Herzog von Alençon tänzelte herum.

Meistens aber waren meine Gedanken und Sorgen anderswo. Meister Estienne und Meister Augereau hatten entschieden, dass ich nach dreijähriger Lehrzeit über alles einigermaßen Bescheid wusste, und dass ich jetzt meine Kenntnisse vertiefen sollte. Es wurde deshalb entschieden, dass ich eine gewisse Zeit in einer Papiermühle zu verbringen hätte und dass Meister Antoine mich nach meiner Rückkehr während einiger Monate ausschließlich im Schriftschneiden unterrichten würde.

Über die drei oder vier Monate, die ich für das Kennenlernen der Papierherstellung brauchte, kann ich mich kurz fassen. Nach dem, was mir der Papierermeister des Langen und Breiten erklärte, muss «das Papier, um gut zu sein, eine gute Klebung haben, fest und schwer sein; Papier, das nicht hell klingt, das weich, schwach und schlaff in der Hand liegt, hat keine gute Klebung und ist demzufolge schlecht zu gebrauchen; gutes Papier muss eine feine Körnung haben, es muss glatt sein und gleichmäßig, es darf weder Flecken noch Falten haben, weder Fäden noch Fäserchen. Man achte darauf, dass es schön weiß ist. Aber das weißeste ist, unabhängig davon, ob es in der Sonne oder im Rauch getrocknet wurde, nicht immer auch das mit der besten Klebung.» Vom Lumpenreißen zum Einweichen, von der Bütte zur Form, vom Filz zum halben Ries und vom halben Ries zum ganzen, vom Einweichen zum Leimen und Trocknen habe ich alles kennen gelernt, ich begriff, wie aus dem Rohmaterial ein Blatt wird und was es braucht, damit Papier entsteht, das man als hochwertig bezeichnet. Da ich Meister Antoine während dieser ganzen Zeit nicht ein einziges Mal gesehen habe, er aber Gegenstand dieser Aufzeichnungen ist, lasse ich es damit bewenden. Er wollte, dass ich die Papierherstellung von Grund auf kennen lernte, das habe ich getan und es kam mir später immer gelegen: Wenn ich beim Papierermeister etwas zu beanstanden habe, weiß ich im Allgemeinen, wovon ich rede.

Auf diesen Abstecher in die Papierherstellung folgte ein schwieriges Kapitel. Mein Vater hatte einen Goldschmied gefunden, der bereit war, mir noch besser beizubringen, wie man seine Werkzeuge handhabt. Die letzten Monate jenes Jahres verbrachte ich bei ihm. Geblieben ist mir ein Fachwissen, für das dankbar zu sein ich allen Grund habe. Die Arbeit erforderte viel Geduld, was mir reichlich Gelegenheit bot, mich zu meiner Wahl zu beglückwünschen: Ich sagte Ja zu dieser Arbeit, wenn sie dazu diente, Bücher zu drucken. Aber unnützen Schmuck herzustellen war nichts für mich. Die Kunden meines Goldschmieds, die ich von meiner Ecke der Werkstatt aus beobachtete, waren meist eitle, dumme Leute, selbstgefällig und voller Verachtung für einen Handwerker, der zehn Mal mehr wert war als sie; das sind Menschen, die nichts gemein haben mit allem, was ich bin, und ich verspürte nie die geringste Lust, etwas mit ihnen zu tun zu haben.

Insgesamt war ich während mehr als einem Jahr nicht in Meister Estiennes Werkstatt gewesen.

Bei meiner Rückkehr ging es mit meiner Lehrzeit ganz anders weiter als während der ersten Jahre. Inzwischen war ich beinahe achtzehn und kein Kind mehr. Man behandelte mich überall als Mann. Während eines ganzen Jahres würde ich nun das Druckerhandwerk im engeren Sinne vernachlässigen, um mich dem Schriftschneiden zu widmen, zum einen angeleitet von Meister Antoine, zum anderen von Simon de Colines, einem befreundeten Schriftschneider und Drucker, der inzwischen bei Meister Estienne arbeitete. Dieser hatte sich in den Kopf gesetzt, Francesco Griffos berühmte Kursivschrift nachzubilden, und studierte tagelang den von uns aus Venedig mitgebrachten Vergil, um dazu eine Schrift zu zeichnen, dann warf er den Entwurf wieder weg, um anderntags von vorne anzufangen.

Bei dieser Gelegenheit entdeckte ich, dass Meister Antoine eine seiner Fähigkeiten an mich weitergegeben hatte: Auch ich konnte Druckbuchstaben zeichnen. Während dieses ganzen Jahres bläuten mir die zwei gestrengen Meister genaues Arbeiten bis auf die Viertelzeile ein, den Blick für das Gleichgewicht zwischen Punze und Schriftbild und den Sinn für die Schönheit der Zeilenausrichtung.

Während ich mich um das unendlich Kleine kümmerte, ereigneten sich in der grossen Welt Dinge, die später Auswirkungen auf mein Leben haben sollten, denen ich aber weiter keine Beachtung schenkte, denn ich war zu sehr davon in Anspruch genommen, einwandfreie Stempel für eine Schrift herzustellen, die Meister Antoine als «modern» bezeichnete. «Wir» haben die Schlacht von Marignano gewonnen, und der König hatte weit mehr als nur ein Stück italienischen Gebiets erobert. Man war überall des Lobes voll für ihn und sprach nur von ihm. Wir hatten Glück, und so weiter.

Ich persönlich fand es sonderbar, dass mein König auf einmal altersmässig hätte mein Bruder sein können (er war höchstens ein oder zwei Jahre älter als ich), nachdem ich während meines ganzen bisherigen Lebens in meinem König einen Vater gesehen hatte.

Meinem eigenen Vater ging es übrigens nicht besonders: das Atmen fiel ihm immer schwerer, er wurde bleicher und bleicher, die Ausgeglichenheit, um die sich dieser ungestüme Mensch Zeit seines Lebens bemühte, war dahin, seine Laune wechselte zwischen Teilnahmslosigkeit und Gereiztheit. Meine arme Mutter wusste sich inzwischen nicht mehr zu helfen, sodass sie eines Tages zu mir kam und es mir erzählte.

Seit einiger Zeit war ich wieder im Haus «Zum Heiligen Jean-Baptiste». Es war, glaube ich, Winter. Es war kalt und die Nacht brach herein. Meister Antoine und ich waren dabei, einen Druckbuchstaben zu giessen, an dem wir seit vielen Tagen arbeiteten: das grosse Q, das vom grossen O unterscheidbar sein musste, weil man die beiden sonst gerne verwechselte.

Plötzlich wurde heftig die Türe aufgestoßen, es war Robert. Auch er war gewachsen, er war inzwischen zwölf oder dreizehn. Er verbrachte seine Tage mit Studium und in der Druckerei, offiziell trug er den Titel eines Lehrlings, aber ich weiß eigentlich gar nicht, warum. Er konnte alles, er hatte seit seiner frühesten Kindheit alles aufgesaugt, was zu unserem Handwerk gehörte.

«Ich erinnere mich nicht daran, Lesen oder das Hantieren mit dem Setzkasten gelernt zu haben, das ergab sich alles von allein», sagte er gerne. Das ganze Druckerhandwerk war für ihn ein Spiel, das ihn vom ersten Tag an fesselte. Nimmt man sein hervorragendes Gedächtnis und seine nie erlöschende Neugier hinzu, konnte Robert Estienne nur werden, was er geworden ist: ein sehr bedeutender Drucker und ein bemerkenswerter Gelehrter. Aber ich greife vor. An jenem Abend war er zwölf oder dreizehn Jahre alt. Wie gewöhnlich kam er in der Druckerei vorbei, wenn sein Latein-, Griechisch-, Hebräisch- und Theologieunterricht vorbei war. Er eignete sich damals jenes Wissen an, das ihm später erlaubte, die Fülle aller Kenntnisse zu erlangen.

«Claude, mein Vater ruft dich. Es ist sehr dringend.»

Er, der sonst immer gern lachte, machte ein so ernstes Gesicht, dass ich augenblicklich alarmiert war.

«Was ist los?»

Robert sprach leise. Die freundschaftlich kollegiale Beziehung, die sich zwischen uns seit Beginn meiner Lehrzeit ergeben hatte, war bestehen geblieben und besteht übrigens auch jetzt noch.

«Deine Mutter ist hier. Sie will mit dir reden. Weil sie aber in Tränen aufgelöst war, als sie kam, habe ich sie zu uns gebracht. Meine Mutter kümmert sich um sie, und mein Vater schickte mich, dich zu holen. Sag ihnen nicht, dass ich dich eingeweiht habe, sie hatten es mir verboten.»

Meister Antoine neben mir erstarrte. Ich sah ihn etwas erstaunt an. Er war ganz bleich, fasste sich aber schnell wieder.

«Was schaust du mich so an, lauf, mein Junge, lass deine Mutter nicht warten.»

Ich lief hinaus und Robert hinter mir her.

«Kennt Meister Antoine deine Mutter?»

«Ja, warum?»

«Hast du nicht gesehen, was für ein Gesicht er gemacht hat. Als ob er sie lieben würde.»

«Du redest dummes Zeug.»

«Überhaupt nicht. Ich kann dir auch sagen, dass Simon de Colines in meine Mutter verliebt ist, beispielsweise. Ich beobachte die Leute.»

«Was redest du da? Du bist noch ein Kind.»

«O nein, nicht du auch noch! Du wirst doch nicht meine Argumente zurückweisen wollen, nur weil ich unerfahren bin. Gute Augen habe ich trotzdem.»

«Einverstanden. Entschuldige. Jetzt sag mir aber, wie du dazu kommst, solchen Unsinn zu behaupten.»

«Du wirst schon sehen, dass es kein Unsinn ist. Du hast nur Augen für deine Druckbuchstaben, da ist es normal, dass du nichts bemerkst. Aber ich interessiere mich genauso für Leute wie für Bücher. Mein Alter hat damit nichts zu tun. Oudin erzählte mir, Meister Aldo Manuzio ärgere sich dauernd über sich selbst, weil er es nicht schaffe, so schnell zu drucken, dass alle Leute genug zu lesen hätten, die Leute in Fleisch und Blut aber behandle er sehr schlecht. So etwas werde ich nie tun. Ich will für die Leute arbeiten. Also achte und beobachte ich sie.»

Wir waren angekommen und ich hatte keine Zeit mehr, dieses sonderbare Gespräch weiterzuführen.

Meine Mutter saß halb über den Tisch gebeugt in der Küche, und Meisterin Guyone stützte sie, so gut es ging.

«Ach, da bist du, Claude. Komm, umarme deine arme Mutter. Ich kann nicht mehr.»

«Mutter, meine liebe Mutter, was ist?»

Mit zitternder, tränenerstickter Stimme begann sie zu erzählen.

«Ich weiß nicht mehr, was ich tun soll, mein kleiner Claude. Wenn das so weitergeht, wird dein Vater eines Tages noch ein Verbrechen begehen. Es ist, als ob er zeitweise verrückt wäre. Und dann ist er wieder völlig abwesend. Dein Bruder tut sein Bestes, um mit Hilfe des Angestellten das Geschäft zu führen, und es klappt ganz gut, solange sich dein Vater nicht einmischt. Aber es ist vorgekommen, dass er Kunden verscheucht hat. Er wittert überall Feinde, Claude, ich weiß nicht mehr aus noch ein. Unser Pfarrer hat mir geraten, mit dir zu reden. Aber ich weiß nicht recht, was du ausrichten könntest. Manchmal bräuchte man Herkuleskräfte, um deinen Vater in Schach zu halten. Die habe ich aber nicht. Er... er... Ich glaube, er verliert den Verstand, Claude.»

Auch ich habe versucht, sie zu trösten. Wir haben ihr das Gesicht abgewischt, und Meisterin Guyone ließ sie ein paar Herztropfen einnehmen.

«Ich begleite Sie nach Hause, Mutter, wenn Meister Antoine mir erlaubt, wegzugehen. Sind Sie allein gekommen?»

«Ja, natürlich. Nanette, unsere Magd, machte gerade etwas zu essen, und ihr Mann Justin half ihr dabei, so gut er konnte. Aber ich muss zurück.»

Ich eilte in die Werkstatt.

Während ich die Treppe hinunterlief, fragte ich mich, ob wir nicht meine Schwester benachrichtigen sollten. Sie hatte vor kurzem geheiratet (ich habe darauf verzichtet, von diesem Fest zu sprechen, wie ich auf alles verzichte, was nicht auf die eine oder andere Art mit Meister Antoine zu tun hat). Ich kam zum Schluss, es sei besser, vorerst zuzuwarten.

Meister Antoine hatte mich kommen hören, und als ich eintrat, traf mich sein Blick: Seine Augen waren beinahe schwarz, und er hatte Angst im Gesicht. Vielleicht stimmte es ja, dass er meine Mutter liebte. Aber wie war das möglich, da er sie doch nur ein- oder zweimal gesehen hatte? Ich hatte keine Zeit, darüber nachzudenken.

«Meinem Vater geht es schlecht», sagte ich. Und dann erzählte ich ihm alles. Als ich geendet hatte, standen wir da und schauten uns einen Augenblick lang schweigend an. Eine einzige Frage beschäftigte uns: Wer würde meine Mutter beschützen? War ich dafür stark genug? Plötzlich hatte ich eine Idee. Ich öffnete den Mund, aber Meister Antoine war schneller:

«Lass uns Meister Lefèvre bitten, uns für eine gewisse Zeit Oudin auszuleihen.»

«Genau das habe ich auch gedacht. Ich bringe meine Mutter nach Hause, dann gehe ich nach Saint-Germain.»

«Ich habe eine bessere Idee. Du begleitest deine Mutter und ICH gehe unterdessen nach Saint-Germain. Zum Glück ist Meister Lefèvre noch dort, er redet davon, nach Meaux umzuziehen.»

«Das ist sehr großzügig von Ihnen, Meister. Aber ich möchte nicht ...»

Meister Antoine war immer einer von denen gewesen, die geradeheraus sagten, was sie dachten.

«Mein lieber Claude, du bist für mich wie ein Sohn, oder wie ein sehr junger Bruder. Wir kennen uns jetzt schon so lange, dass ich nur wirklich glücklich bin, wenn es dir gut geht. Hinzu kommt, dass deine Mutter eine der liebenswürdigsten Frauen ist, denen ich je begegnet bin, und seit ich sie kenne, denke ich oft an sie. Der Gedanke, ihr helfen zu können, beflügelt mich. Deshalb bitte ich dich, mich machen zu lassen, und vor allem, erzähle ihr nichts von mir.»

Wir machten uns auf den Weg. Meister Estienne hatte uns die Erlaubnis gegeben und außerdem angeordnet, Robert solle uns begleiten, für den Fall, dass es meiner Mutter schlechter gehen sollte unterwegs.

Als wir zu Hause ankamen, hatte mein Vater eine seiner apathischen Phasen. Es machte Angst, ihn so zu sehen. Innerhalb einiger Wochen war er bis auf die Knochen abgemagert. Seine Augen waren blutunterlaufen. Als ich den Raum betrat, in dem er sich aufhielt, war ich nicht sicher, ob er mich gleich erkannte oder nicht.

Ich ging in den Laden hinunter.

Mein Bruder machte gute Miene zum bösen Spiel und diskutierte lebhaft mit einem Kunden, der gerade drei Ellen Tuch gekauft hatte. Ich wartete, bis dieser gegangen war.

Wir umarmten uns.

«Mein lieber Jehan, wenn du mich darum bittest, komme ich und helfe dir. Aber ich weiß nicht, ob ich dir eine große Hilfe sein werde.»

Jehan war offensichtlich weniger mitgenommen, als ich gedacht hatte. Immerhin waren wir beide seit fünf oder gar sechs Jahren dabei, unser jeweiliges Handwerk zu lernen, er war kein Grünschnabel mehr.

«Nein, nein. Es ist besser, du wirst ein guter Drucker als ein schlechter Stoffhändler. Wir brauchen in erster Linie jemanden, der unserer Mutter helfen und sie beschützen kann, denn ich weiß nicht, zu was Vater fähig wäre, wenn er bei einem seiner Anfälle ein Messer in der Hand hätte. Wenn er auf sie losgeht, sagt er abscheuliche Dinge zu ihr. Wenn sie eine Hilfe hätte, könnte Mutter gelegentlich in den Laden kommen, um die Kunden zu beruhigen, denen mein jugendliches Alter zu denken gibt.»

Ich erzählte ihm von Oudin.

«Meister Antoine ist ihn holen gegangen, er wird in Kürze hier sein, er ist der Mann, den wir brauchen.»

Wir warteten, bis er kam, und wir taten gut daran. Denn plötzlich erwachte mein Vater aus seiner Teilnahmslosigkeit. Im ersten Augenblick verhielt er sich völlig normal.

«Es muss schon spät sein. Hat man die Läden vorgehängt?»

«Jehan hat noch mit einem Kunden zu tun, er wird gleich fertig sein.»

«In Ordnung. Und du, mein lieber Claude, was machst du denn hier heute Abend?»

«Ich hatte eine Besorgung im Quartier zu erledigen, Vater. Ich nutzte die Gelegenheit, um vorbeizukommen und Sie zu grüßen.»

Er wollte, dass ich ihm meinen Gefährten vorstellte, den er verständlicherweise nicht erkannte; seit einiger Zeit war Robert so sehr gewachsen, dass sogar ich manchmal Mühe hatte, ihn wiederzuerkennen.

Meine Mutter kam und bat uns alle zu Tisch, sie bestand darauf, dass wir etwas aßen, bevor wir aufbrachen. Und dann erlebte ich die schlagartige Verwandlung meines Vaters.

«Sie stören, Françoise. Gehen Sie in die Küche.»

Der Tonfall war bedrohlich geworden. Ich wagte ein:

«Aber Vater ...»

«Widersprich mir nicht. Und du, verschwinde, du Schlampe!»

Meine Mutter machte verängstigt einen Schritt zur Tür, und Robert versuchte, sich unauffällig in die direkte Linie zwischen meine Eltern zu stellen. Mein Vater wies ihn mit einer Handbewegung weg und begann Scheußlichkeiten zu brüllen, die ich nicht wiederholen will. Er beschimpfte meine Mutter als ehr- und gottlose Dirne. Er stand auf. Ich versuchte, ihn an den Schultern zurückzuhalten, aber er verfügte auf einmal über riesenhafte Kräfte, Robert und ich wurden gegen die Wand gedrückt.

Meine arme Mutter stand da, reglos, vor Schreck erstarrt wie die Maus vor der Schlange. Robert und ich rappelten uns wieder auf und wollten uns gerade mit dem Gedanken auf unseren Vater werfen, meiner Mutter wenigstens die Möglichkeit zur Flucht zu geben, als plötzlich unser guter Riese in der Türe stand. Mit der einen Hand hob er meine Mutter buchstäblich in die Höhe und brachte sie hinter sich auf dem Treppenabsatz in Sicherheit, mit der anderen gab er uns zu verstehen, uns nicht vom Fleck zu rühren. Er ging einen Schritt vor. Das brachte meinen Vater gerade lange genug aus dem Konzept, dass Oudin ihn in seine Arme schließen konnte.

«Mein lieber Meister Garamond, wie geht es Ihnen, welche Freude, Sie zu sehen!»

Wie durch ein Wunder wachte mein Vater aus seinem Dämmerzustand auf.

«Kenne ich Sie, mein Herr?»

«Aber ja, Meister. Oder doch so gut wie. Ich habe auf Ihren großen Sohn aufgepasst, als er auf Reisen war, und wir haben viel über Sie gesprochen. Kommen Sie, kommen Sie, man erwartet uns zu Tisch.»

Man verlange nicht von mir, diese Mahlzeit zu beschreiben, ich erinnere mich an nichts.

Als wir endlich aufbrachen, um in die Rue Saint-Jean-de-Beauvais zurückzukehren, löste sich ein Schatten vom Haus gegenüber. Meister Antoine.

«Ist sie in Sicherheit?»

Robert antwortete, ich brachte kein Wort mehr heraus.

«Ja, Meister Antoine. Oudin wird dafür sorgen, dass ihr nichts geschieht. Sie können beruhigt sein.»

Niemand sagte mehr ein Wort, als wir an diesem kalten nebligen Abend durch die verlassenen Straßen gingen.

Am Tag darauf schickte mich Meister Antoine zu Meister Lefèvre.

«Du musst ihm diese Korrekturfahnen bringen. Aber vor allem musst du ihm schildern, in welcher Verfassung deine Eltern sind. Gestern Abend hatte ich nicht die Zeit dazu, ich sagte ihm nur, es handle sich um eine Sache auf Leben oder Tod. Er diskutierte nicht und stellte keine Fragen. Aber heute sind wir ihm eine Erklärung schuldig.»

Seit geraumer Zeit machte ich kaum mehr Botengänge für die Druckerei. Ich war aus dem Alter heraus. Die Aufgabe oblag inzwischen Robert und Michel, dem Lehrling, der als Nachfolger Mathurins gekommen war. Unter anderen Umständen wäre ich sehr glücklich gewesen, mich wie früher wieder nach Lust und Laune treiben lassen zu können. Aber mir war schwer ums Herz und das dämpfte die Freude.

Ich dachte wieder an Meister Antoine. Es musste wahr sein, dass er meine Mutter liebte. Unterwegs fiel mir wieder ein, dass er mir von der Begegnung des großen Dichters Dante mit Beatrice erzählt hatte, einer Frau, mit der er nie zuvor gesprochen hatte. Aber ein Blick hatte genügt, damit er sie sein ganzes Leben lang liebte und sie zum Mittelpunkt seiner ganzen Arbeit machte. Und es fällt mir jetzt wieder ein, wie viel Meister Antoine dieser eine Blick Dantes bedeutete, der dessen lebenslange Liebe zu Beatrice bewirkt hatte.

*«In quello punto dico veracemente che lo spirito de la vita, lo quale dimora ne la secretissima camera de lo cuore, cominciò a tremare sì fortemente, che apparia ne li menimi polsi orribilmente»*, rezitierte Meister Antoine mit bewegter Stimme. *«In diesem Augenblick, sage ich wahrhaftig, begann der Lebensgeist, welcher in der innersten Kammer des Herzens wohnt, also heftig zu erbeben, dass mich sein geringster Puls mit Schrecken erfüllete»*.

Ich erinnerte mich an gewisse Blicke von ihm ... An jenem Abend, als er gemeint hatte, meine Mutter sei meine Schwester. An jenem Abend, als er zum Essen gekommen war ... Und jetzt hatte er nicht einmal mehr versucht, seine Beunruhigung zu verbergen. Er hatte alles stehen und liegen lassen, um meiner armen Mutter zu Hilfe zu eilen.

Für einen Augenblick war ich beunruhigt. Während fast eines Jahres seit unserer Rückkehr hatte ich ihn kaum gesehen, und meine Eltern hatte ich nur selten besucht. Könnte es sein, dass etwas, von dem ich nichts wusste, zwischen Meister Antoine und meiner Mutter vorgefallen war? Etwas, was die entehrenden Äußerungen meines Vaters rechtfertigen würde?

Erschreckt verscheuchte ich diese Gedanken. Meister Antoine empfand für meine Mutter möglicherweise eine große Leidenschaft. Aber ich würde schwören, dass sie nichts davon wusste, und dass, falls Leidenschaft im Spiel war, diese ebenso rein war wie jene Dantes für Beatrice.

Inzwischen war ich in Saint-Germain.

Meister Lefèvre versicherte mir, Oudin könne bei meinen Eltern bleiben, solange dies notwendig sei.

«Ich werde Ihnen niemals genug dafür danken können, mein lieber Claude, dass Sie mir diesen Mann geschickt haben. Er ist wie ein Diamant. Man musste ihn von seiner Kruste befreien, aber je länger es dauert, umso deutlicher wird, dass nicht nur sein Aussehen bemerkenswert ist: Er ist schnell, gescheit, diplomatisch. Seit Sie ihm Lesen und Schreiben beigebracht haben, besorgt er sich Bücher. Es sind gewiss keine theologischen Abhandlungen, aber ich bin sehr empfänglich für seinen Lesestoff: Er hat sämtliche Hefte gelesen, die von den Hausierern verkauft werden, und er unterhält mich regelmäßig damit, wenn er mir erzählt, was drinsteht. Damit verschafft er mir auch interessante Einblicke in das, was die Leute gerne lesen oder sich vorlesen oder erzählen lassen. Er ist meine Augen, meine Ohren und meine Beine in dieser weiten Welt.»

«Er wird viel diplomatisches Geschick brauchen, um meinen Vater zu beruhigen. Er hat sich in den Kopf gesetzt, seine Frau betrüge ihn, und macht ihr furchtbare Szenen. Meine arme Mutter kann nicht mehr.»

«Nachdem, was Sie mir erzählen, frage ich mich, ob nicht etwas auf das Gehirn ihres Vaters drückt. Ein junger Mann, der gegenwärtig in Montpellier Medizin studiert, hat mir neulich vom Fall eines Mannes erzählt, der sich ähnlich verhält wie Ihr Vater. Nach seinem Tod stellte man fest, dass eine Wucherung in seinem Kopf derart auf lebenswichtige Funktionen eingewirkt hatte, dass sie sich völlig veränderten.»

«Das ist möglich, ich selber habe auch daran gedacht. Aber eine Gefahr für meine Mutter ist er gleichwohl.»

«Selbstverständlich. Weshalb ich auf Oudin verzichte, solange es nötig ist.»

Beim Weggehen dachte ich, Meister Lefèvre müsse überzeugt sein, mein armer Vater habe nicht mehr lange zu leben. Auch ich hatte dieses Gefühl.

## X
### Wie wir nach dem Tod meines Vaters von Martin Luther reden hören, und wie jedermann auf bessere Zeiten hofft

ass mein Vater nicht mit grausamen Schmerzen gestorben ist, hat er Oudin zu verdanken, der – nicht auf die Meinung eines Scharlatans hörend, der sich als Arzt ausgab und bei uns Besuche machte, sehr wohl aber auf den in aller Heimlichkeit gegebenen Rat einer Heilerin, die er aus seiner Zeit als Jahrmarktskünstler kannte – Mohnsaft beschafft hatte, mit welchem es ihm in den darauf folgenden Wochen gelungen war, meinen Vater zu beruhigen. Dieser war in kurzen Augenblicken sogar in der Lage, uns seine unerträglichen Schmerzen zu schildern, die ihn zum Wahnsinn trieben. Weinend bat er uns um Verzeihung, bevor er in einen wohltuenden Dämmerzustand versank. Nach kurzer Zeit hatte ihn das Leiden dahingerafft.

Wir waren traurig und erleichtert zugleich. Lieber wäre uns gewesen, er wäre nicht Opfer dieses Leidens geworden, das ihn sich selbst entfremdete. Aber da das Leiden Tatsache war, schien es uns besser für meinen Vater, zu sterben als in dem Zustand leben zu müssen, in welchen ihn die Krankheit versetzt hatte. Meine Mutter kümmerte sich zusammen mit Jehan um den Laden, Oudin kehrte zu Meister Lefèvre zurück, und ich machte mich wieder auf den Weg in die Rue Saint-Jean-de-Beauvais, die ich in der letzten Zeit sehr vernachlässigt hatte.

Rasch war ich wieder von der Arbeit und den Streitgesprächen in Anspruch genommen, die sich zwischen Kunden, Meister Estienne oder Meister Augereau ergaben und die ich nicht überhören konnte.

Eines Abends trat Ritter de Berquin in die Werkstatt, als wir gerade schließen wollten. Meister Estienne lud ihn ein, sich an den gedeckten Familientisch zu setzen. Seit wir ihn kennen gelernt hatten, war er mehrmals vorbeigekommen, wenn er in Paris war. Nach und nach wurde er einer der Vertrauten der Druckerei. Meister Estienne und er hatten Freundschaft geschlossen, und Meister Antoine ließ keine Gelegenheit aus, mit ihm zu debattieren.

Ich glaube, es war wegen der Messen, die für das Seelenheil meines Vaters gelesen wurden, dass der Ablasshandel zur Sprache kam.

Der Ritter, eben aus Deutschland zurückgekehrt, berichtete uns von der Empörung in gewissen Kreisen über die päpstliche Bulle, mit welcher zusätzliche Ablässe eingeführt worden waren, damit den Bankiers Fugger die Kredite zurückgezahlt werden konnten, die diese für den Bau des Petersdoms in Rom gewährt hatten.

«Aha, aha», sagte Meister Antoine lachend, «unser Freund Giocondo und seine Mathematik kommen offenbar teurer zu stehen als vorgesehen.»

Wir berichteten über unsere Begegnung mit dem Mönch, dem Architekten und Sprachgelehrten, und jedermann teilte unsere Heiterkeit.

«Trotzdem», sagte der Ritter plötzlich sehr ernst, «es ist so, dass sich die Kirche durch Maßnahmen dieser Art selber unmöglich macht. Die Prediger, die diese Ablässe verkaufen, sind Marktschreier der Göttlichen Gnade. Als ob der Allmächtige auf so etwas angewiesen wäre. Wissen Sie, was sie sagen, wenn gezahlt wird? ‹Wenn das Geld im Kasten klingt, die Seele aus dem Fegefeuer springt.›»

Robert und ich lachten, aber die Erwachsenen blieben ernst wie Kirchentüren.

«Ich sehe darin ein interessantes theologisches Problem», sagte Meister Antoine mit Hohn in der Stimme. «Hat der HErr die festgesetzten Gebühren genehmigt?»

«Gebühren, die dazu geschaffen wurden, Beutel zu füllen, deren Zweck es ist, sich vergängliche Güter zu verschaffen.»

«Das können Sie nicht sagen», widersprach Meister Estienne. «Der Bau des Petersdoms in Rom ist kein vergängliches Gut. Er ist ein Leuchtturm, der für die gesamte Christenheit aufgerichtet wurde.»

«Der Architekt, der gegenwärtig damit beschäftigt ist, dafür zu sorgen, dass der Dom nicht einstürzt, entrüstete sich schon vor Jahren darüber, dass der Vatikan mit seinem Reichtum den Bau nicht mit dem Geld bezahlt, das er besitzt und das ja recht eigentlich für solche Werke bestimmt sein sollte.»

«Ich habe», sagte François Estienne, Roberts ein oder zwei Jahre jüngerer Bruder und ebenso wach wie dieser, «das Fegefeuer in der Heiligen Schrift gesucht und nirgends gefunden.».

«Du, mein Sohn, sprichst, wenn man dich fragt.»

«Aber er hat Recht, Meister Estienne», warf der Ritter ein. «Auch ich habe es gesucht, aber es ist ganz einfach nicht vorgesehen. Jemand hat mir erzählt, der Ablasshandel sei zur Zeit der Kreuzzüge eingeführt worden. Wer an den Zügen ins Heilige Land teilnahm, konnte dank eines vollkommenen Ablasses des ewigen Heiles sicher sein. Hier war es wenigstens verdient, denn diese Reisen waren kein Honiglecken. Später hat man den Kreuzzug durch eine Geldsumme ersetzt.»

«Das bedeutet, dass die Seele Ihres Vaters der ewigen Verdammnis anheim fallen könnte, wenn Sie das Geld für die Messen nicht haben. Aber es würde genügen, einen Taler von der Straße aufzulesen und die Sache wäre erledigt.»

«Sie finden den Taler nur, wenn es Gottes Wille ist.»

«Wobei die Aussicht, einen Taler zu finden, etwas ist, womit man nicht rechnen kann. Um sein Heil würfelt man nicht. Die Seelen der Armen sind demzufolge nicht würdig, sofort ins Paradies zu kommen. Sie schmachten im Fegefeuer. Während dem Reichen, der Zeit seines Lebens

Privilegien genoss, auch noch dasjenige zugesprochen wird, auf direktem Weg in den Himmel zu kommen.»

Niemand sagte etwas, bis Meister Estienne mit leiser Stimme, mehr zu sich selbst als für uns, meinte:

«Was ist das für eine Frömmigkeit, wenn um das Heil gefeilscht wird? Das widerspricht gänzlich der Lehre der Heiligen Schrift.»

«Daher kommt es», brachte Meister Antoine vor, «dass sich die Kirche so sehr dagegen sträubt, die Heilige Schrift allen zugänglich zu machen.»

«In Deutschland habe ich gehört, in gewissen Klöstern rieche es nach Aufstand. Es war die Rede von einem Augustinermönch, der offenbar gegen den Ablasshandel predigt. Er soll gesagt haben, ein unbedenkliches Ablasspredigen mache es selbst den Gelehrtesten schwer, die dem Papst geschuldete Verehrung zu rechtfertigen. Wie hieß er gleich? Der Name ist mir entfallen.»

Diskussionen dieser Art waren keine Ausnahme. Wo immer über diese Dinge gesprochen wurde, ließen die Fragen nicht auf sich warten. Das Laterankonzil hatte niemanden befriedigt. Die Bischöfe hatten sich entschieden, nichts zu entscheiden und nichts zu ändern. Die Enttäuschung war riesig.

Man muss dazu sagen, dass zu jener Zeit in Paris ein neuer Wind wehte. Der junge König pochte unablässig auf seine Unabhängigkeit gegenüber Rom, und es war trotz der eifersüchtigen Sorgfalt, mit welcher die Sorbonne ihre Vorrechte als Hüterin eines orthodoxen Glaubens zu wahren versuchte, möglich, recht offen zu diskutieren.

Wir wussten, dass auch bei Hofe heftig debattiert wurde. Ein Kunde der Buchhandlung und Freund Meister Estiennes, Jean Des Marets, ein Diener des Königs und Hofdichter, der auch mit dem Namen Jean Marot signierte, hatte es uns zugetragen.

Je länger es ging, desto mehr machte die Schwester des Königs von sich reden.

Sie war, wie alle sagten, ausgesprochen großzügig. Sie war als Gelehrte ein Vorbild für viele. Sie hatte unter anderem darauf bestanden, Meister Lefèvre kennen zu lernen, und bei ihm einen starken Eindruck hinterlassen.

Oudin, den ich regelmäßig sah – seit er sich mit unendlicher Geduld um meinen Vater gekümmert hatte, waren wir echte Freunde geworden –, hatte es genossen, uns diese Begegnung in allen Einzelheiten zu schildern. Meister Antoine hatte sich mir angeschlossen, der Bericht über diese Begegnung interessierte ihn.

«Sie erschien mit einem ganzen Tross von Herren und Damen.» Oudin machte vor, wie sie ging, und wir konnten nicht mehr vor Lachen. «Sie sagte, sie sei glücklich, endlich einem geistigen Vater seines Formats zu begegnen. Sie bezeichnete ihn als zweiten Sokrates, als Retter der wahren Dialektik und der wahren Philosophie, und spielte damit auf seine knappe, originalgetreue Veröffentlichung der Aristoteles-Texte an. Sie überschütteten sich gegenseitig auf Lateinisch und in der Volkssprache mit Komplimenten, ich habe nur einige davon behalten.»

«Gut, dann wollen wir jetzt zum Wesentlichen kommen. Haben sie über die Heiligen Texte gesprochen?» Das war selbstverständlich Meister Antoine.

«Das haben sie. Sie hat dazu immer mehr oder weniger das Gleiche gesagt. Dank ihm habe sie begriffen, dass sich die Theologie auf eine genaue Kenntnis der Heiligen Schrift stützen müsse. Diese habe man während Jahrhunderten mit gekünstelten Deutungen überladen, hinter denen die Botschaft des Evangeliums zu verschwinden drohe. Meister Lefèvre hat zugestimmt, die einzige Heilswahrheit sei im Wort Gottes zu finden. Er erklärt das die ganze Zeit allen, die in seine Nähe kommen. Sogar mir hat er das gepredigt, damit ich verstehe, wem er sein Leben gewidmet hat. Ist Ihnen das klar? Er unterrichtet die Schwester des Königs von Frankreich, daneben aber auch Oudin, den Wilden.»

«Großartig. Aber haben sie sonst nichts gesagt?»

«Sonst nichts? Meister Antoine, ich bitte Sie! Sie haben einen ganzen Nachmittag miteinander verbracht, die Herzogin ist erst zur Vesper wieder gegangen, da können Sie sich denken, wie viel sie geredet haben. Vater Petit hatte sie begleitet, der Hofgeistliche des verstorbenen Königs Louis. Wenn Sie mich gebeten hätten, darauf zu achten, worüber sie redeten, hätte ich mich bemüht, es im Kopf zu behalten. Aber häufig redeten sie lateinisch, und mich wörtlich an etwas zu erinnern, was in einer Sprache gesagt wurde, die ich kaum verstehe, ist nicht gerade meine Stärke. Außerdem musste ich die ganze Zeit bedienen, es war ein ständiges Hinein und Hinaus. Auf jeden Fall aber kann ich Ihnen sagen, dass sie über alles geredet haben. Mein Meister kennt sich in Astronomie aus, in Musik, in Arithmetik, und – obwohl er es nur selten tut – er versteht es sogar, vom Regen und vom schönen Wetter zu reden.»

«Das hätte ich gerne gehört.»

«Oh, er blieb sehr vorsichtig. ‹Es genügt nicht, die jungen Geister dazu zu bewegen, so überflüssige, flüchtige Dinge wie weltliche Musik oder weltliche Poesie zu mögen; man muss dafür sorgen, dass die Bücher guter Autoren gelesen werden, als Erstes aber muss man mit entstellenden Anmerkungen und Beliebigkeiten aufräumen. Euklid, Ptolemäus, Boetius, Aristoteles. Sie alle muss man im Originaltext lesen.›»

«Ach, dann sagt er das also auch von weltlichen Büchern?»

«Aber ja, Meister, er sagt das von jedem gedruckten Text. Es ist das Fundament seiner Vorgehensweise. Man hat mir versichert, er sei der erste gewesen, der die echten Aristoteles-Texte wiederentdeckt habe, mit welchen die verfälschten Fassungen ersetzt wurden, die überall in Gebrauch waren. Er sagt, die Zeiten hätten sich geändert, bald würde jedermann selber urteilen können, und dass es unsere Aufgabe sei, alle Texte vom Schutt zu befreien, der sie zudecke. Die Zeit sei vorbei, da man sie den Ungebildeten habe erklären müssen. Die Zeit sei gekommen, kritische Anmerkungen zu machen, allerdings in gesonderten Bänden und nicht innerhalb der heiligen Texte, wie es die Scholastik tat. Er sagt auch, man müsse Grammatik lernen.»

«Wie der verstorbene Aldo?»

«Genau. Es geht um ein sicheres Verständnis der Texte und deshalb muss man wissen, wie sie aufgebaut sind. Das sagt er sogar mir.»

«Und die Herzogin? Was hat sie gesagt?»

«Sie war da, so», er machte es auf seine lustige Art nach wie immer. «Sie sog seine Worte auf. Vater Petit machte dauernd Einwände auf Lateinisch, schließlich bat sie ihn ausdrücklich, den Mund zu halten, und ich schwöre Ihnen, es klang nicht liebenswürdig. Er sagte kein Wort mehr. Einmal fragte sie Meister Lefèvre, was er von ihr hielte, wenn sie Vergil lesen würde. ‹Sehr gut, sehr gut, meine Tochter, lesen Sie Vergil. Aber niemand darf sagen, Vergil verstanden zu haben, solange er nicht seine Texte im Original studiert hat, einschließlich der Gedichte, so, wie der Verfasser sie geschrieben hat.›»

«Und, hat sie die Botschaft begriffen?»

«Schwierig für mich zu sagen, was eine Prinzessin begreift oder nicht begreift. Auf jeden Fall hat sie ihn guter Dinge verlassen und ihm gesagt, er sei der Schmied des neuen Denkens.»

«Weißt du, warum sie ihm das gesagt hat?»

«Ja, Meister Antoine, auch wenn ich in Latein nicht sehr begabt bin, habe ich dennoch verstanden, dass Lefèvre auf Lateinisch Faber bedeutet, und das heißt Schmied. Faber Stapulensis, wie man ihn oft nennt, das ist der Schmied aus Étaples.»

Meister Antoine lachte.

«Ich sehe, du machst Fortschritte. Du wirst bald ein sehr gebildeter Mann sein. Komm, trink einen Becher mit uns, du hast es reichlich verdient.»

Tags darauf hörte ich, wie er dies alles auch Meister Estienne berichtete, der ganz begeistert war, dass die Schwester des Königs verstanden hatte, worum es ging.

Wann genau der Name Martin Luthers zum ersten Mal erwähnt wurde, weiß ich nicht mehr, aber es war auch in jener Zeit.

Ich habe aber noch ziemlich genau den Augenblick vor Augen, als ich mir den Namen merkte. Ich stand vor dem Abschluss meiner Lehre, die annähernd acht Jahre gedauert hatte. Ich ging auf meine zwanzig zu. Ich hatte das Druckerhandwerk in allen seinen Verrichtungen gelernt, und ich war dabei, auch das Schriftschneiden zu vervollkommnen. Meister Estienne ermutigte Meister Antoine und mich, ein Alphabet zu schaffen, das er als humanistisch bezeichnete und das hinsichtlich seiner Klarheit derjenigen der bereinigten Texte, die wir druckten, in nichts nachstünde. Zu jener Zeit gab es erst einige wenige Schriftschneider in Paris, und abgesehen von Simon de Colines kannte ich sie nur von weitem.

Um aber auch meine Ausbildung zum Buchhändler abschließen zu können, hielt mich Meister Estienne dazu an, mich um den Laden zu kümmern. Seit dem Tod meines Vaters verfolgte er noch eifriger das Ziel, aus mir einen «großen Berufsmann» zu machen, wie er es nannte.

«Ich wüsste nicht, auf welche Weise wir besser das Andenken an ihn in Ehren halten könnten, als dadurch, aus dir einen tadellosen Drucker-Buchhändler zu machen.»

Er bat mich also, mich auch des Bücherverkaufs anzunehmen, dies umso mehr, als er müde geworden war. Seit einiger Zeit ging es ihm nicht gut, was uns alle beunruhigte.

Eines Abends, als ich im Laden war und gerade zusperren wollte, trat ein junger, mir unbekannter Mann ein, ich schätzte ihn etwas älter als ich, mit einem bestimmten Auftreten und im Verhalten irgendwie vertraut.

«Ich möchte gerne Meister Estienne und Meister Augereau sprechen», sagte er in einem Latein, das einen bestimmten Klang hatte, aber welchen ...?

«Meister Estienne ist im Augenblick nicht da. Aber vielleicht kann ich Ihnen behilflich sein?»

«Ich komme aus Basel, Meister Froben schickt mich. Mein Name ist Bonifaz Amerbach.»

«Bonifaz von Amerbach! Sie sind der Bruder, dem wir nicht begegnet sind! Wir haben vor einigen Jahren Ihre Druckerei besucht und dabei Ihren Vater und Ihre Brüder kennen gelernt.»

«Sind Sie Meister Augereau?»

«Nein, nein. Ich bin sein Lehrling, Claude Garamond.»

Wir schüttelten uns lange die Hände, gerade als ob sich alte Bekannte nach vielen Jahren wiedersähen. Bonifaz von Amerbach war mir deshalb bekannt vorgekommen, weil er mich an seine Brüder erinnerte, vor allem an Bruno, dem er sehr ähnlich sah.

In diesem Augenblick trat Robert Estienne zu uns, ich stellte die beiden vor, und in kürzester Zeit waren die zwei jungen Leute bereits in ein Gespräch vertieft.

Man muss hinzufügen, dass Robert Estienne trotz seines jungen Alters schon ein richtiger Gelehrter war. Er arbeitete inzwischen bei seinem Vater, der ihm nicht mehr das Wort verbot. Er besuchte außerdem das Collège von Navarra. Aber nach dem Unterricht, wenn die anderen Studenten in den Straßen der Stadt allen möglichen und unmöglichen Dummheiten nachliefen, verbrachte Robert seine Zeit in der Druckerei. Das Drucken war seine Leidenschaft. Das Einzige, wofür er sich kaum interessierte, war das Stempelschneiden. Es passte nicht zu seinem Charakter, eine Kunst zu erlernen, die so viel Geduld voraussetzte. Er verkehrte indessen häufig mit Simon de Colines, der dauernd von Kursivschriften träumte.

Aber Robert kümmerte das überhaupt nicht.

«Ich überlasse das Ihnen», sagte er. «Wenn ich dann schöne Schriften brauche, komme ich zu Ihnen.»

Meister Antoine hatte sich zu uns gesellt, und bald darauf gingen wir mit unserem Gast zu Meister Estienne hinauf, der Bonifaz wie einen Sohn empfing.

Und dieser Bonifaz war es, der uns von Martin Luther erzählte. Er schilderte uns, wie die 95 Thesen an die Türe der Pfarrkirche geheftet und in Windeseile kopiert und verbreitet worden waren, so schnell, dass sie in weniger als einem Augenblick Basel erreichten, wo Meister Froben sie druckte.

«Er fordert ein Ende des Ablasshandels. Sie müssen wissen, dass die Geistlichen in Deutschland die armen Leute für ihre Ablässe richtig bluten ließen.»

«Wir haben davon gehört. Aber was will er genau?»

«Was immer mehr Leute wollen. Er will ein Ende der Vetternwirtschaft, der verdorbenen Sitten, er will, dass man sich in Wahrheit um sein Seelenheil kümmert.»

Er ging in seiner Schultertasche etwas suchen und kam mit einem unscheinbaren Büchlein zurück.

«Hier, lesen Sie selbst.»

Er hatte ein Original in lateinischer Sprache mitgebracht und dazu eine deutsche Übersetzung. Robert schlug den lateinischen Text auf und las laut.

*«Dominus et magister noster Iesus Christus dicendo ‹Penitentiam agite & c.› omnem vitam fidelium penitentiam esse voluit. Was heißt: Da unser HErr und Meister Jesus Christus spricht: ‹Tut Buße ...›, hat er gewollt, dass das ganze Leben der Gläubigen Buße sei.»*

Wir lauschten alle hingebungsvoll. Ich schloss die Augen, um besser hören zu können. Als ich sie wieder öffnete, sah ich Meister Antoines Gesicht: Es schien erleuchtet zu sein. Er sah aus wie der Verdurstende, der soeben die Quelle gefunden hat. These für These umriss der Augustinermönch klug und über das Problem des Ablasshandels hinaus eine Art christlicher Moral, die völlig anders war als die derzeit gültige. Was hier zur Sprache kam, war das, was ich Meister Antoine seit dem Tag, als ich sein Lehrling geworden war, immer wieder sagen hörte.

Martin Luther betrachtete das Problem des Ablasshandels von allen Seiten und zeigte mit unerbittlicher Härte auf die Fehler.

*«Jeder Christ, der wirklich bereut, hat Anspruch auf völligen Erlass von Strafe und Schuld, auch ohne Ablassbrief»*, las Robert. *«Man muss den Christen sagen, dass der Kauf von Ablassbriefen frei und keine Pflicht ist.»*

«Endlich, endlich ...», murmelte Meister Antoine. Er war entzückt. Dann stand er auf, nahm Robert die Schrift aus der Hand und las selber:

*«Man soll die Christen lehren: Wenn der Papst um die Erpressungsmethoden der Ablassprediger wüsste, sähe er lieber die Peterskirche in Asche sinken, als dass sie mit Haut, Fleisch und Knochen seiner Schafe erbaut würde ... Die Meinung des Papstes ist unbedingt die: Wenn der Ablass – als das Geringste – mit einer Glocke, einer Prozession und einem Gottesdienst gefeiert wird, sollte das Evangelium – als das Höchste – mit hundert Glocken, hundert Prozessionen und hundert Gottesdiensten gepredigt werden.»*

Für einen Moment überflog er den Text schweigend.

«Hört euch das an: *Der wahre Schatz der Kirche ist das allerheiligste Evangelium von der Herrlichkeit und Gnade Gottes.* Und hier: *Warum räumt der Papst nicht das Fegefeuer aus, um der heiligsten Liebe und höchsten Not der Seelen willen – als aus einem wirklich triftigen Grund –, da er doch unzählige Seelen loskauft um des unheilvollen Geldes zum Bau einer Kirche willen – als aus einem sehr fadenscheinigen Grund?* Und das hier: *Diese äußerst peinlichen Einwände der Laien nur mit Gewalt zu unterdrücken und nicht durch vernünftige Gegenargumente zu beseitigen heißt, die Kirche und den Papst dem Gelächter der Feinde auszusetzen und die Christenheit unglücklich zu machen. Wenn daher der Ablass dem Geiste und der Auffassung des Papstes gemäß gepredigt würde, lösten sich diese (Einwände) alle ohne weiteres auf, ja es gäbe sie überhaupt nicht.»*

Er schloss das Büchlein und fuchtelte damit herum.

«Und auch er fragt, warum der Papst seinen Petersdom nicht aus seiner eigenen Schatulle bezahlt.»

«Das ist ein Widerspruch», bemerkte Meister Estienne. «Auf der einen Seite beteuert er, der Papst wäre nicht damit einverstanden, wenn er wüsste, was geschieht, auf der anderen wirft er ihm beinahe Geldgier vor.»

«Das ist kluge Politik», sagte Bonifaz von Amerbach. «Er möchte die Eiche ein wenig schütteln, aber vermeiden, dass der Baum auf ihn fällt. Ich mache Sie darauf aufmerksam, dass die Kirchenbehörden überall sehr ablehnend darauf reagieren. Das Volk wird dem Text zum Erfolg verhelfen. Und der niedere Klerus.»

«Ich möchte Noël Bedas Gesicht sehen, wenn er diesen Text liest», sagte Robert. An diesem Abend hörte ich zum ersten Mal von Noël Beda als einem unerbittlichen Zensor.

«Ich meinerseits würde ihn ganz gern dann nicht sehen», antwortete sein Vater. «Ich bin überzeugt, dass seine Antwort schrecklich sein wird. Er widersetzt sich jeder Änderung, macht ein Riesengeschrei um jeden in der Volkssprache veröffentlichen Text. Ich würde diese Thesen nicht drucken, nein danke. Ich will keinen Ärger.»

«Sind Sie denn nicht damit einverstanden?», fragte Charles, Roberts älterer Bruder.

«Ich muss sie genauer lesen, es könnte sein, dass ich durchaus einverstanden bin damit. Aber wenn ich mich weigere, sie zu drucken, dann deshalb, weil ich meine Interessen und die euren schützen will, und nicht, weil ich eine andere Auffassung vertrete. Ich drucke jeden Tag Texte, die ich nicht unterschreiben kann.»

Weder Robert noch Charles noch Meister Antoine hießen ein solches Verhalten gut. Das war ihren Mienen anzusehen, aber sie sagten nichts. Auch ich fand in diesem Augenblick so viel Vorsicht übertrieben.

Anderntags verließ uns Bonifaz wieder, er wollte in Avignon ein Studium beginnen. Ich bin mir sicher, dass Robert die Nacht damit zugebracht hat, Martin Luthers *Thesen* zu kopieren, bevor er sie Bonifaz zurückgab.

Während ich dies mit fünfzehn Jahren Abstand erzähle, wird mir klar, wie gar unerfahren wir damals waren. Wir hatten nicht begriffen, dass dieser Text wie eine Kanonenkugel in unser Leben einschlagen würde, und dass danach nichts mehr so sein würde wie zuvor. Er wurde durchwegs als eine zu diskutierende Angelegenheit verstanden, und die Debatten waren lebhaft. Aber unsere Weigerung, ihn zu drucken, verhinderte nicht, dass er in unsere Stadt kam. Andere erhielten ihn und zögerten nicht. Innert weniger Wochen verbreitete er sich in ganz Paris, ohne Angabe des Verlegers gedruckt. Wenn darüber geredet wurde, klang in den geäußerten Ansichten viel Freude mit. Keine Spur von Furcht. Als ob man eine Lösung gefunden habe: Der Papst würde davon erfahren und alles würde sich ändern.

So war es während der ganzen restlichen Zeit meiner Lehre: Man las Martin Luthers Texte, (denn es hat nicht lange gedauert, bis sie hier waren), Ritter de Berquin sprach davon, sie in die Volkssprache zu übersetzen, um die Debatten zu bereichern, wie er sagte.

Man muss zugeben, dass die Kirche während mehrerer Jahre mit Luther verhandelte, ohne ihn auszuschließen. Man erwartete von ihm reumütigen Widerruf. Aber es waren zu viele, die nach Meister Lefèvres Beispiel die Reinheit des Evangeliums verlangten, und nach den Nachrichten, die unsere Kunden uns vom Hof zutrugen, auch zahlreiche Gelehrte in der Umgebung des Königs. Der König unterstützte sie umso mehr, als er zu jener Zeit wegen verwickelter politischer Dinge, die darzulegen ich nicht fähig bin, nicht gut auf den Papst zu sprechen war.

Monsignore Briçonnet, einst ein treuer Kunde unserer Werkstatt, war Bischof von Meaux geworden, wo er inzwischen auch lebte, er legte Wert darauf, dass Meister Lefèvre einer seiner Stellvertreter wurde. Man sprach vom «Kreis von Meaux», und nach dem, was ich hörte, wurde dort heftig über die Gnade und den freien Willen diskutiert.

Rückblickend sehe ich diese Zeit als Ruhe vor dem Sturm. Außer einigen Visionären sah niemand, was auf uns zukam, niemand schenkte Meister Bedas Umtrieben Beachtung, der bereits von Ketzerei sprach.

Wir alle und am meisten Meister Antoine vertrauten der Kirche: Sie würde bereit sein zum Gespräch, sie würde ihren Gläubigen eine gute Mutter sein, sie würde dem großen Aufbruch zur Reform alter Gewohnheiten Gehör schenken, und in ein paar Jahren würde alles viel besser sein.

«Jene, die keine Veränderungen wollen, werden am Wegesrand zurückgelassen», sagte Meister Antoine, «die Notwendigkeit einer Reform ist zu groß, und sie wird von zu vielen vertreten.»

Armer Meister Antoine! Er vertraute der Kirche bis zuletzt, räumte ihr mildernde Umstände ein bis zum Schluss, doch sie ließ ihn fallen. Indem sie sich Reformen verweigerte und die Zuneigung ablehnte, die ihr von Leuten wie ihm entgegengebracht wurde, übte sie Verrat an ihnen.

Sie hat uns alle verraten.

## XI
### Wie unser Leben durch traurige Ereignisse und dann durch Cupidos glückliches Eingreifen in Aufregung versetzt wird

Die dann folgenden Ereignisse sind für mich ein einziger Wirbelsturm. Ich spreche hier in erster Linie von meinem persönlichen Leben. Die große Veränderung, die sich draußen abzeichnete, drang nur zufällig in Form alltäglicher Kleinigkeiten bis zu mir vor, erst nach Jahren hatte ich wirklich begriffen, dass das plötzliche Auftauchen der Lutheraner und bald darauf der Zwinglianer, der Evangelischen – kurz all jener Leute, die nicht mehr darauf warten mochten, dass sich die Kirche von sich aus änderte – auch auf mich einen tief greifenden Einfluss ausüben würde, obwohl ich nur ein Handwerker bin, der sich kaum für theologische Probleme interessiert.

Meine Lehrzeit ging zu Ende, und fast gleichzeitig starb Meister Henri Estienne. Lange war er krank gewesen, und ich bin nicht einmal sicher, ob meine Zeitangaben stimmen.

Simon de Colines übernahm die Druckerei, er arbeitete bereits hier und verstand sich gut mit uns allen. Robert wurde mehr und mehr in die Geschäftsangelegenheiten einbezogen. Wir hatten Simon immer geschätzt, alle wussten, dass er eine Schwäche für Meisterin Guyone hatte, und niemand zweifelte daran, dass die beiden bald heiraten würden. Das war üblich auch in Fällen, wo der Drucker nicht in die Witwe verliebt war, es würde hier also umso selbstverständlicher sein, wo die gegenseitige Zuneigung für jedermann offenkundig war. (Ich glaube eigentlich, dass es das auch für Meister Estienne gewesen war, er hatte es allerdings vorgezogen, nicht die geringste Andeutung zu machen. Seine Frau war eine gute Mutter, sie mochte einen anderen lieben, aber ihm war sie treu, ich nehme an, dass er den Frieden nicht stören wollte.)

Was mich anbelangte, musste ich einige Jahre als Geselle bei einem Drucker und dann bei einem Schriftschneider arbeiten, bevor ich überhaupt daran denken durfte, die Meisterprüfung ins Auge zu fassen.

Da meine Lehrzeit nun zu Ende war, hatte ich vor, mich auf die Suche nach einem neuen Meister zu begeben. So wird es meistens gemacht. Als ich diesen Gedanken indessen am Familientisch äußerte, hatte dies Stirnrunzeln zur Folge, und Meister Simon rief mit theatralischer Stimme:

«*Tu quoque, Brutus? Auch du, Brutus?*» Eine Anspielung auf den Sohn Julius Cäsars, der mit seiner Beteiligung am Mord seines Vaters diesen verraten hatte. Ich spürte, wie ich bis unter die Haarwurzeln rot wurde, denn diese Anspielung war sowohl ein Vorwurf als auch ein Lob.

«Das wirst du mir nicht antun!», fügte Robert Estienne nüchterner hinzu.

Meister Antoine seinerseits hörte uns mit einem Lächeln zu. Wie gewohnt wollte er nicht an meiner Stelle entscheiden, er ging wohl davon aus, dass ich auf ein Wort von ihm nicht zögern würde, zu bleiben.

«Aber, es ist so, dass ... Ich wollte meine Schneidetechnik vervollkommnen.»

«Und wo wäre das besser möglich als bei uns? Nehmen wir an, Meister Antoine habe alles, was er weiß, an dich weitergegeben, was ich bezweifle. Meister Simon spielt mit dem Gedanken an eine neue Kursivschrift, wofür er mit Meister Tory und zweifellos auch mit Meister Antoine zusammenarbeiten wird. Drei Meister auf einen Schlag! Männer, denen wir bei ihren tagelangen Erörterungen über die Verbesserung von Francesco Griffos Kursivschrift, die ihr von Venedig mitgebracht habt, zuzuhören die Ehre haben, bis uns die Ohren wackeln. Auf das alles willst du verzichten?»

Er stand auf und begann, die Stimme, die Haltung und selbst den leichten Buckel Noël Bedas nachzumachen. Er erhob drohend seinen Zeigefinger gegen Meister Antoine und Meister Simon:

«Oh ihr Frevler, die ihr es besser machen wollt als alle Gelehrten vor euch, deren Weisheit niemand zu bezweifeln wagen darf! Von unserer Jugend wendet ihr euch ab!»

Er setzte sich wieder und lachte schallend, und wir lachten mit ihm, worauf er mir heftig seinen Ellenbogen in die Seite stieß.

«Wenn du weggehst, bist du nicht mehr mein Freund.»

Darauf gab es selbstverständlich nur eine Antwort: Bleiben.

Es gab so viel zu tun, dass ich außerhalb der Druckerei kaum Leute traf. Meister Estiennes Tod hatte das Arbeitstempo im Haus keineswegs verringert. Meister Simon verstieß nicht gegen das Hergebrachte: Er umgab sich mit Gelehrten und druckte nie einen Text, bevor er sich davon überzeugt hatte, dass dieser in jeder Hinsicht einwandfrei war. Sowohl Robert als auch seine beiden Brüder, Charles, der ältere, und François, der jüngere, arbeiteten kaum je in der Druckerei. Meister Antoine ging öfter als auch schon zu Meister Bocard, sein Schwiegervater werde langsam alt, erklärte er mir, und brauche gelegentlich etwas Unterstützung. Die übrige Zeit jedoch arbeitete er bei Meister de Colines.

Während der Zeit, als ich weiter an der Rue Saint-Jean-de-Beauvais arbeitete, produzierten wir eine große Zahl von Büchern. Meister Simon führte die von Meister Henri Estienne begonnenen Reihen in Philosophie, Theologie, Medizin und Mathematik fort. Doch er begann mit Roberts begeisterter Hilfe auch, für Schüler und Studenten etwas weniger gewichtige Bände zu drucken, die leichter zu transportieren waren, die man sich sogar in die Tasche stecken konnte. Während Meister Henri Estienne jeweils nur genickt hatte, wenn wir ihm von Aldo Manuzios Grundsätzen erzählten, ließen Meister Simon und Robert sie sich von uns in allen Einzelheiten erklären und setzten sie in die Tat um. Meister Aldos

Vergil, den Meister Antoine immer bei sich trug, hörte auf, ein Kuriosum zu sein und verwandelte sich in einen Gegenstand gründlicher Untersuchungen, sowohl was sein Format als auch was seine Druckschrift betraf.

Endlich erfuhr ich auch, was Erasmus schrieb, von dem die ganze Zeit gesprochen wurde, von dem ich aber abgesehen vom *Lob der Torheit* noch nichts gelesen hatte. Meister Simon veröffentlichte in den ersten Jahren, als sie noch nicht verboten waren, einige seiner Abhandlungen.

Außerdem gab er Cicero heraus, Aristoteles und so weiter. Ganz zu schweigen von Meister Lefèvres Werken.

Robert – noch keine zwanzig – hatte sich vorgenommen, eine einwandfreie Bibel in Latein und in einem handlichen Format herauszugeben. Er erzählte mir voller Begeisterung von seinem Vorhaben.

«Ich werde sie in sechs Teilen drucken, sechs kleine Bücher, so wird man sie lesen können, wo immer man ist. Und den Text werde ich aufs peinlichste überprüfen, darauf kannst du dich verlassen.»

Auch Meister Antoine arbeitete mit neuen Kräften.

«Endlich gehören Bücher auch in Paris nicht mehr ausschließlich zur Ausstattung der Reichen und werden ihres Gewichts wegen nicht mehr an die Lesepulte der Bibliotheken gekettet bleiben. Es lebe das Quart, das Oktav, das Sedez!»

Man denke bloß nicht, nur weil ich mein Leben in einer Werkstatt verbrachte, aus der ich selten herauskam, hätte ich keinen Umgang mit anderen gehabt – im Gegenteil. Das gesamte gelehrte Paris ging im Haus «Zu den Kaninchen» ein und aus.

Meister Tory erschien beinahe täglich zu einer dieser endlosen Debatten über die neue Italique, wie man sie zu nennen begann. Wir konnten uns einen ganzen Abend lang über die Krümmung eines C unterhalten, und ich war drauf und dran, mich zu schämen, weil ich einmal geglaubt hatte, einen Buchstaben schneiden zu können. Ich begriff, dass es nicht reichte, mit ein paar Gegenpunzen hantieren zu können, um ein guter Schriftschneider zu sein. Der anspruchsvollste der drei Meister war Geoffroy Tory. Man brauchte nur zu sehen, wie zwei Männer zwischen fünfunddreißig und vierzig Jahren, Meister Antoine und Meister Simon, ihm aufs Wort gehorchten, um zu verstehen, dass er Recht hatte. Während ich, mit ihnen verglichen ein kleiner Junge, mich damit begnügte, den Mund zu halten und es ihnen gleichzutun.

Von dem allem war ich so sehr in Anspruch genommen, dass ich sogar meine eigene Familie aus den Augen verlor. Ich besuchte meine Mutter nur sehr selten. Sie arbeitete immer noch im Laden meines Bruders, aber nicht mehr so häufig, denn er hatte geheiratet, und meine Mutter legte Wert darauf, sich zurückzuziehen.

«Es gibt nichts Schlimmeres für die Sohnesfrau, als eine Schwiegermutter, die sich aufdrängt», flüsterte sie mir zu.

Es war die Zeit, als auch ich mich für Frauen zu interessieren begann. Und während ich anfing, sie mit anderen Augen zu sehen, stellte ich auch fest, wie jugendlich meine Mutter wirkte mit ihrem feinen Gesicht, ihrem aufrechten, geschmeidigen Körper, ihrem kupferroten Haar und ihren hellblauen Augen, die nur meine Schwester Geneviève geerbt hat.

Schwach muss mir durch den Kopf gegangen sein, sie hätte wieder heiraten können. Doch als sie mich aufsuchte, um mir genau das mitzuteilen, war ich so überrascht, als hätte ich selbst nie an diese Möglichkeit gedacht.

«Ihre Mutter verlangt im Laden nach Ihnen», ließ mich eines Tages Meister Simons Lehrling wissen.

Ich beeilte mich. Meister Simon hatte sie bereits Platz nehmen lassen und ihr etwas zu trinken angeboten.

«Begleiten Sie Ihre Mutter nach Hause, Garamond, sie muss mit Ihnen reden.»

Ich begleitete sie. Zunächst schweigend.

«Mein lieber kleiner Claude», sagte sie schließlich, «ich habe mich entschieden, das väterliche Haus zu verlassen und es deinem Bruder zu übergeben. Ich werde an die Rue des Carmes ziehen, in das Haus, das uns gehört und das mir zu überlassen ich dich bitten möchte. Ich habe bereits mit deiner Schwester gesprochen, sie unterstützt mich.»

«Das versteht sich von selbst, Mutter, das Haus gehört mir nicht.»

«Es könnte dir eines Tages gehören. Meine Schwiegertochter findet, wir sollten es verkaufen und den Erlös teilen, aber ich will nicht im Laden bleiben. Mir ist die Rue des Carmes lieber.»

«Wollen Sie, dass ich Ihnen beim Umziehen helfe?»

«Ich möchte, dass du mir beistehst gegenüber deinem Bruder und seiner Frau, dass du mir hilfst, das Haus in Ordnung zu bringen, es ist nicht sehr groß, aber mehr als ausreichend für mich. Die alte Frau, die es bewohnte, ist gestorben, es muss alles neu geweißelt werden. Wenn du mir auch helfen könntest, das Nötigste hinzuschaffen, wäre ich dir sehr dankbar. Ich werde immer ein Zimmer für dich freihalten, du kannst kommen, wann du willst.»

Schweigen. Ich spürte, dass das Wesentliche noch nicht gesagt war. Es kostete meine arme Mutter sichtlich einige Anstrengung, und als sie wieder sprach, war sie knallrot.

«Wenn ich könnte», flüsterte sie kaum hörbar, «würde ich Meister Augereau heiraten.»

Ich blieb wie angewurzelt stehen. Ich war auf alles gefasst gewesen, nur darauf nicht. Ich brachte kein einziges Wort heraus. Ich hatte den Eindruck, Meister Antoine jeden Tag zu sehen und verstand nicht, wie so etwas geschehen konnte, ohne dass ich es bemerkte. Aber Meister Antoine und ich arbeiteten nicht mehr in der gleichen Werkstatt, und wenn ich es mir recht überlegte, vergingen Wochen, ohne dass ich ihn sah.

«Aber... Wie...?», stotterte ich schließlich.

«Ich glaube, dass ich Antoine liebe, seit ich ihn zum ersten Mal gesehen habe, an dem Tag, als er kurz vor eurer Abreise nach Venedig zu uns zum Essen gekommen war, und er sagt, auch er liebe mich, seit er mich nur ganz kurz gesehen habe, als ich eines Abends aus dem Haus ging. Aber wir behielten unsere Gefühle beide für uns, überzeugt davon, dass sie, auch wenn uns sonst nichts im Wege gestanden hätte, selbstverständlich nicht gegenseitig wären. Ich bin deinem Meister Antoine erst kürzlich wieder begegnet. Und diesmal redeten wir miteinander.»

«Und was hindert euch daran zu heiraten? Sie sind Witwe, haben weder Eltern, Geschwister noch sonstige Verwandte, in einem Wort, Sie sind frei. Sie könnten Kinder haben.»

Ich war einundzwanzig oder zweiundzwanzig Jahre alt und meine Mutter war nur sechsunddreißig oder siebenunddreißig. Kein graues Haar, keine sichtbaren Runzeln, die Zähne vollständig. Man konnte sie wirklich eher für meine ältere Schwester als für meine Mutter halten.

«Antoine hat ein Gelübde abgelegt ...»

«Ich weiß. Aber von diesem Gelübde kann er sich lossprechen lassen.»

«Er glaubt an das gegebene Wort, und ich anerkenne das. Eine Lossprechung, das dauert. Er müsste ins Poitou reisen, wo er die Verpflichtung eingegangen ist. Auf eine rasche Hochzeit zu hoffen hieße, den Mond vom Himmel holen zu wollen.»

So sicher ist das nicht, dachte ich still für mich. Ich kannte meinen Meister Antoine. Er war leidenschaftlich. Er würde alles unternehmen, damit es schnell ging.

Während zwei Wochen blieb ich von der Druckerei fern und half meiner Mutter beim Einrichten. Während ich diese Aufgaben erledigte, für die Handfertigkeit genügte und bei denen der Kopf frei blieb, dachte ich schweigend nach. Ich hatte allen Grund, mich zu freuen. Meine Mutter liebte einen Mann, der mir mehr wie ein Vater war als mein eigener, leiblicher. Von ihm habe ich alles gelernt: als Erstes die Satz- und die Druckkunst; später dann, Manuskripte für den Setzer vorzubereiten und sie zu korrigieren. Er hat mich in die Kunst eingeführt, Buchstaben zu zeichnen und zu schneiden. Ganz zu schweigen von den alten Sprachen, die mich dieser gebildete (und in solchen Dingen geduldige) Mann gelehrt hat und immer noch lehrt, ganz in der Art des Benediktinermönches, der er beinahe geworden wäre.

Am liebsten wäre es mir gewesen, wenn meine Mutter ihn gleich hätte heiraten können. Aber ich verstand, was Meister Antoine dachte. Im Laufe der Jahre hatten wir mehr als einmal über Liebe und Heirat gesprochen.

«Ich hatte unwahrscheinliches Glück», hatte er wiederholt zu mir gesagt. «Zunächst hatte ich Eltern, die sich liebten. Sie hatten sich nicht selber gewählt. Sie waren einander von ihren Eltern schon in der Wiege versprochen worden. Zum Glück passten sie zueinander. Dann war auch ich mit einer Frau verheiratet, die ich von ganzem Herzen liebte. Es war nur für eine kurze Zeit, und da wir noch sehr jung waren, hätten wir uns im Laufe der Jahre gegenseitig entfremden können. Gott ersparte mir diese Prüfung. Aber ich habe mit vielen Leuten zu tun gehabt, die allein Berechnung zusammengebracht hat, sie waren sich entweder vollkommen gleichgültig oder lebten in ständigem Streit. Meine Mutter hat eine Schwester, Jeanne, sie wurde von ihrem Mann immer wieder geschlagen, sodass wir sie eines Tages halb tot zu uns nehmen mussten. Sie kehrte nie zu ihm zurück, denn jedes Mal, wenn die Rede darauf kam, verlor sie den Verstand. Meine Eltern entschlossen sich, sie bei sich zu behalten, was einen ganzen Rattenschwanz von Schwierigkeiten nach sich zog, mit dem Pfarrer, mit dem Bischof, mit den Richtern. Ich war ein Kind, dennoch sagte ich mir, dass es nichts Schlimmeres geben könne als eine arrangierte Heirat.»

«Dann interessieren Sie sich nicht für Frauen?»

«Doch. Sie interessieren mich sogar sehr. Doch nach Lucies Tod legte ich das feierliche Gelübde ab, ihr treu zu bleiben. Ich bin dafür sogar nach Maillezais gegangen.» Sein Blick wurde träumerisch. «Wenn ich eines

Tages eine Frau kennen lernen sollte, mit der ich nach einigermaßen sicherer Erwartung in völliger Eintracht würde leben können, würde ich vielleicht das Nötige unternehmen, um mich von meinem Versprechen entheben zu lassen.»

Im Nachhinein war mir klar, dass er schon zu jenem Zeitpunkt an meine Mutter gedacht hatte. Doch er ließ nie etwas durchblicken, solange sie die Frau meines Vaters war. Er verwandelte seine Liebe zu ihr in sein Bemühen, aus mir den bestmöglichen Drucker zu machen.

Während dieser vierzehn Tage, angefüllt mit praktischen Arbeiten, ereilte mich noch eine jener Erschütterungen, die einen Mann aus dem Gleichgewicht bringen können. Ich habe Guillemette Gaultier wieder gesehen.

Ich sprach nie von ihr, weil es ganz einfach nichts zu sagen gab. Als wir zwei Jahre alt waren, entschieden sich mein und ihr Vater, dass wir Mann und Frau werden würden. Sie war ein kleines Mädchen, das ich hässlich und langweilig fand. Ich hatte sie völlig vergessen, sodass ich auch nie über die Tatsache nachdachte, dass sie der Familie eines Druckers entstammte (was bei meinem Vater den Ausschlag gegeben haben muss, als er billigte, dass ich einen anderen als seinen Beruf ausüben würde). Ich hatte übrigens an dem Tag aufgehört, an sie als meine Verlobte zu denken, als ich auf das väterliche Geschäft verzichtete, ich war überzeugt, Guillemette würde meinen Bruder heiraten. Doch mein Bruder hatte es vor ein paar Monaten vorgezogen, eine andere Frau zu heiraten, die Tochter eines Händlers, mit dem mein Vater zusammengearbeitet hatte und mit dem auch Jehan weiterhin Geschäfte machte.

Ich hatte nicht nach seinen Gründen gefragt, es hatte mir genügt zu wissen, dass meine Mutter die Heirat guthieß. Nachdem ich Elise, meine Schwägerin kennen gelernt hatte, sagte ich mir, dass diese Ehe wohl nicht zu den glücklichsten dieser Welt zählen würde: sie schrie herum, war egoistisch und herrschsüchtig, und ich hatte sie im Verdacht, auch geizig zu sein. Sie hatte dafür gesorgt, dass sich meine Mutter schon nach Tagen unwohl fühlte, umso mehr, als sie, aus Gründen, die mir nicht bekannt sind, Jehan nie so nahe gestanden hatte wie Geneviève oder mir.

Damit will ich sagen, dass ich nicht mehr an Guillemette dachte und mich ihr gegenüber aller Verpflichtungen ledig fühlte.

Und dann, als ich eines Tages den Schreiner aufsuchte, der sich um unser Dach kümmern sollte, bedachte mich diese sehr hübsche junge Frau, deren Weg sich zufällig mit dem meinen kreuzte, mit einem so herzlichen Lächeln, dass ich vor lauter Verblüffung stehen blieb. Auch sie blieb stehen, und meine Verwunderung vervielfachte sich, als sie mich mit meinem Namen ansprach.

«Guten Tag, Claude Garamond. Erkennen Sie mich nicht wieder?»

«Verzeihen Sie, mein Fräulein, aber ich glaube nicht, sie jemals gesehen zu haben.»

Sie lachte von Herzen.

«Doch, doch, wir sind uns oft begegnet, aber wir mochten uns kaum, sodass wir nicht mehr aneinander dachten. Ich hätte Sie auch nicht wiedererkannt, wenn ich Sie neulich nicht von weitem mit Ihrer Mutter gesehen hätte. Ich bin Guillemette.»

Ich stand da wie ein Dummkopf, unfähig, auch nur ein Wort herauszubringen. Wie sollte ich in diesem schönen jungen Mädchen mit braunem Haar, großen schwarzen Augen und einer weichen harmonischen Stimme das kreischende kleine Mädchen aus meiner Kindheit wiedererkennen?

«Wie geht es Ihren Eltern?», stotterte ich schließlich.

«Meiner Mutter könnte es nicht besser gehen, und mein Vater ist schon vor zwei Jahren gestorben. Machen Sie sich keine Sorgen, Sie sind nicht mehr an Ihr Heiratsversprechen gebunden. Er hat es geschafft, uns zu ruinieren, bevor er starb, und ich wäre ohne jegliche Mitgift.»

«Auch mein Vater starb, und ich verließ sein Geschäft.» Nachdem ich dies gesagt hatte, fasste ich mich wieder und brachte sogar ein Lächeln zustande. «Sie sehen also, unsere Heirat hängt ausschließlich von uns selbst ab.»

«Oh, ich entbinde Sie von jedem Versprechen, Sie werden mühelos eine bessere Partie finden als mich.»

«Zweifellos», sagte ich allen Ernstes. Ihrer Erklärung zum Trotz sah sie mich beleidigt an, dann sah sie das Blitzen in meinen Augen und lachte. Ich schloss mich ihr an. Guillemette hatte schon immer gerne gelacht.

«Darf ich Sie trotz Ihrer Armut wiedersehen?»

«Und wann soll das sein?»

«Ich könnte Sie zum Beispiel am Sonntag zur Kirche abholen.»

«Nein. Das würde in den Augen der Leute unser Heiratsversprechen erneuern. Das wäre weder für Sie noch für mich schicklich. Ich würde lieber Ihre Mutter in ihrem neuen Heim besuchen, wir haben uns oft getroffen, und sie hat mir viel von Ihnen erzählt.»

Mir gegenüber hatte sie Guillemette mit keiner Silbe erwähnt. Ich fragte sie, warum.

«Weil es für eine Heirat gemeinsame Interessen braucht. Aber in eurem Fall hatten die Interessen nichts Gemeinsames mehr. Du würdest nicht Händler werden, und ihr Vater hatte nicht einmal mehr die Druckerei.»

«Es war also, weil sie ohne Mitgift sein würde?»

«Nein. Eure Wege waren auseinander gegangen, ich hätte es dumm gefunden, euch eine Verpflichtung aufzuerlegen, deren Sinn ihr nicht mehr erkennen würdet und die keine Existenzberechtigung mehr hatte. Interessant finde ich, dass sie dir gefällt.»

«Das heißt, Mutter, ich hatte sie als nicht besonders anziehend in Erinnerung, und heute bin ich einem charmanten Mädchen begegnet.»

Ich brauchte nicht lange, um in Guillemette sehr verliebt zu sein, und die Dinge entwickelten sich wie von selbst: wir waren uns versprochen, wir verlobten uns. Wir brauchten nur noch zu heiraten. Aber wir mussten ein bisschen Geduld haben. Ich hatte gerade als Geselle angefangen, verdiente wenig, und ein Haus besaß ich auch nicht. Ich wohnte immer noch bei den Estiennes.

Im Erdgeschoß des Hauses meiner Mutter wäre Platz genug für eine kleine Druckerei gewesen. Aber ich war noch nicht Meister, und ich hatte vor, mir ausreichend Erfahrung zu verschaffen, bevor ich zur Meisterprüfung antreten würde. Vor allem aber wollte ich als Schriftschneider arbeiten. Unterdessen vermietete meine Mutter das Lokal auf Anraten Meister Antoines an Meister Bocard, der dort seine Bücher lagerte. Das verschaffte Meister Antoine eine ehrenwerte Möglichkeit, sie zu besuchen, ohne ins Gerede zu kommen.

Als wir uns zum ersten Mal, seit meine Mutter mit mir über ihn gesprochen hatte, wieder begegneten, musste ich ihm gut zureden.

«Meister Antoine, über nichts würde ich mich mehr freuen als darüber, Sie als Stiefvater zu haben.»

Er seufzte schwer.

«Ich hatte Angst, du könntest denken, ich hätte die Situation ausgenützt ...»

«Ich weiß schon seit langem, dass Sie meine Mutter lieben. Oudin und mir wurde das an jenem Abend klar, als mein Vater diesen Anfall von Wahnsinn hatte, bei dem meine Mutter beinahe ihr Leben verloren hätte. Jetzt ist sie Witwe und auch sie liebt Sie. Ist das nicht die Situation, von der Sie immer geträumt haben?»

Um seine Erleichterung auszudrücken, legte er mir einen Arm auf die Schulter.

«Ich bin zweifellos ein Dummkopf. Jetzt muss ich nach Maillezais, wo ich mein Gelübde abgelegt habe. Deine Mutter und ich hatten vor, gemeinsam hinzugehen und dann gleich zu heiraten, im Familienkreis, denn abgesehen von euch, ihren Kindern, hat sie niemanden mehr.»

Einige Wochen später fragte mich meine Mutter schüchtern, ob ich sie nach Fontenay-le-Comte zu ihrer künftigen Schwiegermutter begleiten würde, wo sie auf Meister Antoines Rückkehr aus Maillezais warten wollte.

«Wenn es ihm nicht gelingt, sich von dem freisprechen zu lassen, was er ein Gelübde nennt, und wir nicht als Verheiratete zurückkehren, bin ich als Frau verloren», sagte sie mit dem Lächeln eines jungen Mädchens. Dagegen gab es nichts einzuwenden. Ich besprach mich mit meiner Schwester. Auch sie war von der Idee begeistert, dass unsere Mutter wieder heiraten wollte. Sie hätte die Reise gerne gemacht, und ihre Augen leuchteten beim Gedanken daran.

«Aber schau, in welchem Zustand ich bin!» sagte sie, indem sie ihren schon sehr dicken Bauch vorstreckte. «Ich kann mir die Anstrengung im Augenblick nicht erlauben. Nach der Geburt ..., ich sage nicht ... Ob sie ein wenig warten würden?»

Ich erklärte ihr, Warten sei nicht Meister Antoines Stärke, und seufzend gab sie den Gedanken auf.

Mein Bruder hingegen gab mir spitz zu verstehen, er habe keine Zeit zu verlieren. Er war gegen diese Heirat, und ich hatte einen Verdacht, was seine Gründe betraf, zog es aber vor, nicht näher darauf einzugehen – was auch immer es sein mochte, seine Gründe konnten nur schlecht sein.

Ich erbat mir also bei Meister Simon erneut einen Urlaub.

«Wir können Ihre Mutter nicht allein reisen lasen», pflichtete er mir bei, «wenn Sie hingegen jemanden fänden, der Sie vertritt, wäre ich Ihnen sehr verbunden.»

Ich wusste, wo dieser seltene Vogel zu finden sein könnte: an der Sorbonne. Es mag seltsam erscheinen, aber es gab dort mehr als einen Studenten, der mit dem Druckerhandwerk vertraut war. Robert Estienne, auch er Student und Drucker, hatte sich mit einem gewissen Hans Froschauer freundschaftlich verbunden, Sohn eines Druckers aus Zürich, der –

wie Robert – das Druckerhandwerk mit der Muttermilch aufgesogen hatte.

Hans war entzückt von der Aussicht, ein paar Groschen zu verdienen. Er arbeitete gelegentlich als Korrektor, aber bis jetzt hatte ihm niemand die Möglichkeit geboten, sich mit den Druckschriften zu beschäftigen, die er als die «französischen» bezeichnete. Dieser große Junge mit Kindergesicht und immer fröhlichen Augen beeilte sich, zu Meister Simon zu laufen, und die Angelegenheit war besiegelt. Bezahlt wurde er selbstverständlich von mir – das heißt, ich überließ ihm meinen Lohn.

Seit unserer Reise nach Venedig hatte ich Paris nicht mehr verlassen, außer, um nach Charenton zu gehen und einmal nach Meaux, wo inzwischen Meister Lefèvre und damit auch Oudin lebten. Da es aussichtslos war zu hoffen, Meister Antoine würde Zeit für Reisevorbereitungen finden (seine vielfältigen Beschäftigungen ließen ihm keine), machte ich mich auf die Suche nach einem Geleitzug. Unerfahren wie ich in Reiseangelegenheiten war, dachte ich, es würde schwierig sein, einen zu finden, doch ich stellte fest, dass Waren verschiedenster Art ohne Unterlass unterwegs sind – und weil sie nicht selber reisen können, gibt es Leute, die sie begleiten. Ein Zug Maultiere, dem man sich anschließen konnte, war demzufolge jederzeit zu finden. Rasch stöberte ich einen Weinhändler auf, einen Mann namens Hugues Desfosses, von dem man sagte, er sei übers ganze Jahr viel auf Reisen; diesmal wollte er mit einer Ladung nach La Rochelle, ein Geleitzug bildete sich.

Ich suchte ihn auf und gab so wenig Erklärungen als möglich ab, ich wollte ihn aber wissen lassen, dass ich mit meiner Mutter reisen würde.

«Mit Vergnügen, mein guter Herr, mit Vergnügen. Ich hoffe, Ihre Frau Mutter werde sich mit den bescheidenen Verhältnissen in den Herbergen zufrieden geben können, aber sonst, kein Problem. Gestern baten mich Mönche, mitreisen zu können, auch sie wollen nach Fontenay-le-Comte, zurück in ihr Kloster, Sie werden in guter Gesellschaft sein.»

Er rechnete damit, acht Tage später aufbrechen zu können. Ich willigte ein (in solchen Fällen bleibt nichts anderes übrig – vor allem, wenn das Ziel des Geleitzuges vollkommen mit dem eigenen übereinstimmt), und kehrte zurück mit etwas Wehmut bei dem Gedanken, dass Oudin diesmal nicht mit von der Partie sein würde.

Da kannte ich allerdings Meister Antoine schlecht. Auch für ihn kam eine Reise ohne Oudin nicht in Betracht, erst recht nicht, weil wir nach Fontenay wollten. Wie es seine Gewohnheit war, unternahm er etwas, statt still zu träumen. Er ließ Meister Lefèvre, mit dem er wegen der Arbeit in ständigem Kontakt war, eine Nachricht zukommen und bat ihn, uns Oudin für die Dauer der Reise «auszuleihen».

«Schau», sagte er, als ich ihn besuchte, um ihm den Tag unserer Abreise mitzuteilen, «Oudin, der beste Mann der Welt, ist wie ein Verbrecher aus Fontenay geflohen. Ich habe mir gesagt, die Zeit für ihn sei gekommen, erhobenen Hauptes zurückzukehren. Nach allem, was er für uns getan hat, können wir auch eine Kleinigkeit für ihn tun.»

«Besteht keine Gefahr mehr für ihn, wieder im Gefängnis zu landen? Man sagt, die Justiz habe ein gutes Gedächtnis und einen langen Arm.»

«Erstens werden wir natürlich nicht von den Dächern verkünden, um welchen Oudin es sich handelt. Außerdem ist er inzwischen der Diener eines großen Gelehrten, er genießt die Vorrechte eines Kirchenmannes, und schließlich kannst du fest darauf zählen, dass ich mit Hilfe meiner Brüder – einer ist Jurist, musst du wissen – überall ein Loblied auf diesen außergewöhnlichen Mann anstimmen werde. Und übrigens darfst du mir glauben, er hat sich in den zwanzig Jahren so sehr verändert, dass ihn niemand erkennen wird. Damals war er eine richtige Bohnenstange, dürr und bartlos. Seither hat er solche Ausmaße angenommen, dass auch ich ihn niemals erkannt hätte. Und schließlich war er erst sechzehn oder siebzehn Jahre alt, als er ging.»

«Es gibt immer jemanden ...»

«Das stimmt. Wir werden sehr aufpassen müssen. Aber wenn echte Gefahr bestünde, wäre Oudin nicht so rasch bereit gewesen, mit uns zu kommen. Zudem möchte er sich der Frau gegenüber erkenntlich zeigen, die ihn gerettet hat, falls sie überhaupt noch lebt.»

«Wenn er mit uns kommt, dann wohl eher, weil er denkt, wir kämen ohne ihn nicht zurecht. Er will uns beschützen.»

Wir lachten beide, ich für mein Teil aber war begeistert. Oudin hatte nichts von seinem Witz und seinen Gauklerkünsten verloren und würde uns ein äußerst angenehmer Reisebegleiter sein.

Am meisten Kummer machte mir die Abreise von Paris, weil ich mich von Guillemette trennen musste. Umso mehr, als sie befürchtete, es würde uns unterwegs hinter jedem Strauch ein Räuber auflauern. Sie war noch nie auf dem Land gewesen und kannte es nur vom Hörensagen. Sogar die Abtei von Montmartre war für sie «weit weg».

«Du wirst dich umbringen lassen und mich zur Witwe machen, bevor wir geheiratet haben.»

«Komm mit», schlug ich schließlich vor. Das trocknete ihre Tränen im Nu.

«Wo denkst du hin! Ich, weg von Paris? Niemals!»

«Auch in Paris gibt es Räuber. An jeder Straßenecke, wie man hört.»

«Das ist etwas ganz anderes. Natürlich gibt es hier Mörder, Trunkenbolde und dreiste Studenten. Aber man kennt sie, schon von weitem weiß man, mit wem man es zu tun hat, und es ist undenkbar, dass ich mich von einem von denen überrumpeln lasse.»

«Oudin wird uns begleiten. Er verscheucht Schurken mit dem kleinen Finger über alle Berge.»

«Das stimmt. Angesichts seiner Größe bräuchte man eine kleine Armee für ihn allein.»

«Ich werde bald zurück sein.»

«Mach keine Versprechungen, die du nicht halten kannst. Ins Poitou braucht man acht Tage. Wie lange man nach deinem Fontenay braucht, weiß ich nicht, alles zusammengenommen werde ich also Glück haben, wenn ich dich in zwei Monaten wiedersehe.»

Schließlich beruhigte sie sich, und ich konnte mich – allerdings mit Bedauern, aber heiter – von ihr verabschieden.

Hier muss ich mir eine kleine Zwischenbemerkung erlauben, um zu sagen, dass Guillemette mich eines Tages gefragt hatte, ob «mein» Meister Antoine, wie sie sagte, bereit wäre, ihren jüngeren Bruder als Lehrling zu nehmen.

«Wir haben zwar einen Onkel, der Drucker ist, aber er hat schon einen Lehrling, und außerdem mag er uns nicht.»

Nach endlosen Debatten mit Meister Bocard nahm Meister Antoine den jungen Pierre Gaultier deshalb, weil er sich für das Schneiden und Gießen von Schriften interessierte – das war sein Glück, denn abgesehen davon genoss er den Ruf eines Taugenichts, wenn nicht gar den eines bösen Buben.

«Er hat alle Schläge überlebt, mit denen man ihn bestrafen wollte. Das heißt, er ist robust. Ich hätte das nicht geschafft», sagte seine Schwester.

Meister Antoine sah seine Vorzüge auf einen Blick, und in kürzester Zeit (und nach nur einer körperlichen Züchtigung – worüber ich mich sehr wunderte, denn gegen mich hatte Meister Antoine niemals die Hand erhoben) war es ihm gelungen, die Energie des Jungen auf typographische Tätigkeiten umzuleiten. Klammer geschlossen.

Die letzten Tage vor der Abreise wohnte ich bei meiner Mutter, in der trügerischen Hoffnung, dass ich mich dort beruhigen würde, aber es war wirklich nur eine trügerische Hoffnung.

Eine Menge Gänge waren notwendig, um die noch hängigen Arbeiten zu erledigen, um zu packen, um uns Plätze freihalten zu lassen, um … um … um …

Aber ich beklagte mich nicht. Meine Mutter sang von früh bis spät, sie war von einer strahlenden Schönheit, wie ich sie an ihr noch nie gesehen hatte, und ihr Lachen klang wie Musik durchs Haus. Allein dafür hätte ich doppelt so hart gearbeitet. Sie hatte viel gelitten. Wenn Gott ihr jetzt etwas Glück bescherte, war ich gerne bereit, ihr dessen Genuss zu erleichtern.

## XII
### Wie wir durch das schöne Frankreich in Richtung Fontenay-le-Comte reisen, Bruder François begegnen und unterwegs auf einige Hindernisse stossen

an verbringt seine Tage in einer Werkstatt und glaubt, einfach deshalb über alles auf dem Laufenden zu sein, weil man den Lärm der Stadt vor den Fenstern hört. Aber es nützt nichts, mitten in Paris zu sein, denn in Wirklichkeit weiß man nichts.

Als wir uns schließlich auf den Weg machten, war die weite Welt da draußen für mich wie ein Faustschlag ins Gesicht. Natürlich hatte ich das eine oder andere gehört: Die Königin hatte einem Prinzen das Leben geschenkt, der König war gegen Heinrich VIII. von England auf das Camp du Drap d'Or gezogen, das war mir zu Ohren gekommen. Robert Estienne bekam bereits seine ersten, noch unbedeutenden Schwierigkeiten mit der Fakultät. Ritter de Berquin, dem ich eines Sonntags begegnet war, zeigte sich erleichtert darüber, dass Meister Lefèvre nun in Meaux statt in Paris lebte, «wo man sich unbeliebt macht und Gefahren heraufbeschwört, wenn man die Bibel auf Französisch herausgeben will».

«Noël Beda tobt», sagte er und drehte dabei die Augen zur Zimmerdecke. «Wenn man ihn machen lässt, wird er bald auf die geringste Gedankenabweichung mit dem Scheiterhaufen antworten. Aber was sage ich da! Bei der geringsten Anwandlung, außerhalb der verunstalteten biblischen Texte denken zu wollen, die er für die einzig mögliche Wahrheit hält.»

Unerschrockene Seeleute, die kein Beda zu zügeln vermochte, entdeckten auf der anderen Seite des Ozeans unablässig neue, riesige Länder, über die man in den Tavernen sprach, die ich übrigens nur selten aufsuchte.

Aber das waren leicht verdauliche Brocken, sie kamen einer nach dem anderen. Unterwegs jedoch wuchs der Nachrichtenfluss bald zum reißenden Strom an.

Umso reißender, als wir mit einer ziemlich sonderbaren Gruppe reisten. Der Weinhändler begleitete seinen Tross persönlich, was nicht üblich war.

«Ich bringe Rheinwein nach La Rochelle, von dort wird er nach England und nach Bordeaux weitergeleitet. Die Reise mache ich aber auch bis zum Schluss mit, weil ich im Bordelais Weine verkosten und anschließend nach Paris bringen will. Das ist eine Sache, die ich keinesfalls einem anderen anvertrauen kann.»

Wir hatten also unseren Weinhändler und seine stämmigen Burschen, die dafür sorgten, dass den Fässern kein Unheil geschah. Dann waren wir vier und die sechs Mönche, von denen der Händler in Paris gesprochen hatte – vier Franziskaner und zwei Benediktiner.

«Die Franziskaner gehen nach Puy-Saint-Martin, in der Nähe von Fontenay», sagte uns Oudin, der wie auf jeder unserer gemeinsamen Reisen darauf bedacht war, von jedem unserer Mitreisenden möglichst alles zu wissen, noch bevor wir aufgebrochen waren. Er nannte das Vorbereitung auf allfällige böse Überraschungen. «Die zwei Benediktiner gehen nach Maillezais. Der Franziskaner mit der lautesten Stimme sagte mir gerade, dass er den Orden wechseln möchte, wenn man es ihm erlaube. Auf jeden Fall wünscht er sich das. Er ist ein Gelehrter.»

«Wie wollen Sie das wissen?»

«Weil er vor einiger Zeit Meister Lefèvre besucht und eine lahme Diskussion so in Schwung gebracht hatte, dass sich mein Meister näher für ihn interessierte.» Er gluckste. «Stellt euch einmal einen Franziskaner vor, der laut und deutlich erklärt, die Theologie langweile ihn! Mein Meister war zunächst sprachlos. Doch dann ließen sie sich auf ein Wortgefecht ein, das mehrere Tage dauerte. Und eines Abends, als Bruder

François (so heißt er) schlafen gegangen war und ich meinem Meister behilflich war, das Gleiche zu tun, sagte mir Meister Lefèvre: ‹Von diesem Mönch wird man noch reden. Ich weiß nur nicht, ob deshalb, weil man ihn hängt oder weil man ihn bewundert. Aber eines ist sicher: Er ist bemerkenswert. Sein Gedächtnis ist solid und unersättlich, und er denkt schnell wie der Blitz.›»

«Ich bezweifle übrigens, dass er sich mit der Theologie begnügt hat», fügte Meister Antoine hinzu, der während Oudins Erklärung zu uns gestoßen war. Er erteilte Meister Hugues, unserem Händler, der sich über Schmerzen in den Knien beklagte, Ratschläge, er sprach von Knorpeln, Gelenken – und zum Schluss kamen auch noch die Vorzüge der Heilpflanzen an die Reihe.

Wir hatten nur ein Maultier, auf dem meine Mutter ritt und das an seinen Seiten unser bescheidenes Gepäck trug. Der Händler hatte ein Pferd, das er manchmal bestieg. Er besaß außerdem zwei Begleitpferde, die von Meister Antoine, vom einen oder anderen Benediktiner oder von Meister François abwechslungsweise geritten wurden.

«Wozu sie faulenzen lassen», hatte Meister Hugues gesagt, als er ihnen das Angebot machte. Ich hatte abgelehnt, denn ich war ein kläglicher Reiter. Ich richtete mich darauf ein, im Schritt der Zugpferde und Maultiere zu gehen. Ich dachte daran, mich auf den Rand einer der Karren zu setzen. Doch ein Versuch überzeugte mich davon, dass es besser war, zu Fuß zu gehen. Der Weg war uneben, und bei dem ständigen Holpern glaubte ich, alle Knochen klappern zu hören.

Da wir nicht sehr zahlreich waren, machten wir rasch Bekanntschaft. Man bemerkte auf den ersten Blick, dass die Mönche in zwei Gruppen aufgeteilt waren: einerseits die drei Franziskaner, die ich als besonnen einschätzte, andererseits der vierte Franziskaner und die zwei Benediktiner. Die drei Franziskaner verhielten sich dem vierten gegenüber sichtbar feindselig, während die zwei Benediktiner kaum etwas sagten und zum unaufhaltsamen Redefluss dieses Franziskaners, in welchem Oudin den Gelehrten erkannt hatte, nachsichtig lächelten: Bruder François.

Der Mann gab mir Rätsel auf. Heute weiß ich, dass er jedermann Rätsel aufgibt. Aber zu jener Zeit war er noch nicht «Alcofribas Nasier», alias François Rabelais, der geschickte Arzt und der bewunderte oder – je nach Standpunkt – an den Pranger gewünschte Autor. Er war nur ein Mönch, kaum größer als ich, um die dreißig, immer vergnügt und ein großer Redner. Oudin hatte uns versichert, er sei ein talentierter Prediger, und wenn man ihn mit seiner weichen, volltönenden Stimme reden hörte, die so gar nicht zu seinem ausgemergelten Körper passte, glaubte man ihm das gerne.

Meister Antoine hatte ihn anfänglich eher schief angesehen.

«Die Franziskaner haben keinen guten Ruf in unserer Familie. Bei ihnen habe ich die schlimmsten Jahre meines Lebens verbracht.» Doch im Laufe einer von unserem Händler in Gang gebrachten Diskussion über Voraussagen der Astrologen gewann Bruder François mit einer wilden Standpauke gegen die Scharlatanerie Meister Antoine für sich.

«Die Franzosen waren seit je begierig auf alles Neue», begann er mit einem Schulterzucken. «Schon Cäsar stellt das in seinen *Kommentaren* fest. Es genügt, nicht von da zu sein, wo Sie gerade sind, und schon werden Sie mit Fragen bestürmt: ‹Was gibt es Neues? Worüber wird geredet, welche Gerüchte schwirren durch die Welt?› Und wehe Ihnen, wenn Ihre Umhängetasche nicht bis oben auf mit Neuigkeiten gefüllt ist, weil Sie dann gleich als Esel oder Dummkopf hingestellt werden. Ergebnis: Es wird fabuliert. Und die Scharlatane lassen sich nicht zweimal bitten. Sie prophezeien Ihnen, was Sie wollen, zum Beispiel: In diesem Jahr sehen Blinde schlecht, Taube hören nicht gut, Stumme sagen kaum ein Wort, den Reichen geht es ein bisschen besser als den Armen und den Gesunden besser als den Kranken. Sie sehen, sogar ich kann das ganz gut.»

Meister Antoine lachte Tränen, und Bruder François nutzte die Gelegenheit und fuhr fort.

«Die Leichtgläubigkeit der Franzosen kann durchaus Schritt halten mit ihrer Neugier. Je versessener sie auf Nachrichten sind, umso leichter glauben sie, was man ihnen erzählt. Wissen Sie was, Meister ... Antoine, nicht wahr? Wissen Sie was? Man sollte an den Grenzen des Reiches Zöllner der Gedanken aufstellen, die nichts anderes zu tun hätten, als darauf aufzupassen, ob die herbeigetragenen Nachrichten der Wahrheit entsprechen oder nicht. Man macht ja an den Grenzen so etwas Ähnliches auch mit Waren!».

Darauf blickte er zum Himmel auf, betrachtete unsere Schatten und sprach im gleichen Tonfall weiter.

«Es schlägt die Sext, ich verlasse euch für einen Augenblick, um zu beten.»

Ich bin sicher, Bruder François hatte es darauf abgesehen, seinen drei Gefährten zu zeigen, dass er es mit den Gebetszeiten ebenso genau nahm wie sie. Sie bildeten eine Gruppe und beteten die meiste Zeit halblaut im Gehen, Schulter an Schulter, als ob sie eine Gefahr abzuwehren hätten. Auf entsprechende Anzüglichkeiten antworteten sie ausschließlich mit feindseligen Blicken.

«Jedes Mal, wenn ich Wörter wie Arsch, Eier oder Möse in den Mund nehme, bekreuzigen sie sich. Sie sind überzeugt, ich sei dem Bösen verfallen, als ob es sich hier nicht um Körperteile handelte wie Nase oder Hände», hatte uns Bruder François zwischen zwei Späßen zugeflüstert, über die alle gelacht hatten, bloß die Franziskaner nicht.

Wir waren zwar wirklich nur eine kleine Gruppe, dennoch kam es während des ersten Teils der Reise zu keinem wirklichen Zusammenhalt unter uns. Wir beäugten uns von weitem. Meine Mutter war die einzige Frau, und alle fragten sich, was sie hier tat. Um sie nicht in Verlegenheit zu bringen, hielt sich Meister Antoine auf Distanz zu ihr, und seit ihm Oudin gesagt hatte, sein Blick verrate ihn, vermied er es auch, sie direkt anzusehen, sodass niemand ahnte, wie sehr sich die beiden zugetan waren. Meine

Mutter löste das Problem, indem sie mit Anmut Bruder François antwortete, der ihr Maultier am Zaum führte und ihr ohne jede Zurückhaltung Fragen stellte:

«Ich gehe in Familienangelegenheiten nach Fontenay, und mein Sohn begleitet mich.».

Sie sagte es so laut, dass jedermann es hören konnte, höchst liebenswürdig zwar, aber mit einer Entschlossenheit, die sogar Bruder François einschüchterte. Niemand wagte es, sich nach der Natur dieser Familienangelegenheiten zu erkundigen. Und es wurden keine Fragen mehr gestellt.

Der Zusammenhang in unserer Gruppe stellte sich kurz vor Étampes ein. Es war, glaube ich, am dritten, vielleicht auch am vierten Tag unserer Reise.

Wir zogen durch das Vallée du Torfou und hatten die Absicht, in Châtres zu übernachten. Unser Händler, der diesen Weg schon oft gegangen war, kannte eine Herberge, die er als sauber und anständig bezeichnete. Man muss wissen, dass dieses Tal auf beiden Seiten von einem dichten Wald gesäumt wird, der selbst im Lichte dieses Frühlingsnachmittags nichts Vertrauenerweckendes an sich hatte. Der Ruf dieser Gegend war zweifelhaft, und sowohl Meister Hugues und seine Männer als auch Oudin wussten es. Die Bestätigung ließ nicht lange auf sich warten.

Drei Männer zu Pferd stürzten sich in Blitzesschnelle auf uns.

Im diesem Augenblick sah ich einen Meister Antoine, wie ich ihn noch nicht kannte. Er lief zu meiner Mutter, riss sie vom Sattel und warf sie buchstäblich mitten unter die Mönche.

«Ihr seid für ihr Leben verantwortlich!», schrie er. Dann stürzte er sich mit derselben Heftigkeit ins Getümmel. Der Händler hatte nach dem Zügel eines der Gespanne gegriffen und bemühte sich, die Pferde zu beruhigen. Seine Männer bezogen mit Knüppeln bewaffnet Stellung am Ende des Geleitzuges. Oudin rief mir zu, ohne mich anzusehen: «Mach schon, Junge, zeig ihnen alles, was ich dir beigebracht habe!», darauf machte er sich ohne jegliche Rücksicht auf Gefahren über die drei Männer her. Wenn ich es nicht selber gesehen hätte, würde ich nicht glauben, was dann geschah. Oudin warf sich unter die Hufe des ersten Pferdes, und brachte mit seinen Händen das aufgeschreckte Tier zu Fall. Bevor der Reiter Zeit hatte aufzustehen, hatte ihn Meister Antoine niedergeschlagen.

Dann hörte man Bruder François laut lachen. Er machte es Oudin nach und schaffte es, auch den zweiten Schurken aus dem Sattel zu werfen. Der Mann versuchte wohl zu fliehen, aber ich kam ihm zuvor, indem ich ihm ein Bein stellte, eine Kunst, die ich Oudin verdankte und die ich schon oft hatte gebrauchen können. Ohne jegliche Bedenken schlug ich ihn nieder. Die zwei Benediktiner versperrten dem dritten Räuber den Weg, auch ihnen war es gelungen, ihn vom Pferd zu reißen, nun waren sie ganz davon in Anspruch genommen, ihn an einen Baum zu binden. Dabei sahen sie so friedlich aus, als befänden sie sich in ihrem Kloster, und bei alledem beteten sie mit lauter Stimme einen Psalm. Die drei Franziskaner hatten es geschafft, das zweite Gespann zu beruhigen und meine Mutter zu beschützen, die mit einem Stock in der Hand bereit war, den Erstbesten, der es auf sie abgesehen haben sollte, niederzuschlagen. Flüchtig ging mir der Gedanke durch den Kopf, wie schlecht ich doch meine Gebärerin kannte. Sie war möglicherweise doch nicht dieses zerbrechliche Wesen, als das ich sie gesehen hatte. Aber es war jetzt nicht Zeit für Grübeleien.

Zuerst wunderte ich mich, dass die Männer des Händlers nirgends mehr zu sehen waren. Rasch stellte ich fest, dass Meister Antoine und Oudin mit ihnen verschwunden waren. Während der folgenden kurzen Beruhigung der Lage ging Meister Hugues zu meiner Mutter, nahm sie bei der Hand und setzte sie neben sich. Er wirkte überaus gelassen. Warum, verstand ich, als die Männer zurückkamen, Meister Antoine und Oudin unter ihnen. Sie führten vier oder fünf Pferde am Halfter und trieben zwei struppige, vor Schmutz starrende Kerle vor sich her. Ein weiterer war auf den Rücken eines der Tiere geworfen worden, die Beine baumelten auf der einen, Kopf und Arme auf der anderen Seite herunter. Zweifellos war er tot.

«Ich glaube, wir haben die ganze Bande», sagte Meister Antoine, der einen halb toten Mann am Kragen mitschleppte, als wäre er ein Spielzeug. Ich konnte nicht anders, als an die Steinmetze in der Familie Augereau zu denken. Mir wurde klar, dass Meister Antoine seine Kraft in der Druckerwerkstatt zwar nicht brauchte, vorhanden war sie aber trotzdem.

«Zum Teufel auch», rief Oudin wie das Echo auf meine Gedanken, «als Drucker gehen Sie aber ganz schön ran, Meister Antoine!»

«Drucker?», schrie Bruder François, der seine Kutte in den Gürtel hochgeschlagen und die Ärmel weit zurückgekrempelt hatte, sodass er nicht im Entferntesten mehr wie ein Mönch aussah.

«Ja, Drucker», antwortete Meister Antoine bissig, «und im Augenblick würde ich diesem Banditen am liebsten auf die Stirne drucken, dass man den Wein, den man trinken will, anbaut, und nicht stiehlt.»

Wir hatten sechs Männer als Gefangene. Sieben mit dem Toten. Es waren zu viele, um sicher zu sein, dass wir es schaffen würden, sie bis Châtres mitzunehmen. Wir hatten sie mit allen zur Verfügung stehenden Mitteln gefesselt. Die drei Franziskaner steuerten sogar ihren Strick mit den drei Knoten bei, den sie als Gürtel verwenden. Aber so gut verschnürt sie auch sein mochten, sobald die sechs Männer es gemeinsam versuchten, würde es ihnen gelingen, sich auf und davon zu machen.

«Wenn ihr uns nach Châtres mitnehmt, hängt man uns.»

«Und, habt ihr vielleicht etwas anderes verdient?», rief Meister Hugues.

«Zweifellos nicht. Aber selbst wenn wir ehrlich werden möchten, würde niemand mehr etwas von uns wissen wollen. Deshalb leben wir in den Wäldern und nähren uns von dem, was wir stehlen.»

Diese Aussage schien Oudin zu Herzen zu gehen, und mich dünkte, auch einigen von den Leuten des Händlers. Er war es dann, der sich mit der

Hand durch den Bart fuhr und die Männer von Kopf bis Fuß musterte wie ein Pferdehändler ein Tier.

«Und wenn ich euch einstelle, um die Sicherheit meiner Geleitzüge zu gewährleisten, wer sagt mir, dass ihr dann nicht mit diesen Banden von Ungläubigen gemeinsame Sache macht und mich ausplündert?»

Die beherztesten drei Männer (die anderen waren noch ganz benommen von den Schlägen, die sie einkassiert hatten) warfen sich auf die Knie:

«Stellen Sie uns auf die Probe, Herr!»

Der Händler ließ seinen Blick nicht von ihnen. Meister Antoine näherte sich und zog ihn am Ärmel beiseite.

«Darf ich etwas sagen, Meister?»

Sie gingen weg, und ich folgte ihnen aus Neugier.

«Wenn diese Männer Dummköpfe sind, die es einmal mit dem Gesetz zu tun bekommen haben, aber gerne in die Gesellschaft zurückkehrten möchten, wohlan. Aber wenn sie nur schöne Worte machen, setzen Sie alles aufs Spiel», sagte er.

«Die Wahrheit ist, dass die Hälfte meiner Winzer und alle, die uns hier begleiten, Leute von dieser Sorte sind. Ich hasse es, tüchtige Leute am Galgen enden zu sehen, reine Verschwendung. Aber es stimmt, bis jetzt habe ich noch nie sechs Banditen auf einmal auf der Straße aufgelesen.»

«Ich habe einen Plan.»

«Ich höre.»

«Als Erstes nehmen wir ihnen die Pferde weg. Zu Fuß sind sie weniger gefährlich.»

«Bis es ihnen gelingt, andere zu stehlen.»

«Das ist wahr. Aber das können sie nicht bis heute Abend.»

«Gut. Und dann?»

«Dann verabreden wir uns mit ihnen für morgen, wenn wir Châtres verlassen. Wenn sie ernstlich ihr Leben ändern wollen, werden sie kommen. Ich prophezeie Ihnen sogar, dass die zwei Älteren und vielleicht einer der Jungen kommen werden. Die anderen dürften die Wälder ehrlicher Arbeit vorziehen. Bevor wir die Gegend verlassen, werden wir diejenigen anzeigen, die nicht erscheinen.»

«Guter Freund, an Ihnen ist ein Salomo verloren gegangen. Versuchen wir es.»

Wir kehrten zur Gruppe zurück, und Meister Antoine hielt seine kleine Ansprache. Während ich ihm zusah und zuhörte, war ich einmal mehr von etwas beeindruckt, was mir an ihm in der Zeit, als ich sein Lehrling war, nie aufgefallen war, vermutlich weil ich noch zu jung war: Er konnte mit Leuten umgehen und er hatte vor nichts Angst. Er war es, der sprach und Oudin befahl, die sechs Männer loszubinden und sie gehen zu lassen.

«Ihr habt die ganze Nacht, um nachzudenken, morgen früh erwarten wir euch an der Kreuzung von Châtres. Oder besser gesagt, wir kommen dort vorbei. Seid ihr nicht da, kehrt einer von uns sofort zurück, um eure Anwesenheit den Gesetzeshütern zu melden, sofern man euch dort nicht schon kennt, wenigstens vom Hörensagen. Geht jetzt. Und begrabt euren unglücklichen Kameraden.»

Die Karawane setzte sich bereits wieder in Bewegung, als die drei Franziskaner, die sich für einen Augenblick flüsternd unterhalten hatten, ein Zeichen gaben.

«Wartet einen Augenblick.»

Wir hielten an. Einer der Franziskaner beugte sich über den Toten, den wir auf den Boden gelegt hatten, murmelte einige Gebete und schlug zwei- oder dreimal das Kreuz über ihm.

«So wird man nicht sagen können, wir hätten unsere Pflicht nicht getan. Wir haben seinen Hinschied gesegnet und Gott gebeten, ihn trotz seiner Sünden aufzunehmen.»

An diese kleine Begebenheit musste ich in den folgenden Jahren noch oft denken. Wir hatten getötet, was die Gottesmänner aber nicht im Geringsten beeindruckte. Sie hielten uns in keiner Weise schuldig für das, was geschehen war. Aber beim geringsten Gedanken, der von ihrem eigenen Denken abwich, war uns der Scheiterhaufen sicher.

Am anderen Morgen setzten wir bei Tagesanbruch unsere Reise fort. Ausgangs der Stadt, wo sich die Straße verzweigt, warteten zwei Männer auf uns. Sie hatten sich die Haare und die Bärte geschnitten, sich gewaschen und waren beinahe nicht mehr wiederzuerkennen. Sie mussten uns darauf hinweisen, dass sie auf uns warteten.

Meister Antoine sah sie für einen Augenblick mit kaltem Blick an, dann sprang er, ohne ein Wort zu sagen, auf eines der Pferde und galoppierte davon. Eine Stunde später war er wieder bei uns. Er hatte getan, was er versprochen hatte: die Abwesenden bei den Gesetzeshütern anzuzeigen.

Hinter Châtres reisten alle zu Pferd, denn inzwischen verfügten wir über neun Pferde, nur ich verzichtete gerne zu Gunsten Oudins auf das mir zustehende Reittier, denn ich vermochte mich nur auf dem Pferd zu halten, wenn ich mich fest an seine Mähne klammerte.

Eines Tages ging ich neben Meister Antoine, der mir eine Geschichte aus dem Poitou erzählte, in der es um eine Prinzessin ging, die sich in einen Frosch verwandelte. Meister François kam dazu. Aufmerksam hörte er das Ende der Geschichte, dann bestürmte er Meister Antoine mit Fragen.

«Sie sind Drucker, Meister Antoine?»

«Aber ja, mein Bruder, immer zu Diensten. Ebenso Claude, der zuerst mein Lehrling war und jetzt nach allen Regeln der Kunst Drucker ist und eines Tages seinen Meister machen wird.»

«Und für wen arbeitet ihr?»

«Zur einen Hälfte bei Meister de Colines, zur anderen bei Meister Bocard, einem Verwandten von mir. Ich komme wie er aus dem Poitou, ich habe meinen Beruf in Poitiers gelernt.»

«Kennen Sie Meister Lefèvre? Ich bin ihm kürzlich begegnet.»

«Sehr gut. Claude und ich haben die *Kommentare zu den Paulusbriefen* gedruckt, damals, als wir für Meister Estienne arbeiteten, und bei seinem Nachfolger, Meister de Colines, bin ich geblieben, weil Meister Lefèvre eine neue Übersetzung der Bibel auf Französisch vorbereitet und sie im Haus «Zum Heiligen Jean-Baptiste» drucken lassen will. Ich arbeite bereits emsig daran, und bald werden wir mit ihm zusammenarbeiten.»

«Sie stehen also auf vertrautem Fuße mit ihm?»

«Das würde ich nicht sagen. Wir sind seine Diener. Wie sein persönlicher Bediensteter, den er uns freundlicherweise als Begleiter überlässt, wenn wir auf Reisen sind. Er ist einer unserer Freunde.»

«Wer ist es?»

Meister Antoine zeigte mit dem Finger auf Oudin.

«Oudin, ein Weiser. Er kann tausend Geschichten und tausend Lieder auswendig.»

«Dieser Riese?»

«Es stimmt, er ist außergewöhnlich umfangreich.»

«Ich habe ihn bei Meister Lefèvre kurz gesehen, aber nicht besonders auf seine Größe geachtet.»

«Kein Wunder. Sie waren in ihr Gespräch vertieft, während es diese stattliche Persönlichkeit versteht, sich bei Bedarf ganz klein zu machen. Aber er hat Sie gesehen und wiedererkannt.»

«Er hat alles von einem Kerl, dem man zutraut, ganz allein drei Kühe zu verzehren.»

Meister Antoine lachte. Daran gab es nichts zu rütteln, Meister François erheiterte ihn.

«Und warum nicht ein Bär, den er wie ein Brathuhn in Stücke reißt?»

«In der Tat, warum auch nicht.»

Und so plauderten sie fröhlich weiter, Wegstunde um Wegstunde. Auf Meister François schien Oudins wundersame Statur anregend zu wirken, er dichtete ihm tausenderlei Taten an. Die Person, auf die sich dieser Einfallsreichtum bezog, ritt an der Spitze des Zuges und vernahm nichts von alledem, was man sich für ihn ausdachte.

Doch Meister Antoine und Meister François ließen es nicht beim Plaudern bewenden. Sie führten auch gelehrte Gespräche über Philosophie und Theologie, die ich nicht wiederzugeben imstande bin. So ging unsere Reise gut zehn Tage lang weiter.

Meine Mutter, immerzu darauf bedacht, ihren Ruf zu wahren, hielt zu Meister Antoine ebenso viel Distanz wie er zu ihr. Sie sprach wenig, und wenn sie es tat, dann um ihre Freude zum Ausdruck zu bringen. Sie hätte nie gedacht, dass die Welt so weit und vielfältig sein könnte. Wir waren in der Tat durch Gegenden gekommen, die im Frühling besonders lieblich waren. Bis zu unserer Ankunft in Poitiers war unser Zug übrigens länger geworden. Andere Händler mit anderen Waren hatten sich uns angeschlossen. Reiter, die wir in Blois getroffen hatten, bildeten nun unsere Nachhut, und es hätte einer kleinen Armee bedurft, um uns so in Bedrängnis zu bringen, wie wir es in der Gegend von Châtres gewesen waren. Orléans, Blois, Tours, alle diese schönen Städte sahen wir nur im Vorbeigehen. Alle wollten vorwärtskommen. Und eines Abends im Juni trafen wir in Poitiers ein.

«Wir werden unseren Händler verlassen müssen, wenn er unbedingt morgen früh schon wieder aufbrechen will», sagte Meister Antoine zu uns dreien an der Ecke eines Tisches in der «Rose», einer Herberge, die sich etwas darauf einbildete, dass Jeanne d'Arc 1428 hier übernachtet hatte, man vergaß nicht, ausdrücklich auf diese Jahreszahl hinzuweisen, die sowohl in die Köpfe der Leute als auch in Granit gemeißelt war. Und man wurde freundlich gebeten, den berühmten Stein zu bewundern, den die Jungfrau von Orleans in ihrer weißen Rüstung benutzt haben soll, um ihr Pferd zu besteigen. Weniger als hundert Jahre, nachdem man sie als Unschuldige getötet hatte, war sie nun die Heldin der Nachkommen jener, die sie hatten sterben lassen.

«Erst verurteilt die Kirche sie, dann rehabilitiert sie die gleiche Kirche. Da fragt man sich, wo die Unfehlbarkeit bleibt», sagte Oudin halblaut.

Der Händler hatte es glücklicherweise überhaupt nicht eilig. Seine Fässer wurden gut bewacht, wir waren schon ziemlich lange unterwegs. Er fragte uns, wie viele Tage wir zu bleiben gedachten.

«Wenn es vernünftig ist, warten wir auf Sie.»

«Zwei Tage, geht das? Ich glaube, dass in zwei Tagen auch unsere benediktinischen Freunde gerne wieder mit uns reisen werden.»

«Nun gut. Zwei Tage.» Der Händler wandte sich an mich. «Darf ich Ihnen ans Herz legen, Ihrer Frau Mutter das römische Amphitheater zu zeigen.»

Er entfernte sich, während ich mich völlig überrascht an Meister Antoine wandte, der mir aber keine Zeit ließ, die Frage zu stellen.

«Du wirst sehen. Die Römer hatten sich gut eingerichtet in Poitiers. Und heute leben wir in einer Stadt, die über der römischen errichtet worden ist.»

Daraufhin verabschiedete er sich missmutig von uns.

«Aus Gründen, die Ihnen bekannt sind, meine Liebe, werde ich bei einem meiner früheren Druckerkollegen übernachten.»

Meine Mutter ließ es bei einem Lächeln bewenden.

«Gott segne Sie, mein Freund. Bis morgen.»

Die Herberge «Zur Rose» war ein Gasthaus, das mir sehr erlesen zu sein schien. Vor allem der große Saal war üppig, überall gab es geschnitzte Rosen, auf den von unzähligen Kerzen geschwärzten Balken, auf dem Kaminsims, an den Fensterrahmen – mit Glasscheiben. Ganz zu schweigen von den ebenfalls reich verzierten Teppichen. Ich war der Meinung, ein solcher Prunk übersteige unsere finanziellen Möglichkeiten, doch meine Mutter hatte kein Gehör dafür.

«Es ist ein bisschen meine Hochzeitsreise, obwohl die Voraussetzungen dazu im Augenblick noch nicht erfüllt sind. Es ist schon verrückt genug, bis hierher zu kommen – aber da wir nun einmal da sind, wollen wir nicht geizig sein.»

## XIII
## Wie ich mit Meister Antoines Augen Poitiers kennen lerne, und wie ich Einblick in seine Lehrjahre bekomme

M ANDEREN MORGEN hatten wir gerade unser Frühstück beendet, als wir Oudin auftauchen sahen. Er hatte auch in der «Rose» übernachtet, aber bei den Bediensteten. Seiner Gewohnheit gemäß weigerte er sich, die Räume zu betreten, die für die reisenden Meister bestimmt waren.

«Meister Antoine hat mich gebeten, Ihnen etwas von der Stadt zu zeigen, später werden wir uns dann ihm anschließen. Ich kenne den Weg.»

Ich hatte es eilig, die römischen Arenen zu sehen.

«Erwarten Sie nicht zu viel», warf Oudin gleich ein. «Es sind Jahrhunderte her, seit die Römer gegangen sind, und weil sich niemand um den Unterhalt ihrer großartigen Bauten gekümmert hat, sind sie nach und nach verfallen. Das Forum zum Beispiel gibt es nicht mehr, und wenn mich nicht eines Tages ein Mönch auf der Place du Marché-Vieil darauf aufmerksam gemacht hätte, dass unter unseren Füßen das Forum begraben liege, wüsste ich nicht einmal etwas davon.»

«Aber die Arenen, was ist mit denen?»

«Wenn man sie sieht, versteht man, warum etwas von ihnen übrig geblieben ist. Das war eine riesige Anlage.»

Offen gestanden, auf den ersten Blick sah sie eher wie ein Grashügel aus. Beim Näherkommen entdeckte man aber, dass es von allerlerlei Leuten wimmelte, zwischen Bäumen und Sträuchern gab es Mauerstücke und mehr oder weniger unbeschädigte Säulen, große Steine lagen herum. Hier lebten arme Leute, die sich ihre Behausungen in den alten Gewölben der eigentlichen Arena eingerichtet hatten. Aber auch in den oberen Stockwerken, wo einst, wie ich mir vorstelle, nur Toga und Kothurne verkehrten, gab es Leute: Händler aus der Umgebung hatten hier ihre Warenlager eingerichtet. Und ganz oben auf den Ruinen breiteten die Wäscherinnen ihre Wäsche aus. Überall wuchsen Wein, Gewürznelken, Balsam und Rosmarin, alles Pflanzen, die für mich bisher nur Namen gewesen waren, die Oudin aber zu kennen schien und sie mit sicherem Blick in dem grünen Durcheinander aufspürte. Wir mussten schließlich auf den Hügel klettern, um über die Ruinen hinweg endlich die großartige Anlage als Ganzes vor Augen zu haben. Wir bewunderten sie schweigend.

«Da wir nun einmal hier sind, schlage ich Ihnen einen Rundgang auf dem Markt vor», sagte Oudin dann. «Es ist nicht sehr weit.»

Wir kamen durch eine Straße, die über und über mit Aushängeschildern gespickt war, eines schöner als das andere: «Zu den Drei Trompeten», «Zum Wilden», «Zur Muttersau», «Zum Gefederten Gänseküken», «Zur Elster», «Zum Schaf» ... Wir ließen uns inmitten von Leuten und Karren von der Menge treiben, passten auf, von keinem der Reiter erdrückt zu werden, die von Zeit zu Zeit heranpreschten, ohne auf das Geschrei erschreckter und entrüsteter Leute zu achten, und erreichten geschubst und gestoßen schließlich den Marché-Vieil, der sich über das ganze Gebiet erstreckt, wo einst das Forum gewesen war. Hier war das Getümmel noch größer als vorher in den Straßen.

Es war (und ist zweifellos immer noch) ein riesiger Platz unter freiem Himmel, mit Reihen von Bänken, auf denen die Händler und Händlerinnen inmitten ihrer Körbe und anderer Behältnisse saßen, in denen Früchte der Erde und der Arbeit des einheimischen Gewerbes zu bewundern waren, die sie für ihre Stammkundschaft feilhielten. Auf der anderen Seite des Platzes weckte eine Markthalle unser Interesse: die Fleischerläden.

«Die Fleischhauer liegen nicht auf der faulen Haut», sagte uns Oudin, «es gibt an der Universität viertausend Studenten, die reichliche Kost zu schätzen wissen.»

Meine Mutter kam nicht aus dem Staunen heraus, als sie die vielen Rinder-, Kälber-, Schweine-, Schafs-, Zicklein- und Hirschviertel kunterbunt zwischen Hühnern und Hähnchen, Hasen, Kaninchen, Rebhühnern und Schnepfen eng aneinander gereiht an den Haken hängen sah.

«So viele auf einmal habe ich noch nie gesehen, auch nicht in den Halles in Paris.»

Am anderen Ende des Platzes lag eine weitere Markthalle. Hier befanden sich die Auslagen der Schuster, Hutmacher, Kesselschmiede, Töpfer, Posamenter, Schneider und was weiß ich noch alles. Wir bestaunten die Zobel und Grauhörnchen der Kürschner. Und wir befühlten, immer noch mit Kennerhand, Wolle und Seide der von überall her kommenden Tuchhändler, einer sogar aus Flandern.

«Man kommt sich vor wie im Schlaraffenland», rief meine Mutter, und machte große Augen. Hier hatten sich so viele Händler an einem Ort zusammengeballt, dass ein ganz anderer Eindruck entstand als in Paris.

Schließlich verließen wir den Platz und begaben uns zu der Druckerei, wo Meister Antoine die Nacht verbracht hatte.

In Poitiers liegen die Druckereien wie in Paris in der Nähe der Universität und der Collèges. Sehr zahlreich sind sie hier nicht, mehrere Drucker wie etwa Meister Bocard waren in die Hauptstadt gezogen.

Am meisten Zeit verbrachten wir in Meister Jacques Bouchets Werkstatt, er war der Neffe des inzwischen verstorbenen Druckers, bei dem Meister Antoine in der Lehre gewesen war. In Wirklichkeit hatten die beiden hier Seite an Seite ihren Beruf erlernt und waren gute Freunde.

An diesem ersten Morgen trafen wir Meister Antoine in Gesellschaft von Meister Jean Augereau an, dem Vetter seines Vaters. Seine Verwandtschaft mit Meister Antoine war nicht zu übersehen, nur dass er nicht das pechschwarze Haupt- und Barthaar des Jüngeren hatte, sondern grau meliert war. Gemeinsam waren ihnen jedoch die grauen tief liegenden und lachenden Augen und eine Ruhe, die untergründige Leidenschaft erahnen ließ.

«Ich gebe zu, dass ich Bedenken hatte, als seine Mutter darauf bestand, ihm eine Stelle als Lehrling zu suchen. Ich hatte keinen Bedarf, aber Meister Jean Bouchet brauchte einen. Trotzdem zögerte ich, ihn zu empfehlen. Ein Mönch, der aus seinem Orden ausgetreten ist ... so jemand kann nicht arbeiten, vermutete ich. Aber abgesehen von seiner wunderlichen Neigung für das Schriftschneiden war ihm nichts vorzuwerfen.»

«Hat Meister Bouchet ihn auch in eine Papiermühle geschickt?»

«Warum? Hat er es mit Ihnen ebenfalls gemacht?»

«Genau.»

«Und er hatte Recht. Ich selber habe mit einer Lehre als Papiermacher angefangen. Als ich dann ins Druckereigewerbe wechselte, wurde mir klar, welches Glück ich gehabt hatte. Meister Jean Marnef, mein Lehrmeister, hat später alle seine Lehrlinge in eine Papiermühle geschickt. Und so tat es auch Meister Bouchet. Umso mehr, als wir Mühlen in der Nähe haben. Eine befindet sich am Pont Achard, nur ein paar Schritte von hier, was uns erlaubte, unser Mönchlein im Auge zu behalten. Aber ich muss sagen, dass er den Weg der Tugend nie verlassen hat, ganz im Gegensatz zum traurigen Beispiel, das gewisse Universitätsstudenten hier abgeben, von denen man den Eindruck hat, sie seien bloß nach Poitiers gekommen, um Feste zu feiern und unsere Töchter zu belästigen. Man fragt sich manchmal, wann sie noch Zeit haben zu lernen.»

Meister Antoine lachte von Herzen. Meine Mutter jedoch sagte wie gewohnt nichts. Aber ihre Freude darüber, das alles zu sehen, war so groß, dass ein Duft des Glücks von ihr auszugehen schien. Hier hielt sich Meister Antoine nicht zurück und warf ihr hungrige Blicke zu, sein Vetter durchschaute die Lage, ohne dass ihm jemand etwas hätte sagen müssen (aber vielleicht hatte ihm Meister Antoine ja alles gesagt).

In dieser Runde trafen wir auch Meister Jacques Bouchet höchst persönlich an, einen rundlichen und gutmütigen Mann, der entzückt zu sein schien, seinen alten Freund Augereau wieder zu sehen, und der keine Gelegenheit ausließ, dies im Laufe einer gelehrten Unterhaltung immer wieder zu betonen.

Das Gespräch drehte sich um Typographie.

Für nichts anderes brachte Meister Antoine so viel Leidenschaft auf. Und ich täuschte mich nicht. Die lateinischen Buchstaben waren durchaus bekannt in Poitiers, aber Vetter Jean war noch am Überlegen – und Meister Antoine zog alle Register, um seine glühende Rechtfertigungsrede für lateinische Druckschriften vorzutragen.

«Antoine, du gehst mir auf die Nerven, letztlich. Wenn du wirklich der Auffassung bist, wir sollten unsere Setzkästen gänzlich erneuern, dann mach uns neue Schriften, und wir reden nicht mehr davon.»

Meister Jacques Bouchet hieb in dieselbe Kerbe:

«Ich versichere dir, am Tag, an welchem du hier mit neuen römischen Stempeln auftauchst, kaufe ich sie dir gleich ab. Aber bis es so weit ist, verwende ich meine gotischen.»

«Ihr steckt den Kopf also in den Sand!»

«Mach uns die Stempel der Zukunft, und ich verspreche dir, sie dir abzukaufen.»

«Versprochen?»

«Versprochen. Es gilt.»

Sie schüttelten sich die Hand. Meister Antoines Lächeln war strahlend, aber eine Stirnfalte wies auf eine gewisse Zurückhaltung hin, die er auch gleich zum Ausdruck brachte:

«Es stimmt, dass ein Versprechen nichts kostet. In zwei Monaten könnte ich euch die Druckbuchstaben liefern, die ich vor ein paar Jahren für Meister Estienne geschnitten habe, aber sie sind mangelhaft. Ich muss mich hineinknien und etwas Besseres machen. Aber bis ich ein ganzes

Alphabet so geschnitten habe, wie ich es will, kann es noch eine Weile dauern.»

Gleich darauf verabschiedeten wir uns zusammen mit Meister Bouchet. Meister Antoine wollte unbedingt die Druckerei wiedersehen und sie uns zeigen, wo er seine Lehre gemacht hatte. Sie befand sich in der Nähe des Augustinerklosters in Saint-Hilaire-de-la-Celle, zum Fluss hinunter, etwas weiter weg vom Laden, wo Meister Bouchet seine Bücher verkaufte. Von diesem waren es nur ein paar Schritte zum Palais und auch nicht weit zur Universität. Meister Jacques hatte ihn von seinem Onkel geerbt.

«Die Druckerei in der Nähe der Universität einzurichten, wäre zu teuer gewesen, ich ließ sie deshalb in Saint-Hilaire-de-la-Celle. Hier sind wir übrigens ganz in der Nähe der Collèges von Montanaris, Puygarreau und Sainte-Marthe. Auch hier wimmelt es von Studenten, und wenn einer im Vorbeigehen ein Buch kaufen will, dann verkaufen wir es ihm.»

Die Druckerei war groß, und es wurde sehr sorgfältig gearbeitet («ein alter Brauch», sagte Meister Antoine). Jetzt begriff ich, woher der Lehrling, der von hier kam und später mein Lehrmeister wurde, diese unerbittliche Genauigkeit hatte, die ihm so viel bedeutete.

Wir kehrten in die Werkstatt neben dem Franziskanerkloster zurück. Wir waren kaum eingetreten, da ging die Debatte munter weiter. Die einen wollten, dass künftig alles in die Volkssprache übersetzt wurde, die anderen wünschten nach dem Beispiel des Erasmus von Rotterdam eine Bibelausgabe auf der Grundlage des griechischen Textes. Andere wieder lehnten beides ab. Jeder auf seine Art, dachte ich. Meister Antoines Bekannte kamen, um den Freund willkommen zu heißen, den man so lange nicht gesehen hatte, und die anderen, um sich am Gespräch zu beteiligen.

Schließlich brachen wir wieder auf, denn Meister Antoine wollte uns noch ein paar Sehenswürdigkeiten zeigen, die wir nicht verpassen sollten.

Oudin hatten wir vor der Türe zurückgelassen. Er hatte sich wieder einmal geweigert, mit uns hineinzugehen. Er unterhielt sich gerade lebhaft mit einem Mann mit einem kugelrunden Gesicht und einer beeindruckend langen Stupsnase, unter der sich ein großer, lachender Mund bis zu den Ohren öffnete. Die zwei Männer waren von einer großen Schar Schaulustiger umringt, die Tränen lachten ob der Geschichten, die sich die beiden lauthals in einer Sprache erzählten, mit der ich – ganz im Gegensatz zum Publikum – nichts anzufangen wusste.

Meister Antoine strahlte.

«Ach, wenn das nicht Meister Jean Formond ist!»

«Meister Jean Formond, wer ist das?»

«Ihr werdet es mir nicht glauben, wenn ihr ihn hier den Gaukler spielen seht, aber er ist Küster. Sogar der berühmteste Küster der ganzen Gegend. Wenn er seines Amtes waltet, dann in Notre-Dame-la-Petite. Doch seine ganze Leidenschaft gehört den *bazochiens,* wie man bei uns sagt, den Possenreißern und *rithmaires,* die herumziehen und Vorstellungen geben. Nun! Meister Jean, wie geht's?»

Der Mann blieb auf der Stelle stehen, drehte sich verärgert um, warf in gespieltem Zorn einen Blick auf den Störenfried, was die Menge erheiterte, und öffnete den Mund, um ihn zum Schweigen zu bringen. Aber sein Mund blieb offen und seine Schlagfertigkeit auf der Strecke.

«Antoine! Mein kleiner Antoine!», rief er endlich. Er trieb die Menge auseinander und die zwei Männer umarmten sich feierlich. Meister Antoine war einen ganzen Kopf größer als Meister Jean.

«So etwas, so etwas ...», sagte der Küster gewiss ein Dutzend Mal gerührt. Oudin schaute aufmerksam zu, und die Menge zerstreute sich, weil es nichts mehr zu sehen gab.

«Du kennst Meister Jean?», fragte Meister Antoine, als er sich frei gemacht hatte.

«Und wie!» Oudin klopfte sich auf die Schenkel. «Zu meiner Zeit als

Gaukler war er mit uns unterwegs, wenn wir in die Gegend von Poitiers kamen. Er spielte, er entwarf unsere Kostüme, malte unsere Kulissen. Nach ein paar Wochen machte er rechtsum kehrt und kümmerte sich wieder um seine Kirche. Erinnern Sie sich an den prächtigen Bühnenprospekt, den meine Gefährten in Paris bei sich hatten, als ich sie verließ, Meister Claude? An dem Tag, als wir ihre Vorstellung besuchten?»

«Ja, ich erinnere mich.»

«Er hat ihn gemalt. Außerdem spielt er hervorragend. Sie sollten ihn in der Rolle des Advokaten Pathelin sehen! Wenn wir nicht einen Menschenauflauf zu befürchten hätten, könnten wir ein Müsterchen geben. Nicht wahr, Meister Jean?»

Der Küster stimmte wortlos zu. Er war im siebten Himmel.

«Ich kenne das alles», sagte Meister Antoine, der sich genauso freute. ‹Das Narrenschiff›, in dem ich ihn spielen sah, als ich noch Lehrling war, das vergisst man nie. Und außerdem hat mir dieser Mann hier das Zeichnen beigebracht.»

Meister Jean Formond hatte mit gespielter Bewunderung zugehört, als ob von jemand anderem die Rede gewesen wäre. Nun aber ergriff er das Wort:

«O mein kleiner Antoine, ich nehme alle Ihre Komplimente entgegen, aber dieses hier ... Sie konnten schon zeichnen, als Sie nach Poitiers kamen. Sie sind bei den Benediktinern ordentlich unterrichtet worden, auch die Buchmalerei und alles andere haben sie Ihnen beigebracht.»

«Ja, ich hatte gewisse Kenntnisse im Zeichnen. Aber alles, was ich heute noch brauchen kann, haben Sie mich gelehrt.»

«Was zeichnen Sie denn?»

«Buchstaben.»

«Tatsächlich? Sonderbare Vorliebe.» Er kam näher und nahm ihn beim Arm. «Kommen Sie. Erzählen Sie mir Ihre Geschichte von den Buchstaben.» Er drehte sich zu uns um.

«Kommt alle. Lasst uns im ‹Elephanten› etwas essen gehen.»

Er machte eine weite Handbewegung, und fest bei Meister Antoine untergehakt setzte er sich in Bewegung. Wir wollten ihnen gerade folgen, als er plötzlich stehen blieb.

«L'Éveillé!», schrie er in die Runde.

Ich erwartete einen Bediensteten herbeieilen zu sehen, doch es war ein ganz besonderer Diener, der nun herbeitrabte: ein Esel. Ohne sich weiter um ihn zu kümmern, nahm Meister Jean Meister Antoine ins Schlepptau, und der Esel folgte ihnen brav wie wir alle.

Wir gingen durch ein paar Straßen, alle mit Aushängeschildern geschmückt, eines dicht neben dem anderen (ich fand sie besonders eindrucksvoll, sie sind anders als in Paris, bunter, vielleicht auch naiver). Und dann kamen wir in den «Elephanten», der noch größer war als die «Rose». Von den Fenstern des Saals aus konnte man den Fluss sehen, den Clain, erklärte mir Meister Antoine, und eine Brücke. Ganz in der Nähe lag ein herrlicher Obstgarten.

Unsere Aufmerksamkeit galt indessen in erster Linie den Befestigungsmauern, die Heinrich II. Plantagenet, König von England, hatte errichten lassen, wie man uns von überall her erklärte. Denn Poitiers war eine Zeit lang englisch gewesen, als die Könige und Königinnen entweder von der großen Insel, aus Aquitanien oder aus dem Poitou stammten. Diese schönen Befestigungen hier hatten Poitiers allerdings nicht davon abgehalten, zu Frankreich zurückzukehren (innert zweier Tage hörte ich ein Dutzend Geschichten von militärischen Heldentaten, Verrat und Gesten der Großherzigkeit im Poitiers jener Zeit). Jenseits der Brücke war auch das Stadttor zu sehen, überragt von den Bögen eines riesigen Turms mit Ausguck und Pechnasen hoch oben.

Und während ich diese Aussicht genoss, die für jemanden, der seine Tage in einem niedrigen, von Druckertinte und Kerzen geschwärzten Raum in einem zwischen andere Gebäude eingepferchten Haus ohne Licht und Luft verbrachte (was mir erst jetzt bewusst wurde, da ich von einem einzigen Fenster aus diese Weite vor Augen hatte), brachte Meister Formond die Leute mit einem seiner zahllosen Späße zum Lachen. Unterdessen machten sich Mägde rund um einen Tisch zu schaffen, auf dem sich die Schüsseln türmten. Man konnte sich fragen, ob wir nicht ein ganzes Regiment statt eines bescheidenen halben Dutzends Bürger mit eher bescheidenem Appetit waren.

Jean Formond hatte darauf bestanden, seine zwei wiedergefundenen teuren Freunde Antoine Augereau und Oudin (den er dazu überreden konnte, uns Gesellschaft zu leisten), zu diesem üppigen Mahl einzuladen.

«Ich erhebe mein Glas auf diese Freunde, die wie von Zauberhand wieder in meinem Leben aufgetaucht sind», sagte der Küster. «Ich weiß gar nicht, woran ich mich am liebsten erinnere: Ist es Meister Oudin, der an einem Tag, als ihm ein Possenreißer die ledernen Bälle weggenommen und versteckt hatte, vor vergnügtem Publikum mit meinen Pinseln jonglierte? Ist es der junge noch bartlose Antoine, dem ich mit Zeichenkohle in der Hand vor alten Steinen aus der Römerzeit begegnete, von denen er beharrlich Inschriften abzeichnete? Ist es derselbe Antoine, der wegen einer Bemerkung von mir wütend auf mich war und mir, als ich ihn bat, mein Bildnis zu zeichnen, damit er sich an etwas anderem als an Schriften üben könne, im Handumdrehen ein tadelloses Konterfei meines ... Hintern ablieferte? Gesundheit, Wohlergehen und viele hübsche Kinder, falls hier zufällig jemand demnächst Hochzeit halten sollte. Aber bitte folgt nicht meinem Blick, es ist ein Geheimnis.»

Meine arme Mutter wurde knallrot, alle lachten, wir prosteten uns zu, und ich trank mit dem stummen Gebet zum Himmel, er möge es gut mit ihr meinen.

«Ich wusste nicht, dass du jonglierst, Oudin», sagte Meister Antoine, um das Thema zu wechseln.

«Ein Gaukler muss alles können, Meister.»

«Aber ist das nicht eine Kunst, die verloren geht, wenn man nicht übt?»

«Auf jeden Fall, deshalb übe ich», sprach's, stand auf, griff nach einem Stapel Teller und begann damit auf atemberaubende Art zu jonglieren, wie ich es von so nahe noch nie gesehen hatte. Er ließ die Teller durch die Luft fliegen, als ob er zaubern könnte, ohne auch nur einen einzigen fallen zu lassen.

Nachdem das Mahl beendet war, äußerte meine Mutter den Wunsch, sich zurückzuziehen. Meister Jacques Bouchet schlug uns, Meister Antoine und mir, vor, ihn zu seiner Werkstatt zu begleiten.

An einem einzigen Nachmittag hatte ich mehr über Poitiers erfahren als in meinem bisherigen Leben. Selbstverständlich sprachen wir auch über hier hergestellte Bücher und solche, die aus Paris kamen. Und wie nicht anders zu erwarten, kam die Debatte über die Vorzüge der lateinischen und gotischen Schriften wieder in Gang.

«Ich wüsste nicht, warum wir weiter eine umständliche Schreibweise nachahmen sollten, die im Begriff ist, zu verschwinden. Sie werden sehen, wie der Druck nach und nach die Handschrift ersetzt. Ich habe gehört, Meister Erasmus gehe in die Druckereien, um selber die Texte zu setzen, die ihm gerade in den Sinn kommen.»

«Antoine, ich bitte dich, erzähl keine Dummheiten. Die Feder ist und bleibt eine unverzichtbare Mittlerin. Gewiss wird immer mehr gedruckt. Aber beim Setzen musst du als Setzer bei der Sache sein, du kommst nicht wirklich dazu, nachzudenken. Das mag gehen, wenn man Erasmus von Rotterdam ist, also ein Genie. Aber seine Größe hat nicht jedermann.»

«Das kann schon sein. Du wirst aber sehen, dass umgekehrt unsere Art zu schreiben vom Gedruckten beeinflusst werden wird. Hast du die Kursivschrift gesehen?»

«Was ist denn das?»

«Na, so etwas! Hast du gehört, Claude? Er kennt die Italique nicht!»

Er suchte in seinen weiten Taschen nach dem kleinen Vergil, den er in Venedig erhalten hatte und von dem er sich sozusagen nie trennte.

«Schau. Das ist Francesco Griffos Kursivschrift, ausdrücklich dafür gemacht, die italienische Schreibweise nachzuahmen. Wollen wir wetten, dass sie die französische Art zu schreiben verändert? Ich persönlich schreibe in den seltenen Fällen, wo ich von Hand schreibe, nur noch so.»

Jacques Bouchet war ebenso beeindruckt wie wir, als wir das Buch zum ersten Mal gesehen hatten, sowohl was die Schrift als auch was das Format betraf. Damit man es überallhin mitnehmen konnte, hatte Aldo die Druckbögen als Sedez gefaltet, so konnte man sich das Buch in die Tasche stecken. Dieses Buchformat wurde in Frankreich zwar bereits da und dort nachgeahmt, aber so selten, dass es immer noch die Gemüter zu erregen vermochte. Heutzutage gehört das zur Tagesordnung, vor allem dank Simon de Colines und Robert Estienne, die seit Beginn ihres Berufslebens dafür gearbeitet hatten.

Wir mussten unsere Reise nach Venedig in allen Einzelheiten erzählen. Sie lag schon mehrere Jahre zurück, aber Meister Antoine war seither nicht mehr in Poitiers gewesen. Mir wurde bei dieser Gelegenheit bewusst, dass er über ein erstaunlich genaues Erinnerungsvermögen verfügte. Es war bei ihm wie bei Oudin: Gespräche, Ereignisse, Gelesenes gruben sich fest ins Gedächtnis ein.

«Das ist, weil wir aus einer Zeit kommen, in der es noch keine Druckereien gab», entgegnete er, als ich unüberhörbar meiner Verwunderung Ausdruck gab. «Wir waren dazu gezwungen, unser Gedächtnis zu gebrauchen. Ihr habt es jetzt viel einfacher. Die Dinge werden gedruckt, dann kann man sie vergessen. Man braucht nur wieder in den Büchern nachzusehen.» Er stieß einen Seufzer aus, der hätte Steine zum Erweichen bringen können. «Ich fürchte, dass Erzähler wie Oudin ...»

«... oder wie Meister Antoine!»

«Nicht wirklich. Ich konnte mich immer auf Geschriebenes verlassen, und selbst zu meiner Zeit bei den Mönchen, als ich noch nichts von Druckereien wusste, waren wir ganz von Geschriebenem umgeben. Aber ein Oudin, der erst mit fünfundzwanzig lesen gelernt hat und von seiner Kunst lebte, entwickelte sein Gedächtnis aufs Höchste. Er musste sich voll und ganz darauf verlassen können. Ich bin sicher, dass es umso weniger Oudins gibt, je mehr Bücher gedruckt werden.»

Es wurde Abend und die ersten Kerzen wurden angezündet, als wir Meister Jacques' Werkstatt verließen. Meister Antoine bestand darauf, mich zu begleiten, damit ich mich nicht verirrte, wie er meinte. Ich hatte den Eindruck, in meine Jugend zurückgekehrt zu sein, in die Zeit, als er mich zu meinen Eltern begleitete, damit mir unterwegs nichts zustieß.

Draußen läuteten überall die Kirchenglocken. Es war ein richtiges Konzert, als ob riesenhafte Finger über eine gewaltige Tastatur eilten. Ein einziger Rausch von Harmonien.

Meister Antoine nahm mich beim Arm.

«Hör zu», sagte er mit bebender Stimme. «Hör zu, Poitiers singt. Hörst du's? Das ist der tiefe Bass der Kathedrale. Und das hier? Das ist der Falsett der Hauptglocke von Notre-Dame-la-Grande.» Die großen Glocken legten eine Pause ein. Jetzt war nur noch silberheller Klang zu hören. «Und jetzt, wo die großen schweigen, hörst du die scheuen Töne der Kapellen?» Er ließ meinen Arm los. In der Dunkelheit konnte ich kaum seine Umrisse ausmachen und sehen, wie er lächelte. «Was soll's, die Glocken von Poitiers wühlen mich immer wieder auf. Als ich sie zum ersten Mal hörte, kam ich geradewegs aus einem Kloster mitten im Sumpfgebiet. Ein Geläut gab es zwar auch dort unten, aber ein Konzert wie dieses hier war das nicht. Am ersten Abend hat es mich fast um den Verstand gebracht. Es ist einer der unvergesslichen Augenblicke meines Lebens. Fast ebenso stark wie derjenige, als ich zum ersten Mal deine Mutter sah, und Gott ist mein Zeuge, an jenem Abend war ich wie vom Blitz getroffen.»

Er musste gespürt haben, wie mich das berührte. Und weil ich in meiner Verwirrung nichts zu sagen wusste, fuhr er fröhlich fort:

«Weißt du, dass die Poiteviner, die sich in ferner Vergangenheit die Pikten nannten und zweifellos einer der vielen wilden Stämme waren, die damals das riesige Gebiet durchzogen, das man heute Frankreich nennt, felsenfest davon überzeugt sind, Nachfahren des Herkules zu sein? Sie führen die unglaublichsten Erklärungen ins Feld, um ihre Sache zu beweisen. Unter anderem Geschichten von Glocken, die die mutigsten unter den Pikten dank ihrer Kraft, ihrer herkulischen Kraft versteht sich, von den Kirchtürmen holten. Jean Formond würde sie dir auf eine Art erzählen, dass dir die Sinne schwinden. Und es ist zwecklos, ihn darauf hinzuweisen, dass es zu Herkules' Zeiten und auch zu jenen der Pikten weder Kirchtürme noch Glocken gab.» Sein klangvolles Lachen tönte durch die Dunkelheit. «Und außerdem», fuhr er fort, «wenn die Leute Oudin sehen und erfahren, dass er aus dem Poitou stammt, fühlen sie sich in ihrer Meinung bestätigt. Wer könnte er anderes sein als ein Abkömmling des Herkules? Auch ich hatte diesen Gedanken, als ich ihn eines Tages bat, mir beim Tragen bleischwerer Kisten zu helfen. Er stieß mich zur Seite und hob sie ganz allein auf, während ich es gerade schaffte, sie am Boden ein bisschen zu verschieben. Du musst dich an den Gedanken gewöhnen, Claude, dass wir Poiteviner anders sind als ihr Pariser.»

Er schwieg. Kurz darauf sagte er mit viel Zärtlichkeit in der Stimme:

«Was uns nicht daran hindert, euch gern zu haben, mein lieber Claude, und umgekehrt.»

Ich hatte plötzlich das Gefühl, Antoine Augereau in seinem Innersten berührt zu haben, und heute kann ich nicht an diesen Augenblick denken, ohne vom Kummer überwältigt zu werden. Er war so lebendig, so fröhlich, so – wie soll ich sagen? Er war glücklich. Das ist meine schönste Erinnerung an Poitiers.

## XIV
### Wie wir in Fontenay-le-Comte ankommen, wo Meister Antoine Augereau geboren ist, und wo seine Familie einen ehrenvollen Ruf geniesst

er zweite Tag unseres Aufenthalts in Poitiers ist nicht weiter der Rede wert. Wir trafen einige von Meister Antoines Bekannten; ich kann mich aber weder an Namen noch an Gespräche erinnern.

Als wir gegen Mittag einmal mehr Meister Jacques Bouchets Werkstatt verließen, stießen wir draußen auf der Straße auf Bruder François Rabelais, der gerade aus dem Franziskanerkloster getreten war (an welches die Werkstatt angebaut ist), wo er wohnte, versteht sich, bis er zusammen mit uns nach Fontenay weiterreisen würde. Er wollte mir unbedingt einen seltsamen Ort zeigen, den Pierre-Levée, über den unzählige Legenden erzählt würden, wie er mir sagte. Um ihm eine Freude zu machen, lief ich die halbe Wegstunde bis zu diesem Stein, er begleitete mich und redete ununterbrochen von Fabelriesen. Er hatte tausend Erklärungen dafür, warum dieser riesige Stein auf wirklich wundersame Weise dort steht; wie ein Tisch, dessen eines Bein unter dem Gewicht zusammengebrochen ist. Auf den ersten Blick würde man sagen, der Pierre-Levée breche gleich zusammen, in Wirklichkeit kann aber keine Rede davon sein, denn man versichert – beziehungsweise Bruder François versichert –, er stehe seit Jahrhunderten hier.

«Unwiderlegbarer Beweis dafür, dass die Riesen unter uns sind», sagte Meister François, «falls ein solcher Beweis überhaupt noch notwendig ist, nachdem man euren Freund Oudin gesehen hat.»

«Jetzt, nachdem du den Pierre-Levée gesehen hast, ist es, als hättest du in dieser schönen Stadt studiert», merkte Meister Antoine mit spöttischem Lächeln bei unserer Rückkehr an. «Es gibt in Poitiers Studenten, die ihr ganzes universitäres Leben damit verbringen, rund um diesen Stein herum Feste zu feiern, unter Ausschluss jeder anderen Tätigkeit. Sie kehren als Doktoren des Weins und des guten Essens nach Hause zurück, was aber nicht heißt, dass wir sie später nicht auf den höchsten Posten des Königreichs antreffen.»

Am anderen Morgen setzten wir vor Sonnenaufgang unsere Reise fort, der Händler hatte uns wissen lassen, er breche um fünf Uhr auf.

Die Abreise vollzog sich im üblichen Durcheinander, doch wie immer fanden wir auch diesmal unsere Marschordnung wieder.

Als wir nach einer Wegstunde zur ersten Ortschaft gelangten, ging gerade die Sonne auf, es versprach, ein schöner Tag zu werden.

Der Händler ließ uns bei einem Brunnen Halt machen.

«Füllt eure Kalebassen an der Rossquelle von Croustelle, sie ist berühmt im ganzen Königreich.»

Das brachte Meister Antoine zum Lachen.

«Ja, die Studenten haben ihr zu einer höllischen Berühmtheit verholfen. Gestern erzählte ich, wie gewisse Studenten beim Pierre-Levée ihre ganze Studienzeit verbringen, aber ich hätte auch diesen Brunnen erwähnen sollen, das ist ein weiterer Ort, wo man die Zeit vergeudet. Ich wundere mich, dass jetzt keine schlafenden Studenten herumliegen, an gewissen Vormittagen sind sie scharenweise hier anzutreffen. Und weil diese Herrschaften allerhand Vorrechte genießen und sozusagen unberührbar sind, ist es den Bauern nicht möglich, sie mit Stockhieben zu vertreiben, wie sie es verdient hätten.»

Wir tranken, füllten unsere Wasservorräte nach und zogen weiter.

Nach wie vor hatten wir die beschlagnahmten Pferde aus dem Räuberüberfall bei uns. Das brachte Meister Antoine in der Frische des Morgens auf eine Idee.

«Claude, wärst du einverstanden, wenn ich noch einmal dein Lehrmeister wäre, für ein paar Tage?»

«Mit dem größten Vergnügen», antwortete ich, ehrlich und überrascht, ohne zu ahnen, was mich erwartete.

«Dann bringe ich dir jetzt eine sehr nützliche Wissenschaft bei: perfekt zu reiten.»

Ich wich zurück.

«Aber, Meister ...»

«Du musst doch einräumen, dass Reisen etwas sehr Erfreuliches ist, nicht wahr?»

«Gewiss, aber ...»

«Warum sich also nicht des schnellsten Transportmittels bedienen, das dazu noch angenehmer ist als die Maultiere, auf denen du das eine oder andere Mal geritten bist.»

Wenn Meister Antoine auf keinen der Einwände einging, die man ihm entgegenzusetzen hatte, kam nur eines in Frage: gehorchen.

Man erspare es mir, die Strecke zwischen Croustelle und Lusignan zu beschreiben, wo wir die Nacht verbrachten. Der Händler hatte für mich einen Sattel zur Verfügung gestellt, ich bestieg mehr schlecht als recht ein Pferd, und ... Ich denke lieber nicht an diesen Tag. Ich erntete die Früchte der ganzen erzieherischen Unerbittlichkeit Meister Antoines und ertrug alle Launen meines Tieres. Wir langten zeitig vor der Vesper an unserem Bestimmungsort an und ich hatte nur noch einen Wunsch: meinen geschundenen Leib niederzulegen.

Aber Bruder François war auf diesem Ohr taub.

«Es kommt nicht in Frage, dass Sie dieses schöne Schloss nicht besuchen, so bewunderungswürdig und so alt, dass man sagen kann, es sei die schönste antike Befestigungsanlage, die edelste und älteste Auszeichnung für ganz Frankreich. Auch die Kapelle dürfen Sie nicht verpassen, ebenso wenig das Ballhaus und die Wohnung der berühmten Königin Melusine, ganz zu schweigen von den getäfelten Sälen, von wo aus man den Park und die Weideflächen überschauen kann. Ich kenne den Schlossverwalter seit der Zeit, als ich hier predigte, von ihm habe ich auch die Namen der Türme: hier der Uhrenturm und der Brunnenturm; dort der Poiteviner Turm; und der höchste, schönste und mächtigste ist der Melusinenturm.»

Dann holte er Atem und fuhr fort, als ob er zur Menge predigen würde.

«Und verpasst auf keinen Fall das Brustbild von Geoffroy à la Grand'-Dent in Form einer riesigen Statue, von dem ich euch später eine Menge Fabeln erzählen werde, die ich von alten Mägden hörte, die am Brunnen von Font-de-Cé ihre Wäsche wuschen, als ich als Wanderprediger hier vorbeikam.»

«Nur das Allerernsteste von allem also», warf Meister Antoine ein.

«Nicht mehr und nicht weniger ernsthaft als die Geschichten, die man sich in Maillezais erzählt, wo dieser arme Mann eingesperrt war. Dieses Land ist reich an Sagen, sammeln wir sie, und fragen wir nicht. Sie machen das Dasein bunter.»

«Genau das hat meine Mutter immer gesagt, sie hat ganze Hefte voll davon zu Papier gebracht.»

«Ihre Mutter hat sie aufgeschrieben?»

«Viele hat sie aufgeschrieben, ja.»

«Oh, Meister Antoine, dann muss ich sie kennen lernen, ich bin versessen auf diese Geschichten.»

«Mit Vergnügen, lieber Freund, Sie finden sie bestimmt an der Arbeit bei den Edelsteinschleifern an der Rue des Orfèvres oder bei ihr zu Hause gleich neben der Kirche Saint-Nicolas.»

«Wie dumm ich bin. Augereau! Natürlich! Diese Dame ist Ihre Mutter? Und Jeanne, ihre Schwester, ist Ihre Tante? Ich kenne sie! Es sind Meister Goupils Schwestern. Sie sind also ein Verwandter meines Freundes Tiraqueau, denn sie sind so etwas wie seine Kusinen.»

«Verwandter und Freund, wir kannten uns schon als Kinder.»

«Großartig! Weil ich Ihre Mutter Meisterin Françoise nenne, vergaß ich, dass Sie den gleichen Familiennamen tragen. Sie und ich sprachen erst vor kurzem über Heilkräuter.»

«Sie haben mehr Glück als ich. Ich habe sie seit Jahren nicht mehr gesehen. Aufgrund der Briefe, die sie mir schreibt, schätze ich, dass sie nach wie vor ganz lebendig und voller Tatendrang ist. Was die Sagen anbetrifft: Waren Sie in letzter Zeit in Saint-Maixent?»

«In letzter Zeit nicht, aber ich war oft dort in meinen zehn Jahren als Wanderprediger.»

«Oudin erzählte mir von einem alten zahnlosen Mönch, der ihm die allerschönsten Gedichte beigebracht hat und vorgab ...»

«... François Villon? Es war François Villon, mein lieber Augereau. Er hat es nicht an die große Glocke gehängt, denn – wenn er im Alter auch weise geworden ist –, ein ruhiges Leben hat er nicht geführt nach dem Tag, als er fand, es sei wohl besser, aus Paris zu verschwinden, wenn er dem Galgen entgehen wolle, bis zur Zeit, als seine Kräfte zu schwinden begannen.»

«Haben Sie mit ihm gesprochen?»

«Einmal. Kurz darauf starb er. Er hat mir die unwahrscheinlichsten Geschichten erzählt. Er soll eine Zeit lang in England, am Hof in London gewesen sein. Im Krieg ... Kurz, ich weiß noch heute nicht, was man von seinen Erzählungen glauben soll und was nicht. Laut in Zweifel gezogen habe ich selbstverständlich keine Einzige. Ob wahr oder nicht, schöne Geschichten sind es auf jeden Fall.»

Es war Meister Antoine anzusehen, dass er enttäuscht war. Es hätte ein Wunder geschehen müssen, aber er hatte tatsächlich gehofft, François Villon zu begegnen. Meister Rabelais tröstete ihn:

«Er war am Ende seiner Kräfte, müssen Sie wissen. Zum einen war er mindestens achtzig Jahre alt und, bei dem Leben, das er geführt hatte, verbraucht.»

«Er lehrte Oudin Gedichte, die ich nirgendwo aufgeschrieben gefunden habe.»

«Sie haben hoffentlich Aufzeichnungen gemacht?»

«Selbstverständlich. Ich habe vor, sie eines Tages zu drucken.»

Auf unseren Aufenthalt in Lusignan gehe ich nicht weiter ein. Die Stadt hielt alles, was uns Meister Rabelais versprochen hatte, aber ich war zu müde, um von den Türmen herab, die unser Wanderprediger für uns hatte öffnen lassen, die großartige Aussicht zu genießen.

Er redete uns die Ohren voll mit Geschichten von Königin Melusine, die anderswo auch die Fee Melusine genannt wurde, ein Fabelwesen, halb Frau, halb Schlange. Aber mir fielen die Augen zu, und meine Mutter sorgte schließlich lachend dafür, dass ich auf meinen Strohsack kam – ich hatte das Gefühl, an einer Gelenkversteifung erkrankt zu sein, so sehr schmerzte jede Bewegung.

In Saint-Maixent sahen wir uns im Kloster die Bank an, auf welcher Oudin vor fünfzehn langen Jahren die Gedichte gelernt hatte, die er seither allen vortrug, die sie hören wollten. Meister Antoine setzte sich an den Platz des verstorbenen François Villon und schloss für eine Weile die Augen.

«Hier gewesen zu sein wird mir vielleicht eine Hilfe sein, wenn ich seine Gedichte drucke.» Er sah uns an. «Nicht zu glauben, dass ich zu Zeiten meines Noviziats mehrmals an diesem Ort gewesen bin. Im Gegensatz zu dir, Oudin, fiel mir der sprachgewandte Alte aber nicht auf. Dennoch muss er hier gewesen sein.» Er schüttelte den Kopf. «Es stimmt schon, wenn man jung ist, ist man gedankenlos.»

Oudin lächelte auf den Stockzähnen.

«Ich vermute, Meister, er hätte mit Ihnen ebenso wenig schwatzen wollen wie Sie mit ihm. Auf mich wurde er aufmerksam, weil ich ein Gaukler war. Leute wie ich zogen ihn an. Er war ein wirklich böser Bube gewesen, vergessen Sie das nicht. Ich kann mich immer noch nicht daran gewöhnen, dass Sie ihm alle so viel Hochachtung entgegenbringen. Neulich kam Madame Marguerite, die Schwester des Königs, auf Besuch zu Monseigneur Briçonnet und Meister Lefèvre. Sie hatte einen ihrer Schreiber mitgebracht, einen gewissen Clément Marot. Er sprach davon, die Gedichte dieses alten Mönchs aufzuschreiben, als gehe es um die Reliquien der Heiligen Vorhaut, über die bei dieser Begegnung viel geredet wurde.»

Augenbrauen gingen hoch.

«Und warum war die Rede von der Heiligen Vorhaut?» fragte Meister Antoine.

«Weil Meister Rely, der als Erster die Heilige Schrift übersetzt hat, beim Evangelisten Lukas von sich aus eine Anmerkung zur Darstellung der Beschneidung Unseres HErrn Jesus-Christus in den Text eingefügt hat.» Oudin griff auf sein bemerkenswertes Gedächtnis zurück: «*Der Meister in Geschichte, die scholastisch genannt wird, sagt, der Engel habe die Vorhaut der Beschneidung von Jesus-Christus zu Karl dem Großen gebracht, sie sei bei der Beschneidung in Stücke geschnitten worden.* Meister Lefèvre sagt, das seien Ammenmärchen, ein Schwindel zum Trost jener Klöster, die behaupteten, ein Stück von Christi Vorhaut als Reliquie geerbt zu haben – ein Wunschtraum, sagt Meister Lefèvre. Er findet, diese Anmerkung gehöre nicht ins Evangelium.»

Dabei vergaßen wir für einen Augenblick Meister Villon, das Gespräch drehte sich wieder um die Reinheit der Heiligen Schrift, und wir verließen das Kloster.

Das alles hatte sich am Ende eines weiteren Tages zu Pferd zugetragen. Ich machte Fortschritte, doch ich war fast ebenso erschöpft wie am Tag zuvor. Ich ging deshalb früh schlafen.

Anderntags waren wir in Niort, wo wir nur übernachteten. Dann endlich machten wir uns auf den Weg nach Fontenay, wo sich Meister Antoine uns später wieder anschließen wollte. Irgendwo unterwegs bogen er und die beiden Benediktiner nach Maillezais ab. Unter einer Brücke lagen Boote bereit. Im Licht des späten Nachmittags hätte man glauben können, am Ufer eines Flusses zu sein, aber wir befanden uns in Wirklichkeit an den Poiteviner Sümpfen. Meine Mutter äußerte gewisse Befürchtungen beim Gedanken, Meister Antoine und die zwei Benediktiner allein reisen zu lassen, was diese zum Lachen brachte.

«Von hier aus kommt man zu Fuß nicht nach Maillezais. Wir nehmen ein Boot. Und die Schifferleute genießen den ehrenvollen Ruf, ihre Kunden zu beschützen und nicht niederzuschlagen.»

Bevor er uns verließ, überschüttete uns Meister Antoine mit Ratschlägen und Empfehlungen. Bruder François musste ihn regelrecht beruhigen, indem er ihn daran erinnerte, dass auch er sich in Fontenay ziemlich gut auskenne. Mich überhäufte er mit Angaben zu seiner Familie.

«Meine Mutter weiß, dass Ihr kommt. Und kein Wort über die Heirat, solange ich nicht von meinem Gelübde entbunden bin. Ihr seid zu Besuch gekommen. Das ist alles.»

Er, sonst so heiter und immer Herr der Lage, war an diesem Tag gereizt.

Schließlich ging er mit einem letzten Blick in unsere Richtung an Bord.

«Dieser Mann wäre ein großer Prediger geworden», sagte Bruder Rabelais, als wir wieder unterwegs waren. «Es ist sein Glück, Schüler bei den Benediktinern gewesen zu sein. Sie werden ihn gehen lassen. Besonders die von Maillezais. Die Franziskaner hätten ihn auf Wasser und Brot gesetzt, vor ein Kirchengericht gestellt, und möglicherweise hätte es für ihn böse geendet.»

«Für ein Gelübde, das man in einem Augenblick großen Kummers gemacht hat?»

«Auch dafür. Sie sind stur, was wollen Sie.»

Ich glaubte, eine Frage stellen zu können.

«Warum haben Sie sich selber für die Franziskaner entschieden?»

Er lachte unfroh.

«Es war nicht mein Entscheid, guter Freund. Ich war einer der Jüngeren der Familie und hatte keine Wahl. Als kleines Kind hat man mich zusammen mit Prinzen unterrichten lassen, doch später brachte mich mein Vater dort unter, wo es für ihn am bequemsten war. Später schickte man mich nach Fontenay, denn das dortige Kloster gilt in der Welt der Franziskaner viel. Aber sein Ruf ist übertrieben. Das Haus mag früher einmal außerordentlich gewesen sein, aber das ist vorbei. Heute gibt es dort Heerscharen ungebildeter Mönche.» Er suchte den Blick der anderen drei Franziskaner, aber sie waren zu weit weg, um zu hören, was er sagte. «Ich weiß nicht, ob Sie davon gehört haben, dass die Sorbonne vorhat, Martin Luther und alles, was als von ihm stammend angesehen wird, zu verbieten. Vor allem die griechischen Bücher – man fragt sich schon, warum.»

«Nein, das wusste ich nicht.»

«Es ist noch nicht so weit, aber es wird nicht mehr lange dauern. Dann werden meine Oberen mit beispiellosem Eifer unter Beweis stellen, wie dumm sie sind. Die Benediktiner sind anders. Ich hätte bereits einen Ordenswechsel beantragt, wenn ich bei den Franziskanern von Fontenay nicht einen Freund hätte, Bruder Pierre Lamy. Er ist ein Heiliger, er redet mir gut zu, die Auseinandersetzungen nicht zu beachten. Und er ist ein großer Gelehrter. In den letzten Jahren hat er dem Kloster von Puy-Saint-Martin einen Ruf verschafft, den es längst nicht mehr verdient. Besucher kommen seinetwegen. Aber abgesehen von ihm ...»

«... wären noch Sie.»

«Schmeicheln Sie mir nicht, junger Mann. Ich bin ein Schwätzer, sogar ein sehr begabter Schwätzer. Ich zögere nicht, die Sünde des Stolzes zu begehen, um Ihnen das zu sagen. Mit meiner Redegewandtheit gehe ich so lange auf dem Land predigen, als man mir es nicht verbietet. Das könnte durchaus geschehen.»

«Wie kommt es, dass Sie sich so gut mit Heilkräutern auskennen?»

«Ich habe sie studiert seit meiner frühesten Kindheit. Zuerst lernte ich von den Bäuerinnen und dann von den Kräutermönchen. Der menschliche Körper fasziniert mich. Der Gedanke lässt mich nicht los, gewisse Krankheiten könnten vermieden werden.» Er dämpfte seine Stimme. «Bruder Pierre und ich haben einen kostbaren Text des Hippokrates in die Finger bekommen, aus der Zeit, bevor er von den Bigotten falsch wiedergegeben worden ist. Ich kann ihn beinahe auswendig.» Sein Seufzer hätte ohne Weiteres die Hauben einer ganzen Schar Beginenschwestern fortwehen können. «Wenn man mich machen ließe, wäre ich Arzt.»

Für einen Augenblick sah er geradeaus vor sich hin, dann wechselte er das Thema:

«Aber Sie und Ihr gelehrter Meister, erzählen Sie mir ein wenig von sich.»

Ich konnte nicht so gut reden wie er. Mehr schlecht als recht schilderte ich meine Lehrzeit. Und als Oudin zu uns stieß, ergänzte er da und dort eine Einzelheit.

Schließlich sprachen sie unter sich über Meister Lefèvres Tugenden, bis Bruder François Oudin die Frage stellte, die dieser befürchtet hatte.

«Wie kommt es, dass Sie einen poiteviner Akzent haben?»

«Mhm ... ich habe die Gegend vor langer Zeit verlassen.»

«Sie kommen also von hier?»

Oudin warf ihm einen undurchschaubaren Blick zu.

«Ich bin ein Findelkind. Man weiß nicht so genau, woher ich stamme. Als ich noch jünger war, gab es Leute wie jene, die Sie daran hindern, griechische Texte zu lesen, die behaupteten, bei meiner Größe müsse ich ein Kind des Teufels sein. Mehr kann ich dazu nicht sagen.»

«Dann, lieber Oudin, erzählen Sie mir lieber eine Ihrer großartigen Geschichten.»

«Ich erzähle Ihnen die Geschichte von ... Nein, warten Sie, die kennen alle.»

Meister Rabelais (mir fällt es schwer, diesen Mann «Bruder François» zu nennen, denn er hatte schon damals sehr wenig von einem Kirchenmann) packte Oudin fest am Arm.

«Wenn ich sie schon kenne, sage ich Halt. Worum geht es?»

«Um die Grande Goule. Kennen Sie sie?»

«In Poitiers feiert man das Fest der Grande Goule, ist es das?»

«Genau das ist es. Ich habe die Geschichte von Jean Formond, dem Küster.»

«Ein wunderbarer Erzähler. Ich habe ihn einmal gehört. Nun?»

«Es geschah vor langer, langer Zeit im Kloster von Sainte-Croix, wo die Töchter der Heiligen Radegonde lebten. Eines schönen Tages schickt die Frau Äbtissin eine junge Nonne in den Keller, eine Flasche Messwein zu holen. Die junge Nonne geht hinunter. Inzwischen hat die Sonne schon einen weiten Weg am Himmel zurückgelegt, und noch immer ist die junge Nonne nicht zurückgekehrt. Die Frau Äbtissin heißt eine zweite junge Nonne, nach der ersten zu suchen. Die Zeit vergeht, ohne dass die Nonne zurückkommt. Das ganze Kloster gerät in Aufregung. Eine dritte Nonne entschlit sich, nachzusehen. Sie geht hinunter und pfft! Sie ist wie vom Erdboden verschluckt.»

Oudin machte eine Pause, um uns den Schrecken auskosten zu lassen. Niemand sagte ein Wort, worauf er, zufrieden über die erzielte Wirkung, fortfuhr:

«Die armen Frauen waren gelähmt vor Schreck, und niemand mehr wagte es, in den Keller zu gehen. Niemand außer einer alten Nonne mit viel gesundem Menschenverstand, die sich sagte, dass hier etwas nicht mit rechten Dingen zuging: die verschwundenen Schwestern waren jung und schön. Sie stieg also in die Kellerräume hinunter und fragte sich, was sie wohl sehen würde – und offen gestanden hat sie zunächst gar nichts gesehen, denn es war stockfinster. Doch nach kurzer Zeit sah sie von weitem ein Licht näher kommen, dann zwei, und plötzlich begriff sie, was es war:

die flammenden Augen eines gewaltigen Drachen mit Fledermausflügeln, grünen Schuppen und einem gebogenen Skorpionschwanz, der sein riesiges Maul aufsperrte und mit seiner Zunge um sich schlug.»

«Es war die Grand'Goule?»

«Es war die Grand'Goule. Die arme Alte war zunächst außer sich vor Entsetzen. Aber wie ich schon sagte, war sie eine Frau mit gesundem Menschenverstand. Ohne Zeit zu verlieren befahl sie ihre Seele dem HErrn, dann bekreuzigte sie sich fromm: im Namen des Vaters, des Sohnes und des Heiligen Geistes. Auf einmal stieß der Drache einen gewaltigen Schrei aus, ließ die Flügel fallen und machte sich davon.»

«Einfach so?»

«Kein Teufel vermag dem Kreuzeszeichen zu widerstehen, das wissen Sie besser als ich.»

«Woraus wir schließen, dass die jungen Nonnen nicht die gebotene Frömmigkeit bewiesen haben», bemerkte Meister François ironisch. «Es sei denn, der Drache habe sich durch die Berührung jungen weiblichen Fleisches plötzlich in einen liebenswürdigen Prinzen verwandelt. Die Natur ist voller Wunder. Der Drache ist also verschwunden?»

«Nicht so schnell. Die tapfere Nonne gab der Frau Äbtissin Bericht von ihrem Erfolg. Aber man wusste nicht, ob der Drache für immer verschwunden war oder ob er zurückkehren würde. In der ganzen Aufregung beschloss man, eine Novene zu beginnen. Gesagt, getan. Und am achten Tag, als der Hahn gerade den Morgen verkündete, ließ sich die Heilige Radegonde von den Klagen ihrer Töchter erweichen und bat Unseren HErrn so inständig, das Kloster zu erlösen, dass er sie erhörte. Ihr Gebet kam wie eine Gewehrkugel hoch vom Himmel geflogen, als hätte ein Musketier sie abgefeuert, und traf die Grand'Goule im Flug. Mausetot fiel der Drache auf die Erde.»

Wie üblich, wenn Oudin eine Geschichte erzählte, kamen auch jetzt die anderen Reisenden hinzu, und mit Ausnahme jener ganz vorne und am Schluss des Zuges hörten sie alle das Märchen.

«Mausetot?», sagte Meister Hugues voller Anerkennung nach einer kurzen Pause.

«Ja, mausetot. Jedenfalls ist es mir vom Küster von Notre-Dame-la-Petite so erzählt worden, und seine Schilderung erschien mir durchaus wahrheitsgetreu.»

Oudin hatte einen so feierlichen Ton angeschlagen, dass alle in großes Gelächter ausbrachen.

«Und warum zögerten Sie, uns dieses Märchen zu erzählen», fragte Bruder François scherzhaft.

«Sie wissen warum. Man weiß nicht, was dieser Drache mit den jungen Frauen gemacht hat. Vielleicht hat er sie mit Haut und Haaren gefressen, wodurch sie zu Märtyrerinnen geworden wären. Aber wenn er sich Ausschweifungen hingegeben hat?»

«Vielleicht waren sie Nonnen wider Willen. Bedauernswerte Töchter, deren Familien die Mitgift sparen wollten.»

«Möglich.»

«Ich finde es unangebracht, mit dem Kreuzeszeichen zu scherzen», brummte einer der Franziskaner.

Oudin sah zu mir hinüber und runzelte die Stirn, als wollte er sagen: «Ich hab's ja gesagt.»

Aber ein anderer Mönch machte eine beschwichtigende Geste in Richtung des ersten:

«Lassen Sie es gut sein, Bruder. Die Geschichte erzählt im Grunde den Sieg des Guten über das Böse, und wenn es in der Schilderung des Bösen etwas Anzügliches gibt – nun, dann gerade deshalb, weil es das Böse ist.»

Lange Zeit sagte niemand mehr etwas. Schließlich ergriff Oudin wieder das Wort, er schien ziemlich bewegt zu sein.

«In spätestens einer Stunde werden wir in Fontenay sein.»

Bald darauf gelangten wir an die Kreuzung, von wo aus wir verschiedene Wege gingen. Wir bogen nach rechts ab, um in die Vorstadt Des Loges zu gelangen, wo wir, wenn ich Meister Antoines Angaben glauben wollte, rasch zu den Augereaus kommen würden. Der Rest des Geleitzuges ging geradeaus weiter. Der Händler wollte zur Herberge von Fontarabie. Und die Mönche würden noch ein paar Minuten weitergehen bis zu ihrem Kloster.

«Gott segne Sie und Meisterin Augereau, und stellen Sie ihr meinen Besuch in Aussicht», sagte Meister Rabelais, als er sich verabschiedete.

So waren auch wir auf einmal ganz allein. Es war schon dunkel und als einzige Geräusche waren das Läuten einer Glocke und das Piepsen von Geflügel zu hören. Doch Oudins Anwesenheit gab uns Sicherheit. Wir ließen die Kirche Saint-Nicolas zu unserer Rechten zurück, während wir dort, zu unserer Linken, an der Ecke Rue des Loges, das Haus vor uns sahen.

Meine Mutter hatte plötzlich eine Anwandlung von Verlegenheit.

«Vielleicht hätten auch wir in die Herberge gehen sollen.»

«Aber nein, Mutter! Wir werden erwartet.»

«Aber wir wissen nicht, wie sie darüber denken.»

«Mutter, wenn sie Sie sehen, werden sie nicht anders können als Gutes zu denken.»

«Ich weiß nicht, ich ...»

«Wissen Sie was, Meisterin Garamond, ich mache es so, wie wenn ich mit Meister Lefèvre auf Reisen bin. Ich klopfe und melde Ihre Ankunft. Falls es Ärger gibt, trifft es mich, doch ich habe ziemlich breite Schultern. Ich glaube aber, dass Meister Antoines Mutter nicht ungehalten sein wird, wenn sie Sie sieht, aber wir wollen vorsichtig sein. Bleiben Sie zurück. Ich gehe jetzt.»

Ich hielt die Pferde (denn ich war auch weiterhin geritten und hatte sogar angefangen, es ganz ordentlich zu tun) und das Maultier am Zaum. Oudin ging zur Tür und klopfte an.

Eine Magd öffnete mit einer Kerze in der Hand.

«Würden Sie bitte Meisterin Augereau wissen lassen, ich komme mit einer Nachricht ihres Sohnes von Paris», sagte er mit seiner wohlklingendsten Stimme und mit einer wahrhaft wirkungsvollen Neigung des Kopfes.

«Ich schaue mal», brummte die Magd. Sie ließ Oudin auf der Schwelle stehen und schlug ihm die Tür vor der Nase zu. Aber es dauerte nicht lange. Die nämliche Tür wurde heftig wieder geöffnet und eine gebieterische Stimme sagte:

«Wo ist er?»

«Hier bin ich, Meisterin Augereau», sagte Oudin friedlich, und selbst wenn er nichts gesagt hätte, wäre er nicht zu verfehlen gewesen. «Ich habe Ihren Sohn heute Morgen verlassen, er ging nach Maillezais, aber Meisterin Garamond und ihr Sohn Claude sind hier und ...»

Für uns war Meisterin Augereau zunächst noch nicht mehr als ein vager Umriss im Schatten. Sie drehte sich um, griff nach der Kerze und hob sie hoch. Jetzt fiel Licht auf ein feines Gesicht mit gebieterischen Zügen und weißen Haaren.

«Wo ist sie? Wo ist die arme Frau, die mein verrückter Sohn durch das Königreich reisen lässt, nur damit ich sie sehe? Armes Geschöpf. Und diese dumme Gans lässt euch draußen stehen.»

Ich drängte meine Mutter (die sich hinter den Pferden zu verstecken versuchte) in Richtung Tür und folgte ihr auf dem Fuße mit den Zügeln in der Hand.

Meisterin Augereau wandte sich in die Richtung, aus der die Geräusche kamen, die wir machten, und eilte herbei. Oudin folgte ihr und nahm ihr behutsam die Kerze aus der Hand, die er nun ziemlich in die Höhe hielt, damit es genug Licht gab bei der Begegnung.

Die Beiden standen sich schweigend gegenüber, meine Mutter, weil sie vor Angst wie gelähmt war, Meister Antoines Mutter, weil sie die Frau ausgiebig musterte. Endlich aber lächelte sie, breitete die Arme aus und sagte:

«Herzlich willkommen, meine liebe Françoise.»

Sie schloss sie in die Arme. Worauf meine Mutter, die während der ganzen Reise keine zehn Sätze pro Tag gesprochen hatte, in Tränen ausbrach – aus Erleichterung, darauf hätte ich gewettet.

Meisterin Augereau tätschelte ihr den Rücken.

«Sie ist wirklich liebenswürdig», sagte sie herzlich zu Oudin. Dann sah sie mich an. «Und das ist Ihr Sohn, der Lehrling meines Antoine, denke ich.»

«Madame ...»

«Vorwärts, wir wollen nicht hier draußen bleiben, lasst uns hineingehen.»

«Ich kümmere mich um die Pferde und das Gepäck», sagte Oudin.

Meisterin Augereau ging mit uns zum Haus.

«Ich weiß nicht, ob wir ein Bett für Sie haben, mein Herr.»

«Nicht Herr. Oudin genügt, Meisterin Augereau. Vor diesem Problem stehe ich oft. Im Allgemeinen schlafe ich am Boden und fühle mich durchaus wohl dabei.»

Wir traten ein und gingen in den ersten Stock hinauf, wo sich in einer großen Küche die Magd am Kamin zu schaffen machte. Da war auch eine Frau, die stark Meisterin Françoise glich. Sie stellte sie uns vor:

«Meine jüngere Schwester, Jeanne.»

Das musste die Frau sein, die von ihrem Mann geschlagen worden war, von ihr hatte mir Meister Antoine erzählt.

Es roch gut nach Suppe und Braten.

«Ich wusste nicht, ob ihr gestern, heute oder morgen ankommen würdet, weshalb wir uns entschlossen, den Topf schon gestern aufzusetzen. Gehen Sie und legen Sie Ihre Sachen ab, Victorine zeigt Ihnen die Betten.»

Schon nach wenigen Minuten waren wir zurück. Auch Oudin war gekommen, und Meisterin Augereau ließ uns an einem reichlich mit köstlichen Speisen gedeckten Tisch Platz nehmen.

«Ein richtiges Fest machen wir, wenn mein Sohn kommt, vor allem, wenn er die gute Nachricht mitbringt, auf die wir alle hoffen, worüber wir aber nicht sprechen, solange sie nicht Tatsache ist. Ich werde auch meine übrigen Söhne für heute Abend nicht rufen lassen.»

«Haben Sie nur Söhne?»

«Eine Tochter habe ich noch, sie hat einen Goldschmied in Bordeaux geheiratet, zwei weitere sind jung gestorben. Und vier Söhne. Außer Antoine wäre da François, mein Jüngster, Jurist, dann Louis, Maurermeister und Steinhauer, und schließlich Charles, der Goldschmied. Aber genug geschwatzt jetzt, kommen Sie, setzen Sie sich.»

Wir setzten uns zu Tisch. Ich hatte das eigenartige Gefühl, an diesem Ort, den ich doch seit kaum einer Stunde kannte, zu Hause angekommen zu sein, und ich stellte fest, dass meine Mutter ihre Schüchternheit nach und nach verlor: Meisterin Augereau hatte dafür gesorgt, dass wir uns wohl fühlten.

## XV
## Wie Meister Antoine Augereau, verwitweter Bocard, in Fontenay-le-Comte Françoise Barbier, verwitwete Garamond, heiratet

nsere Gedanken drehten sich in diesen Tagen, was immer wir taten, nur um etwas: Wir erwarteten Meister Antoines Ankunft. Ich hatte die Augereau-Brüder kennen gelernt, sie erzählten mir von ihrer Arbeit und luden mich zu sich nach Hause ein, am anderen Ende der Rue des Loges, bei der Brücke; der Anwalt nahm mich mit ans Gericht und in sein Haus. Er wohnte an der Grand-Rue, innerhalb der Stadtmauern, wie die meisten Gelehrten. Auch er hatte in Maillezais studiert und anschließend in Poitiers. Ich war für die Augereaus so etwas wie ihr kleiner Bruder, da ich der Lehrling ihres Bruders gewesen war. Es war nicht zu übersehen, dass der Goldschmied und der Baumeister älter waren als Meister Antoine. Sie waren groß und kräftig wie er und wie ihre Onkel, die Baumeister, die wir ebenfalls kennen gelernt haben; der Jurist, der Jüngste, war ebenso groß wie seine Brüder, aber nicht von ihrer Statur. Indes hatten sie alle drei die grauen Augen, das Lächeln, das schwarze Haar (mit einigen weißen Fäden bei den Älteren) von Meister Antoine.

Für die Entdeckungsreisen in Fontenay war ich auf mich allein gestellt. Meine Mutter verließ das Haus fast nie. Seit wir in Fontenay angekommen waren, dachte Oudin überhaupt nicht mehr daran, Angst zu haben, er könnte erkannt werden, er verschwand mit einem: «Kümmert euch nicht um mich, ich komme wieder.»

Später hörte ich, er habe sich auf die Suche nach der Frau gemacht, die ihn gerettet hatte, und habe sie auch gefunden, er habe innert weniger

Tage die Hütte, in der sie kärglich lebte, instand gebracht und ausgestattet. Sie stellte ihn als ihren Neffen vor: Oudins Geste der Dankbarkeit erwies sich so als die beste Tarnung. Niemand erkannte in ihm den Flüchtigen von damals.

Ich erfuhr davon, weil mich die fragliche Frau (eine kleine Alte mit lachenden Augen und einer makellosen Frisur) in der Rue des Loges angehalten und gesagt hatte, falls ich Oudin brauche, genüge es, in jenem Laden, auf den sie mit dem Finger zeigte, nach «der Philippe» zu fragen.

Ich war auf dem Weg in die eigentliche Stadt hinauf, trödelte aber am Pont des Loges am Ufer der Vendée herum, beobachtete den Schiffsverkehr vom Meer her oder auf dem Weg dorthin.

Ich verabschiedete mich von Meister Hugues, unserem Händler, der mit seiner Karawane und seinen Männern weiter nach La Rochelle zog. Die zwei Straßenräuber waren in der Gruppe aufgegangen und niemand machte sich mehr Gedanken über ihre Herkunft. Einer von ihnen hatte nach ein paar Tagen begonnen, mit einer schönen Stimme verschiedene Volkslieder aus der Picardie zu singen, von wo, wie er uns sagte, seine Mutter stammte.

Aber die Zeit schien wie angehalten. Wir warteten auf Meister Antoine. Würden wir feiern? Würde es eine glückliche Rückkehr sein? Nach meinem Dafürhalten konnte ein aus einem großen Kummer heraus abgelegtes Gelübde einfach nicht für immer gelten. Die Augereaus sahen die Sache allerdings anders. Das wurde mir klar, als mir Meisterin Augereau am dritten oder vierten Tag nach dem Frühstück und bevor sie sich mit meiner Mutter zurückzog, ziemlich barsch sagte:

«Gehen Sie in die Kirche Notre-Dame und beten Sie für den Erfolg des Unternehmens. Ich habe den Heiligen Nikolaus bereits dermaßen in Anspruch genommen, dass er mich wohl nicht mehr anhören mag. Je länger es dauert, desto mehr sage ich mir, dass wir ein Eingreifen der Muttergottes brauchen.»

Sie war in das Geheimnis der geplanten Heirat eingeweiht, und damit nichts bekannt wurde, sprach sie nur verschleiert davon. Ihr ging es nicht anders als mir und zweifellos erst recht meiner Mutter: Eine einzige Stunde kam uns wie eine Ewigkeit vor. Ich versuchte, nach Bruder Rabelais' Beispiel guten Mutes zu bleiben. Er war von Meister Antoine ins Vertrauen gezogen worden und redete uns nun gut zu: in Maillezais sei man offener als anderswo.

«Der Bischof von Maillezais, Geoffroy d'Estissac, ist ein liebenswürdiger Bursche, ich habe eine Weile lang mit ihm zusammen studiert. Ich zweifle nicht daran, dass er versteht, in welchem Geist Meister Antoine damals sein Gelübde abgelegt hat, und dass dessen Gewissensbisse bei ihm einen günstigen Eindruck hinterlassen. Andere hätten ein Versprechen dieser Art heimlich gemacht und es im Falle aufkommender Heiratslust schnellstens wieder vergessen.»

Ich lief durch den Faubourg des Loges, eine lange Straße voller Händler verschiedenster Art und mit noch dichter gedrängten Aushängeschildern als in Poitiers (und das will etwas heißen). François, Meister Antoines Bruder, der Anwalt, erklärte mir, dies sei die Straße mit den meisten Geschäften von ganz Fontenay. Innerhalb der Stadtmauern befanden sich die Läden und der Markt. In erster Linie aber war in der Oberstadt das Feinhandwerk zu Hause, die Goldschmiede zum Beispiel. Auch die Augereau-Brüder hatten dort ihren Laden. Ich stellte übrigens rasch fest, dass es in Fontenay zwar eine beeindruckende Zahl von Gerbern – ihr Gewerbe war überall zu riechen –, aber nicht einen einzigen Drucker gab.

In der Kirche flehte ich zum HErrn, er möge die Wünsche meiner Mutter erfüllen. Im Halbdunkel dachte ich darüber nach, dass sie mit meinem Vater nicht sehr glücklich gewesen sein konnte. Sie hatte sich nie beklagt und war von einer wie mir schien unerschütterlichen Fröhlichkeit. Aber jetzt, da ich kein Kind mehr war, verstand ich, wie sehr sie an Meister Antoine hing; ich bezweifelte, dass sie jemals ähnliche Gefühle für meinen Vater gehabt hatte.

Als ich aus der Kirche trat, begegnete ich Bruder Rabelais. Begeistert rief ich:

«Was für ein glücklicher Zufall!»

«Sprechen Sie nicht von einem Zufall, mein lieber Freund.» Er zeigte mit dem Finger auf einen Punkt außerhalb der Stadtbefestigung. «Unser Kloster befindet sich unterhalb dieser Mauern, nur ein paar Schritte von hier. Haben Sie es schon gehört?»

«Was gehört?»

Er dämpfte seine Stimme und vertraute es mir an:

«Ihr Meister Antoine ist von seinem Gelübde entbunden worden. Die in Maillezais sind vernünftig, ich habe es Ihnen ja gesagt. Es war nicht einmal notwendig, Monseigneur d'Estissac um Hilfe zu bitten. Als sein Segenswunsch eintraf, war schon alles erledigt.» Und mit einer gewissen Bitterkeit fügte er hinzu: «Was für ein Glück für Meister Antoine, kein Franziskaner zu sein.»

Mir kam es vor, als sei dies die unmittelbare Antwort auf meine Gebete, und im Geiste bedankte ich mich beim HErrn. Er befreite mich von einer schweren Seelenlast, und es dauerte ein paar Augenblicke, bis ich wieder Worte fand.

«Aber ein Gelehrter ist er immer noch?»

Bruder François lachte.

«Natürlich. Das Wissen, das er sich während eines langen Studiums erworben hat, kann ihm niemand wegnehmen.»

«Wie haben Sie die Neuigkeit erfahren? Ist Meister Augereau bereits wieder in Fontenay?»

«Nein, noch nicht. Ich war gestern in Maillezais. Der Abt hat ihm vor seiner Rückkehr eine dreitägige Einkehr empfohlen. Gesehen habe ich ihn deshalb nicht. Aber alle Mönche sprachen davon, mit Wohlwollen, darf ich Ihnen sagen. Er wird nicht auf sich warten lassen. Einen oder zwei Tage höchstens. Es kann Hochzeit gehalten werden.»

Er verabschiedete sich mit den Worten:

«Vergessen Sie nicht, mich einzuladen. Ich bin ein fröhlicher Gast. Lassen Sie einfach beim Bruder Pförtner ausrichten, Meisterin Augereau verlange nach mir.»

«Verlassen Sie sich auf mich.»

Ich sagte meiner Mutter nichts. Es hätte ja sein können, dass sich Bruder François getäuscht hatte. Ich wartete lieber, bis Meister Antoine wieder da war. Tags darauf kam er, er ritt das Pferd, das ihm Meister Hugues aufgenötigt hatte:

«Wir haben es den Räubern weggenommen, Sie haben es ebenso verdient wie ein anderer. Behalten Sie es!»

«In Fontenay oder auf Reisen ist das kein Problem. Aber wohin soll ich mit ihm in Paris?»

«Bringen Sie es mir zurück. Ich habe einen Stall. Und da wir schon dabei sind, behalten Sie auch ein Pferd, um Meister Claudes Reitunterricht zu vervollständigen. Sie können es mir mit dem anderen bringen. In die Halle au Vin, man kennt mich dort.»

Ich war zu nichts zu gebrauchen und irrte ziellos herum. Dabei bemerkte ich, dass es außer den Gerbern in Fontenay auch eine stattliche Zahl von Tuchhändlern gab. Ich betrat eines dieser Geschäfte, einfach, weil es das größte war in der Rue des Loges. Mit den Gedanken anderswo begann ich auf eine Art und Weise Stoffe zu befühlen, die etwas Fachmännisches an sich gehabt haben musste, denn plötzlich stand der Händler neben mir.

«Kann ich Ihnen zeigen, was Sie brauchen, mein Herr?»

Ich spürte, wie mir das Blut ins Gesicht schoss.

«Verzeihen Sie, ich habe nicht vor, etwas zu kaufen. Es ist nur ... Als Kind habe ich im Laden meines Vaters gearbeitet, er war Tuchhändler, dem kann ich nicht widerstehen. Inzwischen bin ich Drucker.» Ich reichte ihm die Hand. «Claude Garamond, zu Ihren Diensten.»

«Garamond? Sie sind der Sohn von Meister Garamond im Haus ‹Zur Heiligen Anna› in Paris?»

«Ja doch. Kannten Sie meinen Vater?»

«Bei wem glauben Sie, soll er denn seine Stoffe gekauft haben? Er kam oft zu den Märkten, zu Johannis, zu Sankt Peter oder zu Saint-Venant im Oktober, dem Größten von allen. Ich verkaufte ihm Stoffe, die hier in der Gegend gewoben werden. Von anderen Händlern habe ich gehört, er sei einem schrecklichen Leiden erlegen. Mein Beileid.»

«Danke.»

«Da Sie nun Drucker sind, was ist aus Ihrem Tuchgeschäft geworden?»

«Mein Bruder hat es übernommen. Sie werden ihm bestimmt eines Tages begegnen.»

Ich ging und ließ ihn unbefriedigt zurück, er begriff nicht, was ich hier tat. Ich erkundigte mich bei meiner Mutter nach ihm, sie brauchte – mehr noch als ich – ein bisschen Ablenkung.

«Aber ja, dein Vater kam regelmäßig nach Fontenay. Erinnerst du dich nicht?»

«Ich erinnere mich daran, dass er verreiste, aber ich gestehe, dass es mich nie interessiert hat, wohin.»

«Für ihn war Fontenay einer der größten Handelsplätze für Stoffe in ganz Frankreich, es wird viel gewoben in der Gegend, und wenn Markt ist, kommen die Händler von überall her, selbst aus fernsten Ländern. Ich hatte ihn nie begleitet, es musste sich ja jemand um den Laden kümmern.»

Mit belanglosen Gesprächen dieser Art versuchten wir uns für kurze Zeit abzulenken, ansonsten spitzten wir alle die Ohren, ob ein Pferd herantrabte.

Gekommen ist Meister Antoine schließlich im Galopp, gleich am Tag darauf, kurz vor der Vesper – das ganze Haus hörte es.

Ich war in der Küche. Obwohl es mich danach verlangte, ging ich nicht an die Tür. Ich überließ dies meiner Mutter oder der seinigen. Die Magd sah mich wortlos an. Wir blieben, wo wir waren, und versuchten, aus dem Stimmengewirr heraus etwas zu verstehen. Endlich kamen sie. Meisterin Jeanne stützte meine Mutter, sie war in Tränen aufgelöst. Sollte sich Meister Rabelais doch getäuscht haben?

Doch dann sah ich Meister Antoines Augen und seufzte vor Erleichterung: meine Mutter weinte vor Rührung, nicht aus Kummer. Ich ging hin und umarmte sie der Reihe nach. Auch ich hatte Tränen in den Augen.

Dann kam Meisterin Augereau dazu, von allen Meisterin Françoise genannt, was die Sache nicht einfacher machte, weil auch meine Mutter Françoise heißt.

«Wir feiern meine künftige Schwiegertochter heute Abend», sagte sie lachend. «Claude, glauben Sie, dass Sie meinen Söhnen Bescheid sagen könnten, ihr Bruder sei gekommen?»

«Mit Vergnügen, Madame.» Ich griff nach meiner Kopfbedeckung und eilte davon.

Charles und Louis, im Allgemeinen eher zurückhaltend und unscheinbar, stießen Freudenschreie aus, die bestimmt über eine Wegstunde zu hören waren. Es sei ihnen nicht möglich, gleich zu kommen, doch ihre Mutter könne ohne Weiteres auf sie, ihre Gattinnen und Kinder zählen: sie würden in Kürze da sein.

François jedoch, der junge François, wie ihn seine Mutter immer nannte, verabschiedete in atemberaubender Geschwindigkeit einen Kunden, griff nach seinem Hut und zog mich mit:

«Ich muss sofort meine künftige Schwägerin umarmen. Ich bin sehr glücklich. Sehr, sehr glücklich.»

Ich musste laufen, um mit ihm Schritt halten zu können. Als er kurz darauf plötzlich stehen blieb, war ich so überrascht, dass ich ihn beinahe umgeworfen hätte. Mein verblüfftes Gesicht brachte ihn zum Lachen.

«Wissen Sie, in unserer Familie stehen wir uns alle sehr nahe. Antoine habe ich zwar seit Jahren nicht mehr gesehen, aber als ich noch klein war, kümmerte er sich sehr um mich. In Maillezais passte er auf mich auf und half mir beim Lernen. Aber ich bin nicht stehen geblieben, um Ihnen das zu erzählen, sondern weil mir auf einmal eingefallen ist, dass wir Meister Tiraqueau benachrichtigen müssen. Er ist ein Verwandter unserer Mutter und vor allem eng mit Antoine befreundet. Hoffentlich ist er nicht in Poitiers oder Paris, ich glaube jedenfalls, ihn gestern gesehen zu haben.»

Er hatte bereits den Türklopfer in der Hand.

Eine Magd öffnete.

«Ist Meister Tiraqueau hier?»

«Ich werde sehen, ob er Sie empfangen kann.»

Eine junge Frau lief herbei.

«Meister François, kommen Sie, kommen Sie!»

«Meine liebe Marie, ich hatte nicht die Absicht, hereinzukommen. Wie geht es Ihnen?»

«Sehr gut. Ich bin in Erwartung.»

«Schon?»

«Wieso schon? Ihr Patenkind ist vier Monate alt, nicht wahr. Bis dieses hier kommt, wird es schon mehr als ein Jahr alt sein. Kommen Sie herein, kommen Sie doch.»

François stellte uns vor, und sie verschwand so rasch, wie sie gekommen war.

Meister Tiraqueau erschien im gleichen Augenblick. Er war groß und mager, hatte etwas Feierliches an sich, aber nur solange er nicht lächelte. Dann entdeckte man die Heiterkeit in seinen Augen.

«Wie? Antoine in Fontenay! Von seinem Gelübde befreit! Kurz vor seiner Hochzeit! Da muss ich gleich mitkommen.»

Im Handumdrehen war er draußen, und wir mussten uns sputen, um ihm folgen zu können. Unterwegs unterzog er mich einem regelrechten

Verhör, man begriff schnell, dass man es mit einem Advokaten zu tun hatte.

«Wunderbar», stellte er dann fest. «Ich war schon immer der Auffassung, es sei falsch, für den Rest seines Lebens Witwer bleiben zu wollen, und dass Antoine wie gemacht war für die Ehe, ich kenne wenige Männer, die so väterlich sind wie er; er war für Sie bestimmt der perfekte Lehrmeister.» Er ließ mir keine Zeit, ihm zuzustimmen. «Ich bin selten jemandem begegnet, der so schnell Griechisch gelernt hat wie er. Was mir aber an ihm ganz besonders gefällt, ist die Weisheit des Handwerkers und die Vernunft des Gelehrten, die er in sich vereinigt. Das kommt selten vor. Wir gewöhnlichen Leute sind entweder das eine oder das andere. Er muss zu einer unserer Versammlungen kommen, solange er hier ist.»

«Zu einer Ihrer Versammlungen?»

«Bei schönem Wetter treffen wir uns in meiner Gartenlaube, und im Haus, wenn es unfreundlich ist. Wir diskutieren. Sie sind willkommen, junger Mann.»

Ich bedankte mich und sagte mir, in einer so glänzenden Gesellschaft würde man sehr schnell entdecken, dass ich, obwohl ich sein Lehrling gewesen war, nicht mit Meister Antoine gleichgesetzt werden konnte: Wie Meister Tiraqueau besaß ich nur die eine Art von Klugheit, und die meinige war nicht die des Gelehrten.

Der Abend verlief festlich, man hätte glauben können, es sei bereits die Hochzeit, doch die Feier war erst für den kommenden Sonntag geplant. Meister Tiraqueau schlug vor, die Eheschließung solle von Bruder Rabelais zelebriert werden, doch Mutter Augereau gebot Einhalt:

«Das kommt nicht in Frage. Der Pfarrer von Saint-Nicolas wird das machen, er hat schon Antoine und François getauft, damals war er noch ganz jung; seither ist er immer der Freund der Familie gewesen, wir werden ihm diese Kränkung nicht antun.»

Meister Antoine hob die Hand.

«Meister André sieht in Bruder François eine symbolische Wahl, Mutter, aber wie gut sein Einfall auch ist, ich möchte von niemand anderem getraut werden als von unserem Pfarrer. Mit einem anderen Geistlichen wäre ich nur einverstanden gewesen, wenn der Abt von Maillezais darauf bestanden hätte, selber die Hochzeit zu zelebrieren. Aber er hat es nicht getan.»

Als die Zeit zum Aufbruch gekommen war, stand Meister Antoine auf, um mit ihnen zu gehen.

«Der Brauch will es, dass sich die Eheleute an den drei Tagen vor der Hochzeit nicht sehen. Da Sie in Fontenay keine Familie haben, meine Liebste, bleiben Sie mit Ihrem Sohn hier, ich gehe anderswo hin. Aber bevor ich gehe, gestatten Sie mir, Ihnen dieses Paar Handschuhe zu schenken. Auch das ist hier der Brauch.»

Und er sang:

*«Sie werden sie, meine Schöne*
*Nur dreimal tragen im Jahr:*
*Erstmals zu Ostern,*
*Das zweite Mal zu Johannis,*
*Das dritte zu Ihrer Ho-o-ochzeit.*
*Und Sie, meine Liebste, müssen antworten:*
*Die meine und die Ihre*
*Werden sein zur gleichen Zeit.»*

Feierlich überreichte er ihr die weißen gehäkelten Handschuhe, dann verabschiedete er sich.

«Sie kommen zu mir, Antoine, eine Weigerung würde ich nicht annehmen», sagte Meister Tiraqueau. Die drei Brüder beteuerten, auch bei ihnen ... Aber Meister Tiraqueau trug schließlich den Sieg davon.

«Komm mich besuchen», rief mir Meister Antoine im Gehen zu.

Anderntags holte mich Meisterin Jeanne schon bei Sonnenaufgang aus den Federn, und ich verbrachte den Tag mit Botengängen dorthin und dahin, als Überbringer von Nachrichten und unterschiedlichsten Gegenständen. Mehrmals überlegte ich mir, was ich den Eheleuten wohl schenken könnte. Es war dann der Tuchhändler, bei dem ich im Laden gewesen war, der mich darauf brachte, was es sein sollte. Jetzt konnte ich ihm den Grund meiner Anwesenheit eröffnen, ich erklärte es ihm, und er schlug vor:

«Sie sollten Ihrer Mutter eine Poiteviner Kopfhaube schenken, umso mehr, als sie hier außer Ihnen keine Familie hat. Meist ist es die Brautmutter, die dieses Geschenk macht. Aber es kann gerade so gut auch der Sohn sein. Ich habe hier herrliche Spitzen aus Brügge, die sind dafür wie gemacht, und die Zeit bis Sonntag reicht, um die Haube zu nähen.»

Ich war einverstanden, dann zeigte er mir eine Zeichnung, die mir sehr gefiel. Er ging, *de ratille*, hätte Meister Antoine gesagt, um meine Mutter aus einiger Entfernung zu mustern, damit er sich ein Bild von ihrem Kopf machen konnte, dann stellte er ein kleines Meisterwerk her.

Als ich bei Meister Tiraqueau eintraf, ging es schon gegen Abend. Ich traf Meister Antoine in ein Gespräch mit dem Hausherrn und einem Arzt namens Jean Brisson vertieft.

Meister Antoine schnitzte beim Reden an einem Stück Holz, aber ich begriff nicht, was es werden sollte und wozu.

«Schau dir diese beiden Männer gut an, Claude», sagte er zu mir. «Sie tun für die Medizin und das Recht das, was Meister Lefèvre für die Heilige Schrift tut: mit ihren Kommentaren befreien sie sie von den Verkrustungen einer vergangenen Zeit. Sie richten diese Wissenschaften für die Neue Zeit her.»

«Und das bringt Ihnen keinen Ärger mit der Sorbonne ein?», fragte ich zaghaft.

Meister Tiraqueau warf die Arme in die Luft.

«Es könnte durchaus so weit kommen, aber solange wir uns nicht direkt in die Religion einmischen, wird es wohl nicht der Fall sein; wir müssen behutsam sein und schauen, wie wir die Dinge voranbringen.»

Die Diskussion ging weiter, öfter auf Lateinisch als auf Französisch. Zu schwierig für mich, um wirklich folgen zu können.

Bevor ich ging, fragte ich doch noch Meister Antoine, was er mit dem Stück Holz vorhabe, an dem er während des ganzen lebhaften Gesprächs weitergearbeitet hatte.

Er zeigte es her und ich stellte fest, dass es großartig geschnitzt war.

«Es ist noch einer der Bräuche aus der Gegend hier, weißt du. Der Bräutigam schenkt seiner Liebsten einen Spinnrocken. Ich weiß nicht, ob deine Mutter in Paris Wolle spinnt. Aber ob sie's tut oder nicht, dachte ich, ich mache es wie mein Vater, wie mein Großvater und sein Großvater vor ihm.» Er lächelte. «Siehst du, Claude, um sicheren Schrittes in die Neue Zeit aufbrechen zu können, muss man stark in der Tradition verwurzelt sein, sonst weht schon der erste Windstoß alles fort.»

«Meister Antoine hat uns gegenüber den Vorzug», bemerkte Meister Brisson, «mit seinen geschickten Händen den Spinnrocken selber schnitzen zu können. Wir mussten es von anderen machen lassen.»

Ich nahm noch an zwei weiteren solcher Treffen teil. Einmal waren Bruder Rabelais und ein weiterer Franziskaner namens Bruder Pierre Lamy dabei, jener Mann, um dessetwillen Bruder François zögerte, den Orden zu wechseln. Dieser Bruder Lamy war sehr groß und so mager, dass Bruder François im Vergleich richtig dick wirkte. Er hatte eine Gabe, die er mit Meister Antoine teilte: Er verstand es, sehr schwierige Dinge sehr einfach zu erklären. Meister Tiraqueau flüsterte mir ins Ohr, dieser Mann spreche Hebräisch, und in der Zelle, die er mit Bruder Rabelais teile, gebe es mehr Wissenschaft als in ganz Fontenay.

Endlich wurde es Sonntag.

Am Vortag hatte mich Meisterin Françoise Oudin holen geschickt. Schon am frühen Morgen kam er und begann, spielend leicht Möbel und sonstige schwere Gegenstände umzustellen; er kam und ging schwer beladen und dies alles mit einer Behendigkeit und einer Schnelligkeit, die mich bei einem so beleibten Mann wie ihm immer wieder erstaunten. Es war, als würde er sein beträchtliches Gewicht gar nicht wahrnehmen.

Es ist sonderbar für einen Sohn, an der Hochzeit seiner Mutter teilzunehmen. Ich weiß gar nicht, wie ich es erzählen soll.

Es war Brauch, dass die Gäste in einer Prozession zur Kirche gingen, aber hier waren es zur Kirche nur ein paar Schritte. Entsprechend kurz war die Prozession. Voraus ging ein Spieler mit seiner *Veze,* wie sie hier sagen, ich würde es Dudelsack nennen. Dann kam meine Mutter an meinem Arm, umgeben von Ehrendamen und Ehrenfräulein: Meisterin Jeanne, die Gattinnen der beiden verheirateten Augereau-Brüder und ihre Kinder; dann folgten die Gäste; und dann als letzter der Zukünftige in Begleitung seiner Mutter.

Die Kirche Saint-Nicolas war übervoll, einige Leute mussten sogar draußen bleiben.

Während der Messe segnete der Priester dreizehn Silberstücke. Oudin erklärte mir, drei davon behalte der Priester für sich, den Rest gebe er dem Bräutigam, der sie seinerseits seiner Gefährtin schenke. Außerdem segnete er einen Hochzeitskuchen, Charles Augereau hatte ihn gebracht; die Neuvermählten mussten ein Stück davon essen, wenn sie aus der Kirche kamen und den Rest verteilen. So war es hier Brauch.

Während die rituellen Worte plätscherten, gingen mir Bilder durch den Kopf. Meine Mutter, die für mich sang, als ich noch klein war. Meine erste Begegnung mit Meister Antoine, als ich noch nicht daran dachte, sein Lehrling, und schon gar nicht, Drucker zu werden. Sein Lächeln in Venedig, als wir den ersten von mir geschnittenen Buchstaben an einer Kerze schwärzten, um ihn dann auf ein Stück Papier zu drücken und seine Form zu prüfen, und sein «Bravo, Claude!», obwohl dessen Form noch höchst unvollkommen war. Sein Gesicht an dem Abend, als mein Vater seinen Wahnsinnsanfall hatte. Oder als er zum ersten Mal Luthers Thesen zu hören bekam. Oder... Oder... Augenblicke, die in meinem Kopf wie vom Sturmwind durcheinander gewirbelt und dann von einem Bild überlagert wurden, vom Gesicht meiner Mutter und dem Meister Antoines heute morgen, als sie die Kirche betraten. Schließlich hörte ich auf, etwas auseinander halten zu wollen, die Tränen trübten mir den Blick. Ich hätte gewollt, dass auch mein Bruder und meine Schwester hier wären. Ich hätte am liebsten auf der Stelle Guillemette geheiratet – kurz und gut, ich fand, ich führte mich nicht wie ein Mann auf, sondern wie ein kleiner Junge.

Glücklicherweise musste man beim Verlassen der Kirche wieder bei der Sache sein. Das Haus der Augereaus war nur ein paar Schritte entfernt, zwischen der Kirchen- und der Haustür drängte sich die Menge. Unsere Aufgabe war es, Süßigkeiten und Getränke auszugeben.

Später trafen wir uns, wir waren etwa dreißig in einem großen Saal. Das Mahl war üppig, dem Dudelsackbläser hatte sich ein Flötenspieler zugesellt, meine Mutter strahlte unter der Hochzeitshaube und Meister Antoine zeigte herrschaftliche Anwandlungen. Es war, als sei er plötzlich ein anderer Mensch geworden, ein Mensch, dem man eine schwere Last von den Schultern genommen hatte. Man hatte den Eindruck, er sei gewachsen.

Diese neuartige Leichtigkeit fiel ganz besonders auf, als er mit meiner Mutter, die, wie ich feststellte, sehr anmutig tanzte, den Ball zu einer Musik eröffnete, die Bruder Rabelais einen Doppelreigen nannte.

Der Mönch saß nicht weit von uns entfernt bei einem Mädchen, das er gut zu kennen schien und dem er, ich hätte schwören können, den Hof gemacht hätte, wenn er nicht Mönch gewesen wäre. Wild gestikulierend erzählte er dem Mädchen eine Geschichte, die ich nur bruchstückhaft verstand:

«Der Einäugige von Py-Chabot, die verfluchte Seele der Grand'Dent, hat die Tochter des Thibault-le-Machot geraubt, eines Alten, der im Krieg seinen rechten Arm verloren hat, was es ihm verunmöglicht, sich mit dem Degen für diese Beleidigung zu rächen. In seiner Verzweiflung fleht der unglückliche Vater den König um Hilfe an, der gerade in der Gegend ist, um die Engländer zu schlagen. Der König eilt unverzüglich herbei; doch der Einäugige findet mit seiner Beute Unterschlupf im Schloss von Fontenay, das alsbald und so erbarmungslos belagert wird, dass es Ritter Manchot an der Spitze von tausend guten, tüchtigen Gefährten am dritten Tag gelingt, in die Befestigung einzudringen. Schon erklingen Siegesrufe, schon gibt die Tür zum Burgfried unter dem Ansturm der Eroberer nach, als diese mit Erstaunen zusehen müssen, wie sich die Melusine rittlings auf einer *acouette*, einem Besenstiel, in die Lüfte erhebt, ihren schrecklichen Sohn Py-Chabot, dessen Gefangene, die siebenhundertneunundsiebzig Galgenvögel, die den Ort verteidigt haben, ebenso auf ihrem Hintern tragend wie ihren großen schwarzen Kater, der gerade damit beschäftigt ist, einen Spatz zu *ressounieren*, also zu verspeisen, der zu nahe an seine Krallen geraten ist. Die *acouette* überfliegt schnell wie Eloise Hänge, Wälder und Schluchten und lädt ihre Fracht auf der Anhöhe von Vouvent ab, wo sich Melusine beeilt, drei Schürzen voll Steine zusammenzuraffen, aus welchen sie weiter unten den großen Turm erbaut, *pr'y caller, sans bourder, tot le drigail qu'a trainait dare lé – um darin ohne einen Patzer die ganze Bagage unterzubringen, die sie mit sich schleppte.*

Kaum ist der Turm vollendet und die Tür zugesperrt, sieht man den König in gestrecktem Galopp herbeieilen. Diesmal besser auf den Feind eingestellt, mit dem er es zu tun hat, gibt er seiner Armee das Zeichen zum Anhalten. Gefolgt von einem einzelnen Mönch mit einem Weihwassergefäß, besprizt er den Turm mit so viel Weihwasser, dass er ebenso rasch einstürzt, wie er gebaut worden ist.»

Der Rest der Erzählung verlor sich im Stimmengewirr. Nur die Moral der Geschichte hörte ich noch:

«Die Legende», sagte Bruder François mit schulmeisterlicher Stimme, «erzählt uns nicht, ob die junge Schöne, Ursache für so viel Lärm und Kampf, in die glückliche Lage kam, sich aus den Händen ihres Entführers zu befreien; sie erzählt uns nur, dass sie tags darauf Gilles Mussaprès, den schönsten Burschen im ganzen Poitou, heiratete. Seit diesem Missgeschick hörte Melusine auf, an ihren früheren Aufenthaltsorten herumzuspuken, sodass Mervent, Vouvent und Lusignan, von ihrer Fee verlassen, eingestürzt und verschwunden sind.»

Ich fand, auch meine Mutter habe den schönsten Burschen aus dem ganzen Poitou geheiratet und dass ...

Hier wurden meine Überlegungen von einem der Brautmädchen unterbrochen, das mich am Ärmel zupfte:

«Kommen Sie tanzen, Sohn der Neuvermählten!»

Ich ließ mich mitschleppen, und es dauerte nicht lange, und auch ich wurde vom Wirbelsturm des Doppelreigens weggetragen.

## XVI
### Wie wir nach Paris zurückkommen, damit anfangen, die Neue Zeit in die Tat umzusetzen und ersten Schwierigkeiten begegnen

on unserer Rückreise nach Paris möchte ich nur eines sagen: dass ich das Vergnügen hatte zu sehen, wie glücklich meine Mutter und mein Lehrmeister waren. Bei dieser Gelegenheit verstand ich die Bedeutung des Wortes Glückseligkeit. Diese beiden Wesen hatten sich während Jahren in aller Stille geliebt, und jetzt, nachdem sie – mit hohen Auslagen, die lange Reise hatte große Löcher in unser aller Beutel gerissen – die Dinge öffentlich und amtlich hatten werden lassen und sie ihren Empfindungen offen ihren Lauf lassen konnten, ging eine außergewöhnliche Veränderung in ihnen vor. Ob dies für jedermann zu sehen war, weiß ich nicht. Aber für mich, der ich beide sehr gut kannte, war es nicht zu übersehen.

Es war, als ob sie leichter atmeten. Und die kupferroten Haare meiner Mutter waren noch röter, ihre tiefblauen Augen noch blauer. Meister Antoines Lächeln, das ihm schon immer besonderen Glanz verliehen hatte, weil er, eine ziemliche Seltenheit für einen Mann um die vierzig, noch über ein vollständiges Gebiss verfügte, war noch strahlender geworden, und mein Eindruck, er sei gewachsen, blieb bestehen.

Jetzt, da mich meine Mutter als Bürge ihrer Ehrenhaftigkeit nicht mehr brauchte, entfernte ich mich ein wenig von ihr und verbrachte die meiste Zeit unserer Rückreise in Diskussionen mit Oudin und dem einen oder anderen Mitreisenden. Wir hatten uns für den Rückweg einem anderen Zug angeschlossen. Er war in Fontenay von mehreren Händlern zusammengestellt worden: Stoffe, Häute, Lederwaren, Kleider und vieles mehr. Jeder dieser Händler ließ sich zum Schutz seiner Habe und seiner Person von ein oder zwei Männern begleiten, sodass wir von einer kleinen Armee behütet wurden, die auch in den als unsicher bekannten Gegenden so abschreckend gewirkt haben muss, dass wir ohne Zwischenfälle nach Paris zurückkehrten.

Die ganze Fuhre hatte in Poitiers Halt gemacht, wo wir eintrafen, als von allen Kirchtürmen gerade das Mittagsangelus läutete. Wir blieben bis am anderen Morgen früh, denn einige der Händler hatten hier Geschäfte zu erledigen. Wir nutzten die Gelegenheit, um den Werkstätten von Jacques Bouchet und Meister Jean Augereau einen Besuch abzustatten. Das Ehepaar wurde mit Glück- und sonstigen guten Wünschen bedacht. Doch es war keine freudige Zeit: man sagte uns, die Sorbonne sei im Begriff, Luthers Texte zu verbieten, und viele seiner Ideen stünden inzwischen unter dem Bann der Kirche.

«Das ist unmöglich», bemerkte Meister Antoine. «Wenn Luthers Ideen unter den Bann kommen, dann ist die gesamte Christenheit verbrecherisch, denn die Gläubigen empören sich zu Millionen über die Machenschaften der Kirche.»

Alle stimmten ihm zu. Von der Tragweite des Ereignisses wussten wir an jenem Tag noch nichts.

Dies umso weniger, als sich unser Leben wieder am heimischen Herd und in gewohnten Bahnen abspielte. Die Gespräche gingen weiter wie zuvor: Man verglich Luthers und Erasmus' Verdienste und zwar unverhüllt und ziemlich öffentlich. Meister Lefèvre bereitete, wie ich bereits erwähnte, den Druck der Heiligen Schrift auf Französisch vor.

Ich jedoch kehrte zu Meister de Colines zurück. Desgleichen Meister Antoine, wenn er nicht gerade Meister Bocard zur Hand ging.

Es war zu jener Zeit, als mir zum ersten Mal der Unterschied zwischen Meister Antoine und mir bewusst wurde, an dem es inzwischen nichts mehr zu zweifeln gibt. Ich bin Handwerker, er ist ein Gelehrter. Oft dachte ich daran zurück, was mir, noch bevor ich überhaupt meine Druckerlehre begonnen hatte, mein Gefährte Pierre Deau gesagt hatte. Wir waren nicht gebildet genug, um Drucker vom Rang eines Meister Estienne (Vater Henri ebenso wie Sohn Robert, der zusehends an Persönlichkeit gewann), eines Meister Badius oder eines Meister Augereau zu werden, um nur diese zu erwähnen.

Mit Meister Antoine sprach ich kurz nach unserer Rückkehr von Fontenay erstmals über dieses Thema. Ich beklagte mich über meine Unwissenheit.

«Übertreib nicht, Claude», rief der Meister aus. «Du bist kein Gelehrter, einverstanden. Aber schließlich sprichst und schreibst du fließend Lateinisch. Ich mache dich darauf aufmerksam, dass auch Meister Lefèvre kein Wort Griechisch spricht, was ihn nicht daran hindert, ein Gelehrter zu sein.»

«Ja, aber er versteht sich auf Mathematik, Astronomie, Medizin. Er hat mehrere Pfeile im Köcher.»

«Und du? Hast nicht vielleicht auch du einen weiteren Pfeil im Köcher? Du hast gelernt, Stempel zu schneiden.»

«Meine Stempel sind nichts im Vergleich zu den Ihren.»

«Erstens bin ich fünfzehn Jahre älter als du, ich hatte Zeit, sie zu verbessern, und du befindest dich erst am Anfang. Zweitens muss ich dir gestehen, dass ich nicht den Ehrgeiz habe, als guter Stempelschneider in die Geschichte einzugehen.»

«Aber trotzdem ...»

«Wenn man sich an mich erinnern sollte, dann möchte ich, dass man sagt, ich sei einer von denen gewesen, die begriffen haben, dass wir uns auf der Schwelle der Neuen Zeit befinden, dass alles anders wird und dass demzufolge Text, Grammatik, Typographie, Druck, Einband und Verkauf – dass alles anders werden wird. Ganz abgesehen von der Sprache. Ich prophezeie dir, wenn ganz Paris erst lesen und Griechisch können wird, spielt das keine so große Rolle mehr. Es ist die Volkssprache, die französische, die die Herren von der Sorbonne heute ‹das Vulgäre› nennen, die sich als würdig erweisen wird, unsere Gedanken und Empfindungen auszudrücken.»

Auf einmal hielt er inne, starrte gedankenverloren vor sich hin, dann brach er in Lachen aus.

«Bin ich ein Dummkopf! Die Wahrheit ist, niemand wird sich an mich und, entschuldige, dass ich es dir sage, an dich erinnern. Wir sind Handwerker und die Ehre eines Handwerkers besteht darin, dass seine Arbeit nicht auffällt, dass sie so gut und zurückhaltend ist, dass niemand darauf achtet und niemand vom Inhalt abgelenkt wird. Und das tun deine Druckbuchstaben heute. Du musst sie noch verbessern, aber du hast dafür das gewisse Etwas in den Händen. Du hattest schon nach einer Woche Lehrzeit begriffen, was es mit den Werkzeugen auf sich hat. Das ist längst nicht bei allen der Fall, glaub mir, derzeit habe ich einen Lehrling, von dem ich leider sagen muss, dass er, auch wenn er dein künftiger Schwager ist, nie mehr als ein mittelmäßiger Handwerker sein wird. Von dir habe ich so etwas nie gedacht, weshalb ich versucht habe, alles an dich weiterzugeben, was ich wusste. Denn mir war sehr rasch klar, dass ich dich in Sachen Druck und Schriftkunst zu meinem Erben machen konnte.»

Eine weitere lange Pause folgte.

«Schau, Claude, ein Mann wie ich kann denen, die nach ihm kommen, weder seine hervorragenden Griechischkenntnisse, die mir nur zu meiner persönlichen Befriedigung und zur Not als Broterwerb dienen mögen, noch meine theologischen Studien weitergeben, die in mir nie die Lust aufs Schreiben geweckt haben. Weitergeben kann er nur sein handwerkliches Wissen. Es ist, wie mein Vater immer sagte, sogar die heilige Pflicht des Handwerkers, an die Nachwelt weiterzugeben, was er gelernt hat. An uns liegt es dann, einen Schritt weiter zu gehen als unsere Vorfahren. Weißt du was?»

«Was?»

«Du solltest daran denken, etwas zu tun, woran bis jetzt noch niemand gedacht und was noch niemand in die Tat umgesetzt hat: du solltest dich auf eine bestimmte Richtung festlegen. Schriftschneider und -gießer sein, aber nicht Drucker, da du glaubst, dafür nicht gebildet genug zu sein. Du hast die Fähigkeit und die Fingerfertigkeit dazu, du bist jung, und du hast das Glück, in einer brodelnden Zeit zu leben.»

«Es gibt gute Gründe dafür, dass das bis jetzt niemand gemacht hat. Die Buchhändler heimsen den Honig des Druckerhandwerks ein. Vom Schriftschneiden und -gießen kann man nicht leben. Auch Ihnen ist das nie in den Sinn gekommen.»

«Weil ich zu einer Zeit geboren worden bin, als Bücher noch Seltenheitswert hatten. Jeder Drucker machte alles, es fehlte nur wenig, und er hätte auch das Papier selber hergestellt, du musst wissen, dass die Drucker bei einer Bestellung eigentlich noch heute die Lumpen zu liefern haben, die für die Papierherstellung notwendig sind. Das wird anders werden, davon bin ich überzeugt, aus dem einfachen Grund, weil man andere Verfahren zur Herstellung von Papier entwickeln muss. Es werden ständig mehr und mehr Bücher gedruckt. Daraus folgt, dass der Handwerker verschwinden wird, der hier und da eine Cicero und eine Augustea für den Hausgebrauch schneidet, sich aber in erster Linie damit beschäftigt, Texte aufzutreiben, sie in Ordnung zu bringen, zu drucken und zu verkaufen. Übrigens hat sich Robert Estienne neulich überlegt, bei dir Stempel für eine Cicero und eine Augustea zu bestellen.»

«Wieso bittet er nicht Meister Simon darum? Haben sie Streit?»

«Sagen wir, sie sind uneins. Simon hat mehr Respekt vor den Mächtigen und ist vorsichtiger als Robert. Außerdem hat sich Simon derzeit auf seine Kursivschrift festgelegt. Und wie du weißt, ist Robert gerade mit einem großen Wörterbuch und mit philologischen, theologischen und sonstigen wissenschaftlichen Arbeiten beschäftigt, da sein Bruder sich entschlossen hat, Medizin zu studieren; kurz, er ist sehr vielseitig beschäftigt, hat aber weder Zeit noch Lust, sich um seine Schriften zu kümmern, was nicht heißt, dass er nicht gerne neue und schöne hätte. Und was ist sein erster Gedanke? Ich frage Claude, der sehr schöne Schriften macht ...»

«Ich wette, dass er etwas anderes gesagt hat: Ich gehe zu Meister Antoine, der sehr schöne Druckbuchstaben macht, er soll mir eine Schrift in jeder Größe liefern.»

Meister Antoine lächelte verlegen.

«Es stimmt, du hast Recht, das hat er gesagt. Aber ich habe nicht die Absicht, einen Handel mit meinen Schriften aufzuziehen. Sie sind übrigens, wie deine auch, noch nicht mehr als ein Vorhaben. Ich habe anderes zu tun, mich interessieren neue Texte, neue ..., neue ..., ach was, viel zu vieles. Du bist vernünftiger. Ich sagte Robert, ich würde die besagte Schrift für ihn schneiden, um das Versprechen einzulösen, das ich ihm gegeben hatte, als er noch fast ein Kind war, aber nur dieses einzige Mal, später müsse er sich an einen anderen wenden. Und dann sagte er unwillkürlich: Ich werde mit Claude arbeiten.»

«Ich bin nur ein bescheidener Geselle.»

«Du wirst dich auf deine Meisterprüfung vorbereiten müssen. Und außerdem ist Robert immer noch bei Simon de Colines, auch er muss die Meisterprüfung machen. Bis es so weit ist, könntest du ein Alphabet vorbereiten. Es könnte deine Meisterarbeit werden. Was meinst du?»

Ich hatte sofort begriffen, dass die Tätigkeit des Schriftschneidens und -gießens für einen mittelmäßigen Lateiner wie mich Vorteile bot. Aber ich war nie so ungestüm gewesen wie mein Meister, und möglicherweise hat er meine Zurückhaltung als Zweifel gedeutet.

«Glaub mir, Claude, wir gehen wirklich neuen Zeiten entgegen. Bei Meister Bocard kümmere ich mich seit einiger Zeit um die Herausgabe der *Summa theologica moralis* von Antonin de Pierozzi. Er war Erzbischof, ist vor mehr als einem halben Jahrhundert gestorben und hat sein ganzes Leben lang für kirchliche Reformen gekämpft. Damals schon. Diese *Summa*, wahrhaftig ein Riesenwerk, ist eine Abhandlung über Moral, wie sie vor ihm noch niemand entwickelt hat. Und so viele Leute wollen sie lesen, dass sogar Meister Bocard schließlich in den Druck einwilligte, trotz seiner üblichen Zurückhaltung und Vorsicht. Er stellt es als juristische Abhandlung dar, aber er macht sich nichts vor. Er hat die Bedeutung des Textes erkannt, ohne dass ich auch nur ein Wort zu sagen brauchte. Er hat sogar bemerkt, dass dieser Antonin um 1450 in Florenz Dinge geschrieben hat, die ich in Paris erzähle, seit er mich kennt.»

«Ich glaube Ihnen, Meister. Alle reden von der Neuen Zeit. Meister Rabelais ist unermüdlich diesbezüglich. Ritter de Berquin spricht von nichts anderem. Ich sehe ja, dass wir große Veränderungen erleben. Ich frage mich bloß, ob sich die Beliebtheit des Buches verstärken und halten wird, sodass ein Schriftschneider gebraucht wird, der nichts anderes macht.»

Er lachte.

«Aber was redest du denn da? König Louis XI. mochte keine Druckereien, und unser Nicolas Janson, ein großer Künstler, ist in Venedig geblieben, wo er das Druckalphabet vollständig erneuert, sein großes Fachwissen aber nicht zu uns zurückgebracht hat. Das Ergebnis ist dir bekannt: Keine drei Jahrzehnte später sind wir nach Venedig gereist, um uns dieses Fachwissen bei dem zu verschaffen, der es besitzt, und es nach Frankreich zurückzubringen. Glaube mir, niemand wird das Buch aufhalten können. Eines Tages werden alle lesen lernen. Sogar die Frauen. Lange Zeit war man der Auffassung, diese Kunst sei zu schwierig für sie. Doch ob es meinem Freund André Tiraqueau gefällt oder nicht: man hat festgestellt, dass die Frauen ebenso schnell lernen wie jeder Knabe, wenn sie Buchstaben vor Augen haben. Für mich ist die Sache klar. Meine Mutter stammt aus einer hervorragenden Ärztefamilie und kann lesen, schreiben und sogar schriftlich Geschichten erzählen. Ihr Großvetter Tiraqueau, der oft bei ihr verkehrt, hat sich davon allerdings nicht beeindrucken lassen. Er zeichnet nach wie vor ein Bild der Frau als gänzlich ungebildetes und abhängiges Geschöpf, das auf den Schutz des Mannes angewiesen ist, ohne den sie – seiner Meinung nach – nicht existieren kann. Aber dank meiner Mutter, einer starken und gebildeten Frau, habe ich nie so gedacht, und ich schwöre dir, dass die Frauen eines Tages unsere eifrigsten Kunden sein werden. Und weil sie weniger in die Welt hinauskommen, haben sie umso mehr Zeit zu lesen.»

«Möglicherweise aber keine theologischen Abhandlungen.»

«Wir brauchen ja nicht nur solches zu drucken. Es ist Sache unserer Dichter, so zu schreiben, dass man sie versteht. Die Frauen werden lesen, weil alle lesen, das weiß ich.» Er machte eine Handbewegung. «Ich werde das nicht mehr erleben; die Entwicklung braucht Zeit. Wenn ich meinen eigenen Überlegungen glaube, bin ich übrigens bereits ein vorsintflutliches Wesen, einer, der noch alle Tätigkeiten unseres Handwerks gelernt hat und sich auf alle Arbeiten von A bis Z versteht. Ihr werdet diesen Beruf aufteilen. Geh, mach's. Du wirst in Paris einer der ersten, wenn nicht gar der Erste sein.»

«Ich habe gehört, Seine Majestät habe ihren Kurtisanen befohlen, Französisch zu sprechen.»

«Das habe ich auch gehört. Und das Beispiel von oben wird gerne befolgt. Kennst du Clément Marot?»

«Oudin sprach von ihm, aber ich kenne ihn nicht persönlich.»

«Er schreibt sehr hübsche Sachen, und ausschließlich auf Französisch. Wie François Villon, der bestimmt in Latein hätte dichten können, wenn er es gewollt hätte, aber ihm war das Französische und sogar das Poitevinische lieber – denn die Leute, für die er schrieb, waren – damals schon! – diejenigen, die nicht Lateinisch konnten. Zu einer Zeit, als in diesem Land noch kaum jemand von einer Druckerei reden gehört hatte.»

Ich lasse mich über dieses Gespräch deshalb aus, weil es vermutlich unser erstes dieser Art war, es folgten dann viele weitere, die allerdings während Jahren Theorie bleiben mussten. Mir fehlte die Zeit, um auf eigene Rechnung Stempel zu schneiden, ich arbeitete hart, aber für andere – das war so lange unvermeidlich, als ich nicht selber Meister war. Doch diese Gespräche haben mich auf die Idee gebracht, eine fette Cicero für den Druck jenes Buches zu schneiden, das ich der Zunft als meine Meisterarbeit vorlegen wollte.

Man muss allerdings in Betracht ziehen, dass ich sehr wenig Zeit hatte, mein Vorhaben auszuführen.

Denn wenn schon Simon de Colines ein arbeitsamer, ständig beschäftigter und äußerst tüchtiger Mann war, wenn sich François Estienne bereits näher für den Buchladen interessierte und wenn Charles nebst seinem Medizinstudium mit aller Sorgfalt die Druckfahnen wissenschaftlicher Bücher durchsah, was war dann von Robert zu sagen? Ein Wirbelwind, ein reißender Strom, ein Irrlicht, ein ... Ich weiß nicht, womit ich ihn vergleichen soll. Er wollte eine französische Bibel im Taschenformat herausbringen. Er hatte angefangen, ein lateinisch-französisches Wörterbuch zusammenzustellen. Er sah die Aufzeichnungen und Handskizzen durch, die sein Bruder Charles vom Unterricht mitbrachte, und war ständig auf der Suche nach medizinischen Abhandlungen für Studenten und Künstler. Er selber hatte juristische (die École de Décret lag gleich gegenüber) und theologische Studien hinter sich; dann trieb er den Druck kleiner Handbücher voran, und die Studenten rissen sich darum.

«Damit», erklärte mir eines Tages einer von ihnen, «kann ich gegen Ende eines Semesters zwischen zwei Vorlesungen nach Hause gehen und unter besten Voraussetzungen weiterarbeiten.»

Diese Handbücher waren bezüglich Typographie nicht immer mustergültig, aber Robert machte das nichts aus.

«Sie sind sauber, angenehm für das Auge und *nützlich*», sagte er entschieden. «Fangen wir also an und kümmern wir uns darum. Macht weiter mit dem Entwerfen neuer Schriften. Ich hoffe, sie stehen zur Verfügung, wenn ich endlich eine schöne französische Bibel im Taschenformat drucken kann.»

Man denke bloß nicht, wir hätten uns mit Büchern für Studenten zufrieden gegeben, nein. Wir fuhren fort, die gelehrten Abhandlungen zu veröffentlichen oder nachzudrucken, die hier im Haus von Anfang an hergestellt wurden.

Wir wären alle zufrieden gewesen: die Estiennes und Meister de Colines darüber, dass ihre Druckerei gedieh, Meister Antoine, weil er sich um Texte kümmern konnte, die ihn interessierten, und ich, weil ich in einer angenehmen und gelehrten Umgebung arbeiten und lernen konnte, die mich die harte Arbeit vergessen ließ, die wir zu leisten hatten, damit alles bestens klappte.

Aber es gab bald ein *Aber*.

Die Sorbonne.

Die Haltung der Theologischen Fakultät war zwiespältig. Ich selber erinnere mich, als Kind gehört zu haben, wie Priester das Druckerhandwerk priesen, weil es das Wort Gottes überallhin zu verbreiten erlaube. Zwanzig Jahre später war das nämliche Druckerhandwerk Gegenstand von Misstrauen. Vom Werkzeug der göttlichen Vorsehung hatte es sich zum Komplizen der Ketzer oder gar des Satans persönlich gewandelt. Allerdings waren nicht alle Gelehrten der Sorbonne stur. Es gab auch solche, die zu Recht im Buch ein Werkzeug des Wissens sahen, was eine Zeit lang eine gewisse Zurückhaltung bei Verurteilungen bewirkte. So waren zum Beispiel Luthers Thesen verboten worden, doch andere Schriften des Augustinermönchs wurden veröffentlicht. Ritter de Berquin hatte uns wissen lassen, er selber übersetze einige von ihnen. Er sagte auch, Madame d'Alençon, die Schwester des Königs, habe ebenfalls Übersetzungen in Auftrag gegeben. Einige Leute misstrauten zwar bereits dem großen Erasmus von Rotterdam, doch Simon de Colines hatte sich mühelos die Druckerlaubnis für eines seiner Werke verschaffen können.

Der Weg wurde immer schmaler, allerdings nicht auf einmal, es herrschte noch nicht dieses Klima ständiger Angst vor Verfolgung, das sich einige Jahre später einstellen sollte.

Es ist unmöglich, das ganze Elend aufzuzählen, das uns unsere Verfolger bescherten. Bruder Rabelais bezeichnete sie anlässlich eines ebenso hastigen wie geräuschvollen Besuches als Sorbonnokraten und Irrwische. Er hatte es noch immer nicht geschafft, den Orden zu wechseln, doch er versicherte mir flüsternd (es kam in der Tat vor, dass er auch einmal leise sprach), es werde nicht mehr lange dauern.

«Mein Bischof und Freund d'Estissac kümmert sich um die Angelegenheit. Ich habe alles in die Wege geleitet, jetzt brauche ich nur noch zu warten.»

Wirklichen Verdruss brachte uns der Druck zweier Werke ein, die mit der Verkündigung zu tun haben: Die Heilige Schrift in Sedez, von der ich schon sprach, in sechs oder sieben Bänden, ich weiß es nicht mehr genau, und die *Einführungskommentare zu den Vier Evangelien* von Meister Jacques Lefèvre.

Meister Lefèvre, ich erwähnte es, hielt sich in Meaux auf, das zu Monseigneur Briçonnets Bistum gehörte. Hier hatte er einen Gelehrtenkreis gegründet, der in Paris unter dem Namen «Kreis von Meaux» bekannt war.

Wie in der Zeit, als er noch in Saint-Germain lebte, wandte er sich für den Druck seiner Kommentare an uns. Aber der Weg von der Rue Saint-Jean-de-Beauvais zum Kloster von Saint-Germain, der für meine Lehrlingsbeine in einer Stunde zu machen gewesen war, und der Weg nach Meaux und zurück waren zwei Paar Stiefel. Meister Lefèvre war alt geworden, das Reisen sagte ihm nicht mehr so zu wie einst, als er in der ganzen Welt herumgekommen war.

Es gab lebhafte Diskussionen. Wie sollten wir es machen? Meister Simon wollte nicht auf die Ehre verzichten, die man ihm erwies, denn als solche verstand er Meister Lefèvres Entschluss. Außerdem war uns allen bekannt, dass es in Meaux keinen Drucker gab. Nach Tagen des Hoffens und Werweißens stellte mich Meister Simon am Familientisch zur Rede:

«Claude, was würden Sie von einem kurzen Aufenthalt in Meaux halten?»

«In Meaux?»

«Alles in allem scheint dies der geeignetste Ort zu sein, um Meister Lefèvres *Kommentare* zu drucken. Robert oder Meister Antoine würden Sie von Zeit zu Zeit besuchen, falls Sie dies wünschen. Doch ich denke, Sie sind bestens dazu in der Lage, die Arbeit zusammen mit Meister Lefèvre und den Gelehrten in seiner Umgebung zu bewältigen. Was Ihnen fehlt, ist eine Presse.»

«Aber natürlich. Wie wollen Sie das in die Wege leiten?»

«Sie reisen mit Placide und Jacques, diesen zwei tüchtigen Handwerkern, erfahren in allen Bereichen. Die Presse nehmt Ihr mit, das ist wirklich kein Ding der Unmöglichkeit, und die Sache ist erledigt.»

Bis jetzt hatte ich noch nie ein Buch in eigener Verantwortung gedruckt.

«Aber mein Latein ...»

Der ganze Tisch gluckste. Bei den Estiennes war immer Lateinisch gesprochen worden, die Mägde verstanden es genauso gut wie wir; diese lasen und schrieben sogar auf Lateinisch, denn weder Meister Estienne noch Meister Simon nach ihm hatten diesbezüglich mit sich reden lassen. Wenn sie zum Haushalt gehören wollten, mussten sie bereit sein, mit dem ABC anzufangen. Übrigens war Meisterin Guyone, Ehefrau eines und Mutter mehrerer Drucker, selber eine echte Gelehrte. Ihr Latein war mustergültig. Auch wenn meines nicht so fehlerfrei war wie ihres, war das Lateinische in all den Jahren in diesem Haus für mich doch eine lebendige

Sprache geworden. Aber das Latein, dem Meister Lefèvre huldigte, war etwas ganz anderes. So gut war ich nicht.

«Man verlangt nicht von dir, die *Kommentare* zu schreiben», sagte Robert spöttisch, «du sollst sie nur drucken. Und wenn es wirklich Probleme geben sollte, werden Meister Antoine oder ich dir zu Hilfe kommen. Eine Nachricht genügt.»

«Ich werde sogar ohne Benachrichtigung kommen, zumindest einmal», fügte Meister Antoine hinzu. «Mach eine Liste von Fragen, dann kannst du sie mir stellen, aber einstweilen möchte ich wirklich hier bleiben, wir müssen das *Epitome* fertig drucken, das Meister Lefèvre zusammen mit Josse Clichtove geschrieben hat. Ich habe mir viel Mühe gegeben, die Arithmetik zu verstehen, die sie erläutern, weshalb ich die Sache nicht jemand anderem überlassen möchte.»

«Was Robert betrifft, schafft es niemand, ihn von seiner Sedez-Bibel wegzulocken», bemerkte Meister Simon ironisch.

«Nur wenn Meister Lefèvre mich miserabel findet.»

Es gab ein paar Handbewegungen und Schulterzucken, aber niemand sagte mehr etwas zum Thema. Es sah so aus, als vertrauten sie meinen Fähigkeiten mehr als ich selbst. Ich gestehe übrigens, dass mir die Aussicht auf diese Reise keineswegs missfiel. Der Winter ging zu Ende, die Straßen wurden langsam wieder begehbar, außerdem war Meaux auf dem Wasserweg ganz leicht zu erreichen; meine zwei Gefährten und ich brachen also eines Morgens bei Sonnenaufgang auf, die Seine aufwärts bis nach Charenton, dann auf der Marne bis Meaux, hinter einem Wagen her mit der Presse, einem Schriftsatz und sonstigen Dingen, die für das Drucken unerlässlich waren, außerdem brachten wir auch einige Ries Papier mit.

Wir wurden von Oudin empfangen, der spielend mit unseren Sachen hantierte; Placide, den man immer für einen kräftigen Mann gehalten hatte, machte große Augen. Im unteren Raum, den man für uns vorbereitet hatte, sagte Oudin zu meinen zwei Gefährten:

«Ich erwarte Ihre Befehle. Sagen Sie mir, was zu tun ist.»

Placide setzte sich und begann mit spöttischer Stimme zu erklären, wie die Presse aufgebaut wird. Mit einer Behendigkeit, die niemand bei diesem Riesen vermutete, führte er die Anweisungen in kurzer Zeit aus, und als er damit fertig war, bemerkte er:

«Nun gut, man ist nie zu alt, um etwas zu lernen.»

Wie man eine Presse einrichtete, das würde er wohl bis ans Ende seiner Tage nicht mehr vergessen.

Was soll ich über die Monate in Meaux berichten? Die Bischofsstadt glich einem summenden Bienenstock von Gelehrten aller Art, die mich umflatterten, glücklich, einen Drucker in Reichweite zu haben. Viele dieser Prälaten hatten noch nie einen Drucker bei der Arbeit gesehen, die ersten Tage kamen wir nur schleppend voran, denn wir wurden ständig mit Fragen bestürmt.

Schließlich warf Meister Lefèvre die Neugierigen hinaus, und wir konnten uns endlich ganz unserer Arbeit widmen. Ich kann es nur wiederholen: Ich habe und ich hatte nie eine besondere Begabung für die Theologie. Dennoch verstand ich rasch, dass es Meister Lefèvre wieder einmal darauf ankommen ließ: *Das Wort Gottes genügt*, schrieb er. *Es ist klar genug, damit wir das Ewige Leben kennen lernen. Es ist die einzige Regel und Maßgabe für das Ewige Leben.* Und er schloss mit dem Hinweis, es sei notwendig, es jedermann zugänglich zu machen. *Die Heilige Schrift muss in einer Sprache verfasst sein, die gehört wird, damit auch einfache Geistliche ohne große Kenntnisse in klassischen Sprachen mehr davon verstehen, als wenn sie sie auf Lateinisch lesen würden.*

Auch wenn ich von diesen lebhaften Diskussionen um mich herum nicht alles verstand, dann immerhin so viel, dass man Martin Luther in Meaux viel Wohlwollen entgegenbrachte.

Natürlich gab es immer Ängstliche, die sagten, Monseigneur Briçonnet täte gut daran, etwas vorsichtiger zu sein, die Sorbonne habe bereits hundertvier von Luthers Thesen verboten, und man könne darauf wetten, dass es den anderen auch so ergehen werde.

Aber mehr als einer der sich regelmäßig treffenden Gelehrten war anderer Ansicht.

«Es ist nicht zu bestreiten, dass es in Luthers Schriften einige Irrtümer gibt. Aber was er gut gesagt hat, hat niemand besser gesagt», bemerkte zum Beispiel Meister Martial Masurier, ein begnadeter, mitreißender Prediger. Nach kurzem Schweigen fuhr er fort: «Es stimmt, was er schlecht gesagt hat, hat niemand noch schlechter gesagt.»

«Er ist ein heiliger Mann», fügte ein anderer der Gelehrten hinzu, die im Bistum verkehrten. «Er hat Fehler begangen, ohne Frage, aber wer selber ohne Fehler ist, werfe den ersten Stein. Auch der Heilige Augustin und der Heilige Hieronymus haben sich manchmal geirrt.»

Meister Lefèvre hörte sich das an und seufzte.

«Es macht den Anschein, ich sei für gewisse Leute der französische Antichrist, wie Luther in Deutschland und Erasmus in Holland», sagte er mit einer für ihn ungewohnten Bitterkeit zu Meister Antoine, als dieser wie versprochen auf Besuch gekommen war. «Ich glaube, dass uns das, was jetzt geschieht, nirgendwohin führt – schlimmer noch, es könnte uns auf den Scheiterhaufen bringen.»

Meister Antoine (er, ausgerechnet er!), Optimist von Natur aus, protestierte.

«Ganz Paris, ganz Frankreich ruft nach einer reinen und schönen Kirche.»

«Wir befinden uns auf einer anderen Ebene, mein lieber Augereau», betonte Meister Lefèvre. «Wir wollen nur für möglichst wahrheitsgetreue Texte kämpfen. Wir kämpfen gegen die Unwissenheit, nur gegen diese. Doch wir haben es mit Leuten zu tun, für die die Unwissenheit, gegen die wir kämpfen, der rechte Glaube ist, und die Vollkommenheit, die wir anstreben, Ketzerei. Stünde Monseigneur Briçonnet nicht unter dem

Schutz der bemerkenswerten Schwester seiner Majestät, weiß ich nicht recht, was aus uns geworden wäre. Und machen Sie sich nichts vor: Wenn wir nicht in seine Politik passen, wird der König nicht zögern, die Rücksicht auf seine Schwester aufzugeben und uns zu opfern. Farel, mein lieber Guillaume Farel, ist so sehr davon überzeugt, dass er uns verlassen hat. Er ging dorthin, wo seiner Meinung nach das Evangelium bereits in seiner ganzen Reinheit verkündet wird.»

«Ganz zu schweigen von der Tatsache, dass seine Majestät zur Zeit nicht in Paris weilt, und dass die Sorbonne rasch zu handeln versteht, wenn der König abwesend ist.»

In den Trinkstuben von Meaux, die ich gelegentlich mit Oudin aufsuchte, der nur des Klatsches wegen hinging («Sehr nützlich, mein lieber Claude. Das Volk hat gewissermaßen immer ein Ohr am Boden. Es hört die Gerüchte von weitem.»), wurden die religiösen Ereignisse ausgiebig besprochen, vor allem im Viertel am Markt, wo die Handwerker zu Hause waren, die unter den erdrückenden Abgaben und Verboten der Kirche litten und gegen Reformen nichts einzuwenden gehabt hätten. Sie wussten, dass das Bistum ihnen zugetan war. Da konnten die Franziskaner der Stadt so lange vor Ketzerei warnen und mit irdischem und ewigem Feuer drohen, wie sie wollten, (noch) lachte man darüber.

Oudin hatte einen Kehrreim gesungen, den man gerne in den Werkstätten summte.

*«Hören Sie auf, die Wahrheit zu predigen,*
*Meister Jacques (oder Meister Michel,*
*oder Meister Guillaume)*
*Im Evangelium lauern*
*Zu viele große Gefahren*
*Dass man dich holt*
*Hinein in die Conciergerie*
*Tralla, tralla, trallala,*

*Zu viele große Gefahren
Hinein in die Conciergerie.*»

Wir beendeten die Arbeit besonders sorgfältig, weil Meister Lefèvre für uns weit mehr war als ein Kunde: Seit zwanzig Jahren gab er seine Texte in die Rue Saint-Jean-de-Beauvais zum Druck, und seit mehr als zehn Jahren kümmerte sich Meister Antoine darum – Meister Lefèvre war ein Freund geworden.

Zu hören, wie pessimistisch er war, machte allen Angst. Aber Pessimismus hin oder her, zu allem entschlossen war er trotzdem. Als – Anfang Juni – die *Kommentare* fertig waren, machte er sich an die Evangelien. Dass er sie übersetzte, wurde von der Fakultät zum Voraus gegeißelt, aber klein beigeben würde er nicht.

«Gottes Wort darf nicht nur einigen wenigen zur Verfügung stehen, alle müssen es hören können – und lesen, wenn sie es können.»

Das Bistum nutzte unsere Anwesenheit, um einige Schriften und Plakate drucken zu lassen; aber länger bleiben konnten wir nicht. Meister de Colines brauchte seine Presse.

Wir brachten die gedruckten Seiten zu einem Buchbinder (die Auflage blieb, abgesehen von den Belegexemplaren, die wir von jedem Buch für uns behalten, in Meaux), dann kehrten wir nach Paris zurück.

## XVII
### Wie sich die ersten Schwierigkeiten in Kummer verwandeln und wie mir meine Meister raten, den Arbeitgeber zu wechseln

ann war es so weit. Kaum lagen die *Einführungskommentare zu den Vier Evangelien* im Buchladen, erschien zwecks Beschlagnahmung der Bücher eine Hilfskraft der Universität, ein gewisser Meister Animus, den die zwei Lehrlinge unverzüglich in Asinus umtauften, begleitet von zwei Vollzugsbeamten. Meister de Colines wurde angeklagt, das Werk herausgegeben zu haben, ohne es vorgängig der Fakultät zur Genehmigung vorgelegt zu haben.

«Dieser sehr schwerwiegende Irrtum ist strafbar, das Parlament könnte die Schlieung dieser Offizin verfügen.»

Wir waren alle im Laden. Stumm standen wir vor dieser anmaßenden Person – jeder von uns überlegte, was man antworten konnte –, da öffnete sich die Tür zur Straße mit einem fröhlichen Bimmeln, und ein junger Mann trat ein. Etwas erstaunt blickte er jeden von uns nacheinander an:

«Was geschieht hier?»

Wir kannten ihn nicht, doch der aufgeblasene Meister Asinus hielt ihn für einen von uns und wiederholte seine Anschuldigungen. Der Unbekannte hörte schweigend zu, dann sagte er zu der ganzen Runde:

«An welchem Tag war Ihr Buch fertig gedruckt?»

Meister Simon schaute in meine Richtung.

«Am 6. Juni», sagte ich.

«Wir verkaufen es nicht», ergänzte François Estienne. «Die gesamte Auflage ist im Bistum Meaux geblieben.»

«Und wie soll man Ihnen am 6. Juni im Sinne einer Anordnung vom 13. Juni ein Buch zur Genehmigung vorgelegt haben?»

«Vom 18. März, mein Herr.»

«Am 18. März war Ihre Anordnung noch unklar. Sie musste neu und genauer verfasst werden, und selbst die vom 13. Juni enthält noch Punkte, die der Klärung bedürfen. Ich weiß das, weil ich vom Palais komme, diese Verfügung ist noch nicht allgemein bekannt. Etwas Geduld, zum Teufel! Gehen Sie, mein Herr, ich versichere Ihnen, Meister de Colines wird alles daran setzen, die Anweisungen der Behörden zu befolgen. Aber verlangen Sie nichts Unmögliches von ihm. Er ist nicht allwissend.»

Überwältigt von der gebieterischen Stimme seines Gegenübers machte Meister Asinus einen Schritt Richtung Ausgang. Unser Unbekannter verlor keine Zeit: Er machte die Tür weit auf und verbeugte sich mit übertriebener Höflichkeit. Er hatte etwas so Obrigkeitliches an sich, dass Meister Asinus wortlos ging, gefolgt von den zwei Vollzugsbeamten, die ihre Heiterkeit nur schwer zu verbergen vermochten.

Als die Türe wieder zu war, sahen wir uns zunächst alle wortlos an.

Dann verbeugte sich der junge Mann noch einmal.

«Ich kam gerade zur rechten Zeit, wie es scheint. Da ich lange Schreiber im Palais war, kenne ich mich ein bisschen aus in Rechtsangelegenheiten. Und per Zufall begegnete ich einem Freund, der von diesem Dekret vom 13. Juni sprach.»

Er prustete los. Und plötzlich lachten alle, was die Stimmung etwas entspannte.

«Wer von Ihnen ist Meister Simon de Colines?»

«Ich.»

«Meine Herrin, die Herzogin von Alençon, schickt mich. Mein Name ist Clément Marot.»

Alle verbeugten sich.

«Was können wir für Sie tun, mein Herr?»

«Morgen reise ich mit dem Herzog von Alençon ins Hainaut, wo es um unsere Geschäfte offenbar nicht zum Besten bestellt ist. Außerdem hört man, Mailand sei in Aufruhr, weshalb wir später vielleicht dorthin gehen werden. Derweil hat Monseigneur Briçonnet an Madame Marguerite geschrieben, um sie auf Meister Jacques Lefèvres' neues Werk aufmerksam zu machen, worauf sie mich gebeten hat, ihr noch vor meiner Abreise ein Exemplar der *Einführungskommentare zu den Vier Evangelien* zu besorgen.»

Er zog eine Börse aus seiner Manteltasche und legte sie auf den Ladentisch.

«Von meiner Herrin, die Ihnen ausrichten lässt, sie bewundere Ihre Arbeit, meine Herren.»

Alle verneigten sich vor Meister Marot als Zeichen der Ehrerbietung gegenüber der Herzogin. Auch von einem Dritten überbracht, war die Anerkennung seitens der Schwester Seiner Majestät für uns eine große Ehre. Die Exemplare, die wir von Meaux mitgebracht hatten, waren nicht für den Verkauf bestimmt. Aber das konnte man dem Abgesandten der Herzogin d'Alençon nicht zur Antwort geben.

Während das Buch eingepackt wurde, begutachtete ich denjenigen, den Meister Antoine (der nicht anwesend war) als den Poeten der Neuen Zeit bezeichnete – er verglich ihn sogar mit François Villon, das sagte alles.

Clément Marot musste etwa in meinem Alter sein. Er hatte ein ebenmäßiges Gesicht, trug den Bart kurz geschnitten; die Nase war etwas breit, das Haar schwarz gelockt. Er hatte das sichere Auftreten desjenigen, der im Dienste eines Adelshauses steht. Aber ohne die geringste Schleimigkeit. Er strahlte Schalk und Leichtigkeit aus, und zwar nicht nur vorübergehend, sodass die Leute, die ihm begegnen, heute noch den Eindruck haben, «es mangle ihm an Ernsthaftigkeit», während er doch Klassiker übersetzt, seine Bücher bei jeder Auflage reißenden Absatz finden und er von Gelehrten ebenso wie von Herren und Damen bei Hofe – Seine Majestäten eingeschlossen – mit Lob überhäuft wird.

Seine Geistesgegenwart und seine Redegewandtheit waren ihm oft nützlich. Er beurteilt eine Lage mit einem Blick. Dies hat ihn am Tag, nachdem die Plakate gegen die Messe aufgetaucht waren, zur Flucht veranlasst, denn er wusste, dass er seit langem von der Sorbonne verdächtigt wurde – wobei bekanntlich nichts, was neu ist, mit der Gnade der Theologischen Fakultät rechnen kann. Wenn Meister Antoine bereit gewesen wäre, mit ihm wegzuziehen, hätte er sich zweifellos das Leben gerettet, und ... Genug! Ich bin schon wieder dabei, den Dingen vorzugreifen.

Meister Clément war gerade gegangen, als Meister Antoine eintraf.

«Was für ein Pech!», rief er aus. «Ich habe ihn neulich kurz gesehen, als er sich mit Meister Tory unterhielt, wir sprachen über die Orthographie. Darüber hätte ich gerne mit ihm weiterdiskutiert.»

«Er verreist aufs Land und hätte keine Zeit gehabt.»

Und alle fingen an, darüber zu reden, was wir von der Lage im Norden und in Italien wussten. Nach dem großen Sieg von Marignano schien es unmöglich, dass Mailand der französischen Krone verloren ging. Aber dennoch gab es seit einiger Zeit von Reisenden zugetragene Gerüchte über das von Unzufriedenen angerichtete Durcheinander. Es wunderte uns deshalb nicht, als wir hörten, Truppeneinheiten seien unterwegs in die Region.

Ich wollte gerade gehen, als mich eine Kleinigkeit in Meister Antoines Ausdrucksweise veranlasste, stehen zu bleiben.

Ich betrachtete ihn aufmerksam.

«Ist etwas geschehen?»

Auch er sah mich kurz an, dann entspannte sich sein Mund, und ein strahlendes Lächeln machte sich breit.

«Offen gestanden bin ich beauftragt, dich für heute Abend ohne Angabe von Gründen zu uns nach Hause einzuladen. Aber ich glaube nicht, dass ich es bis dann für mich behalten kann: Deine Mutter hat einen Sohn geboren.»

Ich bin kein besonders guter Beobachter, und bei ihrer üblichen, mit unerschütterlicher Fröhlichkeit gepaarten Zurückhaltung hatte sich meine Mutter gehütet, irgendwelche Hinweise zu geben, aber dann erinnerte ich mich daran, beiläufig gedacht zu haben, sie nehme zu (was ich auf ihr Alter zurückführte), und ich rief mir gewisse Andeutungen ins Gedächtnis zurück – mit Anhaltspunkten dieser Art wäre Guillemette längst darauf gekommen, was los war. Mir kam es nicht in den Sinn.

Ich umarmte meinen Meister, alle ließen Mailand Mailand sein und schenkten ihm ihre Aufmerksamkeit. Noch am gleichen Abend lernte ich meinen Überraschungsbruder kennen.

Meine Mutter war noch bettlägerig und von Frauen umgeben. Eigentlich haben Männer im Zimmer einer Wöchnerin nichts zu suchen, doch die Hebammen machten für mich eine Ausnahme, weil ich der Bruder des Neugeborenen war. Meine Mutter hob das fest in Windeln gewickelte Kindlein in die Höhe:

«Das ist dein Bruder, wir möchten ihn morgen taufen lassen, wärst du bereit, sein Taufpate zu sein, mein lieber Claude? Und deine Guillemette will ich fragen, ob sie Taufpatin sein will. Wir werden ihn Guillaume nennen, ihr zu Ehren, und zu Ehren eines Onkels von Antoine, den er sehr mochte.»

Angesichts dieser Glückseligkeit, die sich nicht in Worten, sondern in Gesten und Blicken meiner Mutter ausdrückte, war es unmöglich gewesen, ihr diesen Wunsch abzuschlagen.

Am Tag darauf tauften wir ihn.

Auf Mailand und darauf, dass es wenig später Frankreich verloren ging, komme ich nicht mehr zurück.

Manchmal scheint es mir, hier habe die Verkettung von Ereignissen angefangen, die meinen Meister (und andere) schließlich umbrachten. Ich bin nicht gebildet genug, um die politischen Notwendigkeiten unseres Königs, der an einem Tag Rom Widerstand leistete, um sich am nächsten mit Rom zu verbünden, zu beschreiben, geschweige denn, sie zu deuten.

In unserer näheren Umgebung häuften sich die Demütigungen, denen Volk, Buchhändler und Drucker seitens der Theologischen Fakultät ausgesetzt waren, in erschreckendem Maße. Es verging kaum mehr ein Tag, ohne dass sich jemand über die Beschlagnahme eines Buches, über die verhinderte Veröffentlichung einer Abhandlung, über die Androhung von Gefängnis oder (wie im Falle von Robert Estienne) von Galgen und Scheiterhaufen beklagte.

Luther war nicht gänzlich verboten worden, das erwähnte ich bereits, aber die Sorbonne benahm sich so, als wäre dies der Fall gewesen. Übrigens war, wie es Meistere Lefèvre vorausgesagt hatte, auch Erasmus, der große Fürsprecher Roms, immer öfter Gegenstand von Verdächtigungen, weil er sich Kritik erlaubte.

Zum Höhepunkt kam es mit Ritter de Berquin.

Man sah ihn gelegentlich hier aus zwei Gründen. Einerseits war er sehr eng mit Josse Badius befreundet, der in unserer Straße einen Laden führte, nur ein paar Schritte weiter unten. Andererseits war er seit unserer gemeinsamen Reise ebenso freundschaftlich mit Meister Antoine und Robert Estienne verbunden, der oft Meister Badius aufsuchte, seit er sich in seine Tochter Pierrette verliebt hatte, eine junge Frau, fast ebenso gebildet wie er selbst, die wie er in eine Druckerfamilie – und was für eine – hineingeboren worden war.

Nach einer Zeit vorsichtiger Kritik befand der Ritter, wer die Ideen Martin Luthers und seiner Gesinnungsfreunde beurteilen wolle, müsse sie lesen können. Aufgrund der Gespräche, die ich gehört hatte, gewann ich den Eindruck, dies sei für ihn eine Frage des Prinzips und nicht Zeichen dafür, ein Anhänger Luthers zu sein. Er war es auch, der sagte, wenn man etwas verurteilen wolle, müsse man wissen, wovon man rede. Die Doktoren der Sorbonne nahmen sich das alleinige Recht heraus, zu kennen, was sie verdammten.

Irrtum, antwortete der Ritter.

«Um Ansichten zurückzuweisen, müssen alle wissen, worum es geht. So würden sie von jedermann zurückgewiesen, und die Sorbonne hätte keine Schwierigkeiten mehr mit dem Gehorsam der Leute. Aber dazu müsste man dem Volk natürlich ein gewisses Vertrauen entgegenbringen, statt die Leute als eine Herde von Dummköpfen anzusehen.»

Der Gedanke war zu neuartig – und so, wie es aussieht, ist er es immer noch, denn im Gegensatz zu damals verbot der König selbst, der den Ritter doch so sehr gegen die Angriffe in Schutz genommen hatte, unterdessen sämtliche Tätigkeiten der Drucker, der Theologischen Fakultät aber ließ er freie Hand. In evangelischen Kreisen hat die Idee allerdings viele Anhänger. Eine Bibelübersetzung so nahe wie möglich am Original – das ist der größte Wunsch aller ehrlichen Leute jeglicher Herkunft. Doch die, die von Natur aus ihre Fürsprecher sein sollten, schmähen sie.

Nach einem endlosen Hin und Her gelang es der Sorbonne schließlich, Ritter de Berquins Verhaftung zu erwirken.

Die Theologen machten geltend, einige von de Berquins Übersetzungen vom Lateinischen ins Französische seien ungenau, sie warfen ihm vor, auf diesem Weg Dinge eingeführt zu haben, die es im Original nicht gebe. Ihrer Meinung nach hatte der Ritter den lateinischen Text so verändert, damit daraus hervorgehe, es sei falsch, die Jungfrau Maria in die Gebete einzubeziehen; statt ihrer hätte man den Heiligen Geist einbeziehen müssen. Wozu sollte man zur Jungfrau beten? An unseren Erlöser müsse man sich wenden. Auf Grund dieser Theorien, für die die Sorbonne zwar den Ritter, nicht aber die von ihm übersetzten Texte verantwortlich machte, wurde er wegen Ketzerei verhaftet. Das hieß, er war in großer Gefahr.

Er verbrachte einige Wochen oder Monate im Gefängnis, und das Ende war ein Feuer auf einem öffentlichen Platz. Gott sei Dank waren es nur seine Bücher und Schriften, die verbrannt wurden. Der Ritter entging dem Tod dank des Eingreifens des Königs, mit dem er befreundet war.

Ich verfolgte diese Ereignisse nur von ferne – mit Ausnahme der Opferung seiner Bücher, die auf dem Kirchenvorplatz von Notre-Dame stattfand. Meister Antoine, der Hinrichtungen ebenso verabscheute wie ich und der wie ich immer einen Umweg machte, um nicht an einem Pranger oder einem Galgen vorbeikommen zu müssen, wollte unbedingt hingehen. Und er bestand darauf, dass ich ihn begleitete.

Im Allgemeinen fehlt es nicht an einer Menge Schaulustiger, wenn jemand bestraft wird. Tagediebe und die unverbesserlichen Gaffer sind da, aber immer auch Leute, die in irgendeiner Beziehung zum Grund der Bestrafung stehen, sie kommen, weil sie hoffen, etwas Nützliches zu erfahren, oder weil sie glauben, ihre Anwesenheit tröste den Verurteilten. Wir waren allerdings aus einem anderen Grund gekommen.

«Der Ritter wird zugegen sein. Er muss mit ansehen, wie seine Bücher verbrannt werden. Doch ich weiß aus sicherer Quelle, dass man ihn freilassen wird. Ein Brief Seiner Majestät gewährt ihm uneingeschränkten Schutz.»

«Woher wissen Sie das?»

«Von Clément Marot, den ich gestern bei Meister Tory getroffen habe. Außer über Fragen zur französischen Sprache redeten wir auch über diese Dinge. Er meinte, die Freunde des Ritters sollten möglichst zahlreich erscheinen. Für den Fall, dass ein zu eifriger Henker ihm etwas antun wolle ...»

Wir hielten uns etwas abseits, im Schatten, denn es war sehr heiß. Meister Clément gesellte sich zu uns. An einer Ecke des Platzes stand eine kleine Truppe Bogenschützen der Königlichen Garde, zu Pferd, und bereit, einzugreifen. Seine Majestät schien kein sehr großes Vertrauen in seine Justiz zu haben.

Als Erstes kam der Akt des Abschwörens.

Der Vertreter der kirchlichen Justizbehörde verurteilte langatmig die Bücher, die der Ritter gelesen und die er geschrieben hatte.

«Diese Bücher sind nur dazu da, die Irrtümer und Ketzereien Luthers zu rechtfertigen, zu bekräftigen und zu unterstützen!» rief er und warf die Arme in die Luft.

«In der Tat, jetzt brauchen sie nur noch Erasmus und Lefèvre d'Étaples als Lutheraner zu verschreien und die Sache ist gelaufen», sagte Meister Marot bissig. «Den Mund halten und nichts denken, und schon gar nicht etwas Kritisches.»

Dann musste der Ritter seinen Irrtümern abschwören und darauf verzichten, «die Bücher eines gewissen Luther zu übersetzen»; man ließ ihn einen Satz wiederholen (denn von sich aus sagte er beim Abschwören nichts, er beschränkte sich darauf, mit abwesender Miene die Worte zu wiederholen, die man ihm vorsagte), wonach er fortan weder mit Lutheranern noch mit glaubensabtrünnigen Leuten verkehren werde.

«Man könnte ihn gerade so gut in die Wüste schicken ...», bemerkte Meister Antoine, der das Geschehen sehr bleich und mit zusammengebissenen Zähnen verfolgte.

Als nach einer langen Ansprache eines mir unbekannten Mönchs über den wahren Glauben und die Ketzerei dann vor den Augen des Ritters (der eine stolze Haltung bewahrte, im entscheidenden Augenblick aber doch Tränen in den Augen hatte, denn trotz seines Widerrufs wurde seine gesamte Pariser Bibliothek verbrannt, nicht nur die von der Sorbonne verbotenen Werke) seine Bücher und Papiere in Flammen aufgingen, rückten die Bogenschützen vor, ihr Anführer trieb mit seinem Pferd die Menge auseinander und drang bis an den Rand des erhöhten Richtplatzes vor.

«Ich bin Hauptmann Frédéric der Königlichen Garde. Im Namen des Königs bin ich beauftragt, den Edelmann Herrn de Berquin ins bischöfliche Gefängnis zu geleiten, wo ihn Seine Majestät wohlbehalten anzukommen zu sehen wünscht.»

Unverzüglich hoben zwei Bogenschützen den Ritter auf, als wäre er ein Ballen Heu, einer setzte ihn hinter sich aufs Pferd, dann sprengten sie im Galopp davon. Die Menge zerstreute sich.

«So rettet man die Reichen», murmelte neben uns ein armer Teufel, der uns seinen Beutel entgegenstreckte. «Auf der Place aux Pourceaux hat man nicht so viele Umstände gemacht, als man gerade eben einen heiligen Eremiten verbrannte, weil er gepredigt hatte, Christus sei nicht von einer unbefleckten Jungfrau geboren worden. Von ihm ist nichts übrig geblieben, was man mitnehmen könnte.»

Meister Clément zog eine Münze aus der Tasche und reichte sie dem Mann, der sich bedankte und ging. Dann seufzte Meister Clément.

«Ich weiß nicht, wie dies alles noch enden wird. Die Sorbonne lässt es auf eine Kraftprobe mit dem König ankommen. Es fehlt nicht mehr viel und sie hält auch Seine Majestät selbst für einen Ketzer. Sie wirft dem Hof vor, die Fakultät mit allen Mitteln daran gehindert zu haben, ihr Urteil über de Berquins Bücher abzugeben; aus ihrer Sicht geschehe dies zum Wohl des Glaubens, zur Austreibung der Lehren Luthers, zur Ehre des sehr christlichen Königs und zum Nutzen des Königreichs. Dies sind die Worte dieser Herrschaften. Ihr stärkstes Misstrauen richtet sich gegen Madame Marguerite – wenn sie nicht die Schwester des Königs wäre, hätte sie bereits ein böses Ende gefunden.»

«Aber ganz Paris stellt sich Fragen über Aberglauben, über den Ablasshandel, über ... alles!», sagte Meister Antoine bedrückt. «Man wird nicht gleich alle verbrennen, die sich laut zu äußern wagen. Der Eremit von der Place aux Pourceaux war nicht der Einzige, der die Bedeutung der Mutter Jesu für unseren Glauben in Zweifel zog.»

«Ich weiß, mein Freund. Aber ich habe keine Ahnung, wie man das Problem lösen will. Für den Augenblick ist Ritter de Berquin in Sicherheit, das ist schon ein Sieg.»

Wir verabschiedeten uns. Meister Clément, dessen Diener nicht weit von uns mit dem Pferd auf ihn wartete, saß auf und verschwand durch die Gassen. Wir hingegen gingen bis zur Notre-Dame-Brücke der Seine entlang, überquerten sie, kamen aber in der Menge nur langsam voran. Meister Antoine war in Gedanken. Ich hingegen dachte, wie immer, wenn ich seit unserer Rückkehr aus Venedig über die Brücke ging, an Bruder Giovanni Giocondo, der sie entworfen hatte, und ich bewunderte die regelmäßigen Häuserzeilen aus gehauenem und aus Backstein zu beiden Seiten. Über jeder Haustür gab es ein goldenes Nummernschild, gerade Zahlen auf der einen Seite, ungerade gegenüber, die als Ersatz für die Aushängeschilder dienten. Nach den Nummern zu schließen, gab es auf beiden Seiten der Brücke je vierunddreißig Häuser.

Ich sagte mir, es sei wohl leichter, eine Nummer im Kopf zu behalten als den Namen eines Aushängeschildes, und dass eines Tages jedes Haus eine Nummer tragen könnte. Und ich sprach den Gedanken aus.

«Warum nicht?», meinte Meister Antoine. Er sah mich kurz an. «Aber da dies nicht der Fall ist, könnte ich sagen, du seist ein Ketzer.»

Ich war so überrascht, dass ich auf der Stelle stehen blieb.

«Wie meinen Sie das?»

«Das nennt man den Beweis ad absurdum, mein lieber Claude. Es könnte sein, dass es eines Tages zu viele Häuser gibt, um jedes von ihnen mit einem Aushängeschild zu kennzeichnen, so dass man sich mit Nummern aushilft. Die Welt verändert sich. Ideen werden geboren, verwandeln sich. Aber was das Denken betrifft, werden wir von einem Gebilde beherrscht, das die Zeit anhalten will. Glücklicherweise sind diese Leute, die sich so große Sorgen um unser Seelenheil machen, nicht für den Bau von Brücken zuständig. Denn sonst wehe deiner Idee mit den Hausnummern. Es könnte ihr ergehen wie Ritter de Berquins Büchern.»

Dann gingen wir weiter, mitten durch das Gelärme schreiender Händler, in welches sich die hohen Töne einer Pfeife mischten, von denen man nicht wusste, woher sie kamen.

Ich glaube, es war am Tag darauf, als die Scherereien auch bei uns anfingen. Am Tag darauf oder auf jeden Fall nur wenig später.

Robert Estienne hatte gerade den zweiten von insgesamt sechs oder sieben Teilbänden seiner lateinischen Bibel fertig gedruckt. Daraufhin verbot ihm die Fakultät unverzüglich, weiterzumachen. Nach ihrer Auffassung war diese Bibel verfälscht.

«Das ist der Gipfel», rief Robert aus. «Es handelt sich um sehr alte Texte, die ich im Kloster von Saint-Germain-des-Prés oder von Saint-Denis gefunden habe. Bei uns! Wir verehren diese Bücher seit Jahrhunderten. Was soll das? Hatten wir etwa deren Inhalt vergessen oder wie?»

Alle Versuche, zu beweisen, dass seine Texte mehr als originalgetreu waren, blieben zwecklos.

Da ich bereits im Falle von Ritter de Berquin über Einzelheiten der Schwierigkeiten berichtet habe, denen er ausgesetzt war, verzichte ich in Roberts Fall auf eine Wiederholung. Die Schikanen, die er von jenem Zeitpunkt an zu erleiden hatte, wiederholten sich laufend, auch für ihn hätte es mehrmals ums Haar böse enden können – und ich wage nicht daran zu denken, was ohne den Schutz des Königs aus ihm geworden wäre.

Die ersten Teilbände der Bibel waren damals ein voller Erfolg, sie wurden überall gelesen. Und bei Hofe gab es zahlreiche Persönlichkeiten, die ein Wort für ihn einlegen konnten. Der Horizont dieser Leute war weit genug, um verstehen zu können, dass einem täglich wachsenden Volk von Lesern der Inhalt der Heiligen Schrift nicht vorenthalten werden konnte. Wie viel Unterdrückung auch immer: ich bin mir heute sicher, dass die Kirche den Kampf verlieren wird, den sie inzwischen mit zunehmender Schärfe führt.

Mit der Zeit wurde Roberts Bibelausgabe doch noch fertig, aber er hatte geschickt vorgehen müssen. Und die Krise, in welche die unterbrochene Herausgabe der Bibel in Teilbänden das Haus de Colines vorübergehend gestürzt hatte, zeitigte für mich unerwartete Folgen.

Während einiger Tage oder Wochen hatte ich nicht sehr viel zu tun. Meister Antoine seinerseits war häufig bei Meister Bocard, für den er den Druck eines Buches fertig stellte, dessen Titel ich vergessen habe.

Ich hatte mir schon überlegt, ob ich nicht eine andere Arbeit suchen sollte, als ich eines Morgens Pierre Haultin begegnete. Pierre Haultin war ein Bursche in meinem Alter, wir kannten uns seit Kindheitstagen, seine Familie wohnte nicht weit von der meinen. Wir waren zusammen zur Schule gegangen, dann hatten wir uns aus den Augen verloren, jedenfalls so gut wie. Ich wusste, dass auch er eine Druckerlehre gemacht hatte, bei einem seiner Onkel, glaube ich. Als wir uns an jenem Tag begegneten, blieben wir stehen und tauschten Neuigkeiten aus. Ich erzählte ihm von meiner Absicht, Schriften zu schneiden, was ihn zum Strahlen brachte.

«O, das ist wunderbar! Willst du nicht bei mir arbeiten?»

«Wie das, bei dir?»

«Meine Vettern und ich haben das Vermögen unseres Onkels geerbt, wir teilten es, denn die Schriftengießerei reizte sie nicht. Ich habe sie übernommen, und falls es läuft, würde ich mich lieber in erster Linie um Schriften als um den Druck im engeren Sinne kümmern. Einem wie dir, der seine Lehre bei Meister Antoine, der ein Künstler sein soll, bei Meister de Colines und ein wenig auch bei Aldo Manuzio gemacht hat, dem sage ich: komm und arbeite bei mir.»

Mein erster Gedanke war: warum nicht? Doch eine solche Entscheidung war grundsätzlicher Natur. Ich würde zunächst mit anderen darüber reden müssen. Ich fragte Pierre nach den Bedingungen, die er mir bieten konnte, wir besprachen die Frage kurz, und ich versprach ihm meine Antwort für den nächsten oder übernächsten Tag.

«Versuch es», empfahl mir Robert Estienne. «Wenn es dir nicht gefällt und bei uns die Dinge wieder ihren gewohnten Gang gehen, woran ich nicht zweifle, kannst du zurückkommen. Immerhin bist du seit zehn Jahren im Haus, eine Veränderung würde dir vielleicht gut tun.»

Ich musste lächeln über den Rat eines Jungen, der selber seit seiner Geburt dieses Haus nie verlassen hatte, doch ich sah ein, dass sein Argument gut begründet war.

An der Rue des Carmes, wo ich häufig meine Mutter und meinen Halbbruder besuchte, der zu plappern und auch schon zu gehen anfing, und wo ich mit Meister Antoine über anderes als über das tägliche Einerlei reden konnte, wurde mir aufs herzlichste zugestimmt.

«Ich sagte es dir ja, Claude», rief er aus. «Es werden Schriftschneider gebraucht, fachkundige Gießer, die nichts anderes machen. Das ist ein Glücksfall für dich. Alles, was in diese Richtung führt, ist zu begrüßen.»

Je länger sich der Abend hinzog, desto mehr nahm meine Entscheidung Gestalt an. Und ich gab das Werweißen endgültig auf, als Meister Antoine sagte:

«Meister Tory sprach neulich von einer neuen Druckschrift mit Buchstaben, die tatsächlich vom Menschen ausgehen. Du kennst Meister Tory, er hat immer zehn Sachen gleichzeitig im Kopf. Wenn ich ihn treffe, stößt oft Clément Marot zu uns, mit ihm rede ich vor allem über die Orthographie. Meister Tory wollte, dass wir auch darüber redeten. In gewisser Hinsicht hat er Recht, denn Orthographie, Grafik und gute Lesbarkeit sind die Dinge, die bleiben.»

«Meister Aldo sagte das schon, als wir bei ihm waren.»

«Genau. Deshalb schlage ich vor, dass wir uns für eine gewisse Zeit aus dem Herzen des biblischen Wirbelsturms entfernen und uns darum kümmern. Halte dir einen Nachmittag frei dafür, dein Freund Haultin wird einsehen, dass es dir und ihm etwas nützt.»

Die Dinge ließen sich problemlos regeln; einen Monat später zog ich um zu Pierre Haultin, ins Haus «Zum Fuchsschwanz» an der Rue Saint-Jacques.

Und einmal pro Woche begab ich mich zu den Treffen von Meister Tory und Meister Antoine. Clément Marot kam auch, wenn ihn die

Pflichten als Mann des Hofes nicht anderswohin riefen. Wir glaubten, uns aus der Gefahrenzone entfernt zu haben. In Wirklichkeit war dies allerdings nicht der Fall, denn es war ausgerechnet diese Tätigkeit, die uns ins Zentrum des Sturmes befördern sollte. Aber während einiger Jahre ignorierten wir die Gefahr und wähnten uns in Sicherheit.

## XVIII
### Wie wir daran arbeiten, Schriften für die Neue Zeit zu entwerfen, und feststellen, dass alles zusammenhängt und es schwierig ist, das Auge des Wirbelsturms zu verlassen

on Meister Tory habe ich bis jetzt nur beiläufig gesprochen. Dennoch ist es notwendig, ihn für diesen Bericht besser einzuführen, denn er war für uns alle so etwas wie die Posaune von Jericho. Meister Antoine und Meister de Colines hatten den Boden vorbereitet. Doch erst mit ihm zusammen wurde daraus ein Ährenfeld. Wir alle leisteten unseren Beitrag dazu: Meister Marot, wenn er kam, Meister Antoine am regelmäßigsten und, wenn auch in sehr bescheidenem Maße, Pierre Haultin und ich. Ich würde sogar sagen, dass das Ergebnis ein anderes gewesen wäre, wenn, abgesehen von Pierre und mir, einer der Gelehrten nicht dabei gewesen wäre. Dass aber niemand auf den Gedanken komme, diese Versammlung sei ein geschlossener Zirkel gewesen. Im Gegenteil: im Laufe der Jahre – denn das zog sich hin – sah man die verschiedensten Personen kommen und gehen, Drucker und Gelehrte, Ärzte und anerkannte Künstler, sie alle trugen ein Stäubchen Pollen in dieses weite blühende Feld, zu welchem das Vorhaben nach und nach geworden war.

Meister Tory war ein Mann, den ich als gedrungen bezeichnen würde, dunkles, ergrautes und lockiges Haar, den Bart immer sehr sorgfältig gerade geschnitten. Er war eher klein, doch dank seiner aufrechten Haltung jederzeit leicht in der Menge zu erkennen. Sein Auftreten war gebieterisch, und er hatte einen eigenen Blick: sehr schwarze, tief liegende Augen, eindringlich, als wollten sie Ihr Innerstes durchschauen. Seine etwas raue Stimme klang entschieden und sicher. Kurz, er hatte alles von einem Kondottiere. Abgesehen davon war er ein Mann von unvergleichlichem Humor und von ausgesuchter Höflichkeit. Er drückte sich immer in einem sehr gepflegten Französisch aus. Seine Autorität verdankte er der Tatsache, dass er zu überzeugen verstand, gleichzeitig war es ausgesprochen angenehm, mit ihm Umgang zu haben.

Er stammte aus Bourges. Wahrscheinlich war er etwas älter als Meister Antoine. Gerne und mit Stolz erklärte er, er sei der Spross einer Weinbauernfamilie. Einer Familie indes, die es nicht an den Mitteln hatte fehlen lassen, um ihm ein Studium zu ermöglichen. Er hatte die Universität von Bourges besucht und erzählte oft davon. Er war in Italien gewesen und dort, so betonte er immer wieder, sei er wirklich zum Leben erwacht. Mit einer bemerkenswerten Bildung und einer großen Liebe für lateinische und italienische Autoren war er nach Paris zurückgekehrt. Ich kannte ihn flüchtig seit dem Beginn meiner Lehrzeit. Er war damals einer von Meister Estiennes gelehrten Korrektoren und Lehrer am Collège von Burgund gewesen, wenn ich mich nicht irre. Er kam oft in der Werkstatt vorbei. Eine Zeit lang hatten wir ihn aus den Augen verloren, denn gegen 1516 reiste er für ein oder zwei Jahre wieder nach Italien. Bei unseren Treffen erzählte er uns oft von diesem Aufenthalt, der ihn sehr angeregt habe.

Meister Tory hatten wir es zu verdanken, dass wir von der Existenz eines nach seinen Worten «hervorragenden Philosophen, großen Malers und außergewöhnlichen Mathematikers, eines neuen Archimedes» namens Leonardo da Vinci ganz in unserer Nähe erfuhren. Niemand von uns kannte ihn, er starb, bevor es zu der Begegnung gekommen war, die Meister Tory bei Meister Henri Estienne, der damals noch lebte, in die Wege hatte leiten wollen. Nach Meister Geoffroys Ansicht, der Leonardo da Vincis Arbeiten in Italien gesehen hatte, wäre uns dieser beim Entwerfen einer wirklich humanistischen Schrift eine große Hilfe gewesen, denn er selbst hatte sich der Frage der Proportionen von Buchstaben angenommen.

«Wir können uns nur anregen lassen von seinen Arbeiten, wie viel wertvoller wäre es gewesen, mit ihm diskutieren zu können», sagte er oft mit hörbarer Enttäuschung.

Nach seiner Rückkehr nach Paris gab Meister Tory seine Lehrtätigkeit auf. Seine Hingabe galt fortan dem Schriftschneiden und dem Verzieren von Büchern. Meister Estienne und dann auch Meister de Colines hatten oft seine Dienste in Anspruch genommen, aber auch viele andere Drucker riefen ihn, wenn es darum ging, ihre Bücher zu verschönern. Außerdem hatte er einen Bücherladen aufgemacht.

Äußerst schmerzvoll war es für ihn gewesen, als sein einziges Kind, ein Mädchen, das er gehütet hatte wie seinen Augapfel, im Alter von zehn Jahren starb. Seine Trauer war derart, dass er für ein Jahr oder länger seinen Buchladen nicht mehr verließ. Er wurde düster und schweigsam.

Doch dann, eines Winterabends, als ich mich an die Rue des Carmes begeben hatte (was ich oft tat), klopfte er dort an die Tür: Er hatte zu seiner Liebenswürdigkeit zurückgefunden und wollte sich mit Meister Antoine unterhalten.

«Ich hatte einen Einfall», erklärte er uns. «Es müsste möglich sein, römische Druckbuchstaben zu entwerfen, die den Größenverhältnissen des menschlichen Körpers entsprechen.»

«Sie glauben, dass ...»

«Machen Sie nicht so ein zweifelndes Gesicht. Ich habe heute mit mehreren Personen darüber sprechen wollen, aber ich bekomme nur zu hören, mein Vorhaben sei schön, aber welchen Grund ich hätte, deswegen so viel Aufhebens zu machen. Ich sollte es für mich behalten und dann für eine Überraschung sorgen. Aber eine solche Arbeit mache ich lieber in Gesellschaft. Es wird mir helfen, meinen Kummer zu vergessen. Sagen Sie mir also, ob Sie bereit sind, mit mir darüber zu reden. Ein Gespräch, mehr will ich nicht. Falls unsere Diskussionen etwas abwerfen, können wir anschließend immer noch zur praktischen Arbeit übergehen.»

«Einverstanden. Ich finde ein solches Gespräch reizvoll», sagte Meister Antoine. «Ich bin sicher, dass uns Claude eine Hilfe sein wird, er ist im Begriff, sehr geschickt zu werden.»

«Ich habe vor, eine kleine Abhandlung zu schreiben, wenn die Sache vorbei ist.»

«Eine großartige Idee!»

Meister Tory rieb sich die Hände.

«Und ich habe sogar vor, den dreisten Frevel zu begehen und sie auf Französisch herauszugeben.»

Vor kurzem hatte Meister Noël Beda (der inzwischen das Amt des Dekans der Sorbonne bekleidete, das nach seiner Darstellung, so sagt man, eigens in Anerkennung seiner Verdienste als großer Zensor geschaffen worden sei) der einheimischen Sprache den Kampf angesagt und öffentlich erklärt, alles, was auf Französisch geschrieben sei, sollte verboten werden. Das verbreitete sich unverzüglich im ganzen Quartier, wo man seine Äußerung eher unwirsch aufnahm. Darauf bezog sich Meister Torys Anspielung.

«Und wie sind Sie zu diesem Entschluss gekommen, mein verehrter Meister?»

«Für mich, mein guter Freund, gilt, unabhängig davon, was der ehrenwerte Bevollmächtigte der Sorbonne sagt: Wir müssen auf Französisch schreiben, denn wir sind Franzosen. Es ist die Sprache, die wir am besten kennen, und indem wir sie gebrauchen, ehren wir unser Land und tragen zugleich dazu bei, unsere Muttersprache zu bereichern, die schriftlich niedergelegt ebenso schön ist wie jede andere.»

Dagegen gab es nichts zu sagen.

Von da an trafen wir uns jeden Donnerstagnachmittag. Die fleißigsten Teilnehmer waren Meister Tory selber, Meister Antoine und ich. Doch schon bald erregte ich Pierre Haultins Neugier, der nun immer häufiger kam. Auch Meister de Colines zeigte sich regelmäßig. Wenn Meister

Marot und seltener Robert Estienne dabei waren, sprachen wir mehr über Orthographie und Grammatik. Waren sie nicht da, hieß das keineswegs, dass wir das Thema, wofür sich Meister Tory ebenso begeisterte wie für das Entwerfen, vernachlässigt hätten, doch im Sinne von Meister Antoines sakrosanktem Grundsatz, die Buchstaben seien das bevorzugte Ausdrucksmittel der Gedanken, stand doch das Entwerfen derselben sehr im Vordergrund.

Es war allerdings keineswegs so, dass wir gleich mit der Herstellung eines Alphabets begonnen hätten.

«Wir reden hier über ein Prinzip», sagte Meister Tory. «Jeder von uns wird es auf seine Weise verstehen. Ich etwa stelle fest, lieber Claude, dass Ihre Buchstaben gegenwärtig denjenigen Ihres Meisters sehr ähnlich sind. Aber ich wette mit Ihnen, dass Sie in zehn Jahren Ihre eigene Persönlichkeit gefunden haben werden.»

Meister Tory hatte eine Theorie, was das Alphabet betraf. Er nannte es «attisch», denn nach ihm ging es direkt aus dem Griechischen hervor: für ihn waren alle römischen Buchstaben Ableitungen des I und des O. Sagte oder schrieb man IO, meinte man damit das gesamte Alphabet.

Ich gestehe, dass mir diese Erklärungen, die ich zum Zeitpunkt, als er sie abgab, klar und überzeugend gefunden hatte, inzwischen so fern sind, dass ich sie nicht einmal mehr wiederzugeben vermag. Wäre ich in Paris, würde ich dort vielleicht das schöne *Champ Fleury* wiederfinden, das Meister Tory als «kleine Abhandlung» bezeichnet hatte, bevor er es schrieb und setzte; es fasst die Arbeit zusammen, die im Wesentlichen Meister Marot, Robert Estienne, Meister Antoine und er geleistet haben. Wir alle – ich nenne nicht alle Namen, denn wir waren viele im Laufe der Jahre – waren nicht mehr als Beobachter, im besten Fall Schüler dieser Meister.

Unglücklicherweise hatten es die Sergeanten, die das Haus plünderten, in dem Meister Antoine gelebt und seine Druckerei gehabt hatte, vor allem auf seine Bücher abgesehen. Ob sein *Champ Fleury* noch vorhanden ist?

Kehren wir lieber zu glücklicheren Zeiten zurück. Für sein Plädoyer zugunsten eines Alphabets, das den Proportionen des menschlichen Körpers entsprach, benutzte Meister Tory eine Zeichnung, die er meines Wissens in einer von Leonardo da Vincis Abhandlungen gefunden hatte. Diese Zeichnung stellt einen Menschen mit ausgebreiteten Armen und Beinen dar. Sein Körper entspricht dem I, während der Umriss seiner ausgebreiteten Glieder ein von einem Kreis umgebenes Quadrat darstellt. Dieser Kreis entspricht dem O, dem vollkommen Runden, Anfang und Ende von Allem.

«Wenn du die Perspektive verstanden hast, studiere die menschlichen Maße, so lautet Meister Leonardos Gebot», hämmerte uns Meister Tory ein.

Ich gebe nur gerade ein Beispiel seiner Theorie, jenes, das mir beim Zeichnen eines Buchstabens am meisten Schwierigkeiten bereitet: die Serifen.

Damit man die Buchstaben im Winkelhaken genau ausrichten kann, brauchen sie Serifen. Das gehört für jeden Druckerlehrling zum Einmaleins seines Handwerks. Doch nach Meister Torys Theorie sollten diese Serifen den Proportionen des menschlichen Fußes entsprechen.

«Der Buchstabe muss so fest auf dem Winkelhaken stehen wie der menschliche Fuß auf dem Boden», wiederholte er immer wieder. Und er ermunterte uns, unsere Serifen ja nicht zu klein zu machen.

«In diesem Fall braucht die Serife sozusagen auch eine kleine Wölbung in der Fußsohle», bemerkte Meister Antoine eines Tages. Und am nächsten Donnerstag brachte er ein I mit, das er mit einer leicht gebogenen Serife geschnitten hatte.

«Von bloßem Auge sieht das niemand», sagte er. «Aber insgesamt wird es angenehmer sein für das Auge. Auch Meister Griffo macht es in seinem *De Ætna* so.»

Das gleiche Prinzip war nach Ansicht der Meister auch beim S anzuwenden. Der untere Teil sollte unmerklich größer sein als der obere, damit beim Betrachten kein Ungleichgewicht entsteht.

«Der Buchstabe S besteht aus zwei Rundungen übereinander, und wenn die obere Rundung auf der unteren festen Stand haben soll, muss sie kleiner sein, glaubt es mir. Es ist wie beim Menschen: gerade auf seinen Füßen stehend ist er breiter und wird besser gestützt als auf der Kopfseite.»

Hin und wieder sprachen wir auch über Akzente.

«Es wäre auf jeden Fall einfacher, die Bedeutung eines É mit Hilfe eines Akzents statt mit einem überflüssigen Buchstaben darzustellen», grummelte manchmal Meister Antoine. «Im Griechischen gibt es das ja auch. Stellt euch vor, wie viel Arbeit wir damit einsparen.»

Wir waren alle mit ihm einverstanden, aber es war noch nicht während dieser ersten Phase unserer gemeinsamen Arbeit, dass wir die Verwendung von Akzenten, Auslassungszeichen und Cedillen festlegten.

Wegen dieser Gespräche durfte natürlich unsere übliche Arbeit nicht liegen bleiben. Meister Antoine wechselte zwischen Meister de Colines und Meister Bocard hin und her. Ich war immer noch Geselle bei Pierre Haultin, für den und mit dem ich Druckschriften schnitt, nach wie vor ziemlich unvollkommene zwar, doch wir versuchten an ihnen anzuwenden, was wir an den Donnerstagnachmittagen lernten.

Wahrscheinlich waren wir zu sehr mit unseren Zeichnungen und Stempeln beschäftigt, um Einzelheiten grundlegender Veränderungen wahrzunehmen, die in unserer Umgebung stattfanden. Denn während wir darüber sinnierten, wie die Proportionen der Buchstaben mit denjenigen des Menschen übereinstimmten, ereigneten sich vor unserer Haustür schwerwiegende Dinge.

Das Erwachen war, so weit es mich betrifft, ziemlich brutal.

Wir wussten seit geraumer Zeit, dass Meister Lefèvre Schwierigkeiten mit der Fakultät hatte. Und wenn ich sage Meister Lefèvre, meine ich eigentlich den gesamten «Kreis von Meaux». Die Sorbonne übte ununterbrochen Druck auf Monseigneur Briçonnet aus. Die Theologische Fakultät, vertreten durch Meister Beda (der allmählich zum Schreckgespenst aller anständigen Leute wurde), war besessen vom Thema Ketzerei. In seinen Augen war alles Ketzerei. Einen Vorgeschmack davon hatten wir im Falle von Ritter de Berquin bekommen, der sich nach seinem Prozess unglücklicherweise nicht in aller Stille auf seine Güter zurückgezogen hatte, sondern seine Übersetzungsarbeiten fortsetzte, zur Erziehung und zum Wohl des Volkes, wie er sagte. Man hatte ihm Luther verboten? Er gehorchte und übersetzte Erasmus. Gab es etwas Ehrenhafteres? Aber Beda scherzte nicht. In seinen Augen war auch Erasmus verdächtig. Ganz zu schweigen von diesem Lefèvre, der die Heilige Schrift ins Französische übersetzte.

Eines unglücklichen Tages zog Seine Majestät nach Italien in den Krieg gegen den Kaiser. Aber diesmal hatte Sie kein Glück. Sie wurde geschlagen und von Kaiser Karl v. sogar gefangen gesetzt. In Paris wunderte man sich darüber, dass sich unser König in diese unglückliche Lage gebracht hatte. Ich stellte mir keine solchen Fragen. Statt dessen hatte ich Gelegenheit, aus nächster Nähe mitanzusehen, welche Folgen die Abwesenheit des Königs hatte.

Eines Abends, als ich spät noch in der Werkstatt war, um einen schwierigen Schnitt fertig zu stellen, klopfte es ans Fenster. Ich öffnete. Es war Herbst und ein Sauwetter draußen. Wind und Regen drangen sogleich in den Raum; in der Türe stand Oudin.

Er trat ein und schüttelte sich. Nass war er bis auf die Knochen, und aus der Art und Weise, wie seine Haare am Kopf klebten (Oudin trug nie eine Kopfbedeckung), schloss ich, dass er zu Pferd und im gestreckten Galopp gekommen sein musste. Im Kerzenlicht sah ich sein Gesicht, es musste etwas Ernstes vorgefallen sein.

«Oudin, was ist geschehen?»

Zuerst sah er mich lange an, unfähig, ein Wort hervorzubringen.

«Du weißt, dass ich einen guten Freund in der Conciergerie habe.»

Das wusste ich nicht, aber das war jetzt nicht so wichtig. Oudin war so erregt, dass er mich wieder duzte wie zu Zeiten, als ich noch ein Kind war.

«Und?»

«Er hat einen Freund im Palais. Kurz, die beiden wissen immer alles. Mein Freund ließ mir eine Warnung zukommen, man habe vor, Meister Lefèvre zu verhaften.»

«Was?»

«Mein lieber Claude, der Wahnsinn dieser Leute kennt keine Grenzen. Monseigneur Briçonnet hat zwar versucht, das Schlimmste zu verhindern, in dem er eine Reihe von Verboten aussprach. Aber Meister Lefèvre hat die Sünde begangen, auch jenen Leuten das Neue Testament zugänglich zu machen, die nicht Lateinisch können, und man verzeiht ihm dies umso weniger, als er mit seiner Übersetzungsarbeit weitermacht. Bald wird es auch das Alte Testament auf Französisch geben. Es scheint, dass man ihn morgen verhaften will, zusammen mit Meister Roussel, der bei ihm ist.»

«Und was kann ich für euch tun?»

«Ich bin zu bekannt und außerdem zu auffällig. Ich wollte dich bitten, Meister de Colines aufzusuchen, ihn über die Ereignisse zu unterrichten und ihn zu bitten, dir das Manuskript der Übersetzung eines Teils des Alten Testaments zu übergeben, das ich vor vierzehn Tagen zu ihm gebracht habe.»

«Was habt ihr vor?»

Oudin schaute sich um, dann trat er nahe an mich heran, und flüsterte mir ins Ohr:

«Wir verreisen nach Basel oder Straßburg. Dort werden wir die Bibel in der Volkssprache drucken lassen, da dies in Paris offenbar nicht erwünscht ist. Und Meister Lefèvre will nicht, dass das Haus de Colines in Schwierigkeiten verwickelt wird.»

Er richtete sich auf.

«Bitte übrigens Meister de Colines, dir zwei Exemplare des Neuen Testaments mitzugeben. Und den Rest in Sicherheit zu bringen. Es ist auch die Rede davon, seine Bücher beschlagnahmen zu lassen.»

«Wird auch er in Schwierigkeiten kommen?»

«Ich weiß es nicht. Er soll auf der Hut sein.»

In diesem Augenblick trat Pierre mit einer Kerze in der Hand in die Werkstatt. Oudin ging zur Tür, doch ich hielt ihn zurück. Seit ich für ihn arbeitete, kannte ich Pierre in- und auswendig: er ist ein anständiger Mann, großzügig und mutig.

«Oudin hat ein großes Problem. Oder vielmehr Meister Lefèvre. Wenn du einverstanden bist, gehe ich schnell zu Meister de Colines, unterdessen könntest du diesem Mann etwas zu essen geben, er scheint es nötig zu haben.»

Pierre wollte nicht mehr wissen.

«Kommen Sie, Meister Oudin. Sie können den Umhang anziehen, der meinem Onkel gehört hat, er war etwa gleich groß wie Sie, und während wir auf Claudes Rückkehr warten, lassen wir Ihre Kleider am Kamin trocknen.»

Oudin warf mir noch einen Blick zu, dann schlüpfte ich in meinen Mantel und ging.

Regen, Wind und Laub schlugen mir ins Gesicht, es war, als wolle mich die Natur daran hindern, vorwärts zu kommen. Ich musste dermaßen kämpfen, um den kurzen Weg in die Rue Saint-Jean-de-Beauvais zurückzulegen, dass ich nicht daran dachte, Angst zu haben.

Das Haus «Zu den Kaninchen» war immer noch ein wenig mein Heim. Ich klopfte und stieß die Türe auf, ohne darauf zu warten, dass jemand kam, mir zu öffnen.

Meister Antoine, den ich zu dieser späten Stunde nicht hier erwartet hatte, trat aus der Werkstatt.

«Claude, was ist geschehen?»

Er kannte mich zu gut, er sah sofort, wie beunruhigt ich war. Ich berichtete. Währenddessen kam Meister de Colines dazu, dann auch die Brüder Estienne.

Als ich geendet hatte, sahen wir uns lange schweigend an.

«Lefèvre verhaften! Einen Heiligen!» sagte schließlich Meister Antoine betrübt. Für ihn war Meister d'Étaples, er hatte es oft genug gesagt, wie ein Vater.

«Ich muss vor der Sperrstunde zurück sein», sagte ich schließlich. «Sonst lässt man Oudin an den Schranken nicht mehr durch.»

«Ich schaue nach, ob ich Wachspapier habe», sagte Meister de Colines.

«Und ich begleite dich,» sagte Meister Antoine gleichzeitig.

«Aber nein, allein komme ich leichter unbemerkt durch.»

«Wenn sich ein Bösewicht an dich heranmacht, während du diese kostbaren Manuskripte bei dir hast ... Nein, nein. Ich begleite dich.»

Der Gedanke, von meinem Stiefvater begleitet zu werden, missfiel mir keinesfalls. Bald brachte uns Meisterin Guyone das Paket, verschnürt, in Wachspapier und ein Stück Leder eingewickelt, damit nichts nass wurde.

Robert übergab es Meister Antoine, der bereits den Mantel angezogen hatte, dann wandte er sich an mich.

«Sag Oudin, dass wir ihm das Manuskript mitgeben, das ich für den Satz vorbereitet habe. Damit kann Meister Lefèvre gleich zu jedem Drucker gehen. Das Original behalte ich zur Sicherheit hier. Aber können sie in Basel oder Straßburg denn genug Französisch?»

«Mehr als man denkt», sagte ich, um ihn zu beruhigen, und auch, weil wir bei unserem Besuch in Basel häufig Französisch gesprochen hatten.

Wir verließen die Werkstatt. Mir schien, der Regen sei doppelt so stark geworden. Wir gingen bis zur Rue des Noyers hinunter und unter Anstrengungen diese entlang, denn dort blies der Wind mit ungeheurer Kraft. Meister Antoine trug das Paket eng an sich gedrückt, ich ging ihm einen Schritt voraus, um den beinahe waagrecht fallenden Regen etwas von ihm abzuhalten.

Bei gutem Wetter hätten wir den Weg in wenigen Minuten zurückgelegt. Jetzt dauerte es länger, aber schließlich kamen wir doch an. Man musste uns gesehen haben, denn die Tür wurde gleich geöffnet, als wir da waren; wir stürzten ins Haus.

Als wir uns gesetzt hatten und nicht mehr ganz so nass waren wie beim Hereinkommen, alle mit einem heißen Becher in der Hand, den uns Meisterin Marie, Pierres Frau (sie hatten vor kurzem geheiratet), besorgt hatte, sagte sie mit einer Stimme, die keinen Widerspruch zuließ:

«Falls sich jemand unterstehen sollte, heute Abend noch von hier wegzugehen, muss er zuerst mich totschlagen.»

«Aber ...»

«Habt ihr gesehen, was für ein Wetter wir haben? Wollt ihr euch umbringen bei der Kälte, so wie ihr seid? Das käme Meister Beda gerade recht, diesem Kinderschreck.»

«Aber Meistere Lefèvre ...»

«Euer Meister Lefèvre ist ein vernünftiger Mann, Messire Oudin, er wird nicht verloren gehen. Haben Sie einen Treffpunkt vereinbart?»

«Mehrere sogar. Aber er ist ein alter Mann ...» Oudin machte die Fäuste. «Nicht zu glauben, dass die einen so ehrenwerten Mann verfolgen, die Krone aller Christen!»

«Er möchte Sie nicht verlieren, gesund hat er mehr von Ihnen. Und bei dem Sturm kommen Sie gar nicht vorwärts. Mit etwas Glück legt sich der Wind bis zum Morgen, Sie können gehen, sobald die Tore geöffnet werden.»

Sie starrte jeden von uns der Reihe nach an.

«Wenn ich es recht verstehe, haben wir hier heute Abend eine Bombe, und wenn es einem x-beliebigen Vollzugsbeamten einfallen sollte, sie holen zu wollen, könnten wir bei der Explosion alle umkommen.»

«Das muss nicht sein», sagte Pierre. «Wenn Seine Majestät wüsste ...»

«Aber Seine Majestät ist immer noch der Gefangene Karls v., und bis Sie davon erfährt und einschreitet, um Meister Lefèvre zu retten, könnten wir alle längst auf dem Scheiterhaufen sein.»

Niemand widersprach. Es stimmte.

«Also werde ich morgen früh auf unserem Maultier zu meiner Großmutter nach Charenton reiten, wo ich Ihnen zufällig begegne, Meister Oudin, und Ihnen das verdächtige Paket übergeben, denn Ihnen könnte es vom erstbesten Sergeanten abgenommen werden.»

«Das kommt nicht in Frage», rief Meister Antoine. «Wenn jemand das machen muss, dann tue ich es.»

Sie durchbohrte ihn mit ihrem Blick. Damals war sie bestimmt nicht mehr als sechzehn oder siebzehn Jahre alt, aber sie verstand es bereits, sich auf eindrucksvolle Weise Geltung zu verschaffen.

«Mein lieber Meister Augereau, mir kann gar nichts passieren, denn niemand wird auf den Gedanken kommen, mein Bündel zu beargwöhnen. Aber wenn einer von euch dem Pferd die Sporen gibt und einem Schutzmann begegnet, der Sie vom Sehen kennt und Ihnen übel will, sind Sie gleich Ihre Papiere los. Oder Ihr Leben.»

Es gelang ihr, uns alle umzustimmen. Wir blieben am Feuer sitzen und warteten, dass der Sturm sich legte.

Während langer Zeit sagte niemand etwas. Wir dösten vor uns hin. Stunden vergingen, ich weiß nicht, wie viele. Dann begann Meister Antoine mit leiser Stimme zu sprechen. Vermutlich richtete er sich an mich, aber es schien fast, als spreche er für sich ganz allein.

«Ich verstehe nicht mehr, was geschieht. Wir entdecken Kontinente, Gott schenkt uns das Buch, eine fabelhafte Erfindung, alles ändert sich.

Und nun hängen sich ein paar Kleingeister an dieses von vier ungestümen Pferden gezogene Gefährt und schreien, anhalten, anhalten, kehrt zurück zu dem, wie es vorher war, als wir im Nebel der gotischen Zeiten lebten. Warum fürchten sich die Leute davor, sich der Sonne des Wissens zuzuwenden? Warum sollte man nicht Gottes Wort läutern wollen? Niemand will Roms Kirche den Rücken kehren, man verjagt uns. Ist euch das klar? Lasst die Kinder zu mir kommen, sagte der Herr. Aber wenn wir die Mittel gefunden haben, um die Schrift allen zugänglich zu machen, kommt ein Beda gelaufen und sagt, sie zu übersetzen mache uns zu Ketzern. In welcher Welt leben wir eigentlich?»

Niemand hatte eine Antwort auf diese Frage.

Gegen Morgen legte sich der Wind wie erhofft. Als das Horn des Wächters und die ersten Glocken die Öffnung der Stadttore ankündigten, war Oudin bereit. Pierre brachte sein Pferd und das Maultier seiner Frau (die er zu keinem Zeitpunkt zu einem Rückzug zu bewegen versucht hatte – er betete sie an und vertraute ihr blind). Sie verabredeten sich in Charenton. Sie ritt in Richtung Petit-Pont, eine Magd begleitete sie. Oudin schloss jeden von uns in seine weiten Arme. Mir war schwer ums Herz. Würde ich ihn je wiedersehen? Er war zu aufgewühlt, um etwas zu sagen. Er machte sich auf den Weg Richtung Porte Saint-Jacques. Schon zu Pferd drehte er sich zu uns um und sagte:

«Übrigens: sie warten nur auf eine günstige Gelegenheit, um Ritter de Berquin zu verhaften und lebendigen Leibes zu verbrennen, solange der König nicht hier ist.»

Dann galoppierte er davon.

## XIX
### Wie das Glück meiner Hochzeit
### von ersten Verfolgungen getrübt wird, denen
### unsere Freunde zum Opfer fallen
### und uns in Gefahr bringen könnten

Meine Braut Guillemette und ich heirateten.

Das ist wirklich das einzig Heitere, was ich von dieser unglücklichen Zeit berichten kann.

Denn nachdem wir feststellen mussten, dass selbst jene, die ausdrücklich unter dem Schutz des Königs standen, behelligt und zur Flucht genötigt wurden, war dies auch für uns das Zeichen zum Kampf. Wir alle verwahrten uns gegen die Brandmarkung als Ketzer. Wir hielten uns gestern ebenso für gute Christen, wie wir uns heute als treue Diener der Kirche bekennen.

Meister Marot hatte unsere wachsende Verzweiflung gerade auf bewunderungswürdige Art in einem Gedicht ausgedrückt, das inzwischen die Runde machte. Es war an einen gewissen Nicolas Bouchard gerichtet, der ihm entfernt bekannt war, einen der Sorbonnokraten (nicht der Schlimmste, aber er war einer dieser Zunft).

Dieser feine Doktor der Theologie hatte Meister Marot aufgrund einer anonymen Anzeige verhaften lassen.

«Zweifellos eine enttäuschte Frau», scherzte Meister Marot und hob den Blick zum Himmel. Aber er glaubte selber nicht daran: man benutzte ihn als Mittel zum Zweck, um auf Madame Marguerite zielen zu können, es sollte eine Botschaft sein an sie. Seiner Meinung nach hatte er Glück gehabt. Niemand weiß, was mit ihm geschehen wäre, hätte er nicht in den Diensten der Herzogin gestanden, und wenn außer ihr nicht auch Jehan Marot, sein Vater, entschlossen eingegriffen hätte.

> *«Ich bin gewiss kein Lutheraner»*, verkündete Meister Marot,
> *«Kein Zwinglianer, & erst recht kein Anabatist:*
> *Ich bin von Gott durch seinen Sohn, den Jesuschrist.*
> *Ich bin der, der vieles schreibt,*
> *In dem nicht eine Zeile stünde,*
> *was nicht auf göttlichem Gesetze gründe.*
> *Ich bin der, der Müh' und Freude auf sich nimmt,*
> *Und des Christus & seiner Mutter Loblied singt,*
> *so voller Gnaden: & sie ganz zu haben,*
> *Mög' man sich an meinen Schriften laben.*
> *Kurz, der glaubt, der sie ehrt und preist, bin ich,*
> *Die Heilige, Wahre & Katholische Kirch'.*
> *Andere Lehre hat in mir nicht Keim:*
> *Mein Glaube, der ist rein.»*

Dann stellte er eine Frage, auf die wir alle gerne eine Antwort gehabt hätten:

> «Was also ist dein Begehr, oh katholischer Doktor?
> Was ist dein Begehr?»

Diese Frage stellte sich vielleicht auch Ritter de Berquin. Er wurde gleichzeitig mit Meister Marot oder kurz danach verhaftet. Man nutzte die Abwesenheit des Königs, um ihn bei sich zu Hause im Norden verhaften und in der Conciergerie einsperren zu lassen. Einmal mehr wurden seine Bücher beschlagnahmt und gierig alle Randnotizen durchgesehen, um ketzerische Ansichten zensurieren zu können. Und wenn man mit diesen Augen sucht, findet man.

Man musste sich den Tatsachen stellen: Trotz des Schutzes durch den König (der sich bereits für Robert Estiennes Arbeiten interessiert hatte) und desjenigen seiner Schwester ging die Angst um. Meister de Colines war von amtlicher Seite schroff getadelt worden und, von der Angst gepackt, willigte er Schlag auf Schlag ein, zwei oder drei flammend anti-lutheranische Bücher zu drucken. Robert und er hatten deswegen eine Auseinandersetzung, die im ganzen Haus zu hören gewesen war. Robert warf Simon Kleinmütigkeit vor, und Simon bezichtigte Robert der Tollkühnheit. Schließlich entschloss sich Meister de Colines zu außergewöhnlichen Maßnahmen.

Er rief uns an einem Samstag zusammen. Die Estienne-Brüder waren da, Meister Augereau, Meister Tory, Pierre Haultin und ich. Meister Marot, den wir benachrichtigt hatten, traf atemlos in letzter Minute ein.

«Wir können nicht alle nach Basel oder Straßburg verreisen», stellte Meister de Colines mit Bitterkeit fest. «Andererseits sehe ich auch nicht, wie wir hier bleiben und weiter das tun sollen, was wir tun. Solange Seine Majestät im Gefängnis ist, sind wir in Gefahr, auch wenn wir nicht die gleichen Feinde haben.»

Robert Estienne zuckte mit den Schultern.

«Ich habe mir sagen lassen, in Glaubensdingen sei der Kaiser ebenso stur wie Noël Beda.»

Simon ließ sich nicht beirren:

«Ein Grund mehr, Vorsichtsmaßnahmen zu treffen.»

«Ich werde die Herausgabe der Bibel nicht einstellen», sagte Robert entschieden. «Ich bin von der Notwendigkeit dieser Veröffentlichung überzeugt und werde vor diesem Männchen nicht kriechen.»

«Dieses Männchen, wie du sagst, hat die Macht, dich schon morgen auf den Scheiterhaufen zu schicken», antwortete Meister Antoine. «Er ist ein Eiferer. Er gibt sich nicht damit zufrieden, Martin Luthers Jünger als Ketzer hinzustellen. Es reicht schon, eigenständig zu denken, die Heilige Schrift zu studieren und davon zu reden, eine offenkundig fehlerhafte Übersetzung müsse durch eine andere, genauere ersetzt werden, und schon hängen wir am Galgen.»

«Das Hauptproblem», warf Meister Tory ein, der sich bis jetzt mit Zuhören begnügt und auf der Rückseite eines Blattes Makulatur etwas gezeichnet hatte, «scheint mir darin zu bestehen, dass Meister Beda und seine Leute nicht zwischen schwer und leicht unterscheiden, weder bei der Ketzerei noch bei der Strafe, die sie verdient. Auch gegen die Scheinverbrechen, die sie verfolgen, fordern sie nur das eine Mittel – den Scheiterhaufen.»

«Wissen Sie, was mein Vater über ihn sagte?», erkundigte sich François Estienne. Und weil niemand den Mund aufmachte, fuhr er fort: «Er hatte ihn gut gekannt damals, als Beda Direktor des Collège von Montaigu war. Er hatte sich als kühner Denker zu betätigen begonnen. Ob Sie es mir glauben oder nicht, aber mein Vater versicherte, Beda sei mit Erasmus befreundet gewesen, dieser habe eine Zeit lang an diesem Collège verbracht. Er stand auch mit Meister Lefèvre in Verbindung.»

«Das glaube ich nicht.»

«Warte, bis ich alles erzählt habe. Sie führten große Diskussionen, mehr oder weniger über alle Themen, über die sich die Leute auch heute noch Gedanken machen: den freien Willen, die Kirchenreform. Er war der eifrigste von allen – Beda macht nie nur halbe Sachen. Schließlich wurde er von seinen Vorgesetzten zurechtgewiesen, möglicherweise von seinem Bischof, ich weiß es nicht mehr. Und von einem Tag auf den anderen wechselte er die Seite. Vom Gegner wurde er zum Verleumder. Erasmus sprach nicht mehr mit ihm, und Meister Lefèvre verachtete ihn. Man hielt ihn für einen Verräter.»

«Offenbar hat er eine Widerlegung seiner zwei ehemaligen Studienkollegen verfasst,» bemerkte Meister Clément. «Das Gerücht macht jedenfalls in der Umgebung von Madame Marguerite die Runde.»

«Welche Studienkollegen?»

«Donnerwetter! Erasmus und Lefèvre. Wen sonst soll er denn angreifen? Er tut sich an Berühmtheiten gütlich. Denn dieses kleine Ungeheuer ist auch noch eitel. Aber eines muss man sehen: Ohne die derzeitigen Winkelzüge des Parlaments könnte Beda nicht so viel Unheil anrichten.»

«Das ist wahr», bemerkte Meister Tory. «Seit François verhaftet worden ist, versuchen sie der Krone die Macht gleich fetzenweise zu entreißen. Die Jagd auf Ketzer kommt dafür umso gelegener, als sie dem König, der keinesfalls dumm ist, ziemlich zu denken gibt. Sie versuchen alles, um Seine Majestät eines Fehlers überführen zu können. Deshalb brauchen sie überall Ketzer, um jeden Preis. Nur so gelingt es ihnen, den Herrscher, diesen guten Mann, der einen Lutheraner nicht von einer Schwalbe unterscheiden kann, unter ihrer Fuchtel zu behalten. Es ist ein teuflischer Plan. Dutzende, hunderte von Leben werden geopfert. Nehmen Sie zum Beispiel den armen Ritter de Berquin. Mit aller Verbissenheit suchen sie Streit mit ihm. Man möchte darüber lachen, wenn nicht sein Leben in Gefahr wäre. Sie wissen doch, dass man ihn verurteilt hat. Rückfälliger Ketzer. Er musste Abbitte leisten und alles, was dazu gehört. Aber bei dem Tatbestand reicht ein weiteres falsches Wort, und sie können ihn verbrennen, ohne Formalitäten.»

«Sagen Sie uns, Meister Clément, was denkt Madame Marguerite von alledem?»

«Sie schlägt mit Händen und Füßen um sich, sie schreibt, sie schreit, sie ruft zur Ordnung. Der Tod ihres Mannes hat sie nicht davon abgebracht, das zu tun, was sie für ihre Pflicht hält.»

«Es heißt, der Herzog von Alençon sei aus Scham darüber gestorben, nicht fähig gewesen zu sein, dem König, seinem Schwager, nach Padua zu Hilfe zu eilen.»

«Der Herzog von Alençon war schon immer ein Dummkopf, der seiner Gattin nicht das Wasser reichen konnte. Aber ich sage Ihnen: Wenn diese Frau nicht die Schwester des Königs wäre, hätte man sie längst bei lebendigem Leibe verbrannt. Sie weiß es, aber sie macht weiter. Sie ist sehr mutig, denn wenn dem König etwas zustoßen sollte, brächte sie das wahrscheinlich sofort in größte Gefahr.»

«Das alles bekräftigt mich in meiner tiefsten Überzeugung», wandte

Meister de Colines ein, «dass wir unbedingt Maßnahmen ergreifen müssen.»

Robert sah ihn unfreundlich an, und als er sprach, lag Verachtung in seiner Stimme oder Spott.

«Was haben Sie vor?»

«Es fällt mir schwer, aber ich finde, wir sollten uns trennen.»

Wir sahen uns voller Entsetzen an. Wir waren zu einer Gruppe zusammengewachsen, Leute, die sich kannten und seit langem zusammenarbeiteten.

«So entledigen Sie sich der Gefahr, die wir für den guten Gang Ihrer Geschäfte darstellen», warf Robert grob ein.

Eisiges Schweigen.

«Wir können unsere Zusammenkünfte natürlich einstellen und nicht länger über die Proportionen von Druckbuchstaben diskutieren, aber ich wäre untröstlich», beeilte sich Meister Tory zu sagen. «Mein Buch ist bereit. Ich nenne es *Champ Fleury*, wie wir es besprochen hatten. Die Bilder sind schon fast alle gestochen, und der Text braucht nur noch gesetzt zu werden.»

«Simon hat möglicherweise Recht. Wir sollten nicht den Eindruck erwecken, als würden wir uns verschwören», sagte Meister Antoine, um die Gemüter zu beruhigen. «Wolltest du dich nicht selbständig machen, Robert?»

«Doch, ich überlege es mir, aber ...»

Meister de Colines wurde deutlicher.

«Wenn wir nicht mehr eine fest gefügte Gruppe bilden, wird man vielleicht weniger auf uns aufmerksam. Das Haus ‹Zur Goldenen Sonne› weiter unten in der Straße, gegenüber dem Collège von Beauvais, sehen Sie, was ich meine?»

«Ja, und?»

«Es wird frei. Ich werde es mieten und mich dort einrichten. So sind

wir zwei verschiedene Häuser, aber in der Nachbarschaft.» Er lächelte.
«Der Weg muss kurz sein, meine Kinder, sonst bringt mich eure Mutter um. Sie hat nicht vor, euch aus den Augen zu verlieren.»
«So groß ist Ihre Angst, dass Sie uns dieses Haus überlassen wollen?»
Diesmal trat Roberts Feindschaft offen zutage. Er verzieh Simon nicht, dass er ein Buch von Josse Clichtove herausgebracht hatte, einem alten Schüler Meister Lefèvres, der die Seite gewechselt und eine Abhandlung mit dem Titel *Der Anti-Luther* geschrieben hatte, in der er laut Robert gänzlich leugnete, bei Meister d'Étaples in die Schule gegangen zu sein. Meister de Colines tat so, als ob er nichts bemerkt hätte, und antwortete liebenswürdig.

«Mein lieber Robert, das Haus ‹Zu den Kaninchen› gehört Ihnen, Ihnen und Ihren Brüdern, da versteht es sich von selbst, dass ich es bin, der geht.»

Meister Marot seufzte.

«Ich hoffe, dass es etwas nützt. Aber ich muss Ihnen sagen, wenn man mich beschuldigt hat, in der Fastenzeit Speck gegessen zu haben und mich deswegen ins Gefängnis geworfen hat, aus dem ich einmal mehr nur dank der Herzogin wieder herausgekommen bin, dann euretwegen; und auch nicht nur deshalb, weil ich Diener der Herzogin bin, obwohl dies zweifellos eine Rolle gespielt hat. Schuld daran ist die Tatsache, dass ich angefangen habe, die Psalmen Davids in schöne französische Verse zu übersetzen. Ich tue dies, damit jedermann sie singen kann und sie versteht, zur allergrößten Ehre Gottes. Aber die Bedaïsten finden, das sei eine Beleidigung der göttlichen Majestät, Ketzerei und zu verbieten.»

Meister Antoine machte eine Handbewegung.

«Ich werde die Gelegenheit nutzen, wieder ganz zu Meister Bocard zurückzukehren. Er wird wirklich alt, er braucht mich, und ich mag ihn zu gerne, um mich ihm nicht verpflichtet zu fühlen.»

Ich nahm meinen Mut in beide Hände.

«Ich meinerseits habe vor, zu heiraten, Guillemette verlangt es von mir. Sie will nicht länger warten, und ich ehrlich gesagt auch nicht.»

Für kurze Zeit redeten alle durcheinander, um mich zu beglückwünschen.

«Gestern habe ich gehört, Meister Chevallon suche jemanden, der sich um seine Druckerei kümmert», sagte Charles Estienne. «Ich sage es dir, denn er sprach davon, diesen Mann in einer Wohnung unter dem Dach unterzubringen. Wenn die Behausung annehmbar ist, könnte das eine Gelegenheit für dich sein. Er veröffentlicht nur fromme und absolut orthodoxe Werke, du würdest hinter seinem Programm verschwinden.»

Darüber musste ich lächeln.

«Meister Chevallon? Und wo wohnt er?»

«Im Haus ‹Zur Goldenen Sonne›, jenem in der Rue Saint-Jacques. An der Rue Saint-Jean-de-Latran führt er auch einen Buchladen, ‹Zum Heiligen Christophorus›. An welcher der beiden Adressen er seinen künftigen Vorarbeiter unterzubringen gedenkt, weiß ich nicht.»

Da gab es nur eines: ihn aufzusuchen.

Claude Chevallon war rund und blond. Von erstaunlicher, weil unerwarteter Liebenswürdigkeit. Er empfing mich bei sich zu Hause, ließ mir eine Mahlzeit auftragen und ein Glas Wein, bevor er überhaupt eine Frage stellte.

«Mein lieber Garamond», sagte er, nachdem ich einige Worte über meine Herkunft gestammelt hatte, «ein Mann aus der Druckerei der Estiennes und mit Antoine Augereau als Lehrmeister kann nichts anderes als willkommen sein. Sie haben Glück. Ich habe noch gar nicht angefangen, den Vorarbeiter zu suchen, den ich brauche, ich habe neulich abends nur beiläufig davon gesprochen. Deshalb stelle ich Sie ohne Wenn und Aber ein. Auf Probe, damit wir sehen, ob wir zusammenpassen.»

Ich verneigte mich.

«Leben Sie allein, junger Mann?»

«Mhm ... Eben. Ich hatte vor zu heiraten. Guillemette Gaultier und ich sind seit mehreren Jahren verlobt, zunächst wollte ich warten, bis ich mein eigener Meister wäre, aber ...»

«Nein, nein, warten Sie nicht länger. Ich gebe Ihnen die Wohnung über der Buchhandlung, im Haus ‹Zum Heiligen Christophorus›, sie steht derzeit leer, mein Sohn ist ins Haus ‹Zum Spinnrad› zwei Schritte von hier umgezogen, ich habe es gerade gekauft.»

So kam es, dass Guillemette und ich heirateten. Das Fest in Paris war weniger üppig als die Hochzeit meiner Mutter und meines Stiefvaters im Poitou, aber schön war es trotzdem.

Ich ging zu der Blumenfrau, die in den zehn Jahren, die ich hier lebte, an jedem Tag des Jahres (wie mir schien) an der Ecke der Rue des Noyers stand und mit ihren Liedern immer wieder Fröhlichkeit in traurige Tage brachte.

*«An meinen Nelkenkübel*
*Prall gefüllt ist er,*
*Um Sträuße zu binden*
*Für die Verliebten.»*

Sie verfügte über ein ganzes Programm dieser liebenswürdigen Rufe, denen ich, das muss ich gestehen, nie die nötige Aufmerksamkeit geschenkt habe.

Ich bat sie, uns die Blumenkränze zu machen und unser Haus zu schmücken – das heißt, ich gab ihr Arbeit für mehrere Tage. Sie nahm den Auftrag mit Begeisterung entgegen und machte sich ans Werk.

Dank eines unbeabsichtigten neugierigen Blicks wusste ich, dass Meister Antoine dabei war, einen Spinnrocken zu schnitzen, es gab keinen Zweifel, es würde sein Hochzeitsgeschenk für Guillemette sein.

Ich habe herausgefunden, dass man, wenn man heiraten wollte, sein Aufgebot verkünden musste. Dann gab es den Hochzeitskorb, in welchem mehrere Dinge keinesfalls fehlen durften – ein Paternoster, eine bestimmte Anzahl Röcke, ein Silberlöffel ... Ich gestehe, dass ich das meiner Mutter überlassen habe, die sich mit einer unglaublichen Energie um die Vorbereitung des Festes kümmerte.

«Mein kleiner Claude», ich überragte meine Mutter seit langem um einen Kopf, aber für sie blieb ich immer ihr kleiner Claude, «du hast eine lange Reise gemacht, um mich Antoine zu geben, erlaube mir, dass ich mich jetzt meinerseits verausgabe. Wie du mir, so ich dir, könnte man sagen.»

Sie lachte ihr Mädchenlachen. Meine Schwester und ihr Mann (sie hatten inzwischen zwei Kinder) besuchten sie von Zeit zu Zeit, um ihr zu helfen. Sie hatten vereinbart, ein Hochzeitsmahl zu bestellen, das man heue als pantagruelisch bezeichnen würde – aber damals gab es Pantagruel noch nicht. Und wenn doch, wussten wir nichts davon.

Die Hochzeit fand in der Kirche zu Saint-Jacques-du-Haut-Pas statt, sie ist klein und sie war voll, obwohl wir nicht so zahlreich waren.

Mein Bruder und meine Schwester mit ihren Familien waren gekommen, meine Mutter, die mich zum Altar führte, Meister Antoine natürlich, mit seinem Lehrling, meinem Schwager Pierre, und der Rest der Familie Gaultier (die ich nicht so gut kannte). Die Familie Estienne war vollzählig erschienen, ebenso Meister de Colines und Meister und Meisterin Tory.

Ich hatte in den Tagen davor mehrmals gesagt, dass mir Oudin fehlen würde. Er war mein treuer Freund, in dem ich seit langem einen älteren Bruder sah, obwohl er immer wiederholte: «Ich bin nur ein Diener.»

Meister Marot, der für Angelegenheiten bei Hofe der am besten informierte Mann überhaupt war, teilte uns mit, das erste, was der König nach seiner Rückkehr aus dem Gefängnis getan habe, sei der Versuch gewesen, Ritter de Berquin aus der Conciergerie herauszubekommen, wo er nach wie vor vegetierte, und Meister Lefèvre und Meister Roussel zurückzurufen. Er sagte, Meister Lefèvre halte sich derzeit unter königlichem Schutz in Blois auf.

«Geben Sie mir eine Nachricht für ihn, ich will schauen, ob ich sie ihm zukommen lassen kann.»

Es hatte geklappt. Am frühen Morgen meines Hochzeitstages fanden meine Mutter und Meister Antoine Oudin vor ihrer Haustür. Als ich seine mächtige Gestalt und sein liebes Gesicht in der Menge entdeckte, die in die Kirche drang, spürte ich, wie sich meine Augen mit Freudentränen füllten.

In Wahrheit war ich an diesem Tag noch ergriffener als bei der Hochzeit meiner Mutter und meines Stiefvaters.

Nach der Zeremonie feierten wir den ganzen Nachmittag lang an der Rue des Carmes. Oudin ließ wie üblich die Teller tanzen – zur allergrößten Freude der Gäste. Er spielte einen seiner Schwänke, wechselte von einer Rolle in die andere, und die Kinder, die zwischen unseren Beinen herumliefen, ließ er auf seinem Rücken reiten. Eines der lebhaftesten war mein junger Bruder, der etwa fünf Jahre alt war. Bei all den Schriftschneidern, unter denen er aufwuchs, war es kein Wunder, dass er das Alphabet bereits auswendig konnte; er schrieb mit ungelenker Hand, aber er schrieb. Und Meister Antoine brachte ihm die Grundlagen des Lateinischen bei. Der Bub überschüttete uns mit Kinderversen und kurzen Gedichtlein und stellte ein Gedächtnis unter Beweis, um das ich ihn beneidet.

Am Abend endete für mich sowohl der Ledigenstand als vorübergehend auch mein Leben als Schriftschneider. Am folgenden Tag begann ich die Arbeit bei Meister Chevallon.

«Zu schade, dass du mich verlässt», raunte mir Pierre Haultin zu, als er, etwas beduselt wie ich übrigens auch, gehen wollte, «morgen beginne ich mit Versuchen.»

«Was für Versuche denn?»

«Das Schneiden von Musiknoten.»

«Was?»

«Du hast richtig gehört, Musiknoten, *la, la, la la, laaaa-la.*»

«Das will ich gesehen haben.»

«Ich zähle auf dich. So oder so wird die Auflösung unserer Gruppe die feinen Spürnasen nicht täuschen. Sie werden einfach etwas mehr arbeiten müssen, um uns im Auge zu behalten.»

«Immerhin etwas.»

«Stimmt, sorgen wir dafür, dass sie zu tun haben.»

Marie, seine Frau, kam und entriss ihn unserer Unterhaltung, dann gingen sie beide und lachten von Herzen.

Wie üblich verweile ich aus lauter Feigheit bei glücklichen Augenblicken: ich fürchte mich davor, dem Unglück gegenüberzutreten. Es ereilte uns dennoch ziemlich bald. Mit «uns» meine ich nicht unsere kleine Gruppe, sondern die Buchhändler im Allgemeinen.

Unerschrocken ordnete Robert sein Haus neu, er gab ihm sogar einen neuen Namen: Aus «Zum Heiligen Jean-Baptiste» wurde «Zum Olivenbaum». Er setzte seine Arbeit an der Bibel fort, vervielfachte die Neuerungen, ohne sich um die Gefahr zu kümmern.

Ich persönlich war in Sicherheit. Vorarbeiter zu sein, war eine Abwechslung, ich hatte das vorher noch nie gemacht. Meister Chevallon druckte betont auffällig weiter ein religiöses Buch nach dem anderen. Das erste, an dem ich arbeitete, waren die *Opera omnia* des Heiligen Bernard von Clairvaux.

Gleichzeitig hatte ich mich mit einer umfangreichen Abhandlung zu befassen, die beinahe fertig gestellt war, die aber, ohne dass Meister Chevallon das getadelt hätte, so sehr in den übrigen Arbeiten unterging, dass die Theologische Fakultät vermutlich gar nicht bemerkte, dass ihr Inhalt doch ziemlich mehrdeutig war; die Sorbonnokraten waren so blind für die sich vollziehenden Veränderungen, dass sie nicht erkannten, wie sehr sich diese nicht nur auf die Religion, sondern auf sämtliche Lebensbereiche auswirkten. In diesem besonderen Fall handelte es sich um den *Methodus medendi* von Galien, eine medizinische Abhandlung. Diesem Buch war es zu verdanken, dass ich jemanden wieder traf, den ich aus den Augen verloren, an den ich aber oft gedacht hatte: Bruder François Rabelais.

Guillaume Budé war ein großer Gelehrter, den einzuschüchtern nicht einmal Noël Beda gelungen war. Er war es, der Galiens Abhandlung ausgegraben, herausgegeben und kommentiert hatte.

Während er mit Meister Chevallon Probleme des Wortschatzes und der Seitengestaltung besprach, nahm ich für einen Augenblick Meister Rabelais beiseite und bat ihn, zu berichten.

Seinem Freund Pierre Lamy und ihm war es endlich gelungen, bei den Franziskanern von Fontenay auszutreten, aber es hatte des tatkräftigen Eingreifens Meister Budés und sogar Monseigneur du Bellays bedurft (wenn ich mich nicht irre), denn zunächst hatte man die zwei Mönche der Ketzerei bezichtigt, man hatte ihnen griechische Bücher weggenommen und Meister François ins Gefängnis geworfen. Pierre Lamy war es gelungen, zu fliehen, bevor er eingesperrt wurde, er eilte nach Maillezais, um Monseigneur d'Estissac zu warnen, der einer von Meister Rabelais Jugendgefährten gewesen war und die beiden Mönche sehr schätzte.

«Er schickte einen Boten mit Siebenmeilenstiefeln nach Paris, mehr sage ich nicht», erzählte Meister Rabelais und lachte. «Ich hatte kaum Zeit, so durstig zu werden, dass ich alleine ein ganzes Fass hätte austrinken können, so hungrig, dass ich angefangen hätte, an den eigenen Händen zu knabbern oder meine Leber zu verspeisen, und so zu frieren, dass ich mich nie mehr davon erholt hätte, als er persönlich und mit großem Gefolge in Fontenay erschien, ausgestattet mit einem Brief von Monseigneur du Bellay und in Begleitung bewaffneter Männer, um der Sache den nötigen Nachdruck zu verleihen. Der Abt wollte zunächst Widerstand leisten, aber Monseigneur d'Estissac, der ein ebenso guter Soldat wie Humanist ist, befahl seinen Männern, die Türe meines Verlieses einzudrücken, und damit war die Sache erledigt. Sie öffneten ohne weiteres. Und wissen Sie, was d'Estissac dann gesagt hat?»

«Er hat gesagt, schön, Sie wieder zu sehen.»

«Ganz im Gegenteil: ‹Beim Heiligen Apostel Foutin, Rabelais, Sie wagen es, mir in diesem Aufzug vor die Augen zu treten, schmutzig, ausgezehrt und stinkend wie eine Fleisch gewordene Jauchegrube.› Ich konnte nur gerade antworten: ‹Ich habe dieses Kleid angezogen, um Ihnen gegenüber Respekt zu wahren, Monseigneur. Sonst wäre ich in meiner derzeitigen Verfassung womöglich versucht gewesen, Ihnen beide Wangen zu küssen.› Es war höchste Zeit, ich hatte nichts mehr, nichts zu essen, nichts zu trinken, seit acht Tagen, ich glaube, diese heiligen Männer hatten kurzerhand beschlossen, mich dahinscheiden zu lassen. Ich hatte bereits diese Wahnvorstellungen, die kommen, wenn man über längere Zeit nichts zu sich genommen hat. Es hat Wochen gedauert, bis ich wieder hergestellt war. Kurz, ich habe teuer bezahlt für meinen Auszug bei den Franziskanern.» Er drehte sich im Kreis wie eine Dame, um uns seine Benediktinerkutte bewundern zu lassen. «Mein einziger Kummer ist, dass ich während dieser Zeit von Bruder Pierre Lamy getrennt war, ihm verdanke ich meine Rettung. Man hat mir gesagt, er sei in Lyon. Ich eilte hin, aber er war bereits nach Basel weitergereist. Und jetzt soll er, wie man gerade erfährt, dort unten schlechter dran sein als je, ganz allein. Er war nie von besonders robuster Gesundheit, nun wird auch das Wenige, was ihm geblieben ist, zerrüttet sein.»

Er suchte Meister Budés Blick.

«Er brachte mich hierher, um ihm beim Durchsehen des Textes zu helfen, wir wollen ihn nicht warten lassen. Ein sehr wichtiger Text übrigens. Ich habe vor, ihn Wort für Wort zu studieren. Wenn ich es wie erhofft schaffe, Arzt zu werden, wird er mir von größtem Nutzen sein. Stellen Sie sich das vor: die richtige Deutung eines Wortes von Galien kann Leben retten. Nun denn, mein Freund, ich kehre zu diesen Herrschaften zurück. Ich zweifle nicht, dass wir uns wiedersehen werden.»

Ich mochte in Sicherheit sein, andere waren es nicht.

Ich weiß nicht genau, in welcher Reihenfolge sich die Ereignisse abspielten. Lebendigen Leibes verbrannte man einen Drucker, den man für schuldig befand, ein aufrührerisches Buch gedruckt zu haben, einen jungen Advokaten, den man beschuldigte, Lutheraner zu sein, einen Handwerker, der sich gefragt haben soll, ob es Recht sei, die Jungfrau zu verehren. Ebenfalls hingerichtet wurde ein Adeliger aus dem Poitou, Herr de la Tour (Meister Antoine, der dessen Familie kannte, war außer sich) aufgrund von Gerüchten: er soll für Luther gepredigt haben, als er sich im Dienste des Königs in Schottland aufhielt. Einen Schiffer verbrannte man wegen ungenügender Frömmigkeit. Das sind die ersten Fälle, die mir in den Sinn kommen, ohne suchen zu müssen, aber es sind nicht alle. Diese finstere Litanei könnte fortgesetzt werden. Ritter de Berquin hatte man noch nicht hingerichtet, und wenn dies bedeutete, dass er ein weiteres Mal davongekommen war, musste man doch feststellen, dass seine Freilassung immer noch auf sich warten ließ.

In diese drückende Stimmung hinein kam Meister Beda mit einer Abhandlung, von der wir gehört hatten, an die aber angesichts der Ungeheuerlichkeit ihres Gegenstandes niemand geglaubt hatte: es waren seine *Annotationes in Jacobum Fabrum Stapulensis libri duo, et in Desiderium Erasmus Roterdamum liber unus.*

Diese zwei großen Gelehrten wurden gleichzeitig mit Ritter de Berquin (dem Erasmus-Übersetzer) angeklagt, «heimliche Ketzer» zu sein. Meister Lefèvre bedachte er mit einer Reihe von Schimpfnamen wie «Arianer» oder «Mazedonier». Man erwarte nicht von mir, diese Beinamen zu erklären.

Meister Antoine war es gelungen, ein Exemplar des Buches aufzutreiben.

«In Wirklichkeit verwechselt Meister Beda mit der gleichen Missbilligung Schismatiker und Humanisten, die auf die Neue Zeit setzen, zu denen auch ich mich zu zählen erlaube; nach seiner Ansicht sind wir schuld an der Kirchenspaltung, wenn es sie denn gibt. Für ihn sind Humanist und Lutheraner schlicht Synonyme.»

Ich blätterte das Werk durch, und ich muss sagen, zeitweise glaubte ich meinen Augen nicht. Beda nahm kein Blatt vor den Mund: Schon im Vorwort beschimpft er die Humanisten grospurig als *Sabelliner, Eunomiten, Donatisten, schändliche Ketzer, Waldenser, Hussiten,* erklärte *Wiklefisten, Gotteslästerer, Gottlose, Gewissenlose.*

Darüber hinaus rühmte er sich, die von ihm verdammten Bücher nicht gelesen zu haben. Zwölf Jahre nach ihrem Erscheinen entdeckte er in den *Kommentaren zu den Paulusbriefen* plötzlich nicht weniger als hundertdreiundvierzig ketzerische Aussagen, obwohl er sie gar nicht gelesen haben wollte!

In den einzelnen Kapiteln richtete er sich direkt an die Opfer seines hohlen (aber nicht minder gefährlichen) Redeflusses.

Erasmus warf er vor, eine *Komödie* zu spielen, *die nur Dummköpfe zu täuschen vermag.* Für Meister Beda war der Meister aus Rotterdam ganz einfach deshalb ein Kirchenspalter, weil er Dinge schrieb, die man zuvor noch nie gelesen hatte. Denn jede Äußerung, *die sich von der Geistestradition entfernt, die die Sorbonne bewahrt, ist gefährlich.*

Als Meister Antoine das las, sprang er auf.

«Das ist es. Lieber bleiben wir für immer und ewig gefangen in den Nebeln der Urzeit. Leugnen wir die Errungenschaften der Zeit. Halten wir die Uhr am Palais an, wenn wir schon dabei sind!»

Auch Meister Lefèvre kam nicht zu kurz. Wenn er die Verderbtheit der Mönche anprangerte, dann nach Bedas Auffassung deshalb, um deutlich zu machen, dass das religiöse Leben nicht in der Lage sei, die göttlichen Gesetze zu befolgen. Beweis? *Das habe ich vor drei Jahren von einem seiner Jünger gehört,* schrieb der Verfasser, *der sich eindeutig in den Worten seines Meisters ausdrückte.* Unwiderlegbar, versteht sich ... Wer nach dem Vorbild des Heiligen Paulus von der Achtung sprach, die man weltlicher Macht schulde, dem wurde unterstellt, er wolle die *Macht der Kirche beseitigen.*

Die Liste solchen Unsinns brauchen wir nicht zu verlängern.

Die Vorgehensweise dieses finsteren Theologen war so erbärmlich, dass sogar ich deren Oberflächlichkeit erkannte. Er verurteilte etwas in Bausch und Bogen, pickte einzelne Überlegungen heraus und verdammte sie. Auf den Zusammenhang kam es ihm nicht an, auch nicht auf die Absichten des Verfassers und auf den eigentlichen Sinn des Textes.

Diese *Anmerkungen gegen Jacques Lefèvre d'Étaples und Erasmus von Rotterdam* bewirkte bei letzterem einen wilden Zornesausbruch, der von Basel aus, wo sich Erasmus aufhielt, bis nach Paris zu hören war. Um die *bedaici*, wie Erasmus sie nannte, anzuprangern, wandte er sich an das Parlament und an den König, inzwischen aus Spanien zurückgekehrt, wo er gefangengehalten worden war und wo man ihn nur gegen seine zwei Söhne – als Bürgschaft sozusagen – hatte gehen lassen.

Seine Majestät zögerte keine Sekunde: sie verbot die *Anmerkungen.* Zu viele seiner Freunde wurden darin aufs Gröbste verunglimpft.

Ritter de Berquin, für den Madame Marguerite ein weiteres Mal die Freiheit hatte erwirken können, schien zu frohlocken. Er machte es sich augenblicklich zur Aufgabe, in den *Anmerkungen* selbst zwölf ketzerische Äußerungen als solche zu bezeichnen. Es muss ihm sogar gelungen sein, Meister Beda Angst einzujagen, denn als sein Buch dann doch (ich weiß nicht in welcher Stadt Deutschlands) erschien, fehlten die zwölf fraglichen Äußerungen. Aber das Wesentliche lag anderswo, das Wesentliche war, dass sich der Ritter in der Person Meister Bedas einen gnadenlosen Feind geschaffen hatte, der überall «den Irrtum» zu sehen glaubte und nicht aufhörte, sich dagegen zu stemmen, wo immer er auftauchte. Meister Budé, der immer noch regelmäßig Meister Chevallon wegen seines Buches aufsuchte, war ebenso entrüstet wie Meister Antoine.

«Meister Erasmus schreibt mir, *in Beda steckten tausend Mönche*; der

Sturmlauf dieser Leute sei eine *Verschwörung der Unverschämtheit, der Dummheit und der Angst.*» Er seufzte. «Er hat Recht. Diese begriffsstutzigen und faulen Leute, die sich an veraltete Denkweisen klammern, bringen das humanistische Gedankengut in Gefahr, meine Freunde.»

Als ich am Abend nach Hause kam, sprach ich mit Guillemette über diese Dinge. Wie viele andere Töchter von Druckern konnte sie seit frühester Kindheit lesen und schreiben. Sie hatte auch dem Ruf des Buchladens unter unseren Füßen keinen Widerstand geleistet, sie ging oft hinunter. Schließlich ergab es sich sogar, dass sie dem Chevallon-Sohn und seiner Frau beim Bücherverkauf behilflich war.

Und wenn ich abends nach Hause kam, erwartete sie mich immer mit einem Buch auf den Knien.

Unsere Ehe war wolkenlos. Oder sagen wir, sie wäre wolkenlos gewesen, wenn wir ein Kind bekommen hätten. Aber zwei Schwangerschaften hintereinander waren schlecht verlaufen. Guillemette hatte beide Mal das Kind verloren, bevor es lebensfähig war. Nach diesen beiden Fehlgeburten war sie nicht einmal mehr schwanger geworden; heute sind wir immer noch glücklich zusammen, aber wir mussten uns an den Gedanken gewöhnen, dass wir keine Nachkommen haben würden.

## XX
### Wie wir daran arbeiten, das Alphabet der Neuen Zeit zu schaffen, und wie gleichzeitig die Kräfte der gotischen Zeit Ritter de Berquin vernichten

AM LIEBSTEN WÜRDE ICH in meinen Erinnerungen an Meister Antoine Augereau einige der folgenden Jahre kurzerhand überspringen. Wir arbeiteten – viel.

Bei Meister Chevallon blieb ich nicht sehr lange Vorarbeiter. Ich erklärte ihm, ich hätte vor, selber Meister zu werden, und wolle als Meisterarbeit eine neue römische Schrift schneiden. Ich sagte ihm auch, dass ich mich selbständig machen wolle, nicht als Drucker, sondern als Schriftschneider, falls sich meine Buchstaben als erfolgreich genug erweisen würden. Meister Chevallon ist sowohl ein kluger Geschäftsmann als auch ein sehr liebenswürdiger Mensch. Er verstand meinen Wunsch, suchte nach einer für ihn und für mich vorteilhaften Lösung und schlug mir vor, während eines Teils meiner Zeit als Drucker zu arbeiten und während des Rests als Schriftschneider. Wenn sie ihm gefalle, beanspruche er das Recht, als Erster die Schrift zu verwenden, die ich zu schneiden beabsichtige. Nach ein oder zwei Jahren trat ich den Posten eines Vorarbeiters an einen anderen ab.

Ich machte meine Meisterarbeit, Meister Chevallon benutzte die Schrift, wenn seine Kunden Römische verlangten, und ich wurde Meister. Auch wenn die Zunft zufrieden gestellt war, ich war es nicht, ich fand, nicht beharrlich genug gearbeitet zu haben, das Ergebnis befriedigte mich nicht.

Schlimmer noch: Ich sah Meister Antoines Gesicht, als er diesen ersten Versuch selbständiger Arbeit in Augenschein nahm.

«Erlaubst du mir ein paar Bemerkungen?», sagte er.

«Sie können mir auch sagen, ich solle von vorne anfangen, wenn Sie wollen, Meister Antoine. Ich habe für diese heikle Arbeit nicht so viel Zeit zur Verfügung gehabt, wie ich gewollt hätte, ich bin mir ihrer Schwächen durchaus bewusst.»

«Dann such dir einen Teilhaber, mach dich selbständig und schneide etwas, was wirklich neu ist, du hast alles, was es dazu braucht, das Wissen und die Fähigkeiten. Robert Estienne wird bestimmt bei dir eine Schrift bestellen, wenn er weiß, dass du sie zu schneiden bereit bist.»

Ich ging zu Robert, der sofort begeistert war.

«Gerade habe ich mit Meister Antoine vereinbart, dass er nach meinen Vorstellungen eine einmalige Schrift schneidet, im Geiste dessen, was ihr mit Meister Tory besprochen habt, aber die nächste ist deine Sache. Wenn du einmal ein römisches oder griechisches Alphabet hast ...»

«Ich kann nicht Griechisch.»

«Aber du kannst es lesen und du hast einen Meister, der es schneiden kann, du willst mir doch nicht weismachen, du hättest nicht zugeschaut, wie er es macht?»

«Natürlich habe ich zugeschaut.»

«Dann weißt du also, wie er es macht.»

«Ja, zuerst schreibt er, dann kopiert er seine Schrift. Aber seine griechische Handschrift ist bewundernswert. Meine gibt es gar nicht.»

«Wenn es so weit ist, werden wir einen Künstler finden, der für dich das Griechische schreibt, komm. Und weil du ein gutes Auge und eine sichere Hand hast, wirst du großartige Arbeit leisten. Nicht zu reden davon, dass wir auch noch da sind und dir helfen können. Ich werde ganz gewiss nicht der einzige sein, der deine Druckbuchstaben brauchen will, gleichgültig ob es römische oder griechische sind. Ihr, Meister Antoine und du, werdet nicht zu viele sein für die vielen, die sich dafür interessieren; eure Schriften werden sich unterscheiden, zwei verschiedene Deutungen der einen Quelle sein: das erleuchtete Wissen.»

«Meine wird nicht viel mehr sein als ein bleiches Abbild der seinen.»

«Du gehst mir auf die Nerven, Claude. Du verbringst deine Zeit damit, deine Fähigkeiten in Zweifel zu ziehen. Man muss etwas wagen, vor allem jemand wie du mit so vielen Talenten. Du hast nicht die gleichen wie ich, aber ich wäre völlig unfähig, das zu tun, was du tust. Du hast bei Meister Antoine gelernt, im Augenblick ist er noch ein wenig besser als du. Daran ist nichts Ehrenrühriges, und ich erlaube mir darauf zu wetten, dass es nicht so bleiben wird. Außerdem, was ihn wirklich fesselt, ist die Arbeit des Verlegers. Schriften schneidet er in erster Linie für sich selbst. Für mich macht er eine Ausnahme, weil er es mir, als ich etwa zwölf Jahre alt war, versprochen hat, und weil er ein Mann ist, der sein Wort hält. Kennst du Meister Galiot du Pré?»

«Flüchtig. Zu meiner Zeit als Lehrling führte er einen Laden im Palais. Ich erinnere mich, dass es bei ihm alle möglichen Bücher gab. Nicht nur theologische und juristische Abhandlungen.»

«Ja, er ist ein Mann mit verschiedenen Interessen, und er verfügt über eine Fähigkeit, um die ich ihn beneide, er versteht es, Gewittern aus dem Weg zu gehen. Ich erwähne ihn, weil er will, dass Meister Antoine seine eigene Druckschrift für ihn verwendet, sobald sie fertig ist. Und auch hier ist Augereau sehr zurückhaltend, obwohl Galiot und er dank Meister Bocard, der Meister du Pré gut kennt, seit einiger Zeit eng befreundet sind.»

Meister Antoine arbeitete inzwischen ausschließlich bei Meister Bocard, der nun zwar weniger aktiv war als früher, aber immer noch dicke Bücher druckte. Trotzdem fand Meister Antoine noch Zeit, bis in alle Einzelheiten völlig neue Buchstaben zu entwerfen, die nichts mehr zu tun hatten mit denjenigen, die er einst für die Estiennes geschnitten hatte. Er hatte vor, Robert einen Satz zu liefern und dann gleich einen zweiten für sich selbst zu schneiden. Ich traf ihn oft über seine Zeichnungen gebeugt oder mit einer Gegenpunze in der Hand.

«Diesmal bin ich zu den Quellen zurückgekehrt: niemand hat bessere Kleinbuchstaben gemacht als Meister Griffo, Meister Tory hat zwar viel gearbeitet, aber vor allem mit den Großbuchstaben. Erinnerst du dich an Meister Griffo?»

«Natürlich.»

«*De Ætna*. Ich habe es immer noch, und es regt mich an.»

Ich weiß, dass er sich hin und wieder mit Meister Marot traf und dass die beiden Männer viel diskutierten. Die seltenen Male, als ich dabei war, stellte ich fest, dass von der Religion über die Orthographie bis zur Typographie alles vorkam. Gelegentlich ließ sich Meister Clément auch zu Höhenflügen über seinen Marotteau hinreißen, den kleinen Jungen, den die Frau, die er im vorigen Jahr geheiratet hatte, gerade eben zur Welt gebracht hatte – und die er regelmäßig seine «Marotte» nannte.

Meine Mutter lebte ein harmonisches Leben mit ihrem zweiten Mann. Weitere Kinder kamen keine mehr.

«Guillaume war für mich die Überraschung kurz vor Torschluss», sagte sie gerne spaßeshalber, «das Geschenk des HErrn, womit er uns zeigen wollte, dass unsere Verbindung gesegnet ist und sie Ihm gefällt.»

Mein Halbbruder Guillaume wuchs heran, sein Vater brachte ihm geduldig Lesen, Schreiben, Latein und Arithmetik bei, während das Schriftschneiden für ihn noch ein Spiel war, auch wenn das Ergebnis (damals in Holz geschnitzt) noch sehr zu wünschen übrig ließ.

Mit diesen Zeilen habe ich den Alltagstrott zusammengefasst, der drei oder vier Jahre andauerte.

Dass ich etwas länger bei dieser Zeit verweile, hat mit den Ereignissen zu tun, die sich außerhalb unseres Familien- und Berufslebens zutrugen. Erwähnenswert sind diese Ereignisse nicht nur, weil sie das Geschick der Pariser und Pariserinnen bestimmten, sondern auch, weil sie mittel- oder unmittelbar den Tod Meister Antoines und aller übrigen Opfer der Unterdrückung zur Folge hatten, die auch heute noch ihr Unwesen treibt.

Ein Wendepunkt war erreicht, als eines Tages einer jener Verrückten, die glauben, eine Idee, die sie sich gerade zu Eigen gemacht haben, unbedingt und sofort allen aufzwängen zu müssen, an einer Hausecke in der Nähe der Petit-Saint-Antoine-Kirche ein Bildnis der Jungfrau verwüstete. In meinen Augen war ein solcher Mann kein bisschen besser als Meister Beda. Das Volk erhob sich. Aus allen Pariser Pfarreien strömten lange Prozessionen herbei, am Schauplatz der Verwüstung wurden Gebete gesprochen und Drohungen ausgestoßen. Das Gleiche taten unter der Führung des Rektors die Hilfskräfte der Universität, Doktoren, Lizentiaten, Diplomierte, Meister der Künste, Studenten. Schließlich suchte sogar der König persönlich samt seinem Hofstaat, seiner Geistlichkeit und seinen Bogenschützen baren Hauptes und mit einer Kerze in der Hand den Ort auf. Und das Schauspiel der allgemeinen Entrüstung verhärtete seine Haltung: wenn er bis jetzt den neuen Ideen gegenüber nachsichtig gewesen war, so traf dies anschließend nicht mehr zu. Jedenfalls nicht während einer gewissen Zeit, denn laut Meister Marot änderten sich die Stimmungen und Meinungen des Königs oft. Die Verfolgung kam wieder in Gang, schlimmer noch als zu der Zeit, als er Gefangener war, und umso heftiger, da sie auf eine Kampfpause folgte.

Es ging nicht lange, bis die Ausrufer der Stadt überall verkündeten, wer auch immer einen versteckten Lutheraner kenne, sei verpflichtet, ihn beim Parlament anzuzeigen: Wer es tue, werde mit zwanzig Écu in Gold belohnt, wer es nicht tue, oder noch schlimmer, jemanden verstecke, werde verbrannt.

Wir waren der Geldgier und der Böswilligkeit eines Nachbarn ausgeliefert.

Der Lärm und die Wutausbrüche in unserer unmittelbaren Umgebung dämpften das Echo dessen, was anderswo geschah. So wäre uns fast entgangen, dass Heerführer de Bourbon, ein Verwandter und Freund des Königs, die Seite gewechselt und seinem königlichen Verwandten in Pavia die gleiche Niederlage bereitete, wie er ihm zuvor in Marignano zum Sieg verholfen hatte, nun im Namen Kaiser Karls v. Rom eroberte und es plünderte. Für uns kleine Leute war es ziemlich unverständlich, dass jene, die sich als die eifrigsten Diener der römischen Kirche ausgaben, dazu fähig waren, die Heilige Stadt zu verwüsten, und, falls man den in Paris umlaufenden Gerüchten Glauben schenken konnte, den Papst als Gefangenen wegzuführen oder ihn zumindest seiner Handlungsfähigkeit zu berauben. Wir hätten es nach allem, was man ihnen nachsagte, besser verstanden, wenn es die Lutheraner gewesen wären.

Dieser Widerspruch schien der Sorbonne nicht die geringsten Sorgen zu bereiten, sie tat sich an etwas ganz anderem gütlich: an der Verfolgung Ritter de Berquins.

Meister Beda hatte den Entschluss gefasst, sich an ihm zu rächen und ihn zu töten, diesmal gab er nicht auf, bis es vollbracht war.

Meister Chevallon, der über die Gabe verfügte, das Beste aus seinen Leuten herauszuholen, hatte begriffen, wie viel mir am Schriftschneiden lag, und quartierte mich, um mich nicht zu verlieren, in einem Raum ein, der an das Haus «Zur Goldenen Sonne» anstieß und den er seinen (und ich bald einmal *meinen*) Anbau nannte; hier gab es eine Presse und zwei Männer zu deren Bedienung, aber vor allem gab es eine Werkbank, einen Tiegel und alles weitere, was es brauchte, um Druckschriften herzustellen. Ich machte nichts anderes mehr als schneiden und gießen, für ihn und für andere. Ich war nicht mein eigener Meister, aber so gut wie. Damit will ich nur sagen, dass ich an der Rue Saint-Jacques, der Sorbonne sozusagen gegenüber, so nahe an den Geschehnissen war wie noch nie zuvor.

Von der Zensur der Übersetzungen, die der Ritter von Werken des großen Erasmus angefertigt hatte, will ich gar nicht erst reden. Es waren nur Übersetzungen, und dieser Gelehrte war ein glühender Anhänger der römischen Kirche, er hatte mit lauter Stimme oder in seinen weit verbreiteten Schriften Luthers Lehren verurteilt. Doch die Theologische Fakultät hatte sich an Erasmus festgebissen. Und damit war ein ausgezeichneter Vorwand gegeben, um seinen Übersetzer zu verfolgen. So kam es, dass einer der Bedaisten, ein gewisser Nicolas d'Authuile verlangte, Berquin erneut den Prozess zu machen, indem er die Unentschlossenheit des Königs und die Abwesenheit Madame Margueriites nutzte, die, wie es hieß, beiläufig den König von Navarra geheiratet und sogar (aber vergeblich) versucht hatte, den Ritter in Sicherheit zu bringen, indem sie ihn in die Dienste ihres neuen Gemahls stellte. Andere wären einfach untergetaucht, beispielsweise in Navarra. Aber nicht der Ritter. Er war davon überzeugt, im Recht zu sein – er hatte es Meister Marot, und dieser uns, gesagt –, und stellte sich: ein Soldat gibt niemals auf, war seine Losung.

Täglich begab er sich also ohne jeden Schutz von seiner Wohnung zum Palais, wo man ihn offenbar ehrenvoll behandelte.

Ich hatte Meister Chevallon dafür gewinnen können, in der Öffnung auf die Rue Saint-Jacques hinaus jene Scheiben anbringen zu lassen, die mich in Basel so beeindruckt hatten und die inzwischen auch in Paris immer öfter zu sehen waren. Er hatte ungeachtet der Kosten zugestimmt. Sie schützten mich vor der Kälte, und ich hatte die bessere Sicht; außerdem sparte ich viel Holz und viele Kerzen, sodass mein Meister schnell begriff, dass sein Geld gut angelegt war: er ließ sämtliche Öffnungen verglasen. Nun brauchte ich nur aufzusehen, um mich über das Geschehen draußen auf der Straße ins Bild zu setzen. Das fand ich sehr angenehm.

Fast hätte ich zu erwähnen vergessen, dass man mir einen Lehrling anvertraut hatte, er hieß Dieudonné, er lernte bei mir damals nur das Schriftgießen, denn ich fühlte mich nicht fähig genug, ihm auch das Stechen beizubringen. Noch nicht. Sein Vater hatte mit dem meinigen geschäftlich zu tun gehabt, und mein Bruder Jehan, mit dem ich übrigens keine enge Beziehung mehr pflegte, hatte ihn zu uns geschickt.

Mein Lehrling hatte einen Sinn für das Praktische und war willig zu lernen. Er war unglaublich neugierig in allen Belangen und interessierte sich für alle Seiten des Druckerhandwerks. Aber damit noch nicht genug: Nichts von dem, was um uns herum geschah, entging ihm. Wenn ich etwas wissen wollte, genügte es, ihn auf die Straße zu schicken.

«Ich bin gleich zurück, Meister», sagte er, indem er sein Kindergesicht voller Sommersprossen verzog und unter seinen aprikosenroten Haaren, Augenbrauen und Wimpern ein listiges Lächeln aufsetzte. Er stülpte seinen Hut auf seine flammende Mähne und verschwand in der Menge. In der Regel tauchte er nach kurzer Zeit mit der gewünschten Auskunft wieder auf. Er hatte Ohren wie Trichter, denen aller Klatsch zuzuströmen schien, und wenn ich ihn hätte schwatzen lassen, wäre ich wahrscheinlich über alles auf dem Laufenden gewesen, was in Paris geschah.

Eines Tages ging Robert Estienne an unserer Werkstatt vorbei, öffnete die Tür einen Spalt breit, streckte den Kopf herein und warf mir zu:

«Wie ich höre, soll Ritter de Berquin Gefangener der Conciergerie sein.»

Vor lauter Schreck ließ ich die Gegenpunze fallen.

«Oh mein Gott! Diesmal kommt er auf den Scheiterhaufen, das ist gewiss.»

«Es ist nur ein Gerücht. Bitten wir den HErrn, es möge ein falsches sein.»

Und ebenso schnell, wie er gekommen war, verabschiedete er sich wieder.

«Dieudonné, schau nach.»

Er legte sein Werkzeug aus der Hand.

«Ich gehe zur Conciergerie, Meister.»

«Pass auf dich auf.»

Er zuckte sorglos die Schultern, nahm seinen Hut, hüllte sich in seinen Umhang, denn es war kalt, und verschwand.

Der Tag ging schon zur Neige, als er aufbrach, und noch war nicht ganz Nacht, als er im Laufschritt zurückkehrte.

«Ja, Meister, es ist wahr. Er ist in der Conciergerie. Man hat alle seine Bücher beschlagnahmt und hofft, darin etwas zu finden, um ihn zensurieren und als rückfälligen Ketzer verurteilen zu können, sagte man mir.»

«Und der Ritter?»

«Er wartet. Ich habe ihn gesehen.»

«Wie, du hast ihn gesehen? Spann mich nicht auf die Folter!»

«Einer der Lehrlinge in der Conciergerie ist mein Schulfreund. Er brachte mich zur Wohnung, in der man ihn gefangen hält. Sie geht auf den Hof hinaus, es ist die, die man für Gefangene in ‹ziviler Angelegenheit› bereithält. Wie mein Freund sagt, genießt man dort gewisse Freiheiten, man kann seine Freunde und Bediensteten empfangen. Im Zimmer selbst gibt es zwar einen Ofen, aber es ist trotzdem höllisch kalt.»

«Und was machte der Ritter?»

«Er stand am Ofen, in seinen Mantel gehüllt, den Hut tief in die Stirn gezogen, mit der Haltung eines Edelmannes, sehr gut gekleidet, und ganz ruhig, als ob er bei sich zu Hause wäre. Vielleicht schlief er, bewegt hat er sich nicht. Aber ich glaube eher, dass er am Nachdenken war. Wir haben ihn natürlich nur durch das kleine Fensterchen gesehen.»

«Und was sagt man?»

«Man sagt, ein Edelmann, dessen Namen ich nicht verstanden habe, hätte von der Verhaftung des Ritters gehört und einen Mordsaufruhr veranstaltet. Das ist ein heiliger Mann, er feiert Ostern, hält die Fastenzeit und findet den Luther widerwärtig, wie kann man ihn bloß dieser Verfolgung aussetzen? Man wird es den König wissen lassen! Mehr weiß man im Augenblick nicht.»

Als wir Feierabend machten und die paar Schritte bis zum Haus «Zum Heiligen Christophorus» gingen, wo wir immer noch wohnten und eine Ecke für Dieudonné eingerichtet hatten, schickte ich ihn zu Meister Antoine und Robert, um sie auf dem Laufenden zu halten.

Noch am gleichen Abend kam Meister Antoine bei uns vorbei.

«Ich habe die Liste der Richter für den Prozess gesehen. Beda vertritt die Theologische Fakultät. Von mir aus gesehen ist der Ritter verloren.»

Nachdem ich am anderen Morgen Dieudonné zu Pierre Haultin geschickt hatte, um ein Werkzeug zu holen, das ich brauchte (wir halfen uns oft gegenseitig aus), kam er mit diesem und mit einer Geschichte zurück, die meine schlimmsten Befürchtungen bestätigte.

«Meister, wissen Sie schon das Neueste? Das Wunder?»

«Welches Wunder?»

Dieudonné hatte rasch begriffen, woher im Haus der Wind wehte, und wenn ich ihm auch nicht das Schriftschneiden beibringen konnte, so bin ich doch stolz darauf, ihm mit Hilfe meiner Freunde und meiner Familie den Unterschied zwischen einer neuen, humanistischen Idee und Ketzerei verständlich gemacht haben zu können. Er äußerte sich zwar nicht dazu, an seinem Verhalten aber glaubte ich ablesen zu können, wem seine Zuneigung galt.

«Das Wunder», erklärte er, «besteht darin, dass der Ritter seine Briefe und Bücher einem Diener anvertraute, vielleicht nicht gerade dem allertreuesten, damit er sie in Sicherheit bringe, und dass dieser Diener, benommen von der Höhe der Summe, die man ihm für den Verrat seines Herrn angeboten haben muss, auf dem Pont au Cage vor einem Muttergottesbild zufällig das Bewusstsein verlor.»

«Und die Briefe und die Bücher?»

«Vorübergehende haben sie aufgelesen, Meister, und einem Jakobinermönch ausgehändigt, obwohl, das ist das eigentlich Wunderbare an der Geschichte, da stimmen Sie mir sicher zu, die meisten dieser Leute weder lesen noch schreiben können, aber sofort wussten, dass es hier um Religion ging. Man sagte mir, der Jakobiner habe auf der Stelle alles zu Meister Beda getragen. Ausgerechnet zu ihm.»

Wir sahen uns wortlos an. Ob wahr oder nicht, diese Geschichte konnte nur eines bedeuten. Der Ritter war verloren.

«Die Bücher werden voll sein von ketzerischen Anmerkungen, was dank dieses Wunders bestimmt an den Tag kommen und ganz Paris bewegen wird», sagte ich mit Mühe, denn die Gefühle überwältigten mich.

Es vergingen einige Tage oder vielleicht auch Wochen, ich weiß es nicht mehr.

Aufgrund der allgemeinen Gerüchte war uns bekannt, dass der Ritter für schuldig befunden und in den Turm der Conciergerie verlegt worden war, das heißt in ein Verlies.

Man sprach von nichts anderem mehr. Ich war kaum noch fähig, zu arbeiten, meine Gedanken irrten pausenlos herum, und jeder Galgen, jeder Pranger, an dem ich vorbeikam, jagte mir eine Gänsehaut über den Rücken. Es gelang mir nicht mehr, sie zu übersehen.

«Mir auch nicht», sagte Meister Antoine, als ich mit ihm darüber sprach. «Um am Morgen in die Rue de la Bûcherie zu gehen, muss ich über die Place Maubert. Da dreht sich mir der Magen um. Und am Abend auf dem Nachhauseweg ist es noch schlimmer. Neulich wurde ein Mörder hingerichtet, der seine ganze Familie umgebracht hatte, und selbst das war mir unerträglich. Von der Werkstatt aus konnte ich die Menge hören, die bei solchen Gelegenheiten immer zugegen ist, und mein Herz war voller Mitleid.»

Er schwieg einen Augenblick.

«Auge um Auge. Ein Leben für ein Leben. Das könnte man noch hinnehmen, obwohl man auch dazu verschiedener Ansicht sein kann. Aber ein Leben für eine Idee? Für ein falsches Wort, eine kritische Anmerkung? Ich weiß nicht mehr, was ich denken soll, mein lieber Claude.»

Eines Morgens sah ich Meister Rabelais vor meiner Werkstatt vorübergehen. Ich stand auf, um ihn anzusprechen. Er kam herein. Er hatte seinen Wohnsitz zweifellos in unserer Stadt, denn von weitem hatte ich ihn schon ein paarmal gesehen. Er hatte die Mönchskutte ausgezogen und war als Weltgeistlicher gekleidet. Wir redeten ein paar Augenblicke miteinander – und gelangten zielstrebig zu dem Thema, das inzwischen jedermann die Berquin-Sache nannte.

«Schauen Sie sich doch an», sagte Meister Rabelais mit einer weiten Handbewegung. «Sie befinden sich direkt der Sorbonne gegenüber. In der Höhle des Löwen. Wenn wir unsere Gedanken weiterdenken wollen, ohne wie die Fliegen dahingerafft zu werden, müssen wir Abstand halten. Verkleiden, was man zu sagen hat. Weggehen. Warum ist Ihr Meister Antoine nicht in Fontenay-le-Comte, wo man nichts sehnlicher wünscht, als dass die Druckkunst dort heimisch werde? Ich behaupte nicht, dass man ihn denken lassen würde, was er will. Aber die Justiz ist dort bedächtiger und weniger unbeugsam als an der Sorbonne. Außerdem wacht dort unten Monseigneur d'Estissac über alles, und er verfügt über eine Macht, die er in Paris nicht hätte.»

«Man hofft immer noch, das Gewitter ziehe vorbei.»

«Darauf können Sie lange warten, mein Lieber. Wenn Beda stirbt, kommt ein anderer. Die Kirche Roms wird niemals zulassen, dass man sich ihr widersetzt. Niemals. Wenn sie tausend Jahre lang standhalten soll, dann tut sie es. Sie wird es verstehen, die verirrten Schafe mit geheucheltem Lächeln und hohlen Versprechungen anzulocken. Aber abgesehen davon bleibt sie unbeugsam. Denn für sie gilt, ‹wer nicht für mich ist, der ist wider mich; was nicht ich bin, verdient es nicht, zu sein, ganz einfach.›»

«Sie verkehren ja eher an der Medizinischen Fakultät, Meister François, und haben weniger zu befürchten.»

«Die Herren Juristen und Ärzte der Fakultäten mögen neue Ideen ebenso wenig wie die theologischen Sorbonnokraten. Ich bin für eine Chamäleon-Taktik. Haben Sie schon einmal ein Chamäleon gesehen?»

«Nein, nie.»

«In Fontenay hatte ein Seemann eines von einer seiner Reisen mitgebracht. Sie nehmen die Farbe ihrer Umgebung an. Solange man sie in Ruhe lässt, bewegen sie sich nicht und, bevor man sie entdeckt hat, gehen sie woanders hin und ändern wieder ihre Farbe. So mache ich es auch. Ich studiere in Paris Medizin. Aber auch in Lyon. Und in Montpellier. Ich bewege mich. Wenn man mich sucht, bin ich bereits anderswo.»

«Sie schreiben ja nicht. Und die Medizin, das ist nicht das Gleiche.»

Er lachte schallend.

«Mein lieber Freund, ich habe als Theologe angefangen, ich war Mönch und bin es immer noch. Das Schreiben ist meine zweite Natur, und je aufsässiger Meister Beda wird, umso mehr frage ich mich, wie ich meine Taktik auf das Schreiben anwenden soll, ohne auf sein Wohlwollen angewiesen zu sein.»

«Haben Sie eine Lösung gefunden?»

«Das Chamäleon, mein Freund. Erstens bleibe ich nicht in Paris. Außerdem werde ich auf Französisch schreiben. Und schließlich werde ich mich nicht an die Fakultät richten, sondern ans gewöhnliche Volk, an jene Leute, die am Feuer sitzen und sich die wundersamen Geschichten erzählen lassen, die von Hausierern herbeigetragen werden. Ich werde die gelehrten Doktoren nicht rügen, jedenfalls nicht offen. *Allegoricus interpres*, wie der Heilige Paulus sagt. In diesen schweren Zeiten tötet der Buchstabe, aber der Geist macht lebendig; ich werde mich also des Geistes bedienen. Ich werde die Riesen aus der Fabelwelt sprechen lassen. Das habe ich allen Ernstes vor.»

«Und Sie glauben ...»

«Mein lieber Meister Claude, ob man Erfolg haben wird, kann man nicht wissen, aber wie Cicero sagte, wenn ich mich nicht irre: Wer Erfolg haben will, muss alles versuchen. Ich denke, am günstigsten wird es für mich sein, die Lacher auf meine Seite zu ziehen. Ich gebe mir alle Mühe.»

Kurz darauf verkündete das Parlament sein Urteil über den Ritter. Oudin war an jenem Vormittag in Paris, um Bücher für Meister Lefèvre zu holen, der seinerseits inzwischen bei Hofe als einer von Charles Hauslehrern tätig war, einem der Söhne des Königs.

Ich sah Oudin eilig die Rue Saint-Jacques heraufkommen, ins Gespräch mit Meister Antoine vertieft. Es war ihnen anzusehen, dass sie sich ernsthaft Sorgen machten.

Die Tür ging auf.

«Das Parlament hat sein Urteil verkündet», sagte Meister Antoine statt eines Grußes. Ich brauchte nicht zu fragen, wessen Urteil.

Oudin schloss mich für einen Augenblick in seine starken Arme, dann schüttelte er lange den Kopf.

«Ich habe es gehört, dieses Urteil», brachte er schließlich hervor.

«Wie lautet es?»

«Es lautet: *Der Verurteilte wird als Erstes in seinem Rang herabgesetzt; er wird seiner Ehre und seiner Titel enthoben; wegen Missbrauchs seiner Lehrbefugnis verliert er den Doktortitel. Anschließend wird man ihn barhäuptig und mit einer Wachsfackel in der Hand zunächst in den Parlamentssaal führen, dann in den großen Hof des Palais, vor den Marmorstein, wo er Gott, den König, die Justiz, alle Mächte des Himmels und der Erde um Gnade anflehen wird, die er in so verbrecherischer Weise erzürnt hat, indem er Bücher und Anmerkungen schrieb, die mit den Meinungen Luthers übereinstimmen.*»

Ich musste ihn unterbrechen.

«Aber das ist einfach nicht wahr. Ich habe ihn selber unzählige Male sagen hören, Luther irre sich.

«Wenn man seinen Hund ersäufen will, sagt man, er habe die Tollwut, mein lieber Claude.» Und er fuhr mit seinem Vortrag fort. «*Anschließend bringt man ihn zur Place de Grève, wo seine Bücher in seiner Gegenwart verbrannt werden und wo er erneut seinen Irrtümern abschwört. Von der Place de Grève ziehen der Sträfling und sein Gefolge zur Notre-Dame, wo er seinen Widerruf erneut verkünden wird. Wenn alle Handlungen des Abschwörens vollzogen sind, wird der Verurteilte der Hand des Henkers übergeben, der ihm mit einem glühenden Eisen die Zunge durchbohren und das Brandzeichen, die Lilie, auf seiner Stirn anbringen wird. Blutend wird man ihn dann dem Bischof von Paris überantworten, der ihn gefangen halten wird bis zu seinem Tod. Dieses Urteil wird noch heute vollstreckt, um drei Uhr nachmittags.»*

In der folgenden Stille sahen wir uns alle vier an, zunächst unfähig, auch nur ein Wort hervorzubringen.

«Und der König? Und Madame Marguerite?»

«Madame Marguerite befindet sich in Nérac, einer ihrer Edelmänner ist im gestreckten Galopp unterwegs, um sie zu warnen. Aber Nérac ist weit, verlassen Sie sich auf meine Gauklererfahrung.»

Dieudonné, dem es an seiner Werkbank die Sprache verschlagen hatte, erhob sich plötzlich und sagte:

«Ich gehe nachschauen, was los ist.»

Oudin, der ihn beim Eintreten kaum zur Kenntnis genommen hatte, sah mit gerunzelter Stirn auf die aprikosenrote Löwenmähne.

«Und wer bist du, mein Kleiner?»

Das traf den Nagel auf den Kopf. Dieudonné war damals kaum vierzehn Jahre alt und reichte ihm wohl gerade an die Taille.

«Ich bin Dieudonné, der Lehrling hier.»

Und stob davon wie ein Pfeil.

«Sie sind ein richtiger Meister, wie ich sehe», sagte Oudin. «Ein Lehrling. Wie die Zeit vergeht. Er scheint ein aufgewecktes Bürschchen zu sein.»

«Das ist er.»

Ich hatte nicht einmal die Zeit, mehr zu sagen, bis Dieudonné wieder heftig die Tür aufstieß.

«Sie strömen zu Tausenden auf Brücken, in Straßen und auf Plätze, wo der Umzug vorbeikommen wird. ‹Diesen beispielhaften Bugang muss ich gesehen haben›, sagte mir der Küster von Saint-Jacques-du-Haut-Pas, der es sehr eilig hatte.»

«Es ist aussichtslos zu hoffen, der Schutz seitens der Großen würde erhalten bleiben», murmelte Meister Antoine bitter. «Der Ritter wird ihre Geduld strapazieren, denn seine Ideen wird er niemals nach der Wetterfahne ausrichten. Während der König ein Blatt im Wind ist. Und Madame Marguerite ist abwesend, kann ihn also nicht auf den Weg der Entschlossenheit verpflichten.»

Oudin und er gingen in Robert Estiennes Werkstatt, wo sie zu tun hatten. Ich setzte mich wieder. Es wäre lächerlich gewesen zu sagen, ein Edelmann wie der Ritter sei mein Freund; ich war ja damals, als ich ihm zum ersten Mal begegnete, nur ein einfacher Lehrling, und inzwischen nicht mehr als ein namenloser Handwerker. Aber er war ein Mann, mit dem ich am gleichen Tisch gesessen, dem ich unzählige Male bei Diskussionen zugehört und für den ich immer die allergrößte Achtung empfunden hatte.

«Gehen Sie nicht zur Folterung, Meister?»

«Nein. Ich verabscheue Körperstrafen, und diese hier ganz besonders. Ich will nicht zusehen, wie ein Mann stirbt, den ich liebe.»

«Wollen Sie, dass ich mich erkundigen gehe?»

«Du willst damit sagen, dass du Lust darauf hast, die Vollstreckung zu sehen?»

«Jetzt, wo Sie sagen, dass er einer Ihrer Freunde ist, ist er, auch wenn ich ihn nicht kenne, ein wenig auch mein Freund. Nein, weil ich gesehen habe, dass er noch nicht tot ist, wollte ich einfach Erkundigungen einziehen gehen.»

Wir würden es zu nichts bringen an diesem Tag, was immer wir auch taten. Ich war zu aufgewühlt.

«Gut, geh schon. Aber komm gleich zurück.»

Während seiner Abwesenheit versuchte ich zu arbeiten. Aber ich sah meine Hände nicht. Ich sah das Feuer vor Augen, in welchem man vor einigen Jahren die Bücher des Ritters verbrannte hatte. Ich sah ihn in

Basel, mit Lederschürze, eine Seite Text setzen. Ich erinnerte mich an eine Geschichte, die er mir zu lesen empfohlen hatte, *Amadis de Gaule*. In einem Wort: Ich dachte an ihn als Lebenden. Ich versuchte, das Bild eines gebrandmarkten Ritters mit durchbohrter Zunge aus meinem Kopf zu verscheuchen. Und je länger ich an ihn dachte, an die Persönlichkeit, die er war, desto weniger konnte ich mir vorstellen, dass er eine solche Demütigung hinnehmen würde, die ihn zum menschlichen Wrack machen würde. Ich wusste nicht, wie er es anstellen würde. Aber ich wusste, dass es nicht so geschehen würde, wie Oudin es beschrieben hatte.

Dieudonné kam rasch zurück und bestätigte mein Gefühl.

Zur genannten Stunde begaben sich der Kriminalleutnant Maillard in Begleitung von Kommissar du Châtelet und einer zahlreichen Eskorte von Bogen-, Armbrust- und Gewehrschützen ins Palais. Sie kamen, um den Ritter aus dem Gefängnis zu holen und an die Orte zu bringen, wohin er laut Urteil zu bringen war.

«Aber Ritter de Berquin antwortete ihnen ruhig, er habe Berufung gegen dieses Urteil eingelegt und werde ihnen nicht folgen.»

«Geh, erzähl das Meister Estienne und frage ihn, was das bedeutet.»

Kurz darauf kam Robert persönlich und dann auch Meister Antoine. Oudin war bereits wieder gegangen.

«Ein rückfälliger, bereits verurteilter Ketzer, der Berufung einlegt», sagte Robert, «ist des Todes sicher. Nichts kann dies verhindern.»

«Berquin zieht es vor, als Soldat zu sterben, auf einen Schlag, statt nach und nach in Unehre», ergänzte Meister Antoine. «An seiner Stelle würde ich auch so handeln.»

Ich mache es kurz. Der erste Vorsitzende rief das Gericht noch am gleichen Abend zusammen. Wir erfuhren alles von Oudin, der am Tag darauf bei uns an die Tür klopfte. Wir glaubten, er sei bereits wieder fort, doch er war zurückgekommen.

«Ich überlegte mir, ob es einen Weg gebe, dem Ritter zur Flucht zu verhelfen, und wenn es nur wäre, um dem furchtbaren Beda einen Denkzettel zu verabreichen. Ich ging in den Hof der Miracles du Saint-Sauveur, wo ich einige gute Freunde aus meiner Vagabundenzeit habe, um zu sehen, ob es möglich sei.

«Und dann?»

Er schüttelte den Kopf.

«Mehrere von ihnen gingen hin. Sie überprüften gründlich die Lage. Aber leider ist nichts zu machen, wenn einer einmal in einem Verlies der Conciergerie gelandet ist. Oder anders gesagt: es wäre möglich, wenn man Zeit hätte. Aber so, in Eile ... Sie haben an alles gedacht. Es gibt bei jeder Maßnahme einen schwachen Punkt, aber in ein paar Stunden findet man ihn nicht. Wir sind auf dem Quivive und warten ab. Einer meiner Freunde hat alles gehört, aber fragt mich bitte nicht, wie er das geschafft hat.»

Mich interessierten nicht die Machenschaften Oudins und seiner Freunde.

«Was heißt ‹alles›?»

«Alles, was sich in der Zelle des Gefangenen zutrug.»

«Spann uns nicht auf die Folter, Oudin.»

«Nach einer kurzen Beratung begab sich der Vorsitzende des Gerichts ins Gefängnis und ließ den Ritter das Papier unterzeichnen, auf welchem seine Berufung niedergeschrieben war. Heute früh trat das Gericht noch einmal zusammen. Der Vorsitzende suchte nochmals de Berquin auf, um ihn zu fragen, ob er an seinem Entscheid festhalte. Meister Budé hat versucht, ihn zur Vernunft zu bringen und ihm klar zu machen, dass er verpflichtet sei, am Leben zu bleiben, und die Richter durch gewisse Zugeständnisse nachgiebig zu machen. Aber der Ritter ließ sich nicht erschüttern. ‹Ich bleibe dabei›, sagte er. Dieser Mann ist zu beherzt, um sich vor dem Tod zu fürchten, und zu religiös, um mit einem Lippenbekenntnis Ansichten abzuschwören, die er für zutiefst christlich hält.» Er seufzte schwer. «Das Gericht hat darauf sein Urteil geändert: die lebenslängliche Gefängnisstrafe wurde durch den Scheiterhaufen ersetzt.»

Er schlug mit der Faust auf die Werkbank, dass die Werkzeuge tanzten.

«‹Die Hinrichtung dieses unbelehrbaren Ketzers soll nicht auf sich warten lassen›, sagten sie. ‹Weder Marguerite, noch die Königmutter noch der König selbst dürfen benachrichtigt werden. Wenn Berquin tot ist, wird sich niemand mehr für ihn interessieren.›»

«Dann ist es also heute?»

«Es ist heute. Wir haben es noch nicht ganz aufgegeben, ich muss jetzt gehen. Sie hören von mir.»

Er ging. Und als ich ihn weggehen sah, dachte ich, dass auch er in großer Gefahr war. Und wenn misslingen sollte, was er vorhatte (wie sollte es auch anders sein?), würde man ihn dann verhaften? Ich war drauf und dran, ihm nachzulaufen und ihn zurückzuhalten, aber da hätte ich gerade so gut versuchen können, einen reißenden Fluss aufzuhalten. Ich kannte meinen Oudin.

«Ihr Freund ist wirklich ein Kerl», rief Dieudonné begeistert.

«Ja, er ist ein Mann, wie es ihn nur zwei- oder dreimal gibt in einem Jahrhundert. Frag ihn, ob er dir das Jonglieren beibringt, bei Gelegenheit. Er macht das sehr gut.»

Mir schien, als würde ich mit diesen Worten die Gefahr verscheuchen, in der er schwebte.

Doch er kam zurück, spätabends. Ich war zu Hause und wir wollten gerade zu Bett gehen, als er klopfte. Ich wusste, dass es misslungen war, denn der Klatsch in der Rue Saint-Jacques hatte vom Tod des Ritters berichtet. Von ihm erfuhr ich die Einzelheiten.

Gegen drei Uhr war er in einem Käfigwagen zur Place de Grève gebracht worden, wo schon sein Scheiterhaufen bereitstand.

«Kein Anzeichen von Unruhe, Meister Claude, weder auf seinem

Gesicht noch in seinem Körper. Er hatte die Haltung desjenigen, der in seinem Zimmer über einen Gegenstand seiner Studien nachdenkt. Selbst als der Henker grimmig des Ritters Verbrechen und die Strafe dafür verkündete, blieb die Heiterkeit in seinem Gesicht unverändert. Als man ihm befahl, vom Karren herunterzusteigen, gehorchte er unverzüglich, ohne den Hochmut oder den Dünkel, den Missetäter manchmal an den Tag legen; er ließ die Ruhe eines guten Gewissens erkennen.»

Oudins Stimme veränderte sich.

«Er trug sein Kleid aus Samt, die goldene Kette des Edelmannes um den Hals. Er war so, wie wir ihn kannten, Claude. Heiter. Bevor er starb, wollte er etwas zu der Menge sagen, aber niemand hat etwas verstanden. Seine Haltung brachte ihm Zuneigung entgegen, und die Schergen wurden zunehmend unruhig. Sie machten großen Lärm, damit man nicht hören konnte, was er sagte.»

Oudin wischte sich mit dem Handrücken die Tränen ab.

«Er hörte erst zu sprechen auf, als ihm das Seil, mit dem man ihn am Pfahl festband, den Hals zuschnürte. Er starb sofort. Mehr konnten wir für ihn nicht tun. Als man ihn verbrannte, hatte seine Seele den Körper bereits verlassen. Merlin, der Großpönitentiar von Paris, war da. Als er sich vom noch rauchenden Scheiterhaufen entfernte, sagte er, er habe noch nie jemanden so christlich sterben sehen wie ihn.»

Seine Stimme zitterte noch mehr.

«Er starb als katholischer Ehrenmann, der er bis zum Schluss gewesen ist. Und wenn es ihnen gelungen ist, diesen Mann zu töten, dann ist hier niemand, hören Sie, niemand mehr sicher. Morgen schon könnte Meister Lefèvre allen Erklärungen des Königs zum Trotz die Stunde schlagen.»

Und Oudin, der große Oudin, diese Kraft in Fleisch und Blut, beugte sich über den Tisch, legte den Kopf auf die Arme und brach in Tränen aus. Guillemette, die sich ebenfalls zu uns gesellt hatte und stille Tränen vergoss, ging und legte ihm eine Hand auf die Schulter. Meine Sicht trübte sich, ich stand auf, holte Becher und Most. Als ich wiederkam, knieten Oudin und Guillemette am Boden und sprachen das Totengebet. Ich schloss mich ihnen an.

Wir glaubten, an diesem Tag die tiefste Tiefe des Unglücks erreicht zu haben. Aber es war nur die Generalprobe für jenes Drama gewesen, das uns seither in Atem hält.

## XXI
### Wie sich Meister Bocard entschliesst, das Geschäft Meister Antoine zu übergeben, der nach und nach allein für die Bücher verantwortlich ist, die er druckt

N meinem Leben war Meister André Bocard bis jetzt eine Gestalt gewesen, die mir gleichzeitig nahe und doch fern war. Dem Namen nach habe ich ihn vor Meister Antoine gekannt. Dank eines seiner Lehrlinge, der mein Schulkollege war, wurde Meister Antoine auf mich aufmerksam, als ich noch keine Ahnung davon hatte, wer die Augereaus und die Bocards waren.

Ich muss allerdings gestehen, dass ich während der ganzen langen Zeit, als Meister Antoine für Meister Estienne arbeitete, kaum je an den alten Meister dachte, dem ich auch nie begegnet war.

Ich erfuhr nichts davon, als seine Frau starb und seine Töchter (er hatte nur Töchter) heirateten. Doch eines Tages stellte ich fest, dass Meister Antoine während meiner Lehrzeit an allen diesen Ereignissen teilgenommen hatte. Aber gesprochen hat er nie darüber. Das gehörte nicht zu meiner Lehre.

Ich war zweifellos noch zu jung, um das Besondere in der Stimme meines Lehrmeisters zu bemerken, wenn er von Meister Bocard sprach; eine Wärme, von der ich heute weiß, dass sie auf Zuneigung beruht. Ich fand, jemand, der mehrheitlich juristische Abhandlungen druckte, für die sich Meister Antoine, wie er zu sagen pflegte, nicht übermäßig interessierte, müsse einfach langweilig sein. Kurz, ich hatte nicht begriffen, dass es zwischen dem alten Mann und dem jungen Drucker eine sehr enge Beziehung gab.

Eine von Meister Bocards Töchtern hatte einen Händler aus der Rue Saint-Martin, eine andere einen Drucker-Buchbinder geheiratet, den ich flüchtig kannte, weil Meister de Colines ab und zu ein Buch bei ihm binden ließ. Aber nur Meister Antoine, der Mann seiner verstorbenen ältesten Tochter, war Meister Bocard würdig genug erschienen, der geistige Erbe zu sein, den er sich wünschte.

Als ich anfing, auf Meister Antoines Beziehung mit seinem Schwiegervater zu achten, verstand ich schließlich, dass die gegenseitige Zuneigung der beiden Männer nicht nur mit dem Andenken an eine Tote zu tun hatte.

«Dieser Mann wusste bereits alles über das Druckergewerbe, als ich noch gar nicht auf der Welt war», sagte er uns gerührt. «Ihr müsst wissen, dass er seine Lehre an der Saint-Hilaire-Schule in Poitiers gemacht hat. Bei Meister Pierre Bellesculée!»

«Und wer ist Meister Pierre Bellesculée?»

«Der Meister meines Meisters, mein lieber Claude. In Saint-Hilaire war die erste Druckerpresse eingerichtet worden, und Pierre Bellesculée arbeitete noch dort, als Hochwürden Bouyer und Meister Bocard ihre Lehre begannen. Diese Männer haben alles erfunden, meine Freunde. Sie haben uns mit ihrem Glauben, der Berge versetzt, den Weg bereitet.»

«Haben Sie Meister Bellesculée gekannt?»

«Nein. Aber ich habe so viel von ihm gehört, dass er mir wie ein Freund vorkam. Er war es, der seinen Lehrling dazu anhielt, sich an der juristischen und an der theologischen Fakultät einzuschreiben. Gleichzeitig beendete Meister Bocard seine Lehre. Ich wage nicht daran zu denken, wie schnell er hat arbeiten müssen damals. Mit dreißig hatte er sich bereits in Paris als Meister niedergelassen – ihr seht, dass er sich hatte beeilen müssen. Kein Wunder also, dass er nicht die Zeit gehabt hat, auch noch Griechisch zu lernen.»

«Und seit wann ist er in Paris?»

«Seit fast vierzig Jahren. Für mich war Meister Bouyer ein hervorragender Lehrmeister. Aber von Meister Bocard, der sich nie dazu berufen fühlte, mir irgendetwas beizubringen, obwohl er sich seiner Bedeutung durchaus bewusst war, habe ich sehr viel gelernt. Er ist zum Beispiel ein absolut sattelfester Korrektor. Manchmal sieht er die Fehler bereits auf dem Setzschiff, und das kann nicht jeder, glaub mir.»

Er lächelte.

«Er ist keinesfalls ein Geizkragen, wenn es um Eigenlob geht, das muss man wirklich sagen. Ich habe die meisten der mehr als hundert Werke studiert, die er gedruckt hat, in der Einleitung bezeichnet er sich gerne als sehr tüchtigen Typographen – es wimmelt von Ausdrücken wie *artis impressorie solertissimu* oder *calcographus peritus*. Du wirst es schon sehen, wenn du eines Tages über ein ‹Guten Tag› hinaus mit ihm zu tun haben wirst.»

Und tatsächlich, ich sah es.

Als ich zum ersten Mal mit Meister Bocard ins Gespräch kam, wenn man so sagen darf, arbeitete Meister Antoine teilweise noch bei Meister de Colines. Alle Lehrlinge waren für Botengänge unterwegs; ich hatte mich anerboten, Meister Bocard ein Buch von Meister Antoine zu bringen; so wenig wie ich je zu Meister Antoine «Vater» und noch weniger «Antoine» sagen konnte, so wenig schaffte ich es, mich nicht bis zuletzt als sein Lehrling zu fühlen. Für ihn eine Besorgung zu machen, war für mich so etwas wie meine zweite Natur.

Obwohl ich es noch nie betreten hatte, kannte ich das Haus «Zum aufgespieten Löwen» an der Rue de la Bûcherie ganz gut. Ich holte dort Pierre Deau ab und brachte ihn wieder zurück, als ich noch ein Kind war. Ich ging also die Rue Sanit-Jean-de-Beauvais bis zur Rue des Noyers hinunter, überquerte diese, bog zur (diesmal menschenleeren) Place Maubert ab und wandte mich der Seine zu, wobei hier das Stimmengewirr anwuchs – so ist es immer, wenn man sich dem Flussufer nähert, es ist dort mehr los als anderswo.

Allmählich fiel mir besonders eine kleine Gruppe von Frauen auf, die sich in einiger Entfernung «Zum aufgespieten Löwen» niedergelassen hatten, und deren Geschrei den ganzen Tag über in den Laden drang (was Meister Bocard nicht zu stören schien). Einzelne Worte waren nur zu verstehen, wenn sie nicht alle gleichzeitig schrien:

«Da, schaut, meine guten Kohlrabi!

Chicorée, chicorée!

Schöne Kastanien in glänzender Schale!

Kürbisse, Lauch, Lauch!»

Ich schweife immer wieder ab, das ist einer meiner größten Fehler. Also, ich ging zu Meister Bocard.

Als ich eintrat, schien er mich nicht zu bemerken. Ich dachte, er habe mich nicht gehört, und ich gestehe, dass ich dies seinem wie mir schien fortgeschrittenen Alter zuschrieb. Sein Haar war silbrig weiß, den Bart trug er kurz geschnitten (wie Meister Antoine, der sich mit dem Argument, sie störten bei der Arbeit, nie die in Mode gekommenen Spitzbärte hatte aufzwingen lassen) und sein Gesicht war von tiefen Falten zerfurcht.

Er trug eine Brille, es war das erste Mal, dass ich eine zu sehen bekam.

Schließlich sah er auf und nahm die Brille ab. Da er überhaupt nicht überrascht war, wurde mir klar, dass er mich hatte eintreten hören, sich aber nicht hatte aus der Ruhe bringen lassen wollen.

«Guten Tag, junger Mann, was kann ich für Sie tun?»

«Guten Tag, Meister. Ich bin Claude Garamond, ich bringe Ihnen dieses Buch von Meister Augereau.»

«Oh! Und was lässt mir mein vortrefflicher Schwiegersohn bringen?»

Ich reichte ihm das Buch, das er kurz durchblätterte.

«Sehr schön, sehr schön. Sagen Sie ihm Dank für seine Schnelligkeit. Und Dank auch Ihnen, mein Junge. Der sehr tüchtige Lehrling, das sind Sie, nehme ich an?»

«Sehr tüchtig, ich weiß nicht recht, ob ...»

«Antoines Lehrling, ja oder nein?»

«Ja, Meister.»

«Außergewöhnlich geschickt als Schriftschneider, habe ich mir sagen lassen, *calcographus pertissimus*.»

Damals war ich nur Geselle, und ich fand meine Arbeit furchtbar mittelmäßig. Ich begnügte mich also damit, ihn wortlos anzusehen. Meister Bocard war ein Mann der Superlative, Meister Antoine hatte mich gewarnt.

Er stand auf, wobei ich feststellte, dass er klein und dürr war, hellgraue Augen hatte und trotz seines Alters, das mir in meiner Jugendlichkeit kanonisch vorkam, noch ganz gelenkig war. Jedenfalls war sein Klaps auf meine Schulter von der Sorte, die einem umhauen konnte.

«Auf jeden Fall», sagte er herzlich, «was kann ein gescheiter junger Mann in den Händen meines sehr gebildeten Antoine anderes werden als ein Fachmann? Ein Glück für mich, ihn zu haben, sonst wären meine griechischen Zitate nicht so, wie ich meine Arbeit zu sehen wünsche – fehlerfrei.»

Er musterte mich mit seinen kurzsichtigen Augen von nahem.

«Ganz zu schweigen davon, dass Sie Ihrer wunderbaren Mutter gleichen. Ich habe immer zu Antoine gesagt, es sei nicht gut für ihn, allein zu leben, erst recht nicht nach dem Verlust, den wir erlitten, als uns meine Tochter und ihr Neugeborenes genommen wurden. Ich habe ihm sogar vorgeschlagen, eine andere meiner Töchter zu heiraten, die damals, als er Witwer wurde, noch ledig war. Aber was wollen Sie, Antoine ist ein Mann, der mit der Zeit geht. Er wollte nicht einfach irgendeine Frau, nein, sie musste so und so geartet, kurz, es konnte nur ihre Mutter sein. Es konnte also gar nicht anders sein, als dass er ihr begegnete, und dann musste er warten, bis sie Witwe wurde.»

Ich war von diesem Wortschwall ganz benommen, doch Meister Bocard schien das nicht zu kümmern.

«Und wenn der Herrgott Ihren armen Vater nicht zu sich gerufen hätte, wäre Antoine allein geblieben bis ans Ende seiner Tage, davon bin ich felsenfest überzeugt. Ihre Mutter liebt Sie sehr.»

«Sie ist immer sehr gut zu mir gewesen, ich achte und liebe sie. Sie kennen sie also?»

«Natürlich kenne ich Ihre Mutter, mein Junge; Antoine war auch weiterhin mein Sohn, er lud mich zu sich ein und ich ihn zu mir. Für mich ist Ihre Mutter eine Tochter mehr, die Gott mir schenkte. Dann will ich jetzt weiter meinen Justinian durchsehen, er muss fehlerfrei sein.»

Ich wollte gerade gehen.

«Danke, Sie liebenswürdiger junger Mann», rief er mir nach. «Gott schütze Sie, und besuchen Sie mich wieder.»

Ich besuchte Meister Bocard hin und wieder, allerdings nicht gleich, denn meine Meisterarbeit musste ich allein machen. Später aber ging ich oft neue Schriften mit Meister Antoine besprechen, und jedes Mal, oder doch fast, besprach ich mich auch mit Meister Bocard. Er hatte wirklich die Gabe, trotz lebhaftester Gespräche um ihn herum für sich allein zu sein, wenn er gerade mit einer Arbeit beschäftigt war, aber ebenso rasch beteiligte er sich auch an den Gesprächen. Und Diskussionen über Schriften forderten ihn ganz besonders heraus. Meister Antoine hatte mir gesagt, Meister Bocard habe Druckbuchstaben immer sehr sorgfältig nach ihrer Klarheit ausgewählt, er sei aber der Auffassung, die römischen seien es nicht.

«Seit ich an meiner neuen Cicero arbeite, bekehrt er sich allmählich. Er nahm es mir übel, dass ich sie für Robert mache, stell dir vor. Das ist der Gipfel. Ich habe mich nicht gescheut, ihn darauf hinzuweisen, dass längst auch bei ihm mit meinen römischen Lettern gedruckt würde, wenn er nicht so ablehnend gewesen wäre. Aber weil jetzt dieser Junge, wie er ihn nennt, mein Alphabet haben will, hat er es plötzlich eilig, auch damit anzufangen. Er bezahlt mich sogar, damit ich es tue. Er ist hin und her gerissen zwischen der Zuneigung, dem Vertrauen, das er in mich hat, und den Zweifeln bezüglich einer Schrift, von der er sagt, die Leute seien nicht gewohnt, sie zu lesen.»

«Und was antworten Sie ihm darauf?»

«Dass wir unsere Arbeit nicht für diejenigen tun, die bereits lesen können, sie werden sich darauf einstellen, falls sie neugierig genug sind. Wir arbeiten für all jene, die lieber lesen werden, wenn die Buchstaben leichter zu behalten sind. Und wie sollte Meister Bocard im Grunde genommen dagegen etwas haben? Kennst du seine Erklärung?»

«Welche Erklärung?»

«*Das Buch soll leben, bis die Ameise das Meer ausgetrunken und die Schildkröte die Erde umrundet hat.* Meister Bocard liebt es, in Bildern zu sprechen. Du siehst, dass er auf die Zukunft des Buches und damit auch auf die Zukunft der Leser vertraut. Wir wollen also weiter daran arbeiten, ihnen römische Druckbuchstaben zur Verfügung zu stellen, die klarer und harmonischer sind als die gotischen.»

Ich konnte feststellen, dass Meister Bocard ein zu erfahrener Drucker war, um nicht zu schätzen zu wissen, was Meister Antoine tat.

«Es stimmt, dass die Augustea, von der er spricht, und die Cicero, die er mir empfiehlt und Sie zu schneiden gelehrt hat, eine weit größere Kraft und Klarheit haben als die römische Augustea, die ich ein oder zweimal im Laufe meines Lebens verwendet habe. Er wird mich schließlich doch überzeugen.»

Ich hatte mir angewöhnt, meine Arbeit auch Meister Bocard zu unterbreiten, wenn ich bei Meister Antoine Rat für meine Cicero holte. Weil er Zweifel hatte, war er umso kritischer. Fast so hart wie Meister Antoine selber, der kein Mitleid kannte und unablässig wiederholte, da ich sein Schüler sei, müssten meine Cicero und meine Augustea besser sein als die seinen.

Doch zurück zu meinem Bericht, den ich unterbrochen habe, um von Meister Bocard zu erzählen.

Noch während Tagen nach Ritter de Berquins Tod war man in der Gegend um den Montagne Sainte-Geneviève von diesem Ereignis erschüttert. Die Mehrheit der Drucker hatte die Botschaft der Sorbonne verstanden: Wenn wir befinden, ein Buch dürfe nicht übersetzt werden, hat es lateinisch oder griechisch zu bleiben, und wehe euch, die ihr keine Edelleute seid und keinen Schutz des Königs genießt, wenn ihr euch dem widersetzt. Meister Tory, der seit Jahren in jedem dritten Satz Erasmus zitierte und seine *Adagia* auswendig zu können schien, wurde ganz besonders in Mitleidenschaft gezogen.

«Wenn wir dafür sterben müssen, Bücher auf Französisch herauszugeben, lande ich mit dem *Champ Fleury* unweigerlich auf dem Scheiterhaufen», sagte er immer wieder. Dieses Werk, das nun endlich vor der Vollendung stand und dessen Korrekturfahnen wir zu mehreren gelesen hatten, war nicht nur in Französisch abgefasst, es predigte auch die Verwendung unserer Sprache und war gespickt mit Adagien von Erasmus, der *von edlen Persönlichkeiten begutachtet wird, die in Gehorsam gegenüber der unfehlbaren Wissenschaft Tag und Nacht über das Wohl der Allgemeinheit wachen und darüber schreiben.*

Beim Tod des Ritters war das *Champ Fleury* abgeschlossen, auch schon gesetzt, aber noch nicht gedruckt. Es wäre ein Leichtes gewesen, die Anspielungen auf Erasmus und die Zitate zu entfernen. Aber Meister Tory dachte gar nicht erst daran, und ich glaube sagen zu können, dass dies der Haltung des gesamten Berufsstandes zu diesem Zeitpunkt entsprach. Erasmus war nicht exkommuniziert worden, und die Kirche Roms hatte ihn nicht zum Ketzer erklärt. Nach ihr richteten sich die Pariser Buchhändler; natürlich waren sie besorgt, aber sie ließen sich nicht von Beda vorschreiben, was sie zu tun und zu lassen hatten. Das *Champ Fleury* erschien unverändert kurz nach dem Tod des Ritters.

Dennoch war Meister Bocard in Sorge um uns. Er vertraute sich diesbezüglich Meister Antoine an, der mir davon erzählte.

«Ich bin alt, und ob man mich verbrennt oder nicht, mein Leben ist vorbei. Aber ihr seid jung, voller Ideen. Passt auf euch auf.»

Schließlich lud er uns an einem Sonntag einige Wochen nach der Hinrichtung des Ritters zu sich und bat uns, auch die Estienne-Brüder und ihre Frauen kommen zu lassen. Wir begaben uns in sein Haus, wo er uns als Erstes eine vortreffliche und gebührend begossene Mahlzeit auftischen ließ.

«Liebe Freunde», sagte er beim Nachtisch, «ich habe euch zu mir gebeten, weil ihr in gewisser Weise eine Familie bildet. Und weil ihr auch Freunde dieses Mannes hier seid, den ich als meinen Sohn betrachte, gehört ihr zu *meiner* Familie. Da mein Freund Henri Estienne bereits von uns gegangen ist, dachte ich, ich sei nun euer Ältester und müsse mit euch reden.»

Auf den Gesichtern machten sich Überraschung und eine gewisse Ergriffenheit breit.

«Ich bin schon alt, meine Freunde, ich habe zwei Herrscher überlebt und bin Zeuge zahlreicher Meinungswandel gewesen. Derjenige, der sich jetzt abzuzeichnen beginnt, ist tiefschürfender als jeder zuvor. Dank Antoine bin ich mir dessen seit langem bewusst, wir können in ihm sogar eine der Triebkräfte dieser Veränderungen sehen, denn er spricht davon, seit ich ihn kenne, schon in Poitiers, wo kaum etwas auf die derzeitigen Umwälzungen hätte schließen lassen.»

Auf diese Weise als Vorreiter einer neuen Zeit bezeichnet zu werden, war Meister Antoine ein wenig peinlich, er legte das eine Bein über das andere und das andere über das eine, dann machte er das gleiche mit den Armen.

«Mehrere Dinge müssen getan werden, wenn ihr überleben wollt. Als Erstes müsst ihr laut und deutlich sagen, dass ihr Diener des allgemeinen Wohls seid. *Ehre dem König und seinem Hof. Heil der Universität, Quelle unseres Wohlergehens. Gott erhalte Paris die Cité.* Das ist mein Wahlspruch, und damit jedermann über meine Haltung im Bilde war, druckte ich ihn während langer Zeit in jedes der Bücher, die ich herausgab. Ihr müsst deutlich sagen, wo ihr hingehört. Ich sage damit nicht, ihr solltet vernachlässigen, was ihr als eure Pflicht erachtet. Ich sage nur, dass ihr sie unter den Schutz eurer erklärten Absichten stellen sollt. Und wenn möglich unter den Schutz einer mächtigen Persönlichkeit.»

«Dem Ritter hat das nichts genützt», sagte Charles Estienne.

«Und Meister Lefèvre muss seine französische Bibel in Antwerpen drucken lassen», fügte Meister Antoine bei.

«Und sie standen alle unter dem Schutz Seiner Majestät», ergänzte Robert. «Wie ich. Seine Majestät hat mich wissen lassen, meine Arbeit sei bemerkenswert. Man hat mich eingeladen, Ihre Kinder zu unterrichten, die Prinzen Frankreichs. Das hält die Sorbonne aber nicht davon ab, mich mit Drohungen, alltäglichen Nachstellungen und endlosen Bosheiten zu quälen. Beim geringsten Anlass heißt es, ich werde auf dem Scheiterhaufen enden. Alle meine Absichtserklärungen sind null und nichtig.»

Meister Bocard blickte in die Runde. Man sah, dass er zögerte, dann sprach er aber schließlich doch.

«Ich verstehe euch gut. Aber das Entscheidende ist, dass man euch nicht verhaftet und euch nicht hinrichtet. Glaubt einem alten Mann und ärgert euch nicht über das, was ich euch jetzt sage. Der Ritter ist umgekommen, weil er es wollte.» Das ganze Zimmer erzitterte vor Schreck. Aber aus Respekt sagte niemand etwas. «Er hätte nach Nérac gehen können, man hatte mir gesagt, der König und die Königin von Navarra hätten ihn zu sich gebeten. Nach Straßburg hätte er gehen können oder nach Basel, wo man, wie man mir versichert, frei ist, anders zu denken als an der Sorbonne. Der große Erasmus hat das längst begriffen, Meister Lefèvre ebenfalls, von ihm habe ich gehört, er wolle sich nach Nérac zurückziehen, im Hinblick auf den Tag, der nicht lange auf sich warten lassen wird, an dem ein Exemplar seiner vollständig ins Französische übersetzten Bibel in Paris erscheinen wird. Der Ritter fand dies alles eines Edelmannes mit gutem Gewissen unwürdig. Er hat dafür bezahlt. Aber wir sind keine Edelleute. Das Unglück wird einen Bürger viel schneller treffen als einen Adeligen. Wir müssen biegsam sein wie ein Schilfrohr und warten, bis der Sturm vorüber ist.»

Er wandte sich an die kleine, aus Robert, seinen zwei Brüdern und Meister Antoine bestehende Gruppe in der Nähe des Fensters.

«Euch ganz besonders meine ich, meine Kinder. Ich werde nicht mehr lange hier sein, um dich zu beschützen, mein Antoine, du bist mir so lieb wie ein eigener Sohn. Das Mietverhältnis für dieses Haus erlischt mit mir; wäre ich nicht schon so alt, hätte man mich bereits hinausgeworfen. Das kleine Vermögen, das mir geblieben ist, wird an meine leiblichen Töchter gehen. Du bist ein furchtloser Mann, der von Vorsicht noch nie etwas gehalten hat. Ich flehe dich an wie ich auch Sie anflehe, Meister Robert, passt auf euch auf. Die Hornissen, wie Meister Erasmus sie nennt, haben ein viel kürzeres Leben als die Ideen. Und eure Ideen sind rein und kostbar, sie brauchen euch für ein langes Leben. Zögert nicht, wegzugehen, wenn das Unglück bei euch anklopft. Seid bereit, es zu tun. Eure Pflicht ist es, zu leben. Das hat nichts mit Feigheit zu tun. Es ist eine notwendige Maßnahme, um eure Ideen weiterleben zu lassen. Der HErr verlangt von niemandem unnötige Opfer.»

Mit einer flüchtigen Bewegung fuhr er sich mit der Hand über die Augen, dann langte er nach einem Becher auf dem Tisch und leerte ihn in einem Zug.

Wir waren ergriffen und begannen alle auf einmal zu reden. Niemand gab dem alten Weisen eine Antwort, er hatte auch keine erwartet.

Anderntags ging das Leben weiter.

Mit der neuen Schrift, die Meister Antoine gerade fertig gestellt hatte, wollte Robert Estienne sein großes *Dictionarium* drucken, an dem er arbeitete, seit er fast noch ein Kind war. Aber weil er den Gebrauch der

Druckbuchstaben, zu deren Entstehung er ein wenig beigetragen hatte, nicht länger hinausschieben wollte, verwendete er sie bereits für die *Paraphrasis in Elegantium libros Laurentii Vallae Erasmus,* die er gleich herausgab, als «seine» neuen Lettern geliefert wurden. Ich beeilte mich, ein Exemplar zu kaufen. Beim Durchblättern dieses Buches und buchstäblich überwältigt von der Schönheit und Neuartigkeit der Lettern, fasste ich einen Entschluss: Robert hatte zweifellos Recht, wenn er sagte, ich vertraue mir selbst zu wenig. Ich schwor, eines Tages allem Ehre zu machen, was mein Meister mich gelehrt hatte.

«Das freut mich sehr für dich», sagte Meister Antoine, als wir darüber sprachen. «Robert hat einen so guten Ruf, dass du gleich bekannt sein wirst, wenn er deine Schrift verwendet. Du wirst sehen, dass du besser verdienst, als du denkst.»

Nach der Herausgabe eines umfangreichen Werks, dessen Verfasser Papst Gregor ix. war, traf Meister Bocard Vorbereitungen für die *Imitation des saints* von Guillaume Pépin, eine äußerst vielschichtige Angelegenheit, wie mir Meister Antoine bestätigte.

«Er zahlt mir ein stattliches Gehalt, um Geld auf der Seite zu haben, wenn ich mich selbständig mache. Das sei seine Art, mir zu einer Erbschaft zu verhelfen, meinte er. Er ist immer noch sehr anspruchsvoll, immer noch sehr gelehrt, geistig sehr beweglich, aber der Körper altert. Er treibt mich an, das kannst du mir glauben. Ich schaffe es kaum, alles zu erledigen. Meine Druckbuchstaben sind beinahe fertig, aber einiges ist noch zu tun und dann müssen sie auch noch gegossen werden ...»

«Wir gießen sie für Sie, wenn Sie wollen.»

«Wenn du das für mich tust, Claude, wäre ich dir wirklich dankbar.»

«Eine Hand wäscht die andere, wie meine Mutter sagt, lieber Meister. Beenden Sie die Arbeit an Ihren Buchstaben, Sie können mich auch dafür zu Hilfe rufen, wenn Sie wollen, und dann bringen Sie Ihre Stempel zum Gießen.»

Er küsste mich auf beide Wangen.

Während jenes ganzen Jahres sah ich ihn nur selten. Es war zwecklos, ihm beim Schneiden seiner Lettern behilflich sein zu wollen, und noch war es nicht Zeit für das Gießen. Außerdem hatten Guillaume Pépin und seine *Imitation des saints* Vorrang.

Während dieser Zeit gewöhnte ich mir an, Dieudonné zu Meister Bocard zu schicken, um zu sehen, ob wir etwas für ihn tun konnten. Der alte Mann genoss die Wertschätzung des gesamten Berufsstandes, und Meister Chevallon hieß dies «von ganzem Herzen» gut. Ohne die geringsten Skrupel hatte Meister Antoine Dieudonné mehrmals gleich für eine Arbeit eingespannt, was bedeutete, dass ich ihn erst am Abend zu Hause wieder zu sehen bekam, lächelnd und erschöpft.

Das ging ein paar Monate lang so weiter – ziemlich lange, wie mir schien.

«Du könntest uns bei Meister Bocard zur Hand gehen», schlug Meister Antoine eines Sonntags vor, als ich bei meiner Mutter und ihm zum Essen war. «Er braucht jemanden, der verschiedene Sachen für ihn druckt, und ich selber habe mehrere Arbeiten auf Lager, von denen ich gar nicht mehr sprechen mag, weil mir die Freude versagt bleibt, sie in schönen römischen Buchstaben gedruckt zu sehen.»

«Glauben Sie, dass Meister Bocard ...»

«Meister Bocard ist kein einfacher Mensch, manchmal großartig, manchmal schwierig. Du kennst ihn nur von seinen guten Seiten, aber er kann sehr hart sein. Ich sage es dir, damit du Bescheid weißt. Und er sitzt auf dem Geld. Aber mit einem weiteren erfahrenen Drucker würden wir das Doppelte seines Gehalts hereinholen. Galiot du Pré und andere wollen Bücher bei mir drucken lassen.»

Ich wunderte mich, dass er sich nicht an seinen bisherigen, inzwischen Geselle gewordenen Lehrling hielt.

«Dein Schwager hat die Druckerei gewechselt, und so viel liegt mir nicht an ihm, dass ich ihn zurückrufen möchte. Er ist ein tüchtiger Junge, aber nicht der Mann, den ich brauche.»

Pierre Gaultier war das Sorgenkind seiner Schwester, sie fand, er lege sich bei der Arbeit nicht genug ins Zeug. Und Meisterin Gaultier, meine Schwiegermutter, die ich nur selten sah, hatte über ihn nur zu klagen. Ich fand ihn ganz nett, obwohl er mich häufig mit einer Sorglosigkeit ärgerte, zu der ich nie fähig wäre, und deren Folgen Guillemette und ich laufend zu tragen hatten. Meister Antoine hatte mit mir nie viel über ihn gesprochen, doch ich hatte verstanden, dass er nicht zufrieden war mit seinem Schüler.

Meister Bocard hatte eines Tages, als wir über Dieudonné sprachen (dem er seine Unfähigkeit, still zu sitzen, vorwarf, aber seine lebhafte Klugheit anerkannte) zu mir gesagt:

«Ich kann Ihnen über diesen Schlingel erzählen was ich will, mein lieber Garamond, Sie werden doch nur mit einem Ohr zuhören. Zu seinem ersten Lehrling hat man immer ein besonderes Verhältnis. Sie waren Antoines Freund, noch bevor Sie sein Stiefsohn wurden. Ich hatte damals einen Lehrling namens Martial, er muss längst tot sein, denke ich, bei dem Leben, das er führte, als er meine Werkstatt verließ. Doch ich war ihm gegenüber immer nachsichtig, und mache mir das zum Vorwurf. Ihr Dieudonné wird eines Tages Ihr Freund sein, erst recht, weil er, abgesehen von seiner Lebhaftigkeit, ein sehr guter Junge ist.»

Doch zurück zu meinem armen Schwager. Er war vermutlich nicht so ordentlich, wie ich es gewesen war, aber sein Ungestüm hätte Meister Antoine für einen ungünstigen Vergleich gereicht, auch dann, wenn er ein tadelloser Drucker gewesen wäre (was, wie ich gestehen muss, nicht der Fall war, dafür war er zu wenig sorgfältig).

Meister Chevallon, immer entgegenkommend, ermutigte mich, meine Dienste Meister Bocard zur Verfügung zu stellen, da er selbst sie nicht dringend brauchte.

«Dieudonné genügt für die laufenden Bestellungen. Und er nimmt seine Füße unter den Arm und holt Sie, wenn ein Kunde Sie persönlich zu sprechen wünscht.»

Meister Bocard empfing mich zunächst ziemlich kühl; aber der Mann war eher mürrisch als böse, und als er sah, dass ich zu seiner Zufriedenheit arbeitete, wurde er schließlich ganz liebenswürdig.

Ich weiß nicht genau, wie lange ich dort geblieben bin, einige Monate, denke ich. Ich kümmerte mich um die Neuauflage einiger von Meister Bocard früher gedruckter Bücher: *Anima fides* eines gewissen Leonardo di Matteo, *Nachahmung der Heiligen* von Guillaume Pépin, das schnell vergriffen gewesen war, das *Doctrinale mortis* von Jean Raulin ... Einige habe ich bestimmt vergessen.

Das große Ereignis in dieser Werkstatt war auch für mich, obwohl ich nicht direkt damit zu tun hatte, die Einführung der römischen Cicero für Arbeiten, die im Wesentlichen von Meister Antoine für Meister Bocard besorgt wurden. Meister Antoine hatte dafür eine zweite römische Cicero geschnitten, da er die erste Robert zur ausschließlichen Nutzung versprochen hatte. Der alte Meister hatte sich inzwischen von diesen Buchstaben so sehr in den Bann schlagen lassen, dass er ihnen sogar «eine große Zukunft» voraussagte.

Es war wie die letzte Flamme eines großen Feuers: im Laufe des Sommers fing er in beunruhigendem Maße an, nachzulassen. Er hatte keine Schmerzen und war auch nicht krank. Er litt einfach an einer großen Müdigkeit – bis er eines Tages am Morgen nicht mehr aufstehen wollte. Es hätte ihn zu viel Anstrengung gekostet.

Wir machten uns alle Sorgen, aber Meister Antoine war verrückt vor Unruhe.

«Das ist eigenartig», gestand er mir eines Abends, als es später geworden war, weil ihm der Satz einer Seite nicht gefiel und er mich deswegen um Rat gefragt hatte. «Ich trug immer die Verantwortung für das, was ich tat. Bei Meister Estienne war ich derjenige, der die Initiative ergriff, während wir die Arbeit immer gleichmäßig unter uns aufteilten. So war es auch bei Meister Bocard. Aber jetzt, da er zu fehlen anfängt, macht es mir beinahe Angst.»

Es schien mir unmöglich, dass ein Mann wie er Selbstzweifel haben konnte.

«Sie befürchten, der Sache nicht gewachsen zu sein?», wagte ich zu fragen.

«Ehrlich gesagt, mein lieber Claude, ich weiß, dass ich ein guter Drucker bin, ein Gelehrter, auf den man sich verlassen kann, und ein Schriftschneider, der der Neuen Zeit würdig ist. Aber bis jetzt habe ich immer unter dem Schutz eines Vaters gearbeitet, sozusagen, denn Meister Bocard war für mich genauso gut mein Vater wie mein leiblicher. Wenn ich ein Problem hatte, ging ich damit zu ihm. Er ist der Einzige, dem ich meine Liebe zu deiner Mutter gestanden habe und ...»

Er musste bemerkt haben, wie ich aussah.

«Was hast du?»

«Sie haben mit jemandem darüber gesprochen?»

«Nicht ‹mit jemandem›. Mit meinem Schwiegervater. Und ob du es glaubst oder nicht, er kam in euren Laden, um deine Mutter zu sehen, und als er zurückkehrte, sagte er: ‹Sie wird möglicherweise nie Witwe werden, aber sie ist deiner würdig. Du hast Recht, auf sie zu warten.›»

Womit gesagt ist, dass es auch dann, wenn man glaubt, einen Menschen gut zu kennen, immer Dinge gibt, von denen man keine Ahnung hat.

«Nun», fuhr er fort, «ich habe das Gefühl, der Welt schutzlos ausgeliefert zu sein, wenn er stirbt. Es ist vielleicht lächerlich, aber es ist so. Robert erzählte mir mehr oder weniger das gleiche, als sein Vater starb, Simon war für ihn kein Vater, ich glaube, er hat ihn dafür nie ernst genug genommen. Jetzt verstehe ich, was er sagen wollte.»

Jetzt, wo ich den Vater nicht mehr habe, der er für mich war, verstehe ich nur zu gut, was er meinte. Damals machte ich den ungeschickten Versuch, ihn zu trösten.

«Meister Bocard erholt sich wieder.»

Er schüttelte den Kopf.

«Nein. Ich bin überzeugt, dass er ganz sanft einschlafen wird. Ich habe in meinem Leben schon ein- oder zweimal Leute so sterben sehen, es sieht ganz danach aus. Eines Tages wird er einfach nicht mehr aufwachen.»

Und so geschah es.

An einem Wintermorgen, als wir an den Werken des Aristoteles arbeiteten, die ganz dringend in den Verkauf mussten, fand die Magd Meister Bocard steif in seinem Bett. Er war in aller Stille gegangen.

## XXII
## Wie Meister Antoine Augereau
## Bücher für Gelehrte und Studenten
## druckt und sich vielerlei Fragen stellt

as Tagebuch, das Meister Antoine im Gefängnis schrieb, ging auf Meister Tiraqueaus Rat zurück, er wollte es nutzen, um Meister Antoine zu retten. Dieser beschreibt darin seine Tätigkeit als Drucker und Buchhändler. Die Akten seines Prozesses wurden zusammen mit seinem Körper verbrannt – das war bei Ketzern so üblich. Darin zeigt sich, dass das Parlament mit der Sorbonne als Vorwand bis zum Schluss vor nichts zurückschreckte, um sich Macht gegenüber dem König zu verschaffen (was Meister Tory vorausgesagt hatte und von Robert Estienne ständig wiederholt wird); das Parlament änderte trotz der vielen Beweise für Meister Antoines Unschuld seine Meinung nicht. Zwei angesehene Juristen hatten keine Bedenken, sich bloßzustellen, indem sie Meister Antoines Verteidigung übernahmen: Meister François Augereau, was als selbstverständlich erscheinen mag, weil er sein Bruder ist, und vor allem Meister Tiraqueau.

Von Meister Antoines Text sind uns zwei kleine Stücke eines Entwurfs erhalten geblieben, die von Amtes wegen nie die Conciergerie hätten verlassen dürfen. Ich verwende sie hier. Der Text war in Latein abgefasst; mit meiner Übersetzung werde ich möglicherweise seinem persönlichen Stil nicht gerecht, aber ich will ihn nicht unübersetzt lassen, damit auch meine Mutter ihn lesen kann, wenn sie eines Tages die Kraft dazu findet.

Nach Meister Bocards Tod kehrte ich in meine Werkstatt zurück, und was Meister Antoine vorausgesagt hatte, trat ein: Als die *Paraphrasis in Elegantium libros Laurentii Vallae Erasmus* Roberts Pressen verlassen hatten, wollten die anderen Drucker unverzüglich auch solche Lettern geschnitten haben. Doch diesmal blieb Meister Antoine standhaft. Er wollte weiterhin klassische Texte herausgeben, er wollte die Griechen fertig stellen, an denen er seit Jahren arbeitete, und er wollte nicht ausschließlich Schriftschneider sein.

«Ich bin zu alt, um meine Gewohnheiten und Vorlieben zu ändern», erklärte er jedem, der bei ihm vorbeikam. «Aber es gibt jemanden, der das genauso gut macht wie ich und bald sogar noch besser. Gehen Sie zu Meister Garamond im Haus ‹Zur Goldenen Sonne›.»

Meister Chevallon sah natürlich nicht ungern, was da auf ihn zukam. Und ich fing an, mir zu sagen, ich sollte vielleicht darüber nachdenken, mich selbständig zu machen.

Bald gab es für Dieudonné und mich so viel Arbeit, dass ich einen Gießer brauchte, der uns zur Hand ging. Was bedeutete, dass ich Meister Antoine nicht wie vorgesehen beim Umzug würde helfen können.

Ein durchaus unfreiwilliger Umzug, das muss man betonen. Aber wie es Meister Bocard vorausgesagt hatte, wartete Meisterin Chauveau, die das Haus von der Abtei Saint-Éloy gemietet hatte, seit einigen Jahren auf die Gelegenheit, es wieder übernehmen zu können.

Zunächst konnte Meister Antoine an der Grand-Rue Saint-Jacques bei Nicolas Prevost, im Haus «Zum Heiligen Georg», arbeiten: Dieser Drucker war vor kurzem gestorben und seine Witwe brauchte jemanden, der die Pressen in Gang hielt.

Meister Antoine begann allmählich die Macht der Vorsehung zu spüren. Er wartete auf den Entscheid von Meister Bocards Erbinnen, was sie mit den Sachen ihres Vaters tun wollten: Er hatte sie in seinem Testament Meister Antoine vermacht, aber solche Angelegenheiten sind nicht so leicht zu handhaben; zunächst mussten die Bocard-Töchter und ihre Ehemänner einverstanden sein, ihren Anteil an den Pressen an denjenigen abzutreten, der der Ehemann einer längst verstorbenen Schwester gewesen war, und dieser wollte sich nicht aufdrängen.

«Ich habe wieder geheiratet. Damit gehöre ich für sie nicht mehr zur Familie. Für Meister André war das etwas anders: In seinem Herzen hatte er mich adoptiert und mich damit zu seinem Sohn und deine Mutter zu seiner Tochter gemacht, im Gegensatz zu seinen anderen Schwiegersöhnen, für die Meister Bocard keine besonders große Zuneigung empfand. Bis zum letzten Tag habe ich mit ihm zusammengearbeitet. Aber ich habe mir nie etwas vorgemacht. Glücklicherweise bin ich nicht auf eine Erbschaft angewiesen. Die Schriften, die ich geschnitten habe, gehören mir persönlich, dank meines Schwiegervaters verfüge ich über einige Ersparnisse, ich kann mich also selbständig machen oder in einer Werkstatt arbeiten, wo man Bücher druckt, die mich interessieren.»

Als Meisterin Prevost ihm vorschlug, zu ihr zu kommen, sah er darin eine Gelegenheit, sowohl der Witwe entgegenzukommen als auch den Bocard-Töchtern Zeit für ihre Entscheidung lassen zu können.

Ich glaube, wenn Meister Antoine nicht schon wieder verheiratet gewesen wäre, hätte ihm Meisterin Prevost schöne Augen gemacht: Sie suchte mindestens so sehr einen Drucker fürs Bett wie für ihre Pressen. Sie war noch sehr jung und gehörte nicht zu den Frauen, die lange Witwe bleiben (ihr Mann soll an der Pest gestorben sein, die da und dort in Paris wütete, er war in meinem Alter gewesen, wir hatten uns schon als Kinder gekannt).

«Angesichts ihrer völlig unangebrachten Verführungskünste fühle ich mich unbehaglich», gestand Meister Antoine. «Ich bin ein verheirateter Mann. Und auch wenn ich es nicht wäre, käme ich in meinem Alter zwar als ihr Vater, aber nicht als ihr Ehemann in Frage. Ich weiß, dass das für Heiratsvermittler kein Hinderungsgrund ist, aber mich lockt so etwas nicht.»

Verhandlungen und ein Eingreifen des Abtes von Saint-Éloy de Noyon als Besitzer der Liegenschaft führten schließlich zur Verlängerung des Mietvertrages, um Meister Antoine Zeit zu geben, etwas Passendes zu finden. Daraufhin stellte Meister Antoine einen Gesellen ein und begann, Bücher zu produzieren. Die Werke des Aristoteles und Meister Coquillarts. Das Konkordat zwischen Papst Leo x. und König François i. im Wortlaut. Kleine Lehrbücher. Und viel anderes mehr. Da er bekannt war, mangelte es nicht an Bestellungen. Meister Galiot du Pré, Meister Petit und andere warteten nur darauf, dass er sich ans Werk machte. Meister Galiot ganz besonders. Er hatte freundschaftliche Bande zu seinem Drucker geknüpft, man traf ihn oft bei Meister Antoine. Er war zudem ein großer Bewunderer der neuen Cicero, setzte sie ein, wo immer er konnte, und rühmte ihre Vorzüge gegenüber allen, die ihm zuhörten, mich eingeschlossen.

«Verzeihen Sie, Meister Claude, wenn ich Ihnen das sage, aber seine Schnitte haben eine Bestimmtheit, die den Ihren noch fehlt. Das kommt aber noch, denn er war Ihnen ein guter Lehrmeister. Es ist nur eine Frage der Erfahrung.»

Ich weiß nicht, ob sein Vertrauen berechtigt war, denn abgesehen von der Erfahrung gab es zwischen Meister Antoine und mir auch eine Ungleichheit der Statur. Seine Kraft stand in keinem Vergleich zu meiner, ziemlich mittelmäßigen. Stärke und Bestimmtheit seiner Hand übertragen sich sichtbar auf seine Buchstaben.

Und außerdem verrichtete er jedwede Arbeit mit einer Leidenschaft, die selbst an seinen Fehlern zu erkennen war, etwas, wozu ich niemals fähig sein werde. Denn für Meister Antoine war das Drucken von Büchern ebenso wie für Meister Aldo Manuzio eine heilige Pflicht, so etwas wie ein Priesteramt.

*Maßgebend war für mich immer gewesen, dem Leser verständlich zu machen, dass wir seit der Exkommunikation Martin Luthers in Frankreich in einer großen geistigen Verwirrung lebten*, schreibt Meister Antoine. *Ebenso wie die großen Gelehrten, für die ich seit Beginn meiner Druckerlaufbahn zu arbeiten die Ehre habe, wünsche ich mir nichts sehnlicher, als dass die Heilige Schrift rein und für alle verständlich sei, auch für Leser, die nicht Lateinisch können – und es werden immer mehr, die lesen, schreiben und rechnen lernen, ohne studiert zu haben. Doch in meinen Augen hat dies im Rahmen der Kirche zu geschehen. Ich habe nie etwas gegen die Gottesdienstformen einzuwenden gehabt und immer nur das eine gehofft: dass uns die Kirche ein Vorbild sei, dem wir alle in jener glühenden Frömmigkeit nacheifern konnten, die sie uns vorlebte. Indes habe ich manchmal den Eindruck, die Kirche schließe uns aus, als ob ihr unsere Liebe zu ihr zu anspruchsvoll sei. Dabei wünschen wir uns nichts anderes, als die Söhne einer schönen und starken Kirche zu sein.*

*Zum ersten Mal aufgeschreckt wurde ich an dem Tag, als ich hörte, wie ein Franziskanermönch allen Ernstes von der Kanzel herab verkündete: «Man hat eine neue Sprache entdeckt, sie wird das Griechische genannt. Man muss sich mit aller Sorgfalt vor ihr in Acht nehmen, denn diese Sprache gebiert die Ketzerei. Ich sehe viele Leute mit einem Buch in der Hand, das in dieser Sprache abgefasst ist, es wird Neues Testament genannt und ist voller Dornengestrüpp und Nattern. Und was die hebräische Sprache anbetrifft: wer sie lernt, wird Jude.»*

*Was soll man zu so viel Unwissenheit und dummen Vorurteilen sagen? Als wäre das Hebräische nicht die Ursprungssprache unzähliger heiliger Texte! Als ob die griechische Sprache von ihrem Wesen her die Ketzerei in sich trüge! Für so armselige Geister war das Auftauchen Luthers eine Katastrophe, und jetzt kommt als Antwort die Katastrophe über uns. Trotz des Misstrauens schienen wissenschaftliche Studien zunächst aufzublühen, doch die lutherische Tragödie hat alles über den Haufen geworfen, und heute besteht, wenn es weitergeht wie bisher, die Gefahr, dass die neuen Wissenschaften wieder verschwinden. Diese Dummköpfe werfen alles in densel-*

*ben Topf. Und weil sie Luther nicht verstehen, dessen Kritik zu Beginn durchaus berechtigt war, der Ablasshandel ist wahrhaftig ein Skandal, bringen sie alles mit Ketzerei in Verbindung, was sie nicht verstehen. Für sie ist jemand, der Vergil oder Aristoteles von den Verkrustungen befreien will, mit denen diese überladen sind, gleichermaßen ein Ketzer wie jemand, der die Qualität der vom Heiligen Hieronymus verfassten lateinischen Bibel in Zweifel zieht. Der zu sagen wagt, schließlich sei auch er, der Heilige Hieronymus, nur ein Mensch gewesen, der sich irren konnte, denn* errare humanum est. *Mit welchem Mittel wenn nicht mit Diskussion und Lesen soll denn die Unwissenheit eingedämmt werden? Ich nehme es niemandem übel, der aufgrund fehlender Kenntnisse handelt, aber diesem Mann hier nehme ich es übel, dass er sich weigert, sich Kenntnisse anzueignen, oder es nicht – oder nicht mehr – versteht, diejenigen zu brauchen, die er hat.*

Dies alles machte selbstverständlich auch mir Sorgen. Aber im Gegensatz zu Meister Antoine oder zu Robert sah ich mich nicht tagtäglich vor die Wahl gestellt. Die neue Typographie war und ist Teil dessen, worum es geht. Aber sie ist ein Gebiet, das die Sorbonnokraten noch nicht entdeckt haben. Sie sehen nicht, dass die Typographie ein Glied jenes Ganzen ist, das sie verabscheuen. Deren wahre Bedeutung haben sie – Gott sei Dank – nicht begriffen. Ansonsten lassen sie es lieber zu einer Kirchenspaltung kommen, als ein Quäntchen ihrer Macht und ihrer Gewohnheiten preiszugeben. Jeder Gedanke, der sie stört, ist ketzerisch. In den Herstellern römischer Druckbuchstaben sehen sie weniger jene, die diese Macht in Frage stellen, als in den Druckern, die diese Buchstaben verwenden.

Doch zurück zu unserem Bericht.

Ich kehrte also in meine Werkstatt zurück. Zu jenen, die sich von mir Schriften schneiden lassen wollten, gehörte natürlich auch Meister Chevallon. Er verlangte lauthals eine Druckschrift, die «noch schöner sei als jene, die Meister Antoine für Robert geschnitten habe» (Meister Chevallon hatte darum gebeten, sie verwenden zu dürfen, aber Robert hatte abgelehnt). Also blieb mir nichts anders übrig, als mich ans Werk zu machen. Wozu mich Meister Antoine übrigens ermutigte.

«Deine Ergebenheit mir gegenüber ist bewundernswert, aber du kannst dein Leben nicht länger für mich opfern. Geh und mach dich selbständig.»

«Ihre Druckbuchstaben sind viel schöner als meine.»

«Genau genommen sind sie sich ähnlich. Man sieht ihnen an, dass sie die gleiche Herkunft haben. Aber ich werde alt und habe den Höhepunkt meiner Kunstfertigkeit erreicht. Außerdem bin ich mehr an den Texten interessiert und am Buchhandel. Aber du bist jung, du bist außergewöhnlich begabt, und mit der Zeit wirst du viel besser sein als ich, das liegt in der Natur der Dinge. Ich prophezeie dir, dass du ein bedeutenderer Schriftschneider sein wirst als wir alle, denn im Gegensatz zu uns, die wir tausenderlei Dinge tun, konzentrierst du dein Talent auf eine einzige Sache, damit wirst du alle überzeugen.» Er seufzte schwer. «In diesen Zeiten ist es vielleicht besser, Schriften zu schneiden, als Bücher zu drucken.»

Selbstverständlich verloren wir uns nicht aus den Augen, selbst dann nicht, wenn wir an unterschiedlichen Orten arbeiteten. Guillemette und meine Mutter waren gute Freundinnen geworden, sie trafen sich häufig und erzählten sich, was ihre Ehemänner trieben. Und wenn wir nach Hause kamen, erzählten sie es uns. So wussten mein Meister und ich immer, was der andere tat.

Ganz zu schweigen davon, dass wir uns oft zu einem gemeinsamen Essen trafen und Meister Antoine häufig an meinem Anbau vorbeikam, wobei er meist die Gelegenheit nutzte und hereinschaute, um über seine Sorgen zu reden.

Es war die Zeit, als Seine Majestät die königlichen Lektoren bestellt hatte.

Das ist eine wunderbare Einrichtung, diese Lektoren. Sie unterrichten Griechisch – ob es dem Franziskanermönch, über den sich Meister Antoine so sehr geärgert hatte, gefiel oder nicht –, Hebräisch und Mathematik. Erst kürzlich war sogar die Rede davon, sie auch Latein unterrichten zu lassen. Drucker, die das Griechische beherrschten und es auch drucken konnten, gab es nicht sehr viele. Neben der aufwendigen Arbeit für die Herstellung der römischen Druckbuchstaben (woraus ich reichlichen Nutzen zog), hatte Meister Antoine auch ein griechisches Alphabet geschnitten. Ich habe nie erfahren, wer ihm diese Sprache beigebracht hat, doch gesehen habe ich mehr als einmal, wie sich Gelehrte ausführlich mit ihm darüber unterhielten und aufmerksam seine Meinung anhörten. Sie wiederzugeben bin ich wirklich nicht in der Lage – im Griechischen bin ich nicht über das Buchstabieren des Alphabets und über die Lektüre einiger ins Lateinische übersetzter Texte hinausgekommen. Inzwischen gehörte auch Pierre Danès, ein Kirchenmann, den wir schon länger kannten, zu den Königlichen Lektoren; zu Meister Henri Estiennes Zeiten wurde er wie ein Sohn des Hauses behandelt, er nannte François, Charles und vor allem Robert Estienne seine Brüder. Seine Freundschaft mit Meister Antoine geht auf diese Zeit zurück.

Die Vorlesungen der Königlichen Lektoren waren frei und kostenlos. Jedermann konnte teilnehmen, Meister Antoine hatte es anfänglich mehr als einmal getan.

«Ich denke, dass wir dort Kundschaft finden», sagte er immer wieder. «Ich muss die Bedürfnisse kennen, damit ich sie befriedigen kann.»

Und auch wenn ich nicht Bücher zum Drucken suchte, ging ich selber eines Tages dennoch zu einer der Griechisch-Vorlesungen am Collège von Navarra. Sobald es um die Feinheiten dieser Sprache ging, war ich natürlich verloren. Aber Meister Antoine übersetzte für mich *sotto voce* die wichtigsten Einzelheiten, und ich muss gestehen, ich war fasziniert vom berstend vollen Auditorium, von den konzentrierten, nach Wissen dürstenden Gesichtern. Die Studenten kamen von ziemlich überall her, Meister Antoine zeigte mir einen Holländer, einen Bayern und einen Mailänder, die er gerade getroffen hatte und mit denen er, wie er mir sagte, ins Gespräch gekommen war. Ich meinerseits entdeckte einen Schweizer, der eine Zeit lang bei uns gewohnt hatte.

Am Ende des Unterrichts herrschte ein großes Stimmengewirr, woran die Studenten gewöhnt zu sein scheinen, was mich aber, wie ich zugeben muss, regelrecht erschlug.

«Habt ihr das Neueste von der Sorbonne gehört?», sagte jemand neben mir. Ich drehte mich um. Ein Augustinermönch und ein Student waren am Schwatzen.

«Welche? Es gibt so viele davon ...»

«Sie haben verfügt, Griechischvorlesungen seien Ketzerei.»

«Aber warum denn das? Ich finde sie sehr gemäßigt.»

«Aus der Sicht der Lektoren *kann die Heilige Schrift ohne die griechische und hebräische Sprache nicht richtig gelesen werden;* sie behaupten auch, *kein Prediger könne ohne diese Sprachen die Episteln oder die Evangelien wirklich erklären.*»

«Das scheint mir vernünftig. Es sind die Sprachen, in welchen diese Texte verfasst worden sind, und man versteht ihre Bedeutung noch besser, wenn man die beiden Sprachen beherrscht. Das ist übrigens der Grund, warum ich diese Kurse besuche.»

«Sie sind ein Ketzer, mein lieber Hochwürden. Der erste Gedanke wurde als *vermessen und empörend* beurteilt, der zweite als *falsch, gotteslästerlich und geeignet, die Christen vom Wort Gottes zu entfremden.*»

«Wirklich? Sind wir denn sicher, dass die Theologische Fakultät für sich die Unfehlbarkeit Roms beanspruchen kann?»

«Nein, aber sie findet Gehör beim Parlament, und das Parlament liebt nichts so sehr wie den Beweis seiner Macht gegenüber Seiner Majestät, und die Lektoren sind, wie es ihr Name trefflich sagt, königlich. Deshalb ... die Schlussfolgerungen überlasse ich Ihnen. Die Fakultät ihrerseits hat bezüglich der beiden Behauptungen den Schluss gezogen, deren Urheber stünden im Verdacht des Lutherismus.»

Sie gingen auseinander, Hochwürden seufzend wie eine Esse, der Student wild gestikulierend und weitere Einzelheiten brummelnd.

Beim Besuch dieses Unterrichts traf ich Meister Rabelais wieder. Er hatte sich seinen Wunsch erfüllt und war Arzt geworden. Er arbeitete in Lyon. Geblieben war ihm seine Neugier, er interessierte sich für alles, von der geringsten Handreichung eines unbedeutenden Schriftschneiders bis zur Staatsführung. Er war nach Paris gekommen, um einen der königlichen Lektoren zu hören, Meister Oronce Finé, der Mathematik unterrichtete. Am Ende eines dieser Kurse war er nur ein paar Schritte vom Haus «Zur Goldenen Sonne» entfernt von einem Regenschauer überrascht worden und hatte in meinem Anbau Schutz gesucht.

«Ich bereite eine kleine Streitschrift vor, die von sich reden machen wird», sagte er und rieb sich die Hände. «Ich habe Dinge zu sagen, die man besser nicht allzu laut ausspricht. Ich lege sie deshalb jemandem in den Mund, der uns an unseren Freund Oudin erinnert. *Qui potest capere capiat*, wie unser HErr sagte. Ha ha ha! Wie geht es ihm übrigens? Ich meine natürlich Oudin, nicht unseren HErrn, von dem ich zu wissen glaube, dass es ihm schlecht geht; wahrscheinlich erleidet er ein zweites Martyrium, weil er sich all diese Dummheiten anhören muss, die in seinem Namen geäußert werden.»

«Gut, denke ich. Er ist bei Meister Lefèvre in Navarra und kommt leider nur selten nach Paris.»

«Dieser Mann war für mich sehr anregend. Ein Gaukler und Komödiant, ein gebildeter Mann und Gauner, der nur mit knapper Not der Brandmarkung entging ...» Er bemerkte meine Handbewegung. «Machen Sie sich keine Sorgen, von mir erfährt das niemand. Er selbst hat mir seine unguten Erlebnisse anvertraut. Wie dem auch sei, nachdem ich mich mit

Riesen beschäftigt habe, wäre ich ganz gerne dem einen wieder begegnet, den ich kenne.»

«Sie haben sich mit Riesen beschäftigt? Wie denn das?»

«Kennen Sie Gargantua?»

«Mir scheint ...»

«Ich kenne ihn», rief Dieudonné aus der Werkstatt. «Ich las über ihn in einem kleinen Büchlein, das ich einem Hausierer abgekauft habe.»

«In einigen Gegenden, musst du wissen ... Wie heißt du überhaupt?»

«Dieudonné.»

«Hübscher Name. Ich werde ihn mir merken. In gewissen Gegenden, mein lieber Dieudonné, ist Gargantua ein mythischer Held. Nun, ich habe sie mir ausgeliehen, ihn und seinen Sohn Pantagruel, sie werden neue Abenteuer erleben.»

«Echte, nehme ich an?»

«Sie sollen in der Schwefelgrube von Sodom und Gomorrha versinken, wenn Sie mir nicht alles aufs Wort glauben, was ich in dieser Chronik erzähle. Nichts ist erfunden. Nur ein bisschen übertrieben. Ich habe sogar einen vertrauenswürdigen Drucker gefunden.» Er lachte und klopfte sich kräftig auf die Schenkel. «Ich will damit sagen, ernstlich darauf bedacht, Geld zu verdienen. Dank eurer Beharrlichkeit, deiner, Dieudonné, und der deiner Freunde, wurden in zwei Monaten mehr *Gargantische Chroniken* verkauft als in neun Jahren Bibeln.»

«Und diese Chroniken werden in Paris erscheinen?»

«Nein, ich gebe sie in Lyon heraus, um ein Auge darauf haben zu können. Meister Nourry, der sie gedruckt hat, ist ein Fachmann für solche Sachen, und er erweist mir die Ehre, mich als seinen Freund zu bezeichnen. Außerdem finde ich, dass man in Paris wirklich zu sehr exponiert ist. Auch in Lyon ist es gefährlich, aber man befindet sich dort nicht mitten im Gewittersturm. Apropos Gewitter, es hat zu regnen aufgehört, ich mache mich also wieder auf den Weg.»

Er stand auf. Aber Meister Rabelais verlässt einen Raum niemals gleich beim ersten Mal, wenn er sich anschickt, es zu tun. Bevor er geht, hat er immer eine «letzte» Frage zu stellen. Das war auch an jenem Tag nicht anders.

«Sagen Sie, wie geht es Ihrer bezaubernden Mutter?»

«Es geht ihr gut. Meinem kleinen Bruder ebenfalls. Und seit Meister Antoine in seinem eigenen Rhythmus arbeiten kann, druckt er eine beeindruckende Anzahl Bücher.»

«Ich habe ihn in Meister Oronce Finés Vorlesung gesehen, allerdings nur von weitem, wir begnügten uns damit, uns zuzuwinken. Diese Vorlesungen, es ist nicht zu fassen, sind zum Bersten voll, manchmal geht die Zahl der Zuhörer in die Hunderte. Die Sorbonne aber bleibt leer. Die Herren Kapetinger werden nicht untätig bleiben, und ich wette darauf, dass das nicht schön wird. Ich ziehe es ganz entschieden vor, in Lyon zu sein.»

«So, wie es aussieht, haben sie die Griechisch- und Hebräischvorlesungen bereits als lutheristisch beurteilt.»

«Ich habe davon gehört. Ich glaube, dass unsere Gelehrten im Augenblick nichts zu befürchten haben. Aber wenn der König keine Freude an seinem Spielzeug mehr hat, wird man allen Grund haben, sich Sorgen zu machen.»

Er ging zur Tür, streckte die Hand nach der Klinke aus, und drehte sich wieder um.

«Meister Marot sagte, Meister Antoine drucke seine Gedichte. Er nennt sie die *Klementinische Jugend*.»

«Ja, Meister Augereau hat es mir auch gesagt. Es ist die zweite Auflage, die erste wurde ihm aus den Händen gerissen. Die zweite ist noch nicht fertig gedruckt, er hat mir ein Exemplar versprochen. Leider hat er derzeit keine Hilfe, Meister Clément erholt sich gerade von der Pest, er war sehr krank.»

«Armer Clément! Ich will versuchen, bei ihm vorbeizugehen. Und falls ich ihn nicht antreffen sollte, richten Sie ihm aus, wenn Sie ihn sehen, er möchte mich besuchen. Ich bin bei Monseigneur du Bellay untergebracht, er hat die Güte, mich bei sich aufzunehmen, gewiss in Erinnerung an unsere gemeinsame Jugend. Vielleicht kann ich Clément zum einen oder anderen Heilmittel raten.»

«Verlassen Sie sich auf mich.»

Wieder ein Schritt Richtung Tür. Und wieder einer zurück.

«Wütet die Pest schlimm zur Zeit?»

«Ja. Schlimmer als in früheren Zeiten. Es sind überall Häuser mit dem Kreuz zu sehen, und es heißt, das Krankenhaus von Saint-Germain sei überfüllt.»

Er seufzte, schüttelte den Kopf und ging entschlossen in Richtung Tür.

«Gott schütze Sie! Bis bald, mein lieber Freund.»

Er öffnete die Tür und ging tatsächlich.

Ein paar Tage darauf kamen meine Mutter und Meister Antoine zu uns zum Essen, und wir sprachen über Meister Marots Buch.

«Das ist nicht lustig», sagte Meister Antoine. «Ich muss alles allein machen, dabei wäre ein neues Buch in französischer Sprache eine ungeahnte Möglichkeit, mit dem Autor zusammenzuarbeiten. Aber dieser arme Clément ist in einer so schlechten Verfassung, dass er es kaum schafft, durchzulesen, was ich ihm schicke. Er beklagt sich über zu viele Fehler in Pierre Roffets Ausgabe, dabei hat Meister Tory sie gedruckt. Meister Clément mag die verwendete Schrift nicht – was ich verstehen kann. Mit seinen schönen und nützlichen Theorien sollte Meister Tory zumindest unsere Buchstaben verwenden. Aber keine Rede davon, er druckt in einer mittelmäßigen Schrift aus der Zeit vor unseren Diskussionen. Marot tobt vor Wut. Ich drucke das Werk für ihn neu, Galiot ist bereit, es zu verkaufen, wir riskieren nicht allzu viel dabei, wenn ich denke, wie man sich auf die erste Ausgabe gestürzt hat, sie war – Fehler hin oder her – im Handumdrehen weg. Der arme Clément mag gewissen Leuten missfallen, aber das Publikum verehrt ihn.»

«Missfallen?»

«Hast du nichts von der Sache mit dem Fasten gehört?»

«Die Sache mit dem Fasten? Nein.»

«Er war krank und schwach wie ein neugeborenes Kätzchen, der Arzt ordnete Suppe an. Seine Magd schlachtete ein Huhn, um Suppe zu kochen, aber weil es Fastenzeit war, wurde Clément auf der Stelle verhaftet. Ich muss daraus schließen, dass es Leute gibt, die ihn tagein tagaus bespitzeln.»

«Und was geschah dann?»

«Die Königin von Navarra schickte einen der ihren, um ihn herauszuholen. Ich nehme übrigens an, dass man es in Wirklichkeit auf sie abgesehen hat. Man meint immer sie, wenn man jemanden in ihrer Umgebung belästigt.»

Meine Mutter sah ihn mit sorgenvollen Augen an.

«Und nachdem man ihn belästigt hat, schaut man nach, wer sein Buch gedruckt hat, und dann wird man sich Sie vornehmen, da Sie ohne Schutz seitens einflussreicher Personen sind.»

«Ich verstehe Ihre Befürchtung, meine Liebste, aber ich bin wirklich zu weit vom Schuss, als dass man es auf mich abgesehen haben könnte. Ich habe nie etwas gedruckt, was nicht von der Sorbonne genehmigt war.»

«Sie drucken Meister Marot, von dem es überall heißt, er sei Lutheraner. Sogar erst gestern am Brunnen habe ich es gehört. Es hieß, wenn er nicht unter dem Schutz der Königin von Navarra stünde, hätte er geendet wie Ritter de Berquin.»

Er zuckte mit den Schultern.

«Glauben Sie mir, Françoise, ich passe auf mich auf. Ich bin aber davon überzeugt, dass sich Ritter de Berquin selbst in die Höhle des Löwen begeben hat. Das tue ich nicht.»

*Wenn ich an die Gespräche mit meiner lieben Frau zu jener Zeit zurückdenke, wird mir klar, wie sehr sie die Zukunft vorwegnahmen. Sie war mehr in Sorge als ich, denn ich hatte ein so reines Gewissen, dass es mir unmöglich schien, sie könnte Recht haben. Meister Luthers Reiz war für mich schon seit langem verflogen. Natürlich hatte ich Kritik geübt, aber meine Kritik bezog und bezieht sich auf das, was an gewissen Collèges gelehrt wird. Wie armselig das ist, ist nicht zu übersehen. Aber mit einer Kritik an der Heiligen Kirche hat das nichts zu tun. Auf diesem Gebiet konnte man mir schwerlich etwas vorwerfen. Seit meiner Jugend gehe ich beinahe täglich zur Messe, das Gebet ist für mich so natürlich wie die Luft, die ich atme – in mir ist etwas von einem Benediktinermönch übrig geblieben. Noch heute bin ich davon überzeugt, dass ein Irrtum vorliegt. Man hat bei mir weder aufrührerische Druckschriften noch verbotene Bücher gefunden.*

Genau genommen war Meister Antoines große Sache damals der Druck eines dicken Buches mit dem Titel *Novus orbis regionum ac insularum*. Er sprach begeistert davon.

«Es enthält Berichte über die Reisen jener, die den Mut hatten, aufzubrechen, um die Neue Welt zu entdecken: Marco Polo, Amerigo Vespucci, Christoph Kolumbus, Pedro Álvarez Cabral, der Inder Joseph Camanor ... Sie beschreiben ihre Reisen, ihre Abenteuer, ihre Unglücksfälle und ihre Entdeckerfreude. Meister Oronce Finé hat sogar eine Weltkarte gezeichnet, über die sich die Kritiker nicht einig werden können, aber was soll's. Andere werden kommen und die Arbeit fortsetzen, wo jene aufgehört haben. Ich finde das aufregend. Ich kann mich kaum von den Blättern losreißen und muss sie mehrmals durchlesen, um sicher zu sein, keinen Fehler übersehen zu haben, so interessant finde ich sie.»

Er war davon überzeugt, dass das Buch ein großer Erfolg werden würde (und das wurde es auch).

Wie mir Guillemette erzählte, las er abends seinem Sohn aus dem Buch vor, oder er brachte ihm Ausschussseiten zum Lesen mit. Ergebnis:

Der Kleine Guillaume, kaum zehn Jahre alt, träumte nur noch davon, Kapitän auf Weltreise zu werden.

«Wenn ich nach Fontenay gehe, wo es Schiffe gibt, kann ich dann ans Meer fahren?»

«Ja, aber als Schiffsjunge, ein Schicksal, das ich niemandem wünsche.»

«Aber am Ende ...»

«Falls dein Vater, deine Großmutter und deine Vettern von La Rochelle und aus Poitiers es wollen, wirst du lernen, was es mit dem Meer auf sich hat, du wirst Schiffseigner werden oder zumindest im Auftrag Dritter eines befehligen, und du wirst zusehen müssen, dass es Geld einbringt, weil man das von dir erwartet. Trotz Sturm und Wetter, trotz Räubern, Meuterern und Piraten. Und wenn dir dies alles geglückt ist, musst du dich auch noch mit den Spaniern und Engländern herumschlagen, die dir Häfen und Meere streitig machen. Ich an deiner Stelle würde mir das zweimal überlegen.»

Guillaume ging noch immer nicht zur Schule, sein Vater unterrichtete ihn zu Hause und vertröstete ihn bezüglich des Schulbesuchs auf später. Gelegentlich nahm er ihn sogar zu den Griechisch- oder Mathematikvorlesungen der Königlichen Lektoren mit:

«Damit du siehst, dass es sich lohnt, sich den Kopf mit gelehrten Dingen zu füllen.»

Neben seiner Arbeit in der Druckerei nahm sich Meister Antoine beharrlich des Problems der Akzente an. Seit der Zeit, als ich sein Lehrling geworden war, hörte ich ihn sagen, es wäre einfacher, Akzente, Apostrophe und sonstige Zeichen zu verwenden, statt stumme Buchstaben zu wiederholen. Er sah in den Akzenten eine Vereinfachung sowohl für das Auge als auch für den Drucker. Wenn ich gelegentlich bei ihm vorbeiging, arbeitete er oft gerade an Entwürfen für Buchstaben mit Akzenten.

«Am meisten bedauere ich, dass ich diese Dinge nicht von Grund auf mit Meister Tory besprechen kann, der als Erster auf diese Idee gekommen ist», sagte er. «Er kommt nicht mehr von seiner Arbeit weg und das geht auf Kosten der Gesundheit, neulich habe ich ihn gesehen und bin erschrocken.»

«Wer würde solche Buchstaben denn wollen, abgesehen von Robert, was meinen Sie?»

«Robert ist immer ein vernünftiger Junge gewesen. Du wirst sehen, dass man uns die Buchstaben mit Akzenten aus der Hand reißen wird, sobald wir sie auf den Markt bringen. Sie sind ganz einfach logisch. Und um deine Frage zu beantworten: Clément Marot träumt von seiner *Klementinischen Jugend* mit Akzenten.»

Eine der ersten Arbeiten, worum Galiot du Pré Meister Antoine gebeten hatte, war die Herausgabe des Werkes von François Villon gewesen. Meister Antoine hatte um eine Frist gebeten. Für ihn musste es ein erstklassiges Buch werden. Er besaß einige von Oudin weitergegebene Gedichte, die noch niemand kannte. Aber Meister Galiot hatte kein Musikgehör. Meister Augereau beklagte sich darüber bei Meister Marot. Dieser hatte das Buch (mit dem Meister Antoine so unzufrieden war, dass er sich sogar geweigert hatte, es mit seinem Namen zu signieren) genommen und sich entschlossen, es zu verbessern.

«Ich habe viel gelernt beim Lesen von Villons Werken, und aus Liebe zu ihm will ich versuchen, zu tun, was hoffentlich andere auch tun würden, wenn meine Schriften so nachlässig behandelt würden wie seine.»

«Vielleicht gibt es alte Leute, die Gedichte kennen, von denen Oudin nichts weiß.»

«Da habe ich so meine Ideen. Ich habe einen Blinden entdeckt, der immer an der Ecke zur Rue de la Harpe anzutreffen ist. Er behauptet, hundert Jahre alt zu sein, was ich kaum glaube. Aber alt ist er, und weil er blind ist, hat er ein ausgezeichnetes Gedächtnis. Er sagt oft Gedichte von Villon auf. Und möglicherweise ist er nicht der Einzige.»

«Darf ich Sie begleiten?»

«Aber sicher, mein Freund, mit Vergnügen. Zu zweit ist besser als allein. So wird der Text noch besser, und die jungen Dichter, die sich von ihm inspirieren lassen, werden seine Verse pflücken können wie schöne Blumen. Abgesehen von einigen Gedichten, die wir heute nicht mehr verstehen, ist Villons Werk voll guter Lehren und tausender schöner Farben, denen der Zahn der Zeit nichts anzuhaben vermag. Und dies umso weniger, als man französische Texte künftig immer häufiger lesen und schätzen wird.»

Meister Antoine hörte das alles und stimmte mit einem Lächeln zu, das seine Freude besser ausdrückte als tausend Reden.

Kurz, Meister Antoines Leben war das gewöhnliche Leben eines gebildeten Druckers, der sorgfältig mit Texten umging und sich um die Echtheit von Quellen kümmerte, ob für die Heilige Schrift oder für französische Gedichte eines Mannes von zweifelhaftem Ruf, eines Doktors der Gauner- und Ganovenkunst, wie Villon sich selber nannte.

Wir lebten in einer gefährlichen Zeit, vor allem für einen Berufsstand wie den unsrigen. Aber das Gefühl unmittelbarer Gefahr hatten wir nicht.

## XXIII
### Wie sich Meister Augerau entgegen seinem Wunsch, im Hintergrund zu bleiben, dank seiner vortrefflichen Arbeit den Gefahren der Bekanntheit ausgesetzt sieht

INEM GROSSEN ZUFALL war es zu verdanken, dass ich an dem Tag, als Meister Antoine Augereaus gewöhnliches Leben ins Außergewöhnliche kippte, in seiner Werkstatt war. In seiner neuen Werkstatt.

Als das Erbe endlich mit viel Mühe unter die Bocard-Töchter aufgeteilt war, zog Meister Antoine um.

«Ich habe keine Zeit, mich mit Leuten herumzuschlagen, die allesamt nur eines im Sinn haben, mich verschwinden zu sehen, die einen, um einen Mietvertrag zu ergattern, die anderen aus Angst, ich könnte sie um ihr Hab und Gut bringen.»

So kam es, dass sich Meister Antoine nach einem besonders heftigen Streit mit Meisterin Chaveau über die Miete auf die Suche nach Räumlichkeiten machte.

Als er zornigen Schrittes die Grand-Rue Saint-Jacques hinauf ging, lief ihm Galiot du Pré über den Weg.

«Antoine, Sie machen mir den Eindruck, außer sich zu sein.»

«So ist es.»

Und obwohl er sonst sehr zurückhaltend war, erzählte er Meister du Pré, wie er drangsaliert wurde.

«Sie sollten sich das Haus ‹Zum Heiligen Jakob› gegenüber dem Jakobinerkloster ansehen. Gestern erfuhr ich, Meister Toubon sei ausgezogen, weil er kein Buchhändler war und es deshalb vorzog, sich in einer Straße niederzulassen, wo er näher bei seinen Berufsgenossen war.»

Meister Antoine beeilte sich. Eine Stunde später trat er bei mir durch die Tür und rieb sich die Hände.

«Ich habe einen Laden und eine Werkstatt gefunden. Genau das, was ich brauche. Solange ich das Gefühl hatte, es eile nicht, schaffte ich es nie, etwas ausfindig zu machen, und jetzt sind mir diese Lokalitäten einfach in den Schoß gefallen. Ich werde sozusagen dein Nachbar, mein lieber Claude.»

Der Laden musste neu gestrichen werden, und wir halfen ihm und seinem Gesellen, die Pressen und alles andere hinzuschaffen. Als wir damit fertig waren und ich gerade gehen wollte, trat Meister Marot durch die Tür.

«Gott zum Gruß, Freunde. Ich musste euch suchen. Die Furie, die mich an der Rue de la Bûcherie empfing, behauptete, Ihre neue Adresse nicht zu kennen, sodass ich sie richtiggehend erbetteln musste.» Er sah sich in den Räumlichkeiten um. «Sehr schön. Jetzt sind Sie wirklich Ihr eigener Herr, mein verehrter Meister Antoine.»

«Mit beinahe fünfzig Jahren war es Zeit, entweder jetzt oder nie. Für mich bricht schon bald der Lebensabend an.»

«So, wie Sie aussehen, würde ich eher vom Zenit sprechen. Sie sind voller Energie, und Sie arbeiten unglaublich schnell. Darin liegt übrigens der Grund meines Besuchs.»

Er zog zwei Bücher aus der Tasche.

«Schauen Sie sich das an!», rief er voller Freude.

Als Erstes streckte er uns ein kleines Büchlein entgegen, das nach nichts Besonderem aussah, es war sogar ziemlich schlecht gebunden, um ehrlich zu sein. Meister Antoine nahm es, öffnete es und las:

«*Die erschrecklichen und entsetzlichen Abenteuer & Heldentaten des sehr ehrenwerten Pantagruel, der Dipsoden König, Sohn des großen Gargantua, kürzlich neu gesetzt von Meister Alcofribas Nasier. Zum Kaufe angeboten in Lyon im Hause des Claude Nourry, genannt der Prinz, bei*

*Notre Dame de Confort.*» Er lächelte. «Meister Rabelais hat Wort gehalten!»

«Das Chamäleon hat zugeschlagen», sagte ich.

Aus dem Schmunzeln wurde schallendes Gelächter, denn wir hatten alle beim einen oder anderen Mal von Meister François' Theorie gehört.

«Ihr wisst gar nicht, wie Recht Ihr habt. In dem Augenblick, da alle Welt vom Verfasser dieser fröhlichen Chroniken redet, ist Meister Rabelais im Begriff, zum Arzt am Hotel-Dieu de Notre-Dame-de-la-Pitié du Pont-du-Rhône ernannt zu werden, wenn es nicht schon geschehen ist. Das hat er mir jedenfalls erzählt.»

Noch immer ganz vergnügt blätterte Meister Antoine in dem Bändchen.

«Vorwort des Verfassers. Wir wollen sehen, was er uns zu sagen hat: *Sehr wohlbekannte & sehrritterliche Kämpfer Edelleute & andere, die ihr euch gerne aller Freundlichkeit und Ehrenhaftigkeit hingebt, ihr habt vor Kurzem gesehen, gelesen und Kenntnis genommen von den großen & unschätzbaren Erzählungen des gewaltigen Riesen Gargantua, & als seine echten Gefolgsleute habt ihr alles geglaubt, wie wenn es Bibeltext oder Heiliges Evangelium wäre, & ihr habt damit ungezählte Male eure Zeit vertrieben, in Gesellschaft ehrenhafter Damen und Fräuleins, indem ihr diesen schöne & lange Erzählungen gabt, obwohl zu unpassender Gelegenheit: wohl Wert wart ihr des höchsten Lobs. Und dass nach meinem Willen jeder seine eigenen Bedürfnisse fahren lasse & seine eigenen Angelegenheiten ins Vergessen setze, um gänzlich frei zu sein und sein Geist ohne jede Ablenkung oder Behinderung, bis man sie auswendig wisse, auf dass, wenn durch Schickung die Druckkunst endete, oder für den Fall, dass alle Bücher verdürben, in künftigen Zeiten jedermann in der Lage sei, sie fehlerlos seinen Kindern beizubringen ...* Das ist wunderbar! Hört Ihr, wie das klingt? Sie tun das mit Ihrer Poesie, Meister Clément. Aber das hier ist Prosa!»

«Es hieß, er sei ein großer Prediger», kommentierte Meister Clément.

«Jetzt, beim Lesen dieses Buches kann ich mich davon überzeugen. Was für ein Einfallsreichtum! Es überrascht mich, dass sich Meister Rabelais wundert ...»

«Worüber wundert er sich?»

«Ich war kürzlich in Lyon, da beklagte er sich, dass sich alle um den *Pantagruel* stritten, um ihn zu lesen, dabei habe er ihn doch bloß zum Zeitvertreib und um seinem Freund Claude Nourry eine Freude zu machen, beiläufig hingeworfen, während er sich mit Leib und Seele einer makellosen Übersetzung der *Aphorismen* des Hippokrates vom Griechischen ins Lateinische verschrieben habe, wofür sich aber niemand interessiere.»

«Wetten wir darauf, dass seine lateinische Abhandlung bei den Ärzten zu reden geben wird. Aber das hier ist Französisch. Können Sie es uns kurz zum Lesen da lassen?»

«Nein, mein lieber Freund, das kann ich nicht. Wenn ich Ihnen sage, wem dieses Exemplar gehört, werden Sie es mir bestimmt nicht glauben.»

«Wem denn?»

«Dem König persönlich, mein lieber Freund. Er ging auf die Jagd und überließ es unterdessen seiner Schwester, die es unbedingt haben wollte. Sie hat es gelesen und es dann bis heute Abend mir anvertraut. Da ich ohnehin bei Ihnen vorbeikommen musste und weiß, dass Sie ein guter Freund Meister Rabelais' sind, nutzte ich die Gelegenheit. Aber seit ich das hier von Lyon mitgebracht habe, gibt es Seine Majestät nicht mehr aus der Hand. Wenn Sie darin liest, hört man Ihr Gelächter bis in die Küchen hinunter. Sie legt es zum Schlafen sogar unters Kopfkissen. Ich kann es also nicht dalassen.»

«Ich nehme an, dass ich bald mein eigenes Exemplar kaufen kann. Ich will beim ‹Wilden Mann› auf dem Pont au Change nachsehen. Dort findet man immer das Neueste», sagte Meister Antoine.

«Ohne Zweifel», entgegnete Meister Clément und steckte das Buch mit einer Sorgfalt wieder ein, als ob es eine reich verzierte Bibel wäre.

«Was mich zum Grund meines Besuchs führt. Ich habe aus Lyon auch das hier mitgebracht.»

Er reichte ihm ein kleines Buch, das noch schlechter gebunden war als das vorherige. Meister Antoine schlug es ganz vorsichtig auf, um zu vermeiden, dass es auseinander fiel:

*«Der Spiegel der sündigen Seele, in welchem sie ihre Fehler und Sünden erkennt, und ebenso die ihr von Jesus Christus, ihrem Gemahl, verschafften Gnaden und Segnungen. Die sehr hochwohlgeborene und teure Marguerite widmet dieses all jenen, die sie von Herzen suchen. Zu Alençon, bei Meister Simon du Bois.»*

Meister Antoine runzelte fragend die Stirn, dann las er, diesmal stumm, weiter. Nach einer Weile sah er uns an.

«Nicht übel. ... *wenn man bedenkt, dass es das Werk einer Frau ist, die weder über Wissenschaft noch Bildung verfügt* ... Trifft das zu? Die Verfasserin ist eine Frau?» Dann, nach einer Pause strahlte plötzlich sein Gesicht, er hatte verstanden. «Die Königin von Navarra! Sie hat es geschrieben.»

«Bravo, mein Lieber, Sie haben es erraten.»

«Und was soll ich dazu sagen?»

«Nichts. Oder viel mehr: Sagen Sie ‹Ja›, wenn ich Sie namens Ihrer Majestät, der Königin, bitte, eine Neuauflage zu drucken.»

«Ich? Sie müssen sich irren.»

«Keineswegs, mein Lieber. Madame Marguerite ist im Besitz eines Exemplars der *Werke* von Vergil, die Sie vor einem Jahr oder zwei gedruckt haben, und sie findet Ihre Druckbuchstaben großartig, das sind ihre Worte. Sie will, dass der *Spiegel der sündigen Seele* damit gedruckt wird, denn wie Sie sehen, ist diese Ausgabe hier in gotischer Schrift. Ich erzählte ihr von Ihnen und sie sagte: ‹Sehr gut. Suchen Sie ihn auf und geben Sie ihm den Auftrag.›»

Es war, als hätte Meister Antoine die Gefahr geahnt, und vielleicht hat er sie in diesem Augenblick tatsächlich gespürt.

«Aber ... Ich kann doch nicht ...»

«Sie können sich insbesondere nicht einem Befehl der Königin von Navarra widersetzen. So etwas tut man nicht.»

Diese klaren Worte beseitigten Meister Antoines Verwirrung.

«Meister Clément, ich fühle mich sehr geehrt, und wenn Ihre Majestät von Navarra meine Druckbuchstaben wünscht, werde ich zuhanden des Druckers, den Sie mir nennt, einen Satz gießen. Aber ich bin ein unbekannter Drucker und lege Wert darauf, dies zu bleiben. Und selbst wenn ich gehorchen wollte, könnte ich es nicht. Mein Geselle Philippe Lore und ich haben zu viel Arbeit, eine Reihe von Buchhändlern rechnet mit uns zu Semesterbeginn.»

Ich fasse mich kurz, denn ihre Argumente und Gegenargumente zogen sich in die Länge. Schließlich sagte Meister Antoine entschieden:

«Ich bin noch mit dem Umzug beschäftigt, habe unendlich viel zu tun, und wir kommen nicht vom Fleck. Ich danke für die Ehre, aber ich bin überlastet.»

Meister Clément ging kopfschüttelnd.

Das Weitere erfuhr ich am folgenden Sonntag am Familientisch.

Am Tag nach Meister Marots Besuch trat bei Meister Antoine ein Herr in Reitkleidern und mit zwei Dienern im Gefolge durch die Tür. Er pflanzte sich mit gekreuzten Armen über der Brust mitten im Raum auf, musterte die Werkstatt mit einem grauen, herumschweifenden Blick, kalt wie Marmor. Ein fein geschnittenes, bartloses Gesicht mit spitzem Kinn. Meister Antoine hatte zunächst gedacht, die Königin von Navarra habe diese Männer geschickt, zur Strafe dafür, dass er sich ihr widersetzt hatte, alles niederzumachen.

Doch aus diesem Mund klang eine Stimme, die man nicht erwartet hätte. Spitz und hoch.

«Nun, Meister Augereau, Sie weigern sich, für die Königin von Navarra zu arbeiten?»

Meister Antoine war zurückhaltend, aber nicht eingeschüchtert.

«Monseigneur, wenn die Königin von Navarra Sie geschickt hat, damit ich es auch Ihnen sage, dann tue ich das sehr gerne. Ich habe unglaublich viel Arbeit, und ich kann nicht. In der Rue Saint-Jacques gibt es Dutzende von Druckern, die nur auf eine solche Ehre warten. Demjenigen, den die Königin von Navarra auswählt, werde ich einen Abguss meiner Cicero zur Verfügung stellen.»

«Die Königin von Navarra höchstpersönlich bittet Sie, ihr Buch zu drucken. Haben Sie kein Gehör für dieses Anliegen? Es heißt, Sie sollen ein Mann von Welt und aus einer sehr guten poitevinischen Familie stammen.»

Meister Antoine konnte sich ein Lächeln nicht verkneifen.

«Gewiss, mein Herr, ich bin mit den Tiraqueaus und den Goupils verwandt, aber meine Kindheit verbrachte ich in einem Kloster und meine Jugend in Druckereien. Ich bin Handwerker und habe nicht die Absicht, etwas anderes zu werden.»

«Man sagte uns, Sie seien ein Gelehrter. Sie beherrschten das Griechische. Sie seien sehr kultiviert. Sie bemühten sich um eine neue Typographie und insbesondere darum, Buchstaben mit Akzenten einzuführen. Wie dem auch sei, Sie scheinen mir der Mann zu sein, den wir brauchen.»

«Mein Herr, ich bitte Sie, Ihrer Majestät, der Königin von Navarra auszurichten, ich hätte im Augenblick zu viel Arbeit, um ein Buch zu drucken, das, wenn ich es machte, tadellos sein müsste, und dass überdies meine Akzentbuchstaben noch nicht verfügbar seien.»

«Nun gut, mein Herr, Sie haben ihr diese Antwort soeben selber gegeben, und sie hat sie zur Kenntnis genommen, aber sie lehnt sie ab.»

Schnell entledigte sich der Edelmann seiner Kopfbedeckung, und ein vor Erstaunen erstarrter Meister Antoine sah, dass sich unter dem Hut langes, zu einem Knoten zusammengebundenes Frauenhaar verbarg.

«Zuerst dachte ich nur an eine als Mann verkleidete Frau», erzählte er. «Aber dann traf es mich wie ein Blitz und ich sagte mir: Siehst du denn nicht, du Dummkopf, dass sie es ist!»

Dann fiel er auf die Knie.

«Ihre Majestät möge mir verzeihen.»

Sie reichte ihm ihre Hand zum Kuss.

«Weil Sie jetzt, nachdem Sie wissen, mit wem Sie es zu tun haben, Ihre Meinung ändern?»

Er sah zu ihr auf und lächelte, um seine Antwort zu mildern.

«Nein, Eure Majestät, ich habe immer noch gleich viel Arbeit.»

Zunächst versuchte sie, ihn finsteren Blickes zu mustern, aber angesichts von Meister Antoines mit Entschlossenheit gepaarter Büßermiene lachte sie, und er erlaubte sich, es ihr gleichzutun. Sie hieß ihn aufstehen, dann setzte sie sich ohne Umstände und begann, sich mit ihm über seine Arbeit zu unterhalten, über griechische und lateinische Texte, über seine Ansichten zur Heiligen Schrift in der Volkssprache, und ihm Fragen zu seiner Familie zu stellen.

Als sie sich zum Gehen wandte, ließ sie sich einige der kleinen Bücher geben, die er in Arbeit hatte und bestand unbedingt darauf, sie zu bezahlen. Sie hatte einen Geldbeutel dagelassen, ohne nachzuzählen, wie viel er enthielt. Im Gehen machte sie einen letzten Versuch.

«Sie weigern sich immer noch, mein Buch zu drucken?»

Schlagartig war ihm klar, dass er keine Wahl hatte.

«Nein, Ihre Majestät. Ich weigere mich jetzt, in diesem Augenblick. Ich bin Verpflichtungen eingegangen und muss Wort halten. Aber falls wieder eine Neuauflage erforderlich sein wird und ich es geschafft habe, die Schrift mit Akzentbuchstaben fertig zu schneiden, verspreche ich Ihnen, Ihrem Wunsch nachzukommen. Bis es so weit ist, stelle ich meine Druckbuchstaben jemandem zur Verfügung, der Zeit hat.»

So geschah es. Um Zeit zu gewinnen, half Dieudonné bei der Vorbereitung der Matrizen, und Pierre Haultin goss die Buchstaben. Die Königin von Navarra bezahlte alles. Schließlich war es Guillaume Le Masle, ein Geselle, der in irgendeiner Provinzstadt Meister werden wollte und für die Zeit bis zu seiner Abreise Arbeit suchte, der den Druck übernahm. Ohne den Namen des Ortes, des Verfassers oder des Herausgebers, und ohne Datum. Einfach, um der Königin von Navarra eine Freude zu machen.

Zu Meister Antoine hatte sie Jean de Vauzelles, einen ihrer Edelleute geschickt, um ihm auszurichten, abgesehen von den Druckbuchstaben sei diese Ausgabe nicht besser als die Simon du Bois' in Alençon.

«Sagen Sie Ihrer Majestät, dies sei mir bekannt», hatte Meister Antoine zur Antwort gegeben. «Aber ich konnte mich wirklich nicht darum kümmern und hatte sie darauf aufmerksam gemacht. Außerdem muss ich meine Akzentbuchstaben fertig stellen, und das braucht Zeit. Erst dann kann ich etwas liefern, was ihrer wirklich würdig ist. Meister Marot, Meister Tory und ich arbeiten seit Jahren daran. Meister Estienne benutzte einige Akzente für bestimmte Texte, Meister Tory verwendete Akzente und Zedillen für die Herausgabe von Meister Marots *Klementinischer Jugend*, aber schön sind sie nicht. Meine sind noch nicht fertig. Ich möchte es besser machen, bis an die Grenze des Möglichen.»

Herr de Vauzelles hatte gelächelt.

«Ich werde Ihrer Majestät sagen, wir hätten es mit einem Jünger der Vollkommenheit zu tun.»

«Bei dieser Gelegenheit können Sie ihr auch sagen, der Jünger der Vollkommenheit wäre glücklich, mit einem Text aus ihrer Hand arbeiten zu können. Die Drucke aus Alençon und Paris scheinen voller Fehler zu sein.»

Der Edelmann hatte sich verbeugt und sich verabschiedet.

Ich bin überzeugt, dass die Sache ohne die späteren Ereignisse ihr Bewenden gehabt, das kleine Büchlein mäßig Abnehmer gefunden hätte und niemals eine Neuauflage notwendig geworden wäre, und dass ohne die Sorbonne nur wenige Leute von dessen Vorhandensein gewusst hätten.

Es ist jedoch zu sagen, dass wir in einer sehr bewegten Zeit lebten. Rückblickend meine ich sogar, dass es der Anfang unseres gegenwärtigen Durcheinanders war, dass wir uns dessen damals aber nicht bewusst waren.

Es begann mit dem Besuch von Vollzugsbeamten in meinem Laden. Von der Inspektion von Buchhandlungen war seit Jahren die Rede. Robert Estienne hatte sie ebenso über sich ergehen lassen müssen wie zuvor Simon de Colines, Josse Bade oder andere. Ich hatte wirklich nicht erwartet, dass sich diese Herrschaften um mich kümmern würden. Aber ich hatte einen säuerlichen Mann zum Nachbarn, dem die Zunft den Meister verweigert hatte und der deswegen allen böse war und sich rächte, indem er die Leute anschwärzte, wo er nur konnte. Ich denke, es missfiel ihm, Leute wie Meister Antoine, Robert Estienne oder Meister Rabelais und andere in meinem bescheidenen Anbau ein- und ausgehen zu sehen. Er muss an zuständiger Stelle gesagt haben, ich sei verdächtig.

Als die drei Männer bei mir eintraten, sah ich sofort, dass sie nicht in freundschaftlicher Absicht gekommen waren.

«Meister Claude Garamond?»

«Zu Ihren Diensten, meine Herren.»

Ihr Chef entfaltete ein Dokument und las es mir vor, aber weil das Herz in meiner Brust so sehr hämmerte, verstand ich kein Wort.

«Demzufolge», schloss er, «haben wir Befehl, diesen Laden nach verbotenen Büchern zu durchsuchen.»

Im Geiste sah ich die Bücher auf dem Regal über meinem Kopf durch. Eine sehr alte lateinische Bibel von meinem Vater. Die wenigen mit meinen Schriften gedruckten Bücher. *Der Roman der Rose*, der unter der Verantwortung von Meister Marot herausgekommen war (in den Augen dieser Herren hatte er einen schlechten Ruf, aber sein Name stand nicht auf der Liste). Meister Torys *Champ Fleury*. Die reinste Unschuld. Mein Exemplar der *Kommentare zu den Paulusbriefen*, das erste Buch, an dem ich zu Beginn meiner Lehre gearbeitet habe, war glücklicherweise zu

Hause; ich würde es besser verstecken müssen, denn inzwischen kam es auch zu Hausdurchsuchungen. Meister Lefèvre war nicht exkommuniziert worden, doch Meister Beda beschuldigte ihn immer wieder, ein Lutheraner zu sein, es war mir lieber, diesen Männern, die nicht zum Diskutieren gekommen waren, keine Erklärungen abgeben zu müssen.

Ich schloss meine Überlegungen (die mir wie der Blitz durch den Kopf gingen) mit einer Handbewegung ab.

«Diese Werkstatt steht Ihnen offen, meine Herren. Ich drucke keine Bücher, und die wenigen, die ich habe, brauche ich für meine Arbeit oder sind mit meinen Buchstaben gedruckt worden.»

Sie nahmen eines nach dem anderen herunter. Inzwischen war mir klar, dass einer der drei Männer kein Beamter, sondern ein Theologe war, ein kleiner Mann, der sich wichtig machte, und dessen bleiches Hungergesicht und finstere Miene mich schaudern ließen. Sicherlich ein Kapetinger vom Collège von Montaigu.

Während ungefähr einer Stunde war außer ihrem Atem nichts zu hören. Sie öffneten die Schränke, nahmen alles heraus, was nicht zu schwer war. Dieudonné und Thomas, der Gießer, der bei uns arbeitete, sahen nicht von ihrer Arbeit auf, und Gott sei Dank klopfte kein befreundeter Besucher an die Tür. In Läden mit Dutzenden oder Hunderten von Büchern würde sich dies vermutlich anders abspielen, jedenfalls nicht so ruhig wie hier.

Ohne ein weiteres Wort gingen sie wieder. Den Rest des Tages verbrachten sie bei Meister Chevallon, der kurzerhand den Laden schloss und sie machen ließ.

«Es ist zwecklos, einen reißenden Strom aufhalten zu wollen», sagte er und zuckte mit den Schultern.

Als sie bei uns endlich gegangen waren, stieß Dieudonné einen schweren Seufzer aus.

«Ich sah mich schon in einem finsteren Verlies.»

«Hier gibt es nichts, was uns in die Conciergerie bringen könnte.»

Er sah mich mit seinen großen grünen Augen an. Es wuchs ihm noch kein Bart, er war aber sehr gewachsen, seit er bei mir war, er war schon fast ein Mann. Und lebhaft und neugierig wie eh und je. Erst vor kurzem hatte er Meister Tory mit Fragen bestürmt, die nichts mit der Typographie zu tun hatten. Es überraschte mich nicht wirklich, als er, statt mir zu antworten, zu singen anfing:

*«Ich habe sehr zu klagen, dass man mir*
*Die gute Lehre, die des Jesus Christ, zunichte machen*
*Will. Und dass man auch seine treuen Diener unterdrückt,*
*Weil sie vom heiligen Evangelium gesprochen haben.*
*Von Stadt zu Stadt haben sie sie getrieben,*
*Die armen Glieder, deren Haupt Jesus ist,*
*Von Gefängnis zu Gefängnis in Schändlichkeit,*
*Wehe, solcher Niedertracht fehlt jedes Recht.»*

«Bist du verrückt, es ist nicht der Moment, so etwas zu singen», murmelte Thomas. «Dieses Lied ist verboten.»

«Ich habe nicht danach gesucht. Wenn es nicht überall gesungen würde, wüsste ich nichts davon.»

«Dieudonné, das alles ist kein Spiel ...»

«Ich weiß, Meister, und ich behalte meine Ideen für mich. Aber wenn sie einmal unsere Köpfe durchsuchen, wird es uns schlecht ergehen.»

«Willst du damit sagen, dass du evangelisch bist?»

«Ich? Keineswegs. Ich bin dabei, mir eine Meinung zu bilden. Und ich habe bereits begriffen, dass es bequemer ist, brav nachzubeten, was die Kirche Roms diktiert. Denn mit der Freiheit des eigenen Urteils ist es nicht weit her. Sobald man anders denkt als sie, erklärt uns die Kirche zu Ketzern, weshalb ...»

Er hatte natürlich Recht, aber ich war sein Lehrmeister und konnte ihm nicht offen zustimmen.

«Dieudonné, ich bitte dich. Es gibt Männer, die für solche Reden auf den Scheiterhaufen gekommen sind.»

Mein Lehrling kannte mich und wusste, wie ich dachte. Er wandte sich wieder der Arbeit zu und pfiff die Melodie des Liedes, das er gerade gesungen hatte.

Dieser an sich ungefährliche amtliche Besuch hat mich durcheinander gebracht, und während Tagen quälten mich ebenso vage wie unerträgliche Befürchtungen.

Ein paar Wochen oder Monate später geschah die Sache mit den Fastenpredigten.

Der König war abwesend, aber Madame Marguerite hielt sich in Paris auf. Zur Fastenzeit predigte ihr Hofgeistlicher, Vater Gérard Roussel (jener, der vor einigen Jahren zusammen mit Meister Lefèvre vor der Verfolgung durch die Sorbonnokraten nach Straßburg hatte fliehen müssen), im Louvre. Alle sprachen davon, einige wohlwollend, die anderen – wesentlich zahlreicher – ablehnend. Doch Tausende von Gläubigen hörten sich die Predigten an, während viele Pfarrkirchen leer blieben. Das stachelte den Neid eitler, dummer Priester an; anstatt sich zu sagen, sie müssten selber besser predigen können, schlugen sie den Sack und meinten den Esel. Sie riefen die Bedaisten zu Hilfe, die immer gern bereit sind, auf die Freunde von Madame Marguerite einzuschlagen.

Meister Antoine hatte eine der Predigten Meister Roussels gehört.

«Er sagt, man müsse das Evangelium lesen, und nur das von den Verkrustungen der Zeit befreite Wort des HErrn zähle für den Christen. Sonst sagt er nichts. Ich verstehe immer noch nicht, warum sich die Fakultät und das Parlament so sehr vor dem fürchten, was sie Ketzerei nennen; indem sie den Leuten verbieten, nachzudenken, ermuntern sie sie dazu, es zu tun. Wenn sie zum Gespräch bereit wären, statt ihm so viel Widerstand entgegenzusetzen, wären sämtliche Probleme längst gelöst.» Er seufzte und sagte etwas, was alle in meiner Umgebung seit Jahren sagten: «Wir wollen die Kirche verändern, weil wir sie lieben. Wir wollen sie befreien von dem, was sie verunstaltet. Aber verlassen wollen wir sie nicht.»

Dieses «Wir» fand ich an jenem Tag ganz besonders beunruhigend. Es bedeutete klarer denn je, dass sich Meister Antoine als Teil dieser Bewegung verstand.

Von Meister Marot, unserer Klatschbase, erfuhren wir, dass es Madame Marguerite gelungen war, ihren Bruder dazu zu bewegen, Meister Roussel, den die Fakultät zu zensurieren beabsichtigte, seinen Schutz zu gewähren. Der König, der sich zur Zeit in der Gegend von Lyon aufhielt, soll sich furchtbar geärgert und geschrien haben, er habe jetzt genug von diesen Verfolgungen und er sei nicht so blöd, nicht zu verstehen, dass man es mit dem Angriff auf den Geistlichen seiner Schwester auf sie selber und damit ihn höchstpersönlich abgesehen habe. Er diktierte einen Erlass, der Meister Roussel unter den Schutz der Königin von Navarra stellte, außerdem gab er in seinem heiligen Zorn Befehl, einige der aufsässigsten Mitglieder der Theologischen Fakultät aus der Stadt zu verbannen, unter ihnen Meister Beda und Meister François Le Picard, eine Art zweiter Beda, jünger und, leider, sehr viel schlauer als jener.

Ich glaube mich zu erinnern, dass es Ende Mai war, als die Nachricht kam, denn die Geranien hatten gerade zu blühen begonnen und die Reben rund um Paris standen im Laub. Sie löste einen wahrhaftigen Tumult aus.

Da waren die, die sich freuten, endlich Meister Beda los zu sein, jene, die befürchteten, die Fakultät werde rasch einen neuen Beda finden, und schließlich auch all jene, die sich, angestachelt von den Mönchen der meisten Klöster, wo schon die geringfügigste Änderung der Gewohnheiten eine Todsünde war, darüber empörten, dass man einen heiligen Mann des Landes verwies, einem Ketzer aber Schutz gewährte.

Eine wahre Redeschlacht brach über uns herein, von der Sorbonne ebenso angeregt und unterstützt wie von den meisten Priestern der Pariser Pfarreien. Bald bekam man überall Aushangzettel zu lesen wie diesen hier, den ich eines Morgens an meine Tür geheftet fand und den ich, nachdem ich die erste Zeile gelesen hatte, voller Abscheu wegwarf, später aber wieder fand. Einzelne Abschnitte haben sich in mein Gedächtnis eingegraben:

*Ins Feuer, ins Feuer mit dieser Ketzerei*
*Die Tag & Nacht zu schwer auf uns lastet:*
*Sollst du leiden, weil sie einschlägt*
*Auf die Heilige Schrift & ihre Erlasse?*
*Willst du die reine Wissenschaft verbannen,*
*Um verfluchte Lutheraner zu unterstützen?*

Und dann:

*Lasst uns alle zum König der Ehren beten*
*Dass er diese verdammten Hunde verwirre*
*Damit sie sich an nichts mehr erinnern*
*An nichts mehr als an alte verrottete Knochen*
*Ins Feuer, ins Feuer, das sei das Zeichen*
*Rechtens gesetzt, Gott hat es erlaubt.*

Mit anderen Worten, es gab nichts zu diskutieren. Auf den Scheiterhaufen. Bald darauf erschien ein anderer Anschlag an Mauern, Türen und Baumstämmen, die Antwort auf diesen regelrechten Aufruf zur Massentötung durch das Feuer.

*Ins Wasser, ins Wasser, mit diesen verrückten Aufrührern,*
*Die anstelle göttlichen Wortes,*
*Dem Volk nichts als Machtansprüche predigen*
*Um streitsüchtiges Gerede in Gang zu bringen.*
*Der König ist ihnen etwas zu gnädig gesinnt,*
*Sonst hätte er diese verrückten Köpfe hinunter*
*Ins Wasser gestoßen.*
*So sehr lieben sie köstlichen Wein*
*Dass man ihre Schulen Schenken nennen kann*
*Kühlen muss man ihre heißen Hälse,*

*In Umkehr dessen, was ihnen am liebsten ist;*
*Ins Wasser.*

Kürzlich habe ich erfahren, dass diese Antwort auf die hasserfüllten Aufrufe der Gefolgsleute der *parisinischen Rechtgläubigkeit,* wie Herr de Vauzelles sie nannte, jener Edelmann, der Meister Antoine die Botschaften der Königin von Navarra überbracht und den ich später kennen gelernt hatte, aus Meister Marots Feder stammte. Damals war das ein streng gehütetes Geheimnis.

Die Aufregung hielt während einiger Wochen an. Nachdem Gerüchte aufgekommen waren, die Königin von Navarra sei guter Hoffnung, gingen einige im Übermaß ihrer christlichen Güte ganz im Sinne ihrer Plakate so weit, für ihren Tod zu beten.

Andere glaubten, die neuen Ideen hätten gesiegt, und der König sei ein für alle Mal auf ihrer Seite, weil er Paris von Beda befreit hatte. Ich konnte mich der Begeisterung dieser Leute nicht anschließen, die man inzwischen immer öfter die Evangelischen nannte, womit sowohl die Robert Estiennes oder Gérard Roussels als auch jene bezeichnet wurden, die von genauen Texten träumten und hofften, aus dem scholastischen Latein ausbrechen zu können, das, gänzlich erstarrt, immer weniger dazu geeignet war, die Wirklichkeit der modernen Zeit auszudrücken.

«Die Klassiker verfügten über eine Sprache, die ihrer Welt angemessen war», sagte Meister Antoine oft mit bebender Stimme. «Ihre Texte sind wunderbar, aber sie gehören in jene Zeit. Wir sind gezwungen, tagtäglich neue Wörter zu schmieden, die wir dann auf die altersschwach gewordene Syntax aufpfropfen. Unsere Sprache ist das Französische. Das Latein, das wir verwenden, wenn wir sagen wollen, was wir heute zu sagen haben, ist ein Kauderwelsch; weder Fisch noch Vogel. Was mir Gelegenheit gibt festzustellen, dass Ihr Ragout hervorragend gelungen ist, meine liebe Guillemette.»

An jenem Tag aßen wir bei uns, und es war Sonntag. Guillemette sah

Meister Antoine nachdenklich an. Es war nicht zu übersehen, dass sie etwas sagen wollte. Meine Mutter neben ihr war bleich und bewegte sich kaum. Schließlich fasste sich meine Frau ein Herz.

«Meister Antoine, es ist zweifellos eine Einmischung in Dinge, die mich nichts angehen, und Sie haben eine bewundernswürdige Frau, die lieber sterben würde als Ihnen gegenüber auch nur ein Wort darüber zu verlieren, was ihr Sorgen bereitet, aber ...»

«Guillemette, bitte!», rief meine Mutter gequält.

«Meine liebe Mutter, man muss die Nachtwandler wecken, bevor sie am Abgrund stehen.»

«Lassen Sie sie reden, Françoise», warf Meister Antoine vergnügt ein. Das schien Guillemette zu ärgern – ich weiß aus eigener Erfahrung, dass gönnerhafte Töne dieser Art sie in Rage bringen.

«Nur zu, machen Sie sich lustig. Leugnen Sie, dass Sie im Begriff sind, *Der Spiegel der sündigen Seele* oder wie auch immer die Königin von Navarra ihr Gedicht nennt, zu drucken?»

«Meine liebe Guillemette, ich leugne nichts. Im Gegenteil: Ihre Majestät hat mir das Versprechen abgenommen, Ihren Text zu drucken, sobald ich über Akzente und Apostrophe verfüge, die Ihres Namens würdig sind, daran arbeite ich. Wenn ich eines Tages überzeugt bin, dass mir etwas Besseres gelungen ist als dem armen Meister Tory ...»

«Warum dem armen Meister Tory?», fragte ich.

«Weißt du das nicht? Er ist gestern oder vorgestern gestorben. Morgen früh wird er beerdigt. Ein Hirnschlag. Seit Wochen atmete er nur noch mit größter Mühe. Er wurde immer bleicher und durchsichtiger, und ...»

«Weichen Sie nicht vom Thema ab», warf Guillemette ein.

«Verzeihen Sie mir. Ich hatte gesagt, wenn ich eines Tages überzeugt bin, dass mir etwas Besseres gelungen ist als dem armen Meister Tory, werde ich den Text Ihrer Majestät drucken. Ich wüsste nicht, warum ich das nicht tun sollte. Es handelt sich um eine Bestellung wie jede andere.»

Jetzt konnte meine Mutter nicht mehr länger schweigen.

«Haben Sie gesehen, was mit jenen geschieht, die Madame Marguerite zu Diensten sind? Meister Lefèvre ist im Exil, Meister Briçonnet isoliert, ich habe von Priestern aus Meaux gehört, die nach Straßburg fliehen mussten, nach Basel, nach Genf und ich weiß nicht mehr wohin noch. Und Ritter de Berquin? Als Ketzer gestorben, obwohl er keiner war! Und Meister Roussel? Verfolgt!

Und Meister Marot musste man ich weiß nicht wie viele Male aus dem Gefängnis holen, das haben Sie mir selber erzählt.»

«Meine Liebste! Wovor haben Sie bloß Angst? Meister Beda wurde des Landes verwiesen, seine Texte werden von Doktoren überprüft ...»

«Von Doktoren, die seine Freunde sind. Sie selbst als der vorzügliche Berichterstatter der Diskussionen, die Sie führen, wenn ich nicht da bin, Sie selber haben mir gesagt, was Meister Rabelais von der Sache hält, und er kennt die Kirche von innen: Wenn ein Beda sterbe, komme ein anderer nach, und die Kirche werde niemals klein beigeben.»

Die Heftigkeit meiner Mutter war so ungewöhnlich, dass wir sie alle einen Augenblick lang mit offenem Mund anstarrten. Sie hatte Tränen in den Augen, aber sie weinte nicht. Sie nutzte die Stille, um fast ebenso laut fortzufahren:

«Wenn Sie sich selbst nicht vorsehen wollen, dann denken Sie an uns, mein Freund. An Guillaume, der Sie am allermeisten braucht. An mich, die ...», jetzt brach die Stimme doch, aber sie nahm sich wieder zusammen. «An mich, weil ich sterben würde, wenn Ihnen etwas zustoßen sollte. Fordern Sie das Schicksal nicht heraus, ich flehe Sie an, Antoine.»

Jetzt schwieg sie und saß steif und bleich wie ein Leichentuch da.

Meister Antoine war zu Tränen gerührt. Er erhob sich, ging um den Tisch herum, nahm sie bei der Hand, und als sie aufgestanden war, schloss er sie in seine Arme und begann, ihr Worte ins Ohr zu flüstern.

Guillemette seufzte tief, stand auf, gab mir ein Zeichen, fasste die

Hand meines Bruders, der fast ebenso bleich war wie unsere Mutter, und schleppte uns aus der Küche. Leise schloss sie die Tür, damit man uns nicht hören konnte.

«Ist mein Vater in Gefahr, Guillemette?», fragte mein Bruder verunsichert.

«Hoffen wir, er sei sich dessen bewusst, dass es Wege gibt, die gefährlicher sind als andere. Unter dieser Voraussetzung ist dein Vater nicht stärker in Gefahr als jeder von uns, das verspreche ich dir. Die Zeiten sind schwierig, ich will dich nicht belügen.»

Schwieriger als wir glaubten. Die folgenden Ereignisse bewiesen es.

## XXIV
### Wie in Paris, wo inzwischen das Misstrauen an der Macht ist, «Der Spiegel der sündigen Seele» den ersten Verfolgungen ausgesetzt ist

Der Augenblick, über das Unglück berichten zu müssen, rückt immer näher, und je näher er kommt, desto schwerer fällt mir das Schreiben. Warum habe ich bloß das Gefühl, mit meiner Schilderung dessen, was in den letzten anderthalb Jahren geschehen ist, meinen Lehrmeister ein zweites Mal zu töten? Mein Herz wird mir umso schwerer, als ich jetzt deutlich vor mir sehe, wie es zur Wende gekommen ist. Ich begreife – jetzt –, dass wir einer Provokation ausgeliefert waren. Damals schien es, die Dinge würden wieder in Ordnung kommen. Mit Hochs und Tiefs selbstverständlich, denn niemand dachte, die Sorbonne würde aufgeben statt zu kämpfen bis zum Schluss. Ich glaube aber, dass man damals allgemein der Auffassung war, die Sorbonne stehe auf verlorenem Posten. Dennoch fehlte es nicht an zahlreichen und ernst zu nehmenden Alarmzeichen.

Aber ich greife vor. Zurück also zu meiner Geschichte.

Der Aufruhr flaute etwas ab, die Fakultät verkündete weiterhin ihre Zensuren, aber es war ein wenig, als ginge uns das alles nichts an. Und ohne meinen Stiefvater wäre ich persönlich tatsächlich nicht davon betroffen gewesen.

Eines Tages im August oder September, genau weiß ich es nicht mehr, entdeckte einer der Vögte, die im Falle von Ketzereiverdacht die Durchsuchungen durchzuführen hatten, in einem der vielen kontrollierten Buchläden den *Spiegel der sündigen Seele*. Dieses kleine Büchlein, das nicht nur meiner Ansicht nach recht unbedeutend war, schlief friedlich in einer Regalecke, und ich bin überzeugt, dass es ohne die Theologaster der Sorbonne niemals aus seinem Schattendasein hervorgekommen wäre. Beda war zu jener Zeit nicht in Paris, aber weit war er nicht, und man scheute sich nicht, ihn zu Rate zu ziehen, sein Geist war allgegenwärtig.

Meister Antoine trat wie ein Wirbelsturm in meinen Laden.

«Hätte Dieudonné vielleicht Zeit, seine Ohren spitzen zu gehen?»

«Dieudonné? Hast du Zeit?»

«Sagen Sie mir, was Sie wollen, Meister.»

«Ich habe gehört, *Der Spiegel der sündigen Seele* sei beschlagnahmt worden und solle zensuriert werden. Sie wissen nicht, woher das Buch kommt und wer es geschrieben hat. Aber es kommen Bibelstellen in Französisch darin vor, es ist oft von unserem HErrn die Rede und nur selten oder überhaupt nicht von der Jungfrau und den Heiligen, das genügt, das Buch zu verbieten.»

Dieudonné griff nach seiner Mütze und ging.

Während der Wartezeit ging Meister Antoine auf und ab wie ein Tier im Käfig. Dermaßen besorgt sah ich ihn zum ersten Mal in den ganzen zwanzig Jahren, die ich ihn kannte. Seit kurzem wurden sein Bart und sein Haupthaar, die so schwarz gewesen waren, wie ich es außer bei seinem jüngeren Bruder und später bei seinem Sohn Guillaume noch nie gesehen hatte, langsam grau. Dadurch wirkten seine Augen noch grauer, und sein Gesicht schien mir sehr eingefallen. Meine Mutter hatte mir beiläufig gesagt, er habe Schweißausbrüche, einen bösen Husten, und jüngst hatte sie mir voller Schrecken mitgeteilt, er huste Blut.

«Ich glaube, sein Versprechen, sich um das Buch dieser Frau zu kümmern, zerfrisst ihn innerlich», hatte sie mit einer Bitterkeit gesagt, die ich ihr nicht zugetraut hätte.

Ich hatte sie zu trösten versucht. Aber die Unruhe war da, und an der Grand-Rue Saint-Jacques waren wir, glaube ich, alle darauf gefasst, dass uns der Himmel auf den Kopf fallen würde. Welche Bücher man auch immer herausgab – das Druckerhandwerk war ebenso gefährlich geworden wie das des Soldaten.

Daran dachte ich, während ich Meister Antoine zusah, wie er seine Runden machte, die Nerven blank, er, der sonst so gefasst war.

«In Genf, in Straßburg, in Basel ist die Rede davon, eine Kirche zu gründen, die ausschließlich auf das Wort des Evangeliums hört», sagte er plötzlich.

«Ach ... Und?»

Mein Herz verkrampfte sich. War er tatsächlich im Begriff, zu dem hinüberzuschwenken, was man Ketzerei nannte?

«Nichts. Ich glaube nicht, dass ich den Mut hätte, so etwas zu tun, denn ich will die katholische Kirche nicht verlassen, auch wenn sie mich derzeit verfolgt. Ich hoffe immer noch, dass es uns gelingt, die Missverständnisse aus dem Weg zu räumen. Wenn aber alle der Kirche den Rücken kehren, wird es nie so weit kommen.»

«Sie glauben, dass das möglich ist?»

«Ich weiß es nicht. Meister Erasmus, Meister Lefèvre, unsere großen Ältesten warten schon viel länger darauf als wir. Aber ich weiß, dass ich nicht Tabula rasa machen kann.» Dieudonné kam zurück.

«Es ist Meister Le Clerc, der Pfarrer von Saint-André-des-Arts, der diese Zensur verlangt», erklärte er. «Wer das Buch geschrieben hat, weiß er nicht. Er sah nur die Evangelientexte auf Französisch, das genügte ihm.»

Ich hatte gelernt, Dieudonnés mit Bestimmtheit gemachte Aussagen nicht in Zweifel zu ziehen, noch nie hatte sich eine als falsch erwiesen. Er hatte mir einmal gesagt, Oudin habe ihm einige seiner Freunde vorgestellt und mit ihnen «arbeite» er jetzt. In den Augenblicken großer Verzweiflung, die dem Tod Ritter de Berquins vorausgegangen waren, hatte Oudin einmal die Bemerkung fallen lassen, er habe Freunde in der Cour des Miracles, einem dieser Orte von so widerwärtigem Ruf, dass sich kein ehrenhafter Mann dorthin locken ließ – im Prinzip. In der Tat hatte Oudin aufgrund seiner Herkunft Zugang zu zwei Welten, zu jener der Straße und jener der Gelehrten. So etwas war selten. Ich habe deshalb schon immer vermutet, ohne der Sache auf den Grund zu gehen (weil man mir bestimmt nur Lügen erzählt hätte), Dieudonné sei dank Oudins Vermittlung in den Kreis einiger Bettler und böser Buben aufgenommen worden, die sich in den Straßen herumtrieben, aber selten von der Polizei aufgegriffen wurden, weil diese vor allem damit beschäftigt war, Hellenisten, Gallisten und sonstige «Ketzer» zu fangen.

«Und was wird geschehen?»

«Das kann man noch nicht sagen. Ich habe nur erfahren, dass auf der Liste, die der Theologischen Fakultät zur Prüfung vorliegt, auch der *Pantagruel* des Herrn Rabelais steht. Noch nicht wegen Ketzerei. Wegen Obszönität, für den Moment.»

Er hielt inne und lachte, aber unter Meister Antoines Blick hörte er damit sofort wieder auf. Er nahm seine Mütze vom Kopf und begab sich wortlos wieder an die Arbeit.

Während kurzer Zeit machte Meister Antoine weiter schweigend seine Schritte hin und her, dann blieb er vor Dieudonné stehen.

«Ist die Königin von Navarra benachrichtigt worden?»

Dieudonné sah ihn zunächst wortlos an. Er zögerte mit einer Antwort, doch als er sah, wie unglücklich mein Stiefvater war, entschloss er sich, zu reden.

«Soviel ich weiß, haben jene, die sie lieben, solche gibt es sogar an der Universität, sofort mit ihr Kontakt aufgenommen.»

Meister Antoines Gesicht entspannte sich mit einem Lächeln der Erleichterung.

«Nichts zu machen», sagte er wieder in seinem üblichen Tonfall. «Ich habe gerade die Akzentbuchstaben fertig gestellt, ich bin zufrieden damit. Doch jetzt wird das Buch wahrscheinlich nie mehr gedruckt.»

Und er zog ein Blatt mit dem Rauchabzug dieser Buchstaben aus der Tasche. Man sah auf den ersten Blick und trotz des Drucks mit Holzruß, dass sie alles, was bisher von ihm und anderen gemacht worden war, bei weitem übertrafen.

Nun folgte eine Zeit voller Wirren.

Die Priester blieben bei ihrer außerordentlich harten Haltung gegenüber Madame Marguerite. In ihrem Lehensgebiet von Alençon hatten ein paar junge Hitzköpfe eine Marienstatue geschändet. Ein guter Vorwand für die Heuchler: sie beschuldigten die Königin von Navarra aller Ketzereien und der Gottlosigkeit. Anlässlich einer Messe in Saint-Jacques-du-Haut-Pas, der ich beiwohnte, erklärte der Priester in seiner Predigt, man hätte sie in einen Sack stecken und in der Seine ertränken sollen, und wenn mich Guillemette nicht mit festem Griff zurückgehalten hätte, wäre ich mitten in der Predigt aufgestanden und gegangen. Andere taten es, und als wir wieder zu Hause waren, warf ich mir vor, ein Feigling zu sein.

«Wozu hätte das gut sein sollen?», fragte Guillemette zornig. «Einzig dazu, einen Vorwand zu liefern, damit man Sie brandmarken kann, der Königin von Navarra hilft das nicht. Auch nicht, wenn die ganze Kirche wie ein Mann aufgestanden wäre. Aber Sie haben ja gesehen, dass dies nicht der Fall war.»

«Aber immerhin, meine Liebe, diese ganzen Verfolgungen ... Warum? Ich bin kein großer Gelehrter, aber ich denke, die Sache kann in zwei Punkten zusammengefasst werden: wir wollen die Heilige Schrift mit unseren eigenen Augen lesen, in unserer Muttersprache, und sie soll so getreu dem Wort Christi folgen als möglich.»

«Gewiss, mein Freund, das scheint einfach, das gebe ich zu, und ganz und gar vernünftig. Aber für den Klerus bedeutet dies wahrscheinlich einen Machtverlust, was wir in unserer Ungebildetheit nicht zu erfassen vermögen, warum sonst bekriegen sich ganze Staaten wegen dieser Idee? Sie muss für sie unerträglich sein, wenn sie sich so verbissen dagegen zur

Wehr setzen. Sie sind die Stärkeren, Claude. Diese schöne und so einfache Idee wird in Paris nicht obsiegen, solange es eine Theologische Fakultät gibt. Mit anderen Worten: Nie.»

«Aber die Königin von Navarra steht hinter ihr ...»

«Die Königin von Navarra! In Paris hat-die-Königin-von-Navarra-nichts-zu-sagen, wie oft muss ich das noch wiederholen. Ich kenne das Geschwätz am Brunnen oder auf dem Markt, und mir ist durchaus klar, was sie tun. Sie sind im Begriff, Madame Marguerite in den Augen von Leuten wie uns in Verruf zu bringen. Und mit der Zeit wird sie dies auch in den Augen ihres Bruders in Misskredit bringen, da bin ich mir sicher! Der König hört schon jetzt nicht mehr auf sie, wenn es seinen Interessen entgegenläuft. Er richtet sich in den wenigsten Fällen nach ihr.»

«Woher wollen Sie das wissen?»

«Ihr Männer nennt das Frauengeschwätz, aber ihr irrt euch. Wir hören den Dienern und Dienerinnen zu. *Ihren* Dienern und *ihren* Dienerinnen. Sie werden abgesehen von ein paar Mägden, die sich versehentlich schwängern lassen, von der Herrschaft gar nicht zur Kenntnis genommen, man spricht offen in ihrer Gegenwart. Wenn diese Leute dann auf der Straße sind, reden sie. Und es wird weitergegeben, was sie sagen. Deshalb bin ich felsenfest davon überzeugt, dass sich der Schutz der Königin von Navarra eines Tages, wenn es wirklich ernst wird, als Einbildung erweisen wird. Wenn der König etwas anders will als sie, wird sie nachgeben. Sie wird nachgeben müssen.»

Guillemette und Dieudonné war es mit vereinten Kräften gelungen, mir klar zu machen, dass ich Unrecht hatte, nicht auf das Straßengeschwätz zu hören, auf das ich nie etwas gegeben habe.

Wie das Echo auf das, was meine Frau gerade gesagt hatte, erschien Dieudonné eines Morgens mit Ringen unter den Augen in der Werkstatt. Ich machte mir stumme Vorwürfe, nicht überprüft zu haben, ob er am Vorabend zum Schlafen da gewesen war.

«Ach, Meister!», sagte er noch bevor er sich setzte. «Was ich für eine Nacht hinter mir habe.»

«Du hast hoffentlich keine Dummheiten gemacht.»

«Hören Sie zu. Als ich gestern Abend von hier wegging, begegnete ich einem Jungen aus meiner Bekanntschaft, er bot mir an, mich zum Collège von Navarra mitzunehmen, wo sie eine Posse gaben. Ich mag das Theater, das wissen Sie ja. Ich ging mit.»

«Ins Collège von Navarra? Und das dauerte die ganze Nacht?»

«Nein, Meister. Lassen Sie mich erzählen. Man spielte eine Farce der übelsten Sorte, deren Hauptperson die Königin von Navarra war. Am Anfang wurde sie als friedliche Frau am Spinnrad gezeigt. Dann tauchte eine als böses Weib verkleidete Furie auf, und überall wurde gemurmelt, dies sei Meister Roussel, der Geistliche der Königin. Er hielt die Spinnerin an, auf ihren Rocken zu verzichten, was sie nach halbherzigem Zögern auch tat. Darauf geriet sie völlig außer sich, sie ergriff das lateinische Evangelium, warf es weit von sich und begann, die wüstesten Reden gegen die katholische Religion zu führen, Reden, welche die echte Königin von Navarra niemals geführt hat, davon bin ich überzeugt.»

Dieudonné, der normalerweise die Fröhlichkeit in Person war, wischte sich eine Träne ab.

«Es war überhaupt nicht lustig, Meister, es war widerwärtig. Die Schüler lachten lauthals. Ich spielte den Trottel – ein gewöhnlicher Lehrling hat von nichts eine Ahnung, nicht wahr –, aber ich hatte nur einen Gedanken: zu fliehen. Es war erdrückend.»

Er nahm seine Mütze vom Kopf und warf sie achtlos weg. Ich war wie erstarrt, ich hätte ihm Vorhaltungen machen sollen, denn das Ende seiner Lehrzeit stand zwar bevor, aber immerhin war ich noch für ihn verantwortlich, und ich war heilfroh, dass wir unter uns waren. So würde niemand erfahren, dass ich alle meine Pflichten vernachlässigte. Dieudonné selber fiel meine Schweigsamkeit gar nicht auf.

«Wissen Sie, Meister», murmelte er, «ich war erleichtert, als die Sergeanten kamen, die Vorstellung beendeten und die Veranstalter der Posse verhafteten. So etwas ist nicht alle Tage ...»

«Die SERGEANTEN? Was erzählst du denn da? Man hat dich verhaftet?»

«Nein, eben nicht. Es gab in dieser Versammlung meines Wissens nur eine Person, die das Ganze ungehörig fand. Mein Kamerad, ein gewisser Paul. Zum Glück kannte er sich im Gebäude aus. Er zog mich fort, und wir entkamen durch eine kleine Tür, neben der wir uns gerade befanden und er hetzte mich durch endlose Gänge, schließlich gelangten wir in eine Art Keller. Es gab eine Tür zur Straße, doch die Sergeanten standen davor und rührten sich bis kurz nach Beginn der Sperrstunde nicht von der Stelle. Durch das Kellerfenster sahen wir, wie die Schüler Steine nach ihnen warfen, doch die Sergeanten rührten sich nicht. Ich hatte überhaupt keine Lust, diesen armseligen Polizisten gegenüberzustehen, womöglich hätten sie zwischen einem Studenten und mir keinen Unterschied gemacht. Als sie gingen, fand ich es besser, bis Tagesanbruch zu bleiben, wo ich war, und jetzt bin ich wieder da. Es tut mir Leid, Meister, und ich bitte Sie, mich nicht zu bestrafen. Ich bin schon gestraft genug.»

«Ich bestrafe dich nicht, Dieudonné, aber unter einer Bedingung. Oder sogar zweien.»

«Sprechen Sie, Meister.»

«Dass du dich nie mehr in eine solche Situation begibst. Und dass du niemandem erzählst, was geschehen ist.»

«Versprochen, Meister. Ich schwöre, wenn ich gewusst hätte, was ich zu sehen bekäme, hätte ich das Collège von Navarra niemals betreten. So viel Respektlosigkeit gegenüber der eigenen Königin! Und wenn es darum geht, niemandem etwas davon zu erzählen – verlassen Sie sich auf mich, ich würde niemals zugeben, dort gewesen zu sein. Doch die Geschichte dieser Aufführung hat in der ganzen Stadt bereits die Runde gemacht. Am Metzgerbrunnen war schon die Rede davon, als ich vorbeiging.»

«Und was sagten die Leute?»

«Es kommt darauf an. Die Wasserträger sagten, auf die Studenten könne man sich nicht verlassen. Die sollten selber ein bisschen Hand anlegen müssen, et cetera. Die Mägde hörten mit großen Augen zu, und die zwei, drei Bürger, die zufällig dort waren, sagten, sie hofften, die Königin von Navarra sterbe als Strafe Gottes im Kindbett!»

Man sah ihm an, wie wütend er war, als er sich die Lederschürze umband und zu arbeiten anfing. Weder er noch ich sagten bis zum Abendbrot ein einziges Wort.

Die Zensurmaßnahme gegen den *Spiegel der sündigen Seele* hallte durch ganz Paris. Ich hätte viel darum gegeben, Meister Le Clercs Gesicht zu sehen, als er bemerkte, dass die Verfasserin dieses Werkes die Königin von Navarra war!

Der König schritt ein. Warum man jetzt ein Buch verbiete, das schon seit zwei Jahren verkauft werde, das die Theologen vor zwei Jahren bereits überprüft und nichts gefunden hätten, was man ihm vorwerfen könnte. Vater Le Clerc gab für seinen Schnitzer mancherlei Erklärungen ab, die aber niemanden zu überzeugen vermochten. In Wirklichkeit richteten sich die Vorwürfe an den Drucker und nicht an Madame Marguerite. Er hatte es unterlassen, das Buch vor dessen Druck der Fakultät vorzulegen, musste also bestraft werden. In der kleinen Welt des Druckerhandwerks blieb niemand mehr gelassen, weder der Meister, der die Druckerpresse zur Verfügung gestellt, noch Meister Antoine, der die Druckbuchstaben beigesteuert, noch sein Geselle, der die Arbeit ausgeführt hatte, und auch nicht die Buchhändler, die die Bücher verkauft hatten.

Wie ich erfahren habe, rechtfertigte sich Meister Le Clerc damit, er habe das Buch von Madame Marguerite, «Mutter aller Tugenden» (darauf hätte er schon früher kommen können), mit dem unflätigen von Meister Rabelais vergleichen wollen. Das war natürlich ein Ablenkungsmanöver und hatte nichts mit dem zu tun, was man ihm vorwarf. Ich fragte mich auch, was wohl der König von der Zensur des *Pantagruel* halten mochte, da wir von Meister Marot wussten, wie sehr das Buch seiner Majestät gefallen hatte.

Das Ergebnis der ganzen Wirrnis war, dass man sich um Madame Marguerites Buch riss und dass Meister Antoine diesmal sein Versprechen nicht rückgängig machen konnte. Er druckte das Buch ein erstes Mal, etwas hastig, um der Nachfrage gerecht zu werden, während er unterdessen mit der Hilfe Meister Marots und einiger Edelleute, die als Vermittler wirkten, eine wirklich gepflegte Ausgabe vorbereitete. Seit ihrem einzigen Besuch in seinem Laden hatte Meister Antoine die Königin von Navarra nie mehr gesehen, doch sie ließ ihm immer sehr liebenswürdige Nachrichten überbringen; aus Respekt gegenüber seinem Verlangen nach Vollkommenheit, wie sie ihn wissen ließ, erfüllte sie seinen Wunsch und schrieb eigenhändig eine neue Fassung des ganzen *miroir*. Sie selber hatte den Wunsch gehabt, ihr Gedicht mit Texten ihrer Freunde zu ergänzen, unter anderen auch mit einem der von Meister Marot aus dem Griechischen übersetzen Psalmen (was die Theologische Fakultät nebenbei erwähnt widerlich fand). Meister Antoine seinerseits fügte einige Erklärungen über seine Arbeit bei; eine zusammen mit Meister Marot verfasste kleine Abhandlung über die neuartige Verwendung von Kommata, Akzenten, Apostrophen und Zedillen, die er mit *Kurze Anleitung über die richtige Schreibweise in Bezug auf die Eigenart der französischen Sprache* betitelte.

Einige von uns fragten ihn, ob es wirklich klug sei, etwas anderes als die Texte der Königin zu drucken, doch er schob unsere Einwände beiseite. Er gab sich der trügerischen Hoffnung hin, beschützt zu sein.

Das Buch kam im Dezember heraus (vor etwas mehr als einem Jahr, doch mir kommt es vor, als sei es eine Ewigkeit seither), und es war innert Tagen bis zum letzten Exemplar ausverkauft. Guillemette hätte gerne eines geschenkt bekommen, doch ich konnte bereits keines mehr auftreiben.

Während dieser ganzen Zeit war ich von Sorgen gequält. Es war wie eine dumpfe, hartnäckige Migräne. Meister Antoine sah ich nur selten, aber ich wusste, was er tat: er war pausenlos mit dem Schneiden von Druckbuchstaben (er hatte eine neue Augustea in Arbeit) und in der Druckerei beschäftigt. Rückblickend muss ich sagen, dass es so ausgesehen hat, als habe er es eilig, vor seinem Weggehen alles zu erledigen, was ihm wichtig war, als ob er sein nahes Ende vorausgeahnt hätte.

Dieses Gefühl wurde von einer Bemerkung meiner Mutter über seine Gesundheit noch verstärkt.

«Es geht ihm gut, aber er isst weniger als gewöhnlich, er ist abgemagert, und schon zwei Mal hat er in meiner Gegenwart Blut gespuckt; das muss auch vorgekommen sein, wenn ich nicht da war, aber wenn ich ihn darauf anspreche, lacht er. Zu Hause behält er seinen Humor, sowohl Guillaume als auch mir gegenüber ist er die Güte selbst, aber ich sehe, wie angespannt er ist, als ob er die Zähne zusammenbeißen müsste, um durchzuhalten. Ich weiß nicht, wie ich es ausdrücken soll.»

Als ich (was ich oft tat) wieder in seiner Werkstatt vorbeiging, traf ich ihn in einem Meer von Druckfahnen für Quintilians *Unterweisung in der Beredsamkeit* an, woraus er von Zeit zu Zeit einen Satz laut vorlas und dazu gestikulierte wie ein Pfarrer auf der Kanzel. Er war bestens aufgelegt, aber zum ersten Mal stellte ich, vielleicht gerade wegen seiner heiteren Laune, fest, dass die Falten in seinem Gesicht ausgeprägter waren als noch vor ein paar Monaten.

«Wenn die Herrschaften diesen Text studiert haben, werden sie reden wie wahrhaftige Tribune. Um das Evangelium zu predigen, will ich hoffen.»

Ich wusste nicht, wie ich anfangen sollte; er sah mich schelmisch an.

«Bist du gekommen, um mir eine Moralpredigt zu halten, mein lieber Stiefsohn? Mich zur Vorsicht anzuhalten? Mich zu bitten, keine verdächtigen Texte mehr zu drucken? Du kannst beruhigt sein, mein Freund. Ich bin bereits ganz allein darauf gekommen, dass es nutzlos wäre, dieses junge Unternehmen zu gefährden, und ich habe durchaus vor, es auch künftig nicht zu tun. Ich werde nur Klassiker drucken, solche wie den Columella, erinnerst du dich, den, den wir aus Venedig mitgebracht hatten. Bei ihm geht es nur um Landwirtschaft. Damit habe ich nichts zu befürchten.»

«Wenn ich mir Sorgen mache, Meister, dann nicht Ihrer Arbeit wegen. Sondern weil ich finde, dass Sie schlecht aussehen.»

Er seufzte.

«Es stimmt, meine Säfte machen mir Sorgen. Ich huste, gelegentlich spucke ich Blut, und manchmal bin ich müde. Aber das wirkt sich nur auf meinen Appetit aus; weder meine Energie noch meine Fähigkeiten sind davon angegriffen.»

«Machen Sie sich selber keine Sorgen wegen dieser Blutungen?»

«Ich habe mit einem fähigen Arzt, der bei mir auf Krankenbesuch war, darüber gesprochen, er hat mir eine Arznei verordnet, die ich gewissenhaft nehme und die mir auf jeden Fall gut tut. Aber er sagte, diese Art von Husten sei unheilbar. Ich trage mein Leiden mit Geduld.»

Sein Gesicht wurde ernst, und er sah mich sehr eindringlich an.

«Claude, ich möchte dich ausdrücklich um etwas bitten, was für dich eine Selbstverständlichkeit ist, das weiß ich. Aber ich will dich trotzdem darum bitten.»

«Sagen Sie es, Meister.»

«Falls mir etwas zustossen sollte ...»

«Meister!»

«Unter den derzeitigen Umständen kann ich morgen schon verhaftet werden, mein lieber Claude. Ich mache mir nichts vor. Ich habe mich entschlossen, an den Diskussionen über die Lehre nicht mehr teilzunehmen, aber meinen Namen kann ich von meiner Ausgabe des *Spiegels der sündigen Seele* nicht mehr zurücknehmen. Die Königin von Navarra hat mich zum Bischof von Paris rufen lassen ... Was schaust du mich so an?»

«Zum Bischof von Paris, Meister!»

Er lachte herzhaft.

«Mach nicht ein solches Gesicht! Monseigneur du Bellay hatte die Güte, mir zu sagen, sowohl Meister Rabelais, der, wie du weißt, sein Freund und sogar sein Arzt ist, und Ihre Majestät von Navarra hätten ihm nur das Allerbeste über mich erzählt, er wolle nicht, dass mir etwas zustoße und ich solle ihm versprechen, künftig die Finger von verdächtigen Publikationen zu lassen. Ich gab ihm mein Wort. Er stellte mich unter das Klerikerprivileg und sagte, im schlimmsten Fall solle ich mich auf ihn berufen und verlangen, vor sein Gericht gestellt zu werden.»

«Das heißt, er weiß, dass Sie in Gefahr sind.»

«Nein. Er hat die Vorsichtsmaßnahmen getroffen, die in der gegenwärtigen Lage angebracht sind, aber ich bin nicht mehr in Gefahr als sonst jemand. Dennoch – wir leben in schwierigen Zeiten. Deshalb wünsche ich für den Fall, dass das Schlimmste eintrifft, dass du deine Mutter, deinen Bruder, meine Stempel und Werkzeuge in Sicherheit bringst.»

«Das versteht sich in der Tat von selbst, Meister.»

«Mein Bruder François ist auf dem Laufenden. Wenn ich sterben sollte, wird er sich der Erziehung Guillaumes annehmen. Mein Sohn könnte ein hervorragender Drucker werden. Aber ebenso Arzt oder Jurist. Gott sei Dank verspürt er keine Neigung zur Theologie. Solange sich die Kirche nicht ändert, ist es besser, wenn es ihm erspart bleibt, Lüge und Dummheit lernen zu müssen. Der Gedanke, er hätte im Namen des HErrn Leute in den Tod zu schicken, gefällt mir nicht.»

Wir sahen uns an.

«Auf dein Wort, mein lieber Claude?»

«Ich schwöre es vor Gott, Meister.»

«Amen.»

Wir besiegelten unseren Pakt mit einer Umarmung.

Einige Tage darauf hielt der Rektor der Universität, Meister Cop, eine

Rede, zu der ich mich nicht äußern kann, ich habe sie weder gehört noch anschließend gelesen. Ich weiß nur, dass ganz Paris, in dem es unablässig brodelte wie in einem Kochtopf, einmal mehr außer Rand und Band geriet. Diese Rede war ketzerisch. Sie war nach allen Regeln der Kunst ein Angriff auf die Theologische Fakultät. Darüber war man sich in allen Pfarreien einig. Ich kann nur über eine Einzelheit – zweifellos sehr unvollkommen – berichten, die ein empörter Kunde Meister Chevallon gegenüber erwähnte, der wie immer mit einem Lächeln zuhörte, das sein Gegenüber im Glauben ließ, er sei mit allem einverstanden, was gesagt werde.

«Vor versammelter Fakultät erlaubte er sich zu erklären ... Warten Sie ... Er sagte: *Diese Sophisten, die leere Worte dreschen, haben nichts zu sagen über die Liebe Gottes, über die Vergebung der Sünden, nichts über die Gnade und die wirklich guten Werke. Schlimmer noch, sie nörgeln an allem herum und zerstören mit ihrer orthodoxen Sophisterei alles.* Und er hatte die Unverfrorenheit, hinzuzufügen: *Ich flehe die hier Anwesenden an, vor solcher Ketzerei und solcher Gotteslästerung nicht die Augen zu verschließen.* Er sprach von Gotteslästerung! Was für eine Anmaßung dieses Mannes! Er griff die Versammlung an, in deren Mitte er sich befand. Wieder ein Angriff der Lutheraner, rief Meister Le Picard am Schluss.»

Meister Chevallon behielt sein Lächeln bei. Erst später, als der Kunde gegangen war, murmelte er: «Ich hasse diese Leute, die nichts anderes können, als zu wiederholen, was andere denken.» Dann wechselte er das Thema.

Auf der Straße hörte man, Meister Cops Rede sei in Tat und Wahrheit von einem «höllischen Lutheraner» namens Jean Cauvin oder Calvinus geschrieben worden, einem jungen Mann, dem ich einmal in Roberts Werkstatt begegnet war und mit dem ich ein paar Freundlichkeiten ausgetauscht hatte. Ich hatte ihn (nur vage) als kühlen Jüngling in Erinnerung und hätte ihn bestimmt wieder vergessen, wenn jetzt während einiger Tage nicht ständig von ihm die Rede gewesen wäre und Robert mich nicht an die Begegnung erinnert hätte. Von Dieudonné erfuhr ich eines schönen Morgens, Cauvin sei aus Paris geflüchtet und habe sich nur mit Mühe der Verfolgung entziehen können, der er aufgrund eines Verdachts ausgesetzt war. Meister Cop hingegen entging nur Dank des Eingreifens Monseigneur du Bellays, Madame Marguerites und was weiß ich von wem allem noch dem Scheiterhaufen, obwohl der König, wie man hörte, wegen der Predigt höchst ungehalten gewesen sein und sie als «unnötige Brüskierung» bezeichnet haben soll. Meister Cop verzichtete übrigens darauf, Öl ins Feuer zu gießen und verließ Paris Hals über Kopf.

In jenen Tagen wurde Meister Beda aus Gründen, die mir nicht bekannt sind, nach Paris zurückgerufen. Vielleicht wegen Meister Cops Predigt, vielleicht aber auch wegen eines heimlich gedruckten, sehr erheiternden Büchleins mit dem Titel: *Bekenntnis und Grundlage von Meister Bedas Glauben.* Unbekannte Hausierer verkauften es massenhaft und verschwanden dann wieder, wie sie gekommen waren. Ich selber kaufte mir auch eines.

Selbstverständlich stammte dieses kleine Werk nicht von Meister Beda. Es war ein Scherz: Was der aufdringliche Theologaster ständig wiederkäute, wurde vom Scheinverfasser lächerlich gemacht und die Argumente eins nach dem anderen entkräftet.

Ich erinnere mich an eine Stelle, die mich ganz besonders erheiterte.

*Wir bräuchten ein gutes Generalkonzil, schrieb der Pseudo-Beda, welches die Christenheit schriftgemäß reformieren und alle Missbräuche der Kirchenleute beseitigen würde, getreu nach dem Wort Gottes: damit hätten die Lutheraner keinen Grund mehr, ein Geschrei gegen uns zu veranstalten. Denn ansonsten werden wir nie in Frieden leben können mit ihnen, weil sie sich nur nach dem Wort Gottes ausrichten, während wir anderen uns in unserer Jugend mehr mit menschlichen als mit göttlichen Dingen beschäftigt haben.*

Dieses Werk hatte einen so großen Erfolg, dass es augenblicklich wieder von der Bildfläche verschwand; nachdem ich es gelesen hatte, gab ich es an jemand anderen weiter und sah es nie wieder. Scharfsinnig ironische Stellen wie die zitierte gab es viele, und im Quartier wurde viel darüber gelacht. Was auch immer die Leute von den neuen Ideen halten mochten, die Meister Beda bekämpfte, die Drucker hatten allesamt genug von den Nachstellungen, denen sie seitens der Theologischen Fakultät ständig ausgesetzt waren. Und dafür, dass die Theologische Fakultät so pingelig war, machten alle Meister Beda verantwortlich.

Das brave Volk sah in Meister Beda möglicherweise einen Heiligen. Für die kleine Welt der Drucker war er einfach ein Störenfried.

Jedenfalls war Meister Beda ganz plötzlich wieder in Paris, um dem König über seine Schrift Rechenschaft zu geben, hieß es. In den Augen anderer jedoch hatte der König nur auf einen Vorwand gewartet, um Meister Beda zurückzurufen. Man brauchte nicht sehr gelehrt zu sein, um zu sehen, dass das *Bekenntnis* ein falscher Beda war. Verglichen mit dem unseligen Text gegen Meister Lefèvre, den ich damals flüchtig durchgesehen hatte, war dieser hier auch wesentlich besser geschrieben. Ganz abgesehen davon, dass ich nicht sicher war, ob Meister Beda überhaupt französisch schreiben konnte.

Diese Ereignisse fanden noch vor Jahresende statt. Ich bin sicher, dass wir an Weihnachten bereits von Meister Bedas Gegenmaßnahmen wussten, denn es gibt schreckliche Gründe dafür, mich an das zu erinnern, was gleich nach dem Dreikönigstag geschah.

## XXV
## Wie die Schwierigkeiten näherkommen und wie sich Meister Antoine Augereau nur mit knapper Not aus einer sehr schwierigen Lage befreit

ie Kälte von draussen drang in unseren Anbau, als wie von einem Windstoß die Türe aufging und zu meiner großen Verwunderung ein völlig atemloser Guillaume bleich wie ein Blatt Papier auf der Schwelle stand. Es war bissig kalt an diesem frühen Januarmorgen, aber er trug weder Kopfbedeckung noch Umhang.

«Guillaume, was ist los?»

Mein kleiner Bruder kam nur selten in unsere Werkstatt. Sie war für ihn im Gegensatz zu derjenigen seines Vaters, die er fast täglich aufsuchte, nicht so reizvoll. Guillaume musste nach Worten suchen.

«Sie ... Vater ist verhaftet worden! Und Philippe Lore auch.»

Dieudonné, Thomas und ich sprangen von unseren Stühlen auf.

«Was? Warum? Guillaume, schnell!»

«Wegen des Aristoteles auf Griechisch, glaube ich.»

Er begann zu weinen.

«Mutter weiß es noch nicht, ich habe nicht den Mut, es ihr zu sagen.»

Man musste etwas tun. Rasch.

«Dieudonné, lauf nach Hause und sag es Guillemette. Bring sie hierher, damit sie Guillaume nach Hause begleiten kann. Beeil dich, denn anschließend musst du Erkundigungen einziehen gehen.»

«Ich gehe zu Meisterin Guillemette», sagte Thomas. «Damit sich Dieudonné sofort auf Nachrichtensuche begeben kann.»

Sprachs, zog sich seinen Mantel über und verschwand.

«Warum sagst du ‹wegen des Aristoteles auf Griechisch›?», fragte Dieudonné Guillaume.

«So habe ich es verstanden. Sie haben auch Meister Danès und Meister Vatable verhaftet. Wegen eines Buches von Aristoteles, das sie auf Griechisch kommentieren wollten.»

«Wann ist es geschehen?»

«Gerade eben. Zuerst lief ich den Sergeanten nach, aber als ich sah, dass sie zur Conciergerie gingen, kam ich hierher.» Wieder weinte er. «Unsere Mutter überlebt das nicht.»

Ich legte ihm einen Arm um die Schultern. Er war bald zwölf und auf einmal sehr groß geworden, fast so groß wie ich. Angesichts seines plötzlichen Wachstums musste ich oft an eine Geschichte denken, die mir Meister Antoine erzählt hatte. Auch er war lange Zeit kaum gewachsen, dann aber auf einen Schlag groß geworden. Doch an diesem Morgen ging ich mit meinem Bruder um, als ob er noch ein Säugling wäre. Ich küsste ihm die Haare, hielt ihn fest in meinen Armen, damit er zu zittern aufhörte, nicht vor Kälte, er war ja schnell gelaufen, sondern vor Erregung.

Ich überlegte, dass wir ins Haus «Zum Heiligen Jakob» hätten gehen sollen. Meister Antoines Drucker, sein Setzer und sein Gießer mussten außer sich sein. Doch noch bevor ich aufbrechen konnte, kam Guillemette in Begleitung von Thomas. Auch sie mussten gelaufen sein.

«Thomas sagte mir, du hättest keinen Mantel angezogen, ich habe dir einen mitgebracht. Du kannst ihn mir später zurückgeben. Und jetzt gehen wir zu unserer Mutter.»

«Wartet einen Augenblick auf mich, ich will Meister Chevallon benachrichtigen.»

Ich ging die paar Schritte in die große Werkstatt. Meister Chevallon kam mir entgegen, als ob ich ein Kunde wäre. So war es schon immer gewesen, ich weiß nicht, ob man sich einen taktvolleren Meister als ihn wünschen kann.

«Sie scheinen in Sorge zu sein, lieber Garamond.»

«Kommen Sie bitte für einen Augenblick in die kleine Werkstatt, Meister. Es ist dringend.»

«Aber gewiss, mein Freund.»

Auf der Straße sagte ich zu ihm:

«Ich wollte nicht in Anwesenheit der anderen sprechen.»

«Was ist geschehen?»

Wir traten ein.

«Meine liebe Meisterin Garamond! Mein kleiner Guillaume, wie groß du geworden bist ...» Schweigen. «Was ist Schreckliches geschehen?»

Ich brachte nur mit Mühe meine Worte hervor.

«Meister Beda hat Meister Augereau verhaften lassen.»

«Was?»

«Ja, ein Sergeant hat es mir gesagt», erklärte Guillaume. «Sie haben ihn mitgenommen wegen einer Aristoteles-Ausgabe auf Griechisch. Es ist verboten, auf Griechisch zu veröffentlichen.»

«Wie, verboten? Was soll dieser Unsinn? Die Bibel, meinetwegen. Aber Aristoteles!»

Ich seufzte.

«Ich fürchte, Meister Beda ist Meister Antoine böse. Es heißt, er mache ihn für die Unannehmlichkeiten verantwortlich, denen er seit dem Druck des Gedichts der Königin von Navarra ausgesetzt gewesen ist. Unannehmlichkeiten, die seine Glaubwürdigkeit beim Parlament nicht um einen Deut geschmälert haben. Ich muss weg, Meister. Dieudonné ist auf der Suche nach Neuigkeiten, nur Thomas ist noch da.»

«Thomas, passen Sie auf die Werkstatt auf. Und Sie geben uns Nachricht, sobald Sie etwas Neues erfahren. Gehen Sie, gehen Sie.»

Als uns meine Mutter alle drei kommen sah, begriff sie sofort.

«Antoine ist ein Unglück geschehen!»

Guillaume warf sich in ihre Arme und brach in Tränen aus.

«Sie ... Sie haben ihn verhaftet, Mutter.»

Das sonst so milde Gesicht meiner Mutter nahm auf einen Schlag einen unvermutet harten Ausdruck an.

«Ich wusste, dass diese Frau sein Untergang sein würde.»

«Es ist nicht ihretwegen.»

«Welche Gründe auch immer geltend gemacht werden – sie werden nicht Ruhe geben, bis Antoine auf dem Scheiterhaufen brennt, das sage ich euch. Um dieser Frau zu sagen, dass man sie ins Feuer werfen würde, wenn sie nicht die Schwester des Königs wäre. Was ist der Anlass heute?»

«Eine ... eine Aristoteles-Ausgabe auf Griechisch.»

Sie lachte bitter. Und nun brachen die Dämme. Zuerst flossen die Tränen. Das hatten wir erwartet, und Guillemette ging zu ihr. Sie sank in ihren Armen zusammen, wie eine zerbrochene Puppe.

Das war das einzige Mal, dass sie sich gehen ließ. Seither gab es weder Schluchzen noch Tränen.

Ich wartete, bis sie sich wieder gefasst hatte, und nach einigen leider wenig hilfreichen Worten eilte ich ... Wohin? Ich spürte meine Machtlosigkeit. Wie sollte Madame Marguerite benachrichtigt werden? Meine Mutter hatte Recht. Es war Sache der Königin von Navarra, ihren Drucker aus der schwierigen Lage zu befreien, in die sie ihn gebracht hatte. Ich beschloss, als Erstes zu Robert Estienne zu geben, zu ihm waren es nur ein paar Schritte, und dann zu Galiot du Pré, für welchen Meister Antoine oft gearbeitet hatte. Ich lief in die Rue Saint-Jean-de-Beauvais.

Robert war bereits auf dem Laufenden und schwarz vor Wut, als habe man ihn persönlich angegriffen. Was sage ich denn da? Man *hatte* ihn persönlich angegriffen.

«Dieser Bêta. Dieser Hund. Dieses wilde Tier. Dieser erbärmliche Kerl mit einem Hirn von der Größe einer Erbse, der sich vorgenommen hat, die Hirne der anderen der Größe seines eigenen anzupassen! Dieser Mörder. Dieser Kleingeist. Dieser zwielichtige Kerl, der nur in Paris ist, um sich reinzuwaschen, und zu diesem Zweck gegen Gelehrte vorgeht, denen er nicht einmal die Schuhe zu putzen würdig ist!»

Und so weiter. Wenn Robert in Wut gerät, ist er unberechenbar. Die Sache berührte ihn doppelt: Meister Antoine war für ihn ein zweiter Vater und Meister Pierre Danès ein Bruder.

«Meine Mutter glaubt, Meister Antoine müsse für Madame Marguerite bezahlen.»

«Deine Mutter hat Recht. Deshalb ist es umso dringender, dass wir Meister Antoine und Meister Pierre Danès da herausholen. Ich muss nachdenken.»

Anschließend rannte ich zum Palais hinunter. Meister du Prés Buchladen befand sich am zweiten Pfeiler, kein Wunder, dass er schon Bescheid wusste. Bei ihm herrschte ein einziges Durcheinander.

«Sie werden uns alle verhaften. Auch wir geben Bücher für die königlichen Lektoren heraus.»

Etwas abseits entdeckte ich plötzlich ein mir bekanntes Gesicht: Meister Tiraqueau war in ein Buch vertieft. Dann legte er das Buch weg und sah auf.

«Wenn es stimmt, was die Drucker gehört haben, verfügen wir über ein unschlagbares Argument: Aristoteles ist kein Kirchenvater, seine Texte brauchen nicht der Theologischen Fakultät vorgelegt zu werden, sodass die königlichen Lektoren und ihr Drucker nicht den geringsten Fehler begangen haben. Ich muss dummerweise gleich nach Poitiers zurück, doch ich werde den Fall Meister Marilhac übergeben, er ist in diesen Dingen erfahrener als ich. Es ist übrigens unmöglich, dass man auf diese Weise königliche Lektoren verhaftet. Ich mache jede Wette, dass der König sie alle noch vor dem Abend wieder auf freien Fuß setzen lassen wird. Guten Tag, junger Mann. Sie sind ... Ach ja, jetzt sehe ich, wo Sie hingehören, Sie sind Antoines Stiefsohn.»

Ich verbeugte mich.

Galiot du Pré klopfte mir auf die Schulter.

«Wir werden alles tun, um Meister Antoine gleichzeitig mit den königlichen Lektoren frei zu bekommen. Sie werden nicht lange im Gefängnis sein, Sie werden schon sehen. Meister Beda wird für dieses Unterfangen sehr teuer bezahlen, das spüre ich.»

Ich ging wieder. Unter der Uhr begegnete ich Dieudonné.

«Sie sind in der Conciergerie, Meister. Alle zusammen. Ich glaube nicht, dass das lange dauern wird. Wer in Paris Rang und Namen hat, ist empört.»

Wir sahen uns an.

«Sollen wir Oudin eine Nachricht schicken?», sagte er plötzlich. «Er ist ein Mann, der mit Schwierigkeiten umzugehen versteht.»

«Mein lieber Freund, er ist in Nérac, man braucht mindestens acht Tage dorthin, und noch einmal so viel für den Rückweg.»

Dieudonné lächelte verständnisvoll.

«Ich verfüge über Mittel, ihn zu verständigen. Durch die Luft.»

«Wie das, durch die Luft?»

«Wenn Sie sich nicht fürchten, mir zu folgen, zeige ich es Ihnen.»

Ich enthielt mich jeden Kommentars: Dieudonné ist zweifellos sonderbar, aber er ist ein durch und durch guter und aufrichtiger Junge. Ich folgte ihm.

Wir gingen zum Pont Notre-Dame auf der Seite der Rue Saint-Martin. Dort gibt es einen Einäugigen mit nur einem Arm, der für gewöhnlich in einem Käfig zwei Tauben hält. Ich kenne ihn seit Jahren. Wenn er nicht gerade um Almosen bettelt, unterhält er sich angeregt mit seinen Vögeln, deren prächtiges Gefieder sich deutlich von seinen Lumpen unterscheidet. Einer der Gründe, warum er mir aufgefallen war, lag darin, dass er mich die seltenen Male, wenn ich bei ihm vorbeikam, immer mit Namen grüßte, und dass ich manchmal das Gefühl hatte, in seinen Augen etwas zu lesen, was mich manchmal und, wie ich zugeben muss, bis zu jenem Tag um meinen Geldbeutel fürchten ließ. Wie viele andere Krüppel hatte er zweifellos Verbündete und Komplizen.

An diesem Januartag vor etwas mehr als einem Jahr blieb Dieudonné vor dem am Boden kauernden Einarmigen stehen.

«Guten Tag, Vater Hinkebein.»

«Guten Tag, du junge Gottesgabe, guten Tag, Meister Garamond.»

«Wissen Sie schon das Neueste?»

«Die Verhaftung der königlichen Lektoren? Wie sollte ich das nicht wissen.»

«Und dass Meister Antoine mit ihnen verhaftet wurde?»

«Beim Henker! Nein, das wusste ich nicht.»

Er erhob sich so flink, wie man es ihm niemals zugetraut hätte.

«Ich habe die Tauben nicht hier, bei dieser Kälte sind sie nicht gerne eingesperrt.»

Er gab uns mit dem Kopf ein Zeichen, das keine Widerrede duldete.

«Folgen Sie mir.»

Wir gingen die Rue Saint-Martin entlang, am Laden meines Bruders Jehan vorbei und zweigten zur Rue Saint-Jacques-de-l'Hôpital ab. Weiter war ich in meinem Leben als braves Kind nie gekommen. Ich wusste, dass Verbrecher und Räuber irgendwo in diesem Häusergewirr ihren Unterschlupf hatten. Wir drangen in ein Labyrinth ein, enge Sträßchen, finstere Durchgänge, Sackgassen und Torbögen, die zu noch engeren Gässchen führten, wo es kaum Tageslicht gab. Vater Hinkebein, der unterwegs erzählte, er sei Zimmermann gewesen, dann sei ein Balken auf ihn gefallen und habe seine ganze linke Seite verkrüppelt, zog für einen Mann mit einem steifen Bein erstaunlich zügig aus.

Ich verstand nun, weshalb Dieudonné mich beruhigte, ich hätte nichts zu befürchten. Wir hatten inzwischen die Welt der Buchläden schon ziemlich weit hinter uns gelassen. Wir gingen buchstäblich von Mördergrube zu Mördergrube.

Schließlich gelangten wir mitten in diesem Gewirr auf einen Platz, dessen Vorhandensein man einige Schritte vorher niemals vermutet hätte. Er war weit, unregelmäßig dreieckig und sein Pflaster nur noch eine Erinnerung an vergangene Pracht. Auf zwei Seiten standen Häuser mit bröckelnden Fassaden, mit Ausnahme einer Stelle, wo eine Steinmauer Teil einer Kirche zu sein schien, auf der dritten Seite gab es nur eine Mauer oder besser gesagt ein Stück der Befestigungen, die Paris umgeben.

«Wo sind wir?»

Dieudonné zeigte mit dem Finger auf die Kirchenmauer.

«Dahinter ist das Kloster von Filles-Dieu.»

La Cour des Miracles du Saint-Sauveur, kam es mir in den Sinn. Um diese Zeit war der Platz fast ausgestorben. Eine ältere Frau versuchte Wäsche hereinzuholen, die draußen an einem Strick wie Kartonstücke hing, so steif gefroren war sie. Eine andere Frau kehrte ohne sichtbares Ergebnis den Boden. An einer Ecke saß ein Bub mit einem eingeschienten Bein und übte sich im Jonglieren mit einer unglaublichen Zahl von Bällen, die ihm eine alte Frau wieder zurückbrachte, wenn er sie ausnahmsweise fallen ließ. In der Mitte des Platzes standen zwei Alte bei einem kläglichen Feuer.

«Um diese Zeit ist hier nichts los», murmelte Dieudonné. «Nur ein paar Invalide, die anderen sind arbeiten gegangen. Sie sollten sehen, wie es nachts hier zugeht. Da wimmelt es nur so von sonderbaren Wesen.»

Wir traten auf etwas zu, was ich zunächst für eine Mauereinbuchtung hielt. In Wirklichkeit war es eine Tür, die zu den Überbleibseln eines längst verfallenen Hauses führte. Das Zimmer, das wir betraten, war im Gegensatz zum Durcheinander draußen schön aufgeräumt; die Sauberkeit ließ nichts zu wünschen übrig. Zu meiner großen Verwunderung entdeckte ich in einem Loch in der Mauer ein paar Bücher.

«Können Sie schreiben?», fragte Vater Hinkebein.

«Ja, natürlich.»

«Dann schreiben Sie an Oudin eine unverfängliche Nachricht über das, was vorgefallen ist.»

Er schaffte ein Tintenfass herbei, Feder, Federmesser, Sandstreuer und einen Fetzen Papier. Überraschungen haben auf mich immer eine lähmende Wirkung, sodass ich einen Augenblick lang gar nichts tat.

«Aber ... Meister Antoine kann zehnmal sterben, bevor Oudin die Nachricht erhalten hat.»

«Wenn es wie in anderen Fällen zu einer schnellen Hinrichtung kommt, vielleicht. Aber er ist mit den königlichen Lektoren zusammen, das wird mindestens acht Tage dauern. Wollen Sie nun schreiben, ja oder nein?»

«Natürlich will ich schreiben, aber acht Tage werden gerade reichen, um ihm die Nachricht zu überbringen.»

«Aber nein. Die Nachricht erhält er heute Abend, oder spätestens morgen früh.»

Er nahm eine seiner Tauben aus dem Käfig und begann sie zu streicheln.

«Nicht wahr, meine Hübsche, du wirst es deinem Meister berichten?»

«Eine Taube. Und wie ...?»

Er wies mit einem Finger auf den Käfig, den ich oft bei ihm am Pont Notre-Dame gesehen hatte.

«Die Tauben gehören Oudin, er ist ein alter Freund von mir. Sie sind darauf abgerichtet, zu ihm zu fliegen.» Er schwieg, zögerte weiterzureden. «Er hat uns beauftragt, Sie zu beschützen, wenn er abwesend ist, Sie und die Familie Augereau», fügte er hinzu. «Unglücklicherweise ist es fast unmöglich, die angeblichen Ketzer zu befreien, wir haben es bereits versucht; aber um eine Flucht vorzubereiten, braucht man Zeit, und zwischen Verhaftung und Hinrichtung gibt es nie genug Zeit. Ganz abgesehen davon, dass die Sergeanten selber geknüttelt werden. Einen entkommenen Häftling bezahlen sie mit ihrem Leben – sie werden an seiner Stelle verbrannt.

Aber Oudin besteht darauf, selber da zu sein, wenn die Gefahr sich klarer abzeichnet, und ich denke, dies ist heute der Fall. Schreiben Sie also!»

Ich schrieb: AA *verhaftet*. CG. Das genügte.

Vater Hinkebein hielt das Papier an sein sehendes Auge.

«Schreiben Sie dazu: *wir brauchen Zaster*. Man weiß ja nie.»

Ich tat, wie mir geheißen wurde.

«Ausgezeichnet. Alles ist gesagt. Jetzt kommt er bestimmt.»

Er schnitt meine Nachricht aus, nahm ein Stück Schilfrohr, steckte das Papier hinein, verschloss die Öffnung mit Wachs und befestigte das kleine Röhrchen an einem Fuß der runderen der beiden Tauben.

«Du gehst zu deinem Meister, nicht wahr, Süße?»

Er ging hinaus und murmelte dem Vogel sanfte Worte zu. Durch die Türöffnung sah ich ihn in der Mitte des Platzes ankommen. Er streckte seinen einzigen Arm aus und öffnete die Hand. Der Vogel hob seinen Kopf, als ob er den Himmel vermessen wollte, breitete die Flügel aus und verschwand über den Dächern.

Ich hatte kein übertrieben großes Vertrauen in die Tüchtigkeit dieses Boten. Dieudonné musste mir meine Gedanken vom Gesicht abgelesen haben.

«Wissen Sie, Meister, mit abgerichteten Tauben könnte man Nachrichten ans andere Ende der Welt bringen lassen. Sie verirren sich nie.»

Ich gab mich mit einer verzagten Handbewegung zufrieden. Warum sollte man sich in einer verzweifelten Lage nicht verzweifelter Mittel bedienen?

«Ich muss ins Universitätsviertel zurück», sagte ich.

«Wir müssen für die Rückkehr auf Vater Hinkebein warten, sonst schneidet man uns unterwegs die Kehle durch.»

Vater Hinkebein hatte es ebenso eilig wie wir, auf seinen Posten zurückzukehren, und bald danach brachen wir auf. Jetzt trug er den Käfig mit der übrig gebliebenen Taube bei sich und murmelte, man könne ja nie wissen. Wir kamen aus dem Gewirr finsterer Gässchen heraus und standen wieder auf der Rue Saint-Martin.

«Ich gehe jetzt zu meinem Bruder Jehan», sagte ich, «und dann zu meiner Schwester Geneviève, um sie davon zu unterrichten, was geschehen ist.»

«Und ich werde in der Gegend des Palais und der Conciergerie ein bisschen herumstreunen», sagte Dieudonné.

Vater Hinkebein kehrte mit der übrig gebliebenen Taube an seinen Platz am Pont Notre-Dame zurück.

Ich benachrichtigte Jehan, der mir gegenüber keinerlei Zuneigung zeigte – ebenso wenig wie gegenüber dem zweiten Mann seiner Mutter. Dann ging ich zu Geneviève, die unverzüglich in alle Himmelsrichtungen Befehle erteilte, das jüngste ihrer Kinder den Mägden anvertraute, den Mantel überwarf und davonrannte, zu unserer Mutter; es wäre aussichtslos gewesen, sie zurückzuhalten. Ich kehrte zum Palais zurück.

Kaum hatte mich Meister Galiot du Pré von weitem gesehen, streckte er mir ein Blatt entgegen. Ein kleiner Aushängezettel, stellte ich fest, als ich näher kam.

«Hier haben wir das corpus delicti», sagte er. «Und es ist in der Tat Meister Beda, der die Verhaftung aller Personen auf der Liste verlangt hat.»

Ich überflog sie.

Die Vorlesungen der verschiedenen königlichen Lektoren waren am Vortag für den gleichen Tag oder für den folgenden Montag angekündigt worden. Über die dritte dieser Vorlesungen war zu lesen:

*P. Danès, königlicher Professor für griechische Sprache, wird gleichentags [Montag], um zwei Uhr im Collège de Cambrai das Buch von Aristoteles* Haec insunt in hoc libro *[auf Griechisch] kommentieren. Dieses mit aller möglichen Sorgfalt gedruckte Buch ist bei Antoine Augereau, Rue Saint-Jacques, im Haus «Zum Heiligen Jakob» erhältlich.*

Ich wunderte mich darüber, dass auf dem Plakat zwei weitere Drucker erwähnt waren, Chrétien Wechel und Jérôme de Gourmont, aber ich hatte nirgendwo gehört, die beiden befänden sich auch in der Conciergerie. Das schreckte mich mehr auf als alles andere. Man hatte es also nebst den Lektoren allein auf Meister Augereau abgesehen. Vielleicht vermutete man wie ich, er habe das Plakat gedruckt. Nur er konnte es als nötig erachtet haben, den Leser wissen zu lassen, er drucke *mit aller möglichen Sorgfalt*.

Als ich die Grand-Rue Saint-Jacques wieder hinaufging, schaute ich bei Wechel vorbei. Er und Jérôme de Gourmont waren verreist. Das erklärte alles.

Tags darauf wurden die königlichen Lektoren wie erwartet freigelassen. Doch unter dem Vorwand, es sei für sie ein Betrag von tausendfünfhundert Pfund (eine außerordentlich hohe Summe) zu hinterlegen, blieben die Drucker in Haft.

Unverzüglich ließ uns Meister Antoine eine Nachricht zukommen, in welcher er uns in aller Form verbot, die Einrichtungen der Druckerei zu verkaufen, um ihn zu retten zu versuchen.

*Wenn ich auf meine Pressen verzichten müsste, wäre ich toter als wenn man mich lebendigen Leibes verbrennt,* sagte er im Wesentlichen.

Zweimal täglich ging ich zu meiner Mutter, wo sich Geneviève mehr oder weniger dauernd aufhielt, nur zum Schlafen kehrte sie nach Hause zurück. An einem dieser Abende traf ich bei meiner Mutter Meister Danès an.

«Ich gehe davon aus, dass Meister Augereaus Freilassung meine Aufgabe ist. Für morgen sind wir vor Gericht geladen. Aber übermorgen begebe ich mich, so Gott will und man uns nicht wieder verhaftet, an den Hof, und ich werde erst mit der verlangten Kaution wieder gehen. Ich will dieses Geld entweder vom König oder von seiner Schwester.»

«Und wenn man es Ihnen nicht gibt?», fragte meine Mutter, die schrecklich bleich war, aber vollkommen ruhig blieb.

«Robert Estienne wird seine Beziehungen spielen lassen. Und wie mir Meister du Pré sagte, haben wir nicht den geringsten Anlass, uns Sorgen zu machen.» Er wandte sich an Guillaume. «Kleiner, willst du morgen mit ins Parlament kommen?»

«Ist das möglich?»

«Ich werde dich als meinen Schüler vorstellen.»

«Wenn Mutter einverstanden ist, möchte ich sehr gerne kommen.»

Unsere Mutter war nicht nur einverstanden, es schien ihr auch eine unverhoffte Gelegenheit zu sein, Auskünfte zu bekommen. Auf diese Weise erfuhren wir, was vor Gericht geschah. Guillaume war es sogar gelungen, mit einem Bleistift ein paar Sachen in einem winzigen Heftchen zu notieren, das er sich selber gemacht hatte.

Die Anhörung dauerte zwei Tage. Am ersten Tag erklärte der Ankläger, die Theologische Fakultät habe in der Person von Dekan Noël Beda verlangt, *den Lektoren, einfachen Grammatikern und Rhetorikern, die zu dem schändlichen Mittel des Aushängezettels gegriffen hätten, um Zuhörer in ihre Vorlesungen zu locken, um öffentlich die Heilige Schrift zu lesen und zu deuten, sei eine förmliche Verteidigung zu gewähren.* Dafür wurde der ganze erste Tag gebraucht, obwohl sich die Sache in ein paar Worten zusammenfassen lässt. Am Abend begleitete Meister Danès Guillaume zurück an die Rue des Carmes und versuchte dort, meine Mutter zu beruhigen.

«Der morgige Tag wird sich in der Gegenwart Meister Budés abspielen, er ist uns ein echter Vater und der König hört auf ihn, und ich versichere Ihnen, es wird ihm gelingen, Ordnung in das Ganze zu bringen. Ich bin übrigens Monseigneur du Bellay begegnet. Die Kaution für Meister Augereau wird bezahlt, entweder morgen oder übermorgen.»

Er ging, nicht ohne das Versprechen, morgen wieder zu kommen und Guillaume abzuholen, sehr früh, denn die Verhandlung beginne schon um sieben Uhr.

Ich vergaß zu erwähnen, dass Vater Hinkebeins Taube nach zwei Tagen mit einem kleinen Röhrchen und einer Botschaft zurückgekehrt ist: *Ich komme. O.* Was für mich ein echtes Wunder war, schien für Dieudonné ganz selbstverständlich zu sein.

«Jedes Mal, wenn die Sprache auf diese Tauben kommt, lacht man uns aus. Die Lacher sind selber schuld. Wir wissen unseren Nutzen aus den Tauben zu ziehen. Natürlich braucht es viel Geduld, um sie abzurichten, und wenn Oudin die Reise mit ihnen nicht mehrmals gemacht hätte, weiß ich nicht, ob das geschehen wäre, was Sie ein Wunder nennen.»

Doch kehren wir zu diesem zweiten Tag der Anhörung zurück, der den Bedaisten einen regelrechten Zusammenbruch bereiten sollte.

Dank seines von Meister Antoine von klein auf geschulten Gedächtnisses und seiner wenigen Aufzeichnungen wäre Guillaume in der Lage gewesen, die Verhandlungen Wort für Wort wiederzugeben. Wir wussten das, und die Familie versammelte sich an der Rue des Carmes, um auf seine Rückkehr zu warten.

Wie schon am Vorabend kam er in Begleitung von Meister Danès, dann zog er seine Notizen hervor und berichtete.

«Als Erstes waren alle sehr beeindruckt, weil Meister Budé an der Verhandlung teilnahm. Er verlangte unverzüglich, bei der Urteilsfindung mitzuwirken. Das wurde ihm gewährt.» Guillaume machte einen nach dem anderen die verschiedenen Redner nach, es wäre lustig gewesen, wenn wir uns nicht so viel Sorgen hätten machen müssen. «Dann sprach dieser schreckliche Meister Bêta, von dem ich schon in der Wiege gehört habe und der für mich ein Werwolf ist.» Er zog sich zusammen, machte einen Buckel und ahmte das heuchlerische Wesen des Dekans der Sorbonne nach, womit er doch das eine oder andere Lächeln hervorrief. «Er lobt das Wissen und den Unterricht in Griechisch und Latein, aber er befürchtet vor allem, *dass die Professoren ebendieser Sprachen, die vielleicht nichts von Theologie verstehen, die Übersetzung der Heiligen Schrift, wie sie bei der römischen und bei der Ostkirche in Gebrauch und von diesen vor elfhundert Jahren gutgeheißen worden ist, beurteilen oder sie entstellen, und dass die Gelehrten der menschlichen Wissenschaften, die angefangen haben, sich mit Theologie zu beschäftigen und meinen, ebendiese Übersetzung verbessern zu müssen, wie Erasmus, Lefèvre und andere es getan haben, der Christenheit großen Schaden zufügen.* Und so weiter und so weiter und so weiter. Und er schloss, keine dieser Übersetzungen sei gleich wie die andere, weshalb er das Gericht anflehe, *dass, wenn die Heilige Schrift gelesen werde, es in jener Übersetzung sei, welche die Kirche verwende, und es müsse ihnen verboten werden, sie zu entstellen, und dass sie sich also hüteten, etwas Bejahendes über die Lutheranersekte zu sagen oder als Samen auszustreuen.* Das Ganze war viel länger, aber das Wesentliche habe ich gesagt.»

«Nun, junger Mann», sagte Meister Danès, «du hast das Zeug zu einem großen Prediger oder einem großen Anwalt.»

Sogar meine Mutter lächelte.

«Ich kann auch Meister Marilhacs Verteidigungsrede erzählen», antwortete Guillaume sofort.

«Nein, sie war zu lang. Aber ihr müsst wissen, dass er widerspruchsfrei bewiesen hat, dass die Lektoren Vorlesungen in Grammatik und nicht in Exegese angekündigt hatten, und was mich anbelangt, hatte ich vor, eine Vorlesung über Aristoteles zu geben, auf den die Kirche kein Vorrecht hat.»

«Und dann haben sich der oberste Ankläger, Herr de Montholion, und Meister Beda lange unter sich unterhalten. Schließlich trug der Ankläger die Schlussfolgerungen vor, nachdem er zuvor eine lange Liste jener Fehler unterbreitete, die die Ausleger der Heiligen Schrift begangen haben sollen und aus der hervorgeht, zu welchen Punkten die Fakultät ihre Bedenken anmeldet. Doch dann macht Beda, Dekan ebendieser Fakultät, plötzlich einen Schritt zurück, er räumt ein, keinerlei Macht über die besagten Lektoren zu haben, und überlässt es der Sorge Seiner Majestät, sie zu maßregeln, falls dieses ihr Wunsch sei.» Jetzt machte Guillaume die salbungsvolle Stimme eines Mannes der Justiz nach. *«Das Gericht hat angeordnet, dass die Parteien noch am heutigen Tag ihre Plädoyers nach ihrem Gutdünken und wo immer nötig korrigieren und anpassen können, damit geschehe, was vernünftig ist.* In anderen Worten, liebe Mutter, hat er gesagt: Vergessen wir das Ganze, hab ich nicht Recht?»

«Jetzt bleibt nur noch die Freilassung Ihres Gemahls, Meisterin Augereau. Ich gebe Ihnen mein feierliches Versprechen, dass dies morgen oder spätestens übermorgen geschehen wird.»

Als wir am anderen Morgen bei Tagesanbruch gerade aufgestanden waren, klopfte es an die Tür. Weil die Magd mit Feuermachen beschäftigt war, ging ich hinunter. Es war Oudin, völlig verdreckt, er hatte eben sein Pferd angebunden. Er trat ein und schloss mich in seine Arme. Ich führte ihn in die Küche. Er war so steif, dass es eine Weile dauerte, bis er den Mund aufmachen konnte. Seine wenigen ersten Worte waren die dringendsten.

«Ist er frei?»

«Noch nicht. Es muss noch die Sache mit der Kaution geregelt werden ...»

«Hier ist sie.» Er wies auf einen Geldbeutel, den er um den Hals trug. «Meister Lefèvre schrieb an die Königin von Navarra, und sie ließ mir das Geld zukommen. Sie wünscht, es so aussehen zu lassen, als ob es von Meister du Pré käme, weil er bei niemandem Verdacht erweckt. Aber sie bestand darauf, die Summe zur Verfügung zu stellen.»

Nachdem er sich aufgewärmt, verpflegt und einigermaßen gesäubert hatte – wir hatten dafür einen Trog hinter dem Haus, aber er war zugefroren –, machten wir uns auf den Weg.

Meister du Pré wohnte in der Cité, an der Rue des Marmousets; glücklicherweise war er noch nicht ausgegangen.

Oudin übergab ihm den Geldbeutel und öffnete ihn: er enthielt lauter Goldstücke. Galiot zählte sie, um sicher zu sein, auch nicht eines zu viel zu bezahlen, legte das Überzählige, (denn dieses gab es tatsächlich), in einen kleineren Beutel und gab ihn Oudin, dann nahm er den Mantel und wies uns an:

«Bleiben Sie, wo Sie sind, warten Sie auf mich.»

Bei schönem Wetter hätte er zur Conciergerie nicht mehr als zehn Minuten gebraucht. Doch der Boden war gefroren, eisig und uneben, und der Wind nahm einem den Atem. Wir mussten fast zwei Stunden warten. Ich versuchte, Oudin Fragen über die Tauben zu stellen. Aber ich war nicht wirklich an den Antworten interessiert, die er mir in diesem Augenblick gar nicht geben wollte. Ich versuchte, einige der zahllosen Bücher anzusehen, von denen das Haus der Du Prés voll war, sie nutzten es als Lagerraum. Doch die Worte tanzten vor meinen Augen und sagten mir nichts. Ich gab es auf und wartete einfach. Oudin war auf seinem Stuhl eingeschlafen. Er musste im gestreckten Galopp geritten sein, praktisch ohne Halt, sonst wäre er bei dem Wetter noch nicht da gewesen.

Endlich waren auf der Treppe Schritte zu hören, die Tür ging auf und Meister Galiot schob Meister Antoine und Philippe Lore vor sich her. Sie waren schmutzig und ungekämmt. Meister Antoine lächelte und sagte so ruhig, als kehrte er gerade von einem Spaziergang zurück:

«Es ist gut, auf seine Freunde zählen zu können.»

Wir umarmten sie alle der Reihe nach, ich hatte Tränen in den Augen und brachte kein Wort heraus.

Meister Galiot rief nach seiner Frau.

«Meine Liebe, wir wollen diese Herrschaften ihren Gemahlinnen nicht in diesem Zustand zurückgeben; sie haben Tag und Nacht in einem Verlies verbracht.»

Sie sah sie prüfend an, ging hinaus und kehrte bald mit zwei Decken zurück, die sie ihnen reichte.

«Gehen Sie sich vollständig ausziehen, das hier wird gewaschen. Und wenn Sie den Mut haben bei der Kälte, im Hof gibt es Wasser, wo Sie sich waschen können.

«Aber ...»

«Meister Augereau, ich dulde keinen Widerspruch. Schweigen Sie und tun Sie, was ich Ihnen sage.» Sie wandte sich an Oudin, der inzwischen endlich wieder lächelte. «Und Sie Meister, bitte ich, nötigenfalls Gewalt anzuwenden.»

Philippe Lore seufzte theatralisch.

«Es hat sich wirklich gelohnt, aus dem Gefängnis entlassen zu werden!»

So verbesserte sich unser aller Stimmung. Über kurz verwandelte sich das Haus Galiot du Prés in einen Bienenstock. In allen Kaminen wurde Feuer gemacht, und überall hingen frisch gewaschene Kleider zum Trocknen. Man hätte es nicht geglaubt, doch in zwei, drei Stunden war alles trocken, außer den Mänteln, die Meisterin du Pré bei sich behielt.

«Nehmen Sie die meiner Söhne, wir können sie dann später wieder umtauschen.»

Und dann machten sich Meister Antoine und Philippe Lore gegen Mittag auf den Weg nach Hause, frisch gekleidet, vor Sauberkeit strotzend, Haare und Bart gestutzt und gekämmt,. Oudin ging ebenfalls und versprach, mich bald zu besuchen.

Ich für meinen Teil bin nach diesen Tagen voller Aufregungen zu Meister Chevallon zurückgekehrt und habe die Arbeit als Drucker wieder aufgenommen.

## XXVI
## Wie man Meister Antoine Augereau für gotteslästerliche Plakate gegen die Messe verantwortlich machte, obwohl er sie verurteilte, und wie er sich vergeblich verteidigte

ER DARAUF FOLGENDE WINTER, der Frühling und der Sommer waren so friedlich, dass es darüber nicht viel zu berichten gibt. Meister Antoine hat sich immer geweigert, über seine Gefangenschaft zu sprechen. Und Philippe Lore war auch nicht viel gesprächiger, später hat er mir dann doch erzählt, sie seien viele Male verhört worden, gemeinsam und einzeln, und Meister Antoine sei täglich vor die Theologen befohlen worden, die versucht hätten, ihm Fehler nachzuweisen. Man bezichtigte ihn der Abtrünnigkeit, weil er sein Gelübde gebrochen habe, um heiraten zu können. Das hatte Meister Antoine getroffen. Er erzählte Philippe, er habe geantwortet, man könne mit einer Frau ebenso tugendhaft verheiratet sein wie mit Christus, worauf er vom Verhörrichter der Gotteslästerung bezichtigt worden sei. Alles Übrige von seinem Aufenthalt in der Conciergerie wischte er mit einer Handbewegung beiseite.

«Sie haben sich geirrt, mehr ist dazu nicht zu sagen.»

Und wirklich schienen die darauf folgenden so friedlichen Monate ihm Recht zu geben.

Oudin kehrte nicht nach Nérac zurück.

«Meister Lefèvre besteht darauf, dass ich hier bleibe, für den Fall, dass Sie mich brauchen.»

«Ich weiß nicht, ob ich mir das leisten kann, Oudin ...»

«Ich werde bereits bezahlt, lieber Freund. Meister Lefèvre war durchaus bekannt, dass Sie nicht in der Lage sind, meine Dienste zu entschädigen. Wenn Sie mir meine Dachkammer überlassen würden ... mehr verlange ich nicht.»

«Allein Ihre Gegenwart wird mir eine Hilfe sein.»

Zu Beginn des Frühlings wurden Meister Beda und Meister Le Clerc (der Zensor des *Spiegels*) sowie Meister Le Picard, ein junger Mann und bedaistischer Streber, wegen Majestätsbeleidigung verhaftet, erstens, weil sie sich an den Lektoren vergriffen hatten, und zweitens vielleicht auch, weil sie sich trotz ihres verlorenen Falles vor Gericht nicht scheuten, überall zu jammern:

«Alle rennen in den Louvre, um ketzerische Predigten zu hören, es ist um uns geschehen. Unsere Kanzeln sind verlassen, in die wahrhaft christlichen Kirchen kommen nur noch ein paar alte Frauen.»

Es war also eine ruhige Zeit. Es hieß, der König führe Gespräche mit den Lutheranern in Deutschland und den Zwinglianern in der Schweiz und eine Annäherung sei nicht ausgeschlossen.

Meister Chevallon stellte richtigerweise fest, dass sich die von Robert Estienne durchgesehene und verbesserte Bibel mit königlicher Erlaubnis verkaufte, ohne dass jemand daran Anstoß nahm, während Robert ein paar Jahre früher mit dem Scheiterhaufen gedroht worden war für den Fall, dass die Bibel in den Buchläden auftauchen sollte.

Meister Augereau schnitt eine Augustea, die sich als wahres Meisterwerk erwies, und druckte einige Bücher mit diesen wunderbaren neuen Druckbuchstaben. Er hustete immer noch, zehn Tage Gefängnisfeuchtigkeit – was jedoch nicht das Schlimmste in der Conciergerie war, wie mir Philippe Lore versicherte – hatten nicht zur Besserung seiner Gesundheit beigetragen. Ansonsten aber arbeitete er mit der gewohnten Hartnäckigkeit, und die Menge dessen, was er in den Monaten vor seinem Ende herstellte, ist beeindruckend: die Gesamtausgabe des Heiligen Augustin, Werke der Kirchenväter und der Griechen. Er hatte auch vor, eine Villon-Ausgabe mit der neuen Schrift zu drucken.

«Jetzt ist sie endlich dieses großen Dichters würdig, und Meister Marot hat einen Text zusammengestellt, der Villons Genie gerecht wird.»

Seine Verhaftung und das Eingreifen Meister Tiraqueaus hatten ihm in einem Kreis, der Beziehungen zum Poitou hatte, eine gewisse Bekanntheit eingebracht. Bei Hofe gern gesehene Gelehrte wurden seine Kunden. Unter anderen war es der Domherr von Paris, Meister Germain de Brie, oder Meister Jean Salmon, einer der Kammerherren des Königs. Unter ihnen war auch ein Gelehrter aus Niort im Poitou, Meister Antoine Macault, ebenfalls königlicher Kammerherr. Er hatte eine Rede Ciceros übersetzt und von Seiner Majestät persönlich die Erlaubnis erhalten, sie «bei Galiot du Pré, Antoine Augereau oder jedem anderen seines Gutdünkens» drucken zu lassen. Er hatte sich für Antoine Augereau entschieden. Nachdem es gedruckt war, fand das kleine Büchlein große Verbreitung und Anerkennung bei Hofe.

Guillaume verbrachte inzwischen seine ganze Zeit im Buchladen. Oder er arbeitete an den Pressen, wo er sich schon als ganz tüchtig erwies, er hatte das schon als Kind gewissermaßen spielerisch getan, als ihm sein Vater beibrachte, lateinische und griechische Texte zu lesen, sie ihm erklärte, mit ihm darüber diskutierte; so kam es, dass er trotz seines noch jugendlichen Alters bereits ein Gelehrter war, er erinnerte mich an Robert als Kind.

Ich begann meine Selbständigkeit in Erwägung zu ziehen: Simon de Colines hatte mich gebeten, für ihn eine Druckschrift ähnlich derjenigen von Meister Augereau zu schneiden.

«Und warum gehen Sie dann nicht zu Meister Augereau selbst?»

«Weil er keine Zeit hat, wie er sagt. Er hat mir seine Druckbuchstaben angeboten, wir haben gemeinsam *De Evangelica Praeparatione* des ehrenwerten Eusebius Pamphilius von Cäsarea herausgegeben und dazu diese großartige Augustea verwendet, die er geschnitten hat, aber ich möchte eine, die mir gehört, nur mir.»

«Ich muss mit Meister Chevallon darüber reden. Wenn Sie dazu entschlossen sind, entschließe ich mich meinerseits, eine kleine Werkstatt zu eröffnen, die mir seit einiger Zeit vorschwebt, und die erste Schrift, die meinen Namen trägt, wird die Ihre sein.»

«Ich nehme Sie beim Wort. Sie hören bald von mir.»

Dieses Gespräch verlieh mir den Schwung, der mir bisher gefehlt hatte. Ich unterhielt mich mit Meister Chevallon und fand einen Weg, mich mit ihm zu einigen. Ich arbeite zum einen Teil für ihn und zum anderen in einer Werkstatt, die meinen Namen trägt; ich fand sie nur ein paar Schritte entfernt, im Haus «Zu den vier Aymon-Söhnen»; Simon war immer noch am Überlegen.

Das Unglück brach herein, als wir es am allerwenigsten erwarteten.

Oudin kam eines Tages in meine Werkstatt. Er sah so ernst aus, dass ich erschrak.

«Mir ist, es geschehe etwas, was nicht gut ist für das Wohl der Pariser Bevölkerung.»

«Was denn?»

«Ich habe aus mehreren Quellen erfahren, die Evangelischen seien, ermutigt durch Bedas Verhaftung und die allgemeine Toleranz, im Begriffe, einen Schlag gegen die Messe zu führen. Wenn Meister Lefèvre hier wäre, wüsste ich, was er sagen würde: Ein solcher Akt ist genau das, was die Bigottesten erhoffen, um die unerlässlichen Erneuerungen der Kirche im Keime zu ersticken, und zwar für immer. Das ist auch die Meinung vieler Gelehrter.»

«Und wie wollen sie das bewerkstelligen?»

«In der Nacht von Samstag auf Sonntag wollen sie die Zettel aushängen. Ich habe sie gelesen. Es ist Wahnsinn.»

«Was können wir tun?»

«Ich weiß es nicht. Ich versuche jene zur Vernunft zu bringen, die ich kenne, aber es sind Eiferer, sie hätten mich zur Strafe lebendigen Leibes verbrannt, wenn sie die Möglichkeit dazu gehabt hätten. Ich sage es Ihnen, Claude, wenn diese Plakate kommen, werden sie es sein, die auf dem Scheiterhaufen brennen.»

«Sie haben doch so viele Freunde verschiedenster Art. Wäre es nicht möglich, die Zettel zu stehlen? Und damit ein Freudenfeuer in der Cour des Miracles du Saint-Sauveur zu veranstalten?»

Oudin musste lachen.

«Genau das habe ich mir auch überlegt. Leider haben meine Freunde und ich erst spät von der Sache gehört, die Aushängezettel wurden bereits in verschiedene Städte des Königreichs gebracht. Es ist unmöglich, sie alle zu erwischen.»

«Aber zumindest in Paris?»

«Wenn ich eine Liste jener hätte, die sie erhalten haben, würde ich es augenblicklich tun, aber ich habe sie nicht.»

Der Rest jener Woche war ein einziges Hoffen. Oudin bekam ich nicht mehr zu sehen, er versuchte zusammen mit anderen, den Wahnsinn zu verhindern, der sich anbahnte. Es war vergebens. Als wir am Sonntagmorgen das Haus verließen, um zur Kirche zu gehen, hing einer dieser Zettel sogar an unsrer Türe.

*Wahrheitsgemäßer Artikel über die schrecklichen großen und unerträglichen Missbräuche der päpstlichen Messe: unmittelbar gegen das Heilige Abendmahl Jesu Christi eingeführt. Himmel und Erde rufe ich als Zeugen der Wahrheit auf: gegen diese pompöse und hochmütige Papstmesse, durch welche die Welt (wenn Gott nicht bald Abhilfe schafft) vollständig zerstört, verdorben, verloren und verlassen sein wird: da Unser HErr durch die selbige in so entsetzlicher Weise gelästert wird: und das Volk verführt und blind gemacht: was nicht mehr länger erduldet werden noch andauern darf.* Und so weiter. Eine Sammlung von Verleumdungen.

Auf so etwas hatte die Sorbonne gewartet, um ihr Haupt wieder zu erheben, mehrmals war mir durch den Kopf gegangen, es könnte sich um eine von ihr veranstaltete Provokation handeln. Während Tagen und Wochen ließ das Parlament Leute zu Hunderten verhaften. Man suchte den Drucker dieses verfluchten Aushangs. Und um ihn leichter zu finden, wurden großzügige Belohnungen für die Anzeige jeder verdächtigen Person in Aussicht gestellt.

Von den persönlichen Racheakten, von denen ich gehört habe, will ich gar nicht reden. Die beklagenswerten Leute wurden nicht alle verbrannt. Einige wurden mit nichts als den Kleidern, die sie am Leib trugen, der Stadt verwiesen. Es war einfach eine andere Art zu sterben.

Eines Morgens sagte mir Dieudonné, Meister Marot gehöre zu denen, die gesucht würden und sei geflohen.

Ich eilte zu Meister Antoine. Er war mit dem Satz und den Korrekturen eines Werkes von Meister Salmon beschäftigt, als ob nichts geschehen wäre.

«Meister Marot wird als Mittäter gesucht, Meister Antoine. Es heißt, die Leute würden schon dafür verhaftet, eine Predigt im Louvre gehört zu haben. Das tun Sie ja manchmal auch. Sie sollten sich für eine gewisse Zeit in Sicherheit bringen.»

«Und wohin soll ich deiner Meinung nach gehen? Mein Leben ist hier.»

«Nach Fontenay-le-Comte zum Beispiel. Zwangsläufig wird man auch Madame Marguerite nicht verschonen. Auch sie soll geflohen sein, sagt man. Nach Nérac.»

«Ich weiß. Sie ließ mir ausrichten, ich sei dort jederzeit willkommen.»

«Ob in Nérac oder Fontenay ist nicht so wichtig. Aber gehen Sie, Meister. Ich mache mir Sorgen Ihretwegen.»

Er legte sein Werkzeug aus der Hand, stand auf und legte mir die Hände auf die Schulter.

«Mein kleiner Claude, mein Sohn, schau, ich bin ein alter Mann. Ich bin nicht mehr so stark wie einst, und weil ich nichts getan habe und in keinerlei Weise mit diesen Aushängezetteln in Verbindung stehe, gedenke ich hier zu bleiben und weiterzuarbeiten. Robert ist überhaupt nicht beunruhigt, obwohl er so sehr Missfallen erregt. Ein Dutzend Mal hat man ihm mit dem Scheiterhaufen gedroht. Mir noch nie, musst du wissen.»

Ich sah ihn wieder, wie er sich mit bloßen Händen auf die bewaffneten Räuber stürzte, sodass diese vor Schreck wie gelähmt waren. Wie soll man einen Mann zur Vernunft bringen, der wie er schon immer furchtlos war bis zur Tollkühnheit?

Er sah mich mit jener Dreistigkeit in den Augen an, die mich seit jeher so einschüchterte. In diesem Augenblick war ich, ohne zu wissen warum, von seinen Augen ganz besonders beeindruckt. Bei den meisten Leuten werden sie mit dem Alter kleiner, und die Farbe verblasst. Aber nichts von alledem bei ihm. Seine Pupillen waren wie Seen kurz vor einem Gewitter – unermesslich, kraftvoll und lebendig.

Er beendete das Schweigen mit einer überraschenden Frage:

«Erinnerst du dich an das Poiteviner Märchen vom armen Jehan?»

«Ehm ... Ich glaube nicht ...»

«Es stimmt, ich habe dir so viele erzählt, dass du einige vergessen haben musst.»

Schweigen. Als er schließlich zu erzählen anfing, tat er es, wie mir schien, mehr für sich selbst als für mich.

«Der arme Jehan war Zeit seines Lebens immer sehr gut und sehr arm gewesen, und der Heilige Petrus entschloss sich, ihn dafür mit einem Geschenk zu belohnen. Er gab ihm eine Tischdecke. ‹Sie sieht nach nichts aus, aber sie besitzt Zauberkraft. Wenn du sie ausbreitest, bittet sie dich zu einem köstlichen Mahl. Sag also nur ‹Tischlein, deck dich!›, wenn du Hunger hast. Und lass vor allem die Leute in deiner Umgebung daran teilhaben.› Der arme Jehan ist zufrieden und geht seines Weges. Abends kommt er in eine Herberge, wo man ihm versichert, er habe nichts zu befürchten, man werde sich gut um ihn kümmern. Er übergibt sein

Gepäck dem Wirt und sagt: ‹Sagen Sie ja nie: 'Tischlein, deck dich!'› Kaum ist er allein, zieht der Wirt das Tischtuch hervor und sagt den Zauberspruch. Als er die Kräfte des Tuches entdeckt, ersetzt er dieses durch ein anderes. Das Zaubertuch will er für sich behalten, nur für sich allein. Als Jehan nach Hause kommt und das Unheil entdeckt, macht er sich gleich wieder auf den Weg zum Heiligen Petrus. ‹Man hat mein Tischtuch gestohlen!› ‹Weil du zu vertrauensselig warst. Aber weil dein Fehler aus einem guten Herzen kommt, verzeihe ich dir. Ich gebe dir einen Esel. Wenn man zu ihm sagt: ‹Esel, streck dich!›, scheißt er Gold. Pass gut auf ihn auf und tue Gutes, wo du kannst.› Der arme Jehan macht sich auf den Weg, muss zur Nacht einkehren und wählt eine Herberge, von der es heißt, sie sei wirklich sicher. Für die Nacht muss er sein Tier dem Wirt anvertrauen, nicht ohne ihm diesen Rat zu erteilen: ‹Auf keinen Fall dürfen Sie zu ihm sagen: ‹Esel, streck dich!'›. Aber der Wirt beeilt sich, kaum allein gelassen, das Gegenteil zu tun. Was zur Folge hat, dass der arme Jehan am anderen Morgen mit einem Esel fortgeht, der nicht der seine ist. Als er zu Hause den Betrug entdeckt, ist er verzweifelt. Er beschließt, das Beste sei, den heiligen Petrus aufzusuchen. Er tut es. Der Heilige Petrus schüttelt den Kopf. ‹Mein armer Jehan, ich weiß nicht, ob ich sagen soll, du seist zu gut, zu vertrauensselig oder zu dumm. Nehmen wir an, du seist zu vertrauensselig. Ich gebe dir ein letztes Geschenk, aber diesmal ist es wirklich das letzte.› Er reicht ihm einen Sack mit einem Knüppel drin. ‹Wenn du zu ihm sagst: ‹Knüppel aus dem Sack!›, dann schlägt er. Und nur du allein kannst sagen: ‹Lass gut sein, Knüppel!› Selbst wenn man dich tötete, würde er immerzu weiterschlagen. Und jetzt geh und sei lieber zuerst schlau und dann gut.› Er ging und kam zu der Herberge, wo er das Tischtuch gelassen hatte. Er übergab den Stock dem Wirt zur Aufbewahrung und fügte die ernste Warnung bei. Wie nicht anders zu erwarten, sagte der Wirt, kaum allein gelassen, den Spruch: ‹Knüppel aus dem Sack!› Und der Knüppel begann zu schlagen. Der Wirt konnte Halt rufen, so viel er wollte, es nützte nichts. Deshalb lief er mit dem Knüppel auf seinen Fersen zu Jehan. Jehan erwartete ihn gelassen. ‹Lass ihn anhalten!› ‹Zuerst gibst du mir mein Tischtuch zurück.› Und der Wirt gab es ihm. Darauf ging der arme Jehan mit seinem Stock zur zweiten Herberge und erzielte das nämliche Ergebnis. ‹Gib mir meinen Esel zurück›, sagte Jehan, als ihn der Wirt anflehte, dem Knüppel Einhalt zu gebieten. Der Esel wurde zurückgegeben. Und der arme Jehan kehrte mit seinen Kostbarkeiten nach Hause zurück, alle waren fröhlich und die ganze Gegend hatte ihren Nutzen. Der arme Jehan wollte sich unbedingt beim Heiligen Petrus bedanken. ‹Bedanke dich nicht›, sagte der Heilige Petrus, ‹diese Leute, die sich das Tischtuch und den Esel zunutze machen wollten, hätten sich nicht lange darüber gefreut. Und du auch nicht, wenn du so selbstsüchtig gewesen wärst wie sie. Denn die nützlichen Dinge sollen allen gehören.› ‹Und wenn ich gestorben wäre, während der Knüppel Schläge austeilte?› ‹Der Knüppel hätte nicht aufgehört zu schlagen, sie hätten alles verloren, sogar ihr Leben.›»

Meister Antoine schwieg. Ich hatte einen Kloss im Hals. Während seiner Erzählung, die viel besser war, als ich sie hier wiederzugeben vermag, war es Meister Antoine gelungen, den Zauber jener Augenblicke wieder aufleben zu lassen, den ich so oft mit ihm erlebt hatte: in Venedig, als unsere Beine über einem Kanal baumelten, in Paris am Ende eines harten Tages, unterwegs, wenn wir den gleichen Weg gingen, immer hatte er mir jeweils eines der Märchen aus seiner Heimat erzählt. Damit half er mir, die Angst zu vergessen. Er lächelte.

«Verstehst du die Moral von dieser Geschichte?»

«Zweifellos. Es ist unsinnig, das Vorrecht auf die Bibel bewahren und die Klassiker verbieten zu wollen.»

«Ja. Und es ist unsinnig, uns zu töten. Wir sterben, keine Frage. Doch der Knüppel wird weiter seine Schläge austeilen. Und ich mache jede Wette, dass der Heilige Petrus andere findet, um mit dem Tischtuch und dem Esel Gutes zu tun. Das entspricht vielleicht nicht ganz der Moral, wie sie die alten Poiteviner verstanden, jedenfalls nicht in den Einzelheiten. In groben Zügen jedoch entspricht dieses Märchen unserer Zeit.»

Doch sämtliche Ängste kehrten auf einen Schlag zurück, als er zu sprechen aufhörte.

«Trotzdem, erlauben Sie mir, Sie anzuflehen, Meister: Gehen Sie weg. Tun Sie es für uns. Für Ihren Sohn. Für Ihre Frau, die Sie wie wahnsinnig liebt. Erinnern Sie sich daran, was Meister Bocard Ihnen sagte: Unsere Pflicht ist es, zu überleben.»

«Ich werde von Monseigneur du Bellay beschützt, ich genieße das Klerikerprivileg, was willst du mehr?»

«Ich will damit sagen, dass wir nicht in einer vernünftigen Zeit leben, ich an Ihrer Stelle würde gehen und das Ende des Gewitters abwarten.»

Er sah mich nachdenklich an.

«Gut, ich denke darüber nach.»

Aber er hatte die Zeit dazu nicht mehr. Er wurde beschuldigt, selber die Aushängezettel gedruckt zu haben.

Oudin kam im Laufschritt, so hatte ich ihn noch nie gesehen. Im Allgemeinen verbirgt er seine Kraft und Geschicklichkeit hinter einem schweren und nur scheinbar atemlosen Gang, wie ihn ein Dicker hat.

«Meister Augereau ist im Gefängnis. Wir werden alles versuchen, aber er ist verloren.»

«Wie können Sie dessen so sicher sein?»

«Dieses böse Weib hat ihn angezeigt, diese ... diese Dirne, entschuldigen Sie. Sie hat es ihm nie verziehen. Sie war es auch, die ihn bereits im Januar letzten Jahres überall verleumdete. Ich musste ein paar Freunde zu ihr schicken, um sie einzuschüchtern. Heute früh schon beeilte sie sich, einen Viertel von Meister Antoines Vermögen einzufordern, noch bevor er angeklagt ist. Aber sie wird es nicht mit ins Paradies nehmen können, glauben Sie mir.»

Bis jetzt ist es mir nie gelungen, aus Oudin herauszubringen, um welche Frau es sich handelte. Meisterin Prevost? Meisterin Chauveau? Wer war es? Alles, was ich später von ihm erfuhr, war:

«Ich hatte gesagt, sie werde es nicht ins Paradies mitnehmen können, weil sie selber niemals dorthin kommt. Wir haben die Rechnung mit ihr beglichen.»

Doch zurück zu jenem Vormittag: ich versuchte, so rasch wie möglich meine Mutter zu benachrichtigen. Ich wusste, dass Guillaume bei ihr war, seit ein paar Tagen war er unpässlich.

Sie hatte mir gesagt, seit jenem Morgen im Januar, als «ihr Antoine» aus dem Gefängnis kam, sei sie jeden Tag darauf gefasst, dass er dorthin zurückkehre.

«Wenn sie ihn töten, wird auch mein Leben dahin sein. Aber ich habe nicht das Recht zu sterben. Guillaume hat ein Recht auf eine Familie. Deshalb habe ich mich seit Januar darauf vorbereitet, in einer Welt ohne Antoine zu leben.»

Als sie die Nachricht hörte, wurde sie einfach noch ein wenig bleicher. Ihr Gesicht war zerstört.

«Mutter, wir versuchen alles ...»

«Mein kleiner Claude, du bist mir so lieb wie er, weshalb ich dich bitte, nicht die Gefahr zu suchen, wenn es sich nicht wirklich lohnt. Sollte ich euch beide verlieren, würde mich das umbringen.»

«Ich tue mein Bestes, Mutter.»

Guillaume war da, regte sich aber nicht, seine großen grauen, seinem Vater ähnlichen Augen beanspruchten fast das ganze Gesicht, er war rot vor Fieberhitze und so heiser, dass er kaum etwas zu murmeln vermochte. Auch er weinte nicht, wie unsere Mutter.

«Ich werde schnell gesund, um mich nützlich zu machen», krächzte er mit Mühe.

Ich umarmte beide und ging, um ein paar Freunde aufzusuchen.

Aber diesmal war es nicht wie im Januar. Der König ließ der Sorbonne freie Hand, und sie wütete mit einer Grausamkeit, wie man sie in Paris noch nie gesehen hatte. Keine Woche verging ohne eine Menge Verhaftungen, Einkerkerungen, Stadtverweise, Scheiterhaufen. Selbst unsere besten Freunde waren vorsichtig geworden.

Außerdem waren einige von ihnen auf der Flucht. Meister Marot als Erster, dabei war er noch am Tag, als die Aushängezettel auftauchten, im Haus «Zum Heiligen Jakob» gewesen. Man wollte über die Villon-Ausgabe reden, aber wer weiß, wie man heute darüber denkt?

Die Einzigen, die unerschütterlich blieben, waren außer Oudin Meister du Pré, der meine Mutter aufsuchte, um ihr zu sagen, sie könne mit seinen Geldmitteln rechnen, Robert Estienne, der sich nichts aus der Gefahr machte, in der er sich selber befand, der Himmel und Erde in Bewegung setzte, um nicht nur Meister Antoine, sondern auch andere Freunde zu retten, und schließlich Meister Chevallon, der mir gleich zu Beginn frei heraus sagte, er sei für diese Art von Auseinandersetzungen nicht geeignet, die Ketzer verdienten die härteste Strafe, und der einzige Grund für ihn, sich auf Meister Antoines Seite zu stellen, sei der, dass dieser eben kein Ketzer sei, nur neugierig, und davon sei er, Meister Chevallon überzeugt.

«Sie können mit meiner materiellen Hilfe rechnen, und wenn Sie gar nicht zur Arbeit kommen, weil Sie diesen heiligen Mann, der nicht einmal einem Komma Böses getan hat, retten wollen, werde ich Sie nicht zur Rechenschaft ziehen. Ich will für Meister Antoines Heil beten, und dass Sie Erfolg haben mögen. Und über Dieudonné können Sie verfügen, aber seien Sie vorsichtig, alle beide.»

Ich schickte Dieudonné unverzüglich ins Poitou. Er hatte mir schon hundert Mal erklärt, er sei auf dem Land aufgewachsen und Reiten sei für ihn wie Gehen, egal ob mit oder ohne Sattel, und die zwei, drei Mal, als ich Gelegenheit hatte, ihn zu Pferd zu sehen, schien er sich dort sehr wohl zu fühlen. Ich gab ihm den Auftrag, Meister Tiraqueau in Poitiers und Meister François Augereau in Fontenay-le-Comte zu benachrichtigen. Und ich gab ihm genügend Geld mit, damit er an den besten Orten absteigen konnte.

Acht Tage vergingen. In Paris gab es nur noch Sühneprozessionen, Bittmessen und grausige, unerträgliche Zurschaustellungen.

Eines Tages fragte mich Oudin (der sich keine Minute Ruhe gönnte und, davon bin ich überzeugt, auch wenn er mir nie etwas sagte, bestimmt wieder Meister Antoines unmögliche Flucht aus der Conciergerie vorbereitete):

«Haben Sie ein Goldstück?»

«Nur was von der Kaution übrig geblieben ist. Meister Antoine wollte es nicht und Sie auch nicht. Ich habe das Geld auf die Seite gelegt, und derzeit brauche ich davon. Ich habe damit bereits Dieudonnés Unterkünfte bezahlt.»

«Wir werden es nötig haben. Im Augenblick brauche ich nur eines. In der Cour des Miracles du Saint-Sauveur wimmelt es von falschen Krüppeln, falschen Einäugigen, falschen Soldaten und was weiß ich noch alles. Auch einen falschen Sergeanten gibt es. Er ist sehr gut, er hat eine vollständige Uniform gestohlen. Für eine Goldmünze ist er bereit, in die Conciergerie zu gehen. Eine zweite will er, wenn er zurückkommt. Das ist kein zu hoher Preis. Gehen Sie zu Meisterin Augereau, sie soll einen kurzen Brief schreiben. Um Meister Augereau aufzuheitern und ihm Kraft zu geben für seine Verteidigung.»

«Quälen sie ihn?»

«Sie wollen sagen, ob sie ihn foltern? Nein. In Wirklichkeit haben sie es – wie alle wissen – auf die Königin von Navarra abgesehen, und wäre er nicht ihr Drucker, hätte man sich nicht für ihn interessiert, davon bin ich überzeugt. Aber so merkwürdig es auch sein mag, sie wagen es nicht, ihn zu misshandeln, weil sie den König kennen, denn, wenn er wie schon oft seine

Meinung ändern sollte, könnte er ihnen plötzlich einen Vorwurf daraus machen, immerhin ist er der Drucker der Königin von Navarra. Und natürlich könnte der König ihnen auch in Bezug auf andere Einhalt gebieten. Sie wollen ihn brennen sehen, sie wollen alle brennen sehen, die sich ihnen widersetzen. Dafür tun sie alles. Das ist der Grund, warum sie Meister Antoine nicht über Gebühr misshandeln. Außerdem haben sie ihr Losungswort: Mit Ketzern spricht man nicht. Außerdem beruft er sich auf Monseigneur du Bellay, der Bischof verlangt seine Auslieferung an ihn, auch wenn er es nicht ganz so entschlossen tut, wie meine Gewährsleute sagen.»

«Er ist doch kein Ketzer.»

«Der Drucker der Königin von Navarra? Der auf jeder Seite die von Meister Lefèvre übersetzte Bibel auf Französisch zitiert? Wie wollen sie das denen erklären?»

Was ich schreibe, ist verworren, ich weiß. Doch jetzt bin ich bei den Ereignissen angelangt, die sich erst vor ein paar Wochen zugetragen haben, die schlimmsten meines ganzen Lebens. Es ist alles noch ganz nahe. Ich fühlte mich überfordert, als ich versuchte, Meister Antoines Leben zu retten, und ich fühle mich jetzt überfordert, nachdem ich kläglich versagt habe und versuche, darüber zu berichten.

Ich werfe mir vor allem vor, dass es mir nicht gelungen ist, Meister Antoine zur sofortigen Flucht zu überreden (Meister Marot, er hatte nicht gezögert); er würde jetzt noch leben, und der Verlust seiner Werkstatt wäre, entgegen dem, was er sagte, wieder gutzumachen gewesen. Pressen gibt es auch anderswo, und seine Punzen wären leicht zu transportieren gewesen. Der Beweis: wir hatten sie schon am ersten Tag in Sicherheit – in größtmögliche Sicherheit – gebracht; sie würden eine Zeit lang in Vater Hinkebeins Höhle verbringen müssen. Meister Du Pré seinerseits nahm Meister Antoines sämtliche Ausgaben zu sich in Obhut und mischte sie in das Durcheinander seiner Bücher, Zuschuss- und sonstigen losen Druckbogen. Den Geiern blieb wenig übrig, ein paar Schriften, die dank der in

Sicherheit gebrachten Stempel ohne Weiteres nachgemacht werden konnten, und die Pressen. Robert Estienne kaufte sogar eine für Guillaume, aber Guillaume ... Nein, ich darf nichts vorwegnehmen.

Ich war sehr erstaunt, als Dieudonné in Begleitung von Meister François Augereau mindestens drei Tage früher zurückkam, als ich es erwartet hatte. Zu Unrecht wurde meine Mutter von allen so behandelt, als sei sie krank, so dass die Leute zunächst in meinem Laden vorbeikamen. Sie machten erstmal bei mir Halt.

Kaum war Dieudonné abgestiegen, wäre er beinahe zusammengebrochen. Ich eilte zu ihm, um ihn zu stützen, und Meister Augereau rief:

«Dieser Junge braucht Schlaf. Er hat weder auf dem Hin- noch auf dem Rückweg ein Auge zugetan. Er trieb mich zu einem höllischen Galopp. Kommen wir noch rechtzeitig?»

«Ja. Oudin ist es gelungen, einen Sergeanten ins Châtelet einzuschleusen, und wir haben Neuigkeiten: Meister Antoine wird im Verlies gefangen gehalten, aber sie holen ihn jeden Tag heraus und er beantwortet ihre Fragen. Laut dem Sergeanten, der natürlich kein Theologe ist, stellen sie ihm Fangfragen. Und laut dem Lehrling eines Klerikers, den wir von anderswo kennen, warten sie ganz einfach auf die Gelegenheit, ihn töten zu können. Sie möchten, dass der König seine Schwester als Ketzerin brandmarkt, dann hätten sie ihren Vorwand: Er ist der Drucker des *Spiegels der sündigen Seele.*»

«Und wo befindet sie sich, diese Schwester?», frage er unwirsch.

«In Nérac, heißt es. In den ersten Tagen hatte sie versucht, sich für ihre Schützlinge einzusetzen, als sie aber feststellen musste, dass es nichts half, ging sie weg. Daraufhin wurden Leute wie Meister Antoine verhaftet.»

«Dann war ihre Anwesenheit in Paris also nicht gänzlich nutzlos. Sie hat diese Leute im Stich gelassen.» Er tobte vor Wut. «Ich will sehen, was ich tun kann. Bringen Sie mich zu meiner Schwägerin.»

Dank ihrer Hartnäckigkeit war es meiner Mutter gelungen, ihren

Mann zwei Mal zu sehen. Sie lebte nur noch für diese wenigen Momente, Guillemette und Geneviève kümmerten sich abwechslungsweise um Guillaume und um die übrigen Hausbewohner (die einzige Magd weinte die meiste Zeit und war zu nichts zu gebrauchen). Meister François Augereau ging mit meiner Mutter unverzüglich zur Conciergerie und dank eines Briefes von Meister Tiraqueau gelang es ihm, seinen Bruder zu sehen.

Meister Tiraqueau ist übrigens kurz danach auch gekommen; ich kann nicht sagen – und habe es auch nie erfahren –, was in den Gängen des Parlaments alles getan worden ist, aber ich muss zugeben, dass ich mit der Zeit Hoffnung zu schöpfen begann.

Der Prozess fand leider hinter verschlossenen Türen statt. Meister François lehnte das Gericht mit der Begründung ab, das Gesetz und die Sitte seien eindeutig: Sein Bruder müsse in Poitiers oder in Maillezais vor ein Kirchengericht gestellt werden. Man werfe ihm Ideen und nicht Taten vor.

Er wies nach, dass Meister Antoine die Plakate nicht gedruckt haben konnte. In seiner Werkstatt gab es zu keiner Zeit die gotischen Druckschriften, aus welchen sie gesetzt worden waren. Er wies darauf hin, dass das verwendete Papier in Paris nicht verkauft wurde. Und weil man Meister Antoine auch dessen beschuldigte, zeigte sein Bruder auf, dass *Der Spiegel der sündigen Seele*, als Meister Antoine ihn 1533 druckte, als Buch schon seit zwei Jahren vorhanden und damals bei der Erstveröffentlichung von der Kirche geprüft worden war.

«Das hilft alles nichts», sagte er voller Wut nach der Verhandlung. «Sie hören nicht zu. Sie sind starrköpfig: Er ist ein Ketzer, das ist bekannt. Er hatte schon die verdammenswürdigen Aushängezettel im Januar gedruckt, also muss er auch den Druck dieser hier besorgt haben. Als ob Zettel nicht tagtäglich gedruckt würden! Er ist ein Freund Clément Marots, der noch am Tag vor dem Aushang mit ihm konspiriert hat. Ich legte ihnen einen Abzug des Villon vor. Sie antworteten sogleich, er habe es unterlassen, dafür um die königliche Erlaubnis und das *nihil obstat* der Fakultät zu ersuchen, als ob es sich um einen religiösen Text handeln würde. Noch nicht, sagte ich. Er hätte es nie beantragt, antworteten sie. Auch für den *Spiegel der sündigen Seele* habe er es nicht verlangt, und diesmal werde er dafür bestraft. Das reicht für ein Todesurteil. Da kann Antoine so oft sagen wie er will, er sei ein treuer Diener der Kirche, er fehle niemals bei den Sakramenten und halte die Fast- und Feiertage ein. Nichts zu machen. Seine Frau hat Recht, wenn sie sagt, sie müssten ihn töten, um Madame de Navarre eine Lektion zu erteilen.»

Das Parlament verweigerte die Abtretung des Prozesses an ein Kirchengericht, woran auch das (laut Meister François leidenschaftliche) Plädoyer Meister Tiraqueaus nichts änderte. Er hatte unterstrichen, weder er noch Meister François hätten sich gescheut, die Verteidigung zu übernehmen, denn sie seien davon überzeugt, dass ein Irrtum vorliegen müsse und Meister Antoine keinesfalls der Ketzerei schuldig sei. Doch es war nichts zu machen.

Das Parlament verfügte, *Antoine Augereau werde für schuldig befunden, mehrere irrige, abscheulich blasphemische Behauptungen gegen die heilige Lehre und den katholischen Glauben gesagt und vertreten zu haben, und außerdem, den Untersagungen und Verboten des Parlaments zuwider gehandelt zu haben; Gegenstand der Verhandlung sei die Frage, ob er im Genusse des von ihm geltend gemachten Klerikerstandes stehe. Daraufhin erging der Beschluss, dass er nicht unter besagtem Klerikerprivileg stehe, und das Parlament hat dies zurückgewiesen und weist es zurück, und es wird in keinem Falle zu einer Überstellung des besagten Gefangenen an den kirchlichen Richter kommen; und zwar wegen der Natur des Verbrechens, nämlich des schweren Verbrechens des Aufruhrs und des Ungehorsams, der Übertretung von Verboten, vom Parlament verkündet und veröffentlicht, ferner Störung der öffentlichen Ruhe und heimlichen Konspiration gegen dieselbige, was als Verbrechen der Beleidigung nicht nur der göttlichen son-*

*dern auch der menschlichen Majestät anzusehen ist.*

Am 22. Dezember wurde das Todesurteil verkündet, vollkommen gesetzwidrig, denn das Klerikerprivileg kann von einem weltlichen Gericht nicht aufgehoben werden. Die Hinrichtung wurde auf den 24. Dezember festgelegt. Monseigneur du Bellay hatte noch versucht, Protest einzulegen und die Übergabe des Gefangenen an die Kirche zu verlangen, aber vergeblich.

Einzig der König persönlich hätte ihn retten können, doch seine Schwester war nicht da, um dahingehend auf ihn einzuwirken. Gegenüber den inständigen Bitten des Bischofs von Paris, der offenbar Gnade für Meister Antoine zu erwirken versucht hatte, blieb der König taub.

In jener Nacht wurde es meiner Mutter, Guillaume und mir dank einer List, deren Einzelheiten mir nicht bekannt sind, ermöglicht, bis zu Meister Antoine vorgelassen zu werden, der in einem hohen Raum auf seinen Tod wartete. Seine Beziehungen brachten ihm immerhin gewisse Vorrechte. Während dieses Monats Haft waren seine Haare vollkommen weiß geworden. Er war nur noch der Schatten seiner selbst, hustete unaufhörlich und verheimlichte auch nicht mehr, dass er dabei fast jedes Mal Blut spuckte. Einzig sein Blick war unverändert.

Er hatte uns nicht erwartet. Als wir eintraten, sprang er auf und breitete die Arme aus. Wir ließen unsere Mutter sich in seine Arme fallen. Während einer unendlichen langen Zeit verharrten sie umschlungen. Dann bestand er darauf, dass sie sich setzte, um Guillaume den Arm um die Schultern zu legen.

«Mein Sohn», sagte er zunächst, «weil wir nicht viel Zeit haben, komme ich sofort zum Wesentlichen. Claude und du seid meine Erben. Claude wird meine Studien im Bereich der Druckschriften der Nachwelt erhalten, aber du, du bist außerdem mein leiblicher Sohn. Kämpfe für die Gerechtigkeit. Hätte man mich nicht zum Tode verurteilt, würde ich zweifellos schon bald an dieser bösen Entzündung sterben. Aber das ändert nichts an der Tatsache, dass ich zu Unrecht verurteilt worden bin. Selbst wenn es Monseigneur du Bellay gelungen wäre, Gnade für mich zu erwirken, hätte das nichts daran geändert, dass man mich zu Unrecht verurteilt hat. Kämpfe immer für die Gerechtigkeit. Nicht die Gerechtigkeit der Mächtigen, die die Kleinen für die Großen zahlen lässt, sondern eine Gerechtigkeit, vor welcher alle Menschen ebenso gleich sind wie vor dem Gericht des HErrn.»

«Ja, Vater.» Er brachte kaum einen Ton heraus.

«Denke daran, dass ich vom Paradies herab dein ganzes Leben lang auf dich aufpassen werde. Ich bin zwar nur ein armer Sünder, aber ich glaube, der HErr in seiner Barmherzigkeit wird mich zu seiner Rechten sitzen lassen.»

Ohne Guillaume loszulassen, den er eng an sich gedrückt hielt, sah er mich an.

«Robert wird sich weiterhin für schöne Texte stark machen, das weiß ich. Und du, setze dich ein für schöne Druckbuchstaben. Du bist mein anderer Sohn, ich habe dich alles gelehrt, was ich mit meinen Händen zu tun vermochte. An dir liegt es, dieses Wissen Frucht tragen zu lassen, damit unsere Lettern von allen verwendet werden. Sie werden dabei nicht an uns denken, denn den Schriftschneider vergisst man, aber sie werden gerne lesen, und das wird jedes Mal sein, als schenke man uns eine Blume.»

Ein langer Husten folgte. Ein Husten, der ihm beinahe die Brust zerriss. Meine Mutter eilte zu ihm.

Er ließ Guillaume los, nahm sie in seine Arme und begann, ihr etwas ins Ohr zu flüstern.

Wir traten ein paar Schritte zurück und ließen sie sich leise Adieu sagen.

Dann trat der Sergeant ein.

«Sie müssen gehen.»

«Noch einen Augenblick.»

Er blieb in der Türe stehen, ohne diese wieder zu schließen, er war angespannt, und mir wurde klar, dass der Augenblick der Trennung nun gekommen war. Auch Meister Antoine war das klar. Er löste sich von seiner Frau, lächelte aber weiterhin ihr und uns zu.

«Meister Tiraqueau macht sich immer noch Hoffnungen», sagte ich. «Offenbar hat die Königin von Navarra an ihren Bruder geschrieben, damit er Sie begnadige.»

Er schüttelte den Kopf.

«Der König wird sich kaum um einen einfachen Drucker kümmern, mein lieber Claude. Jemand muss bezahlen, ich bin das letzte Glied in der Kette, außer mir kommt niemand in Frage.»

«Lassen Sie uns gehen, ich flehe Sie an», sagte der Sergeant.

«Geht, meine Lieben, wir wollen diesem Mann Ärger ersparen, wir schulden ihm Dank.»

Er nahm uns alle nacheinander in die Arme, machte jedem von uns ein Kreuz auf die Stirn und murmelte ein Gebet, dann gingen wir.

Draußen wartete Oudin auf uns und begleitete uns nach Hause.

## XXVII
### Wie ein Gerechter ungerechterweise stirbt und wie die Ereignisse ihn zu rächen verstehen, aber zu spät

ann kam dieser 24. Dezember. Die Königin von Navarra hatte tatsächlich an den König geschrieben und ihn gebeten, Meister Antoine zu begnadigen, der Bote, der den Brief überbrachte, hatte eine Abschrift davon Oudin übergeben, den in Nérac alle kannten. Bis zur letzten Sekunde hatte ich gehofft, Meister Antoine müsse nicht auf diese Weise sterben – in aller Öffentlichkeit. Doch diesmal hatte der König kein Gehör für Gnadengesuche, woher sie auch kamen. Das Verbrechen spielte dabei kaum eine Rolle. Er hatte sogar die Hinrichtung eines seiner Kammerherren zugelassen, ohne Beweise, nur auf eine anonyme Anzeige hin.

Ich weiß nicht, wie ich diesen Nachmittag beschreiben soll. Die Hinrichtung war auf drei Uhr festgesetzt worden, es war so schlechtes Wetter, dass es schon beinahe dunkel war.

«Mutter, Sie können nicht ...»

«Er wird sterben, wieso sollte ich da nicht seinem Tod beiwohnen? Ich will, dass die letzten Gesichter, in die er schaut, meines, deines und das von Guillaume sind.»

Sie ließ sich nicht davon abbringen.

Und Guillaume auch nicht.

«Er leidet weniger, wenn er uns sieht», sagte er mindestens zehnmal.

Ich hatte gutgläubig gehofft, ihnen diesen Schmerz ersparen zu können. Ich sagte nichts mehr.

Es fehlt mir die Kraft, das Weitere niederzuschreiben.

Wir gingen zur Conciergerie und warteten, bis der Gitterwagen herauskam. Es waren Leute da, aber nicht so viele wie gewöhnlich; es war wahrscheinlich einfach zu kalt.

Meister Antoine trug ein frisches Hemd und hatte sich Haare und Bart geschnitten. Die Hände hatte man ihm auf den Rücken gebunden.

«Er ist bereit für das göttliche Gericht», flüsterte meine Mutter.

Die Menge, in welcher ich auch Dieudonnés flammende Mähne und Meister François entdeckte, blieb stumm. Anders als sonst waren nur wenige Stimmen zu hören, die «Ketzer» schrien. Niemand bespuckte den Verurteilten, niemand warf Steine, wie es manchmal geschah.

Vor der Kirche Notre-Dame wartete Meister Merlin, der Großpönitentiar von Paris. Meister Antoine stieg vom Karren herunter. Er war sehr ruhig. Er lächelte Meister Merlin zu, dieser sprach die rituellen Worte.

«Mein Sohn, bereust du deine Fehler?», frage er nach einer ganzen Litanei auf Lateinisch.

«Ich bereue meine Sünden, und demütig bitte ich Gott um Vergebung dafür, ihn erzürnt zu haben.»

«Und du schwörst jeder Ketzerei ab?»

«Ich glaube an das Wort unseres HErrn Jesus Christus und seiner Jünger, ich verehre seine Mutter Maria, und es war niemals meine Absicht, die katholische Kirche Roms zu beleidigen.»

Ich stand nicht nahe genug, die Worte verloren sich im Wind, verstanden habe ich aber, dass Meister Antoines öffentliche Abbitte kein Abschwören war. Er sagte nur, was er schon immer gesagt hatte. Er hat in diesem Glauben gelebt und ist im Glauben gestorben, die Kirche begreife nur dann, dass sie von allen geliebt und angenommen werde, wenn sie bereit sei, ihre Mängel zu beheben.

Der Gefängniswagen fuhr auf die Place Maubert.

Als die kleine, noch immer ziemlich schweigsame Menge auf dem Platz eintraf, warteten Leute dort, die sich vom bereits brennenden Scheiterhaufen hatten anlocken lassen.

Oudin tauchte aus dem Nichts auf. Er packte mit der einen Hand meine Mutter an der Schulter, Guillaume mit der anderen, und mir raunte er zu, ich solle mich an ihm festhalten. Er bahnte sich einen Weg durch die Menge und brachte uns bis vor das Henkersgerüst.

Ich musste mich dem Gedanken stellen. Es würde keine Gnade geben, Meister Antoine würde sterben.

«Er wird ganz schnell sterben, Meisterin Augereau, ich habe den Henker dafür bezahlt. Meister Augereau ist krank, und wenn jemand danach fragen sollte, wird der Henker so antworten und wir werden es bestätigen. Er habe ihn nur ein wenig würgen wollen, dabei sei er aber sofort gestorben.»

Jetzt begriff ich, warum Oudin daran gelegen war, mit uns ganz vorne zu sein: er wollte, dass der Henker ihn sehe. In einem Schwung hob er Guillaume weit in die Höhe.

«Setz dich rittlings auf meine Schultern.»

Dann fasste er mit einem «Ich bitte um Verzeihung, Meisterin Augereau» meine Mutter um die Taille und hob auch sie hoch, damit Meister Antoine sie gut sehen konnte. Während der ganzen Zeit ließ er den Henker nicht aus den Augen. Diesem war anzusehen, dass er sehr wohl wusste, dass der Riese ihn im Auge hatte. Oudin stand einfach bewegungslos da und trug die zwei Personen, als ob sie Strohhalme wären.

Meister Antoine stieg lächelnd vom Karren herunter. Seine Lippen bewegten sich, er betete. Sein Blick suchte denjenigen meiner Mutter und meines Bruders, und er ließ nicht mehr von ihnen ab. Er lächelte sie an bis zum Schluss. Mir hat er sogar ein letztes Mal zugezwinkert, wie damals, wenn uns Meister Henri Estienne lange Vorträge über etwas hielt, was wir längst begriffen hatten.

Er stieg aufs Gerüst hinauf.

Er sagte: «Ich sterbe ungerechterweise, aber ich fürchte den Tod nicht, denn mein Herz ist rein. Der HErr möge mich zu sich nehmen und mir meine Sünden vergeben.»

Jetzt trat der Großpönitentiar hinzu. Meister Antoine sah ihn nicht einmal an. Er ließ ihn sein Miserere herunterleiern, ohne es selber zu wiederholen. Er hielt nur seine Frau und seinen Sohn fest im Blick. Vor mir verschwamm alles. Es war unerträglich.

Schließlich erteilte ihm der Priester die Absolution, jedenfalls scheint es mir so, dann stieg er vom Galgengerüst herunter. Nun legte der Henker dem Verurteilten den Strick um den Hals. Dann gab er seinen Helfern ein Zeichen und ...

Meister Antoine starb augenblicklich, auf einen Schlag.

«Der Henker hat sich an den Vertrag gehalten», stellte Oudin flüsternd fest. Zwei Tränen rannen ihm über die Wangen.

Er ließ meine Mutter los, und ich stützte sie, dann hob Oudin Guillaume von seinen Schultern und drückte ihn an sich. Meine Mutter war außer Atem, als ob sie gerannt wäre, aber sonst war nichts. Sie ließ ihren Blick nicht von dem am Fuße des Galgens zusammengesunkenen Toten.

Die Henkersgehilfen hoben ihn auf, zeigten ihn kurz der Menge und warfen ihn ins Feuer.

«Auf dass alle Ketzer sterben wie dieser hier, und dass sie samt ihren Büchern, diesen Helfershelfern des Teufels und der Ketzerei, vom Feuer vernichtet werden.»

Nach dem Leichnam warfen sie auch die Prozessakten ins Feuer, dann wurden in einem Karren einige der Bücher herbeigeschafft, die Meister Antoine herausgegeben hatte (jene, die wir zum Schein in seinem Laden zurückgelassen hatten), und auch diese wurden ein Raub der Flammen.

Es ist mir nicht möglich, diese Höllenvision zu beschreiben, aber vergessen werde ich sie nie, sie raubt mir seither den Schlaf. Ich will nur noch erwähnen, dass meine Mutter, kurz bevor Meister Antoines Leib vollständig verbrannt war, noch ihre weißen Handschuhe ins Feuer warf, die er ihr drei Tage vor der Hochzeit geschenkt hatte.

In meinen Ohren ertönte Meister Antoines kräftige Stimme jenes Abends:

*Sie werden sie, meine Schöne*
*Nur dreimal tragen im Jahr:*
*Erstmals zu Ostern,*
*Das zweite Mal zu Johannis,*
*Das dritte zu ihrer Hochzeit.*

«Ich will, dass etwas von dem, was mir am liebsten ist auf dieser Welt, mit ihm verbrennt», sagte sie mit einer Stimme, die nicht wie die ihre klang.

Mir war, als zerreiße es mir das Herz in der Brust.

Oudin führte uns weg.

Schweigend gingen wir bis zur Rue des Carmes hinauf, wir stützten meine arme Mutter, deren Knie bei jedem Schritt einbrachen. Meister François Augereau hatte sich uns angeschlossen. Noch ein paar Schritte vom Haus entfernt sahen wir bereits die weit offen stehende Tür.

«Wartet, ich sehe nach», sagte Oudin.

Das Haus war geplündert worden. Alles hatte man durchwühlt, zerbrochen, zerrissen, zerstört. Der Verurteilte büßte noch über seinen Tod hinaus.

Eine Nachbarin streckte ihren Kopf aus dem Fenster. Es war schon fast dunkel, aber man sah sie gerade noch.

«Ist es wirklich vorbei?»

«Ja.»

«Es ist eine Schande! Die Vierteiler haben die Türe eingedrückt. Sie hatten nicht einmal den Anstand, zu warten. Meisterin Guillemette lässt ausrichten, Sie würden bei ihr erwartet.»

«Was sind Vierteiler?», erkundigte sich Guillaume sehr zaghaft. Er gab sich große Mühe, nicht zu weinen. Oudin ließ ihn nur los, um ihm auf fast mütterliche Art die Haare zu streicheln. Meine arme Mutter hätte sich nicht um ihn kümmern können, sie war nahe daran, ohnmächtig zu werden.

«Das sind jene Leute, die einen der Ketzerei Verdächtigten angezeigt haben. Sie haben am Tag der Hinrichtung Anrecht auf einen Viertel des Vermögens des Verurteilten.»

Wir gingen zum Haus «Zum Heiligen Christophorus» hinunter. Unterwegs kam mir in den Sinn, dass diese Nacht Weihnachten wäre. Jetzt war mir klar, warum nicht so viele Leute dabei gewesen waren und weniger geschrien wurde als sonst. Seit Meister Antoines Verhaftung hatten wir, glaube ich, alle außerhalb der Zeit gelebt.

Zu Hause fanden wir Guillemette in Tränen aufgelöst. Meister Tiraqueau versuchte sie zu trösten, aber auch er war zu Tode betrübt. Die beiden hatten von weitem Meister Antoines Hinrichtung beigewohnt, dann waren sie zur Rue des Carmes gegangen. Guillemette hatte die Absicht gehabt, etwas zu essen zu machen. Sie ertappten Männer, die vorgaben, Polizeioffiziere zu sein. Die Magd hatte man schwer geschlagen und in die Küche gesperrt.

«Ich habe versucht, sie aufzuhalten», sagte Meister Tiraqueau. «Wilde Tiere. Wenn ich diese zwei armen Frauen nicht weggebracht hätte, hätten sie uns, glaube ich, umgebracht.»

Guillemette schluchzte haltlos. Ich nahm sie in meine Arme und warf mir vor, nicht genug an sie zu denken, es dauerte eine ganze Weile, bis sie sich beruhigte.

Oudin sah nach unseren Mägden. Die Magd meiner Mutter vergoss alle Tränen, die ihre Meisterin zurückhielt.

«Kommt, kommt, jetzt ist nicht die Zeit zu klagen. Diese guten Leute hier brauchen etwas zu essen.»

Als wir alle bei Tisch saßen, sagte Meister François plötzlich:

«Françoise und Guillaume, ihr kommt mit mir nach Fontenay. Wenn wir schon heute Abend gehen könnten, würden wir es tun.»

«Das ist unmöglich, mein Freund.»

Meister Tiraqueaus Worte ließen an Deutlichkeit nichts zu wünschen übrig:

«Noch weniger kann man Sie der Rache der Theologischen Fakultät oder dem Volkszorn überlassen. Sie können später wieder nach Paris zurückkehren.»

«Ich hatte meinem Bruder versprochen», sagte Meister François, «auf euch aufzupassen, und wenn ich aufpassen sage, meine ich das auch. Ihr kommt nach Fontenay. Meine Mutter und Tante Jeanne wohnen allein in dem großen Haus meines Vaters und würden sich freuen, euch aufzunehmen, sie warten auf euch und sie brauchen auch jemanden, der sie tröstet. Guillaume kann zu mir in die Kanzlei kommen, und wenn er so weit ist, schicken wir ihn zum Studium nach Poitiers.»

«Ich will die Rechte studieren.»

Und zwei große Tränen rannen ihm über die Wangen.

«Das wirst du tun, mein Sohn. Wir haben es so vorgesehen. Die Rechte oder Medizin, das war der Wunsch deines Vaters. Also werden es die Rechte sein.»

«Und du, mein kleiner Claude?», fragte meine Mutter.

«Ich denke, dass Guillemette und ich nicht sehr in Gefahr sind. Man hat uns nie behelligt, und ich bin nicht Drucker. Ich lebe in Meister Chevallons Schatten, der stapelweise religiöse Texte druckt, die allesamt von der Fakultät genehmigt sind, und der jenes einzige Mal, als Fragen zu beantworten waren, für mich eingetreten ist. Ich glaube wirklich, dass ich nichts zu befürchten habe.»

Ich seufzte. «Ich werde tun, was Meister Antoines Wunsch war: neue Druckbuchstaben schneiden und mich bemühen, sie noch schöner werden zu lassen als die seinen, ihm zur Ehre. Ob es mir gelingt, kann ich nicht sagen, denn ich bin nur sein Schüler.»

Für ein Weilchen sagte niemand etwas. Ich glaube, wir alle dachten daran, nächstens voneinander Abschied nehmen zu müssen. Und plötzlich fragte ich mich, wie es meine Mutter schaffen sollte, aus Paris wegzukommen.

«Meine größte Sorge ist im Moment gerade, dass am Weihnachtsmorgen keine Pferde aufzutreiben sind.»

«Ich habe welche bestellt», sagte Oudin, «sie stehen für uns bereit. Es wird vielleicht nicht gerade die übliche Art sein, zu verreisen, aber fahren werden wir.»

Früh am anderen Tag verließen sie Paris. Nicht allein, sondern inmitten einer bunten Gauklertruppe. Meine Mutter und mein Bruder gingen – verkleidet – augenblicklich in der kleinen Menge unter und waren unsichtbar. Meister François tauchte zu Pferd und in Begleitung seines Dieners «per Zufall» gleichzeitig auf und verließ zusammen mit ihnen Paris, ohne sich anmerken zu lassen, dass er sie kannte. Oudin hatte alles in die Wege geleitet und beschlossen, sie bis nach Fontenay zu begleiten.

«Anschließend gehe ich nach Nérac, um nach Meister Lefèvre zu sehen; wenn nötig, komme ich zurück und kümmere mich um Sie. Sie wissen ja jetzt, wie Sie mich erreichen können.»

Es war nicht Reisewetter, aber Meister François war ebenso unbeirrt wie Meister Tiraqueau, und die Ereignisse gaben ihnen Recht.

Ich glaube nicht, dass ich je das Gesicht meiner Mutter vergessen werde, als ich mich in der Dämmerung und inmitten des Stimmengewirrs der Gaukler von ihr verabschiedete. Sie war blass wie der Tod. Und ihre Augen sahen aus wie zwei in Marmor gefasste Edelsteine.

«Ich habe stets an eine barmherzige Kirche geglaubt. Und bis gestern teilte ich Antoines Glauben an eine Öffnung der Kirche Roms. Damit ist jetzt Schluss. In Paris und in manchen Provinzstädten gibt es eine andere

Kirche, die die Auseinandersetzung, die Diskussion und Veränderungen überhaupt nicht scheut. Dazu werde ich künftig gehören. Einem Priester beichten werde ich nie mehr können. Gott segne dich, mein kleiner Claude. Pass gut auf dich auf.»

Dann drehte sie sich um und schloss sich den Schaustellern an. Seither verfolgen mich ihre Worte.

Gott sei Dank hatte meine Mutter Paris bereits vor einigen Stunden verlassen, als der Befehl eintraf, sie habe barfuß vor Notre-Dame Abbitte zu leisten und werde dann aus der Stadt gewiesen. Diese Erniedrigung blieb ihr erspart. Einen Augenblick lang befürchtete ich, man könnte mich holen kommen, damit ich es an ihrer Stelle tat, aber höchstwahrscheinlich übersah man mich, weil ich nicht den Namen Augereau trage.

Einige Tage danach hatte ich eine Idee, die mir vorher noch nie in den Sinn gekommen war. Ich kehrte in Meister Chevallons Werkstatt zurück; es war ratsam, mich in meiner eigenen vorläufig nicht sehen zu lassen, ich wäre dort allein gewesen, und wenn man mich verhaftete, dann sollte es an einem Ort sein, wo Leute waren. Ich war umso beunruhigter, als Thomas, unser Geselle, am Tag nach dem Auftauchen der Plakate gegen die Messe verschwunden war. Niemand hatte sich auf die Suche nach ihm gemacht, aber seine Flucht konnte nur eines bedeuten: Er hatte etwas mit diesen Plakaten zu tun. Meister Chevallon bat uns, Thomas' Verschwinden wie er einfach zu übersehen. Die Folge: Dieudonné und ich arbeiteten für drei, wir kamen kaum dazu, mehr als die paar unbedingt notwendigen Worte zu wechseln. Ich lebte wie in einem dichten Nebel, ich sah dauernd, wie sich Meister Antoines Leichnam in den Flammen krümmte, und jedes einzelne Wort kostete mich eine ungeheure Anstrengung.

Dieudonné brach schließlich das Schweigen. Er legte die Arbeit aus den Händen, sah mich einen Augenblick lang an und sagte:

«Meister Augereau hat diese verdammten Plakate zwar nicht gedruckt, aber wissen möchte ich trotzdem, wer es war.»

Ja, das stimmte. Wer war es?

«Glauben Sie nicht, dass wir das in Erfahrung bringen sollten?»

Dieser Gedanke riss mich aus meiner Teilnahmslosigkeit heraus.

«Warum nicht? Aber wie und wo?»

Dieudonné lächelte. Auf jene Art, wie er immer lächelte, wenn er im Begriffe war, etwas aus seinem Ärmel zu zaubern.

«Wir werden unsere Armee in Marsch setzen. Aber es dürfte heikel sein. Derzeit genügt es, das Wort ‹Plakat› in den Mund zu nehmen, um als Ketzer verdächtigt zu werden.»

Er brauchte zwei, drei Tage.

«Sicher ist es nicht, aber es heißt, die Plakate könnten fertig gedruckt aus Neuenburg gekommen sein, sie könnten von einem gewissen Pierre de Vingle gedruckt worden sein, einem Flüchtling aus Lyon.»

Genaueres konnte er nicht in Erfahrung bringen.

Abgesehen davon weiß ich nicht mehr, was ich tat und was ich dachte.

Die Raserei der Theologaster hatte ein wenig nachgelassen und man konnte hoffen, das Schlimmste sei vorbei. Aber diese Heißsporne, die einen so schrecklichen Orkan entfesselt hatten, gaben sich nicht damit zufrieden, eine ganze Gemeinschaft ins Unglück gestürzt zu haben. Sie wollten mehr. Noch jetzt, beim Schreiben, fällt es mir schwer, es für möglich zu halten, doch sie hängten tatsächlich ein zweites Mal Plakate mit aufrührerischem Inhalt aus. Gesehen habe ich sie nicht. Aber Dieudonné wäre nicht Dieudonné, wenn er nicht gewusst hätte, was darauf stand. Er hatte sie in der Cour des Miracles du Saint-Sauveur zu lesen bekommen, Bettler hatten sie entwendet und dorthin gebracht.

Er kam im Laufschritt in den Laden gerannt.

«Wissen Sie was, Meister?»

«Was denn?»

«Der Verfasser der neuen Plakate beschuldigt sich oder besser gesagt, prahlt damit, jene gegen die Messe verfasst zu haben.»

«Und wogegen richten sich die neuen Zettel?»

«Gegen die Eucharistie. Es ist eigentlich mehr ein Büchlein als ein Plakat. Es heißt, der König sei außer sich vor Zorn. Man hat sich seiner Autorität widersetzt und allem, was damit zusammenhängt.» Er seufzte. «Sie haben bereits eine ganze Menge Verdächtiger verhaftet und bekannt geben lassen, sie würden unter schwersten Qualen hingerichtet.» Seine Stimme wurde bitter. «Die Überzeugungskraft des Schreckens.»

«Bedeutet dies, dass Meister Antoines Unschuld damit bewiesen ist?»

«Ja, was das Schreiben und Drucken der Zettel betrifft. Aber er ist immer noch der Drucker der Königin von Navarra, und das werden sie ihm nie verzeihen. Wenn Sie an seine Rehabilitation denken, können Sie es gleich wieder vergessen.»

In der Tat wurde die Unterdrückung mit einer Grausamkeit vollzogen, die diejenige des letzten Jahres übertraf. Ich kann sie nicht beschreiben, meine Hand widersetzt sich, wenn ich es versuche. Ich sah eine pompöse Prozession vorüberziehen, das Heilige Sakrament wurde von irgendwo nach irgendwo getragen; in prunkvollen Kleidern und in Gegenwart des Königs und der Königin, der königlichen Prinzen, des Hofes und der Universität, in einem Wort, der Gesamtheit der Würdenträger, inmitten eines Meeres von Wachskerzen. Als die Prozession vorbei war, erzählte man mir, hätten alle diese schönen Herrschaften reichlich gegessen und getrunken, um anschließend als Glanzstück der Verbrennung von sechs Verdächtigen beizuwohnen, die bei lebendigem Leibe und ganz kleinem Feuer fürchterliche Qualen litten; sie waren für schuldig befunden worden, diesen neuen Text verteilt zu haben, dessen Überschrift ich doch noch erfahren habe: *Kleine sehr nützliche und heilsame Abhandlung gegen die Eucharistie.*

Mir wurde sogar berichtet, man habe beim König Vögelchen herumschwirren lassen, die – in ihrem Schnabel wahrscheinlich – die Botschaft trugen: *Sie werden untergehen, du allein bleibst.* Was für ein Programm!

Ich bin zu schwach, die Auftritte zu beschreiben, an denen teilzunehmen ich nicht die Kraft gehabt hatte. Nachdem ganz Paris stillstand, stellten auch wir alle Tätigkeiten ein, aber geblieben bin ich, in der Dunkelheit.

Früh am Tag darauf sah ich, kaum dass ich mich an meinen Platz gesetzt hatte, einen Vollzugsbeamten aus Meister Chavallons Laden kommen. Mein Herz fing wie verrückt an zu schlagen. Hatte man entdeckt, dass Thomas nicht mehr da war?

Es ging um etwas ganz anderes. Noch bevor ich hingehen und mich erkundigen konnte, kam Meister Chevallon eiligen Schrittes selber.

«Meister Garamond, sehr schlechte Nachrichten: Der König verbietet das Drucken.»

«Der ... was?»

«Sie haben ganz recht gehört. Jedes Betreiben einer Druckerei ist verboten.»

Fast gleichzeitig stürmte Dieudonné herein, völlig atemlos.

«Haben Sie die Ausrufer gehört?»

«Über das Verbot der Druckereien? Ja. Ich hatte sogar die Ehre eines Besuchs des Vollzugsbeamten, der es mir eröffnet hat. Innerhalb von einer Stunde aufhören und den Betrieb einstellen. Bis auf weiteres.»

Wieder wurde heftig die Türe aufgestoßen und diesmal trat Meister Danès ein. Auch er hatte gerade die Ausrufer gehört.

«Gestern sagte der König im Zusammenhang mit der Ketzerei: *Wenn mein rechter Arm von einer solchen Fäulnis befallen wäre, würde ich ihn vom Leib abtrennen, und wenn das Unglück es wollte und meine eigenen Kinder dieser abscheulichen und verdammenswürdigen Meinung verfallen sollten, würde ich sie eigenhändig Gott zum Opfer bringen.* Das sagt alles. Er macht einen Schnitt. Madame Marguerite bleibt nichts anderes übrig, als sich danach zu richten.»

Dieudonné hatte Mantel und Hut ausgezogen und sich gesetzt, dann stand er auf und zog sich wieder an.

«Meister, verzeihen Sie, aber ich muss weg.»

Meister Chevallon sah ihn mit seinen guten traurigen Augen an.

«Und wohin willst du, mein armer Kleiner?»

«Nach London. Es scheint, dass man dort Drucker gebrauchen kann. Der König von England hat mit dem Papst gebrochen, damit wird alles leichter, denn ich ertrage diese Kirche nicht mehr und ebenso wenig diesen König Frankreichs, der ständig seine Meinung ändert und sich von den übelsten Elementen der Universität einwickeln lässt, und ...»

«Dieudonné, bist du wahnsinnig? Sprich leiser!»

Dieudonnés Augen füllten sich mit Tränen.

«Sehen Sie, wohin diese Schreckensherrschaft führt? Sie hindert uns daran, zu denken. Wenn alle diese Männer und auch diese Frauen zu Gott betend sterben, ohne Angst vor der Hölle, dann muss an ihrer Religion doch etwas Gutes sein, nicht wahr? Dann will ich aber die Freiheit haben, dem auf den Grund zu gehen, ohne gleich um mein Leben fürchten zu müssen. Ich habe von Genf gehört, aber das ist mir zu nahe. Und in London fehlt es an Druckern, das hat mir neulich ein Student erzählt.»

«Langsam, Dieudonné. Geh nicht, ohne etwas mitzunehmen», sagte ich schwach. Ich bin Dieudonné sehr zugetan. Ihn gehen zu sehen, war ein Kummer mehr für mich. Aber wie hätte ich ihn, nach allem, was wir durchgemacht hatten, zurückhalten sollen?

«Wenn ich ein Bündel trage, sieht man, dass ich weg will, Meister. Ich muss den Mut haben, mit leeren Händen wegzugehen.»

«Nimm wenigstens einige der Goldstücke der Königin von Navarra mit, die übrig geblieben sind.»

«Haben Sie Papier und Feder?», fragte Meister Chevallon.

«Natürlich.»

Der gute Meister schrieb für Dieudonné einen Brief im Namen des «Vertreters der Buchdruckerzunft», in welchem er bestätigte, dass sein Inhaber, Dieudonné Lhôte, sämtliche Prüfungen zum Abschluss seiner

Lehrzeit bestanden habe und seit einiger Zeit bereits ein «tüchtiger Geselle» sei, von dem er nur Lobendes zu berichten habe.

«Es ist eine kleine Lüge, aber ich hoffe, dass du mir Ehre machen wirst. Du bist gut in Latein, und so neugierig, wie du bist, wirst du die englische Sprache rasch lernen.»

Dieudonné steckte Brief und Goldstücke ein, umarmte uns mit einer Leidenschaft, die ihn für einmal sprachlos machte, und verschwand. Von Vater Hinkebein hörte ich später, auch er sei mit einer Truppe von Schaustellern aus Paris herausgekommen. Ich bete dafür, dass ihm nichts zustößt. Möglicherweise werde ich nie mehr etwas von ihm hören.

Meister Danès erzählte mir, der König sei sehr erzürnt gewesen, als er erfahren habe, die Plakate vom Oktober seien nicht Meister Antoines Werk gewesen.

«Er sagte: ‹Ich lasse den Drucker meiner Schwester töten, dabei ist er tatsächlich unschuldig.› Man hat auch festgestellt, dass es Meister Beda war, der Meister Antoine anzeigte, indem er eine Person von außerhalb vorschob, aber so, wie es aussieht, hat sich niemand davon täuschen lassen. Seit der Sache mit dem *Spiegel der sündigen Seele,* der ihm Gefangenschaft und Stadtverweis eingebracht hatte, lästerte er gegen Meister Augereau und beteuerte, ‹er werde ihn erwischen›. Auf ihn ergießt sich nun der königliche Zorn.»

An das genaue Datum erinnere ich mich nicht mehr, so sehr war ich seit jenem unheilvollen 24. Dezember außer mir, aber Meister Beda musste öffentlich Abbitte leisten, dann wurde er der Stadt verwiesen und jemand – wer, weiß ich nicht mehr –, sagte, man habe ihn gezwungen, auf den Mont-Saint-Michel zurückzukehren, woher er gekommen war. Ich bin nicht der Einzige, der davon überzeugt ist, er habe von seiner streng bewachten Residenz aus mehr als einen später Verurteilten der Rache der Theologen ausgeliefert, denn selbst als Gefangener fand er bei gewissen Leuten durchaus Gehör. Wie auch immer, ich hielt ihn für Meister

Antoines Mörder. Und ich gönnte mir die Freude, seiner Erniedrigung beizuwohnen.

Meister Danès hatte vor, nach Italien zu reisen, und bot mir an, ihn zu begleiten.

Ich lehnte ab.

Ich hatte keine andere Wahl, als den Weg unter die Füße zu nehmen und nach Hause zurückzukehren, mit der Frage beschäftigt, ob ich bei meinem Bruder oder bei sonst jemandem um eine Anstellung als Tuchverkäufer betteln sollte.

Tags darauf kümmerte ich mich um das Haus an der Rue des Carmes. Zum Glück war ich dessen Besitzer. Ich hatte es Meister Antoine übergeben wollen, aber er hatte abgelehnt und darauf bestanden, dass wir einen Vertrag machten, auf den ich mich ohne weiteres berufen konnte, was ich auch tat. Ich gestehe, dass ich mich gefragt habe, ob ich nicht zu kühn gewesen bin. Der einzige Gedanke, der mich aufrecht hielt, war derjenige an eine mögliche Rückkehr meiner Mutter.

Doch der Vollzugsbeamte hörte mich wohlwollend an, versicherte mir, die Wüstlinge seien schwer bestraft worden, und zwar umso schwerer, als sie sich auf ihn berufen hätten. Die Dame jedoch, die die plündernden Männer vorgeschickt hatte, war auf ungeklärte Weise verschwunden. Das Problem war also gelöst, und er unterzeichnete ein Dokument für mich, welches meine Rechte am Haus bestätigte. Ich ging hin und überprüfte, ob alles sorgfältig abgeschlossen war, und dann, auf dem Rückweg, schaute ich im Haus «Zu den Kaninchen» vorbei. Der Laden war geschlossen, keine Frage, aber Robert war in seiner Kanzlei, wie üblich inmitten von Büchern, und arbeitete.

«Ich mache jede Wette, dass der König sein Verbot innert dreier Tage aufhebt.»

«Und unterdessen?»

«Hast du keine Arbeit?»

«Nein, natürlich nicht.»

«Was hieltest du von einer kleinen Reise nach Basel, auf meine Kosten? Ich habe keine Zeit, selber hinzugehen, aber ich brauche gewisse Texte, die mir die Amerbachs zu besorgen versprochen haben. Wir stehen seit langem im Briefverkehr. Und weil sie dich kennen, werden sie dir vertrauen.»

«Glaubst du ...»

«Ich glaube, dass dir Hieronymus Froben sogar Arbeit gibt, wenn du dort bleiben willst, ganz gewiss.»

Ich dachte kurz nach. Wenn ich nach Basel ging, konnte ich anschließend nach Neuenburg weiterreisen und diesen Pierre de Vingle als Verfasser der Plakate gegen die Messe und gegen die Eucharistie entlarven.

«Kann ich verreisen, ohne dass es nach Flucht aussieht?»

«Suche dir einen Händler, der einen dringenden Grund hat, in diese Gegend zu reisen, und schließe dich ihm an. Komm nochmals zurück und sage mir, ob es geklappt hat, dann gebe ich dir ein paar Bücher für die Amerbachs mit. Und du bringst mir jene mit, die sie mir versprochen haben.»

«Aber das kann dauern.»

«Ich weiß, mein Freund, und ich verlange auch nicht von dir, im gestreckten Galopp zu reiten. Ich bitte dich nur, zu gehen. Du erweist mir damit einen Dienst, und ich bin ruhiger, wenn ich dich in Sicherheit weiß, solange der König zürnt.»

«Und du?»

«Ich bin einer von Prinz Charles' Lehrern. Die Zuneigung dieses Kindes zu mir schützt mich zweifach, das siehst du doch. Wenn man mich hätte auf den Scheiterhaufen bringen wollen, hätte man es längst getan. Geh, geh!»

Noch am gleichen Abend besprach ich diese Möglichkeit mit Guillemette. Sie ermutigte mich, die Reise zu unternehmen, weigerte sich aber strikt, mich zu begleiten. Nur in höchster Todesgefahr würde man Guillemette dazu bringen können, Paris zu verlassen.

Ich ging in die Halle au Vin, um zu sehen, ob Meister Hugues Desfosses die Absicht hatte, in der Rheingegend Fässer abzuholen. Seit unserer gemeinsamen Reise anlässlich der Heirat meiner Mutter hatte ich regelmäßig mit ihm Umgang gepflegt, und wir verstanden uns ausgezeichnet. Es war die Jahreszeit, in der er seine Rundreisen unternahm, und ich hatte Glück: er wollte nächstens aufbrechen. Fragen hat er mir keine gestellt.

«Ein erstes Stück fahre ich auf dem Fluss, mein Freund, wie üblich, wenn ich mich um diese Jahreszeit in diese Richtung auf den Weg mache. Es wird weniger angenehm sein als im Sommer, aber Sie sind willkommen. Und wenn ich etwas für Meisterin Augereau tun kann ...»

«Danke. Sie ist in Fontenay. In Sicherheit, einstweilen.»

Vor der Abreise ging ich zu Vater Hinkebein, um die Stempel einer von Meister Antoines Druckschriften zu holen. Mir war gerade die Idee zu diesem Bericht gekommen. Ich nahm die Stempel mit.

Vierzehn Tage später war ich in Basel.

Unterwegs wurde ich von Erinnerungen an die Reise überwältigt, die ich zusammen mit Meister Antoine gemacht hatte. Es war jedes Mal wie ein Messerstich in die Brust.

Die Amerbachs, vor allem Bonifaz, nahmen mich auf wie einen Bruder. Zunächst konnte ich bei ihnen wohnen. Nach ein paar Tagen zog ich zu Hieronymus Froben, der seit dem Unfalltod seines Vaters die Druckerei führt. Wir sind uns wieder begegnet, als sei seit unserer Kindheit nicht ein ganzes Leben vergangen. Ich bat ihn um eine Presse und um eine Ecke in der Gießerei, dann goss ich als Erstes eine Schrift und benutzte diese Dinge für den Versuch, den Schlaf wieder zu finden, indem ich die Geschichte meiner freundschaftlichen Verbundenheit mit Meister Antoine erzähle. Seit zwei Monaten tue ich nichts anderes.

Von Zeit zu Zeit lege ich eine Pause ein und zwinge mich, mit den Hausbewohnern zu verkehren, obwohl mich jedes Wort, das ich sagen muss, große Anstrengung kostet. Auf diese Weise kam ich zu einer unerwarteten Ehre: Ich stand dem großen Erasmus gegenüber. Meine Überraschung hätte größer nicht sein können; bei meiner Ankunft hatte Hieronymus nichts gesagt.

«Es braucht etwas Fingerspitzengefühl, verstehst du, er ist ein berühmter Katholik in einem protestantischen Land. Und damit nicht genug, er ist auch noch unbequem. Doch die Basler Behörden wissen, dass er hier ist, sie sehen ja, dass ich seine Werke veröffentliche.»

«Und man behelligt dich nicht?»

«Wir sind in einem Land, in dem Denken ein Recht ist. Wir haben hier zwar auch eine Zensur, aber keine Sorbonne.»

«Und was tut Erasmus hier?»

«Wir sind so etwas wie eine Familie für ihn. Er ist alt und krank, manchmal denke ich, er sei gekommen, um im Kreis der Seinen zu sterben. Doch vorerst schreibt er ein Buch über das Predigen.»

Gelegentlich laufe ich dem Meister über den Weg. Er ist wirklich alt und schwach. Seine braunen Augen in einem sehr bleichen, sehr zerfurchten Gesicht wirken wie nach innen gekehrt. Ich glaube, er leidet schrecklich. Aus Rücksicht darauf habe ich mir nie erlaubt, ihn anzusprechen.

Bei Hieronymus Froben hatte ich eine zweite unerwartete Begegnung – mit Meister Cauvin, der im Gegensatz zu Meister Erasmus auch mir gegenüber sehr gesprächig war, obwohl ich es nicht bin. Er ist voll und ganz davon in Anspruch genommen, einen Text über den Gottesdienst zu verfassen. Auch er ist der Meinung, die Aushängezettel gegen die Messe seien ein schrecklicher Fehler gewesen. Er wetterte gegen jene Leute, die «wie Helden gestorben sind, nachdem sie wie Idioten gehandelt» und so viele Unschuldige mit sich in den Tod gerissen haben.

«Diese unglückseligen Büchlein sind voller Lügen. Sie sind das Werk gewissenloser Betrüger und Verräter an unserer Sache; sie haben der evangelischen Lehre den Ruf der Aufrührerei und der Hexerei eingetragen. Auf diesem Weg können die Konflikte nicht gelöst werden», sagte er.

Ich erzähle von ihm, weil er mich etwas hat verstehen lassen, was ich in der Umgebung, in der ich bisher gelebt habe, nicht hatte begreifen können: dass es zwischen jenen, die er die Orthodoxen nennt, und jenen, die die Kirche reformieren wollen, keine Versöhnung geben wird, aus dem einfachen Grund, weil es bereits zwei Kirchen gibt, eine katholische und eine reformierte. Die Welt war zweigeteilt worden, unter anderem deshalb, weil sich Fürstenhäuser für die eine oder die andere entschieden hatten.

«In Paris sieht man die Dinge anders.»

«Das stimmt. Deshalb sind die Verfolgungen dort so grausam. Die Sorbonne lebt im Wahn, etwas verhindern zu können, was im Grunde genommen bereits vorhanden ist. Wenn die katholische Kirche nicht so schwerfällig wäre, würde es anders aussehen. Doch schauen Sie sich um, mein Freund. Ich könnte Ihnen eine ganze Reihe von Städten oder Staaten aufzählen, wo keine Messen mehr gelesen werden. In Zürich wurde sie schon vor zehn Jahren abgeschafft. Es gibt Gottesdienste und Abendmahl, aber den abergläubischen Firlefanz hat man beseitigt. Ihr Meister Augereau war da mit mir einer Meinung.»

«Sie kannten ihn?» Ich war sprachlos.

«Aber natürlich. Alle Anhänger der Neuen Ideen bewunderten ihn für seine Klarheit im Denken und für sein Talent.»

«Er hat seine Treue zur Kirche Roms beteuert bis zuletzt. Und seine Achtung gegenüber der Jungfrau Maria.»

«Gewiss, mein Freund. Bis gestern tat ich das genauso. Und ich verehre Maria nach wie vor, so wie ich alle Mütter verehre. Aber ich lehne es ab, dass man aus ihr eine Götzin macht und sie benützt, um die Leute zum Aberglauben zu verführen und ihnen das Geld aus der Tasche zu ziehen.

Das Wort von Gottes Sohn ist klar: Fort mit den Götzen, Ehre sei Gott und Gott allein. Wenn Augereau vorsichtiger gewesen wäre und sich rechtzeitig abgesetzt hätte, wenn er jetzt hier wäre, würden Sie von ihm nichts anderes zu hören bekommen. Hier würde er wie ich und nun auch wie Sie sehen, dass es inzwischen zwei verschiedene Kirchen gibt.»

Ich muss gestehen, dass ich auf dies alles keine Antwort hatte.

«Glauben Sie wirklich, er habe nicht gewusst, dass es ein sehr gefährliches Buch war, als er einwilligte, eine Ausgabe unter dem Titel *Der Spiegel der sündigen Seele* zu drucken? Ein Gelehrter vom Schlage Augereaus soll das nicht gesehen haben, meinen Sie? Kommen Sie, das kann nicht Ihr Ernst sein.»

«Aber ...»

Plötzlich fand ich keine Worte mehr. Zu vieles hätte erklärt werden müssen: dass Meister Augereau der Königin von Navarra unvorsichtigerweise das Versprechen gegeben hatte, die Tatsache, dass er zu dem von ihm gegebenen Wort stand, sein Charakter, seine Unerschrockenheit ...

Meister Cauvin war in Fahrt, mit einer einzigen Handbewegung wischte er weg, was ich hätte sagen können.

«Der Friede, der in Paris herrschte bis zu dem Tag, als die Plakate auftauchten, vermochte Illusionen zu wecken. Aber schon am Tag nach dem unheilvollen Aushang hätte er fliehen sollen.»

«Er hielt sich für einen guten Christen ...»

«Ein hervorragender Christ. Ein Mann der Tat, der sich nicht in Diskussionen und unnützen Erklärungen verlor.»

«Heißt das, er hatte gewusst, dass die Plakate kommen würden?»

«Das weiß ich nicht. Ich würde eher sagen, dass er das Gefühl hatte, diese Sache gehe ihn nichts an. Wie andere auch, ging er ein berechenbares Risiko ein. Ohne den *Spiegel der sündigen Seele* wäre er wahrscheinlich am Leben geblieben. Ich weiß von ihm, dass er es für unangebracht hielt, wenn alle, die bei der Sorbonne in Misskredit geraten waren, geflohen wären. Nach der Predigt, die ich für Meister Cop geschrieben habe, warf er mir vor, fahnenflüchtig geworden zu sein, wie er sich ausdrückte. Wer vertritt die Sache des Evangeliums in Frankreich, wenn alle weggehen, sagte er. So jedenfalls hat man es mir erzählt.»

Sein Blick verlor sich in der Ferne und mehr zu sich selber als zu mir sagte er:

«Ich wundere mich darüber, dass sich die Sorbonne, der König und seine Entourage keine Rechenschaft darüber gegeben haben, welche Wirkung die sich mehrenden Hinrichtungen haben würden. Wir können so viel predigen, wie wir wollen, wirkliches Gehör aber schenkt man den Märtyrern; aus ihrer mit dem Wind verstreuten Asche werden Legionen von Ketzern geboren, sobald sie wieder auf die Erde fällt. Die Henker tun nichts anderes, als ihren eigenen Namen mit überflüssigen Hinrichtungen zu besudeln.»

Sollte ich Meister Cauvin Glauben schenken? Was hatte Meister Antoine vom Evangelismus gehalten? Und ich? Wo stehe ich?

Vor ein paar Tagen habe ich erfahren, der König habe einigen Druckern, unter ihnen auch Meister Chevallon, erlaubt, ihre Tätigkeit wieder aufzunehmen, allerdings unter strengster Kontrolle. Wenn ich diese Geschichte fertig gedruckt habe, verkaufe ich die Druckschrift, packe meine Stempel ein und mache mich auf den Weg nach Neuenburg. Ich werde dieser gedankenlosen Person gegenübertreten, die das Königreich ins Unglück gestürzt hat, und dann nach Paris zurückkehren. Ich denke, dass ich mich nicht mehr mit Religion befassen werde, das alles ist für mich zu vielschichtig, und ich weiß nicht, was ich davon halten soll. Ich werde hart arbeiten, einfach nur, um das zu verwirklichen, was ich Meister Antoine versprochen habe: Druckbuchstaben zu schaffen, die ihm Ehre machen.

GEDRUCKT ZU BASEL, IM HAUS «ZUR LUFT»
VON CLAUDE GARAMOND, IN PARIS, RUE SAINT-JACQUES,
NIEDERGELASSEN IM HAUS «ZU DEN VIER AYMON-SÖHNEN»
1535

## In welchem Meister Claude Garamond, Drucker in Paris, wichtige Entdeckungen macht, seine Angelegenheiten in Ordnung bringt und nach Hause zurückkehrt

Schweigend und bedächtigen Schrittes gingen sie bergauf, Pierre de Vingle führte das Maultier am Zaum. «Ich will nachsehen, ob das Papier, auf das wir warten, am Zoll eingetroffen ist, Meister Garamond», sagte er. «Wollen Sie mich begleiten?»

Dies schien ihm der beste Weg zu sein, um mit diesem Mann mit dem sorgenvollen Gesicht, dessen Qualen er inzwischen zu verstehen glaubte, ins Gespräch zu kommen. Seit einer Woche war der Neuankömmling verbissen damit beschäftigt, einen Druckbogen der Bibel zu setzen, wobei seine Schweigsamkeit drückend zu werden begonnen hatte. Nicht einmal zu der ihm anvertrauten Arbeit sagte er etwas. Er sah auf den ersten Blick, was er zu tun hatte, er war flink, außerordentlich exakt und leistete viel.

Als ihm Pierre de Vingle jedoch vorschlug, gemeinsam das Papier holen zu gehen, musste er verstanden haben, dass es Zeit geworden war, zu reden. Seine Antwort kam unmittelbar.

«Gerne, Meister. Hoffen wir, das Papier sei gekommen, es ist fast keines mehr da.»

Sie machten sich auf den Weg. Schweigend.

«Ich habe Ihre Erinnerungen gelesen, Meister», sagte Pierre de Vingle nach einem Weilchen.

«Aha!»

«Und ich möchte Ihnen jetzt ausdrücklich sagen, dass ich ganz und gar gegen das Aushängen dieser Plakate gewesen bin.»

«Aber gedruckt haben Sie sie.»

«Ja. Aber anfänglich glaubten wir, sie würden unter der Hand verteilt, von Person zu Person, an Interessierte und in Form eines Büchleins. Doch nach und nach ... Die Idee, sie öffentlich anzuschlagen, entstand schrittweise, und sowohl hier als auch in Paris gab es viele, die dagegen waren. Allerdings nicht entschieden genug, da muss ich Ihnen Recht geben.»

«Als ich kam, taten Sie so, als wüssten Sie gar nicht, wovon die Rede war.»

«Sie hätten ein Spion sein können. Wir trauen dem König von Frankreich nicht, wenn er sich in Zusagen an protestantische Fürsten gefällt, Zusagen, die auch zu uns gedrungen sind. Aber die Reformierten ...»

«Die Reformierten? Die Protestanten? Was verstehen Sie darunter?»

«Das sind die Leute, die der Auffassung sind, der Evangelismus genüge nicht mehr, es brauche wirklich eine neue Kirche. Meister Viret oder Meister Farel und andere ...»

«Meister Farel habe ich kennen gelernt, bei Meister Lefèvre, dessen Schüler er war, glaube ich. Er war ein leidenschaftlicher Evangelischer.»

«Er hat sich entwickelt seither. Vielleicht begegnen Sie ihm in diesen Tagen, dann werden Sie ja sehen.»

«Sie sagten, die Reformierten ...»

«Ich sagte, dass sie keinerlei Vertrauen mehr in König François I. haben. Einerseits schmeichelt er den deutschen Fürsten, andererseits zündet er Scheiterhaufen an. Wie wir hier im Neuenburgischen sagen, will er die Butter und das Geld dafür. Aber die protestantischen Fürsten lassen sich nicht hereinlegen und wir auch nicht. Ein in seiner Doppelzüngigkeit gefangener Mann, der sterben wird, ohne jemals anders gedacht zu haben als so, wie die Letzten, mit denen er gerade gesprochen hat, und der die Welt immer nur durch die Augen von zwei, drei Leuten seines Hofstaates gesehen hat, ein solcher Mann kann gefährlich werden. Er hasst Kaiser Karl v., und er würde alles tun, um ihn zu schlagen. Es fehlt ihm an Intelligenz und am Blick fürs Ganze, er hat keine Gewissensbisse und er ist König. Eine tödliche Mischung. Das ist der Grund, warum wir vorsichtig sind. Erst als Sie Meister Augereau erwähnten, war mir klar, woher Sie kamen.»

Claude Garamond blieb stehen und sah ihn mit seinen sonderbaren Augen an. Ein Blick, der die Gegenstände, auf die er fiel, zu durchbohren schien.

«Sie haben eine ziemlich schäbige Meinung vom König Frankreichs!»

«Ja, ich bin über ihn verärgert. Man hat gesehen, wie unter ihm eine außergewöhnliche Bewegung entstand, die Frankreich zum Leuchtturm der Wissenschaft hätte machen können, zu einem Magneten für alle Gelehrten dieser Welt. Seine Schwester hat das gesehen. Aber sie ist eine Frau, und Frauen haben nichts zu sagen in diesem Land. Sie wird fast ebenso sehr drangsaliert wie die beklagenswerten Leute, die auf dem Scheiterhaufen geendet haben. Aber auf diese Art gewinnt Frankreich nichts. Ich sehe hier tagtäglich Leute vorbeikommen, die aus Frankreich fliehen. Und glauben Sie mir, es tut mir Leid, Ihren Meister Augereau nicht unter ihnen zu wissen. Sein Ansehen war so groß, dass sogar die Flüchtlinge über ihn sprachen. Bis zuletzt hat er versucht, das Aushängen der unheilvollen Plakate zu verhindern.»

Sie waren langsam weitergegangen, doch bei diesen Worten blieb Claude Garamond wie angewurzelt stehen. Das Blut stieg ihm in den Kopf.

«Wie denn, er soll versucht haben ... Er wusste doch gar nichts davon.»

«Doch, doch, mein Freund, er wusste es. Er hat Ihnen, seiner Frau und seinem Sohn nichts davon gesagt, um Sie nicht zu gefährden. Aber Philippe, sein Geselle, war einer von denen, die die Zettel aushingen, er ist unterdessen hier gewesen. Ist Ihnen nicht aufgefallen, dass er drei Tage nach dem schicksalshaften Sonntag verschwand? Er ist jetzt in Anvers oder in Louvain, ich weiß es nicht mehr.»

«Er ... Er ... Und trotzdem ist Meister Antoine nicht geflohen! Ich hatte ihn angefleht ...»

Die Tränen erstickten seine Stimme und er schwieg.

«Auch Robert Estienne ist nicht geflohen, obwohl es auch bei ihm Plakataushänger gab. Sogar bei Ihnen gab es einen, nicht wahr? Sie haben es geschrieben.»

«Ja, aber wir waren nicht die Drucker der Königin von Navarra und wir waren nicht bereits einmal im Zusammenhang mit Plakaten verhaftet worden.»

«Ist Ihnen niemals durch den Kopf gegangen, allein die Tatsache, dass er geblieben ist, spreche für sich? Andere Ideen zu haben, ist keine Sünde. Meister Augereau wusste Gott auf seiner Seite und würde nicht fliehen. Und außerdem ermöglichte er die Flucht jener, die gegangen sind. Solange man sich mit ihm beschäftigte, beschäftigte man sich nicht mit ihnen.»

Noch einmal richteten sich seine gelbgrünen Augen auf ihn.

«Wenn er in guter gesundheitlicher Verfassung gewesen wäre, wenn er gewesen wäre wie vor zwanzig Jahren ...», murmelte er.

«Er wäre zweifellos gegangen, wenn ich Ihrem Bericht glauben darf, da stimme ich Ihnen zu. Aber er war krank, und er muss sich gesagt haben, er habe nichts mehr zu verlieren. Er wurde trotzdem aus zweifelhaften Gründen getötet. Und dadurch wird endgültig klar, warum ich König François böse bin. Er vernichtet die Gelehrten, die Dichter, die Handwerker, die Händler, die Lebenskraft des Königreichs, oder er verjagt sie, sodass sie nun ein anderes Land als das ihre beleben. Viele von ihnen waren zu Beginn nicht einmal Evangelische. Man hat sie zu Unrecht angeklagt. Einige sind geflohen, ohne dass es bemerkt wurde. Andere wurden halb tot des Landes verwiesen, nachdem man sie bis aufs Blut gepeinigt hatte. Und was glauben Sie, was sie tun, wenn sie nach Genf, nach Bern, nach Basel oder nach Neuenburg kommen? Sie verleugnen diesen König und diese Religion, in deren Namen sie so viel Unrecht erlitten haben.»

Die zwei Männer gingen weiter.

Meister Claude Garamond fand kaum mehr Worte.

«Ich weiß nicht mehr, was ich denken und was ich glauben soll ...»

«Mein lieber Meister Garamond, Sie werden sagen, ich sei anmaßend, aber ich weiß, was Sie glauben: Sie sind mit Haut und Haaren evangelisch.»

«Nicht doch! Niemals habe ich die Heiligen und die Marienverehrung verleugnet. Und ich glaube an die Messe als das wahrhaftige Opfer Christi.»

«So ist es. Sie haben ja geschrieben, was Meister Cauvin ihnen gesagt hat, Sie achten Maria, wie Sie alle Mütter achten. Und die Heiligen sind, Entschuldigung, nur eine Nebensache. Bezüglich der Messe sind sich längst nicht alle Reformierten einig. Noch nicht, müsste man vielleicht sagen. Seit Ihrer Kindheit wurden Sie vom Evangelismus genährt, Sie haben mitten in dieser Welt gelebt: Wenn ich daran denke, dass Sie bei der Herstellung der *Kommentare zu den Paulusbriefen* mit Druckort Meaux mitgewirkt haben, dass Sie mit Robert Estienne aufgewachsen sind und die Entstehung seiner Bibel ganz aus der Nähe mitverfolgen konnten ...»

Darauf hatte Garamond keine Antwort. Er ging weiter, und Pierre de Vingle folgte ihm.

Sie gingen nun noch langsamer als am Anfang, denn der Weg führte steil bergauf. Nach und nach breitete sich der See in seiner ganzen Schönheit vor ihnen aus. Pierre de Vingle konnte von dieser Aussicht nie genug bekommen, aber Meister Garamond schien sie gar nicht zu sehen. Er ging und sah tief in Gedanken versunken zu Boden.

«Sagen Sie, was hat Ihnen Philippe Lore noch erzählt?», fragte er schließlich, ohne aufzusehen.

«Nichts, was Sie nicht schon wissen, denke ich. Auch er wollte Meister Augereau dazu bewegen, wegzugehen. Seien Sie sich bewusst, dass dieser Mann mit weit offenen Augen seinem Schicksal entgegenging. Niemand hätte ihn vom Weg abbringen können, für den er sich entschieden hatte. Zweifellos hatte er gehofft, nicht verhaftet zu werden. Und als es doch geschah, kämpfte er Schritt für Schritt darum, freigesprochen zu werden. Aber er vergaß nicht, dass es gefährlicher war, Schützling der Königin von Navarra zu sein, als wie im Falle Robert Estiennes derjenige des Königs.»

Sie kamen zum Zoll.

«Meister de Vingle», rief der Aufseher von weitem, als er ihn sah, «Ihr Papier ist da!»

Sie traten näher, während der Aufseher auf die Ballen unter dem Vordach zeigte.

«Gestern Abend ist es gekommen. Wir befolgten Ihre Anweisungen. Treten Sie ein, wir wollen die amtlichen Dinge erledigen.»

Den Behördenkram erledigen, das Maultier beladen, sich vergewissern, dass die Ballen gut festgezurrt waren – das alles nahm eine gewisse Zeit in Anspruch. Dann schlug Pierre de Vingle vor, noch etwas zu essen, bevor sie aufbrachen.

«Vor allem habe ich Durst.»

Meister Garamond stimmte mit einer Kopfbewegung zu. Als sie sich gesetzt hatten, begann der Mann aus Paris endlich zu reden. Und er wunderte sich über ihn.

«Der Bogen, den Sie mir zum Setzen gegeben haben, ist fertig. Mir scheint allerdings, dieses Neue Testament sei ziemlich flüchtig durchgesehen worden. Es ist nicht schlechter als dasjenige Meister Lefèvres, aber einem Vergleich mit dem bereits gedruckten Alten Testament hält es nicht stand.» Schweigen. «Schade, dass ich nicht früher gekommen bin. Dann hätten wir diese Bibel mit Meister Antoines Schrift drucken können; stattdessen ist der Heilige Text von morgen in der gotischen Schrift von gestern gedruckt. Und Meister Augereau ist doch gestorben, weil er an diese Bibel glaubte. Was er geschaffen hat, nannte er die Buchstaben der Neuen Zeit, dazu bestimmt, allen das Lesen zu erleichtern. Es wäre eine wohlverdiente Ehrung gewesen, wenn man seine Schrift verwendet hätte.»

Pierre de Vingle begnügte sich mit einem Schulterzucken. Er fand es zwecklos, darauf hinzuweisen, dass die Herren Theologen damit nicht einverstanden gewesen sein könnten und dass auch er Bedenken hatte. Da war es besser, das Thema zu wechseln.

«Wir drängten bei Meister Olivétan darauf, mit der Arbeit fertig zu werden. Man wartet auf die französische Bibel. Sie haben gesehen, wie schnell die Drucker und Korrektoren arbeiten und die Leute, die die Begriffe in Verzeichnissen auflisten, damit man sie leichter findet. Aber Sie haben Recht: Beim Alten Testament hat er sorgfältiger gearbeitet.» Er sah ihn von unten an, mit einem schelmischen Lächeln. «Sagen Sie, Meister Garamond, wie kommt es, dass Sie Meister Lefèvres Bibel so gut kennen? Ich dachte, sie sei verboten? Und haben Sie nicht gesagt, sie hätten nichts mit Theologie zu tun?»

Claude Garamond deutete eines seiner seltenen Lächeln an, und man sah eine Schalkhaftigkeit aufblitzen, die zu normalen Zeiten für dieses feine, zum Lachen bestimmte Gesicht üblich sein musste.

«Stellen Sie sich vor, ich habe schon an der ersten Ausgabe dieser Bibel mitgewirkt, als wir die Arbeit wegen Meister Lefèvres Flucht nach Straßburg unterbrechen mussten. Und Sie glauben wohl kaum, man könne mit Robert Estienne befreundet sein, ohne ein Exemplar dieser Bibel zu besitzen? Ich lese sie seit Jahren.»

«In Ihren Erinnerungen erwähnen Sie das nicht.»

«Weil ich versuchte, nur dann von mir zu reden, wenn mein Leben mit jenem Meister Augereaus in Berührung kam. Ich habe im Gegenteil zu viel über mich geredet. Außerdem ist diese Bibel verboten, und als das Parlament begann, Läden und Wohnungen durchsuchen zu lassen, hat meine Frau sie sehr gut versteckt.»

«Und Sie glauben nicht, die Tatsache, die Bibel auf Französisch zu lesen, mache Sie zu einem Evangelischen?»

«In meinen Augen nicht. Es sind die anderen, die mich abstempeln.

Ich persönlich wollte als lausiger Lateiner einfach Gottes Wort besser verstehen. Mir gefällt der Ausdruck, den Meister Olivétan verwendet, muss ich sagen. Das Ewige. Das passt zum Allerhöchsten.»

«Kommen Sie bloß nicht auf den Gedanken, in Paris zu häufig davon Gebrauch zu machen.»

Meister Garamond seufzte.

«Ich verabscheue Auseinandersetzungen. Vielleicht ist es Feigheit, aber der Gedanke, über solche Dinge zu streiten ... Und ich sage Ihnen noch einmal, dass ich zwar die französische Bibel gerne mag, aber dennoch nicht auf die Messe und auf mancherlei anderes verzichte, was Sie Aberglaube nennen.»

Sie leerten ihre Becher, kehrten zum Zoll zurück, nahmen Ihre Ware in Empfang und machten sich auf den Weg.

Schon nach wenigen Schritten – diesmal führte Claude Garamond das Maultier am Zügel – ertönte hinter ihnen eine kräftige Stimme:

«Einen schönen guten Tag wünsche ich Ihnen, Pierre de Vingle!»

Die zwei Drucker drehten sich um. Mit seinem langen, beinahe weißen Bart, schütteren Haar, abgezehrten Gesicht, und hochgewachsen, wie er war, hatte der Neuankömmling alles von einem Prediger. Dass dieser mit den Worten «Guten Tag, Meister Marcourt» begrüßt wurde, schien Claude Garamond nicht zu wundern. Pierre de Vingle hatte sich flüchtig gefragt, ob Garamond in Marcourt den Mann erkannte, den er ein Plakat fressen lassen wollte. Die Feindseligkeit, die sich auf dem Gesicht des Parisers abzeichnete, war Antwort genug: harten Blickes sah er denjenigen an, den er für das Unglück verantwortlich machte, das über die Pariser hereingebrochen war.

Meister Marcourt ließ sich von diesem Blick nicht beirren und musterte sein Gegenüber mit offenkundiger Neugier.

«Eine weitere Verstärkung?»

Claude Garamonds Stimme wurde plötzlich verächtlich und scharf wie eine Messerklinge. Pierre de Vingle hätte ihm diesen Ton nicht zugetraut.

«Aber keinesfalls. Ich bin Drucker in Paris und einzig deswegen nach Neuenburg gekommen, um Ihnen zu begegnen. Aber nicht, weil ich mich Ihrer Lehre anschließen möchte.»

«Vielleicht könnten Sie sich bei Ihnen zu Hause streiten», beeilte sich Meister de Vingle einzuwerfen, der einen Krach auf offener Straße unbedingt vermeiden wollte. Er kannte seinen Marcourt.

«Sehr gut. Aber ich habe nicht viel Zeit.»

Sie gingen zum Pfarrhaus hinauf. Meisterin Marcourt öffnete ihnen in ihrer üblichen Lebhaftigkeit und führte sie in einen Raum, den sie das Sprechzimmer nannte.

Meister Pierre setzte sich in eine Ecke und sagte nichts mehr.

Antoine Marcourt und Claude Garamond aber standen sich von Angesicht zu Angesicht gegenüber.

«Sie wollten mich also sprechen?»

«Wenn ich Ihnen vor acht Tagen, als ich angekommen bin, begegnet wäre, hätte ich Sie in meiner Wut vielleicht sogar getötet. Aber inzwischen hat sie sich etwas abgekühlt. Mein Schmerz jedoch ist unverändert.»

«Und was habe ich Unrechtes getan?»

«Einen so drastischen Text wie den gegen die Messe verfasst und erlaubt zu haben, dass er als Plakat ausgehängt wurde. Damit haben Sie Dutzenden von Menschen, unter welchen sich auch einige befinden, die mir sehr nahestanden, den Tod gebracht.»

«Ich? Nein, wirklich, Sie scherzen! Ich hätte das nicht geschrieben, wenn mich die Brüder in Paris nicht darum gebeten hätten. Ein Büchlein sollte es werden. Ich habe nicht veranlasst, den Text stattdessen an jeder Straßenkreuzung auszuhängen. Und was meine zu scharfe Ausdrucksweise betrifft, sage ich Ihnen das Gleiche, was ich allen sage, die mir deswegen Vorhaltungen machen: Im Dienst für den HErrn kann nichts scharf genug sein. Wenn Sie den Ruf nicht vernehmen, bedeutet dies, dass Sie kein Auserwählter sind.»

Was für ein sonderbares Argument von jemandem, der zu überzeugen wünschte und wollte, dass seine Botschaft bis ans Ende der Welt gehört und verstanden wurde.

«Ihnen war wohl nicht klar, dass Sie damit ein regelrechtes Massaker auslösen würden? Eine furchtbare Katastrophe?»

«Nicht doch, ich bitte Sie, bringen wir die Dinge nicht durcheinander. Schieben Sie nicht mir die bösen Taten anderer in die Schuhe, der Gefolgsleute der Theologischen Fakultät und ihrer Aufpasser, eines Königs, der sich nie wirklich um seine beklagenswerten Untertanen gekümmert hat. Er steht unter der Macht des Antichristen – aus welchem anderen Grund hätte er den Papst aufsuchen und einen seiner Söhne in die Ehe mit dieser Katharina von Medici, einer Nichte des Pontifex, geben sollen? Ist Ihnen eigentlich klar, dass diese Frau Königin von Frankreich werden könnte? Ein Geschöpf des Vatikans! Nein, glauben Sie mir, diese Verfolgungen sind nichts anders als die Fortsetzung einer alten Methode. Einmal schlägt er mit der Linken zu, ein anderes Mal mit der Rechten, je nachdem, was seine jeweilige Politik gerade erfordert. Sie werden doch nicht etwa Ritter de Berquin vergessen haben?»

«Nein, ich habe ihn nicht vergessen. Damals war man allerdings gerade im Begriff, sich zu verständigen, einen Kompromiss zu finden ...»

«Da haben wir es, ein Kompromiss ausschließlich auf Kosten der Reformierten. Ausschließlich auf Kosten der wahren Kirche Christi. Es war höchste Zeit, diesen Machenschaften Einhalt zu gebieten. Wie kommen Sie überhaupt dazu, mir auch nur den geringsten Vorwurf zu machen, kleiner Mann? Es ist unsere Pflicht, dem Nächsten ohne Rücksicht auf Gefahren Irrtümer und Lügen aufzuzeigen.»

«Sie doch nicht! Sie sind hier, den Gefahren waren andere ausgesetzt.»

«Frohgemut würde ich in den Tod gehen, um das Wort Gottes zu verteidigen. Nichts darf seiner Verbreitung im Wege stehen. Ich war das Auge der Blinden. Die Texte gegen die Missbräuche der Messe habe ich geschrieben, um Klarheit zu schaffen, und sie waren eine Warnung.»

«In der Tat, gewarnt wurden das Parlament und die Theologen, es sei Zeit, durchzugreifen.»

«Wo ist dein Glaube, Bruder? Als Zeugnis unseres Glaubens müssen wir frohen Herzens unser Leben Gott opfern!»

Claude Garamond stand auf. Seine Lippen waren zusammengekniffen und die Pupillen so verengt, dass nur noch das Gelbe zu sehen war. Unwillkürlich stand auch Pierre de Vingle auf. Doch der Zorn seines Gastes war tief in seinem Innern.

«Meister Marcourt, man sagt, Sie seien ein großer Prediger und gelehrter Theologe, man hat mir sogar erzählt, Sie seien Augustinermönch gewesen. Ich jedoch, ein armer Handwerker und nicht redegewandt, bin nicht in der Lage, auf Ihre Argumente zu antworten. Doch eines müssen Sie wissen: Mein Glaube ist ganz allein meine Angelegenheit und nicht Ihre. Leute, die mir ungefragt sagen, was ich zu tun habe, waren mir schon immer ein Graus. Sie müssen wissen, dass ich den Extremen misstraue, wo immer sie vorkommen. O nein, ich bilde mir gar nichts ein. Wenn man weder zur einen noch zur anderen Seite gehört, wird man gelegentlich ohne eigenes Zutun Opfer. Dennoch lehne ich Ihre Philosophie ab. Ich finde sie ebenso grausam wie jene der Herren Doktoren an der Sorbonne, für die nur der Galgen ein Argument ist. Sie werden ihn übrigens bald auch kennen lernen, wenn Sie so weitermachen, das prophezeie ich Ihnen. So, das ist es, was ich Ihnen sagen wollte, auch wenn es höchstwahrscheinlich nichts nützt. Sie sind so sehr von sich selbst und Ihrem Recht als guter Christ eingenommen, dass Sie mich vergessen haben werden, bevor ich diese Tür hinter mir geschlossen habe.»

Rasch verließ er den Raum, während Antoine Marcourt fassungslos zurückblieb und die Türe anstarrte, als ob sie ihm etwas sagen wollte.

«Wer ist dieser Kerl? Etwa ein Papist?»

«Nein, Meister. Eine neue Sorte Mensch, aus den malosen Verfolgungen hervorgegangen, die ganz Frankreich verwüsten, seit Ihre Plakate öffentlich ausgehängt wurden. Ich habe es schon früher gesagt und sage es noch einmal: Ich glaube, dass unsere französischen Brüder einen Fehler gemacht haben, als sie Ihre Texte öffentlich aushingen. Aber ich weiß, dass Sie für den Aushang nicht verantwortlich sind.»

«Ich war dafür, das will ich nicht verheimlichen. Aber dieser Mann ...»

«Dieser Mann ist einem Schmerz ausgeliefert, mit dem er nicht fertig wird. Und ich sage es Ihnen noch einmal. Mit hohlen Predigten ist er nicht zu gewinnen.»

Er spürte, wie ihm langsam die Galle hochkam, und fand es klüger, die Sache auf sich bewenden zu lassen, bevor er die Selbstkontrolle verlor und Dinge sagte, die er nicht mehr würde zurücknehmen können. So verließ auch er das Haus, ohne sich vom Pfarrer und seiner Frau zu verabschieden, denen sein Abgang einiges Stirnrunzeln verursachte.

Draußen fand er Claude Garamond damit beschäftigt, das Maultier zu streicheln und ihm unverständliche Worte zuzuflüstern. Er war so abwesend, dass er de Vingles Anwesenheit gar nicht bemerkte.

«Als jemand, der kein Prediger ist, schlagen Sie sich ganz gut.»

Claude Garamond sah auf.

«Ich habe Ihnen hoffentlich keinen Ärger gemacht, Meister. Ich musste einfach reden. Fanatiker machen mich rasend, und ich weiß nicht warum, aber immer sind sie es, denen schließlich die Welt gehört. Es sind ein paar gewissenlose Phantasten, die glauben, in unserem Namen, aber ohne uns gefragt zu haben, handeln zu können, und die uns anschließend eine Spur von Blut und Asche hinterlassen. Die meisten, die dafür bezahlen, sind unschuldig, sie wussten nicht, was geschah.»

«Die Fanatiker gewinnen für eine gewisse Zeit die Oberhand. Aber nicht für immer. Extreme Ideen verbrauchen sich. Und jene, die sie vertreten haben, sind die gleichen, die sich wieder von ihnen abwenden. Aus Überdruss oder Anpasserei. Machen Sie sich nichts daraus. Sie haben es ja selber gesagt: Meister Marcourt wird Sie schon in zwei Stunden vergessen haben.»

«Ich möchte Sie bitten, ihm meine Erinnerungen zu lesen zu geben, wann immer Sie die Zeit dafür als gegeben erachten. Man weiß ja nie.»

«Er könnte sie ins Feuer werfen statt sie zu lesen. Können Sie denn darauf verzichten?»

«Ich habe drei Exemplare. Die zwei anderen befinden sich bei Hieronymus Froben in Basel. Sie nach Paris mitzunehmen, scheint mir zu gefährlich. Eines Tages vielleicht, wer weiß ...»

Sie gingen weiter.

Claude Garamonds Stimmung schien sich aufgehellt zu haben, jedenfalls wirkte er nicht mehr so düster.

«Sagen Sie, Meister de Vingle. Neulich habe ich das *Bekenntnis und Anlass für Meister Bedas Glauben* auf einem Tisch liegen sehen. Kam es von hier?»

Pierre de Vingle lachte von Herzen.

«Ja. Meister Pierre Viret und Meister Antoine Marcourt haben es geschrieben. Ich mag das kleine Büchlein sehr.»

Dann lachte auch Meister Garamond, zum ersten Mal seit seiner Ankunft.

«Auch ich mochte es sehr. Die Pariser Drucker, die der schreckliche Beda so sehr quälte, hatten alle ihre Freude daran. Sie fühlten sich gerächt.»

«Es wird darin allerdings in aller Klarheit die evangelische Lehre vertreten.»

«Jetzt, da Sie es sagen ... ich hatte es anders gelesen – wir alle bei uns in der Werkstatt übrigens.»

Sie schwiegen wieder, und man hörte nur das Knirschen ihrer Schritte.

«Was haben Sie nun vor, Meister Garamond?»

«Wenn Sie mich noch brauchen, stehe ich Ihnen sehr gerne zu Diensten. Dann kehre ich nach Frankreich zurück.»

«Gestern erhielten wir Meister Calvins Vorwort zur Bibel, er nennt es sein *Privileg*. Wenn Sie es setzen könnten, käme mir das gelegen. Länger will ich Sie nicht für mich missbrauchen.»

«Sie missbrauchen mich nicht. Falls man uns immer noch an der Ausübung unseres Berufes hindern sollte, gehe ich nach Fontenay meine Mutter besuchen, die zur Zeit noch nicht nach Paris zurückkehren kann, man hat sie aus der Stadt ausgewiesen. Und ich muss über meine Religion nachdenken. Ich kann Ihnen allerdings jetzt schon sagen, dass ich, wofür ich mich auch immer entscheide, niemals ein Eiferer sein werde. Falls ich mich dem Evangelismus anschließen sollte, wird es in aller Stille geschehen.»

«Wir sind längst nicht alle dafür gemacht, Waffen zu tragen.»

«Und Sie, Meister?»

«Wenn die Bibel fertig ist, ist auch meine Aufgabe hier erfüllt. Meister Farel wollte, dass ich deswegen nach Neuenburg komme, in ein, zwei Monaten werde ich weiterziehen, aber nicht nach Frankreich. Ich mag, offen gesagt, Antoine Marcourt auch nicht besonders, und der Gedanke, nicht mehr von ihm abhängig zu sein, missfällt mir keineswegs.»

Sie sahen sich an, ihr Lächeln drückte Einverständnis aus.

Für den Rest des Weges sprach niemand mehr.

Am gleichen Abend begann Claude Garamond, das *Privileg* jenes jungen Mannes zu setzen, der es verstand, ihm seit einiger Zeit immer wieder über den Weg zu laufen.

«Dieser Text ist großartig», sagte er anderntags früh, als sich Pierre de Vingle und er in der Küche trafen. Seit er hier war, hatte die Magd mehrmals gesagt, Meister Garamond stehe vor ihr auf, das Feuer brenne immer schon, wenn sie herunterkomme. Pierre de Vingle hatte das selber auch festgestellt, wenn er, wie an diesem Tag, früh aufstand.

«Was er gegen die Doktoren der Theologie sagt, ist triftig: *Das sind*

*Leute, die ihr ganzes Leben lang immer ihre Pflicht erfüllt haben, sie konnten auf die ergiebigen Quellen ihrer Klugheit und ihres Wissens zählen; dennoch haben sie auf halbem Weg aufgegeben.* Das trifft ziemlich genau die Vorstellung, die man von ihnen hat.»

«Mit der Zeit werden Sie auch für die anderen Argumente Meister Calvins und der Reformierten empfänglich sein. Für die Forderung, das Lesen der Bibel in einer leicht verständlichen Sprache müsse allen, Männern und Frauen, Gebildeten und Ungebildeten erlaubt sein.»

«Keine Frage. Ich glaube allerdings, von dieser Sache seit langem überzeugt zu sein. Lefèvre d'Étaples sagt es in jedem der Bücher, an deren Druck ich mitgewirkt habe.»

Noch am gleichen Abend holte Meister Garamond sein Pferd. Als am anderen Morgen die Sonne aufging, hatte er Neuenburg bereits verlassen.

«Ich werde von Süden her nach Frankreich zurückkehren. Und während ich darauf warte, meinen Beruf – baldmöglichst, hoffe ich – wieder ausüben zu können, gehe ich nach Nérac und anschließend nach Fontenay hinauf zu meiner Mutter. Dann werde ich weitersehen. Ich habe mich erkundigt. Der Weg das Rhonetal hinunter ist nicht besonders schwierig, man begegnet immer wieder Geleitzügen. Ich werde Meister Lefèvre besuchen und meinen Freund Oudin, und wenn ich kann, möchte ich auch der Königin von Navarra die Leviten lesen. Ich finde, sie habe nicht ihr Menschenmögliches getan, um ihren Drucker zu retten, den sie gewissermaßen dazu gezwungen hatte, ihr Buch zu drucken. Ihren Drucker. So sind die Könige. Wahrscheinlich wird sie nicht den geringsten Wert auf das legen, was ich ihr zu sagen habe. Aber tun werde ich es auf jeden Fall.»

Er legte eine Hand auf Pierre de Vingles Schulter.

«Danach, hoffe ich, dem Geist meines Meisters Frieden gebracht – und ihn gerächt – zu haben. Dann bleibt mir nur noch, das am schwersten einzulösende Versprechen zu halten: Schriften zu schneiden, die genauso schön sind wie seine.»

«Ich bin sicher, dass Ihnen das gelingt. Sie haben die Hand, das Auge und den Formsinn dafür, das sieht man. Ich wünsche Ihnen eine schöne Zukunft als Schriftschneider.»

«Danke, Meister Pierre. Ich wünsche Ihnen eine schöne Zukunft als Drucker. Gott beschütze Sie.»

Sie umarmten sich.

Meister Garamond bestieg sein Pferd und ritt davon. An der Wegbiegung blickte er zurück, und die beiden Männer winkten sich mit einem letzten Lächeln zu.

Der Weißdorn blühte, die Schwalben zwitscherten am rosaroten Himmel, und weiter unten wurde der See langsam heller. Es würde bestimmt ein schöner Tag werden, und für den Reisenden ein angenehmer dazu.

*Claude Garamond,*
*porträtiert von Léonard Gaultier*
*(höchstwahrscheinlich aus Guillemette Gaultiers Familie)*

## Antoine Augereau entdecken

> «... Die Geschichte, so wie man sie noch
> heute versteht, vermag uns niemals einen
> wirklich genauen Eindruck jener Epoche zu
> verschaffen, die sie zu beschreiben vorgibt.
> Die politischen Ereignisse, die sie aufzeichnet,
> sind in Wirklichkeit nichts anderes als
> Zufälle im Dasein eines Volkes ...»
> 
> Alfred Franklin
> in *Das Alltagsleben von damals: Die Küche* (1888)

Antoine Augereau, Verleger, Humanist, Intellektueller und Handwerker, Erfinder und Pädagoge, müsste uns eigentlich ebenso vertraut sein wie sein glänzender Schüler Claude Garamond. Doch diese herausragende historische Gestalt, den die Umstände ins Zentrum der ausschlaggebenden Ereignisse seiner Zeit gestellt hatten und dessen Weg denjenigen einiger der größten Geister seiner Epoche kreuzte, war fast vollständig aus der Geschichte gelöscht worden. Sein Name hat einzig in protestantischen Märtyrerverzeichnissen überlebt und wurde – bestenfalls als Gerücht – von den frühesten Typographiehistorikern überliefert.

Guillaume Le Bé schrieb 1643 über die römischen Druckbuchstaben: «[...] jene Art [...], von [Aldo] Manuzio vorangetrieben, wurde in Frankreich und insbesondere im Lyon und im Paris der Jahre 1480 und 1500 von einem gewissen Augereau unverzüglich angewandt und nachgeahmt.»[1] Und

---

[1] Carter, Harry (ed), *Sixteenth Century French Typefounders: The Le Bé Memorandum*, 1967. Der allererste Drucker in Frankreich, der römische Schriften verwendete, war Josse Bade im Jahr 1492, gefolgt von Geoffroy Tory und Simon de Colines. Diese Drucker der ersten Stunde waren im Grunde aber nicht an der Ästhetik, am «Design», wie man heute sagen würde, der Buchstaben interessiert. Es war weder Bade noch Tory (dessen *Champ Fleury* zwar prophetisch war bezüglich der Theorie, nicht aber in der Art und Weise, wie es gedruckt worden war), und auch nicht Simon de Colines, die die typographische Revolution durchgeführt haben, deren Auswirkungen noch heute zu spüren sind.

fünfundvierzig Jahre später, 1689, schreibt der erste echte Historiker der französischen Typographie, Jean de la Caille: «Augereau war einer der ersten, der Stempel für römische Buchstaben schnitt, während zu jener Zeit sonst fast ausschließlich mit gotischen Lettern gedruckt wurde.»[2] Außer ihm werden noch andere Namen genannt, an erster Stelle aber immer er.

Zwischen dem 18. und 20. Jahrhundert war von ihm nur in gelehrten, meist unveröffentlichten Studien die Rede. Zum ersten Mal in dieser Periode wird er 1926 in einem Artikel der Typographie-Historikerin Beatrice Warde zitiert.[3]

Die eigentliche «Auferstehung» Antoine Augereaus indessen geschah dank Jeanne Veyrin-Forrer, Konservatorin der Französischen Nationalbibliothek und lange Zeit Leiterin des dortigen Archivs für Buchdruck. Um Augereau aus der Vergessenheit zu holen, stützte sie sich nicht nur auf ihre eigenen Recherchen, sondern auch auf die damals noch unveröffentlichten Arbeiten eines Mannes, der Antoine Augereau (ebenso wenig wie die anderen Drucker des 16. Jahrhunderts) nicht vergessen hatte: Philippe Renouard (1862–1934). Während mehr als eines halben Jahrhunderts erarbeitete dieser unermüdliche Forscher (der von seinem Vater Antoine-Auguste Renouard umfangreiche Arbeiten zu diesem Thema geerbt hatte) einen vollständigen Katalog aller Drucker, Schriftschneider, Gießer und Buchbinder im Paris des 16. Jahrhunderts und ebenso ihrer Bücher: ein gewaltiges Werk, dessen Veröffentlichung sich seit vierzig Jahren hinzieht und immer noch nicht vollendet ist.[4]

Unterdessen sprechen auch andere Gelehrte von Augereau, unter ihnen der große Erneuerer der Typographiegeschichte, Stanley Morison. Seiner Meinung nach hat Augereau «Unsterblichkeit verdient»[5].

---

2  La Caille, Jean de, *Histoire de l'imprimerie et de la librairie*, 1659/1972
3  Warde, Beatrice ( unter dem Namen Paul Beaujon), The GaramondTypes, Sixteenth and Seventeenth Century Sources Reconsidered, in Le Fleuron v, 1926. Ich habe diesen Beitrag nicht gelesen, da er in keiner der mir zugänglichen Bibliotheken zu finden war. Doch wird er häufig im Sinne eines Wendepunktes zitiert.
4  Renouard, Philippe, *Imprimeurs et libraires parisiens du XVIe siècle*, 1964– ...
5  Morrison, Stanley, *L'Inventaire de la Fonderie Le Bé*, 1957

—

Wenn es darum geht, über das Leben von Personen, die vor langer Zeit gelebt haben, einen Roman zu schreiben, muss die Gegenwart der Vergangenheit auf eine Art rekonstruiert werden, die Ähnlichkeiten aufweist mit der Arbeitsweise der Anthropologen, der Historiker und durchaus auch des Recherchierjournalismus.

Wir werden gelehrt, historische Tatsachen in Scheibchen zu schneiden und sie ohne Beug zueinander zu betrachten; dabei geht verloren, dass sie eben doch etwas miteinander zu tun haben könnten. Diese Bezüge müssen wiederhergestellt werden, damit das Bild eines Alltags entstehen kann, der zwar anders aussieht, in dem die Leute aber nicht grundsätzlich anders waren als wir: wie wir froren sie, hatten sie Hunger, sie liebten wie wir, sie lachten, wenn sie weite Wege gingen oder lange arbeiteten, wurden sie müde, sie waren neugierig und so weiter und so fort.

Ein Beispiel: Verstreut in verschiedenen Büchern finde ich folgende Informationen:

- Antoine Augereau wurde um 1480 in Fontenay-le-Comte geboren.
- Fontenay, ein Marktflecken mit vier- bis fünftausend Einwohnern, ist auch die Heimat von André Tiraqueau, einem angesehenen Rechtsanwalt des 16. Jahrhunderts, und von Jean Brisson, einem der großen Erneuerer der Medizin jener Zeit;
- Antoine Augereaus Mutter, aus einer Ärztefamilie stammend, ist mit den Tiraqueaus verwandt;
- André Tiraqueau ist einer von Rabelais' besten Freunden;
- Rabelais war Franziskaner in Fontenay;
- Alle diese Leute sind mehr oder weniger gleich alt.

Man dürfte inzwischen erraten haben, auf welche Frage ich hinaus will: Ist es denkbar, dass sich Rabelais und Augereau gekannt hatten? Um diese Frage zu beantworten, war es notwendig, das Fontenay von 1520 wieder entstehen zu lassen. Ich machte einen Rundgang durch die Stadt, ging durch die Rue des Loges (bereits außerhalb der Mauern), ich ging die zwei- oder dreihundert Meter bis zur Grenze zwischen dem damaligen Fontenay und dem Kloster der Cordeliers, wo Rabelais Priester und Franziskanermönch war. Am Ende der Übung war klar, dass es sich räumlich um eine nur sehr kleine Welt handelte. Je nachdem, wie schnell man geht, braucht man zu Fuß eine bis zwei Stunden bis zum Benediktinerkloster in Maillezais, wo Rabelais um 1524 Zuflucht fand, nachdem er die Franziskaner verlassen hatte. Wir werden uns also bewusst, dass wir es mit einem Ort mit kompakter Kultur (und mit weitherum bekannten Märkten, auf denen sich das Wirtschaftsleben abspielte) zu tun haben, wo sich zwangsläufig alle kannten, einschließlich und mit an Gewissheit grenzender Wahrscheinlichkeit auch Augereau und Rabelais.

Was Paris betrifft, spreche ich von einer Stadt, die sich grundlegend von der heutigen unterscheidet. Saint-Germain-des-Prés oder Montmartre liegen noch «außerhalb». In der Stadt wohnen nach Schätzungen um die dreihunderttausend Personen auf einer Fläche, die in etwa dem ersten, zweiten und dritten Arrondissement rechts der Seine und dem fünften und sechsten am linken Ufer entspricht (wobei das, was heute der Boulevard Saint-Germain ist, damals größtenteils noch außerhalb der Stadtmauern lag). Diese sehr ungefähre Begrenzung zeigt auf jeden Fall, dass jenes Paris sehr klein war – kleiner als die Städte mit dreihunderttausend Einwohnern, wie wir sie heute kennen, denn damals lebten die Leute auf viel engerem Raum zusammen. Diese Kleinheit des Raumes hat andere zwischenmenschliche Beziehungen zur Folge, man kennt sich einfach. Und in einer Welt ohne Zeitungen und ohne Telefon spielen die Gerüchte, das Hörensagen und das Gerede – kurz, die persönlichen Kontakte – eine wesentliche Rolle.

—

In diesem Rahmen sehen wir schnell, dass Antoine Augereau vom Schicksal ins Zentrum der sich abzeichnenden humanistischen Bewegung gestellt worden ist.

Ich habe versucht, seinen Weg aufzuzeigen, von Fontenay nach Poitiers und von dort nach Paris bis auf die verhängnisvolle Place Maubert am 24. Dezember 1534.

Ich muss zugeben, dass ich mehrmals den Eindruck hatte, in einer Art Epos zu leben, im *Befreiten Jerusalem* von Tasso oder im *Don Quijote* von Cervantes zum Beispiel, wo die Leute zwar lange Reisen unternehmen, sich aber dennoch immer wieder irgendwo innerhalb des Raumes begegnen, den sie erkunden. Ich habe die Orte nicht nach den Figuren ausgewählt, die ich «inszenieren» wollte. Ich habe die Entdeckung gemacht, dass mir auf den von der Geschichte vorgegebenen Wegen, die ich wieder lebendig werden lasse, unter den vielen Leuten, die sie bevölkern, ständig Figuren begegnen, die sowohl in der Geschichte als auch in meinen Geschichten eine Rolle spielen. Zwei Beispiele: Meister Henri Estienne habe ich mit Garamonds Lehre in Verbindung gebracht, weil mir der Schriftdesigner George Abrams, der das Problem studiert hatte, darlegte, dass Augereau dort gearbeitet haben muss. Dann stellte ich fest, dass Estienne der Drucker von Jacques Lefèvre d'Étaples war und dass in den Jahren von 1510 bis 1512 jenes Buch gedruckt wurde, die *Kommentare zu den Paulusbriefen,* das den geistigen Umbruch in Frankreich prägte. Ein weiteres Beispiel: Pierre de Vingle, der die Aushängezettel gegen die Messe gedruckt hatte, ist der Schwiegersohn Claude Nourrys, des Druckers des *Pantagruel*. Außerdem druckte er die Bibel Pierre Olivétans, eines Cousins von Calvin. Und so weiter. Diese «romanhaften» Zufälle kommen in Wirklichkeit im Leben viel häufiger vor, als es die Skeptiker wahrhaben wollen.

Ich möchte im Übrigen festhalten, dass die religiösen Gefühle, die in dieser Geschichte geäußert werden, nicht die meinen sind. Ich habe zu zeigen versucht, wie Leute reagiert haben, wenn sie vor einer Entscheidung standen; wie ein Mann, der abgesehen von seinem außergewöhnlichen Talent als Schriftschneider ziemlich gewöhnlich ist, nach und nach – durch die Umstände bedingt und ohne sich dessen bewusst zu sein – der neuen Religion näher kommt. Vor allem in Frankreich hofften große Denker und kleine Leute lange Zeit auf eine Verständigung zwischen Evangelismus und Katholizismus. Jene, die auf Anhieb den Stab gebrochen haben (Guillaume Farel zum Beispiel), sind in der Minderheit. Für viele andere ist ein Bruch für lange Zeit kein Thema, sie träumen von Versöhnung und Harmonie und sind nicht in der Lage, die Unbeugsamkeit der Kirche Roms zu begreifen. Das heißt, dass ihnen etwas nicht bewusst war, was uns mit dem zeitlichen Abstand selbstverständlich erscheint: die Tatsache, dass sie – reichlich verworren noch – das Recht auf individuelle Gewissens- und Entscheidungsfreiheit forderten, im Gegensatz zum kollektiven Bewusstsein des Mittelalters unter der Ägide der katholischen Kirche. Von diesen Leuten ist hier die Rede.

—

Wie immer, wenn man beabsichtigt, aufgrund einiger weniger Überbleibsel eine Person neu zu erschaffen, kommt als einziger gangbarer Weg nur der Versuch in Frage, die Umgebung einer solchen Person in ihrer eigenen Logik aufleben zu lassen, und von allgemeinen Verhaltensweisen auf persönliche Handlungen zu schließen. (Dabei entstehen zwangsläufig Anachronismen, weil man aus Unachtsamkeit oder Unwissen etwas aus der heutigen Zeit in die Vergangenheit verlegt, die man neu erschaffen will.)

Insbesondere dank der außergewöhnlichen Forschungsarbeit, die der Historiker Alfred Franklin im 19. Jahrhundert leistete, als er in allen Einzelheiten das Alltagsleben der Pariser Bevölkerung vom 13. bis zum 19. Jahrhundert studierte, weiß man über das gesellschaftliche Leben jener

Zeit recht gut Bescheid. Die Masse von Einzelheiten und Querverweisen, die er für alle Bereiche des Daseins liefert, ergeben ein ziemlich klares Bild jenes Rahmens, in welchem sich die Figuren entfalten sollen.

Anders ist es bezüglich der Personen selbst und insbesondere bezüglich derjenigen, die uns interessieren.

Es hat sich in der Tat herausgestellt, dass weder für Antoine Augereau noch für seinen Lehrling Claude Garamond bis 1540 ein einziges amtliches Dokument existierte. Das Zentralregister der Pariser Notariatsdokumente war von François I. erst im Jahr 1535 eingeführt worden, und die Vorschrift, wonach alle Abschriften amtlicher Dokumente dort zu hinterlegen seien, trat 1537 in Kraft. Schon 1437 hatte indessen eine Weisung von Notaren verlangt, «Register und Protokolle» von Testamenten und Verträgen, die sie erhielten und weitergaben, anzulegen, und «dieselbigen sorgfältig aufzubewahren». Doch wurde diese Anordnung kaum befolgt, weshalb viele Verträge verschollen sind. Von den aus der Zeit vor 1537 erhaltenen Unterlagen befinden sich viele in einem erbärmlichen Zustand und sind – wenn überhaupt – nur schwer lesbar. So konnte ich beispielsweise den Hinweis in einer namenlosen Biographie nicht überprüfen, der Garamonds Vater zu einem Tuchhändler macht. Ich habe dies schließlich doch als erwiesen angenommen. Tatsächlich fehlt bezüglich Garamond mit Ausnahme der Erwähnung seiner Lehre bei Augereau zunächst jede amtliche Spur, und erst 1540 ist der durch die Vermittlung Robert Estiennes zustande gekommene Vertrag über das Schneiden der «Griechischen des Königs»[6] dokumentiert. Nach diesem Datum jedoch verfügen wir über eine große Zahl von Verträgen.

---

6  Meine Recherchen wurden durch die Tatsache erschwert, dass während der ganzen Zeit der Niederschrift dieses Buches das Zentralregister der Notare von Paris neu angelegt und neu organisiert wurde. Die Dokumente waren nur schwer zugänglich, vor allem, wenn man gewissermaßen blind, das heißt ohne Kenntnis des Namens des Notars suchte, die Verträge beispielsweise für Garamonds Vater hätte ausgefertigt haben können. Dazu wären Recherchen notwendig gewesen, die meine Mittel bei weitem überstiegen.

Keine Hinweise gibt es außerdem auf Verträge, die Augereau mit jenen Druckern abgeschlossen haben muss, auf deren Rechnung er arbeitete. Da uns diese Dokumente fehlen, dürfen wir auch nicht annehmen, jene Bücher, die zwar mit Augereaus Schriften gedruckt wurden, von ihm als Drucker aber nicht signiert sind, seien anonyme Werke von ihm. Möglicherweise hat er Druckschriften anderen verkauft oder für andere hergestellt, insbesondere an Galiot du Pré, der als Drucker von Texten dieser Art dokumentiert ist. Das Zentralregister jener Zeit war noch sehr lückenhaft.

—

Dies bringt mich zur heiklen Frage, welche Druckschriften in der Zeit vor Augereaus Tod dem Schüler und welche dem Meister zuzuordnen seien.

Die Buchstaben, die man später «Garamond» nannte, tauchen erstmals um 1530 bei Robert Estienne auf. Weil Robert Estienne später mit Garamond zusammenarbeitete, schrieb man letzterem die Urheberschaft zu. Aber bewiesen ist das nicht.

«... Die neuartigsten römischen Druckbuchstaben in unserem Land wurden als Erstes von Robert Estienne verwendet, sie sind einer Aldina von 1495 nachempfunden. Es handelt sich um eine kleine Canon und um eine fette Römische, die ab 1530 zu sehen sind und die ein Jahr später durch eine weitere mit kleinerem Schriftgrad ergänzt wird, der Augustea (sie entsprechen ungefähr unseren Schriftengrößen 24, 15 und 12 Punkt). Bezüglich des Namens desjenigen, der sie geschnitten hat, kommt man leider über Spekulationen nicht hinaus. Ausgehend von ihrer zeichnerischen Qualität und ihrer Ähnlichkeit mit dem als solches identifizierten Werk Garamonds und insbesondere unter Berücksichtigung der in den Besitz Robert Estiennes übergegangenen berühmten ‹Griechischen des

Königs›, die eindeutig von Garamond stammen, hat man die drei Schriften oft unserem berühmten Schriftschneider zugesprochen.»[7]

Laut alten Dokumenten arbeitete Claude Garamond zu jener Zeit allerdings bei Claude Chevallon. Und die Quellen sagen, dass Garamond nach Chevallons Tod im Jahr 1537 weiter für seine Witwe tätig war. Zu beachten wäre noch, dass bei Chevallon zwischen 1525 und 1535, also zu einer Zeit, als Garamond für ihn arbeitete, römische Druckschriften auftauchten, die nicht so perfekt waren wie jene, die Garamond unzweifelhaft nach 1540 herstellen sollte. Eine gewisse Ähnlichkeit mit Letzteren war zwar gegeben, doch unterschieden sie sich von den Schriften, die von Antoine Augereau geschnitten und von Robert Estienne verwendet worden waren.

«Es ist außerdem festzustellen, dass Garamond vor 1540 in keinem der bis jetzt aufgefundenen Verträge als der führende Kopf der Pariser Szene genannt wird, und dass die Buchstaben, die in den bis jetzt bekannten Spezimen[8] mit dem Namen ‹Garamond› gekennzeichnet sind, trotz ihrer Ähnlichkeit nicht identisch sind mit jenen Estiennes.»[9]

Mehr oder weniger zur gleichen Zeit tauchte auf dem Markt das auf, was Nicolas Barker als «photographische Kopie» der von Robert Estienne benutzten Schriften bezeichnet hat. Bei diesen handelt es sich eindeutig um das Werk Antoine Augereaus, des Meisters des Schriftschneiderhandwerks und anerkannten Erneuerers, aus der Zeit, als er auf eigene Rechnung arbeitete.

Es ist ziemlich erstaunlich, dass bis jetzt niemand die Hypothese aufgestellt hat, Antoine Augereau könnte Estiennes Druckschrift geschnitten haben. Robert Estienne hatte deren exklusive Nutzung gewünscht. Um 1528–1530 befindet sich Augereau auf dem Höhepunkt seiner künstle-

---

7  Veyrin-Forrer, Jeanne, «Antoine Augereau, graveur de lettres, imprimeur et libraire parisien († 1534)», in *La Lettre et le Texte*, 1987
8  Ein Spezimen ist ein gedruckter, für den Verkauf der Schriften bestimmter Katalog mit Musterdruck und dem Namen des jeweiligen Schriftschneiders
9  Veyrin-Forrer, Jeanne, a.a.O.

rischen Reife, während Garamond laut Quellen immer noch ein unbedeutender Geselle ist. Man könnte (da wir uns *ohnehin* auf dem Boden der Spekulation befinden) ebenso gut vermuten, Augereau habe diese Schrift für Estienne geschnitten und habe sie dann auf der gleichen Basis mit gewissen Korrekturen für sich selber neu angefertigt und damit die versprochene Exklusivität gewährleistet.

Der Schriftdesigner George Abrams hat um 1994 auf der Grundlage der heute auf dem Markt befindlichen Garamond neue Druckbuchstaben entworfen und sie «Augereau» getauft, als Reverenz an unseren Meister Antoine (dieser Namensgebung ist es übrigens zu verdanken, dass Augereau wieder auf der Bildfläche erschienen ist).[10] Ich habe mit Georg Abrams, der 2001 hochbetagt gestorben ist, mehrere Gespräche geführt. Er machte mich, lange bevor ich meinen Roman zu schreiben begann, darauf aufmerksam, dass Augereau, wenn er um 1510 bereits einen Lehrling gehabt haben konnte (das Datum ist überliefert), zu jenem Zeitpunkt um die dreißig gewesen sein müsse, um bis dahin Zeit genug gehabt zu haben:

a) die alten Sprachen (einschließlich des Griechischen) zu studieren und Kleriker zu werden;

b) eine Druckerlehre zu machen;

c) eine Lehre als Schriftschneider zu machen;

e) die Meisterprüfung abzulegen.

Und außerdem: Was tat ein Mann von seiner Bildung zwischen 1510 und 1530?

George Abrams hatte darauf eine klare Antwort: Augereau hatte als Schriftschneider und Drucker bei Henri Estienne gearbeitet, dann bei dessen Nachfolger Simon de Colines und schließlich für Robert Estienne, den er schon als Kind gekannt haben muss. Für Abrams ist die Schrift von 1530 zweifelsfrei das Werk Augereaus. Abrams hatte mir das anhand von

---

10 Zu der von George Abrams entworfenen Schrift, siehe Caflisch, Max, «Abrams Augereau», in *Revue typographique suisse* [*Typographische Monatsblätter*], Mai 1997

Illustrationen dargelegt. Leider bin ich nicht in der Lage, diese Erklärungen wiederzugeben, sie stützten sich auf die Form bestimmter Buchstaben und eine Menge Feinheiten, die ich bei dieser Gelegenheit zum ersten Mal vor Augen bekam. George Abrams hatte mir einen Text zu diesem Thema versprochen. Er hat ihn nicht geschrieben, dafür sitzt er jetzt höchstwahrscheinlich neben Antoine Augereau im Druckerparadies und schüttelt den Kopf, wenn er sieht, wie unfähig ich bin, hier wiederzugeben, was an jenem Abend so einleuchtend gewesen ist.

Ohne daraus die notwendigen Schlussfolgerungen zu ziehen, wundert sich Nicolas Barker in einem langen, sehr ausführlichen Artikel über die Ähnlichkeit der zwei Schriften.

«[Nichts] gibt auf die wesentlichste Frage eine Antwort: Warum hat sich Augereau so viel Mühe gegeben, um eine nahezu photographische Kopie der Garamond anzufertigen? Warum hat er bei allen seinen Fähigkeiten nicht versucht, es besser oder anders zu machen? Über die Antwort kann man nur rätseln.»[11]

Nicolas Barker lässt sich mit einigen Vermutungen dann doch auf die Äste hinaus, ihnen zu folgen ist allerdings sehr anstrengend.

William Ross Mills hat die Originallettern von 1530 – im Gegensatz zu all jenen, die seit Beginn des 20. Jahrhunderts eine «Garamond» entwarfen – unverändert nachgebildet (es sind die, die Sie hier vor Augen haben). Er sagt: «Wenn es eine Garamond-Schrift gibt, die vergleichbar ist mit derjenigen Augereaus, dann ist es sicher die ‹1530 garamond›. ... Was ich ‹1530 garamond› nenne [ist] eigentlich eine Augereau, oder zumindest eine sehr getreue Abwandlung davon. Ich war schon immer der Auffassung, die fette Canon [von Robert Estienne] sei eine fast identische Kopie von Augereaus Arbeit.»[12]

---

11  Barker, Nicolas, «The Aldine Roman in Paris», in *The Library*, 1974
12  William Ross Mills, Briefwechsel mit der Autorin, März bis Juli 2002 *If there is any Garamond typeface comparable to those of Augereau, then 1530 Garamond is certainly it ... What I was calling early Garamond was for all intents and purposes Augereau (or at least a close derivative). It has always been my contention that the Gros Canon may well have been a close copy of Augereau's work.*

Von hier aus die Mutmaßungen auf den Kopf zu stellen, war ein kleiner Schritt. Ich habe ihn getan. Mir fehlen die Möglichkeiten, die verschiedenen Schriften mit mikroskopischer Genauigkeit zu untersuchen, das muss ich den Fachleuten überlassen. Doch beim Lesen ihrer Schlussfolgerungen scheint mir eine Frage angebracht: Warum sollte es nicht Augereau sein, der die von Robert Estienne verwendete Schrift geschnitten hat? Die Überlieferung weiß davon nichts, aber es ist Überlieferung. Und kein geschichtswissenschaftlicher Beweis. Zumindest erscheint es zulässig, sich Fragen zu stellen. Dies umso mehr, wenn man bedenkt, dass Fachleute der französischen Nationaldruckerei über lange Zeit gewisse Schriften Garamond zugeschrieben haben, die in Wirklichkeit von einem seiner Zeitgenossen, Jean Jannon, geschnitten worden sind.[13]

Oft wurde argumentiert, sein hervorragender Ruf, den er sich mit Arbeiten des Jahres 1530 erwarb, habe Garamond 1540 dazu bewogen, die «Griechischen des Königs» zu schneiden. Mir scheint ein anderes Argument ebenso vertretbar: Es gab in Paris nicht unzählige Leute, die griechische Buchstaben schnitten. Augereau war einer von ihnen, und er wird sein Können auch an seinen Lehrling Garamond weitergegeben haben. Ein Können, das nicht jedem gegeben war. Robert Estienne konnte sich gesagt haben, wenn jemand in der Lage sei, schöne griechische Buchstaben zu schneiden, dann müsse es der tüchtigste von Augereaus Lehrlingen sein, vermutlich einer, der sich gerade selbständig gemacht habe und allmählich zu Ansehen gelangte, gerade weil er Augereaus Schüler gewesen war – nie-

---

13 Die Tatsache, dass man gewisse Schriften Antoine Augereaus (oder – später – jene Jean Jannons) während so langer Zeit Garamond zugeschrieben hat, ist meines Erachtens ausschließlich darauf zurückzuführen, dass der Name Garamond nach 1540 dank seiner bemerkenswerten Schriftkreationen zu einem Begriff geworden ist Weder Augereau noch Jannon sind *als Namen* überliefert. Alles wurde mit Garamond angeschrieben, so wie man heute alle Sofortbilder Polaroid nennt. Das funktionierte so wie mit Markennamen in der Werbung: es sind immer die Bekanntesten einer Gattung, die sich durchsetzen, selbst dann, wenn sie nicht den Gegenstand bezeichnen, für den sie geschaffen worden sind. Erinnern wir uns daran, dass man erst 1925 verbindlich festgestellt hat, dass viele Schriften, die man Garamond zugeordnet hatte, in Wirklichkeit nicht sein Werk waren.

mand vergisst seinen Lehrmeister zu erwähnen, wenn vom Ausbildungsgang die Rede ist, im Sinne einer Referenz sozusagen (und es ist naheliegend, dass es für die Berufsleute tatsächlich eine war).

—

Die Persönlichkeit Augereaus mit seiner Liebe für Perfektion und gute Arbeit hingegen ergab sich für mich ganz einfach aus seinen Büchern – einerseits, in dem ich sie durchblätterte, Achtung für seine Arbeit als Verleger empfand und den Umfang seines Werks in Rechnung stellte. Und andererseits aus Begleittexten zu seinen Büchern. Im 16. Jahrhundert war es üblich, dass der Drucker/Verleger einen Text beifügte, in dem er die Umstände schilderte, unter welchen ein Buch veröffentlicht wurde. Vieles, was wir über das Druckerhandwerk jener Zeit wissen, stammt aus diesen «Hinweisen». Antoine Augereau schrieb mehrere dieser Art (sehr wahrscheinlich auch die *Kurze Anleitung* ..., jene erste Abhandlung über die Verwendung von Akzenten, des Apostrophs und der Zedillen, die Augereau in der letzten Ausgabe des *Spiegels der sündigen Seele* von Marguerite von Navarra[14] konsequent eingesetzt und an deren Ende er seine kleine Abhandlung gesetzt hatte); diese Texte sind voller Charme und bringen Liebe für das Handwerk und Verehrung für ursprüngliche, von Verunstaltungen befreite Texte zum Ausdruck.

Hier ein Beispiel, es ist am Ende der großartigen Ausgabe von *De evangelica praeparatione* zu finden; Augereau schrieb es 1534, nach seinem ersten Gefängnisaufenthalt, einige Monate vor seinem Tod:

«An vielen Stellen haben wir den Text ausschließlich aufgrund von Vermutungen wieder hergestellt. ... Diese Arbeit hätte uns weniger Mühe

---

14 Riemens, K.-J., *Briève doctrine pour bien et duement escrire selon la propriété du langage francois*, in *Revue du XVIe siècle*, vol. 17, 1930.

gemacht und auch nicht so viel Zeit in Anspruch genommen, wenn wir das griechische Original zur Verfügung gehabt und hätten vergleichen können, oder doch wenigstens ein frühes lateinisches Manuskript. Wenn ich mir bloß – mit Geld oder Gebeten – eines hätte verschaffen können! Meiner Treu, meine Arbeit hätte dann mehr Beachtung gefunden und meine wahren Absichten wären deutlich geworden. Aber vielleicht mangelt es an Beharrlichkeit oder an der Fähigkeit, Großartigeres zu verwirklichen. Zumindest habe ich ein Ziel, welches alle meine Kräfte mobilisiert: die Klassiker, die unter den Missdeutungen durch die Zeit, unter der Nachlässigkeit unserer Zeitgenossen oder einfach aufgrund ihres Alters gelitten haben, in größerer Originaltreue wieder ans Tageslicht zu bringen, auch wenn es nicht möglich ist, sie voll und ganz wieder herzustellen.»[15]

Es handelt sich hier um so etwas wie ein humanistisches Manifest sowohl des Gelehrten als auch des Druckers.

Bezüglich Garamond bin ich in gewissem Maße gleich vorgegangen. Doch er hat nur wenige Bücher herausgegeben (Drucker war er nur während zweier Jahre), und wir verfügen von ihm nur über einen einzigen dieser Texte, wo er ausdrücklich sagt: «Ich zog wirklich nur wenig Nutzen aus meiner Arbeit, welche aus dem Schneiden und Gießen der Schrifttypen besteht ... Jene, die nur Schriften schneiden können, machen kaum Fortschritte, [...] sie bauen den Buchhändlern ihre Nester und tragen ihnen den Honig herbei.»[16] Aus gewissen Verträgen erfahren wir etwas über seine Tätigkeit als Schriftschneider und -verkäufer, als Lehrmeister (seine Lehrlinge lernten bei ihm nicht das Schneiden, sondern allein das Gießen). Und schließlich verfügen wir auch über sein Testament, das uns über seine Neigungen und religiösen Gefühle unterrichtet.

---

15 Eusebius Pamphilius, *De evangelica praeparatione*, 1534, Nachwort (Reproduktion des Originaltextes siehe Seiten 529–532) In diesem besonders sorgfältig gearbeiteten Werk erscheint zum ersten Mal eine Schrift, die Augereau gerade geschnitten hatte, die Augustea. Aus diesem Band stammen auch die von Augereau verzierten Initialen jeweils am Anfang eines Kapitels dieses Buches.
16 Chambellan, David, *Pia et religiosa meditatio*, 1545, Widmungsschrift

Mit diesem dürftigen Material und weil er sein Talent meiner Meinung nach erst nach dem Tod seines Meisters mit griechischen Lettern[17] voll zur Entfaltung bringt, habe ich Garamond als scheuen jungen Mann gezeichnet, mit wenig Selbstbewusstsein, der geistig der «Sohn» war und es in der Tat blieb bis zum Schluss, denn seine Mutter hat ihn überlebt. Zum Erwachsenen, der unter anderem das Recht des Individuums auf freie Willensentscheidung fordert, macht ihn in meiner Erzählung erst der Schock, den der Tod seines Meisters bewirkt.

—

Bezüglich der Chronologie der Figuren musste ich mich festlegen, denn die verfügbaren Daten sind sehr ungefähr. Der Ausgangspunkt ist eindeutig und erwiesen: Anfang 1562 lebt Françoise Barbier, Garamonds Mutter, noch. Selbst wenn sie diesen Sohn als Fünfzehnjährige geboren hat, halte ich es für sehr unwahrscheinlich, dass Claude 1490 geboren wurde, wie es in vielen Nachschlagewerken angegeben wird (von Garamond existiert keine ausführliche Biographie). In Kombination dieser Fakten mit der Annahme, Garamond habe seine Lehre um 1510 angetreten, glaube ich eine Chronologie erstellen zu können, wie sie diesem Buch zugrunde liegt. Ich legte Garamonds Geburt ins Jahr 1498, jene seiner Mutter und Antoine Augereaus fünfzehn Jahre davor.

Zu Augerau gibt es zwischen 1510, als er Garamonds Lehrmeister ist, und 1531, als er sich als Herausgeber eines Buches zu erkennen gibt, überhaupt keine Zeitangaben. Wenn ich seine Geburt ins Jahr 1483 lege, dann

---

17 Laut Adrian Frutiger, dem bedeutenden Schöpfer von Druckschriften unserer Zeit, noch mit dem Bleiguss vertraut, brauchte es viele Jahre unermüdlicher Arbeit (zehn bis fünfzehn Jahre) über eine bereits lange Lehrzeit hinaus (das Schneiden kam zu allem anderen des Berufes hinzu), um für einen Schriftschnitt von so großer Vollkommenheit, wie sie Augereau zweifelsfrei schon um 1530 und Garamond ebenso unbestritten ab 1540–1545 unter Beweis stellten, die nötige Reife zu erlangen. (Aus einem Gespräch mit der Autorin)

deshalb, weil ich ihm die Zeit einräume, all das zu tun, was er allem Anschein nach getan hat: vertiefte klassische Studien, eine Lehre als Drucker und eine sehr lange Lehre als Schriftschneider.

Insofern habe ich die historische Zeitabfolge nur an wenigen Stellen verändert und, wo es der Fall ist, nur geringfügig (die öffentliche Abbitte Noël Bedas zum Beispiel habe ich um etwa sechs Wochen vorgezogen). So wie ich die Zeitangaben der historischen Dokumente respektierte, tat ich es auch bezüglich ihres Inhalts. Dies ist eine Herausforderung, die ich mir selber auferlegt habe (als eine Art Spiel, wenn man so will). Zu dichten habe ich mir nur dort erlaubt, wo die Geschichte «Löcher» aufweist, allerdings immer im Bemühen, den Zusammenhang mit der jeweiligen Zeit zu gewährleisten.

Zweifellos habe ich viele Fehler gemacht, es ist umso schwieriger, die Logik einer vergangen Zeit zu rekonstruieren, je weiter zurück diese Zeit liegt. Wissenschaftlichkeit maßt sich diese Geschichte übrigens keineswegs an.

Doch ich hoffe, die gesteckten Ziele erreicht zu haben. Ich wollte einen der Hauptdarsteller in der Geschichte der Typographie im Humanismus ins Rampenlicht führen, der einerseits wegen seiner Verurteilung als Ketzer – die bewirkte, dass sich seine Zeitgenossen nicht mehr offen auf ihn bezogen – und andererseits wegen seines glänzenden und sehr berühmten Schülers in Vergessenheit geraten und fast vollständig in den Kulissen der Geschichte verschwunden ist. Und ich wollte jenen Mann ehren, dessen Arbeit, in den Worten Jeanne Veyrin-Forrers ausgedrückt, «das Herz und die Wurzel der Garamond» ist.

*Zürich – Genf – Paris – Poitiers – Fontenay-le-Comte, 2001–2002*

# Was ist aus meinen Freunden geworden?

> «... Freunde weht der Wind herbei,
> Und es windete vor meiner Tür,
> Fort trug er sie ...»
>
> RUTEBEUF

Mit fünf Jahrhunderten Abstand steht es uns zu, zu wissen, was aus den Personen nach dem Ende dieser Geschichte geworden ist. Hier ein paar kurze Hinweise (unvollständig und ohne wissenschaftlichen Anspruch) auf das Leben von einigen von ihnen nach 1535. Die Historiker sind sich nicht immer einig, doch für einen allgemeinen Eindruck mag es genügen.

## *In Paris*

### CLAUDE GARAMOND

Er arbeitet weiter zunächst für Claude Chevallon und dann, nach dessen Tod (1537), für die Witwe, doch es ist anzunehmen, dass er teilweise auch auf eigene Rechnung gearbeitet hat. Fest steht jedenfalls, dass der König 1540 durch Vermittlung Robert Estiennes seine berühmten griechischen Druckbuchstaben bei ihm bestellt (die «Griechischen des Königs»), deren Stempel sich heute in der Nationaldruckerei in Paris befinden. Wie alle anderen der erhalten gebliebenen Stempel Garamonds wurden sie zum Nationaldenkmal erklärt. Ab 1540 widmet sich Garamond fast ausschließlich dem Schneiden von Schriften. Auf dem Höhepunkt seines Schaffens schneidet er eigene römische und Kursivschriften von bisher unerreichter Vollkommenheit, die in ganz Europa verlangt werden.

Ein Versuch, sich als Verleger zu etablieren, schlägt fehl. Er dauert nur zwei Jahre (1545–1546), doch die etwa ein Dutzend prächtiger Bücher, die er in dieser Zeit herausgibt, lassen den Schluss zu, Claude Garamond wäre ein hervorragender Verleger gewesen, wenn er es denn gewollt hätte.

Er stirbt im November 1561, als Frankreich dem Höhepunkt der Religionskriege entgegentaumelt. In seinem zwei Monate vor seinem Tod erstellten Testament, als er, wie das Dokument selbst bezeugt, «krank, aber von gesundem Geist, Gedächtnis und Verstand» ist, beruft er sich weder auf die Heiligen noch auf die Jungfrau und wünscht auch keine Fürbitten und Messen nach seinem Tod; kurz danach bekennt sich sein Testamentsvollstrecker, der Drucker André Wechel, offen zum protestantischen Glauben. Alle diese Elemente scheinen ebenso wie gewisse Wendungen im Text zu beweisen, dass Garamond zum Protestantismus übergetreten ist – in aller Stille, so wie es viele nach den ersten Plakatverfolgungen und den nachfolgenden auch getan haben.

### Françoise Barbier, seine Mutter

Sie überlebt ihren Sohn, «hochbetagt, blind und nicht mehr in der Lage, [allein] zu gehen». Laut Claude Garamonds Testament gilt ihr seine ganze Aufmerksamkeit, fürsorglich regelt er für sie alle existenziellen Fragen für die Zeit, wenn er nicht mehr da sein wird, bis ins kleinste Detail, hinter der Juristensprache verbirgt sich echte Zuneigung.

### Guillemette Gaultier

Wann Guillemette stirbt, ist nicht bekannt, möglicherweise um 1550, denn Claude Garamond heiratet 1551 ein zweites Mal. Die Geschichte schweigt dazu.

### Guillaume Augereau

1558 ist er Doktor der Rechte und Mitglied des Rates der reformierten Kirche von Fontenay-le-Comte. Guillaume Augereau, den ich zu Antoines Sohn gemacht habe, könnte auch sein Neffe sein.

### Robert Estienne

Robert Estienne hat eine glänzende Karriere als Drucker-Verleger vor sich. Er steht bis zu dessen Tod unter dem Schutz François' 1. Er gibt die Bibel in verschiedenster Form heraus, auch auf Französisch, und eine Menge Bücher, deretwegen die Theologische Fakultät ihn mehrmals vergeblich zu verurteilen versucht. Nach dem Tod François' 1. jedoch fühlt er sich nicht mehr sicher und wandert 1551 zusammen mit zweien seiner drei Söhne, die er mit Perrette Badius hat, nach Genf aus; er baut eine Druckerei auf, die über ein Jahrhundert lang bestehen bleiben wird. Zur Zeit seiner Ankunft in Genf muss er bereits Witwer gewesen sein, denn im Jahr darauf heiratet er ein zweites Mal. Robert Estienne verdanken wir außer seinen Arbeiten als Forscher und Verleger das erste Wörterbuch im modernen Sinne sowie Entwürfe zu Abhandlungen über Orthographie und Grammatik.

### Simon de Colines

Er fährt bis zu seinem Tod im Jahr 1546 fort, schöne Bücher zu drucken, weniger gewagte als in seinen Anfängen, aber nicht minder vollkommene. Er bleibt kinderlos. Seine Druckerei wird von den Neffen seiner Frau, Meisterin Guyone, weitergeführt, wann sie stirbt, ist nicht bekannt.

### Claude Chevallon

Er stirbt 1537, zwei Jahre nachdem unsere Geschichte endet. Seine Witwe führt die Druckerei weiter, und traditionsgemäß arbeitet Claude Garamond für sie, bevor er sich ganz auf eigene Füße stellt.

PIERRE HAULTIN

Dieser Schriftschneider und -gießer wird alt: er stirbt erst im Jahr 1580. Er wird unter anderem dafür bekannt, Stempel für Musiknoten geschnitten zu haben, was zu seiner Zeit eine Seltenheit ist. Er wird verschiedentlich wegen «Religionsvergehen» behelligt (Beschlagnahmungen und schließlich Exil). Aller Wahrscheinlichkeit nach flieht er am Ende seines Lebens nach La Rochelle, damals eine der Hochburgen des französischen Protestantismus. Seine Söhne sind ihm dorthin bereits vorausgegangen. Seine Frau, Maire Vadé, stirbt 1567.

GALIOT DU PRÉ

Dieser große Buchhändler/Verleger führt sein Geschäft bis ans Ende seines langen Lebens im Palais, er zieht mehrmals von einem Pfeiler zum nächsten um [du Pré war einer der Buchhändler, der in der Grande Salle des Palais – wie viele seiner Kollegen – am Fuße einer der hohen Säulen seinen Bücherstand betrieb/d. Übers.]. Er stirbt im April 1561. Während fünfzig Jahren wirkt er als Verleger und Buchhändler. Die Liste seiner Publikationen ist riesig.

PIERRE GAULTIER

Guillemettes Bruder arbeitet zunächst als Schriftengießer, und ab 1541 auch als Drucker. Er arbeitet eng mit seinem Schwager Claude Garamond zusammen und trägt dazu bei, dass dessen Schriften bekannt werden. Er stirbt 1562 kurz nach Garamond. Antoine-Auguste Renouard spricht von Pierre Gaultier als Guillemettes Vater. Jeanne Veyrin-Forrer und andere schließen sich dieser Auffassung an. Mit Blick auf die Jahrzahlen kann man sich allerdings Fragen stellen. Laut Philippe Renouard ist Gaultiers Ehevertrag mit 1537 datiert. 1541 richtet er eine Druckerei ein. Er scheint eher der Generation Garamonds als der vorhergehenden anzugehören. Ich habe ihn deshalb zu einem Bruder gemacht, ohne Beweise, muss ich zugeben, allein aufgrund der Wahrscheinlichkeit, die sich aus den Jahrzahlen ergibt.

### Marguerite von Navarra

Marguerite spielt weiterhin eine wichtige Rolle im Leben ihres Bruders François I., doch nach der Plakataffäre schwindet ihr Einfluss.

Ein einziges ihrer Kinder überlebt: Jeanne d'Albert, kämpferische Protestantin und künftige Mutter Heinrichs IV.

Marguerite entwickelt eine rege schriftstellerische Tätigkeit: mehrere lange Gedichte, Theaterstücke und das hochberühmte *Heptameron,* eine Sammlung von Geschichten «im Stile Boccaccios»; es gilt noch heute als eines der Meisterwerke der französischen Literatur. Sie stirbt am 15. Dezember 1549.

### Lefèvre d'Étaples

Dieser große Vorläufer der Reformation, die er seit Anfang des 16. Jahrhunderts voraussahnte, stirbt 1537 in Nérac, in tiefem Gram darüber, nicht den Mut gehabt zu haben, nach Paris zu gehen, sich zum protestantischen Glauben zu bekennen und als Märtyer zu sterben. Je nach Quelle wird er achtzig bis siebenundachtzig Jahre alt.

### Clément Marot

Nach seiner Flucht unmittelbar nach der Plakataffäre geht er zuerst nach Ferrara, dann nach Venedig und nach Genf, anschließend kann er für eine gewisse Zeit nach Frankreich zurückkehren. Doch sein Ruf als Protestant bringt ihn immer wieder in Gefahr, und er flieht von neuem. Sein Leben endet sozusagen auf Europas Straßen. Zum Zeitpunkt seines (vermutlich plötzlichen) Todes in Turin im Jahr 1544 verhandelt er über eine Sicherheitsgarantie, um einmal mehr nach Frankreich zurückkehren zu können.

### François Rabelais

Es ist bekannt, dass François Rabelais zwei Leben gleichzeitig gelebt hat, als Arzt und als humanistischer Schriftsteller. Das bleibt so bis zu seinem Tod im Jahr 1553. Darüber hinaus ist er auch Priester, was ihn nicht daran hindert, eine Tochter zu haben. Sie stirbt jung. Am Ende seines Lebens ist er Geistlicher in Paris. Zum Zeitpunkt seines Hinschieds geht das Gerücht um, er habe seinen Hut gerade rechtzeitig genommen. Man hat offenbar erwogen, ihn wegen Ketzerei zu verhaften und auf den Scheiterhaufen zu bringen.

Schließlich auch noch ein paar Worte über die «Feinde» der Humanisten, die bis zuletzt an der Verfolgung aller Evangelischen mitgewirkt und damit zur Bildung zweier unterschiedlicher Kirchen beigetragen haben:

### Noël Beda

Der Dekan der Sorbonne muss nach fast einem Jahr Gefängnis im März 1535 öffentliche Abbitte leisten (nach gewissen Quellen entgeht er nur knapp dem Scheiterhaufen), dann zieht er sich ins Kloster auf dem Mont-Saint-Michel zurück, wo er 1537 im Alter von etwa siebzig Jahren stirbt.

### Die Theologische Fakultät

Die von ihr angezündeten Scheiterhaufen erlöschen nicht mehr, sie stecken ganz Frankreich in Brand und entfesseln die Religionskriege. Erst mit Henri IV. und dem Edikt von Nantes kehrt für ungefähr ein Jahrhundert ein relativer religiöser Frieden in Frankreich ein. Während die Verfolgungen, deren hauptsächliche Triebfeder die Theologen der Sorbonne sind, dazu führen, dass der Katholizismus während mehrerer Jahrhunderte Staatsreligion ist, wird ihr erklärtes Ziel, «die Ketzerei auszurotten», nicht erreicht. Trotz der Verfolgungen des 16. Jahrhunderts und jener (furchtbaren) nach der Aufhebung des Ediktes von Nantes durch Louis XIV. ist der Protestantismus nie ganz aus Frankreich verschwunden.

*In Poitiers*

### JEAN UND MICHEL AUGEREAU

Beide Drucker/Buchhändler hinterlassen in den Archiven der Stadt nur undeutliche Spuren: gute Bürger, die ihre Pflichten erfüllen und ihre Steuern bezahlen. Von ihnen signierte Bücher gibt es nicht, auch sonstige Hinweise fehlen. Michel Augereau hat einen Sohn, Guy, Schriftschneider an der Place Maubert und dann an der Rue des Carmes in Paris. Dieser kommt 1559 mit dem Gesetz in Konflikt. Seine Nachbarn bezeugen bei dieser Gelegenheit seinen unbescholtenen Ruf. Weitere Spuren hat er nicht hinterlassen.

### JEAN FORMOND

Der fröhliche Sakristan stirbt um 1549 im Alter von achtzig Jahren, in guter Verfassung und leutselig bis zuletzt. Bis zuletzt bleibt er auch der Schauspieler, Erzähler und große Veranstalter von Festen.

*In Fontenay-le-Comte*

### FRANÇOIS AUGEREAU

Es gibt zwei Anwälte namens Augereau in Fontenay. Der eine um 1553 mit Vornamen Pierre, der andere um 1562 mit Vorname François. Laut Benjamin Fillon war François Antoines Bruder und ich schließe mich dem an, obwohl Pierre aufgrund der Daten dafür eher in Frage kommt.

### ANDRÉ TIRAQUEAU

Von diesem berühmten Anwalt stammt ein Buch, in welchem er ausführt, die Frauen seien nicht dazu in der Lage, sich selbst zu beherrschen. Damit löst er eine Debatte aus, die eine ganze Serie von Büchern zur Verteidigung der Frauen nach sich zieht; Spuren dieser Debatte sind ebenso im *Pantagruel* als im *Gargantua* von Rabelais zu finden. Seine Frau Marie gebiert viele Kinder, einige Quellen sprechen von vierundzwanzig, andere sogar von dreißig.

*In Venedig*

Fra' Giovanni Giocondo
Nachdem er zahlreiche klassische Texte in Latein und Griechisch wiederentdeckt hat, lässt sie der große Philologe neu drucken. Diese Ausgaben sind die Grundlage einer Reihe von Antoine Augereaus Publikationen, und werden zum Teil heute noch verwendet. Doch dieser Mönch ist auch ein großer Architekt und Ingenieur. Er baut ein Bewässerungssystem, welches verhindert, dass Anschwemmungen den Golf von Venedig auffüllen, wodurch die Kanäle austrocknen würden (seine Zeitgenossen nannten ihn gelegentlich «den zweiten Vater Venedigs», der als Einziger die drohende Gefahr sah, bevor es zu spät war); in Verona und Venedig baut er eine Reihe von Häusern, die wir noch heute bewundern können, und in Paris Brücken (Pont Notre-Dame, Petit-Pont), die dem vereinten Ansturm von Wetter, Fluten und Menschen während mehrerer Jahrhunderte standhalten; auch seine Berechnungen für den Petersdom in Rom müssen hervorragend gewesen sein: er steht immer noch. Dies ist eine seiner letzten Arbeiten. Bei der Vollendung des Petersdomes ist er bereits sehr alt, und kurz danach stirbt er.

Zu erwähnen wäre noch, dass das System der Nummerierung der Häuser, das er für den Pont Notre-Dame entwickelt hat, später für alle Straßen dieser Welt übernommen wird.

FRANCESCO GRIFFO

Dieser Mann legt, aufbauend auf den Arbeiten seines Vorgängers Nicolas Janson, die Grundsteine der modernen Typographie, auf die sich nach ihm sowohl Augereau als auch Garamond stützten. Er ist gewalttätig. Bei einer Schlägerei tötet er seinen Schwiegersohn mit einer Eisenstange. Er wird verhaftet, zum Tod verurteilt und hingerichtet.

*In Basel*

HIERONYMUS FROBEN

Der Sohn Johann Frobens (gestorben 1527), einer der bedeutendsten Renaissance-Drucker in Basel, setzt den Druck der Werke Erasmus von Rotterdams fort. Dieser verlässt Basel 1526, als die Reformation dort Fuß zu fassen beginnt, und kehrt 1534 zurück. Er wohnt bei Hieronymus im Haus «Zum Luft», wo er 1536 stirbt. Hieronymus setzt seine Arbeit als Drucker fort bis zu seinem Tod im Jahr 1563.

DIE AMERBACH-BRÜDER

Bruno und Basil von Amerbach sind Drucker und Gelehrte. Doch ist es insbesondere Bonifaz, der sich zu Beginn der Reformation hervortut. Nachdem er in Avignon das Doktorat der Rechte erworben hat, entfaltet er in Basel eine glänzende Karriere als Jurist. Mehrmals amtiert er als Rektor der Universität und stirbt 1562. Trotz ihrer Meinungsverschiedenheiten in Religionsfragen bleibt er mit Erasmus bis zum Tod des großen Humanisten befreundet und wird dessen Haupterbe.

*In Neuenburg*

PIERRE DE VINGLE

Kurz nachdem er den Druck von Olivétans Bibel 1535 vollendet hat, verlässt er Neuenburg wieder. Wohin, ist unbekannt, doch weiß man, dass er im Jahr darauf, 1536, stirbt.

### Pierre Olivétan

Nach einer sorgfältigen Überprüfung und Korrektur der Bibel von Lefèvre d'Étaples aufgrund der hebräischen und griechischen Urtexte, die Lefèvre nicht zur Verfügung stehen, veröffentlicht Olivétan eine Bibel in mehreren Auflagen, die bis zur Entstehung der ökumenischen Bibel im 20. Jahrhundert benutzt wird.

Er verlässt Neuenburg Richtung Italien und stirbt in Rom im Jahr 1538. Er ist noch keine dreißig Jahre alt.

### Antoine Marcourt

Nach mehreren Jahren als Pfarrer in Neuenburg übernimmt er dieses Amt in Genf und später an verschiedenen Orten im Bernischen. 1549 lässt er sich in Saint-Julien-en-Genevois nieder, wo er 1561 stirbt. Der unerbittliche und auf Ausschließlichkeit bedachte Charakter seines Glaubens trägt ihm die Feindschaft von Leuten wie Jean Calvin ein (dieser hat die Plakate gegen die Messe vehement verurteilt).

Was Oudin, Dieudonné, Vater Hinkebein, Meister Animus und viele andere betrifft, weiß ich nicht recht, was aus ihnen geworden ist. Nachrichten über ihren Verbleib sind bestimmt in der Königlichen Bibliothek (der heutigen Nationalbibliothek) unter den Nummern 4772 oder 4773 zu finden, den nämlichen, unter denen Alexandre Dumas der Ältere vorgab, die erfundenen Memoiren des Grafen La Fère entdeckt zu haben, aus denen er den unsterblichen Athos in *Die Drei Musketiere* hat entstehen lassen.

# EVSEBIVS

DE EVANGELICA PRAEPA-
ratione à Georgio Trapezuntio è Græco in
Latinum traductus, opus cuique fi-
deli non solum utile, uerum
etiam iucundum &
pernecessarium,
summáque
diligentia
emẽda-
tum.

PARISIIS.
Ex officina Antonii Augerelli, sub signo D. Iacobi,
uia ad S. Iacobum.
1 5 3 4.

Vænit Antonio Augerello, & Simoni Colinæo.

IOANNI RVSSAEO VTRIVS-
que iuris doctori Diui Martini
Turon. canonico    S.

VM multa sunt Russæe doctiss.
& ea uaria, quibus literatorum no-
bis hominũ studium conciliare pos-
sumus, tum uerò mea quidẽ sententia, nulla re alia magis, quàm si ex
Græcis optima uertendo, uersãque
restituendo, eorum promoueamus studia, atque proue-
hamus. Multorum autem hoc in genere cum uarii exti-
terint summorum uirorum iíq; præclari conatus, tum
ea in re qui plus Georgio Trapezuntio, quocunque te
animo & cogitatione cõuerteris, rei nostræ literariæ ad-
iumẽti attulerit, neminem, ut ego quidèm arbitror, re-
perias. Vir enim summo ingenio, & eruditione propè
singulari præditus, nulla ratione alia de literis magis li-
teratísq; omnibus benè se mereri posse cum animaduer
tisset, idq; summè cuperet, quàm si Græcorũ, quos quidẽ
ut in omni disciplinarũ genere aliis multò excellẽtiores
esse statuebat, ità in rebus diuinis summa illi omnium
mortaliũ cõsensione nationes alias omnes facilè supera-
bãt, optima quæque in linguam latinam conuerteret,
ex profanis multa, ex sacris etiam authoribus nõ pœni-
tenda, σαφῆ τε ὠφέλειαν παριχόμενα latinis hominibus
uertit. Quo scilicet nomine & boni omnes illi se optimo
iure plurimum debere agnoscunt, & ipse sibi nomen
EE i     comparauit

comparauit immortale. Præter autem alia, quæ ex græcis certè uertit plurima, Chrysostomi, interim ut omittam alia, sunt permulta, antiquorum item philosophorum non pauca, sed quæ omnia si cum hoc uno nostro Eusebio de præparatione euangelica, quem hic etiam Trapezuntius latinum fecit, περὶ πρωτείως quasi certatura committas, ultrò illi sint cessura. Ità enim illi quidèm scripserunt, ut quos sibi de re proposita circunscripserint cancellos non excedant, intráque suos se quisque fines contineat· hic uerò ità, ut totius philosophiæ tum humanæ tum diuinæ compendium esse uideatur. Quod utique lectori paulo diligentiori lectione planum fiet. Quo in uertendo quantum ipse ceperit laboris, in eo non disputo, uerùm ipsi quantum in eo restituendo contenderimus, tu imprimis Russæe doctiss. aliíque omnes, δίκαιοί γε τῶν πραγμάτων λογιςαὶ statuant. Ità enim anteà quidèm erat excusus, ut ab eius lectione erratorum turba lectorem auerteret potius, quàm illius mentem aut lectionis nouitate alliceret, aut ad se raperet iucunditate. Multa coniecturis tantum, plurima uerò D. Budæi uiri nostra ætate doctissimi, lectionem sequuti, restituimus, minúsque in eo esset laboratū, atque temporis etiā consumptum, si græcum codicem, quo cum illū contulissemus, aut antiquū latinum nacti essemus. Quem utinam prece comparare, precióue licuisset. Præclarior mehercule hac in re multò mea opera, egregiáque uoluntas extitisset. Ego enim cum maiora non audeam, & fortasse non possim, quantum quidèm in me est uirium in id certè confero,
ut ueterum

ut ueterum monumenta, quæ partim temporũ iniuria, partim noſtrorum hominum incuria, uetuſtate etiam ſunt deformata, ſuæ dignitati omnino ſi non reddantur, emendatiora ſaltem in lucem prodeant. Meum autem hoc in genere ſtudium tu Ruſſæe doctiſſ. cui totum laborem noſtrũ, cum propter alia multa, tum ueró maximè quia bonas literas aſſequutus, illis etiam ſaues, uouimus, ſi non aſpernabere, aliíque omnes, ad quos ex hoc noſtro labore frugis aliquid peruenerit, æqui boníque conſuluerint, ad maiora me poſt hac audéda, atque etiam ſuſcipienda, excitabitis. Vale.

EE ii

Eusebius Pamphilius, *De evangelica praeparatione*, 1534.

*Faksimile der Titelseite und des Nachworts von Antoine Augereau. Schrift: Augustea und Griechische, geschnitten von Antoine Augereau (durch die photographische Wiedergabe leicht verzogen).*

# Bibliographie
## 1. Antoine Augereau

*Ich habe einen Katalog der bekannten Druckwerke Antoine Augereaus zusammengestellt. Im Gegensatz zu Jeanne Veyrin-Forrer und Philippe Renouard, von denen ich mich habe inspirieren lassen und aus deren Werk ich diese Angaben beziehe, stelle ich diese Drucke nicht unabhängig von ihrer Art als Ganzes zusammen, sondern in Kategorien und innerhalb der Kategorien chronologisch. Als Erstes führe ich den Katalog des Verlegers Antoine Augereau auf; dann folgt sein Katalog als Drucker; und schließlich liste ich die Bücher auf, die er weder als Drucker für Dritte noch als Verleger signiert hat, die aber mit großer Wahrscheinlichkeit von ihm gedruckt worden sind, indessen auch das Werk anderer sein könnten.*

*Dies erlaubt uns, klarer zu sehen, dass Augereau zunächst Bücher für Dritte gedruckt hat (im Wesentlichen für Galiot du Pré), wobei diese Tätigkeit – ob signiert oder nicht – nach und nach zweitrangig wurde und schließlich fast ganz aufgegeben wurde zugunsten einer Tätigkeit als unabhängiger Verleger (und zweifellos auch als Schriftschneider). Maßgebend ist das Jahr 1533, als er den Spiegel der sündigen Seele druckte. Für die interessierte Leserschaft führe ich die von Jeanne Veyrin-Forrer zusammengestellte Liste der Bibliotheken an, wo diese Bücher zu finden sind. Sie wurde vor ungefähr zwanzig Jahren erstellt und ist inzwischen zweifellos ergänzt worden. Ich selber habe im Laufe meiner Arbeit daran einige Korrekturen vorgenommen.*

# Werkverzeichnis Antoine Augereaus als Verleger

(Bücher, für die er verantwortlich zeichnet und für deren Druck er seine eigenen Buchstaben verwendet.)

## Zu André Bocards Lebzeit

### 1531

**VERGIL**
*Opera.*
Paris: chez André Bocard [avec Antoine Augereau, son gendre], 1531, August. In-8.
London, British Libr. Oxford, Bodl.

## Nach André Bocards Tod

### 1532

**MAROT (Clément)**
*L'Adolescence clementine ...*
Paris, Antoine Augereau, 1532, 30. Oktober. In-8.
Von dieser Ausgabe ist kein Exemplar erhalten geblieben, verschiedene Gelehrte des 19. Jahrhunderts wie Auguste Bernard und Benjamin Fillon besaßen das Buch. Beide sprechen davon, Fillon beschreibt es sogar ausführlich.

### 1533

**ARISTOTELES**
*Werke* (griechisch).

*Haec insunt in hoc libro. Porphyrii institutio. Aristotelis Praedicamentorum liber unus. De interpretatione liber I. Priorum resolutoriorum libri II. Posteriorum resolutoriorum libri II. Topicorum lib. VIII. De Sophisticis elenchis libri II.* – Paris, chez Antoine Augereau, 1533. In-4, griechische Druckbuchstaben (und römische für den Titel).

Valognes
(Möglicherweise verweisen die in Paris ausgehängten Plakate auf den Kommentar dieses kleinen Bändchens, von Pierre Danès, am Collège de Cambrai, am 9. Januar 1534, herausgegeben von Antoine Augereau).

AUGUSTIN (Hl.)
*Divi Aurelii Augustini De spiritu & litera liber unus.* [gefolgt von: *Augustinus Sixto presbytero instruens illurn adversus pelagianorurn argumenta. Epistola CV.]* – Paris, Antoine Augereau, 1533. In-16.
Paris, Arsenal: 80 T 3318 (1) (2). Lyon, Fac. cathol. Chicago (Ill.) Newberry. Manchester, Univ.

CORROZET (Gilles)
*La fleur des antiquitez, singularitez et excellences de la plus que noble et triomphante ville et cité de Paris, capitale du Royaulme de France. Avec généalogie du roy Françoys premier de ce nom.*
Antoine Augereau et Galiot du Pré, 1533. Format 8ffl, 66 f. Illustration.
Bibl. de la Ville de Paris, Rés. 550 762; Rés. 550 763; Rés. 913 484

DAVID II (ou LEBNA DENGEL), empereur d'Éthiopie, et Jean III, roi du Portugal
*Legatio David Aethiopiae regis, ad Sanctissimum D. N. Clementem papam VII ... Eiusdera David Aethiopiae regis legatio ad Emanuelem Portugalliae regem. Item alia legatio eiusdem David Aethiopiae regis ad loan-*

*nem Portugalliae regem. De regno Aethiopiae ac populo, deque moribus eiusdem populi nonnulla.* [Traduction de l'éthiopien en portugais, par Francisco Alvarez, et du portugais en latin, par Paolo Giovio.] – Paris, Antoine Augereau (1533, après le 29 janvier). In-8.

*Paris, Bibl. nat.: 03 c. 33, Sainte-Geneviève: Os. 80 10 bis (2) et Inv. 700 Rés.; Hs sup. 573 (1) Rés. Oxford, Bodl.*

## HESIOD

*Werke und Tage*, auf griechisch.

[Hrsg. u. komm. von Philippe Schwarzerd, genannt Melanchton.]

Paris, Antoine Augereau, 1533. In-8. Gedruckt mit griechischen und römischen Buchstaben

*Paris, Bibl. nat.: Yb. 1373. Auch. Freiburg. Univ. Gotha, Forschungsbibl. London, British Libr. (2 Ex., die letzte Seite des einen auf Karton). Moskau, Lenin-Bibl.*

## MARGUERITE VON NAVARRA

*Le Miroir de tres chrestienne princesse Marguerite de France, royne de Navarre, duchesse d'Alencon & de Berry, auquel elle voit & son neant & son tout.* [*Gebete in Prosa*, übersetzt von Sebald Heyden. *Psalm VI* von David, in Verse übersetzt von Clément Marot.] – Paris, Antoine Augereau 1533. In-8, 36 ff. ch., sign. a-i4.

*Pierpoint Morgan Library (USA): PML 127710*

(Es handelt sich hier um die zweite Ausgabe des in Paris gedruckten *Spiegels* und um die erste, die mit dem Impressum Antoine Augereaus versehen ist. Die Seiten sind nummeriert. Die Ausgabe ist mit Apostrophen und Akzenten gedruckt und enthält den 6. Psalm von Marot.)

## MARGUERITE VON NAVARRA

*Le Miroir de tres chrestienne princesse Marguerite de France, royne de*

Navarre, duchesse d'Alencon & de Berry, auquel elle voit & son neant & son tout. [*Gebete in Prosa*, übersetzt von Sebald Heyden. *Psalm* VI von David, in Versen übersetzt von Clément Marot.] – Paris, Antoine Augereau, 1533, [Dezember]. In-8.
(Nummerierte Seiten, mit Apostrophen, Akzenten und durchgestrichenen e gedruckt. Enthält ein Vorwort des Verlegers, eine Epistel der Autorin an den Leser und den 6. Psalm von Marot.)
*Bibl. nat.: Rés. Ye. 1631. Chantilly, Condé: III B. 51 Bibl. nat.: Pergamente 2265 (1) (andere Titelgestalt von Bund b).*

FLORIMOND (oder MONTFLORY)
*Ex authoris recognitione. Epistre familiere de prier Dieu ... etc.* – Paris, 1533, Dezember. In-8.
Das Kolophon: «Ende, Gott sei Dank» ist ergänzt mit der Jahrzahl «1533».
*Paris, Bibl. nat.: Pergamente 2265 (2) [dem Spiegel der sündigen Seele nachfolgend, s. unten, 1533].*

QUINTILIAN
*M. Fabii Quintiliani De Institutione oratoria libri XII ...* – Paris, Antoine Augereau, 1533. In-fol.
Paris, Arsenal: Fol. B. L. 421, Université XVI, – 326 Rés.
*Auch. Autun. Bourges. Lyon. Marseille. Vitré. Baltimore, John Hopkins Libr. Cambridge, Univ. Coimbra, Univ. Lissabon, Bibl. nac. New York, Columbia Univ. Utrecht, Univ.*

1534

AMBROSIUS (Hl.)
*Divi Ambrosi ... De vocatione omnium gentiu ...* – Paris, Antoine Augereau, 1534. In-8.

Paris, Arsenal: 80 T. 3318 (5). Chaumont. Lyon, Fac. cathol. Budapest, Orszàgos Széchényi Kônyvtar. Chicago, Newberry.

AUGUSTIN (Hl.)
*Divi Aurelii Augustin ... Ad Europium [sic] & Paulum episcopos, liber de perfectione iusticiae contra Celestium. De praedestinatione disputatio Hypognosticon Sextus.* – Paris, Antoine Augereau, 1534. In-8.
Bourg-en-Bresse. Marseille: Uc 6 (4). Berkeley, Univ. of Calif. Philadelphia, Univ. of Penns.; Union Libr. Urbino, Univ.

AUGUSTIN (Hl.)
*D. Aurelii Agustini ... De doctrina Christiana libri III ...* – Paris, Antoine Augereau, 1534. In-8.
Dole: 360. Chicago, Newberry. Urbino, Univ.

AUGUSTIN (Hl.)
*D. Aurelii Augustin ... De fide & operibus liber unus.* – Paris, Antoine Augereau (oder Jean de Roigny), 1534. In-8.
Marseille: UC. 6 (3). Budapest, Orszàgos Széchényi Kônyvtar. Urbino, Univ. [Namens Antoine Augereau]. Urbino, Univ. [Namens Jean de Roigny].

AUGUSTIN (Hl.)
*D. Aurelii Augustini De gratia et libero arbitri ...* – Paris, Antoine Augereau, 1534. In-8.
(Laut Renouard wurde ein Exemplar dieser Ausgabe früher in Tours aufbewahrt. Der Band existiert heute nicht mehr. Eine Ausgabe in-8, 1542 von Nicolas Barbou gedruckt, war möglicherweise eine Kopie Zeile für Zeile der Augereau-Ausgabe.)

AUGUSTIN (Hl.)

D. Aurelii Augustin ... De natura & gratia liber unus. – Paris, Antoine Augereau (oder Jean de Roigny), 1534. In-8. Röm. und griech. Buchstaben.
Paris, Sainte-Geneviève: 80 Ce 1204 (1). Marseille: Uc 6 (2). Chicago, Newberry. Urbino, Univ. [namens Antoine Augereau]. Düsseldorf, Univ. Urbino, Univ. [Namens Jean de Roigny].

AUGUSTIN (Hl.)

Divi Bernard ... De gratia & libero arbitrio tractatus. – Paris, Antoine Augereau, 1534. In-8. Römische und griechische Buchstaben.
Marseille: Uc. 6 (1). Urbino, Univ.

BERNARD (Hl.)

Divi Bernard ... De gratia & libero arbitrio tractatus. – Paris, Antoine Augereau, 1534. In-8.
Paris, Sainte-Geneviève: 80 Cc. 1204 (2). Lyon, Fac. cathol.
Budapest, Országos Széchényi Kônyvtar. Wien, Österr. Nationalbibl.

BRIE (Germain de), d'Auxerre

Germani Brixii Epistolae duae ... altera ad ... Cardinalem Turnonium ... altera ad ... episcopum parisiensem. – Paris, Antoine Augereau (1534, nach dem 28. Januar). In-4. Römische und griechische Lettern.
Paris, Sainte-Geneviève: o. 41 Inv. 355 (3), Mazarine: 11399. Bern, Univ.

CICERO

Loraison que feit Ciceron a Caesar pour le rappel de M. Marcellus ... [Übers. von Antoine Macault, lat. Verse von Jean Salmon, gen. Macrin, und von Pierre Le Gay, franz. Verse von Claude Chappuys.] – Paris, Antoine Augereau, 1534 (nach dem 15. Juni). In-8, 30 ff. n. ch., sign. a-cs, d6.
Paris, Bibl. nat.: Vélins 2031. London, British Libr. (Pergament).

EUSEBIUS PAMPHILIUS, Bischof von Cäsarea

*Eusebius de Evangelica praeparatione.* [Ins Lateinische übers. von Georges de Trébizonde. Distichon von Girolamo Bologni]. – Paris, Antoine Augereau und Simon de Colines, 1534. In-4. Römische und griechische Lettern.
*Paris, Bibl. nat.: C. 1447, Mazarine: 11990, Université, XVP: 895 Rés. Amiens. Autun. Chaumont. Cherbourg. Loches. Lyon. Marseille. Mende. Moulins. Poitiers. Rouen (2 ex.). Saint-Omer. Chicago. Newberry. Dublin, Trinity coll. Québec, Bibl. nat. Zürich, Zentralbibl.: FF 603.*

PLUTARCH

*Œuvres*, en grec.
Paris, Antoine Augereau, 1534. In-8. Römische und griechische Lettern.
*Paris, Bibl. nat.: J. 3321. Clermont-Ferrand. Freiburg, Univ.*

PROSPERO VON AQUITANIEN (Hl.)

*Prosperi presbyteri Aquitani Adversus inimicos gratiae Dei libellus, in quo sententia D. A. Augustini de gratia & libero arbitrio ex scripturis defenditur.* [*Epistola de damnationen Pelagii atque Caelestii, des Hl. Aurelius. Capita tredecim decretorum Coelestini pro Prospero et Hilario. De gratia Dei, par Célestin 1, pape.*] – Paris, Antoine Augereau, 1534. (Der Titel trägt die Jahrzahl 1533.) In-8.
*Paris, Sainte-Geneviève: 80 Cc. 1204 (3), Arsenal: 81 T. 3318 (3). Chaumont. Lyon, Fac. cathol. Berkeley, Univ. of Calif.*

PROSPERO VON AQUITANIEN (Hl.) und AUGUSTIN (Hl.)

*D. Prosperi Aquitanici Epigrammata super divi Aurelii Augustini sententias quasdam exarata.* – Paris, Antoine Augereau, 1534. In-8.
*Paris, Bibl. nat.: Rés. C. 4282, C. 4281, Sainte-Geneviève: Y. 80 Inv. 2127 (2) Rés. Évreux. Den Haag, Kon. Bibl. Yale, Univ.*

PROSPERO VON AQUITANIEN (Hl.)
*Sancti Prosperi De gratia et libero arbitrio ad Rufinum epistola.* [Das Leben des Hl. Prospero in Latein, von Johann Tritheim.] – Paris, Antoine Augereau, 1534. In-8.
Paris, Sainte-Geneviève: 8o Cc. 1204 (4) Rés. Arsenal: 8oT. 3318 (4). Lyon, Fac. cathol. Berkeley, Univ. of Calif.

SALMON (Jean), genannt Macrin
*Salmonii Macrini ... Elegiarum, epigrammatum et odarum libri tres.* – Paris, Antoine Augereau, 1534. In-4.
Edinburg, Univ. Oxford, Bodl.

## Von Antoine Augereau für Dritte oder von Dritten mit seinen Schriften gedruckte Bücher

a) Von Antoine Augereau mit seinen Schriften für Dritte gedruckte Bücher, die er als Drucker signiert, aber nicht als Verleger verantwortet.

ZU ANDRÉ BOCARDS LEBZEIT

1531

MESSIER (Robert)
*Super epistolas et evangelia quadragesimae sermones.*
André Bocard pour Jean Petit, 1531, 24 septembre. In-8.
Paris, Bibl. nat: Rés. D. 44275, Smith-Lesouëf Rés. 10697. Arsenal: T. 6223 et 6224. Mazarine: 24719. Auxerre. Bourg-en-Bresse. Oxford, Bodl.

HANGEST (Jérôme d')
*De libero arbitrio et eius coefficientia in Lutherum.*

André Bocard pour Jean Petit [1531]. In-8.
*Paris, Bibl. nat.: Rés. p. D. 145. Mazarine: 25334. Sainte-Geneviève: D. 81 Inv. 5259. Rés. Lyon. Lissabon, Bibl. nac. Louvain, Univ. Oxford, Bodl. Rom, Vallicelliana.*
(Der Name Augereau erscheint in diesen beiden Ausgaben nicht, doch es ist sehr wahrscheinlich, dass sie von ihm oder unter seiner Mitwirkung gedruckt wurden, er verwendet dafür erstmals seine neue Schrift.)

## 1532

ARISTOTELES
*Opera.* [Übers. v. Juan Ginès de Sepulveda.]
André Bocard et Antoine Augereau pour Jean Petit, 1532, 15. März bis 19. April. 2 Teile in 1 Band in-fo. Römische und griechische Lettern.
*Oxford, Bodl. Saint-Jacques-de-Compostelle, Univ.*

NACH ANDRÉ BOCARDS TOD

Du VAL (Robert)
*Epitome Valerii Maximi.*
Antoine Augereau pour Galiot du Pré, 1532, 13 juillet. In-8.
*Paris, Bibl. nat.: Z. 17628.*

SEPULVEDA (Juan Ginès de)
*Genesii Sepulvedae, ... Antapologia pro Alberto Pio, ... in Erasmum, ...* – Paris, Antoine Augereau [für Nicolas Prevost oder für seine Witwe?], 1532, 22. März. In –4.
*Paris, Bibl. nat.: Rés. p. Z. 2461; Sainte-Geneviève: X. 41 Inv. 504 (2). Besançon. Lyon. Basel, Univ. Cambridge, Univ. Coimbra, Univ. Dublin, Trinity coll. Lissabon, Bibl. nac. Madrid, Bibl. nac.*

[LEO I. Papst, FRANÇOIS I.
Concordat. 1516–1518.]
*Concordata inter sanctissimum dominum nostrum papam Leonem decimum & ... regem Franciscura ... primum. Pragmatica sanctio.* (Hrsg. Cosme Guymier.] Facultates legati. – Paris, Antoine Augereau für Galiot du Pré, 1532, 22. Juni. In-8.
*Paris, Bibl. nat.: Rés. 81 Ld7. 22, Sainte-Geneviève: E 81 Inv. 1744 Rés. Poitiers. Rouen. Troyes. Chicago, Newberry. Madrid, Bibl. nac.*

NAVAGERO (Andrea)
*Andreae Naugerii ... Orationes duae, quibus ... viros in morte laudavit Bartholomaeum Livianum, & Leonardum Lauretanum ... Carmina ... eiusdem nonnulla ...* – Paris, Antoine Augereau für Jean Petit und Galiot du Pré, 1532, 28. März. In-4.
*Paris, Sainte-Geneviève: X 40 Inv. 504 (1) Rés. [namens Galiot du Pré]. Paris, Bibl. nat.: G. 4748 (3), K. 3346 (2), Mazarine: 10357. Sainte-Geneviève: E. 4, Inv. 1160 (2). London, British Libr. [Namens Jean Petit].*

*Novus orbis regionum. ac insularum veteribus incognitaru ...* [Vorw. v. Simon Grynaeus. Hrsg. Johann Huttich.] – Paris, Antoine Augereau für Jean Petit und Galiot du Pré, 1532, 25. Oktober. In-fo. Am Schluss von Heft 6 befindet sich auf einer Doppelseite eine von Oronce Finé gezeichnete und in Holz geschnittene Weltkarte, mit einem Vorwort an den Leser und Chrétien Wechels Adresse als Druckort, Juli 1531.
Enthält Texte von Sebastian Münster, Aloysio Cadamosto, Christoph Kolumbus, Alonzo Nifio, Vincent Yanes Pinzon, Amerigo Vespucci, Pedro Alvarez Cabral, J. Joseph, der Inder, Manuel I., König von Portugal, Lodovico Varthema, Burchard de Mont-Sion, Marco Polo, Hayton, Prinz von Gorigos, Maciej Miechowita, Paolô Giovio, Pietro Martiro d'Anghiera, Erasmus Stella. Einige Übersetzungen stammen von Michelangelo Madrignani.

*Sainte-Geneviève: A. 635. Mazarine: 4895 C. Minist. Armées. Aix-en-Provence. Amiens. Bordeaux. Charleville. Coutances. Grenoble. Troyes. Boston. Publ. libr. Cambridge, Univ. Cambridge (Mass.), Harvard College Libr. New York, Publ. libr. [Namens Galiot du Pré]. Bibl. nat.: Rés. P. 160c. Mazarine: Rés. 6412. Autun. Châtillon-sur-Seine. Rouen. Cambridge, Univ. Cambridge (Mass.), Harvard College Libr. Evora, Bibl. Publ. Gand, Univ. London, British Libr. (2 ex.). Madrid, Bibl. nac. New York, Publ. libr. Rio de Janeiro, Bibl. nac. Wien, Öster. Nationalbibl. [namens Jean Petit]. Weitere Ex. in Barcelona, Bibl. nac. Bern, Univ. Bruxelles, Bibl. royale. Boston, Publ. Libr. Chicago, Newberry. Evora, Bibl. publ. Lissabon, Bibl. nac. Neapel, Bibl. nat. Oxford, Corpus Christi coll.; Jesus coll. Providence, John Carter Brown libr. Rom, Bibl. nat.; Bibl. Angelica. Sevilla, Bibl. cap. Sydney, State libr. of New South Wales (2 ex.). Venedig, Bibl. Marciana [ohne Ang. z. Bibliothek].*

**Numerus et tituli Cardinalium, Patriarcharum quoque ordo, Archiepiscoporumque nomina & Episcoporum in universo orbe existentium.**
Antoine Augereau, für Galiot du Pré, 1532. In-8.

PLINIUS Der Ältere
C. Plinii Secundi Historiarum naturae libri XXXVII ... [Hrsg. Pierre Danès, unter dem Pseudonym von Petrus Bellocirius, Index von Giovanni Ricuzzi Vellini, genannt Camers.] – Paris, Antoine Augereau für Galiot du Pré und Jean Petit, 1532, Oktober. In-fo. Römische und griechische Lettern.
*Paris, Bibl. nat.: Rés. S. 115, Rés. S. 116. Arsenal: Fol. S. 405. Fac. de Médecine: 1876. Albi. Alencon. Amiens. Laval. Le Mans. Nantes. Troyes. Cambridge, Emmanuel coll. London, British Libr. [namens Galiot du Pré]. Paris, Mazarine: 3875. Angers, Bordeaux. Libourne. Lyon. Cambridge, Univ. [namens Jean Petit]. Rochefort. Vitré. Aberdeen, Univ.*

*Boston, Publ. Libr. Dublin, Trinity Coll. Genève, Univ. Mailand, Univ. Oxford, All Souls coll., Corpus Christi coll., Jesus coll., Yale, Univ. [o. Ang. z. Bibl.].*

*Numerus et tituli Cardinalium, Archiepiscoporum & Episcoporum christianorum. Taxae et valor beneficiorum regni Galliae cum taxis cancellariae apostolicae, necnon sacrae poenitentiariae itidem apostolicae ...*
Paris, Antoine Augereau für Galiot du Pré, 1533, 11. April. In-8.
*Paris, Bibl. nat.: Rés. E. 9918, 81 Z. Don 594 (306). Rouen. Cambridge (Mass.), Harvard Univ. coll. London, British Libr. Madrid, Bibl. nac. Michigan, Ann. Arbor. Oxford, Christ Church coll.*

CATON, COLUMELLA & AL
*De re rustica ...* [Hrsg. Giovanni Giocondo und Aldo Manuzio d. Ältere]
– Paris, Antoine Augereau für Jean Petit und Galiot du Pré, 1533, Februar. In-fo. Römische und griechische Lettern.
*Paris, Bibl. nat.: Rés. S. 281, S. 1028, Arsenal: Fol. S. 490. Mazarine: 3904 D., Sainte-Geneviève: S. Fol, Inv. 91. Fac. de Pharmacie: 6173. Bordeaux. Caen. Pau. Troyes. Aberdeen, Univ. Cambridge, King's coll.; Univ. Madrid, Bibl. nac. [namens Galiot du Pré]. Paris, Bibl. nat. – Rés. S. 280, S. 1027. Mazarine: 3904 C. Fac. de Médecine: 1446. Angers. Coutances. Rennes. Aberdeen, Univ. Boston, Publ. libr. Bruxelles, Bibl. royale. Edinburg, Nat. Libr. Den Haag, Kon. Bibl. Oxford, Bodl. Rom, Bibl. vatic.; Palatina. Washington, Libr. of Congress [namens Jean Petit]. Chalon-sur-Saône. Vitré. Liège, Univ. Oxford, All Souls coll., Balliol coll., Christ Church coll. [Ohne Ang. z. Bibl.].*
UNDATIERT

ISOKRATES
[Das Leben des Isokrates, von Suidas und Philostrates, dem Älteren]

Griechisch – Paris, Antoine Augereau (s. d.). In-8. Römische und griechische Lettern.
*London, British Libr.*

Posthume Nachahmungen:

## PROSPERO VON AQUITANIEN (Hl.)
*Opuscula De gratia et libero arbitrio.* [Epistola de damnatione Pelagii atque Caelestii, d. Hl. Aurelius. Capita tredecim decretorum pro Prospero et Hilario de gratia Dei par Célestin Ier, pape. Vita Prosperi par Johann Tritheim.] Paris, Antoine Augereau, 1534. In-8.
Hier handelt es sich um eine auf Ottaviano Scoto zurückgehende venezianische Ausgabe, unter seinem Namen und mit Augeraus Adresse, jedoch mit der falschen Jahreszahl 1534 erschienen (die verwendeten Druckbuchstaben sind nicht von Augereau).
*Paris, Bibl. nat., Rés. p. D. 1. Bologna, Bibl. commun. Chicago, Newberry. Washington, Folger [namens Antoine Augereau, 1534]. Bergamo, Bibl. civica. Bologna, Bibl. commun. [namens Ottaviano Scoto, 1535].*

b) Mit Schriften Antoine Augereaus gedruckte, von ihm aber nicht signierte Bücher

*Da diese Bücher mit seinen Schriften gedruckt wurden, hat man Antoine Augereau immer als deren Drucker vermutet; niemand hat in Erwägung gezogen, dass er seine Schriften auch an Dritte hätte verkauft haben können.*
*Ich ging deshalb davon aus, dass allergrößte Zurückhaltung geboten war, wenn der Name Augereau weder als Herausgeber noch als Drucker erscheint. Möglich ist auch, dass er anonym gedruckt hat, ebenso gut denkbar ist aber auch, dass seine Schriften von Dritten verwendet wurden.*

*Die kompromittierendsten dieser Werke sind die Kolloquien des Erasmus von Rotterdam, zu einem Zeitpunkt erschienen, als sie von der Sorbonne verboten waren. Der anonym veröffentlichte Spiegel der sündigen Seele war in den vorausgehenden Jahren bereits zweimal erschienen, ohne je Gegenstand von Zensurmaßnahmen gewesen zu sein.*

## 1532

COQUILLART (Guillaume)
*Les Œuvres maistre Guillaume Coquillart ... durchgesehen und gedruckt in Paris ...* – Paris, Galiot du Pré, 1532. In-8. Namenlos, jedoch mit einer Schrift von Antoine Augereau gedruckt.
Paris, Bibl. nat.: Rés. Ye. 1266, Rés. Ye. 1267, Rothschild 461. Chantilly, Condé: IV. D. 35.

[GRINGORE (Pierre)]
*Le Chasteau de labour, auquel est contenu ladresse de richesse & chemin de pouvrete. Les faintises du monde* [von Guillaume Alexis]. – Paris, Galiot du Pré, 1532, 16. Mai. In-8. Namenlos, jedoch mit einer Schrift von Antoine Augereau gedruckt.
Paris, Bibl. nat.: Rés. Ye. 1332, Rothschild 493. Chantilly, Condé: IV. D. 34 Versailles.

[PATHELIN]
*Maistre Pierre Patheli ... Le Grant blason de faulses amours* [von Guillaume Alexis]. *Le Loyer de folles amours* [anonyme]. – Paris, Galiot du Pré, 1532. In-8. Namenlos, jedoch mit einer Schrift von Antoine Augereau gedruckt.
Paris, Bibl. nat.: Rés. Ye. 1284. Rés. Ye. 1286. Oxford, Bodl.

## ERASMUS VON ROTTERDAM

*Desyderii Erasmi Roterodami Colloquia aliquot nova, mire & urbana, & erudita, quorum nomina haec sunt, Amicitia. Opulentia sordida. Concio. Exequiae seraphicae. Philodoxus.* – Louvain, Germanus Fiscus, 1532, 11 avril. In-8.

Paris, Bibl. nat.: *Rés. p. Z. 2393*.

## VILLON (François)

*Les Œuvres de maistre Francoys Villon. Le Monologue du franc archier de Baignollet. Le Dyalogue des seigneurs de Mallepaye & Baillevent* [anonym]. – Paris, Galiot du Pré, 1532, 20. Juli. In-8. Namenlos, jedoch mit einer Schrift von Antoine Augereau gedruckt.

Paris, Bibl. nat.: *Rés. Ye. 1295, Rés. Ye. 1296, Rothschild 452. Dutuit 308. Lyon. London, British Libr.*

## FLORIMOND (ou MONTFLORY)

*Epistre familiere de prier Dieu. Aultre epistre familiere d'aymer chrestiennement. Item Briefve doctrine pour deuement escripre selon la propriete du langaige Francoys ... À la suite: Huitain sur la devise de lan Lemaire de Belges, laquelle est «de peu assez»* [von Clément Marot], *L'instruction et foy d'ung chrestien mise en francoys* von Clement Marot. – 1533. In-8. Römische und griechische Lettern. Namenlos, jedoch mit einer Schrift und Apostrophen von Antoine Augereau gedruckt.

Paris, Bibl. nat.: *Rés. Ye. 1409 [seul]. Paris, Bibl. du protest. français. R. 11742* (2) *[dem Spiegel der sündigen Seele nachfolgend]*.

## FLORIMOND (ou MONTFLORY)

*Ex authoris recognitione. Epistre familiere de prier Die ... etc.* – Paris, 1533, Dezember. In-8. Römische und griechische Lettern.

Weitere Ausgabe der vorhergehenden, mit unterschiedlichem Satz. Weni-

ger Fehler, wahrscheinlich späteren Datums. Die Notiz: «Ende, Gott sei Dank» ist mit der Jahrzahl 1533 versehen.
*Paris, Bibl. nat.: Vélins 2265 (2) [dem Spiegel der sündigen Seele nachfolgend].*

## [MARGUERITE VON NAVARRA]
*Le Miroir de lame pecheresse auquel elle recongnoist ses faultes & pechez aussi les graces & benefices a elle faictz par lesuchrist son espoux,* [*Gebete in Prosa*, übersetzt von Sebald Heyden.] – [1533]. In-8. Ohne Name des Autors, ohne Druckort und ohne Datum, keine nummerierten Seiten, ohne Apostrophe und Akzente, aber mit Antoine Augereaus Schrift gedruckt.
*Paris, Mazarine: 21712 [seul]. Paris, Bibl. du protest. francais: R. 11742 (1) [gefolgt von der bekannten Epistel über das Beten zu Gott ..., 1533].*

## AUGUSTIN (Hl.)
*D. Aurelii Augustin ... De praedestinatione Sanctorum liber primus. Liber secundus de bono perseverantiae.* – Paris Jean de Roigny, 1534. In-8.
Typographisches Material von Antoine Augereau. Ohne Name des Druckers. Erwähnt wird jedoch der Name des Herausgebers, sodass von einem anonymen Druck nicht die Rede sein kann.
*Paris, Bibl. nat.: C. 3563. Lyon. Berkeley, Univ. of Calif. Chicago, Newberry. Philadelphia, Univ. of Penns.; Union Libr. Rom, Angelica. Wien, Österr. Nationalbibl.*

II. Die verwendeten Quellen

*Um das Alltagsleben des 16. Jahrhunderts nachbilden und dessen Probleme religiöser, philosophischer und politischer Natur verstehen zu können, waren Quellen in einem Ausmaß zu konsultieren, das ich, wie ich gestehen muss, zu Beginn der Arbeit nicht erwartet hatte. Ich hatte den Eindruck gehabt, die Anfänge der Renaissance gut zu kennen, doch als ich zu schürfen begann, wurde ich mir all dessen bewusst, was mir bislang niemand gesagt, was ich nicht beachtet oder vergessen hatte – das heißt, ich wurde mit meinem Unwissen konfrontiert.*

*Ich erwähne hier nur jene Quellen, die mir wichtig erscheinen. Dazu kommt jenes «große Buch», das ich zum ersten Mal systematisch zum Schreiben eines Buches verwendet habe, das Internet, wo ich auf viele Fährten gestoßen bin, die mir oft dazu verholfen haben, Schwierigkeiten zu überwinden. Ich nenne nur eine Seite, nämlich jene, wo (unter anderem) die Faksimile-Wiedergabe des Spiegels der sündigen Seele in jener Ausgabe zu finden ist, die zweifellos Augereau schließlich das Leben gekostet hat: http://gallica.bnf.fr (die «virtuelle Ausgabe» der Französischen Nationalbibliothek). Ein Schrägstrich (/) nach einem Datum verweist auf eine Neuauflage.*

Französisches Nationalarchiv
- Minutier central des notaires de Paris (Handschriftenarchiv)
- Documents du Minutier central des notaires de Paris, Nachlassinventare (1483–1547), 1982

<u>Ariès, Philippe</u>
Geschichte der Kindheit, 1990
<u>Armstrong, Elisabeth</u>
Robert Estienne, Royal Printer, 1954/1986
<u>Barker, Nicholas</u>
The Aldine Roman in Paris 1530–1534, in The Library, 1974
<u>Bedouelle, Guy</u>
Lefèvre d'Étaples et l'intelligence de l'Écriture, 1976
<u>Bense, Walter F.</u>
Noel Beda and the Humanist Reformation at Paris 1504–1534, 1969
<u>Berquin, Louis de</u>
Traductions d'Érasme avec appareil critique d'Émile v. Telle
- Briève admonition de la manière de prier, 1525/1979
- Déclamation de Louenges du mariage, 1525/1979
- La Complainte de la paix, 1525/1979

<u>Berthoud, Gabrielle</u>
Antoine Marcourt, réformateur et pamphlétaire, du «Livre des marchands» aux Placards de 1534, 1973
<u>Bouchet-Filleau, H.</u>
Dictionnaire historique, biographique et généalogique des familles de l'ancien Poitou, 1854/1894
<u>Bourilly, V. -L.</u>
Le Journal d'un bourgeois de Paris sous le règne de François Ier (1515–1536), 1910
<u>Brotier de Rollière, R.</u>
Poitiers: Histoire des rues et Guide du voyageur du Ier au XXe siècle, 1907/1988
<u>Calvin, Jean</u>
Œuvres, version E. Busch et al., 1994

Carter, Harry
- A View of Early Typography, 1969
- Sixteenth-century French Typefounders, the Le Bé Memorandum, 1957

Chevrier, Jean-Jacques
784 proverbes et dictons du Poitou, 1994

Clouzot, Henri
Topographie rabelaisienne (Le Poitou de Rabelais), in *Revue rabelaisienne,* t. II, 1904

Collectif
Olivétan, celui qui fit passer la Bible d'hébreu en français (Beiträge von Dominique Barthélémy, Henri Meylan, Bernard Roussel), 1985

Columella, Lucius Iunius Moderatus
Zwölf Bücher über Landwirtschaft, lateinisch-deutsch, hrsg. u. übers. v. Will Richter, 1981

Corrozet, Gilles
Les antiquitez, histoires et singularitez de Paris, 1550

Dante Alighieri
Das neue Leben, deutsch von Otto Hauser, Julius Bard, 1908.

Diderot et d'Alembert
Encyclopédie (CD-ROM), 2000

Droz, Émilie, et al.
Aspect de la propagande religieuse au XVIe siècle, 1957

Erasmus von Rotterdam
- Briefe, verdeutscht u. hg. v. Walther Köhler, 1938
- Ausgewählte Schriften, Hrsg. v. Werner Welzig, 1967–1980
- Das Lob der Torheit (übers. von Alfred Hartmann, 1975

Estienne, Charles
Le Guide des chemins de France, 1553/1936/1978

Farge, James K.
- Le Parti conservateur à Paris à l'époque de la Renaissance et de la Réforme, 1992
- Orthodoxy and Reform in Early Reformation France: the Faculty of Theology of Paris, 1985
- Biographical Register of Paris Doctors of Theology 1500–1536, 1979

Febvre, Lucien
- Margarete von Navarra: eine Königin der Renaissance zwischen Macht, Liebe und Religion, 1998
- Le Problème de l'incroyance au XVI e s., Paris 1962
- (avec Henri-Jean Martin) L'Apparition du livre, 1958/1999

Fierro, Alfred
- Histoire et dictionnaire de Paris, 1996
- Dictionnaire du Paris disparu, 1998

Fillon, Benjamin
- Poitou et Vendée, études historiques et artistiques, II, L'Église réformée de Fontenay-le-Comte et ses pasteurs, 1861
- Recherches historiques et archéologiques sur Fontenay, 1846/1995

France, Anatole
Rabelais, 1911

Franklin, Alfred
- Comment on devenait patron: histoire des corporations ouvrières, 1889
- Dictionnaire historique des arts, métiers et professions exercés dans Paris depuis le XIIIe s., 1905–1906/1977
- La Sorbonne, ses origines, sa bibliothèque, les débuts de l'imprimerie à Paris ..., 1968
- La Vie privée d'autrefois, arts et métiers, modes, mœurs, usages des Parisiens du XIIe au XVIIe s., d'après des documents originaux ou inédits, 1887–1902, 27 vol.

Frey, A.
Manuel Roret de typographie, 1857
Frutiger, Adrian
À bâtons rompus. Ce qu'il faut savoir du caractère typographique, 2001
Hari, Robert
«Les Placards de 1534», in Aspects de la propagande religieuse, 1957
Hauréau, B.
«Louis de Berquin 1523–1529», in Revue des Deux Mondes, 1869
Herminjard, A.
Correspondance des réformateurs dans les pays de langue française, 1893–1899
Higman, Francis M.
Censorship and the Sorbonne, A Bibliographical, Study of Books in French Censured by the Faculty of Theology of the University of Paris 1520–1550, 1979
Hillairet, Jacques
Dictionnaire historique des rues de Paris, 1961
Huizinga, Johan
Erasmus (englisch, mit handschriftlichen Anmerkungen von A. L. Rowse), 1923
Jourda, Pierre
- Clément Marot, 1953
- Marguerite d'Angoulême, 2 vol., Paris, 1930

La Bouralière, A. de
L'Imprimerie et la librairie à Poitiers pendant le XVI e s., 1900
La Caille, J. de
Histoire de l'imprimerie et de la librairie, 1659/1972
Landgraf, Wolfgang
Martin Luther, Reformator und Rebell. Biographie, 1981.

Lefranc, Abel
- Histoire du Collège de France, 1900
- La Vie quotidienne au temps de la Renaissance, 1938

Lowry, Martin
The World of Aldus Manutius, 1979/1999

Mandrou, Robert
- Introduction à la France moderne 1500–1660, 1961/1998
- Histoire des protestants en France, 1977

Marguerite d'Angoulême
Le Miroir de l'âme pécheresse, éd. Salminen, 1979

Marot, Clément
Œuvres poétiques, Hrsg. Gérard Defaux, 1993–1996

Marsonnière, Jules Levieil de la
Un drame au Logis de la Licorne, 1883/1990

Martin, Henri-Jean, Hrsg.
Histoire de l'édition française, 4 vol., 1982

Michelet, Jules
Renaissance et Réforme, 1982

Omont, H.
«Un nouveau document sur David Chambellan et Claude Garamond», in Bulletin de la Société de l'histoire de Paris et de l'Île-de-France, 57e année, 1930

Parent, Annie
Les Métiers du livre à Paris au XVIe siècle, 1974

Rabelais, François
Œuvres complètes, 1973/1995
Ausgewählte Schriften: Das unschätzbare Leben des großen Gargantua
- Pantagruel, der Dipsoden König, übers. von Gottlob Regis; hg. von Georg Pfeffer, 1908/1918.

Renouard, Antoine-Auguste
- Annales de l'imprimerie des Alde, ou histoire des trois Manuce, 1834
- Annales de l'imprimerie des Estienne, Paris, 1838/1971

Renouard, Philippe
- Imprimeurs et libraires parisiens du XVIe siècle, 1964- ...
- Bibliographie des éditions de Simon de Colines 1520/1954
- Répertoire des imprimeurs parisiens depuis 1470, éd. Jeanne Veyrin-Forrer et Brigitte Moreau, 1965

Skalweit, Stephan
Die «Affaire des Placards» und ihr Reformationsgeschichtlicher Hintergrund, in Reformata Reformanda (Festgabe für Hubert Jedin zum 17.6.65), 1965

Tilley, Arthur
«A Parisian Bookseller, Galiot du Pré», in Studies in the French Renaissance, 1922

Tory, Geoffroy
Champ Fleury, Art et Science de la vraie proportion des lettres, 1529/1998

Vasari, Giorgio
Le Vite de' piu eccellenti architetti, pittori e scultori italiani ..., 1551

Veyrin-Forrer, Jeanne
- «Étude sur Simon de Colines», in: Fred Schreiber, Simon de Colines, 1995
- La Lettre et le Texte, 1987 (Beiträge zu Augereau, Garamond, und zum Buch des 16. Jh.)

Villon, François
Œuvres (Hrsg. Dominique Aury), 1959/1995
Sämtliche Dichtungen, frz. /dt., übers. von Walther Küchler, 1972.

Wei, Nathanael
«Une victime du Miroir de l'âme pécheresse ...», in Bulletin de la Société de l'histoire du protestantisme français, XLII (1893)

# Dank

Ein Buch wie dieses beruht auf dem Wissen zahlreicher Fachleute.

Mein Dank richtet sich zunächst an jene unter ihnen, ohne die dieses Buch niemals entstanden wäre.

Als Erstes ist Adrian Frutiger zu nennen, einer der großen Wegbereiter der digitalisierten Schrift, der große Erneuerer und Schöpfer der Druckschrift Univers. Sie bewirkte eine Revolution in der Herstellung von Druckbuchstaben. 1998 drehte ich einen Dokumentarfilm über ihn und seine Arbeit. Bei dieser Gelegenheit schilderte er mir seine Tätigkeiten und setzte mir die Ansprüche an und das Wesen der Kreation von Druckbuchstaben auseinander. Ohne seine Erklärungen und seine Veranschaulichungen wäre es mir niemals möglich gewesen, die Rolle zu verstehen, welche die Meister am Ende des 15. und am Anfang des 16. Jahrhunderts gespielt haben, als sie den lesefreundlichen Rahmen schufen, der trotz der technischen Veränderungen noch heute gültig ist. Frutiger erklärte sich bereit, meinen Text auf die Genauigkeit der typographischen Angaben hin durchzusehen.

Ich danke Max Caflisch, Schriftgestalter und Dozent für Typographie in Basel und Zürich, der mich als Erster auf den «ungeheuerlichen und abscheulichen Justizmord an Antoine Augereau» aufmerksam gemacht hat.

Nachdem ich Augereaus Existenz zur Kenntnis genommen hatte, trat Jeanne Veyrin-Forrer auf den Plan. Sie ist die Erste, die das Thema Augereau so umfassend wie möglich erforschte. Die Ergebnisse legte sie 1956 vor, anschließend ergänzte sie sie im ersten Band von *Imprimeurs et libraires parisiens du XVIe siècle,* und sie war eine der Herausgeberinnen des *Répertoire des imprimeurs parisiens depuis 1470.* Meine Idee, aus ihrem «Liebling Augereau» eine Romanfigur zu machen, begrüßte sie begeistert. Im Verlauf der Gespräche mit ihr entstand die Idee, das Leben des Meisters von seinem Schüler erzählen zu lassen. Über die Gespräche hinaus stellte sie mir Photokopien von Dokumenten zur Verfügung, deren Existenz ich auf mich allein gestellt nicht einmal erahnt hätte, sie wies mich auf Fährten hin und stellte für mich Kontakte mit Fachleuten her.

Ich bedanke mich bei Simone Frutiger-Bickel, die das Manuskript aus der Sicht der Theologin durchgesehen und mir viele nützliche Hinweise geliefert hat.

Dank schulde ich auch Thierry Heckmann, dem Direktor des Archivs des Departements la Vendée, der den Text in Bezug auf die Geschichte des alten Poitou durchgesehen hat.

Marco Mona und Georges Goldfayn waren aufmerksame Leser des Manuskripts als «Generalisten», deren Hinweise mir sehr geholfen haben.

Ich bedanke mich bei Eva Rittmeyer, Nicholas Fabian, Gabriel Fragnière und Marc Agron Ukaj für ihre Hilfe.

Außerdem gilt mein Dank Marie-Claude Schoendorff, der aufmerksamen Lektorin der Éditions Campiche. Ihr ist es zuzuschreiben, wenn meine Texte regelmäßig wesentlich besser sind als sie es ohne ihr Mitwirken wären.

Dank auch allen Freunden, Kollegen und Bekannten, die mich im Laufe dieser abenteuerlichen Reise zu den Anfängen der Moderne unterstützt und ermutigt haben.

Außerdem verdankt dieses Buch seine Existenz einer Reihe von Institutionen.

Allen voran möchte ich meine Dankbarkeit der Zürcher Zentralbibliothek gegenüber zum Ausdruck bringen. Ihr Katalog zu den Anfängen der Reformation als auch zu jenen des Buchdrucks deckt eine Zeit von nahezu fünfeinhalb Jahrhunderten ab und ist unerschöpflich. Zugang zu den Bänden wird ohne nennenswerte Probleme und völlig unbürokratisch ermöglicht. Die Bibliothekare, denen mein ganz besonderer Dank gilt, bewiesen unendliche Geduld und waren äußerst hilfsbereit.

Was ich zur Zürcher Zentralbibliothek zu sagen habe, gilt ebenso für die Mediathek François-Mitterand in Poitier und für die Stadtbibliothek von Fontenay-le-Comte, die großzügig und ganz selbstverständlich alles verfügbar machten, was sie besitzen.

Dankbarkeit möchte ich auch gegenüber den Editions Droz in Genf zum Ausdruck bringen. Seit einem Dreivierteljahrhundert geben sie systematisch die wichtigsten Dokumente der Renaissance heraus, Studien der bedeutendsten Fachleute auf diesem Gebiet: Politik, Religion, Literatur, Buchdruck, Philosophie; die Neugier und das Wissen der Verleger kennen keine Grenzen, und ich konnte mit vollen Händen aus ihren Katalogen schöpfen.

Last, but not least gilt ein herzliches Dankeschön meinem Schweizer Verleger Bernard Campiche, der mich seit bald fünfzehn Jahren getreulich auf meinen abenteuerlichen Streifzügen auf unsicherem Terrain begleitet, immer bereit, Risiken einzugehen, und der in seiner Offizin ein wundervolles Buch nach dem anderen zu produzieren versteht.